A Travessia da Calunga Grande

Carlos Eugênio Marcondes de Moura

A Travessia da Calunga Grande

Três Séculos de Imagens sobre o Negro no Brasil

(1637-1899)

edusp

1ª edição 2000, Edusp / Imprensa Oficial do Estado de São Paulo
1ª edição, 1ª reimpressão 2012 (atualizada segundo
o Novo Acordo Ortográfico da Língua Portuguesa)

Dados Internacionais de Catalogação na Publicação (CIP)
(Câmara Brasileira do Livro, SP, Brasil)

Moura, Carlos Eugênio Marcondes de.
A Travessia da Calunga Grande: Três Séculos de Imagens sobre o Negro no Brasil (1637-1899) / Carlos Eugênio Marcondes de Moura. – São Paulo: Editora da Universidade de São Paulo, 2012.
692 p.: il.; 29 cm

Inclui bibliografia.
ISBN 978-85-314-0560-0

1. Brasil – Descrição e viagens 2. Iconografia 3. Negros – Brasil 4. Negros na arte – Brasil 5. Viajantes – Escritos I. Título. II. Título: Três Séculos de Imagens sobre o Negro no Brasil (1637-1899).

00-2792 CDD–704.9420981

Índices para catálogo sistemático:

1. Brasil: Iconografia sobre negros: Artes 704.9420981
2. Brasil: Imagens sobre negros: Artes 704.9420981
3. Brasil: Negros: Iconografia 704.9420981

Edusp – Editora da Universidade de São Paulo
Av. Corifeu de Azevedo Marques, 1975, térreo – Butantã
05581-001 – São Paulo – SP – Brasil
Divisão Comercial: Tel. (11) 3091-4008 / 3091-4150
SAC (11) 3091-2911 – Fax (11) 3091-4151
www.edusp.com.br – e-mail: edusp@usp.br

Printed in Brazil 2012

Foi feito o depósito legal

A Carmen Villela Gonçalves, sempre e em tudo solidária.

A Maria Aurora de França Marcondes e
Lydia de Medeiros Warwick (Tita),
Mães do Mel.

Eu vim de longe, jonguerada, vim brincá nesse terrero,
peço licença premero pros cumba véio,
peço licença segundo pro chefe do reiná,
peço licença tercero pra tudo povaria,
saravo tambu, saravo candonguero,
saravo guaiá, saravo estrela do céu,
saravo santo de inguereza e de promessa,
saravo cupanherada tudo,
que negro cambinda vai entrá na roda do jongo pedindo licença,
licença pra cantá sodação,
licença pra cantá linha dereta de bera má
prá todo mundo serená.

Ponto de Visaria – Jongueiros de Taubaté, São Paulo

Conversei com muitos deles (escravos) sobre sua terra e Nenhum se havia dela esquecido, mas todos expressavam o mais ardente desejo de voltar a vê-la. Eles denominam a si mesmos "cativos" e não "escravos" e se mostram intransigentes no que diz respeito a esta questão.

George Grey, 1841:29

Sumário

Agradecimentos 13
Introdução – Construindo Imagens: Imaginando 15

CATALOGAÇÃO 41

Século XVII 43
Século XVIII 51
Século XIX 57

SUPLEMENTO 229

Século XIX 231

BIBLIOGRAFIA 237

ILUSTRAÇÕES 251

Literatura de viagens e outras fontes 253
  Século XVII 253
  Século XVIII 283
  Século XIX 311
Revistas ilustradas 553
Fotografia – Daguerreótipos e ambrótipos 619
Fotografias sobre papel albuminado 625
Fotografias litografadas 647

ÍNDICES 663

1. Índice Temático 665
2. Índice de Artistas 677
3. Índice Topográfico 685

Créditos 689

Agradecimentos

Ana Lúcia Duarte Lanna
Aracy Amaral
Benedito Nunes
Biblioteca Guita e José Mindlin
Biblioteca do Instituto de Estudos Brasileiros – USP
Biblioteca Municipal Mário de Andrade
Carmen Sylvia Junqueira
Faculdade de Arquitetura e Urbanismo – USP
Flora de Moura Pacheco
Fundação de Amparo à Pesquisa do Estado de São Paulo
Fundação Rank-Packard/Fundação Estudar
Gerardo Mosquera
Humberto Alquéres
Instituto de Estudos Brasileiros – USP
John Simmon Guggenheim Foundation – Nova York
José Sebastião Witter
Leonice Parrilha Batista
Luciano Antônio Beraldo
Maria Cristina Antunes
Maria Itália Causin
Maria Ruth Amaral Sampaio
Marta Rossetti Batista
Murilo Marx
Museu Paulista – USP
Museus Castro Maya – Rio de Janeiro
Plinio Martins Filho
Reginaldo Prandi
Seção de Processamento de Imagens e Reprografia – IEB-USP
Solange Ferraz de Lima
Valéria Piccoli
Vera Lúcia Wey

Introdução

Construindo Imagens: Imaginando

Calunga Grande é o mar...

Por ocasião das comemorações do centenário da Abolição da escravidão no Brasil participei, como pesquisador, de uma equipe coordenada pelo escultor Emanoel Araújo, que tinha por objetivo o levantamento da presença criativa dos afro-brasileiros nas artes, a partir do século XVI até a contemporaneidade. Essa investigação resultou na publicação do livro *A Mão Afro-Brasileira: Significado da Contribuição Artística e Histórica* (São Paulo, Tenenge, 1988, 398 p.), em edição organizada por aquele artista, além de uma exposição com o mesmo título, realizada no Museu de Arte Moderna de São Paulo durante o mês de outubro de 1988.

Empreendi o levantamento da iconografia em branco e preto que ilustraria o projeto, bem como estabeleci uma nominata, que se revelou ampla, de descendentes de afro-negros que tiveram destacada atuação na vida pública brasileira, no campo das artes do espetáculo, da música, das ciências humanas e exatas, da política, da literatura, do jornalismo, da religião, dos movimentos de libertação etc.

A prospecção foi realizada em instituições públicas e particulares de São Paulo e Rio de Janeiro e apontou para a grande multiplicidade de imagens que, no período pesquisado, mostram os afro-descendentes e sua presença nos espaços sociais em que estiveram confinados, devido ao sistema escravista, mas também aqueles que, ultrapassando as barreiras do racismo e dos preconceitos de classe, se impuseram nos meios em que atuaram.

A maior parte destas imagens se encontra na vasta literatura de viagens, nos álbuns de artistas viajantes, sobretudo no que se refere ao século XIX, e nas revistas ilustradas desse mesmo período, bem como em coleções de fotografia. Tamanha riqueza iconográfica motivou a realização de uma pesquisa ainda mais aprofundada, nos quadros de um pós-doutorado, a partir do acervo do Instituto de Estudos Brasileiros, da Universidade de São Paulo. A investigação, ampliada com consultas à Coleção Guita e José Mindlin, de São Paulo, se estendeu de fevereiro a dezembro de 1997 e seus resultados são apresentados a seguir.

Seu objetivo foi realizar um levantamento e catalogação, o mais abrangente possível, de fontes iconográficas que registrassem imagens dos afro-negros e seus descendentes no Brasil e viessem a constituir um guia para pesquisadores dos muitíssimos e variados temas que a pesquisa foi sugerindo e ordenando, à medida que se desenrolava. Uma seleção de cerca de quinhentas imagens da iconografia levantada – quase 2 600 imagens – acompanha esta publicação. A publicação integral do material situa-se, por enquanto, nos domínios da utopia.

Esta iconografia se apresenta através de várias linguagens artísticas: desenho e gravura, em suas várias técnicas, pintura, escultura e fotografia. A periodização estende-se de 1637, data de *Île de Tamaracá*, o primeiro quadro pintado em Pernambuco por Frans Post, um dos artistas trazidos por Maurício de Nassau, a 1899, quando se encerra o século XIX e as imagens de nossos pesquisados continuam a surgir nas páginas das revistas ilustradas, em sua maioria editadas no Rio de Janeiro.

As fontes pesquisadas referem-se, em sua maioria, ao século XIX, conforme se depreende da bibliografia levantada. A literatura de viagens e os álbuns dedicados aos artistas viajantes são o segmento mais significativo e contribuíram com quase 45% das imagens. A pesquisa de fontes primárias impressas teve amplitude bem maior, pois foram fichados todos os livros do magnífico acervo do Instituto de Estudos Brasileiros cujas fichas topográficas mencionassem a existência de ilustrações (cerca de duzentas obras). Sem saber qual sua abrangência, tomou-se o partido de consultar todas essas publicações, relativas ao Brasil, grande parte das quais, conforme se verificou, continha tão somente, no que concerne à iconografia, mapas, retratos de personalidades oficiais, vistas de cidades, paisagens etc., e que não apresentavam interesse direto para a investigação. Várias delas, porém, trazem depoimentos de seus autores sobre os afro-negros e seus descendentes. A prospecção e, sobretudo, a leitura crítica desse material, a maior parte dele revelador de exacerbado etnocentrismo, é essencial para um mais amplo entendimento da iconografia objeto da presente investigação.

Os Artistas Viajantes e a Literatura de Viagens

Este roteiro de imagens não começa pelo Brasil, mas pela África, como é devido, e por uma alegoria ao continente africano, de artista não identificado, no frontispício de obra impressa em 1686. Como toda alegoria, esta é uma montagem de elementos de realidade e fantasia, além de busca do pitoresco e da representação, que se quer fiel, de homens e animais, de espécies vegetais, de paisagem, de usos e costumes, de tudo aquilo, enfim, que constitui esse desconhecido universo africano que começa a ser desvendado pelo viajante europeu, no caso o holandês Olfert Dapper, não propriamente um viajante, mas um compilador de relatos (*ilustração n. 1*). Os avanços da cartografia permitem delinear em publicação anterior, a de Willem Janszoon Blaeu (1571-1638) e de seus filhos Joan (1596-1673) e Cornelis (morto em 1642), as configurações e limites da *Africae Nova Descriptio* (*Nova Descrição da África*), do *Nigritarum Regio*, o país dos negros, de certas regiões que o constituem (*Guinea, Ethiopia Exterior vel Interior*, isto é, da Costa do Ouro, da Costa de Mina e suas regiões interiores, do *Regna Congo et Angola*) e de Madagascar, também conhecida como Ilha de São Lourenço, lugares de origem de alguns povos que o tráfico de escravos vinha sequestrando para as Américas (*ilustrações ns. 2 a 7*). Tais mapas, também uma compilação de obras de vários cartógrafos, fazem parte do Atlas, em nove volumes, igualmente conhecido como o *Grande Atlas ou Cosmographia Blaviana*, publicado em 1648-1664, em Amsterdã, por Willem Janszoon Blaeu e seus filhos (Horch, 1969). Ilustrados com cartuchos e vinhetas, que apresentam vistas de cidades, indumentária, fauna e flora de várias regiões da África, apresentam enorme interesse para o historiador, o antropólogo e o estudioso das religiões brasileiras de matriz africana, pois registram os locais de procedência de várias etnias, em torno das quais se estabeleceu grande confusão, posto que, muitas vezes, as designações dos povoados, aldeias e cidades de proveniência[1] dos escravizados ou os portos onde eles eram embarcados são interpretados como nomes dessas etnias, uma generalização sem cabimento e um dos temas sobre a história do afro-negro e seus descendentes no Brasil que necessita de profunda revisão.

Este pequeno conjunto de gravuras a buril, preâmbulo a tudo que virá, completa-se com mais uma alegoria (*ilustração n. 8*), estampada no frontispício da obra de Johan Nieuhoff, agente da Companhia das Índias Orientais Holandesas e que residiu em Recife entre 1640-1649, durante o domínio político holandês. Na alegoria presencia-se o encontro da África com a América, entre os *West* e o *Öostindien*. À direita da imagem veem-se *índios do Leste*, isto é, os da América (Brasil?), um deles com cocar de penas, um papagaio ou arara empoleirado no braço, precedido por um menino nu, com um feixe de cana e um macaco comendo um fruto da terra. Diante deles, um animal grande e estranho, de longas presas, com a vaga aparência de um tapir ou, quem sabe, de um javali. No centro da imagem desfila um personagem de alta hierarquia, empunhando um cetro ou bastão, talvez insígnia de seu poder. É um *Índio do Oeste*, um africano abrigado sob um

1. René Ribeiro (1978) fez detalhado levantamento em inventários, anúncios de jornal e em vários autores do que ele denomina *grupos tribais* vindos para o Brasil em diferentes momentos do tráfico de escravos. Sua abrangente pesquisa se enriquece com a leitura de *A Enxada e a Lança: A África antes dos Portugueses*, de Alberto da Costa e Silva (1992).

dossel, montado em elefante suntuosamente ajaezado, diante do qual se encontra um leão que, entre muitos povos africanos, é o símbolo da realeza. Dois personagens ricamente trajados, portando algo que sugere um colar e um recipiente, seguem o cortejo, fechado por homens seminus, que carregam para-sóis. Logo atrás do elefante, mais um animal, felino com aparência de onça pintada. Palmeiras, coqueiros cacheados de frutos compõem a paisagem e um enorme morcego atravessa os ares. De uma das palmeiras pende o corpo desnudo e arqueado de um homem de longos cabelos, figura insólita, cuja presença intriga e causa espanto.

Deixando para trás essas imagens alegóricas e simbólicas, temos a mais remota imagem que mostra a iconografia do afro-negro no Brasil existente no acervo da biblioteca do Instituto de Estudos Brasileiros. Ela deve-se a Frans Post e data de 1637. É *Île de Itamaracá*, óleo sobre tela *(ilustração n. 9)*[2], atualmente nas coleções do Mauritshuis, de Haia, um dos poucos pintados pelo artista em sua estada no Brasil, concluído dois meses após sua chegada. Leite chama a atenção para o fato de que, nesta e em outras obras feitas no Brasil, Post se mantém fiel à realidade e não acumula a composição com detalhes excessivos. Ainda segundo ele, Post, bem como Eckhout, somente recolhia material iconográfico destinado a ilustrar os trabalhos de natureza científica dos quais se desincumbiam sábios como Piso e Margraf (Leite, 1983:353-354). Obra inaugural, *Île de Itamaracá* deve ser apreciada no conjunto da produção do jovem Post, que tinha apenas 24 anos quando veio para Pernambuco, e é objeto de exaustivos estudos e catalogação por parte de Larsen (1962) e Sousa Leão (1973). Bem antes o poeta e diplomata Ribeiro Couto escreveu a seu respeito, no catálogo da Exposição Frans Post, realizada em 1942 no Museu Nacional de Belas Artes, no Rio de Janeiro, algumas apreciações que, dando conta dos particularismos do pintor holandês, descrevem o universo por ele retratado:

> O artista surpreendeu seres e coisas que "estão vivendo" no conjunto de acidentes naturais a céu aberto. As suas palmeiras, os seus mamoeiros, os seus genipapeiros, as suas mangueiras em recorte contra as nuvens cálidas, as suas abóboras e os seus abacaxis a surgir opulentos do chão fértil; os carros de bois pelas estradas; os seus índios, nas canoas guerreiras; os seus senhores de engenho, a dois passos da moenda, em conversa ou dando ordens; os escravos que sobem uma encosta, com cestos à cabeça, ou se ajuntam à porta de uma capela, em grupos que se movem e falam – as negras com as suas longas camisolas brancas, os negros de saiote ou calções; os seus cavaleiros de chapéu de palha desabado; as nobres damas de cintura fina que se dirigem à igreja em companhia de um marido de

2. Tomou-se o partido de transcrever as legendas das obras no idioma em que são redigidas, embora isso possa trazer dificuldades para o leitor, no exemplo do alemão, ainda pouco dominado entre nós e, indubitavelmente, no caso do finlandês, do latim e do holandês.

espadagão nas costas; as muralhas dos fortins que se erguem na areia; as senzalas; os sobradinhos de povoado; os copiares e os frontões de capela com sua cruz; a arcaria das fábricas de açúcar; as máquinas e os caldeirões de mel; tudo isso, e mais o movimento, e mais a cor, e mais a graça, tudo isso constitui uma extraordinária sinfonia de natureza e humanidade – a nossa natureza e a nossa humanidade no Pernambuco do século XVII (1942:8).

Sousa Leão, menos descritivo, indica como o pintor ordena, estrutura, constrói aquilo que vê:

> O coração de Frans está no campo, conforme é mostrado pelo uso frequente da cena rural, que ele pintou com amoroso detalhe, mas o modelo para sua produção não era muito numeroso no Brasil do século XVII, baseado numa cultura principal. A fim de evitar a repetição, Post misturou seus temas como em um quebra-cabeças, desmontando e reagrupando edificações e igrejas (em alguns exemplos, representando-os autenticamente, é claro, rearranjando animais, árvores, vistas de montanhas e cursos d'água e introduzindo tantas novidades humanas, zoológicas e botânicas quanto possível, para preencher uma lacuna ou criar algum tipo de interesse). A serenidade da paisagem é frequentemente desfigurada por um excesso de lagartos e tatus ou por detalhes infantis, tais como cobras devorando coelhos (Sousa Leão, 1973:28).

O procedimento de Post, nesses seus deslocamentos, arranjos e reagrupamentos, será repetido dois séculos mais tarde por um artista viajante, Henry Chamberlain – com menor talento, é bem verdade –, conforme se observará.

Todo o registro iconográfico do século XVII se deve à presença dos artistas trazidos para Pernambuco por Johann Maurits, príncipe de Nassau: Frans Post, que, antes de vir ao Brasil ou, no seu retorno à Europa, esteve, ao que parece, na costa ocidental da África, de que deixou vistas do forte de S. Jorge de El Mina ou simplesmente de Mina, entreposto de escravos embarcados para as Américas e que também foi documentado por I. Kip na terceira década do século XVIII (*ilustração n. 31*) ; Albert Eckhout; os naturalistas Georg Margrav e o médico Willem Pies (Guilherme Piso).

Ao príncipe de Nassau e seus artistas os historiadores da arte P. J. P. Whitehead e M. Boeseman dedicaram uma obra pioneira para o melhor entendimento das possibilidades que a iconografia oferece à ciência, à história e à arte. Tendo em vista a múltipla descrição e análise da iconografia nassoviana eles recorreram a pareceres e identificações, fornecidos por botânicos, zoólogos, paleógrafos, etnólogos, cartógrafos e tradutores do holandês e do latim, espalhados pela Inglaterra, França, Holanda, Dinamarca, União Soviética, Brasil e Estados Unidos. O rigoroso método com que abordaram seu objeto de estudo melhor se esclarece em algumas de suas reflexões:

> A análise dos quadros e a identificação dos seus elementos iconográficos dados aqui não são de modo algum definitivos. Apenas procuramos estabelecer uma base, de um lado, para os que desejam usar a iconografia para resolver problemas científicos e, de outro, para os que querem usar os dados contidos na iconografia para chegar a conclusões artísticas ou históricas. Existem tipos de cientistas e tipos de historiadores da arte que encaram as disciplinas uns dos outros com desconfiança: a ciência é complicada demais e precisa de treinamento especial e as artes são prolixas demais e servem basicamente ao simples prazer. Entretanto, na época em que a *história* foi escrita, arte e ciência não eram modos assim tão separados de se explorar o mundo, como parecem ser atualmente. Para compreender plenamente a história e a herança artística dos sete anos de Johann Maurits no Brasil, as duas devem caminhar juntas (1989:24).

Valladares e Mello Filho (1998), em diferentes momentos, também adotaram parte dos procedimentos destes dois autores, ao analisarem a obra de Albert Eckhout, anteriormente abordada por Thomsen (1938). Depreende-se, desses estudos, que Eckhout também montou, como Post, seu quebra-cabeça pessoal, mesclando nos retratos do guerreiro e da mulher com criança, pintados em 1641 no Brasil (*ilustrações ns. 17* e *18*), elementos de nossa fauna e flora e da costa ocidental da África, o que gera incertezas quanto à verdadeira origem dos personagens retratados (Costa do Ouro, conforme Thomsen? Angola-Congo, segundo Valladares e Mello Filho?).

Compilador das obras de vários autores holandeses, o médico alemão Arnoldus Montanus, predicante, reitor de escola, autor de imensa bibliografia, praticamente ignorado por nossos historiadores da arte, escreveu *De Nieuwe en Onbekende Weereld: of Bes hryving van America en T'Zuid Land* (1671), obra abundantemente ilustrada, da maior importância para a cartografia, a história do povoamento, a história militar, a história da arquitetura e a etnologia, não só do Brasil como de toda a enorme região que se estende da Flórida e Novo México ao extremo meridional da América do Sul (Carvalho, 1909). Algumas gravuras de Post serviram de base para as ilustrações de autor desconhecido que acompanham a obra de Montanus, verdadeiras montagens, quem sabe realizadas sob orientação do compilador. Aí já não se trata só de compilação, mas de verdadeira criação, povoada de imagens de africanos e holandeses, os primeiros representados nas mais diversas situações de trabalho (*ilustrações ns. 22* a *27*) e em cena de combate (negros minas contra os invasores holandeses, *ilustração n. 28*).

Soldado da Companhia das Índias Ocidentais e, mais tarde, despenseiro de Maurício de Nassau, o alemão Zacharias Wagener viveu em Pernambuco entre 1634 e 1641. Sem maiores pretensões artísticas, conforme ele mesmo confessa, é o autor das 110 aquarelas que se encontram no seu *Thier Buch. Livro de Animais, Peixes, Aves, Quadrúpedes, Minhocas, Frutos da Terra e das Árvores da Região Brasileira e das Terras da Companhia das Índias*

Ocidentais com Ameríndios e Africanos, e Cenas, Mapas e Planos, hoje no acervo do Gabinete de Estampas de Dresden, Alemanha. Suas aquarelas *Mulatte, Molher Negra* e *Omen Negro* (*catálogo, ns. 108* e *109*) seriam cópias dos desenhos preparatórios de Eckhout para as pinturas que fazem parte do acervo da Coleção Etnográfica, do Museu Nacional de Copenhague, segundo Thomsen (1938), opinião contraditada por Leite (1983:368-369), ao sugerir exatamente o contrário, apoiando em parte sua argumentação nas observações do etnólogo Curt Nimuendajú. Uma das aquarelas do *Thier Buch*, que tem por título *Negertanz*, isto é, *Dança de Negros* (*ilustração n. 21*), é talvez, de acordo com René Ribeiro, o primeiro registro iconográfico que documenta as características religiosas dos batuques. Wagener assim descreve esta dança:

> Quando os escravos têm executado, durante a semana inteira, a sua penosíssima tarefa, lhes é concedido o Domingo como melhor lhes apraz, de ordinário se reúnem em certos lugares e, ao som dos pífanos e tambores, levam todo o dia a dançar desordenadamente entre si, homens e mulheres, crianças e velhos, em meio de frequentes libações duma bebida muito açucarada, e que chamam Grape (Garapa) consomem assim todo o santo dia dançando sem cessar, a ponto de muitas vezes não se reconhecerem, tão surdos e ébrios eles ficam.

Segundo Ribeiro, essa *Negertanz* é, na verdade, uma roda de Xangô, designação de umas das religiões afro-brasileiras de Recife: "o mesmo círculo de dançarinos a se movimentar para a esquerda com as atitudes coreográficas características, idêntica posição dos ogan-ilu (*os percussionistas – observação minha*) a tocarem dois atabaques do tipo comum em toda a África Ocidental e um agogô; a jarra de garapa ao lado dos tocadores; a mesma posição e atitude do sacerdote" (Ribeiro, 1978:28-29).

O século XVIII corresponde a um momento histórico de total fechamento e inacessibilidade da colônia aos viajantes estrangeiros, em decorrência das políticas adotadas pelo governo ultramarino, em extremo cioso de proteger dos contrabandistas as minas de ouro e diamantes. Comenta Rubens Borba de Moraes, em um de seus escritos, que, naquela época, era mais fácil ao estrangeiro transpor as vigiadas fronteiras do Tibet do que se aventurar pelo interior do Brasil, sobretudo pelas regiões de mineração. Engenheiro militar, enviado às possessões espanholas para fortificá-las contra os ataques dos ingleses e holandeses, Amedée François Frézier, ao regressar de sua viagem ao Pacífico, parou na Bahia em 1714 e em sua *Relation de voyage* há mapas e vistas, além de gravura em que se vê um homem, imagem da mais descarada indolência, sendo transportado numa serpentina (por Frézier denominada *serpentin*) carregada por dois negros (*ilustração n. 33*) (Moraes, 1949:607).

As restrições à presença dos estrangeiros só aumentam o interesse da preciosa iconografia de Carlos Julião (1740-1811), natural de Turim, capitão de mineiros da Artilharia da Corte do Rio de Janeiro, autor de *Noticia Summaria do Gentilismo da Asia com Dez Riscos Illuminados / – Ditos de Figurinhos de Brancos e Negros dos Uzos do Rio de Janeiro e Serro do Frio / Ditos de Vazos e Tecidos Peruvianos*. Lygia da Fonseca Fernandes da Cunha, prefaciadora da publicação, considera ser o álbum de Carlos Julião posterior a 1776, como se infere da alegoria representada na prancha I, relativa à vitória dos portugueses sobre os espanhóis, por ocasião da tomada e capitulação do Forte de Santa Tecla (Cunha, 1960, XI). Sua condição de militar a serviço da Coroa portuguesa deve ter facilitado a Carlos Julião o acesso às regiões que documentou (Bahia, Rio de Janeiro e Minas Gerais), através de 43 aquarelas, dentre as quais nada menos de 21 registram o negro (um oficial do Terço Auxiliar dos Pretos Forros, vendedores ambulantes, o trabalho escravo nas lavras diamantinas, carregadores de palanquins e cadeirinhas de arruar, indumentária masculina e feminina, pedintes da Irmandade do Rosário, coroação de reis e rainhas negros nas festas de Reis etc.) (*ilustrações ns. 36 a 47*). Nos festejos de reis vemos uma orquestra formada inteiramente por mulheres e outra só de homens, com a presença de instrumentos musicais de origem africana, como a marimba. Os desenhistas da Viagem Filosófica empreendida por Alexandre Rodrigues Ferreira à Amazônia nas últimas décadas do século XVIII documentam uma *viola q. tocão os Prétos* e uma marimba – mais propriamente uma mbira – (*ilustrações ns. 53* e *54*). Em relação a este tipo de xilofone e a outros instrumentos cujas designações, algumas imprecisas e conflitantes, evocam sua origem congo-angolana (urucungos ou oricongos, também chamados de violas d'Angola, marimbas ou madimbas, marimbas de Btsché, sambees, berimbaus) bastante numerosos na iconografia do século XIX, será proveitosa a leitura de *Determinação das Origens Tribais dos Elementos Musicais Bantos Identificados*, em Mukuna (s.d.: 102-140).

Ainda nos quadros do Setecentos, reproduz-se, de autor e data desconhecidos, a imagem que retrata o trágico confronto entre povoadores e índios botocudos e acompanha o *Requerimento do Padre Caetano da Fonseca Vasconcelos, Vigário da Igreja de São Miguel de Piracicaba, no Distrito de Vila Nova da Rainha, pedindo um número maior de presídios na região de Minas Gerais com a finalidade de evitar os danos e mortes causados por Botocudos*. Nela se veem corpos horrivelmente mutilados, entre eles os de três negros, cujos braços e pernas decepados se esparramam pelo chão. Os índios retiram-se levando como prisioneiro um negro (*ilustração n. 56*).

Negociantes, diplomatas, militares, naturalistas, cartógrafos, viajantes, pintores, aquarelistas e desenhistas, quase todos de passagem pelo Brasil, alguns poucos aqui residindo temporária ou definitivamente ao longo do século XIX, nos legaram a documentação que constitui a maioria desta catalogação das imagens do negro (comparar as 1063 imagens do século XIX com as 115 do século XVII e as 63 do século XVIII)[3].

É evidente que esta abundante iconografia oitocentista apresenta, do ponto de vista artístico, desníveis profundos de qualidade, que vão da excelência de Guillobel, príncipe de Wied, Thomas Ender, Debret, Rugendas, Hildebrandt e William Gore Ouseley (este principalmente como grande paisagista) a representações que resvalam no mediano, no medíocre, quando não no anedótico. Este tipo de apreciação, entretanto, é muito mais pertinente ao plano da estética e da crítica da arte[4] e não pode ter peso algum na busca da iconografia que compõe esta catalogação, pois cada uma das imagens constitui, em si, um documento de interesse histórico, sociológico, antropológico e como tal deve ser analisado. O que se pode apontar, isto sim, é a motivação dos autores das imagens, alguns, como o viajante dinamarquês Harro-Harring, sensíveis à violência exercida contra escravos, que ele observou em 1840, no Rio de Janeiro, e retratou em suas aguadas, recentemente expostas no Instituto Moreira Salles, em São Paulo. Na apresentação do catálogo, Antônio Fernando de Franceschi esclarece suas intenções:

> Não foi a natureza edênica que ele veio retratar no Brasil: o exótico, antes de mais nada, na perspectiva etnocêntrica da Europa iluminista. Era um observador engajado, misto de jornalista e pintor, que pretendia documentar a realidade brutal da escravidão... O depoimento que deixou fala por si: sua palheta é ascética como convém à aspereza do tema tratado, onde nada dissimula a intenção de denúncia. Mesmo quando

3. Publicações relativamente recentes, a partir da década de 1960, vêm resgatando a produção de artistas viajantes que deixaram, especialmente sobre o cotidiano do Brasil no século XIX, um documentário iconográfico de extraordinário interesse para a temática objeto desta investigação. Entre essas publicações devem ser mencionadas: Gilberto Ferrez, *Aquarelas de Richard Bate: O Rio de Janeiro de 1808-1840* (1965); deste mesmo fértil autor, *A Muito Leal e Heroica Cidade do Rio de Janeiro: Quatro Séculos de Expansão e Evolução* (1965) e *O Brasil de Thomas Ender* (1976), além de *"O Sketch Book" de Carlos Guilherme Von Theremin* (1982); *O Barão de Löwenstern no Brasil, 1827-1829*, texto introdutório de Lygia da Fonseca Fernandes da Cunha (1972); *Landseer*, Cândido Guinle de Paula Machado (ed.), (1972); *Usos e Costumes do Rio de Janeiro nas Figurinhas de Guillobel*, texto de Paulo Berger (1978); P. J. P. Whitehead e M. Boeseman, *Um Retrato do Brasil Holandês do Século XVII: Animais, Plantas e Gente pelos Artistas de Johan Maurits de Nassau* (1989); Catálogo da Exposição *Arte e Religiosidade Afro-Brasileira*, textos e curadoria de Emanoel Araújo e Carlos Eugênio Marcondes de Moura, Frankfurt Kunstverein, out. 1994; Boris Kossoy e Maria Luiza Tucci Carneiro, *O Olhar Europeu: O Negro na Iconografia Brasileira do Século XIX* (1994); Ana Maria de Moraes Belluzzo (org.), *O Brasil dos Viajantes* (São Paulo, Fundação Odebrecht, 1994, 3 vols.); Catálogo da Exposição *Arte e Religiosidade no Brasil: Heranças Africanas*, textos e curadoria de Emanoel Araújo, Carlos Eugênio Marcondes de Moura e Maria Lúcia Montes, Pinacoteca do Estado, nov.-dez. 1997, 5 vols.; Clarival do Prado Valladares e Luiz Emygdio de Mello Filho, *Albert Eckhout: Presença da Holanda no Brasil, Século XVII*, São Paulo, Edições Alumbramento, 1998.

4. "Debret, o Neoclassicismo e a Escravidão" é um ensaio recente de Rodrigo Naves, instigante e construtivamente crítico sobre o artista francês a quem, com injustiça, alguns apressados atribuem intenções meramente decorativas, fantasiosas ou a busca do exótico e do pitoresco (Naves, 1996:40-129). O historiador de arte chileno Pablo Diener consagrou a Rugendas estudos críticos e um monumental catálogo, em obra também recente, editada na Alemanha (1997).

a perspectiva é ampla, não se perde o rigor do detalhe. O que se representa não são pessoas, mas papéis sociais. Assim desfilam patrícios e escravos na cena lancinante, que culmina a reportagem, onde negras são apalpadas no ritual de compra.

Parte da iconografia dos viajantes é comprometida por erros de registro ou por intervenções que as descaracterizam. Atente-se, por exemplo, para os traços fisionômicos da cafuza de Tarumá, na vertente paulista do Vale do Paraíba, e da mameluca de Mogi das Cruzes, naquela mesma Capitania de São Paulo, presentes no Atlas de viagem de von Spix e Martius, que quase não se distinguem uma da outra quanto a esse pormenor (*ilustração n. 118*). Os índios puris, nesse mesmo Atlas, parecem todos clones de um mesmo sujeito. Alguns puris, nos registros de Rugendas, apresentam feições caucasoides.

A reprodução dos desenhos, tendo em vista as edições europeias, era feita por pintores, gravadores e litógrafos que transferiam para as obras suas próprias ideias, correspondentes a uma concepção artística convencional formada por modelos europeus. Havia por parte deles geral desconhecimento da realidade das diferentes culturas documentadas pelos viajantes e naturalistas. Além disso, certos livreiros contratavam aquarelistas, que aplicavam às gravuras e litografias cores que tinham mais a ver com a fantasia e o apelo comercial (vender o *exótico*) e menos com qualquer verossimilitude com os temas originais (Moura, 1999:352-354). Através desse enviesado olhar transmitia-se, entre outras imagens alteradas ou distorcidas, a do negro. A esse respeito, comenta com muita propriedade Ana Maria Belluzzo:

> [...] esse legado iconográfico, assim como a literatura de viagem dos cronistas europeus, só pode dar a ver um país configurado por intenções alheias. [...] O olhar dos viajantes espelha ademais a condição de nos vermos pelos olhos deles. [...] As obras configuradas pelos viajantes engendram uma história de pontos de vista, de distância entre modos de observação, de triangulação do olhar. Mais do que enxergar a vida e a paisagem americana, levam a focalizar a espessa camada da representação. Evidenciam mais versões do que fatos. [...] As imagens elaboradas pelos viajantes participam da construção da identidade europeia. Apontam os modos como as culturas se olham e olham as outras, como imaginam semelhanças e diferenças, como conformam o mesmo e o outro. Diferentes e irredutíveis pontos de vista criam uma alucinante memória de muitos brasis (Belluzzo, 1994:8).

Procedimento um tanto comum, no século XIX, era a cópia de imagens de artistas, reproduzidas sem identificação de sua origem. Essa prática era aceita, não tendo a conotação de plágio que hoje lhe atribuímos[5]. Henry

5. Algumas gravuras que ilustram a obra de Koster (1816) são copiadas no livro de Christian Fischer (1819), em um exemplo de rápida apropriação; do livro de Elwes (1854) consta, litografado, um desenho de Thomas Ender. Ewbank (1856) copia os desenhos litografados de Buvelot e Moreau,

Chamberlain fez mais: recorreu às *figurinhas* de negros, desenhados por Joaquim Candido Guillobel no Rio de Janeiro, entre 1812 e 1816, inserindo-as em cenários urbanos por ele criados, em composições um tanto forçadas, desajeitadas mesmo (*ilustrações ns. 94, 95, 96, 101, 103*).

O militar português de origem belga, Joaquim Candido Guillobel, desenhista, cartógrafo, topógrafo e arquiteto, realizou no Rio de Janeiro e em São Luís do Maranhão, entre 1812 e 1822, através de suas "figurinhas" (71 desenhos aquarelados), um registro de imenso valor documental sobre o negro em várias situações de trabalho, indumentária masculina e feminina e situações da vida cotidiana. Seu trabalho teria sido apreciado por Debret, Thomas Ender e Maria Graham, conforme observa Naves (1996:96-99). O inglês Richard Bate, em suas aquarelas que retratam vistas e paisagens do Rio de Janeiro entre 1808 e 1840, tempo de sua prolongada residência na cidade, não deixa de documentar a presença preponderante do negro nas várias instâncias da vida urbana. As gravuras aquareladas que se encontram em *Travels in Brazil*, livro de autoria de Henry Koster (1816) e que Rubens Borba de Moraes atribui ao irmão deste autor, mostram cenas do cotidiano do Recife e do interior de Pernambuco, e nelas o negro sempre está presente (*ilustrações ns. 75* a *80*). O artista não plenamente identificado, na obra de Mawe e Bate, Koster e Guillobel são, pois, os pioneiros, no século XIX, da iconografia de que se ocupa a pesquisa. Seus levantamentos precedem a obra monumental de Debret e Rugendas, cuja iconografia sobre o negro é largamente reproduzida nesta publicação (*ilustrações ns. 119* a *171* [Debret]) e *ns. 194* a *233* [Rugendas]).

Entre os vários temas para futuras pesquisas, suscitados por esta prospecção, coloca-se o da presença, breve ou prolongada, no século XIX, de escritores, cientistas e artistas dos Estados Unidos, alguns participando de expedições científicas, entre eles Thomas Ewbank, John Codman, Herndon e Gibbon (*ilustrações ns. 280* e *281*), Charles Frederick Hartt e o casal Agassiz (*ilustrações ns. 295* a *299*). A *exploring expedition* que, no ano de 1838, sob os auspícios do governo americano, passou pelo Rio de Janeiro, em sua viagem rumo à Oceania e Extremo Oriente, durou quatro anos.

Charles Wilkes, autor de um livro em quatro volumes sobre a expedição, de que dá notícias pormenorizadas, reproduz, no primeiro volume, iconografia de extraordinário interesse antropológico, realizada durante sua breve estada no Rio de Janeiro: escarificações faciais e corporais de negros, com a identificação das etnias de seus portadores, estabelecidas pelo filó-

o mesmo fazendo, segundo parece, Edward Hildebrandt, a quem, entretanto, Lygia da Fonseca Fernandes da Cunha atribui a autoria dos desenhos litografados que constam do álbum editado por Ludwig e Briggs e realizados entre 1846 e 1849.

logo Horatio Hale, que acompanhava a expedição (*ilustrações ns. 234 e 235*)[6]. O registro dessas marcas de identidade não foi corretamente entendido por artistas como Rugendas e Debret, a quem se deve extensa iconografia sobre o negro. Desconhecendo sua semântica e sua função eles, bem como os senhores de escravos, interpretavam escarificações e tatuagens como golpes, marcas provocadas por queimaduras, cicatrizes, protuberâncias. A moderna investigação antropológica, de que o registro de Wilkes, Hale e dos artistas Alfred Agate e J. H. Brightly, desenhistas da expedição, é pioneiro, esclarece o sentido dessas marcas corporais de identidade, objeto de anterior comentário:

> Em estudo recente, que integra uma coletânea dedicada à divindade *Ogun*, cultuada até hoje não só na Iorubalândia, como também em Cuba e no Brasil, onde é muito prestigiada, Henry John Drewal aborda em profundidade a questão das marcas do corpo na cultura iorubá, seu tipo e significado, bem como as técnicas empregadas pelos artistas que as praticam e sua relação profunda com *Ogun*, orixá patrono dos ofícios ligados ao ferro, a quem são consagrados. Segundo esse autor, algumas dessas marcas localizam uma pessoa no tempo e no espaço, marcando indelevelmente o lugar e a condição do indivíduo em um amplo sistema cultural e ontológico. As escarificações praticadas no corpo e no rosto comunicam fatos biográficos a respeito de uma pessoa, incluindo as condições em que se deu seu nascimento. Outras marcas podem identificar profissões herdadas pela linhagem paterna. Um grande número de marcas corporais tem associações curativas ou protetoras. Os sacerdotes de *Osanyin*, a divindade das ervas... ministram grande número de remédios através de incisões praticadas na pele. O autor também se refere a essas marcas com um sentido de ornamento pessoal, de embelezamento do corpo. Entre os iorubás os artistas criam desenhos com intricados padrões para os homens e sobretudo para as mulheres, nos quais são inseridos colorantes. Tais padrões, muito elaborados, são julgados basicamente em termos de propriedades estéticas, isto é, o quanto valorizam a aparência de quem os usa. Eles se combinam a fim de criar, na superfície da pele, representações da flora, da fauna e de objetos culturais, que apresentam, no mais das vezes, conotações religiosas (Moura, 1994:37).

Vistas do Rio de Janeiro, executadas por William Gore Ouseley no final da década de 1840 e início da década de 1850 (*ilustrações ns. 274 a 279*), são pontuadas, quase todas, pela mesma figura de um negro empunhando um terçado. O esplendor da natureza retratada, a admirável qualidade artística das aquarelas litografadas bem poderiam dispensar a presença humana, quase

6. J. F. de Almeida Prado, no capítulo intitulado "A Congérie Africana", no livro de sua autoria, *Thomas Ender: Pintor Austríaco na Côrte de Dom João VI no Rio de Janeiro* (1955:287-294), reproduz os desenhos de Agate e Brightly e os comentários de Hale, aportuguesando os nomes das várias etnias documentadas, sem, no entanto, citar a fonte em que os localizou.

anulada pela paisagem, quem sabe devido a uma preocupação em introduzir o que se julgaria ser o pitoresco, o exótico, num álbum destinado ao consumo do público europeu.

No campo da iconografia oitocentista também se podem evocar as imagens de personalidades brasileiras de origem afro-negra recente, tais como as que se encontram nos *décalques de portrait* e nos desenhos litografados de Louis Alexis Boulanger, o grande desenhista, litógrafo e iluminador de brasões, ativo no Rio de Janeiro no Segundo Reinado, existentes nas coleções do Instituto Histórico e Geográfico Brasileiro e na seção de iconografia da Biblioteca Nacional, assim como os retratos litografados de Sébastien Auguste Sisson, reproduzidos na sua *Galeria dos Brasileiros Illustres*, em que se veem D. Manoel de Assis Mascarenhas, filho legitimado do marquês de S. João da Palma, desembargador da Relação do Rio de Janeiro, presidente de província, encarregado de negócios em Berlim, e o conselheiro Francisco Jê Acaiaba de Montezuma, visconde de Jequitinhonha, presidente de província, senador e ministro (*ilustrações ns. 321* e *322*). A esta *galeria* pertencem outras personalidades, de origens afro-negras menos divulgadas, às vezes por manobras de uma historiografia oficialesca, comprometida com a ideologia do branqueamento[7] e pela recusa preconceituosa de alguns de seus descendentes em reconhecer tal fato: certos políticos destacados do Primeiro e Segundo Reinados (Lino Coutinho, o barão de Cotegipe e o conselheiro Zacarias de Góis e Vasconcelos); dois presidentes e um vice-presidente da República (Rodrigues Alves, Nilo Peçanha e Manoel Vitorino Pereira); os poetas Francisco Otaviano, também político, ministro de Estado e diplomata de destaque, Castro Alves e Olavo Bilac; o jornalista e político Evaristo Ferreira da Veiga; o compositor Carlos Gomes, a compositora e maestrina Chiquinha Gonzaga. Outras personalidades de relevo, reconhecidamente negras ou mestiças, se fazem presentes na catalogação, por exemplo, Francisco Corrêa Vasques, considerado o grande ator cômico do século XIX; José do Patrocínio, Ferreira de Menezes e Luís Gama, jornalistas e líderes abolicionistas; Francisco de Paula Brito,

7. Gilberto Freyre, através de pesquisas em documentação e publicações da época e em depoimentos orais, de contemporâneos de algumas dessas personalidades, faz a elas expressa menção nos capítulos "O Escravo Negro na Vida Sexual e de Família do Brasileiro" (*Casa Grande e Senzala*, 1950:729; "Ascenção do Bacharel e do Mulato" e "Em torno de uma Sistemática da Miscigenação no Brasil Patriarcal e Semi-patriarcal" (*Sobrados e Mucambos*, 1951:967, 971. 978-979, 1010-1011, 10191-21, 1024, 1057, 1059, 1066, 1070); nos capítulos "A República de 89 e a Ordem Étnica" e "A República de 89 e o Progresso da Miscigenação no Brasil" (*Ordem e Progresso*, 1974, I:298-336 e II:345-386). Consultar também, de Oswaldo de Camargo, *O Negro Escrito: Apontamentos Sobre a Presença do Negro na Literatura Brasileira* (1987) e dois estudos biográficos recentes: *Dom Obá II d'África, o Príncipe do Povo: Vida, Tempo e Pensamento de um Homem Livre de Cor* (1997), de Eduardo Silva, e *Orfeu de Carapinha: A Trajetória de Luiz Gama na Imperial Cidade de São Paulo* (1999), de Elciene Azevedo.

pioneiro da atividade editorial no Rio de Janeiro, o primeiro a divulgar a obra de Machado de Assis; o grande compositor sacro, padre José Maurício Nunes Garcia; o flautista Joaquim Antônio da Silva Callado; o maestro e compositor Henrique Alves de Mesquita; os pintores José Teófilo de Jesus, Antônio Joaquim Franco Velasco, Estêvão Silva, Firmino Monteiro, Horácio Hora e Emanoel Zamor; os escritores Antônio Gonçalves Teixeira e Sousa e Machado de Assis; os poetas José da Natividade Saldanha, Gonçalves Dias, Antônio Gonçalves Crespo e Cruz e Sousa; o filósofo Tobias Barreto; o inventor Júlio Cesar Ribeiro de Sousa, pioneiro da navegação aerostática no Brasil; o engenheiro Antônio Pinto Rebouças; o visconde de Inhomirim, médico, senador, conselheiro do Império, ministro da Fazenda, presidente do Banco do Brasil e ministro plenipotenciário na França; o conselheiro Joaquim Cândido Soares de Meireles, médico da Imperial Câmara, fundador da Imperial Academia de Medicina; D. Silvério Gomes Pimenta, bispo de Mariana; o senador Francisco Glicério de Freitas, político de grande projeção nos primeiros tempos da República, ministro de Estado e chefe do Partido Republicano Paulista.

Também como exemplo de fontes iconográficas mencionem-se as litografias vendidas avulsamente. Uma delas marca o surgimento da caricatura entre nós, mais especificamente no Rio de Janeiro, em 1837, do que nos dá notícia Herman Lima em sua obra fundamental, em quatro volumes, que é a *História da Caricatura no Brasil*. Essa caricatura, atribuída a Manoel de Araújo Porto Alegre, intitulada *A Campainha e o Cujo*, litografada e vendida ao público carioca (*ilustração n. 240*), esgotou-se rapidamente e é uma alegoria satírica à controvertida figura de Justiniano José da Rocha (1812-1862), advogado, político e jornalista mestiço (fundou, no Rio de Janeiro, sete jornais). Rocha foi retratado (magnificamente, aliás) por Boulanger, em *décalque de portrait*, cujo original se encontra nas coleções do Instituto Histórico e Geográfico Brasileiro (*ilustração n. 319*).

Revistas Ilustradas do Século XIX

A iconografia sobre o afro-negro e seus descendentes nas revistas ilustradas do século XIX é vasta e, quanto a sua tipologia, pode ser assim caracterizada:

1. O retrato, feito a partir do modelo vivo ou da fotografia (este último procedimento era, aliás, muito comum na imprensa do Segundo Reinado), relativo a personalidades de grande destaque no mundo das artes (pintores, músicos, atores), da literatura e da política. Convencional, comemorativo, era, em alguns exemplos, publicado por ocasião do falecimento da pessoa homenageada, nas páginas nobres das publicações (a primeira e a última).

2. O *portrait-charge*, a meio caminho entre o retrato e a caricatura e no qual, com alguma discrição, são enfatizados traços fisionômicos ou particularidades anatômicas das personagens abordadas.
3. A alegoria, que recorre a imagens hiperbólicas, divulgadas com grande relevo nas páginas nobres das publicações e que festeja personalidades ou fatos (no caso deste levantamento, alegorias à escravidão, à Lei do Ventre Livre, aos abolicionistas, à Abolição, às comemorações do dia 13 de maio). As alegorias podiam ter um caráter mais humorístico, como se nota nas representações de políticos do Império travestidos de divindades do Olimpo (*ilustrações ns. 343* a *346*) ou de músicos da Nova Companhia Lyrica Italiana (*ilustrações ns. 347* a *350*)[8].
4. A caricatura, através da qual se amplia o repertório do artista, em que sua imaginação se solta e recorre às representações jocosas, satíricas, quando não grotescas, sobretudo em relação ao negro escravizado e ao negro finalmente livre, quando ele pretende ocupar o espaço da cidadania e participar da vida social, após a Abolição.
5. O registro de fatos diversos (cenas da vida cotidiana, festas como o Entrudo e o Carnaval, o engajamento do negro na Guerra do Paraguai, as campanhas abolicionistas, ocorrências policiais, intervenção dos capoeiras e capangas nas eleições a soldo dos adversários políticos[9] etc.).

Através da caricatura penetramos no plano da ambiguidade e da contradição. Ela, por sua própria natureza, é circunstancial, localizada, datada, seu desvendamento e fruição só se realizam plenamente pelos contemporâneos que as contemplam, acompanhadas de legendas que as comentam, inseparáveis das imagens, por isto mesmo transcritas integralmente no catálogo.

Um dos muitos exemplos da dificuldade de entendimento que a caricatura de ontem apresenta para o leitor de hoje se encontra na que tem por título *O Beijo de Arditi*, de J. Mill (*ilustração n. 329*), publicada na revista *Bazar Volante*, do Rio de Janeiro, edição do dia 25 de março de 1866. Nela se veem bela e elegante mulher branca e um casal de negros beijando-se na boca. As duas imagens se opõem: a mulher, em atitude muito hierática, rígida, distanciada, e o casal vestido com extrema simplicidade, descalço, o que conota, no modo como o negro é representado na época, sua condição servil. Que beijo é este, quem é esta mulher? A leitura dos comentários do articulista anônimo

8. Estas últimas ilustrações são atribuídas por Lima (1963, 3:856) a Aurélio de Figueiredo, irmão do pintor Pedro Américo, cujo talento o autor confronta com a sensaboria dos desenhos humorísticos de Henrique Fleiuss, proprietário da *Semana Ilustrada*, com a qual colaborava o "elegante desenhador" paraibano.

9. Dois estudos recentes abordam as raízes históricas da capoeira: *O Mundo de Pernas para o Ar: A Capoeira no Brasil*, de Letícia Vidor de Sousa Reis (1997) e *A Negregada Instituição: Os Capoeiras na Côrte Imperial*, de Carlos Eugênio Libano Soares (1999).

da revista (p. 7) permite entender melhor a intenção do caricaturista. Mlle. Lovato, cantora, apresenta-se no *Alcazar Lyrique*, e sua interpretação da conhecida ária *Il Baccio* (*O Beijo*), do compositor italiano Arditi, provoca uma crítica arrasadora:

> Mlle. Lovato... tem uns olhos que matão, mas *elle n'a que ça*. Voz pouco afinada, interpretação falsa dos andamentos, são qualidades pouco apreciaveis n'uma cantora... Respeitem o que os mestres escrevem, conservem-se d'acordo com o *lá* do diapasão, e as minhas exigencias cahirão por terra. ...O Baccio que Mlle. Lovato canta é o mesmo que Arditi escreveu? O maestro marca o movimento de walza, a artista muda o movimento, e transforma a walsa n'um rondó final de ópera. ...A música é brilhante. Mlle. Lovato torna-a plangente. D'um beijo inebriante faz um beijo de... A primeira qualidade do artista é o genio. Onde ele se encontra em Mlle. Lovato?

Este beijo de ..., que deveria ser inebriante, produzido pelo talento rarefeito de Mlle. Lovato, tem sua contrapartida no beijo trocado pelo casal de negros, cujas características físicas são, aliás, representadas grotescamente. Além do mais, o escravo equilibra na cabeça um "tigre", barril em que é carregado o excremento e outros dejetos de seus senhores, para serem lançados nas águas do mar, dos rios ou em terrenos baldios. Avançou nosso entendimento sobre a intenção pejorativa da caricatura e avançará muito mais, quando tivermos sob nossos olhos as imagens do negro nas revistas ilustradas. Outro exemplo de caricatura que, para nós, tem um referencial um tanto perdido é aquela intitulada *O Nosso Blondin Politico*, de Angelo Agostini (*ilustração n. 394*)[10]. Nela se vê o todo-poderoso ministro barão de Cotegipe travestido de funâmbulo, procurando equilibrar-se na corda bamba, com a ajuda de uma vara em que se lê *Partido Conservador* e *Partido Liberal*. Trata-se de uma alusão a Blondin, célebre funâmbulo, o primeiro a atravessar o Niagara. Esticando entre as cataratas e o Whirlpool Rapids um fio metálico de quatrocentos metros, Blondin começou no dia 30 de junho de 1859 a perigosa travessia. Percorridos os primeiros cem metros, iniciou suas exibições, sentando-se na corda, estendendo-se sobre ela e apoiando-se sobre uma única perna. Após dezoito minutos chegou ao fim do percurso. No ano seguinte tornou a atravessar as cataratas com um companheiro sobre os ombros, repetindo em seguida a façanha com os olhos vendados (Moura, 1978:35). A façanha do barão de Cotegipe seria menos árdua e espetacular, pois os interesses e programas que opunham o Partido

10. A Angelo Agostini deve-se mais da metade das imagens catalogadas neste levantamento. Foi esse artista, italiano nascido no Piemonte, o mais atuante caricaturista da época, exercendo sua atividade durante mais de quarenta anos nas revistas que fundou, em São Paulo e no Rio de Janeiro, onde morou quase toda a vida e veio a falecer, em 1910. Para melhor apreciação de sua obra ver Lima, 1963, 2:780-804.

Liberal ao Conservador, no Segundo Império, não eram tão radicalmente diversos que não permitissem ao habilidoso político baiano alcançar um fácil equilíbrio nos vários ministérios que ocupou.

Um dos fatos que chamam a atenção é a reprodução (ou recriação?) de uma linguagem repleta de vícios que, segundo os caricaturistas, era própria do negro escravizado e de que há dezenas de exemplos no catálogo. Em muitas legendas essa linguagem é entremeada pela locução *O cuô babá*. Sem saber seu significado – uma saudação respeitosa a Oxalá, o orixá da criação, pronunciada no idioma iorubá – o caricaturista a emprega apenas como um recurso jocoso e que torna mais ridículos e mais distanciados os personagens.

Alusão nada sutil às origens negras de alguns políticos do Segundo Reinado é o fato de os representar com características simiescas. Vemos, por exemplo, o visconde de Inhomirim, cujo pseudônimo literário era Timandro, em caricatura de Henrique Fleiuss, acompanhada dos seguintes versos: "Toda gente se admira / do macaco fazer renda! / quanto mais de ver Cupido / ser caixeiro de uma venda!! / quanto mais de vêr Timandro / andar hoje de commenda!!!" (*ilustração n. 352*). O barão de Cotegipe, em caricatura de Agostini, contempla-se num espelho e vê nele refletida não sua imagem, mas a de um macaco ou, segundo a legenda, de um macacão (*catálogo, n. 1486*). No Carnaval de 1888 o barão hesita entre duas fantasias, como explica a legenda:

> Desejando acompanhar esta quadra carnavalesca, D. Cotegipe deu tratos á bola, para achar o melhor meio de disfarçar-se. Na sua qualidade de rei pensou em mascarar-se em Deus Mono – isto é – Deus Momo. O receio, porem, de ser reconhecido, fe-lo abandonar esta ideia. Afinal gritou: Eureka!... Vou disfarçar-me em abolicionista. Ninguém me reconhecerá e poderei assim pregar uma boa peça aos meus adversarios (*catálogo, n. 1507*).

O político e historiador João Manuel Pereira da Silva é retratado com traços negroides por Henrique Fleiuss, que a ele sempre se refere como "Pai" João, tratamento que se dava a certos escravos, com sentido mais pejorativo do que propriamente cordial ou carinhoso (*ilustrações ns. 348, 354, 355*).

Anticlerical, a exemplo de vários de seus colegas de imprensa, Angelo Agostini denuncia sacerdotes católicos que se dedicam ao comércio da venda de escravos, como o vigário de Campinas (*catálogo, ns. 1316 e 1373*), mas também padres e frades namoradores, cujo objeto de desejo é a mulher negra ou mulata, como aquele padre que apresenta sua *senhora* e filhos em um baile ao qual fora convidado (*catálogo, n. 1293*). Henrique Fleiuss mostra um certo padre Morales *cantando a mulata*, tocando violão para ela, languidamente deitada numa rede (*ilustração n. 342*). A beleza e faceirice das mulatinhas *do caroço* são festejadas nas caricaturas de Agostini, mas para ele a *raça* negra é feia, tão feia quanto a *raça* chinesa, a quem ele compara na caricatura intitulada *Preto e Amarello* (*ilustração n. 374*). As propostas da introdução do imigrante chinês para substituir o braço escravo provocaram nas páginas da *Revista Illustrada*, propriedade de Agostini, uma campanha contrária a essa iniciativa, de extrema virulência, com artigos de fundo e imagens estereotipadas e depreciativas dos *filhos do Celeste Imperio*.

Os escravos oferecidos por seus senhores para lutar na Guerra do Paraguai mediante alforria, gesto de patriotismo que muitas vezes garantia a esses mesmos senhores comendas honoríficas (a Ordem da Rosa, por exemplo), figuram num esmaecido segundo plano, na imagem de Henrique Fleiuss, em que *O commendador Mathias Rôxo e seus filhos Augusto e Frederico fazem de seus escravos cidadãos e dos cidadãos soldados. O coração do Imperador e a voz da patria, os apontão como exemplo a seguir* (*ilustração n. 359*). Os novos "cidadãos" surgem como figuras sem rosto, sem forma, apenas esboçados. O que se ressalta, em primeiro plano, é a imagem do comendador e de seus filhos, seu desprendimento, pois eles estão desfazendo-se de bens valiosos, que são seus escravos (alguns anos mais tarde o comendador ascenderia na hierarquia nobiliárquica do Império e se tornaria o barão de Oliveira Roxo). Nem sempre os caricaturistas levavam tão a sério essas atitudes que causavam admiração e elogios e procuravam denunciar outras motivações que não as ditadas por cívica generosidade, como vemos em Victor Molla e seu *Diálogo na Roça*, em que um casal de fazendeiros depara com um escravo que se suicidou por enforcamento.

> Mulher – Olhai, Antonico, que lastima? Um conto e quinhentos mil reis perdidos!
>
> Marido – Qual, conto e quinhentos, nhá dona! É um habito da Rosa que perdemos! (*ilustração n. 360*).

A presença do negro nos concorridos festejos em louvor de Nossa Senhora da Glória, no Rio de Janeiro, nas procissões, nos cemitérios, por ocasião dos finados, nos bailes, teatros, nos transportes públicos, nas exposições da Academia de Belas Artes, na chegada dos imperadores de suas viagens ao exterior, nas ruas e praças, é mostrada, sobretudo nas caricaturas de Angelo Agostini, com um sentido de rejeição a sua inserção na vida social (como exemplo, entre muitos, a *ilustração n. 372*). Tais imagens são recorrentes, antes e após a Abolição.

Para a mentalidade da época não haveria contradição entre a recusa de incorporar o negro à cidadania e o caráter moral, humanitário, das campanhas abolicionistas, que encontraram nas páginas da *Revista Illustrada*, nos editoriais e nas imagens, a mais irrestrita acolhida, através das denúncias de maus-tratos, da exploração do trabalho servil, além de atos de violência contra escravos, resultando muitas vezes em assassinatos e suicídios, condenação às políticas contemporizadoras ou retrógradas do Partido Conservador, incentivo aos clubes e manifestações abolicionistas (por exemplo, a noite de benefício da cantora lírica Nadina Bulicioff, prestigiada pela elite carioca, quando a beneficiada, após a encenação da ópera *Aida*, vestindo ainda o traje da escrava egípcia, entregou, no palco, cartas de alforria a sete escravas (*ilustração n. 387*)[11], promoção de personalidades, datas e fatos de grande repercussão: o necrológio do jornalista e líder abolicionista negro Luís Gama, a intensa atividade de outro jornalista negro, José do Patrocínio; a chegada ao Rio do jangadeiro negro Francisco Nascimento, o Dragão do Mar (*ilustrações ns. 385 e 386*), homem do povo, cujos esforços, bem como de seus companheiros, na repressão ao contrabando de escravos do Ceará para o sul tiveram muito destaque na grande imprensa; o envio da Rosa de Ouro à Princesa Isabel, outorgada pelo papa, em reconhecimento à assinatura do decreto da Abolição (*ilustração n. 390*). Numa sociedade como a brasileira, que se vem estruturando na base das mais aberrantes contradições, esta cisão ainda aguarda melhores e mais convincentes análises.

11. Nas noites de benefício, o artista, além da renda da bilheteria, recebia presentes tanto mais valiosos quanto maior o prestígio do beneficiado. Nessa ocasião Nadina Bulicioff solicitou que, em vez de presentes, lhe entregassem cartas de liberdade para o resgate de sete moças cativas. Compareceram a família imperial, o corpo diplomático e "as classes mais distinctas de nossa sociedade", conforme noticiou o articulista da *Revista Illustrada*. É ele quem descreve o intenso clima emocional dessa noite tão especial, feita de lágrimas, patriotismo e bons sentimentos: "O nosso colega José do Patrocínio, assim como uma grande commissão de senhoras, e as escravas que iam receber de Nadina o batismo da liberdade, foram recebidos com uma salva de palmas.
Cremos que a Bulicioff se commoveu extraordinariamente ao ver diante de si as pobres mulheres, para quem ela representava o papel de redentora, e assim, entregando-lhes as cartas de liberdade, abraçou e beijou as libertandas com uma efusão tão fraterna, e um contentamento de tal forma significativo, que todos estremeceram e, com lágrimas nos olhos, saudaram a mulher sublime, que assim se identificava com os nossos sentimentos. A scena estava cheia de senhoras, que lhe traziam presentes, joias, coroas, lembranças desse dia memmoravel e ao fundo soavam os accordes do hymno nacional. Todos, de pé, saudavam a benemerita da humanidade, e a emoção aljofrava os olhos de lagrimas. Sua Magestade a Imperatriz chorava, e, pelos camarotes, os lenços, depois de acenarem com entusiasmo, molhavam-se com lagrimas espontaneas, que as desgraças das escravas arrancavam aos assistentes" (*Revista Ilustrada*, 20 de agosto de 1886). Nessa temporada da Companhia Rossi, no Rio de Janeiro, estreou na regência o jovem maestro Arturo Toscanini, que se tornaria uma celebridade no mundo da música.

A Fotografia

Outra fonte de extrema importância para a iconografia sobre o negro é a fotografia, em suas várias técnicas (daguerreótipos, ambrótipos, fotos sobre papel). As imagens fotográficas estão muito bem representadas nas publicações sobre os fotógrafos Victor Frond e Christiano Jr., no conjunto de retratos de Militão Augusto de Azevedo e nos inúmeros álbuns editados por Gilberto Ferrez.

Victor Frond teve suas fotos litografadas por vários artistas, franceses como ele, as quais foram reproduzidas no álbum que acompanha a publicação de Charles Ribeyrolles, *Brazil Pitoresco: História, Descrições, Viagens, Instituição, Colonização. Acompanhado de um Album de Vistas, Panoramas, Paisagens, Costumes etc., por Victor Frond (1859-1861)*. Ele fotografou o negro em situações de trabalho, nos canaviais e engenhos de Campos e nas fazendas de café de Paraíba do Sul e Vassouras, na então província fluminense (*ilustrações ns. 489 a 507*) e suas imagens, com outras técnicas e em outro momento histórico, são um prolongamento dos registros de Debret e Rugendas.

Este enfoque – o do negro no universo do trabalho – também se nota na produção do fotógrafo português Christiano Jr., que exercia sua profissão no Rio de Janeiro, abordada no livro *Escravos Brasileiros do Século XIX na Fotografia de Christiano Jr.*, com textos de Jacob Gorender, Manuela Carneiro da Cunha e Muniz Sodré (1988).

A série de fotografias de Christiano Jr., feitas entre 1864 e 1866, foram apregoadas por ele nos jornais da época como *"tipos de pretos"*, *"coisa muito própria para quem se retira para a Europa"*. Elas destinavam-se a um público estrangeiro, interessado no exotismo de um país longínquo, isolado do mundo até o início do século XIX. Esses "tipos de pretos" foram documentados em sua maioria no estúdio do fotógrafo, quase todos no desempenho de seus misteres, em fotos posadas (quitandeiras, vendedoras de frutas, carregadores, vendedores de quinquilharias, de flores etc.), alguns com indumentária de estética africana – torços, panos da costa – ou exibindo escarificações faciais, que reforçariam a sensação de se ter diante de si uma imagem de algo distantemente primitivo (*ilustrações ns. 429 a 447*). Esta série de Christiano Jr. foi aproveitada pelo caricaturista Henrique Fleiuss, que a transpôs para o desenho, realizando a montagem de algumas fotos, a que deu o título de *Por causa do Cambio*, através das quais comentava humoristicamente o aumento do custo de vida no Rio de Janeiro, então – como agora – acompanhando de perto as oscilações do câmbio... (*ilustração n. 335*).

Um fotógrafo sobre o qual carecemos de notícias, Carlo Evangelisti, também se interessou pelo registro de "typos", no caso um "typo braziliense", nu feminino a que ele deu o título de *Impudica* (*ilustração n. 488*).

Ao registrar a transição das casas-grandes rurais, como sede de poder, para os sobrados urbanos ou suburbanos, na sociedade patriarcal do século XIX, Gilberto Freyre comenta que esse movimento também marcou a transição do retrato pintado por artista para o daguerreótipo e para a fotografia. Esta, por algum tempo, primou pela exatidão: o feio aparecia feio mesmo que fosse rico ou poderoso o retratado. Tornou-se depois a fotografia velhacamente comercial e interessadamente "colorida". Escreve Freyre:

> Nos Estados Unidos, especialistas em cores angelicamente nórdicas requintaram-se, nos últimos decênios do século XIX, em amaciar em louros e roseos, novos-ricos, novos-poderosos e novos cultos sararás, alaranjados ou mesmo pardos do Brasil e de outros países da América do Sul.

Ele evoca as atividades do fotógrafo Cincinato Mavignier, ativo em Recife em 1848, o qual anunciava que as pessoas que com ele quissessem se retratar ficariam "possuindo um verdadeiro exemplar de sua physionomia", em "bellas tintas". As "bellas tintas" podiam, como mais tarde as cores das fotografias comercialmente coloridas, "amaciar em cor-de-rosa, pardos e amarelos de pele, em louro puro e sedoso, o alaranjado de cabelos zangados ou encarapinhados" (Freyre, 1951, 3:1030-1032). Esse processo de construção de uma nova imagem fazia parte de um projeto maior, ligado à ascenção social de novas camadas de doutores, bacharéis e militares, muitos de origem negra bem recente.

Não seria esse o procedimento do fotógrafo Militão Augusto de Azevedo, ativo na cidade de São Paulo. Significativa clientela de afro-descendentes frequentou durante quase vinte anos seu ateliê. Militão, menos conhecido por sua atividade de fotógrafo de estúdio, deve sua fama aos álbuns comparativos da capital paulista, cujas mudanças ele registrou em dois diferentes momentos, com intervalo de uns vinte anos. Por seu estúdio passaram milhares de pessoas de todos os segmentos da sociedade, cujos retratos em papel albuminado se perderam ou se acham dispersos em coleções particulares. No entanto boa parte do registro de sua produção integra hoje o acervo do Museu Paulista, da Universidade de São Paulo, sob a forma de álbuns com reproduções, em tamanho reduzido, dos retratos feitos pelo fotógrafo. O acervo de Militão vem sendo recuperado e estudado por uma equipe de técnicos e de historiadores daquela instituição que, generosamente, comunicou a este pesquisador as fichas técnicas de mais de trezentas fotos de afro-descendentes, feitas entre 1865 e 1884, autorizando a reprodução de mais de trinta delas (*ilustrações ns. 448* a *481*). A elegância, a indumentária, a postura dessas mulheres, homens e crianças em nada os diferencia da clientela "branca" do fotógrafo carioca, o qual seguia as convenções da época, ao escolher, para seus fotografados, atitudes estereotipadas, cercando-os de uma ambientação que se pretendia refinada, com o uso de telões, mobiliário e acessórios.

A partir do final da década de 1830, a travessia da Calunga Grande dos povos de Angola, de *Òkun*, o oceano dos povos de fala iorubá, tão numerosos na Bahia e Pernambuco, começa a se fazer em sentido contrário. Milhares de africanos e seus descendentes retornaram a regiões de origem, na África Ocidental (os atuais Togo, Benin e Nigéria), e ali constituíram comunidades ditas de "brasileiros", os *agudá* e *iovô*, assim denominados pelos nativos, de quem se diferenciavam pela religião, língua, habilitações profissionais, usos e costumes. Tão bem estudados por Cunha e Verger (1985), a fotografia registrou suas imagens, em estúdios de fotógrafos locais (*ilustrações ns. 482* e *483*), e por ocasião dos festejos da Abolição, comemorada em Lagos, Nigéria.

Catalogação, Descritores e Índices

Sempre tendo em vista o principal objeto da pesquisa – a iconografia –, procedeu-se a uma catalogação das imagens, ordenando-as segundo a cronologia (séculos XVII, XVIII e XIX) e autoria, iniciando-se pelos autores não identificados e prosseguindo em ordem alfabética. No século XIX, além da literatura de viagens, surgem, em pequeno número, imagens de artistas nacionais ou definitivamente radicados no país, além da vastidão de imagens encontradas nas revistas ilustradas, bem como na fotografia.

Para cada imagem prospectada estabeleceu-se o seguinte critério, atendendo-se em parte as sugestões propostas no *Manual de Catalogação*, cuja edição foi coordenada por Giacomina Faldin (1987):

1. Numeração da imagem.
2. Nome do artista ou artistas (pintores, desenhistas, gravadores, litógrafos, xilogravadores e fotógrafos).
3. Título da obra (quando houver; em caso contrário usa-se a designação *Sem título*).
4. Data (na sua falta, recorre-se à abreviatura S.d. (*sem data*).
5. Técnica empregada: *del.* (*delineavit* – desenhou), *sculpt.* (*sculpsit* – gravou), *lith.* (litografia), *xylo.* (xilogravura).
6. Medidas. Em geral elas são dadas em centímetros (altura x comprimento), convenção mais adotada, porém algumas vezes as medidas são registradas em decímetros. Foi o partido adotado por alguns autores, na reprodução de obras, e que respeitamos. Em algumas edições não se faz menção às medidas. No caso de edições originais, as medidas foram tomadas pelo autor desta investigação, até mesmo quando as medidas conflitam com as imagens.

7. Localização geográfica.
8. Descritores.
9. Bibliografia.

A numeração de cada imagem a remete aos índices. Para isso, foi seguida em parte a orientação proposta por Rubens Borba de Moraes e William Barrien em seu *Manual Bibliográfico de Estudos Brasileiros* (1949) e por Cristina Argenton Collonelli, na *Bibliografia do Folclore Brasileiro* (1979). Foram elaborados índices temáticos e onomásticos, índices topográficos e índices de artistas, em que se encaixam todas as imagens catalogadas. Eles são essenciais para uma consulta ao catálogo.

Para as imagens foram criados descritores e cada uma delas pode sugerir um ou vários descritores, conforme o assunto representado. Assim, uma mesma imagem, em se tratando da literatura de viagens, pode conter, por exemplo, os seguintes descritores: *indumentária, universo do trabalho, devoções católicas, lúdica, instrumentos de tortura de escravos* etc. Na medida do possível os descritores reproduzem o conteúdo das legendas, quando elas são suficientemente indicativas e precisas (sempre, em se tratando de Ender, Debret e Rugendas), e seguem as designações da época, que caracterizam determinadas atividades (*cangueiros, vendedoras de aluá, manuê, sonhos, pretos de ganho* etc.) ou a terminologia que designa etnias negro-africanas (*angoyans, mudjana, goobere, dawara, makuan*). Em muitos exemplos ocorrem incertezas, sobretudo no que se refere ao descritor *universo do trabalho*, quando a imagem por si só não indica com clareza a natureza econômica do trabalho exercido. É o caso da enorme categoria das quitandeiras e quituteiras e dos carregadores de uma multiplicidade de objetos que, em princípio, poderiam situar-se na categoria *negros e negras de ganho*, tratando-se, portanto, de cativos; ainda no descritor *universo do trabalho*, as imagens que se encaixam no subdescritor *vendedores* não têm como indicar se o trabalho é realizado em benefício próprio ou se se trata de escravos no desempenho de um trabalho cujo provento deverá ser entregue diariamente a seus senhores. O descritor *indumentária* pode esclarecer, em termos, a presença, na iconografia, dos livres, libertos e escravos. Estes últimos, independentemente do modo como se trajam, surgem quase sempre descalços, até mesmo quando se vestem com as luxuosas librés em que são vistos, em mais de sessenta imagens, carregando cadeirinhas de arruar, liteiras, palanquins, redes e serpentinas ou quando são fotografados no estúdio de Christiano Jr. e seu sócio Miranda, no Rio de Janeiro, usando correntes de relógio, de charuto na mão, com paletós de lapelas debruadas de seda ou veludo, chapéus e gorros com bambolinas, no rigor da moda adotada por uma classe social de que estão excluídos.

O Universo do Trabalho

> Carrega-se de tudo pela cidade, do lápis de selar ao piano. Carregam-se pessoas, de cadeirinha ou serpentina, ou simplesmente às costas para ajudá-las a transpor poças d'agua. Carregam-se quartos de boi, carregam-se os dejetos das casas, carregam-se cadeiras. São particularmente famosos os carregadores de café, cujo trabalho exaustivo se acompanha de ganhos suficientes para que possam, em cerca de dez anos, comprar sua liberdade. Verdade é que, após dez anos, sua vida útil estava acabada (Cunha, 1988:xxv).

O descritor *universo do trabalho* tem considerável representação neste levantamento iconográfico. Ele corresponde a cerca de 55% das imagens prospectadas. Nesse universo distingue-se o trabalho masculino do feminino. Vejamos, a título de exemplificação, algumas das múltiplas tarefas desempenhadas por homens e mulheres, no período pesquisado, tal como surgem na iconografia:

Trabalho Masculino		Trabalho Feminino	
Aguadeiros	92	Quitandeiras e quituteiras	128
Pajens e moleques	70	Mucamas	87
Canoeiros e remeiros	64	Vendedoras de frutas	71
Carregadores de cadeirinhas, palanquins, redes e serpentinas	62	Lavadeiras	35
Carreiros	24	Amas de leite	30
Cangueiros	16	Vendedoras de doces	8
Ambulantes	16	Vendedoras de bebidas	7
Carregadores de balaios	11	Costureiras, bordadeiras	5
Mineração	11	Mineração	2

Recaem sobre o homem as pesadas tarefas ligadas ao transporte e que demandam grande esforço físico: transporte de gente, carga e mercadorias, abastecimento de água, despejo, em lugares ermos, dos dejetos humanos carregados nos "tigres" etc. Ele também dá conta do pesado trabalho nas minas de ouro e nas lavras dimantinas. Quitandeiras, quituteiras, vendedoras de frutas, bebidas e doces constituem o contingente mais expressivo do trabalho feminino e o pequeno comércio que elas praticam, como negras de ganho, alforriadas ou livres, se exerce sobretudo nas grandes cidades a que se refere a iconografia (Rio de Janeiro, Salvador, Recife). Na qualidade de amas de leite, mucamas, lavadeiras, costureiras e bordadeiras desempenham tarefas ligadas ao dia a dia da vida doméstica.

Os descritores do universo do trabalho estão muito longe de esgotar-se nessa enumeração. São, ao todo, cerca de 180 e mostram a grande diversificação e especialização do trabalho exercido pelo africano e seus descendentes, cativos, libertos e livres ao longo do sistema escravista.

Agradecimentos

Esta investigação só se viabilizou graças às bolsas concedidas pela Fundação de Amparo à Pesquisa do Estado de São Paulo (Fapesp), e a John Simmon Guggenheim Foundation, de Nova York, para as quais vai minha gratidão. Ela é extensiva ao Instituto de Estudos Brasileiros, da Universidade de São Paulo, na pessoa de sua então diretora, a Profa. Dra. Marta Rossetti Batista, que acolheu este projeto, e à Coleção Guita e José Mindlin, de São Paulo. Expressões de louvor não dão conta da competência de suas bibliotecárias, Maria Itália Causin, Flora de Moura Pacheco e Maria Cristina Antunes, sempre dispostas a atender minhas constantes e tantas vezes inoportunas solicitações. Na etapa de publicação do projeto a ele se associaram o Instituto de Estudos Brasileiros, na gestão do Prof. Dr. Murillo Marx, e a Faculdade de Arquitetura e Urbanismo da Universidade de São Paulo, na gestão da Profa. Dra. Maria Ruth Amaral Sampaio, através de seu Laboratório de Fotografia. Nessa etapa contou-se com a competência profissional dos fotógrafos Cândida Maria Vuolo e Roberto Bogo, João Musa, Romulo Fialdini, Ângela Garcia, Lúcia Mindlin Loeb e Hélio Nobre.

Carlos Eugênio Marcondes de Moura

Catalogação

Século XVII
Literatura de Viagens e Outras Fontes

Século XVIII
Literatura de Viagens e Outras Fontes

Século XIX
Literatura de Viagens e Outras Fontes
Revistas Ilustradas
Fotografia

Século XVII

A) Literatura de Viagens e Outras Fontes

1. Fontes

1.1. Impressos

1.1.1. Gravuras

[1] Autoria não identificada (del.) e Blaeu, Willem Janszoon (sculpt.). *Africae nova descriptio*. Gravura, 40 x 55,5 cm (*Cartografia – África*).

Conteúdo: Cartucho superior, horizontal: Tanger/Ceuta/Alger/Tunis/Alexandria/Alca Ir/Mozambique/S. Gheorgius delle Mina/Canaria.

Cartucho lateral, esquerda: Marochi/Senagenses/Mercatoris in Guinea/Cab: Lopo Gonsalvi – Acoliae/Miles Congensis.

Cartucho lateral, direita: Aegyptij/Abissini/Cafres in Mozambique/Rex in Madagascar/Cap: bonae Spei habitatores.

In Blaeu, 1665.

[2] Autoria não identificada (del.) e Blaeu, Joan. *Nigritarum regio*. Gravura, 38 x 56,5 cm (*Cartografia – África*).

Texto da cartela: Amsteledami Ioannes Blaeu Excud.

In Blaeu, 1665.

[3] Autoria não identificada (del.) e Blaeu, Willem Janszoon (sculpt.). *Guinea*. Gravura, 37 x 51,5 cm (*Cartografia – África – Locais de procedência dos escravos – Guiné*).

Conteúdo da cartela: AmpliSmo. Docismoq. Vir/D. NICOLAO TULP/Medicinae Doctori Reip. Amserdamensis Senator et Scabino, Medico et Anatomico Celeberrimo'Tab hanc. D.D./Guiljelmus Blaeu.

In Blaeu, 1665.

[4] Autoria não identificada. *Regna Congo et Angola*. Gravura, 45 x 55 cm (*Cartografia – África – Locais de procedência dos escravos – Angola – Congo*).

In Blaeu, 1665.

[5] Autoria não identificada. *Aethiopia/ inferior/ vel/ Exterior. Partes magis Septentrionales, quae hic desiderantur, vide in Tabula Aethiopiae Superiores*. Gravura, 37 x 48 cm (*Cartografia – África – Locais de procedência dos escravos – Angola – Congo – Moçambique*).

In Blaeu, 1665.

[6] Autoria não identificada. *Insula S. Laurentii/ vulgo Madagascar*. Gravura, 42 x 55 cm (*Cartografia – África – Locais de procedência dos escravos – Madagascar*).

In Blaeu, 1665.

[7] Autoria não identificada. *Verborgenheid in het toemaken das zuikers*. Gravura, 13 x 16,5 cm. Bahia (*O universo do trabalho – Lavoura canavieira – Engenhos*).

In Montanus, 1671:386.

[8] Autoria não identificada. *Itamaracá*. Gravura, 27,5 x 33,5 cm. Ilha de Itamaracá, Pernambuco (*O universo do trabalho – Barqueiros – Canoeiros – Remeiros – Carregadores de bagagem, carga e fardos*).

In Montanus,1671:390.

[9] Autoria não identificada. *Ostium Fluminis Paraybae*. Gravura, 29 x 34,5 cm. Rio Paraíba (*O universo do trabalho – Carregadores de bagagem, carga e fardos – Pastores – Pescadores*).

In Montanus, 1671:424.

[10] Autoria não identificada. *Alagoa ad Austrum*. Gravura, 28,5 x 34,5 cm. Alagoas (*O universo do trabalho – Pescadores*).

In Montanus, 1671:438.

[11] Autoria não identificada. *Obsidio et expugnatio Portus Calvi*. Gravura, 27 x 32 cm. Porto Calvo (*O universo do trabalho – Carregadores de bagagem, carga e fardos – Carreiros*).

In Montanus, 1671:454.

[12] AUTORIA NÃO IDENTIFICADA. *Serinhaim*. Gravura, 28 x 34,5 cm. Serinhaém *(O UNIVERSO DO TRABALHO – CARREIROS)*.

In MONTANUS, 1671:460.

[13] AUTORIA NÃO IDENTIFICADA. *Castrum Mauritij ad Ripam Fluminis S. Francisci*. Gravura, 28 x 34,8 cm. Forte Maurício, Rio São Francisco *(O UNIVERSO DO TRABALHO – CANGUEIROS PUXANDO "PIOLHO" – CARROCEIROS)*.

In MONTANUS, 1671:466.

[14] AUTORIA NÃO IDENTIFICADA. *Hollandfch leger voor Mina*. Gravura, 13 x 16,8 cm. Pernambuco *(ETNIAS NEGRO-AFRICANAS – MINAS) (MOVIMENTOS DE LIBERTAÇÃO – INVASÃO HOLANDESA)*.

In MONTANUS, 1671:469.

[15] AUTORIA NÃO IDENTIFICADA. *Siara*. Gravura, 28,5 cm x 35 cm. Ceará-Mirim, Rio Grande do Norte *(O UNIVERSO DO TRABALHO – BOIADEIROS)*.

In MONTANUS, 1671:470.

[16] AUTORIA NÃO IDENTIFICADA. *Mauritiopolis*. Gravura, 26 x 53 cm. Mauriciópolis, Pernambuco *(O UNIVERSO DO TRABALHO – BARQUEIROS – CANOEIROS – REMEIROS – PESCADORES)*.

In MONTANUS, 1671:482.

[17] AUTORIA NÃO IDENTIFICADA. *Arx Principi Guiljelmi*. Gravura, 28 x 26 cm. Forte do Príncipe Guilherme *(O UNIVERSO DO TRABALHO – CARREGADORES DE BAGAGEM, CARGA E FARDOS – CARREIROS – PESCADORES)*.

In MONTANUS, 1671:484.

[18] AUTORIA NÃO IDENTIFICADA. *Joan Njeujhofs. geden Kweerdige ZEE en LANTREIZE door de Voormaemfte Lanfchappen van West en Oost INDIEN*. Gravura, 28,5 x 17 cm *(ALEGORIAS – ÁFRICA – AMÉRICA)*.

In NIEUHOFF, 1682, frontispício.

[19] AUTORIA NÃO IDENTIFICADA. *L' Afrique*. Gravura, 28 x 17,2 cm *(ALEGORIAS – ÁFRICA)*.

In DAPPER, 1686, frontispício.

[20] AUTORIA NÃO IDENTIFICADA. *Cafteel del Mina. Chateau de S. George de La Mina tel quil étoit du temps des Portugais*. Gravura, 26 x 36 cm *(ÁFRICA – ENTREPOSTOS DE ESCRAVOS – O CASTELO DE S. JORGE DE MINA, NA COSTA DO OURO)*.

In DAPPER, 1686:280.

[21] AUTORIA NÃO IDENTIFICADA. *Loanda S. Pauli*. Gravura, 27 x 49,5 cm *(CARTOGRAFIA – ÁFRICA – LOCAIS DE PROCEDÊNCIA DOS ESCRAVOS – SÃO PAULO DE LOANDA)*.

In DAPPER, 1686:361.

[22] NIEUHOF, JOHANN (del.). *Negers Speelende op KalabaSen*. Gravura, 27 x 18,9 cm *(LÚDICA – DANÇAS NÃO IDENTIFICADAS) (MÚSICA – INSTRUMENTOS MUSICAIS – PANDEIRO – RECO-RECO)*.

In NIEUHOFF 1682:215.

[23] POST, FRANS (del.). *Olinda*. Gravura, 35 x 55 cm *(O UNIVERSO DO TRABALHO – CARREGADORES DE BAGAGEM, CARGA E FARDOS)*.

In BAERLE, 1647, n. 10.

[24] POST, FRANS (del.). *Serinhaim*. Gravura, 35 x 51 cm Serinhaém *(O UNIVERSO DO TRABALHO – CARREGADORES DE BAGAGEM, CARGA E FARDOS)*.

In BAERLE, 1647, n. 12.

[25] POST, FRANS (del.). *Alagoa ad austrum*. Gravura, 36,5 x 50,5 cm Alagoas. *(O UNIVERSO DO TRABALHO – CARREGADORES DE BAGAGEM, CARGA E FARDOS)*.

In BAERLE, 1647, n. 15.

[26] POST, FRANS (del.). *Praefectura Pernambucae pars Borealis, una cum Praefectura de Itâmâracá*. Gravura, 41 x 63,5 cm. Recife e Itamaracá *(O UNIVERSO DO TRABALHO – LAVOURA CANAVIEIRA – ENGENHOS)*.

In BAERLE,1647, n. 17.

[27] POST, FRANS (del.). *Ostium Fluminis Paraybae*. Gravura, 35,5 x 49,5 cm. Rio Paraíba *(O UNIVERSO DO TRABALHO – CARREGADORES DE BAGAGEM, CARGA E FARDOS)*.

In BAERLE, 1647, n. 28.

[28] POST, FRANS (del.). *Sem título*. Gravura, 34,5 x 50 cm. Olinda *(O UNIVERSO DO TRABALHO – JANGADEIROS)*.

In BAERLE, 1647, n. 32.

[29] POST, FRANS (del.). *Arx Principis Guglielmi*. Gravura, 35,5 x 21 cm. Forte do Príncipe Guilherme *(O UNIVERSO DO TRABALHO – CARREGADORES DE BAGAGEM, CARGA E FARDOS)*.

In BAERLE, 1647, n. 34.

[30] POST, FRANS. *Friburgum. Hospitium nigritarum*. Gravura, 39 x 50 cm. Palácio de Friburgo. Pernambuco *(ARQUITETURA – SENZALAS – PLANTA BAIXA)*.

In BAERLE, 1647, n. 39.

[31] Post, Frans (atribuição) (del.). *Parayba*. Gravura, 35,5 x 51 cm. Paraíba (O universo do trabalho – Barqueiros – Canoeiros – Remeiros).

In Baerle,1647, n. 27.

2. Bibliografia

2.1 Catálogos, Livros e Periódicos

2.1.1 Aquarelas, Desenhos, Gravuras e Óleos

[32] Autoria não identificada. *O Cais do Varadouro em Olinda. Tem dous de comprido 930 Palmos conforme Mostra planta tirada em prespitiva, e de alto Seis palmos e de grosso 4, e a estrada trinta palmos ladrilhado de pedra negra de lastro, a escada tem vinte palmos com sinco degraos, ha de ter o caiz 2 Arcos pa. despejar as agoas do inverno. 1690*. Gravura aquarelada, 10,5 x 42,5 cm (O universo do trabalho – Atividades não identificadas).

In *Revista do Instituto Arqueológico e Geográfico Pernambucano*, XI:586, 1908.

[33] Becx, Jaspar (atribuição) ou Eckhout, Albert (atribuição). *Kongoneger in europaïschen Anzug*. Ölgemälde von Alb. Eckhout (unsiegnert). Óleo s/ tela, 72 x 60 cm. Etnografiske Samling, Nationalmuseet, Copenhague (Etnias negro-africanas – Congo) (Indumentária masculina).

In 1. Thomsen, 1938:26, fig.12.
2. Whitehead & Boeseman, 1989:319, Pr. 86.
3. Valladares, 1998:85 e 126.

[34] Becx, Jaspar (atribuição) ou Eckhout, Albert (atribuição). *Kongoneger in europaïschen Anzug*. Ölgemälde von Alb. Eckhout (unsiegnert). Óleos s/ tela, 75 x 62 cm. Etnografiske Samling, Nationalmuseet, Copenhague (Etnias negro-africanas – Congo) (Indumentária masculina).

In 1. Thomsen, 1938:26, fig. 13.
2. Whitehead & Boeseman, 1989:320, Pr. 87.
3. Valladares, 1998:86 e 126.

[35] Becx, Jaspar (atribuição) ou Eckhout, Albert (atribuição). *Kongoneger in europaïschen Anzug*. Ölgemälde von Alb. Eckhout (unsiegnert). Óleos s/ tela, 72 x 59 cm. Etnografiske Samling, Nationalmuseet, Copenhague (Etnias negro-africanas – Congo) (Indumentária masculina).

In 1. Thomsen, 1938:28-29, fig. 14.
2. Whitehead & Boeseman, 1989:320, Pr. 87.
3. Valladares, 1998:87 e 126.

[36] Becx, Jaspar (atribuição) ou Eckhout, Albert (atribuição). *Africano com espada*. Óleo s/ tela, 75 x 62 cm. S. Niistad Oude Kunst R. V., Haia (Etnias negro-africanas não identificadas) (Indumentária masculina).

In Whitehead & Boeseman, 1989:319, Pr. 86.

[37] Eckhout, Albert. *Mulatte aus Brasilien*, 1641. Óleo s/ tela, 265 x 193 cm. Ölgemälde von Alb. Eckhout (unsigniert). Etnografiske Samling, Nationalmuseet, Copenhague (Miscigenação – Mulatos).

In 1. Thomsen, 1938:16, fig. 7.
2. Whitehead & Boeseman, 1989:70-72 e 273.
3. Belluzzo, 1994, I:93.
4. Valladares, 1998:77-78, 120-122.

[38] Eckhout, Albert. *Negerin aus dei Goldküste von Afrika*. Ölgemälde, siegniert A Eckhout fec.1644 brasil. Óleo s/ tela, 267 x 178 cm. Etnografiske Samling, Nationalmuseet, Copenhague (Etnias negro-africanas – Costa do Ouro) (Indumentária feminina).

In 1. Thomsen, 1938:22, fig. 10.
2. Whitehead & Boeseman, 1989:73-74 e 276, Pr. 45.
3. Belluzzo, 1994, I:94.
4. Valladares, 1998:78, 80-81, 123-124.

[39] Eckhout, Albert. *Neger krieger aus der Goldküste von Afrika*. Ölgemälde, siegniert; A. Eckhout fec. 1641 brasil. Óleo s/ tela, 264 x 162 cm. Etnografiske Samling, Nationalmuseet, Copenhague (Etnias negro-africanas. Guerreiro da Costa do Ouro – Fanti?).

In 1 Thomsen, 1938:23, fig. 11.
2. Whitehead & Boeseman, 1989:73-74 e 275, Pr. 44.
3. Belluzzo, 1994, I:94.
4. Valladares, 1998:83 e 125.

[40] Eckhout, Albert. *Junger Neger (Albino)*. Óleo s/ papel, 37,9 x 23,6 cm. Skizze von Alb. Eckhout. Obra no *Theatrum Rerum Naturalium Brasiliae, Icones Animalium, Libri Picturati*. Biblioteka Jagiellonska, Cracóvia, Polônia (Os corpos imperfeitos – Albinos).

In 1. Thomsen, 1938:96, fig. 61.
2. Whitehead & Boeseman, 1989:243, Pr. a.

[41] Eckhout, Albert. *Negermädchen*. Óleo s/ papel. Skizze von Alb. Eckhout (aus Miscellanea Clayeri) (O universo do trabalho – Mucamas).

In 1. Thomsen, 1938:97.
2. Whitehead & Boeseman, 1989:226, Pr. b.

[42] ECKHOUT, ALBERT. *Negra brasileira do século XVII*. Óleo s/ tela. Castelo de Charlottenburg, Berlim, Alemanha, Cat. I, 5023 (*ETNIAS NEGRO-AFRICANAS – NÃO IDENTIFICADAS*) (*INDUMENTÁRIA FEMININA*).

In 1. THOMSEN, 1938:123, fig.72.
2. FREYRE, II:1950, frontispício.

[43] ECKHOUT, ALBERT. *Kongoneger*. Obra no *Theatrum Rerum Naturalium Brasiliae, Icones Animalium, Libri Picturati*. Biblioteka Jagiellonska, Cracóvia, Polônia (*ETNIAS NEGRO-AFRICANAS – CONGO*).

In THOMSEN, 1938:150, fig.75.

[44] ECKHOUT, ALBERT. *Porträt eines negers mit turban und muschel*. Óleo s/ tela, s.d. Coleção Beatriz e Mário Pimenta Camargo, São Paulo (*ETNIAS NEGRO-AFRICANAS – NÃO IDENTIFICADAS*) (*INDUMENTÁRIA – TURBANTE*).

In HAGUENAUER, 1992:104.

[45] ECKHOUT, ALBERT. *Nigrita (Negrinha)*. Óleo s/ papel, 49 x 31 cm. Obra no *Theatrum Rerum Naturalium Brasiliae, Icones Animalium, Libri Picturati*, A34, Fólio 9, 1662. Biblioteka Jagiellonska, Cracóvia, Polônia (*ETNIAS NEGRO-AFRICANAS – NÃO IDENTIFICADAS*) (*INDUMENTÁRIA FEMININA*).

In BELLUZZO, 1994, II:38.

[46] KESSEL, JAN VAN, *Americque*, 1666. Óleo s/ cobre, 48,5 x 67,5 cm (painel principal) e 14,5 x 67,5 cm (painéis menores). Bayerische Staatgemäldsammlungen, Munique, Alemanha (*ALEGORIAS – AMÉRICA*) (*ETNIAS NEGRO-AFRICANAS – NÃO IDENTIFICADAS*).

Resumo: A alegoria central (Paraíba, no Brasil) mostra um negro com ornamento indígena sentado no chão e uma criança negra tocando címbalos.

In 1. WHITEHEAD & BOESEMAN,1989:292, Pr. 58, texto pp. 90-94.
2. BELLUZZO, 1994, I:136.

[47] LOCKE, JOHN (del.). *An inhabitant from Angola. Another inhabitant from Angola*. Aquarela. MS Sloane. Departamento de Manuscritos, Museu Britânico (*ETNIAS NEGRO-AFRICANAS – ANGOLA*).

In WHITEHEAD & BOESEMAN,1989:85 e 287, Pr. 54.

[48] MARCGRAF, GEORG (del.) e BLAEUS, JOHANNES (ed.). *Brasilia Qua Parte Paret Belgis. Amsterdã, 1647*. Gravura em metal aquarelada, 121 x 165,5 cm. Coleção Pedro Franco Piva, São Paulo (*O UNIVERSO DO TRABALHO – LAVOURA CANAVIEIRA – ENGENHOS*).

In 1. BELLUZZO, 1994, I:135.
2. FERNANDES, 1998:37.

[49] POST, FRANS. *La charrette à boeufs*. 15.8.1638. Óleo s/ tela, 61 x 88 cm. Pernambuco. Musée du Louvre, Paris (*O UNIVERSO DO TRABALHO – CARREIROS*).

In LARSEN, 1962:33.

[50] POST, FRANS. *Paysage à la procession avec palanquin*. 2.10.1649. Painel, 53 x 69 cm. Pernambuco. Alte Pinakotheque, Munique (*O UNIVERSO DO TRABALHO – CARREGADORES DE CADEIRINHAS, LITEIRAS, PALANQUINS, REDES E SERPENTINAS*).

In 1. LARSEN, 1962:48.
2. TIEFENBACHER, 1994:32.

[51] POST, FRANS. *Moulin à sucre*. C.1660. Óleo s/ tela, 71,5 x 91,5 cm. Pernambuco. Museu Boymans, Roterdã (*O UNIVERSO DO TRABALHO – LAVOURA CANAVIEIRA – ENGENHOS*).

In LARSEN, 1962:64.

[52] POST, FRANS. *Une chapelle et la demeure des Portugais*. C.1650-1655. Óleo s/ tela, 113 x 145 cm. Pernambuco. Musée du Louvre, Paris (*CENAS DE GÊNERO*).

In LARSEN, 1962:80.

[53] POST, FRANS. *Vue d'Antonio Vaz*. 1640. Óleo s/ tela, 60 x 88 cm. Recife. Coleção Joaquim de Sousa Leão, Haia (*O UNIVERSO DO TRABALHO – VENDEDORES AMBULANTES*).

In LARSEN, 1962:96. Sousa Leão identifica a obra como *Fort Fredrik Hendrik* (1973:59, n. 6).

[54] POST, FRANS. *La vie au Brésil*. Após 1660. Painel, 49 x 62 cm. Pernambuco. National Gallery, Dublin (*O UNIVERSO DO TRABALHO – LAVOURA CANAVIEIRA – ENGENHOS*).

In LARSEN, 1962:112.

[55] POST, FRANS. *Paysage au grand cocotier*. Após 1660. Óleo s/ tela, 54,5 x 72 cm. Pernambuco. Coleção particular, Alemanha (*CENAS DE GÊNERO*).

In LARSEN,1962:128.

[56] POST, FRANS. *Rua do Ponte e Maurizburg*. S.d. Lápis, 17 x 28,5 cm. Pernambuco. Coleção Joaquim de Sousa Leão, Haia (*O UNIVERSO DO TRABALHO – CARREGADORES DE CADEIRINHAS, LITEIRAS, PALANQUINS, REDES E SERPENTINAS*).

In LARSEN, 1962, Pr. 5.

[57] POST, FRANS. *L'île de Itamaracá*. 1637. Óleo s/ tela, 63,5 x 89,5 cm. Pernambuco. Mauritshuis, Haia (*O UNIVERSO DO TRABALHO – PEÕES*).

In LARSEN,1962, Pr. 23.

[58] POST, FRANS. *Paysage aux alentours de Porto Calvo*. 1639. Óleo s/ tela, 61 x 88 cm. Alagoas. Musée du Louvre, Paris *(O UNIVERSO DO TRABALHO – CARREGADORES COM BALAIOS – NEGROS DE GANHO?)*.

In LARSEN, 1962, Pr. 26.

[59] POST, FRANS. *Le Fort des Rois Mages*. 1639. Óleo s/ tela, 60 x 86 cm. Forte dos Reis Magos, Rio Grande do Norte. Musée du Louvre, Paris *(O UNIVERSO DO TRABALHO – BARQUEIROS – CANOEIROS – REMEIROS)*.

In LARSEN, 1962, Pr. 27.

[60] POST, FRANS. *Village des environs de Pernambouc*. 1654. Painel, 51 x 70 cm. Pernambuco. Nederlands Historisch Scheepvaartmuseum (Museu da Marinha), Amsterdã *(CENAS DE GÊNERO)*.

In LARSEN, 1962, Pr. 29.

[61] POST, FRANS. *Vue panoramique d'Olinda*. *C*.1650-1655. Óleo s/ tela, 78 x 101 cm. Museu Nacional de Belas Artes, Rio de Janeiro *(CENAS DE GÊNERO)*.

In LARSEN, 1962, Pr. 33. Sousa Leão identifica a obra como *Ruwyn van Stad Olinda in Brasil* (1973:107, n. 73).

[62] POST, FRANS. *Village avec Casa Grande*. S.d. Óleo s/ tela, 37 x 54 cm. Coleção Barão Thyssen, Lucerna, Suíça *(LÚDICA – DANÇAS NÃO IDENTIFICADAS)*.

In LARSEN, 1962, Pr. 34.

[63] POST, FRANS. *Paysage dans la région de Pernambouc*. 1658. Painel, 40,5 x 54,5 cm. The Wadsworth Atheneum, Hartford, Conn., Estados Unidos *(CENAS DE GÊNERO)*.

In LARSEN, 1962, Pr. 35.

[64] POST, FRANS. *La rivière dans la plaine*. 1658. Painel, 62 x 78 cm. Coleção Mário e Beatriz Pimenta Camargo, São Paulo *(CENAS DE GÊNERO)*.

In LARSEN, 1962, Pr. 36.

[65] POST, FRANS. *Village près de Pernambouc (Ipojuca?)*. 1647. Óleo s/ tela, 49 x 59 cm. Pernambuco. Biblioteca Municipal Mário de Andrade, São Paulo *(CENAS DE GÊNERO)*.

In LARSEN,1962, Pr. 37.

[66] POST, FRANS. *Ruines d'Olinda*. *C*.1650-1655. Óleo s/ tela, 86 x 114 cm. Pernambuco. Instituto Histórico e Geográfico Brasileiro, Rio de Janeiro *(CENAS DE GÊNERO)*.

In LARSEN, 1962, Pr. 38.

[67] POST, FRANS. *Paysage avec une rivière*. 1649. Painel, 53 x 69 cm. Alte Pinakotheque, Munique *(CENAS DE GÊNERO)*.

In LARSEN, 1962, Pr. 41.

[68] POST, FRANS. *Maison sur la rive*. 1665. Painel, 47 x 63 cm. Coleção particular *(O UNIVERSO DO TRABALHO – VENDEDORES DE FRUTAS)*.

In LARSEN, 1962 Pr. 43. Sousa Leão identifica a obra como *Plantation scene* (1973:73, n. 22).

[69] POST, FRANS. *Paysage brésilien*. 1654. Painel, 51 x 70 cm. Nederlands Historisch Scheepvaartmuseum (Museu da Marinha), Amsterdã *(CENAS DE GÊNERO)*.

In LARSEN, 1962, Pr. 45.

[70] POST, FRANS. *Moulin à sucre*. C.1650-1655. Óleo s/ tela, 115 x 165 cm. Musée du Louvre, Paris *(O UNIVERSO DO TRABALHO – LAVOURA CANAVIEIRA – ENGENHOS)*.

In LARSEN, 1962, Pr. 46.

[71] POST, FRANS. *Une fabrique de sucre de canne au Brésil*. S.d. Bico-de-pena e nanquim. 14,3 x 28,2 cm. Musées Royaux des Beaux Arts, Bruxelas *(O UNIVERSO DO TRABALHO – LAVOURA CANAVIEIRA – ENGENHOS)*.

In LARSEN, 1962, Pr. 47.

[72] POST, FRANS. *La fabrication du sucre*. 1660. Painel, 87 x 113 cm. Statensmuseum, Copenhague *(O UNIVERSO DO TRABALHO – LAVOURA CANAVIEIRA – ENGENHOS)*.

In LARSEN, 1962, Pr. 50.

[73] POST, FRANS. *Moulin à sucre en lisière de la forêt vierge*. *C*.1660. Óleo s/ tela, 79,5 x 112 cm. Propriedade desconhecida *(O UNIVERSO DO TRABALHO – LAVOURA CANAVIEIRA – ENGENHOS)*.

In LARSEN, 1962, Pr. 50.

[74] POST, FRANS. *Moulin à sucre*. S.d. Óleo s/ tela, 104 x 186 cm. Castelo Nederhemert, Holanda *(O UNIVERSO DO TRABALHO – LAVOURA CANAVIEIRA – ENGENHOS)*.

In LARSEN, 1962, Pr. 51.

[75] POST, FRANS. *Plantation de canne à sucre*. S.d. Óleo s/ tela, 90 x 114 cm. Museu Nacional de Belas Artes, Rio de Janeiro *(O UNIVERSO DO TRABALHO – LAVOURA CANAVIEIRA – CANAVIAIS)*.

In LARSEN,1962, Pr. 52.

[76] POST, FRANS. *La maison d'un portugais noble*. *C*.1650-1655. Óleo s/ tela, 100 x 135 cm. Musée du Louvre, Paris *(CENAS DE GÊNERO)*.

In LARSEN,1962, Pr. 54. Sousa Leão identifica a obra como *Franciscan closter* (1973:101, n. 63).

[77] POST, FRANS. *Vue d'Iguarasu*. 1659. Painel, 40 x 61 cm. Rijksmuseum, Amsterdã (CENAS DE GÊNERO).

In LARSEN, 1962, Pr. 57.

[78] POST, FRANS. *La paroisse Saints-Cosme-et-Damien (Iguarasu)*. *C*.1660. Painel, 33 x 41 cm. Iguarassu, Pernambuco. Museu Nacional de Belas Artes, Rio de Janeiro (CENAS DE GÊNERO).

In LARSEN, 1962, Pr. 58.

[79] POST, FRANS. *Le couvent S. Francisco à Iguarasú*. S.d. Painel, 50,5 x 40,8 cm. Iguarassu, Pernambuco. Coleção Djalma Fonseca Hermes, Rio de Janeiro (CENAS DE GÊNERO).

In LARSEN, 1962, Pr. 59.

[80] POST, FRANS. *Habitations de planteurs près de la rivière Parahyba*. 1650-1655. Óleo s/ tela, 104 x 130 cm. Musée du Louvre, Paris (CENAS DE GÊNERO).

In LARSEN, 1962, Pr. 61.

[81] POST, FRANS. *Serinhaem*. 1645. Desenho, 33 x 51 cm. British Museum, Londres (O UNIVERSO DO TRABALHO – CARREGADORES DE BAGAGEM, CARGA E FARDOS).

In LARSEN, 1962, n. 78.

[82] POST, FRANS. *Olinda*. S.d. Desenho, 33 x 51 cm. British Museum, Londres (CENAS DE GÊNERO).

In LARSEN, 1962, n. 64.

[83] POST, FRANS. *Vue panoramique d'Olinda*. 1665. Óleo s/ tela, 80 x 110 cm. Coleção Octales Marcondes Ferreira, São Paulo (CENAS DE GÊNERO).

In LARSEN, 1962, Pr. 65.

[84] POST, FRANS. *Église jesuite en lisière de la plaine*. Após 1660. Óleo s/ tela, 66 x 88 cm. Rijksmuseum, Amsterdã (CENAS DE GÊNERO).

In LARSEN, 1962, Pr. 66.

[85] POST, FRANS. *Visite à une église du type jésuite en ruines*. 1655. Painel, 55 x 81,9 cm. Detroit Institute of Arts, Detroit (O UNIVERSO DO TRABALHO – CARREGADORES DE CADEIRINHAS, LITEIRAS, PALANQUINS, REDES E SERPENTINAS).

In LARSEN, 1962, Pr. 67.

[86] POST, FRANS. *Visite à l'église*. *C*.1655-1660. Painel, 47 x 64 cm. Staatliches Museum, Schwerim, Alemanha (O UNIVERSO DO TRABALHO – CARREGADORES DE CADEIRINHAS, LITEIRAS, PALANQUINS, REDES E SERPENTINAS).

In LARSEN, 1962, Pr. 68.

[87] POST, FRANS. *Les ruines de Sé d'Olinda*. 1662. Óleo s/ tela, 107,5 x 172,5 cm. Rijksmuseum, Amsterdã (CENAS DE GÊNERO).

In LARSEN, 1962, Pr. 69.

[88] POST, FRANS. *Paysage avec un couvent franciscain*. *C*.1660. Painel, 55 x 66 cm. Museum des Siegerlandes, Siegen (CENAS DE GÊNERO).

In LARSEN, 1962, Pr. 70. Sousa Leão identifica a obra como *The village of Ipojuca* (1973:119, n. 93).

[89] POST, FRANS. *L'église en ruines*. *C*.1655-1660. Painel, 58, x 63,5 cm. Staatliche Kunsthalle, Karslruhe, Alemanha (CENAS DE GÊNERO).

In LARSEN, 1962, Pr. 71.

[90] POST, FRANS. *La Varzea avec Casa-Grande et église rurale*. 1664. Sem detalhes. The John and Mable Ringling Museum of Art, Sarasota, Flórida, Estados Unidos (CENAS DE GÊNERO).

In LARSEN, 1962, Pr. 73.

[91] POST, FRANS. *Moulin à sucre et Casa-Grande*. *C*.1655-1660. Painel, 47 x 64 cm. Staatliches Museum, Schwerin, Alemanha (O UNIVERSO DO TRABALHO – LAVOURA CANAVIEIRA – ENGENHOS).

In LARSEN, 1962, Pr. 74.

[92] POST, FRANS. *Ruines dans la campagne de Pernambouc*. *C*.1660. Painel, 34 x 47 cm. Museu Nacional de Belas Artes, Rio de Janeiro (CENAS DE GÊNERO).

In LARSEN,1962, Pr. 77. Sousa Leão identifica a obra *Ruins of the Carmo Convent, Olinda* (1973:137, n. 33).

[93] POST, FRANS. *Paysage de Parahyba*. *C*.1660. Painel, 45 x 54 cm. Museu Nacional de Belas Artes, Rio de Janeiro (CENAS DE GÊNERO).

In 1. LARSEN, 1962, Pr. 78.
2. BELLUZZO, 1994, I:132 (a autora assim descreve a imagem: Óleo s/ madeira, 45,4 x 53,7 cm).

[94] POST, FRANS. *Région avoisinante d'Olinda*. *C*.1660. Painel 38 x 57 cm. Museu Nacional de Belas Artes, Rio de Janeiro (CENAS DE GÊNERO).

In LARSEN, 1962, Pr. 79. Sousa Leão identifica a obra como *The varzea landscape* (1973:127, n. 113).

[95] POST, FRANS. *Paysage brésilien avec cortège de blancs et noirs.* 1661. Painel, 44 x 70 cm. Coleção Joaquim de Sousa Leão, Haia (CENAS DE GÊNERO).

In LARSEN, 1962, Pr. 80.

[96] POST, FRANS. *La vallée des Hollandais (environs de Mauritsstaad?)* 1667. Painel, 50 x 69 cm. Mauritshuis, Haia (CENAS DE GÊNERO).

In LARSEN, 1962, Pr. 81.

[97] POST, FRANS. *La Casa-Grande dans la plaine.* S.d. Óleo s/ tela, 60 x 90 cm. Coleção Mário e Beatriz Pimenta Camargo, São Paulo (CENAS DE GÊNERO).

In LARSEN,1962, Pr. 82.

[98] POST, FRANS. *Paysage dans la province de Pernambouc.* 1669. Óleo s/ tela, 45,6 x 63,5 cm. Pernambuco. Kunstmuseum, Düsseldorf, Alemanha (CENAS DE GÊNERO).

In LARSEN, 1962, Pr. 83.

[99] POST, FRANS. *Village brésilien à l'orée de la plaine.* 1669. Óleo s/ tela, 119,5 x 172,5 cm. Kunstmuseum, Dusseldorf, Alemanha (CENAS DE GÊNERO).

In LARSEN, 1962, Pr. 89.

[100] POST, FRANS. *Cortège de nègres, avec, au loin, un village.* 1660. Painel, 22,5 x 28 cm. Rijksmuseum, Amsterdã (CENAS DE GÊNERO).

In LARSEN,1962, Pr. 93.

[101] POST, FRANS. *Les bâtiments de la plantation de sucre.* Após 1660. Painel, 22,5 x 18 cm. Rijksmuseum, Amsterdã (O UNIVERSO DO TRABALHO – LAVOURA CANAVIEIRA – ENGENHOS).

In LARSEN, 1962, Pr. 95.

[102] POST, FRANS. *La Casa-Grande dans la plaine.* 1658. Óleo s/ tela, 44 x 70,5 cm. Oeffentliche Kunstsammlung, Basiléia, Suíça (CENAS DE GÊNERO).

In LARSEN, 1962, Pr. 98.

[103] POST, FRANS. *Village brésilien avec Casa-Grande.* S.d. Painel, 37,7 x 49,7 cm. Musée des Beaux-Arts, Liège, Bélgica (CENAS DE GÊNERO).

In LARSEN, 1962, Pr. 99.

[104] POST, FRANS. *La Maison du Portugais et l'Église rustique.* S.d. Painel, 31 x 41,2 cm. Coleção particular, Paris (CENAS DE GÊNERO).

In LARSEN, 1962, Pr. 100.

[105] POST, FRANS. *Mauritsstad.* 1653. Óleo s/ madeira, 48,2 x 83,6 cm. Coleção particular, São Paulo (CENAS DE GÊNERO).

In BELLUZZO, 1994, I:124. Sousa Leão identifica-o como *Mauritsstad and Recife* e designa outra data: 25.8.1657.

[106] POST, FRANS. *Vista de um Engenho de Açúcar.* S.d. Óleo s/ madeira, 25,7 x 41,4 cm. Museu Nacional de Belas Artes (O UNIVERSO DO TRABALHO – LAVOURA CANAVIEIRA – ENGENHOS).

In BELLUZZO, 1994, I:132.

[107] POST, FRANS. *Paisagem com jiboia.* S.d. Óleo s/ tela, 119 x 174 cm. Museu Nacional de Belas Artes, Rio de Janeiro (CENAS DE GÊNERO).

In BELLUZZO, 1994, I:133.

[108] WAGENER, ZACHARIAS. *Mulatte. Aus Wageners Thierbuch* (Nach Eckhouts Gemälde Fig. 7). Aquarela. Staatlichen Kunstsammlungen, Kupferstich Kabinett, Dresden, Alemanha (MISCIGENAÇÃO – MULATOS).

In 1. THOMSEN, 1938:72, fig. 34.
2. WHITEHEAD & BOESEMAN, 1989:260, Pr. 29.

[109] WAGENER, ZACHARIAS. *Molher Negra – Negerin aus der Gold – Küste von Guinea. Aus Wageners Thierbuch (Nach Ekhouts gemälde). Omen negro. Neger ausder Goldküste von Guinea. Aus Wageners Thierbuch (Nach Ekhouts gemälde, fig. 10 e 11).* Aquarela (ETNIAS NEGRO-AFRICANAS – COSTA DO OURO – GUINÉ) (INDUMENTÁRIA FEMININA – INDUMENTÁRIA MASCULINA).

In 1. THOMSEN, 1938:74-75, fig. 36 e fig. 37.
2. WAGENER, 1964, Pr. 97, 98 e 99.
3. WHITEHEAD & BOESEMAN, 1989:259, Pr. 28.

[110] WAGENER, ZACHARIAS. *Wohnhaus das Moritz Grefen von Nassau (Palácio de Maurício, Conde de Nassau).* Aquarela. Staatlichen Kunstsammlungen, Dresden, Alemanha (O UNIVERSO DO TRABALHO – CARPINTEIROS – PEDREIROS).

In WAGENER, 1964 , Pr. 98.

[111] WAGENER, ZACHARIAS. *Aldea.* Aquarela. Staatlichen Kunstsammlungen, Dresden, Alemanha (O UNIVERSO DO TRABALHO – CARPINTEIROS – PEDREIROS).

In 1. WAGENER, 1964, Pr. 101.
2. BELLUZZO, 1994, II:42. A autora assim registra a imagem: *Huis van Johann Mauritz (Casa de Johann Mauritz).* Desenho, 21,2 x 33,5 cm. Staatliche Kunstsammlungen. Zentral Bibliotheke, Dresden, Alemanha.

[112] WAGENER, ZACHARIAS. *Hängematte.* Aquarela. Staatlichen Kunstsammlungen, Dresden, Alemanha (O UNIVERSO DO TRABA-

LHO – CARREGADORES DE CADEIRINHAS, LITEIRAS, PALANQUINS, REDES E SERPENTINAS).

In WAGENER, 1964 , Pr. 101.

[113] WAGENER, ZACHARIAS. *Negertanz*. Aquarela. Staatlichen Kunstsammlungen, Dresden, Alemanha *(LÚDICA – BATUQUE? DANÇA SAGRADA?).*

In WAGENER, 1964, Pr. 105.

[114] WAGENER, ZACHARIAS. *Sklavenmarkt*. Aquarela. Staatlichen Kunstsammlungen, Dresden, Alemanha *(MERCADOS DE ESCRAVOS).*

In WAGENER, 1964, Pr. 106.

[115] WAGENER, ZACHARIAS. *Olinda* (?). Aquarela *(CENAS DE GÊNERO) (MERCADOS DE ESCRAVOS).*

In WAGENER, 1964, Pr. 106.

2.1.2 Escultura

[116] AUTORIA NÃO IDENTIFICADA. *Santa Ifigênia*. Escultura em barro, 0,41 cm. Século XVII. Coleção Emanoel Araújo, São Paulo *(CATOLICISMO – ARTE SACRA – SANTA IFIGÊNIA).*

In MOURA,1994:64.

Século XVIII

A) Literatura de Viagens e Outras Fontes

1. Fontes

1.1 Originais

1.1.1 Aquarelas, Guaches e Sanguíneas

[117] Autoria não identificada. *Modo como se estrai o ouro no Rio das velhas, e nas mais partes que à Rios.* S.d. Desenho aquarelado, 34,5 x 43,5 cm (O universo do trabalho – Mineração de ouro – Carregadores de bateias).
Original em MAPAS, estatísticas e desenhos reunidos em um volume. Século XVIII. Manuscritos, f18. Coleção Yan de Almeida Prado. Biblioteca do Instituto de Estudos Brasileiros/Universidade de São Paulo.

[118] Autoria não identificada. *Mapa de todo o campo Grande tanto da parte da conquista, q parte com a Campanha do Rio verde, e S. Paulo, com o de Piuhy cabaceyras do rio de S. Francisco, e Goyazes.* S.d. Mapa, 43 x 89,5 cm (Cartografia – Quilombos).
Conteúdo: O mapa contém a localização dos seguintes quilombos: Gondu (80 casas), Quebradũ (80 casas), Cascalho (80 casas), Calaboca (70 casas), Careca (220 casas), Nova Angola (90 casas), Londú (80 casas), Pinhão (200 casas), Caeté (90 casas), das Pedras (sem indicação do número de casas), Boa Vista (200 casas), Xapeo (137 casas), Goaveyras (90 casas), Mammoi (150 casas), Indaâ (200 casas) e Parnaíba (70 casas)
Original em MAPAS, estatísticas e desenhos reunidos em um volume. Século XVIII. Manuscritos, f19. Coleção Yan de Almeida Prado. Instituto de Estudos Brasileiros/Universidade de São Paulo.

[119] Autoria não identificada. *Memoria sobre um forno para fundição. Desenho explicativo de dois negros, forno, fogo etc.* S.d. Guache, 30 x 22 cm (O universo do trabalho – Metalurgia – Fundidores de ferro).

Original em Coleção Lamego. Cód. 21.8, A8. Arquivo do Instituto de Estudos Brasileiros/Universidade de São Paulo.

[120] Autoria não identificada. *Requerimento do Padre Caetano da Fonseca Vasconcelos, Vigário da Igreja de São Miguel de Piracicaba, no Distrito da Vila Nova da Rainha, pedindo um número maior de presídios na região de Minas Gerais com a finalidade de evitar os danos e mortes causados por Botocudos.* S.d. Desenho aquarelado, 27,3 x 38,5 cm (Massacres por índios botocudos).

Original em Coleção Lamego. Cod. 59, A8. Arquivo do Instituto de Estudos Brasileiros/Universidade de São Paulo.

[121] Luís Vahia Monteiro. *Relação das esclarecidas e illuminadas festas que com promptidão e generosidade conseguiu obsequioso em parabens dos reciprocos casamentos dos Serenissimos Principes de Portugal e Castella, como primeira demonstração do seu incendido affecto, Luiz Vahia Monteiro. Acompanha uma aquarella representando a fonte que se fez em frente do palacio e donde jorrou vinho ao povo, durante 3 dias. Original do proprio punho de Luiz Vahia Monteiro, governador do Rio de Janeiro.* 1728. Sanguínea, 30 x 21 cm (Alegorias – África – América – Ásia – Europa).

Original em Coleção Lamego. Cód. 65, A8. Arquivo do Instituto de Estudos Brasileiros/Universidade de São Paulo.

1.2 Impressas

1.2.1. Aquarelas, Desenhos, Gravuras e Óleos

[122] Autoria não identificada. *L' AFRIQUE suivant les Nouvelles Obfervations de Messrs. de l'Academie Royales des Sciences, etc. Augmentée de Nouveau a Leide, chez Pierre Vander. A.A. Avec Privilege.* Gravura, 22,8 x 30 cm (Cartografia – África).

In Hooghe, [1700-1710] , Pr. e.

[123] Autoria não identificada. *Sucreries du Brésil. Brasilise Suykerwerken. / 1. Canne à Sucre. 2. Coupé et choisi. 3. Manière de*

charier et d'attacher ensemble les cannes sur les chariots du Brésil. 4. Pressoir à Sucres. 5. Moulins à eau faisant aller les pressoirs. 6. Chaudières couvertes et fourneaux pour sécher le Sucre. 7. Pressoir que les boeufs font tourner. 8. Cannes à Sucre croissant sur des montagnes et dans les marais. 9. Affinage du suc. 10. Mantiere de le cuire et le raffiner. Gravura, 20,8 x 29,5 cm (LAVOURA CANAVIEIRA – ENGENHOS).

In HOOGHE, [1700-1710], Pr. 37.

[124] AUTORIA NÃO IDENTIFICADA (del.) e SCOTIN, I. B. (sculpt.). *Sem título*. Gravura, 17 x 27 cm. Salvador, Bahia (INDUMENTÁRIA MASCULINA – LIBRÉS) (O UNIVERSO DO TRABALHO – CARREGADORES DE CADEIRINHAS, LITEIRAS, PALANQUINS, REDES E SERPENTINAS).

In FRÉZIER, 1716:272.

[125] KIP, I. *The Prospect of the town and Castle del Mina being at NNE about 2 miles*. Gravura, 11 x 35 cm (CARTOGRAFIA – ÁFRICA – ENTREPOSTOS DE ESCRAVOS – CASTELO DE S. JORGE DE MINA, NA COSTA DO OURO).

In BARBOT, 1732, V:154, Pr. N.

[126] KIP, I. (fecit). *Negro's cannoes, carrying slaves on Board of Ships at Manfroe*. Gravura, 12 x 34 cm (TRÁFICO DE ESCRAVOS – EMBARQUE DE ESCRAVOS EM NAVIO NEGREIRO NA COSTA DA MINA).

In BARBOT, 1732, V:156, Pr. 9.

[127] KIP, I. *The Seas of Congo or Ocean Aethiopick*. Gravura, 33 x 26 cm (CARTOGRAFIA – ÁFRICA – LOCAIS DE PROCEDÊNCIA DOS ESCRAVOS – CONGO).

In BARBOT, 1732, V:522, Pr. 30.

[128] NORRIS, ROBERT (del.) e WOODMAN & MULTAW (sculpt.). *Dahomey and its environs*. Gravura, 22 x 46,5 cm (CARTOGRAFIA – ÁFRICA – LOCAIS DE PROCEDÊNCIA DOS ESCRAVOS – DAOMÉ).

In DALZEL, 1793, frontispício.

[129] VANCY, DUCHÉ DE (del.) e LA PAGELET (sculpt.). *Vue de l'êle de Ste. Catherine*. Gravura, 25 x 39,5 cm. Ilha de Santa Catarina. Coleção Carlos Eugênio Marcondes de Moura, São Paulo (CENAS DE GÊNERO) (INDUMENTÁRIA FEMININA).

In LA PÉROUSE, 1797.

2. Bibliografia

2.1 Catálogos, Livros e Periódicos

2.1.1 Aquarelas, Desenhos Aquarelados, Gravuras e Óleos

[130] AUTORIA NÃO IDENTIFICADA. *Padre Antônio Vieira*. S.d. Gravura (CATOLICISMO – SACERDOTES – PADRE ANTÔNIO VIEIRA).

In MOURA, 1988:377.

[131] AUTORIA NÃO IDENTIFICADA. *Der Jesuitenpatyer Antonius Vieira predigt den Indianern (O padre jesuíta Antônio Vieira prega aos índios)*. 1747. Gravura (CATOLICISMO – SACERDOTES – PADRE ANTÔNIO VIEIRA).

In BITTERLI, 1992:34.

[132] AUTORIA NÃO IDENTIFICADA. *Batalha dos Guararapes*. 1758. Ex-voto. Óleo s/ tela, 220 x 170 mm. Museu Histórico Nacional, Rio de Janeiro (INDUMENTÁRIA MASCULINA – UNIFORMES MILITARES – BATALHÃO DOS HENRIQUES) (INVASÃO HOLANDESA – BATALHA DOS GUARARAPES).

Obs.: No primeiro plano, à esquerda, vê-se um batalhão negro, o dos Henriques.

In MUSEU HISTÓRICO NACIONAL, 1989:53.

[133] AUTORIA NÃO IDENTIFICADA (escola portuguesa). *São Caetano nas Gerais e Mato Dentro, 1732*. Desenho aquarelado s/ papel, 25,4 x 39 cm. Arquivo Histórico Ultramarino, Lisboa, Portugal (O UNIVERSO DO TRABALHO – MINERAÇÃO DE OURO).

In BELLUZZO, 1994, I:54.

[134] AUTORIA NÃO IDENTIFICADA (escola portuguesa). *Modo de minerar e retirar diamantes*. Desenho aquarelado, 17,5 x 22 cm/ *Modo de lavar diamantes*. Desenho aquarelado, 17,5 x 22 cm/Do manuscrito intitulado *Mapa de demarcação diamantina. Pequena planta do Arraial do Tejuco, modo de lavar os diamantes, modo de minerar e retirar diamantes*. Minas Gerais, séc. XVIII. Conjunto de quatro desenhos acompanhados de textos explicativos. Arquivo Histórico Ultramarino, Portugal (O UNIVERSO DO TRABALHO – MINERAÇÃO DE DIAMANTES).

In BELLUZZO, 1994, I:55.

[135] AUTORIA NÃO IDENTIFICADA. *Aleijadinho* (atribuição). S.d. Óleo s/ tela (ESCULTORES – ALEIJADINHO).

In 1. OLIVEIRA, 1988:54.

[136] AUTORIA NÃO IDENTIFICADA. *Plantas de quilombos. / Quilombo dos Santos Fortes / Quilombo de Sambabaya / Quilombo de São Gonçalo.* Século XVIII (na dúvida). Desenho? Gravura? Fundação Biblioteca Nacional/DRD/ Seção de Iconografia, Rio de Janeiro *(A LUTA PELA LIBERDADE – QUILOMBOS – PLANTAS).*

In Catálogo da Exposição *Navio Negreiro – Cotidiano, castigo e rebelião escrava*, 1995-1996:24.

[137] AUTORIA NÃO IDENTIFICADA (del.). *Oficial de um Terço Auxiliar de Homens Pardos*. Aquarela *(INDUMENTÁRIA MASCULINA – UNIFORMES MILITARES – TERÇO AUXILIAR DE HOMENS PARDOS).*

In MUSEU HISTÓRICO NACIONAL, 1989:344.

[138] CODINA, JOAQUIM JOSÉ OU FREIRE, JOSÉ JOAQUIM. *Prospecto da nova Praça das Merces mandada fazer pelo Gov.or e Cap.m General D. Francisco de Souza Coutinho – Frontispicio da Igreja dos Religiosos de Nossa Senhora das Merces.* 1783-1792. Desenho aquarelado. Belém, Pará. Fundação Fundação Biblioteca Nacional/DRD/Divisão de Iconografia, Rio de Janeiro *(O UNIVERSO DO TRABALHO – CARREGADORES – QUITANDEIRAS – QUITUTEIRAS).*

In FERREIRA, 1971, I:4.

[139] CODINA, JOSÉ JOAQUIM OU FREIRE, JOSÉ JOAQUIM. *Prospecto da nova Praça do Pelourinho, mandada fazer pelo Gov.or e Cap.m General D. Francisco de Souza Coutinho. Representa a sahida do novo bergantim de guerra N. 1, que o mesmo fez construir*. 1783-1792. Desenho aquarelado. Belém, Pará. Fundação Biblioteca Nacional/ DRD/Divisão de Iconografia, Rio de Janeiro *(O UNIVERSO DO TRABALHO – AGUADEIROS – CARREGADORES – CARREGADORES DE CADEIRINHAS, LITEIRAS, PALANQUINS, REDES E SERPENTINAS – QUITANDEIRAS – QUITUTEIRAS).*

In FERREIRA, 1971, 1:5.

[140] CODINA, JOAQUIM JOSÉ. *Engenho movido por roda hidráulica* 1783-1792. Desenho. Pará. Fundação Biblioteca Nacional/DRD/Divisão de Iconografia, Rio de Janeiro *(O UNIVERSO DO TRABALHO – LAVOURA CANAVIEIRA – ENGENHOS).*

In FERREIRA, 1971, I:46.

[141] CODINA, JOAQUIM JOSÉ OU FREIRE, JOSÉ JOAQUIM. *Violla q.' tocão os Prétos*. 1783-1792. Desenho aquarelado. Biblioteca Nacional/DRD/Divisão de Iconografia, Rio de Janeiro *(MÚSICA – INSTRUMENTOS MUSICAIS DE ORIGEM AFRICANA – URUCUNGO OU VIOLA D'ANGOLA).*

In FERREIRA, 1971, I:54.

[142] CODINA, JOAQUIM JOSÉ OU FREIRE, JOSÉ JOAQUIM. *Marimba, instrumento que usam os pretos*. 1783-1792. Desenho aquarelado. Biblioteca Nacional/DRD/Divisão de Iconografia, Rio de Janeiro *(MÚSICA – INSTRUMENTOS MUSICAIS DE ORIGEM AFRICANA – MARIMBA).*

In Catálogo da Exposição *Três Séculos de Iconografia da Música no Brasil*, 1974, n. 123.

[143] JOAQUIM, LEANDRO. *Vista da Igreja e Praia da Glória*. Óleo s/ tela, 87 x 115,5 cm. Rio de Janeiro. SPHAN/Fundação Pró-Memória. Museu Histórico Nacional, Rio de Janeiro *(O UNIVERSO DO TRABALHO – PESCADORES).*

In LEITE, 1988:17.

[144] JOAQUIM, LEANDRO. *Vista da Lagoa do Boqueirão e do aqueduto de Santa Teresa*. Óleo s/ tela, 86 x 105 cm. Rio de Janeiro. SPHAN/ Fundação Pró Memória/Museu Histórico Nacional, Rio de Janeiro *(MÚSICA – INSTRUMENTOS MUSICAIS – VIOLÃO) (O UNIVERSO DO TRABALHO – CARREGADORES – LAVADEIRAS – VAQUEIROS).*

In 1. MUSEU NACIONAL DE BELAS ARTES, 1985:25.
2. LEITE, 1988:18.

[145] JOAQUIM, LEANDRO. *Romaria ao Convento de Santo Antônio*. Óleo s/ tela, 86 x 105 cm/SPHAN/Fundação Pró-Memória/Museu Histórico Nacional, Rio de Janeiro *(CATOLICISMO – DEVOÇÕES – ROMARIAS) (O UNIVERSO DO TRABALHO – BARQUEIROS, CANOEIROS E REMEIROS).*

In LEITE, 1988:19.

[146] JULIÃO, CARLOS. *Oficial do Terço dos pardos – Oficial do Terço Auxiliar dos Pretos Forros (chamado pelo povo os Henriques)*. Aquarela colorida, 0,382 x 0,280 mm. Fundação Biblioteca Nacional /DRD/ Divisão de Iconografia, Rio de Janeiro *(INDUMENTÁRIA MASCULINA – UNIFORMES MILITARES – OFICIAL DO TERÇO DOS PARDOS – OFICIAL DO TERÇO AUXILIAR DOS PRETOS FORROS).*
Obs.: As aquarelas reproduzidas na publicação são posteriores a 1776.

In *Riscos illuminados de figurinhos de brancos e negros dos uzos do Rio de Janeiro e Serro do Frio*, 1960, Pr. IV.

[147] JULIÃO, CARLOS. *Senhora levada em sua cadeirinha e seguida de suas escravas*. Aquarela colorida, 0,280 x 0,382 mm. Fundação Biblioteca Nacional/DRD/Divisão de Iconografia, Rio de Janeiro *(INDUMENTÁRIA MASCULINA – LIBRÉS) (O UNIVERSO DO TRABALHO – CARREGADORES DE CADEIRINHAS, LITEIRAS, PALANQUINS, REDES E SERPENTINAS – MUCAMAS).*

In *Riscos Illuminados de figurinhos de brancos e negros dos uzos do Rio de Janeiro e Serro do Frio*, 1960, Pr. XIII.

[148] JULIÃO, CARLOS. *Dama de alta categoria levada em cadeirinha de luxo*. Aquarela colorida, 0,279 x 0,381 mm. Fundação Biblioteca

Nacional/DRD/Divisão de Iconografia, Rio de Janeiro (INDUMENTÁRIA MASCULINA – LIBRÉS) (O UNIVERSO DO TRABALHO – CARREGADORES DE CADEIRINHAS, LITEIRAS, PALANQUINS, REDES E SERPENTINAS).

In *Riscos Illuminados de figurinhos de brancos e negros dos uzos do Rio de Janeiro e Serro do Frio*, 1960, Pr. XIV.

[149] JULIÃO, CARLOS. *Vendedor ambulante*. Aquarela colorida, 0,385 x 0,278 mm. Fundação Biblioteca Nacional/DRD/Divisão de Iconografia, Rio de Janeiro (O UNIVERSO DO TRABALHO – LEITEIROS).

In *Riscos illuminados de figurinhos de brancos e negros dos uzos do Rio de Janeiro e Serro do Frio*, 1960, Pr. XVII.

[150] JULIÃO, CARLOS. *Vestimentas de escravas*. Aquarela colorida, 0,377 x 0,272 mm. Fundação Biblioteca Nacional/DRD/Divisão de Iconografia, Rio de Janeiro (INDUMENTÁRIA FEMININA).

In *Riscos illuminados de figurinhos de brancos e negros dos uzos do Rio de Janeiro e Serro do Frio*, 1960, Pr. XXVI.

[151] JULIÃO, CARLOS. *Traje de mulher negra*. Aquarela colorida, 0,379 x 0,275 mm. Fundação Biblioteca Nacional/DRD/Divisão de Iconografia, Rio de Janeiro (INDUMENTÁRIA FEMININA).

In *Riscos Illuminados de figurinhos de brancos e negros dos uzos do Rio de Janeiro e Serro do Frio* 1960, Pr. XXVII.

[152] JULIÃO, CARLOS. *Vestimentas de escravas*. Aquarela colorida, 0,384 x 0,279 mm. Fundação Biblioteca Nacional/ DRD/Divisão de Iconografia, Rio de Janeiro (INDUMENTÁRIA FEMININA).

In *Riscos Illuminados de figurinhos de brancos e negros dos uzos do Rio de Janeiro e Serro do Frio*, 1960, Pr. XXVIII.

[153] JULIÃO, CARLOS. *Vestimentas de escravas*. Aquarela colorida, 0,384 x 0,279 mm. Fundação Biblioteca Nacional/DRD/Divisão de Iconografia, Rio de Janeiro (INDUMENTÁRIA FEMININA).

In *Riscos Illuminados de figurinhos de brancos e negros dos uzos do Rio de Janeiro e Serro do Frio*, 1960, Pr. XXIX.

[154] JULIÃO, CARLOS. *Vestimentas de escravas*. Aquarela colorida, 0,383 x 0,280 mm. Fundação Biblioteca Nacional/DRD/Divisão de Iconografia, Rio de Janeiro (INDUMENTÁRIA FEMININA).

In *Riscos Illuminados de figurinhos de brancos e negros dos uzos do Rio de Janeiro e Serro do Frio*, 1960, Pr. XXX.

[155] JULIÃO, CARLOS. *Vendedores*. Aquarela colorida, 0,380 x 0,280 mm. Fundação Biblioteca Nacional/DRD/Divisão de Iconografia, Rio de Janeiro (O UNIVERSO DO TRABALHO – QUITANDEIRAS – QUITUTEIRAS).

In *Riscos Illuminados de figurinhos de brancos e negros dos uzos do Rio de Janeiro e Serro do Frio*, 1960, Pr. XXXI.

[156] JULIÃO, CARLOS. *Vendedores ambulantes*. Aquarela colorida, 0,383 x 0,280 mm. Fundação Biblioteca Nacional/DRD/Divisão de Iconografia, Rio de Janeiro (O UNIVERSO DO TRABALHO – VENDEDORES AMBULANTES).

In *Riscos illuminados de figurinhos de brancos e negros dos uzos do Rio de Janeiro e Serro do Frio*, 1960, Pr. XXXII.

[157] JULIÃO, CARLOS. *Negras vendedoras* Aquarela colorida, 0,384 x 0,280 mm. Fundação Biblioteca Nacional/DRD/Divisão de Iconografia, Rio de Janeiro (O UNIVERSO DO TRABALHO – QUITANDEIRAS – QUITUTEIRAS).

In *Riscos illuminados de figurinhos de brancos e negros dos uzos do Rio de Janeiro e Serro do Frio*, 1960, Pr. XXXIII.

[158] JULIÃO, CARLOS. *Tipos populares*. Aquarela colorida, 0,20 x 0,364 mm. Fundação Biblioteca Nacional/DRD/Divisão de Iconografia, Rio de Janeiro (O UNIVERSO DO TRABALHO – LEITEIROS – VENDEDORES DE CAPIM).

In *Riscos illuminados de figurinhos de brancos e negros dos uzos do Rio de Janeiro e Serro do Frio*, 1960, Pr. XXXIV.

[159] JULIÃO, CARLOS. *Vestimentas de escravas pedintes na festa do Rosário*. Aquarela colorida, 0,27 x 0,384 mm. Fundação Biblioteca Nacional/DRD/Divisão de Iconografia, Rio de Janeiro (CATOLICISMO – IRMANDADES NEGRAS – IRMANDADE DE N. SRA. DO ROSÁRIO – PEDINTES) (INDUMENTÁRIA FEMININA).

In 1. *Riscos illuminados de figurinhos de brancos e negros dos uzos do Rio de Janeiro e Serro do Frio*, 1960, Pr. XXXV.
2. MOURA, 1994:59.

[160] JULIÃO, CARLOS. *Cortejo da rainha negra na Festa de Reis*. Aquarela colorida, 0,366 x 0,280 mm. Fundação Biblioteca Nacional/DRD/Divisão de Iconografia, Rio de Janeiro (CATOLICISMO – DEVOÇÕES – FESTA DE REIS – IRMANDADES NEGRAS) (INDUMENTÁRIA FEMININA) (MÚSICA – INSTRUMENTOS MUSICAIS – CASTANHOLAS – FLAUTAS – ÓBOES – PANDEIROS – RECO-RECOS – TAMBORES – INSTRUMENTOS MUSICAIS DE ORIGEM AFRICANA – MARIMBAS).

In 1. *Riscos illuminados de figurinhos de brancos e negros dos uzos do Rio de Janeiro e Serro do Frio*, 1960, Pr. XXXVI.
2. MOURA, 1994:60.

[161] JULIÃO, CARLOS. *Coroação de uma rainha negra na Festa de Reis* Aquarela colorida, 0,280 x 0,384 mm. Fundação Biblioteca Nacional/DRD/Divisão de Iconografia, Rio de Janeiro (CATOLICISMO – DEVOÇÕES – FESTA DE REIS – IRMANDADES NEGRAS) (INDUMENTÁRIA FEMININA) (MÚSICA – INSTRUMENTOS MUSICAIS – RECO-RECOS – TAMBORES – INSTRUMENTOS MUSICAIS DE ORIGEM AFRICANA – MARIMBAS).

In 1. *Riscos illuminados de figurinhos de brancos e negros dos uzos do Rio de Janeiro e Serro do Frio*, 1960, Pr. XXXVII.
2. MOURA, 1994:61.

[162] JULIÃO, CARLOS. *Rei e rainha negros na Festa de Reis*. Aquarela colorida, 0,278 x 0,384 mm. Fundação Biblioteca Nacional/DRD/Divisão de Iconografia, Rio de Janeiro (CATOLICISMO – DEVOÇÕES – FESTA DE REIS – IRMANDADES NEGRAS) (INDUMENTÁRIA FEMININA – INDUMENTÁRIA MASCULINA) (MÚSICA – INSTRUMENTOS MUSICAIS – CORNETINS).

In 1. *Riscos illuminados de figurinhos de brancos e negros dos uzos do Rio de Janeiro e Serro do Frio*, 1960, Pr. XXXVIII.
2. MOURA, 1994:61.

[163] JULIÃO, CARLOS. *Coroação de um rei nos festejos de Reis*. Aquarela colorida, 0,385 x 0,280 mm. Fundação Biblioteca Nacional/DRD/Divisão de Iconografia, Rio de Janeiro (CATOLICISMO – DEVOÇÕES – FESTA DE REIS – IRMANDADES NEGRAS) (INDUMENTÁRIA MASCULINA) (MÚSICA – INSTRUMENTOS MUSICAIS – PANDEIROS – RECO-RECOS – VIOLAS – INSTRUMENTOS MUSICAIS DE ORIGEM AFRICANA – MARIMBAS).

In 1. *Riscos illuminados de figurinhos de brancos e negros dos uzos do Rio de Janeiro e Serro do Frio*, 1960, Pr. XXXIX.
2. MOURA, 1994:61.

[164] JULIÃO, CARLOS. *Escravos britadores de pedra para a extração de diamantes*. Aquarela colorida, 0,372 x 0,266 mm. Fundação Biblioteca Nacional/DRD/Divisão de Iconografia, Rio de Janeiro (O UNIVERSO DO TRABALHO – MINERAÇÃO DE DIAMANTES – BRITADORES).

In *Riscos illuminados de figurinhos de brancos e negros dos uzos do Rio de Janeiro e Serro do Frio*, 1960, Pr. XL.

[165] JULIÃO, CARLOS. *Extração de diamantes*. Aquarela colorida, 0,371 x 0,266 mm. Fundação Biblioteca Nacional/DRD/Divisão de Iconografia, Rio de Janeiro (O UNIVERSO DO TRABALHO – MINERAÇÃO DE DIAMANTES).

In *Riscos illuminados de figurinhos de brancos e negros dos uzos do Rio de Janeiro e Serro do Frio*, 1960, Pr. XLI.

[166] JULIÃO, CARLOS. *Serro do Frio*. Aquarela colorida, 0,370 x 0,266 mm. Fundação Biblioteca Nacional/DRD/Divisão de Iconografia, Rio de Janeiro (O UNIVERSO DO TRABALHO – MINERAÇÃO).

In *Riscos illuminados de figurinhos de brancos e negros dos uzos do Rio de Janeiro e Serro do Frio*, 1960, Pr. XLII.

[167] JULIÃO, CARLOS. *Escravo examinado por dois feitores*. Aquarela colorida, 0,369 x 0,264 mm. Fundação Biblioteca Nacional/DRD/Divisão de Iconografia, Rio de Janeiro (O UNIVERSO DO TRABALHO – MINERAÇÃO) (REPRESSÃO E VIOLÊNCIA – FEITORES).

In *Riscos illuminados de figurinhos de brancos e negros dos uzos do Rio de Janeiro e Serro do Frio*, 1960, Pr. XLIII.

[168] MUZZI, JOÃO FRANCISCO. *Fatal e rápido incendio que reduziu a cinzas em 23-VIII-1789 todo o antigo recolhimento de Nossa Senhora do Parto, salvando-se entre as chamas a milagrosa imagem da mesma senhora, Muzzi inventou e delineou*. Óleo s/ tela, 1.000 x 1.250 mm. Rio de Janeiro. Museus Castro Maya/IPAC/IBPC, Rio de Janeiro (O UNIVERSO DO TRABALHO – AGUADEIROS).

In 1. FERREZ, 1965a:46.
2. TRINDADE, 1998 261.

[169] MUZZI, JOÃO FRANCISCO. *Detalhe da feliz e pronta reedificação da Igreja do antigo Recolhimendo de Nossa Senhora do Parto*. Óleo s/ tela, 101 x 124,3 cm. Rio de Janeiro. Museus Castro Maya/IPAC/IBPC/, Rio de Janeiro (ARTES PLÁSTICAS – ESCULTORES – MESTRE VALENTIM – PINTORES – LEANDRO JOAQUIM).

In 1. LEITE, 1988:54.
2. TRINDADE, 1998:261.

2.1.2 Tapeçaria

[170] MANUFACTURE DES GOBELINS. *Les deux taureaux (Os dois touros)*. Paris, C.1723. Tapeçaria, 322 x 356 cm. Série *Anciennes Indes, Petites Indes, 6º. conjunto*. Museu de Arte de São Paulo Assis Chateaubriand, São Paulo (O UNIVERSO DO TRABALHO – CARREGADORES DE CADEIRINHAS, LITEIRAS, PALANQUINS, REDES E SERPENTINAS).

In 1. WHITEHEAD & BOESEMAN, 1989:301.
2. BELLUZZO, 1994, I:109.

[171] MANUFACTURE DES GOBELINS. *La Négresse portée dans un hamac (A negra transportada em uma rede)*. C. 1763. Tapeçaria, 400 x 358 cm. Série *Nouvelles Indes*. Coleção particular, Rio de Janeiro (O UNIVERSO DO TRABALHO – CARREGADORES DE CADEIRINHAS, LITEIRAS, PALANQUINS, REDES E SERPENTINAS).

In BELLUZZO,1994, I:110.

2.1.3 Escultura

[172] AUTORIA NÃO IDENTIFICADA. *Santa Ifigênia*. Escultura em madeira, 0,865 cm. Século XVIII. Coleção Emanoel Araújo, São Paulo (CATOLICISMO – ARTE SACRA – SANTA IFIGÊNIA).

In MOURA, 1994:64-65.

[173] AUTORIA NÃO IDENTIFICADA. *Santa Ifigênia*. Escultura em madeira, 0,41 cm. Século XVIII. Coleção Emanoel Araújo, São Paulo (CATOLICISMO – ARTE SACRA – SANTA IFIGÊNIA).

In MOURA, 1994:64-65.

[174] AUTORIA NÃO IDENTIFICADA. *Santa Ifigênia.* Escultura em madeira, 0,82 cm. Século XVIII. Coleção Emanoel Araújo, São Paulo *(CATOLICISMO – ARTE SACRA – SANTA IFIGÊNIA).*

In MOURA, 1994:64-65.

[175] AUTORIA NÃO IDENTIFICADA. *Imagem colonial de Santo Elesbão, Imperador da Etiópia.* s.d. Relíquia da Matriz do Bom Jesus de Cuiabá. Coleção Duílio Crispim Farina, São Paulo *(CATOLICISMO ARTE SACRA – SANTO ELESBÃO).*

In NÓBREGA, 1984:8.

[176] AUTORIA NÃO IDENTIFICADA. *Santo Elesbão.* s.d. Madeira, alt. 0,930 mm. Coleção Emanoel Araújo, São Paulo *(CATOLICISMO – ARTE SACRA – SANTO ELESBÃO).*

In MOURA, 1994:64.

[177] AUTORIA NÃO IDENTIFICADA. *São Benedito.* Madeira policromada, alt. 750 mm. Século XVIII. Proveniente da Matriz de Santo Amaro de Ipitanga, BA. Museu de Arte Sacra da Bahia, Salvador *(CATOLICISMO – ARTE SACRA – SÃO BENEDITO).*

In MUSEU DE ARTE SACRA DA BAHIA. 1987:107.

[178] AUTORIA NÃO IDENTIFICADA. *São Benedito.* Madeira policromada. Século XVIII. Proveniente de Recife, Pernambuco. Museu de Arte Sacra da Bahia, Salvador *(CATOLICISMO – ARTE SACRA – SÃO BENEDITO).*

In MUSEU DE ARTE SACRA DA BAHIA. 1987:272.

[179] AUTORIA NÃO IDENTIFICADA. *São Benedito.* Séculos XVIII-XIX. Barro cozido e pintado, alt. 99,3 cm. Museu da Abolição, Recife, Pernambuco *(CATOLICISMO – ARTE SACRA – SÃO BENEDITO).*

In MENEZES, 1988:86.

Século XIX

A) Literatura de Viagens e Outras Fontes

1. Fontes

1.1 Originais

1.1.1 Aquarelas e Desenhos Aquarelados

[180] GUILLOBEL, JOAQUIM CANDIDO. *Sem título*. 1820 e 1822. Desenho aquarelado, 19 x 24,5 cm e 22 x 30 cm. São Luís, Maranhão. Biblioteca Guita e José Mindlin, São Paulo *(O UNIVERSO DO TRABALHO – AGUADEIROS – VENDEDORES DE ABACAXIS E CAJUS)*.

In GUILLOBEL, 1820 e 1822.

[181] GUILLOBEL, JOAQUIM CANDIDO. *Sem título*. 1820. Desenho aquarelado, 19 x 24,5 cm. São Luís, Maranhão. Biblioteca Guita e José Mindlin, São Paulo *(INDUMENTÁRIA FEMININA) (O UNIVERSO DO TRABALHO – CARREGADORES DE CABAÇAS)*.

In GUILLOBEL, 1820.

[182] GUILLOBEL, JOAQUIM CANDIDO. *Sem título*. 1820 e 1822. Desenho aquarelado, 19 x 24,5 cm e 22 x 30 cm. São Luís, Maranhão. Biblioteca Guita e José Mindlin, São Paulo *(INDUMENTÁRIA FEMININA – ADORNOS DE CABEÇA – CORRENTES)*.

In GUILLOBEL, 1820 e 1822.

[183] GUILLOBEL, JOAQUIM CANDIDO. *Sem título*. 1820 e 1822. Desenho aquarelado, 29 x 24,5 cm e 22 x 30 cm. São Luís, Maranhão. Biblioteca Guita e José Mindlin, São Paulo *(O UNIVERSO DO TRABALHO – CARREGADORES DE CADEIRINHAS, LITEIRAS, PALANQUINS, REDES E SERPENTINAS)*.

In GUILLOBEL, 1820 e 1822.

[184] GUILLOBEL, JOAQUIM CANDIDO. *Interior de uma casa do baixo povo*. 1820. Desenho aquarelado, 15 x 22 cm. São Luís, Maranhão. Biblioteca Guita e José Mindlin, São Paulo *(ARQUITETURA – CASAS DE MORADIA – INTERIORES) (CENAS DE GÊNERO)*.

In GUILLOBEL, 1820.

1.2 Impressas

1.2.1 Aquarelas, Desenhos, Desenhos Aquarelados, Gravuras, Litografias, Óleos e Xilogravuras

[185] AUTORIA NÃO IDENTIFICADA (lith.) *Grufser Aquaeduct von Rio de Janeiro*. Litografia, 9,5 x 14,5 cm *(O UNIVERSO DO TRABALHO – CARREGADORES DE CADEIRINHAS, LITEIRAS, PALANQUINS, REDES E SERPENTINAS – CARREIROS – LAVRADORES – ROCEIROS)*.

In ZIMMERMANN, 1803:28.

[186] AUTORIA NÃO IDENTIFICADA (lith.). *Aufsicht der Brasilianischen Insel St. Catharina*. Litografia, 10 x13,8 cm. Santa Catarina *(CENAS DE GÊNERO) (INDUMENTÁRIA FEMININA)*.
Conteúdo: Cópia da gravura *Vue de l'Île de Ste. Catherine*, de Duché de Vancy e que nesta publicação figura sob o n. *129*.

In ZIMMERMANN, 1803:30.

[187] AUTORIA NÃO IDENTIFICADA. *Plan and section of a slave ship designed to give the espectator an idea of the sufferings of the Africans in the Middle Passage*. Litografia, várias dimensões *(TRÁFICO DE ESCRAVOS – NAVIOS NEGREIROS)*.

In 1. CLARKSON, 1808: I:111.
2. CLARKSON, 1821:38.
3. MARTIN, 1931, Pr. IV (hors texte).
Dimension du Navire Négrier le Brookes sur la proportion des centimètres
Fig. I – Intérieur du Navire Négrier – Coupe verticale sur la longueur du Bâtiment.
Fig. III – II – Coupes verticales en travers du premier pont et des demis ponts.

Fig. VI – VII Coupes horizontales suivant la longueur du Bâtiment du demi pont et de ses plateformes.
Fig. V – *Coupe horizontale des plateformes du Bâtiment Négrier.*
Fig. IV – *Coupe horizontale du Bâtiment Négrier.*
Dessin et coupes du Navire Négrier le Brookes, construit pour le traffic des Noirs, fait pour contenir 450 Nègres, mais en ayant souvent contenu jusqu'à 600. Publié par la Société de la Morale Chrétienne, Comité pour l'abolition de la traite des Esclaves. 1822.
4. MANNIX, 1962:46 e ss.
O autor observa que esta iconografia do navio negreiro *Brookes* foi publicada pela primeira vez em Thomas Clarkson. *Abstract of Evidence*, 1791.
5. MOURA, 1994:50.

[188] AUTORIA NÃO IDENTIFICADA. *Iron instruments used in the cruel traffic*. Litografia, várias dimensões (REPRESSÃO E VIOLÊNCIA – INSTRUMENTOS DE TORTURA DE ESCRAVOS – ALGEMAS – ANJINHOS – GRILHÕES – SPECULUM ORIS – VIRA-MUNDOS).

In CLARKSON,1808, I:375-377.

[189] AUTORIA NÃO IDENTIFICADA (del.) e L. SCHNELL (sculpt.). *Ansicht der Villa und des Hafens von Ilhéus*. Gravura, 23,3 x 31,3 cm. Ilhéus, Bahia (O UNIVERSO DO TRABALHO – LAVRADORES – ROCEIROS).

In MAXIMILIAN, PRÍNCIPE DE WIED-NEUWIED, 1820-1821.

[190] AUTORIA NÃO IDENTIFICADA. *A planter and his wife on a journey*. Gravura colorida, 16,5 x 22,5 cm. Pernambuco (O UNIVERSO DO TRABALHO – CARREGADORES DE CADEIRINHAS, LITEIRAS, PALANQUINS, REDES E SERPENTINAS – MUCAMAS – PAJENS).

Obs.: Rubens Borba de Moraes (1949:612) informa que as gravuras constantes da obra de Koster foram feitas a partir de desenhos de um parente seu.

In KOSTER, 1816, frontispício.

[191] AUTORIA NÃO IDENTIFICADA. *Crossing a river*. Gravura colorida, 16,5 x 22,5 cm (O UNIVERSO DO TRABALHO – BARQUEIROS – CANOEIROS – REMEIROS).

In KOSTER, 1816:53.

[192] AUTORIA NÃO IDENTIFICADA. *A Sertanejo (as he is daily seen in Recife)*. Gravura colorida, 16,5 x 22,5 cm (INDUMENTÁRIA MASCULINA) (MISCIGENAÇÃO – SERTANEJOS).

In KOSTER, 1816:87.

[193] AUTORIA NÃO IDENTIFICADA. *Fishing canoe*. Gravura colorida, 16,5 x 22,5 cm. São Luís, Maranhão (O UNIVERSO DO TRABALHO – BARQUEIROS – CANOEIROS – REMEIROS).

In KOSTER, 1816:175.

[194] AUTORIA NÃO IDENTIFICADA. *A Lady going to Visit*. Gravura colorida, 16,5 x 22,5 cm (INDUMENTÁRIA MASCULINA – LIBRÉ) (O UNIVERSO DO TRABALHO – CARREGADORES DE CADEIRINHAS, LITEIRAS, PALANQUINS, REDES E SERPENTINAS – MOLEQUES).

In KOSTER, 1816:188.

[195] AUTORIA NÃO IDENTIFICADA. *A Cotton Carrier. Paulista*. Gravura colorida, 16,5 x 22,5 cm. Paulista, Pernambuco (O UNIVERSO DO TRABALHO – CARREGADORES DE ALGODÃO).

In KOSTER, 1816:194.

[196] AUTORIA NÃO IDENTIFICADA. *A Sugar Mill*. Gravura colorida, 16,5 x 22,5 cm (O UNIVERSO DO TRABALHO – LAVOURA CANAVIEIRA – ENGENHOS).

In KOSTER, 1816:336.

[197] AUTORIA NÃO IDENTIFICADA. *Vendedores de bolos*. Litografia, 8 x 9 cm (O UNIVERSO DO TRABALHO – VENDEDORES DE BOLOS).

In ARAGO, s.d., I:54.

[198] AUTORIA NÃO IDENTIFICADA. *Negro de Angola*. Litografia, 6 x 7 cm (ETNIAS NEGRO-AFRICANAS – ANGOLA).

In ARAGO, s.d., I:59.

[199] AUTORIA NÃO IDENTIFICADA. *Escravo assassinando seu senhor após ser torturado*. Litografia, 10 x 10 cm (MARGINALIDADE – HOMICÍDIOS) (REPRESSÃO E VIOLÊNCIA – TORTURA DE ESCRAVOS).

In ARAGO, s.d., I:80.

[200] AUTORIA NÃO IDENTIFICADA (del. e sculpt.). *Botafogo bay. Rio de Janeiro*. Gravura aquarelada, 20 x 16,2 cm (O UNIVERSO DO TRABALHO – BARQUEIROS – CANOEIROS – REMEIROS).

In CALDCLEUGH, 1825, I:12.

[201] AUTORIA NÃO IDENTIFICADA. *A Sertanejo in his out-door Drefs – A Sertanejo Female*. Gravura?, Litografia? colorida, 5,7 x 9 cm (INDUMENTÁRIA FEMININA – INDUMENTÁRIA MASCULINA) (MISCIGENAÇÃO – SERTANEJOS).

In ADAMS, 1832, III:268.

[202] AUTORIA NÃO IDENTIFICADA (del.) e BLANCHARD, P. (lith.). *Noir de Rio-Janeiro. / Esclave de Rio de Janeiro*. Litografias coloridas, 19 x 11 cm (a segunda litografia é de Thierry Frères) (ETNIAS AFRICANAS – NÃO IDENTIFICADAS) (INDUMENTÁRIA MASCULINA).

In PETIT-THOUARS, 1841.

[203] AUTORIA NÃO IDENTIFICADA (del.) e PLEASE, J. I. (sculpt.). *Mouth of the harbor of Rio de Janeiro*. Gravura, 9,7 x 13,5 cm (*O UNIVERSO DO TRABALHO – VENDEDORES DE FRUTAS*).

In KIDDER, 1845, I: frontispício.

[204] AUTORIA NÃO IDENTIFICADA (del. e lith.). *Route de la Gloria à Rio*. Litografia, 6,1 x 12,5 cm (*O UNIVERSO DO TRABALHO – CARREGADORES COM BALAIOS*).

In DELESSERT, 1848:4.

[205] AUTORIA NÃO IDENTIFICADA. *Négresses esclaves*. Litografia, 15 x 10,3 cm (*CENAS DE GÊNERO*).

In DELESSERT, 1848:29.

[206] AUTORIA NÃO IDENTIFICADA (del.) e SARONY & MAJOR (lith.). *Rio de Janeiro*. Litografia, 8,5 x 12,5 cm (*O UNIVERSO DO TRABALHO – VENDEDORES DE FRUTAS*).

In COTTON, 1850:86.

[207] AUTORIA NÃO IDENTIFICADA. *Chora Meninas. The place of the Wailling Children*. Litografia, 8,2 x 14,5 cm. Recife (*O UNIVERSO DO TRABALHO – CARREGADORES DE TABULEIRO*).

In HADFIELD,1854:113.

[208] AUTORIA NÃO IDENTIFICADA. *Veduta della Città di Pernambuco presa dall'ancoraggio della Fregata Napolitana L' Urania*. Litografia, 8 x 28 cm. Recife (*O UNIVERSO DO TRABALHO – JANGADEIROS*).

In RODRIGUEZ, 1854, vols.: + Atlas.

[209] AUTORIA NÃO IDENTIFICADA (del.) e BROCKHAUS, F.A. (xylo.). *Sem título*. Xilogravura, 17,5 x 11,2 cm (*O UNIVERSO DO TRABALHO – MULETEIROS*).

In VON TSCHUDI, 1860, I:frontispício.

[210] AUTORIA NÃO IDENTIFICADA (del.) e BROCKHAUS, F.A. (xylo.). *Ein Neger am Marktplatze*. Xilogravura, 7,5 x 6 cm. Rio de Janeiro (*O UNIVERSO DO TRABALHO – CARREGADORES*).

In VON TSCHUDI, 1860, I:73.

[211] AUTORIA NÃO IDENTIFICADA (del.) e BROCKHAUS, F.A. (xylo.). *Bananengruppe*. Xilogravura, 9 x 8 cm. Rio de Janeiro (*ETNIAS NEGRO-AFRICANAS – NÃO IDENTIFICADAS*).

In VON TSCHUDI,1860, I:75.

[212] AUTORIA NÃO IDENTIFICADA (del.) e BROCKHAUS, F.A. (xylo.). *Das Hospitalder portugiesischen Hüfsgesellschaft*. Xilogravura, 9,5 x 10 cm. Rio de Janeiro (*O UNIVERSO DO TRABALHO – CARREGADORES DE CADEIRINHAS, LITEIRAS, PALANQUINS, REDES E SERPENTINAS*).

In VON TSCHUDI, 1860, I:95.

[213] AUTORIA NÃO IDENTIFICADA (del.) e BROCKHAUS, F.A. (xylo.). *Erholung in der Chacara*. Xilogravura, 9,5 x 10,3 cm (*O UNIVERSO DO TRABALHO – HORTELÃES E JARDINEIROS – MOLEQUES – MUCAMAS*).

In VON TSCHUDI, 1860, I:101.

[214] AUTORIA NÃO IDENTIFICADA (del.) e BROCKHAUS, F.A. (xylo.). *Die Mulattin*. Xilogravura, 10 x 9,2 cm (*MISCIGENAÇÃO – MULATOS*).

In VON TSCHUDI, 1860, I:175.

[215] AUTORIA NÃO IDENTIFICADA (del.) e BROCKHAUS, F.A. (xylo.). *Haus neger (Benguella)*. Xilogravura, 9,5 x 8,7 cm (*ETNIAS NEGRO-AFRICANAS – BENGUELA*) (*O UNIVERSO DO TRABALHO – PAJENS*).

In VON TSCHUDI, 1860, I:183.

[216] AUTORIA NÃO IDENTIFICADA (del.) e BROCKHAUS, F.A. (xylo.). *Eine negerin in sonntagsputz*. Xilogravura, 9,5 x 9,5 cm (*INDUMENTÁRIA FEMININA – TRAJES DOMINICAIS*).

In VON TSCHUDI, 1860, I:186.

[217] AUTORIA NÃO IDENTIFICADA (del.) e BROCKHAUS, F.A. (xylo.). *Termitenhaufen*. Xilogravura, 8,5 x 10,2 cm (*O UNIVERSO DO TRABALHO – EXTERMINADORES DE CUPIM*).

In VON TSCHUDI, 1860, I:267.

[218] AUTORIA NÃO IDENTIFICADA (del.) e BROCKHAUS, F.A. (xylo.). *Sem título*. Xilogravura, 8,5 x 4,5 cm. De Ouro Preto a Diamantina (*O UNIVERSO DO TRABALHO – MULETEIROS*).

In VON TSCHUDI, 860, II:1.

[219] AUTORIA NÃO IDENTIFICADA (del.) e BROCKHAUS, F.A. (xylo.). *Der Besuch in einer Hängematte*. Xilogravura, 7,5 x 10 cm. Minas Gerais (*O UNIVERSO DO TRABALHO – CARREGADORES DE CADEIRINHAS, LITEIRAS, PALANQUINS, REDES E SERPENTINAS*).

In VON TSCHUDI, 1850, II:116.

[220] AUTORIA NÃO IDENTIFICADA (del.) e BROCKHAUS, F.A. (xylo.). *Diamant wäscherei am Ribeirão do Inferno*. Xilogravura, 10,5 x 17 cm. Minas Gerais (*O UNIVERSO DO TRABALHO – MINERAÇÃO DE DIAMANTES – LAVAGEM*).

In VON TSCHUDI, 1860, II:141.

[221] AUTORIA NÃO IDENTIFICADA (del.) e BROCKHAUS, F.A. (xylo.). *Bereitung der Farinha aus Mais*. Xilogravura, 9,5 x 10,5 cm. Itanguá,

Minas Gerais (*LAVOURA DE SUBSISTÊNCIA – PREPARO DA FARINHA DE MILHO*).

In VON TSCHUDI, 1860, II:184.

[222] AUTORIA NÃO IDENTIFICADA (del.) e BROCKHAUS, F.A. (xylo.). *Nachtager im Urwalde*. Xilogravura, 9,5 x 10,7 cm. Sete Posses (*O UNIVERSO DO TRABALHO – MULETEIROS*).

In VON TSCHUDI, 1860, II:208.

[223] AUTORIA NÃO IDENTIFICADA (del.) e BROCKHAUS, F.A. (xylo.). *Kloster Nossa Senhora da Penha*. Xilogravura, 10,2 x 11,5 cm. Rio de Janeiro (*O UNIVERSO DO TRABALHO – BARQUEIROS – CANOEIROS – REMEIROS*).

In VON TSCHUDI, 1860, II:375.

[224] AUTORIA NÃO IDENTIFICADA (del.) e BROCKHAUS, F.A. (xylo.). *Sem título*. Xilogravura, 9 x 5,2 cm. Espírito Santo (*O UNIVERSO DO TRABALHO – MULETEIROS*).

In VON TSCHUDI, 1860, III:1.

[225] AUTORIA NÃO IDENTIFICADA (del.) e BROCKHAUS, F.A. (xylo.). *Sem título*. Xilogravura, 8,5 x 5 cm. Província do Rio de Janeiro (*O UNIVERSO DO TRABALHO – MULETEIROS*).

In VON TSCHUDI, 1860, III:82.

[226] AUTORIA NÃO IDENTIFICADA (del.) e BROCKHAUS, F.A. (xylo.). *Ruhende neger*. Xilogravura, 7,4 x 8 cm. Cantagalo, Província do Rio de Janeiro (*O UNIVERSO DO TRABALHO – TRABALHADORES DA ROÇA*).

In VON TSCHUDI, 1860, III:132.

[227] AUTORIA NÃO IDENTIFICADA (del.) e BROCKHAUS, F.A. (xylo.). *Negerunterhaltung*. Xilogravura, 6,4 x 10,2. Cantagalo, Província do Rio de Janeiro (*LAZER E REPOUSO*) (*O UNIVERSO DO TRABALHO – TRABALHADORES DA ROÇA*).

In VON TSCHUDI, 1860, III:133.

[228] AUTORIA NÃO IDENTIFICADA (del.) e BROCKHAUS, F.A. (xylo.). *Neger in der Roça arbeitend*. Xilogravura, 7,5 x 10,5 cm. Cantagalo? Província do Rio de Janeiro (*O UNIVERSO DO TRABALHO – TRABALHADORES DA ROÇA*).

In VON TSCHUDI, 1860, III:136.

[229] AUTORIA NÃO IDENTIFICADA (del.) e BROCKHAUS, F.A. (xylo.). *Rua Direita (São Paulo)*. Xilogravura, 8,2 x 10,7 cm (*O UNIVERSO DO TRABALHO – QUITANDEIRAS – QUITUTEIRAS*).

In VON TSCHUDI, 1860, III:332.

[230] AUTORIA NÃO IDENTIFICADA (del. e xylo). *Carro de boi dirigido por escravo, na Rua Direita, em São Paulo*. Xilogravura, 8 x 10,7 cm (*O UNIVERSO DO TRABALHO – CARREIROS*).

In VON TSCHUDI, 1860, I:332.

[231] AUTORIA NÃO IDENTIFICADA (del. e lith). *Evaristo Ferreira da Veiga*. Litografia, 32 x 25 cm (*LITERATURA – JORNALISTAS – EVARISTO FERREIRA DA VEIGA*).

In 1. SISSON, 1861.
2. MOURA, 1988:375.

[232] AUTORIA NÃO IDENTIFICADA (del. e lith.). *José Joaquim da Rocha*. Litografia, 32 x 25 cm (*LITERATURA – JORNALISTAS – JOSÉ JOAQUIM DA ROCHA*).

In SISSON, 1861.

[233] AUTORIA NÃO IDENTIFICADA (del. e lith.). *Sem título*. Litografia, 8,5 x 10,5 cm (*O UNIVERSO DO TRABALHO – ESTIVADORES DESCARREGANDO NAVIO*).

In SCHERZER, 1861, I:120.

[234] AUTORIA NÃO IDENTIFICADA (del. e lith.). *Rio de Janeiro. Ansicht von der Bai aus*. Litografia, 11 x 18,5 cm (*O UNIVERSO DO TRABALHO – BOLEEIROS, COCHEIROS, PALAFRENEIROS E SOTAS*).

In HORMEYER, 1863: frontispício.

[235] AUTORIA NÃO IDENTIFICADA (del. e lith.). *Brasilianische Volkstypen. Sklaven*. Litografia, 10,5 x 15 cm (*ETNIAS NEGRO-AFRICANAS – NÃO IDENTIFICADAS*).

In HORMEYER, 1863:25.

[236] AUTORIA NÃO IDENTIFICADA (del. e lith). *Pflanzen Brasiliens. Das Zuckerrohr*. Litografia colorida, 10 x 15 cm. Pernambuco (*REPRESSÃO E VIOLÊNCIA – FEITORES*) (*O UNIVERSO DO TRABALHO – LAVOURA CANAVIEIRA – COLHEITA DE CANA*).

In HORMEYER, 1863:168.

[237] AUTORIA NÃO IDENTIFICADA (del.) e LAPLANTE, C. (xylo.). *Tantôt nous avons croisé dans la rue une négresse*. Xilogravura, 11 x 6,5 cm (*ETNIAS NEGRO-AFRICANAS – NÃO IDENTIFICADAS*).

In AGASSIZ & AGASSIZ, 1869:52.

[238] AUTORIA NÃO IDENTIFICADA (del.) e HURE, HUTELLN (xylo.). *Négresse Mina*. Xilogravura, 11,8 x 7,8 cm (*ETNIAS NEGRO-AFRICANAS – MINAS*) (*INDUMENTÁRIA FEMININA*).

In AGASSIZ & AGASSIZ, 1869:97.

[239] AUTORIA NÃO IDENTIFICADA (del.) e LAPLANTE, C. (xylo.). *Négresse Mina et son enfant*. Xilogravura, 10,3 x 7,5 cm (*ETNIAS NEGRO-AFRICANAS – MINAS*).

In AGASSIZ & AGASSIZ,1869:97.

[240] AUTORIA NÃO IDENTIFICADA (del. e xylo.). *Négresse Mina*. Xilogravura, 11,5 x 7,2 cm (*ETNIAS NEGRO-AFRICANAS – MINAS*).

In AGASSIZ & AGASSIZ,1869:99.

[241] AUTORIA NÃO IDENTIFICADA (del. e xylo.) *Fazenda da Fortaleza de Santa Anna*. Xilogravura, 9,2 x 14,9 cm. Fazenda Santana, Juiz de Fora, Minas Gerais (*O UNIVERSO DO TRABALHO – LAVOURA CAFEEIRA*).

In AGASSIZ & AGASSIZ,1869:116.

[242] AUTORIA NÃO IDENTIFICADA (del) e HILDEBRAND (xylo.). *Cueillete du café*. Xilogravura, 10 x 16 cm. Fazenda Santana, Juiz de Fora, Minas Gerais (*O UNIVERSO DO TRABALHO – LAVOURA CAFEEIRA – COLHEITA DO CAFÉ*).

In AGASSIZ & AGASSIZ,1869:128.

[243] AUTORIA NÃO IDENTIFICADA (del.) e C. LAPLANTE (xylo.). *Nègre faisant des paniers avec le bambou*. Xilogravura, 8,3 x 9,5 cm. Barra do Piraí, Rio de Janeiro (*O UNIVERSO DO TRABALHO – ARTESÃOS DE PALHA – CESTEIROS*).

In AGASSIZ & AGASSIZ, 1869:136.

[244] JACOB BURKHART (del.) e J. GAUCHARD (xylo.). *Alexandrina (Tête d'une jeune fille cafuza)*. Xilogravura, 6,8 x 5,2 cm. Tefé, Amazonas (*MISCIGENAÇÃO – CAFUZOS*).

In AGASSIZ & AGASSIZ,1869:248.

[245] AUTORIA NÃO IDENTIFICADA (del.) e J. GAUCHARD (xylo.). *Mulâtresse*. Xilogravura, 7 x 4,2 cm. Amazonas (*MISCIGENAÇÃO – MULATOS*).

In AGASSIZ & AGASSIZ, 1869:301.

[246] AUTORIA NÃO IDENTIFICADA (del. e lith.). *Passagem de cargas no Passa-Vinte*. Litografia, 9,5 x 16,3 cm. Mato Grosso (*O UNIVERSO DO TRABALHO – PUXADORES DE PELOTA*).

In MOUTINHO, 1869:42.

[247] AUTORIA NÃO IDENTIFICADA. *The drive to Parahiba*. Litografia aquarelada, 10 x 14,5 cm. Paraíba do Sul (?) (*INDUMENTÁRIA FEMININA – INDUMENTÁRIA MASCULINA*) (*O UNIVERSO DO TRABALHO – BOLEEIROS, COCHEIROS, PALAFRENEIROS E SOTAS*).

In CODMAN, 1870:125.

[248] AUTORIA NÃO IDENTIFICADA (del.) e KUIVION (sculpt.). *Diamond washing* – Brazil. Litografia, 9,5 x 7 cm (*O UNIVERSO DO TRABALHO – MINERAÇÃO DE DIAMANTES – LAVAGEM*).

In *Pictures of travel in far-off lands: a companion to the study of geography – South America*. 1872:160.

[249] AUTORIA NÃO IDENTIFICADA (del.) e DOYEN, FLLI (lith.). *Carlos Gomes*. C.1873. Litografia, 18,3 x 14 cm (*MÚSICOS – COMPOSITORES – CARLOS GOMES*).
Obs.: O retrato do compositor está inserido na partitura impressa de sua ópera *Fosca*.

In COLEÇÃO CARLOS EUGÊNIO MARCONDES DE MOURA, São Paulo.

[250] AUTORIA NÃO IDENTIFICADA. *Termitenhaufen*. Litografia, 8,5 x 10,2 cm (*INDUMENTÁRIA MASCULINA – HOMEM COM TANGA E ESPINGARDA*) (*O UNIVERSO DO TRABALHO – EXTERMINADORES DE CUPIM*).

In CANSTATT, 1877:67.

[251] AUTORIA NÃO IDENTIFICADA (lith.). *Diamantenwäscherei*. Litografia, 10,3 x 16,7 cm. Minas Gerais (*REPRESSÃO E VIOLÊNCIA – INSTRUMENTOS DE TORTURA DE ESCRAVOS – FEITORES COM CHICOTE*) (*O UNIVERSO DO TRABALHO – MINERAÇÃO DE DIAMANTES – LAVAGEM*).

In CANSTATT, 1877:130.

[252] AUTORIA NÃO IDENTIFICADA (lith.). *Ein Cadeira in Bahia*. Litografia, 5 x 7,2 cm. Salvador (*INDUMENTÁRIA MASCULINA – LIBRÉ*) (*O UNIVERSO DO TRABALHO – CARREGADORES DE CADEIRINHAS, LITEIRAS, PALANQUINS, REDES E SERPENTINAS*).

In CANSTATT, 1877:260.

[253] AUTORIA NÃO IDENTIFICADA (lith.). *Eine Minas negerin in Bahia*. Litografia, 9 x 5,2 cm. Salvador (*ETNIAS NEGRO-AFRICANAS – MINAS*) (*INDUMENTÁRIA FEMININA*).

In CANSTATT, 1877:264.

[254] AUTORIA NÃO IDENTIFICADA (lith). *Der Hausmuleque*. Litografia, 5,8 x 4,5 cm (*O UNIVERSO DO TRABALHO – MOLEQUES*).

In CANSTATT, 1877:309.

[255] AUTORIA NÃO IDENTIFICADA (del.) e WILLMAN, ED. (sculpt.). *Rio de Janeiro. Vue de la ville et de la rade*. Gravura, 11,3 x 17,2 cm (*O UNIVERSO DO TRABALHO – LAVRADORES E ROCEIROS – QUITANDEIRAS – QUITUTEIRAS*).

In CHAMPAGNAC & OLIVIER, 1879:415.

[256] AUTORIA NÃO IDENTIFICADA (del.) e WILLMAN, ED. (sculpt.). *Rio de Janeiro. Palais Impérial et Cathédrale*. Gravura, 11,5 x 17,2 cm (*O UNIVERSO DO TRABALHO – CARREGADORES*).

In CHAMPAGNE ET OLIVIER, 1879:419.

[257] AUTORIA NÃO IDENTIFICADA (del.) e CHAMPNEY J. Wells (lith). *The washerwoman*. Litografia, 7 x 10 cm. Pará *(O UNIVERSO DO TRABALHO – LAVADEIRAS)*.

In SMITH, 1879:56.

[258] AUTORIA NÃO IDENTIFICADA (del.) e CHAMPNEY, J. Wells. *Beach scenes at Santarém*. Litografia, diversos formatos. Santarém, Pará *(CENAS DE GÊNERO)*.

In SMITH, 1879:130.

[259] AUTORIA NÃO IDENTIFICADA (del. e lith.). *Plantation slaves*. Litografia, 4 x 9,5 cm *(O UNIVERSO DO TRABALHO – ESCRAVOS DA ROÇA)*.

In SMITH, 1879:469.

[260] AUTORIA NÃO IDENTIFICADA (del. e xylo). *Notre blanchisseuse – Rio*. Xilogravura, 7,5 x 4,5 cm. Rio de Janeiro *(O UNIVERSO DO TRABALHO – LAVADEIRAS)*.

In LEMAY, 1881:148.

[261] AUTORIA NÃO IDENTIFICADA (del.) e VERNET (xylo.). *Types brésiliens*. Xilogravura, 7 x 11 cm *(ETNIAS NEGRO – AFRICANAS N- NÃO IDENTIFICADAS) (MISCIGENAÇÃO)*.

In SÉRIS, 1881:frontispício.

[262] AUTORIA NÃO IDENTIFICADA (del.) e VERNET (xylo.). *Le dîner des Nègres*. Xilogravura, 6 x 14,5 cm *(CENAS DE GÊNERO)*.

In SÉRIS, 1881:36.

[263] AUTORIA NÃO IDENTIFICADA (del.) e VERNET (xylo.). *Une rue à Rio-de-Janeiro*. Xilogravura, 11,7 x 8 cm *(O UNIVERSO DO TRABALHO – CARREGADORES)*.

In SÉRIS, 1881:47.

[264] AUTORIA NÃO IDENTIFICADA (del.) e VERNET (xylo.). *Fontaine du marché de la Praya*. Xilogravura, 12 x 8 cm. Mercado da Praia, Rio de Janeiro *(O UNIVERSO DO TRABALHO – AGUADEIROS)*.

In SÉRIS, 1881:62.

[265] AUTORIA NÃO IDENTIFICADA (del.) e VERNET (xylo.). *Laitier journalier à domicile*. Xilogravura, 6,7 x 11 cm. Rio de Janeiro *(O UNIVERSO DO TRABALHO – LEITEIROS)*.

In SÉRIS, 1881:70.

[266] AUTORIA NÃO IDENTIFICADA (del.) e VERNET (xylo.). *Marchands de légumes et de poissons*. Xilogravura, 6,5 x 11 cm *(O UNIVERSO DO TRABALHO – VENDEDORES DE HORTALIÇAS E LEGUMES – VENDEDORES DE PEIXE)*.

In SÉRIS, 1881:103.

[267] AUTORIA NÃO IDENTIFICADA (del.) e VERNET (xylo.). *Marchand de poules sur le marché*. Xilogravura, 6,3 x10,7 cm *(O UNIVERSO DO TRABALHO – VENDEDORES DE GALINHAS)*.

In SÉRIS, 1881:125.

[268] AUTORIA NÃO IDENTIFICADA (del.) e SINGER, X.A. V. E. (xylo.). *Eine Cadeira (Sanfte) in Bahia*. Xilogravura, 6 x 9 cm *(INDUMENTÁRIA MASCULINA) (LÚDICA – MENINOS EMPINANDO PAPAGAIO) (O UNIVERSO DO TRABALHO – CARREGADORES DE CADEIRINHAS, LITEIRAS, PALANQUINS, REDES E SERPENTINAS)*.

In NAEHER, [1881]:75.

[269] AUTORIA NÃO IDENTIFICADA (del.) e SINGER, X.A. V. E. (xylo.). *Schlos des Baron v. Ferreiro-Bandeira*. Xilogravura, 5,4 x 9 cm. Subaé, Santo Amaro da Purificação, Bahia *(O UNIVERSO DO TRABALHO – ESCRAVOS DA ROÇA) (USOS E COSTUMES – PEDIDOS DE BÊNÇÃO)*.

In NAEHER, [1881]:89.

[270] AUTORIA NÃO IDENTIFICADA (del.) e SINGER, X.A. V. E. (xylo.). *Eine Negerhüte am Urwald, mit Bananeira do prata lints, Espinheiro rechets*. Xilogravura, 9 x 8 cm. Bahia *(ARQUITETURA – CASAS DE MORADIA)*.

In NAEHER, [1881]:99.

[271] AUTORIA NÃO IDENTIFICADA (del.) e SINGER, X.A. V. E. (xylo.). *Der feitor in der Zuckerplantage*. Xilogravura, 11,4 x 9 cm. Bahia *(REPRESSÃO E VIOLÊNCIA – FEITORES) (O UNIVERSO DO TRABALHO – LAVOURA CANAVIEIRA – CANAVIAIS)*.

In NAEHER, [1881]:109.

[272] AUTORIA NÃO IDENTIFICADA (del.) e SINGER, X.A. V. E. (xylo.). *Eine den Segen (Benção) fordernde Negerin*. Xilogravura, 5,5 x 4 cm. Bahia *(O UNIVERSO DO TRABALHO – LAVOURA CANAVIEIRA – CANAVIAIS) (USOS E COSTUMES – PEDIDOS DE BÊNÇÃO)*.

In NAEHER, [1881]:111.

[273] AUTORIA NÃO IDENTIFICADA (del.) e SINGER, X.A. V. E. (xylo.). *Zur feldarbeit gehende Sclaven – Eine Negerin ihr kind tragend – Ein Ochfenbube*. Xilogravura, 5,2 x 7,2 cm. Bahia *(O UNIVERSO DO TRABALHO – LAVOURA CANAVIEIRA – ESCRAVOS DA ROÇA)*.

In NAEHER, [1881]:121.

[274] AUTORIA NÃO IDENTIFICADA (del.) e SINGER, X.A. V. E. (xylo.). *Der Ochfenwagen (Carro de boi). Ein Bafuch aud dem Lande*. Xilogra-

vura, 6 x 9 cm. Bahia (*O universo do trabalho – Carreiros*).

In Naeher, [1881]:125.

[275] Autoria não identificada (del.) e Singer, X.A. v. E. (xylo.). *Das Mahlen des Zuckerrohres. A. der Walsenftuhl. B. die gepresten fafern. C. das Zuckerfaf. D. die Zuckerrohre.* Xilogravura, 5,3 x 8,7 cm. Bahia (*O universo do trabalho – Lavoura canavieira – Engenhos – Maquinária*).

In Naeher, [1881]:193.

[276] Autoria não identificada (del.) e Singer, X.A. v. E. (xylo.). *Der Coqueiro. Die Cocospalme von Bahia.* Xilogravura, 10,7 x 8 cm. Bahia (*O universo do trabalho – Apanhadores de cocos*).

In Naeher, [1881]:211.

[277] Autoria não identificada (del. e xylo). *A Barra-Mensa (Intérieur du Brésil).* Xilogravura, 13 x 11,5 cm (*O universo do trabalho – Carregadores de bilhas, potes e vasilhas – Peão conduzindo burros com barricas*).

In Mac-Érin, 1882:153.

[278] Autoria não identificada (del. e xylo.). *Rua da Imperatriz in San Paulo.* Xilogravura, 7,7 x 10,6 cm (*O universo do trabalho – Quitandeiras – Quituteiras*).

In Lomonaco, 1889:107.

[279] Autoria não identificada (del e xylo.). *Trovador de Benguela.* Xilogravura, 6 x 8 cm (*Etnias negro-africanas – Benguela*) (*Música – Instrumentos musicais de origem africana – Marimba – Urucungo*).

In Moraes Filho, 1904:4.

[280] Autoria não identificada (del. e xylo.). *Alexandre trovador.* Xilogravura, 5 x 4,3 cm. Rio de Janeiro (*Música – Cantores*) (*Tipos populares do Rio de Janeiro – Alexandre trovador*).

In Moraes Filho,1904:156.

[281] Autoria não identificada (del.) e Lula (xylo.). *Laurindo Rabelo.* Xilogravura, 5,5 x 5 cm (*Poetas – Laurindo Rabelo*).

In Moraes Filho, 1904:156.

[282] Autoria não identificada (del. e xylo.). *Bruzundanga.* Xilogravura, 5 x 5 cm. Rio de Janeiro (*Tipos populares do Rio de Janeiro – Bruzundanga*).

In Moraes Filho, 1904:197.

[283] Autoria não identificada (del. e xylo.). *O tribuno do povo.* Xilogravura, 9 x 6 cm Rio de Janeiro (*Tipos populares do Rio de Janeiro – Santaninha, poeta*).

In Moraes Filho, 1904:221.

[284] Autoria não identificada (del. e xylo.). *Leilão de escravos.* Xilogravura, 8,5 x 13 cm (*Mercados de escravos*).
Obs.: Trata-se de reprodução do desenho litografado de François Auguste Biard e E. Riou, que figura nesta publicação sob o número *334*.

In Moraes Filho, s.d.:62.

[285] Autoria não identificada (del. e xylo.). *Quitandeira.* Xilogravura, 7 x 4 cm (*O universo do trabalho – Quitandeiras – Quituteiras*).

In Moraes Filho, s.d.:69.

[286] Adalbert, Príncipe da Prússia (del.) e Tempelter (sculpt.). *A Mangueira. den 22 Octb. 1842.* Gravura, 17 x 25 cm (*O universo do trabalho – Lavradores e roceiros*).

In Adalbert, Príncipe da Prússia, 1847.

[287] Agate, Alfred T. (del.) e Brightly, J.H., (sculpt.). *Tattoings. / Mina.* Gravura, 4,5 x 4,5 cm.

Goobere ou Goberi – Reino de Bornou (*Haussa*) – 0,5 x 2 cm. Cidade de Kano (*Haussa*) 5 x 1,7 cm.

Soccatoos ou Sakatus – em um afluente do Rio Quorra (*Haussa*).- 0,5 x 2,3 cm.

Dawarra ou Dauara (Haussa) – 0,5 x 2 cm.

Nago ou Yarribe – 0,5 x 1,7 cm (*homens*) – 0,5 x 2,2 cm (*mulheres*) – Margem ocidental do rio Níger ou Quorra, abaixo dos Haussa.

Tacqua ou Nouffie ou Nyffie – Margem oriental do rio Quorra – 0,5 x 2,2 cm.

Ashantee. Costa da Guiné, conhecida como Costa dos Escravos. Gravura, 4,2 x 4 cm.

Eboes – Habitam próximo aos Calabares, na separação da foz do rio Quorra- 0,5 x 2,5 cm.

Kambindas. (*Cambindas*) Limitam-se imediatamente com os minas (nome dado a partir da cidade às margens do rio Zaire ou Congo, onde eles são buscados). Gravuras, a) 1,3 x 1,5 cm; b) 1,2 x 2 cm; c) 2 x1 cm; d) 2 x 3,7 cm; e) 1,8 x 1,3 cm, Baixa Guiné.

Sundi or Mayomba. Vêm de Buali, capital do distrito de Loango, Baixa Guiné. Gravura, 2,5 x 5,5 cm.

Goy ou Angoya (*the Kambindas proper*). Baixa Guiné. Gravura, a) 2 x 3,2 cm; b) 3,2 x 2,2 cm; c) 2,2 cm.

Angoyans. (Angoiôs) Baixa Guiné (*dentes serrilhados*). Gravura, 1,3 x 2,2 cm (Almeida Prado os denomina *Embonas* – obs. minha).

Benguelas (Benguelas) Baixa Guiné. 4,5 x 4,3 cm.

Congo. Baixa Guiné. a) 4,5 x 3,5 cm; b) 1 x 2,5 cm.
Kasanji. (Cassange) Baixa Guiné. 5 x 5 cm.
Makuan (Macuas) – ou Mozambique. Costa oriental da África. 4,5 x 4,5 cm.
Takwani (Tacuanis) – Costa oriental da África. a) 1 x 2,2 cm; b) 1,5 x 1,5 cm.
Caffre proper (*Cafre*). Costa oriental da África. 4,5 x 4 cm.
Nyambana (Niambana) – Costa oriental da África. – 4,6 x 4,5 cm.
Mudjana – Costa oriental da África – 5,5 x 5 cm *(ETNIAS NEGRO-AFRICANAS – MARCAS DE IDENTIDADE – ESCARIFICAÇÕES FACIAIS)*.

In 1. WILKES, 1856, I:54-63.
2. PRADO, 1955:287-294.

[288] ARAGO, JACQUES ETIENNE (del.) e LEROUGE & BENARD (sculpt.) *Vue de la salle de spectacle sur la place do Rocio, à Rio de Janeiro*. 1817. Gravura, 192 x 272 mm *(PRISÕES E CALABOUÇOS – CASTIGOS CORPORAIS – GALÉS) (O UNIVERSO DO TRABALHO – AGUADEIROS – CARREGADORES DE BARRIS, "TIGRES" E TONÉIS – CARREGADORES DE CADEIRINHAS , LITEIRAS, PALANQUINS, REDES E SERPENTINAS – PUXADORES DE "PIOLHO") (MARGINALIDADE – PRISÕES E CALABOUÇOS – CASTIGOS CORPORAIS – GALÉS)*.

In 1. FREYCINET, 1825, n. 7. Atlas historique.
2. FERREZ, 1965a:84.

[289] ARAGO, JACQUES ETIENNE (esboço), MAURIN, N. (del.) e VILLAIN (lith.). *Esclaves allant recevoir le baptême (Brésil)*. Litografia aquarelada, 23,2 x 14,3 cm *(CATOLICISMO – SACRAMENTOS- BATISMO) (INDUMENTÁRIA MASCULINA – TRAJES DE BATISMO)*.

In 1. ARAGO, 1839, I:118, s.d., I:175.
2. MOURA, 1994:52.

[290] ARAGO, JACQUES ETIENNE (esboço), MAURIN, N. (del.) e VILLAIN (lith.). *Châtiment des esclaves*. Litografia, 23,2 x 14,3 cm *(REPRESSÃO E VIOLÊNCIA – INSTRUMENTOS DE TORTURA DE ESCRAVOS – GARGALHEIRAS – MÁSCARAS E MORDAÇAS DE FOLHA DE FLANDRES)*.

In 1. ARAGO, 1839, I:119.
2. MOURA, 1988:56.

[291] ARAGO, JACQUES ETIENNE (esboço), MAURIN, N. (del.) e KAEPELLIN & CIE. (lith.). *La petite Tijouka*. Litografia, 8,2 x 11,3 cm. *A Pequena Tijuca*, Rio de Janeiro *(CENAS DE GÊNERO – NEGROS COM ARARA)*.

In ARAGO, 1839, IV:327.

[292] ARAGO, JACQUES ETIENNE (esboço), MAURIN, N. (del.) e KAEPELLIN & CIE. (lith.). *Vue de l'Église de Gloria à Rio de Janeiro*. Litografia, 10,2 x 19,5 cm *(O UNIVERSO DO TRABALHO – BARQUEIROS – CANOEIROS – REMEIROS)*.

In ARAGO, 1839, IV:341.

[293] CORONEL D'ARCY (del.) e MUTLOW, H. (sculpt.). *View in Rio de Janeiro*. Gravura, 20,5 x 29 cm *(CENAS DE GÊNERO)*.

In OUSELEY, 1819, IV.

[294] BARROS, JOAQUIM LOPES (lith.). *Bolieiro*. 1840. Litografia *(O UNIVERSO DO TRABALHO – BOLEEIROS, COCHEIROS, PALAFRENEIROS E SOTAS)*.

In COLEÇÃO ERICO STICKEL, São Paulo, GILBERTO FERREZ e MOACYR BRIGGS, Rio de Janeiro.

[295] BARROS, JOAQUIM LOPES (lith.). *Pretos de ganho*. 1840. Litografia *(O UNIVERSO DO TRABALHO – NEGROS DE GANHO)*.

In COLEÇÃO ERICO STICKEL, São Paulo, GILBERTO FERREZ e MOACYR BRIGGS, Rio de Janeiro.

[296] BARROS, JOAQUIM LOPES (lith.). *Quitandeira*. 1840. Litografia *(O UNIVERSO DO TRABALHO – QUITANDEIRAS – QUITUTEIRAS)*.

In COLEÇÃO ERICO STICKEL, São Paulo, GILBERTO FERREZ e MOACYR BRIGGS, Rio de Janeiro.

[297] BARROS, JOAQUIM LOPES (lith.). *Preto comprador*. 1840. Litografia *(O UNIVERSO DO TRABALHO – COMPRADORES)*.

In COLEÇÃO ERICO STICKEL, São Paulo, GILBERTO FERREZ e MOACYR BRIGGS, Rio de Janeiro.

[298] BARROS, JOAQUIM LOPES (lith.). *Cadeirinha*. 1840. Litografia *(O UNIVERSO DO TRABALHO – CARREGADORES DE CADEIRINHAS, LITEIRAS, PALANQUINS, REDES E SERPENTINAS)*.

In COLEÇÃO ERICO STICKEL, São Paulo, GILBERTO FERREZ e MOACYR BRIGGS, Rio de Janeiro.

[299] BARROS, JOAQUIM LOPES (lith.). *Huma rede*. 1840. Litografia *(O UNIVERSO DO TRABALHO – CARREGADORES DE CADEIRINHAS, LITEIRAS, PALANQUINS, REDES E SERPENTINAS)*.

In COLEÇÃO ERICO STICKEL, São Paulo, GILBERTO FERREZ e MOACYR BRIGGS, Rio de Janeiro.

[300] BARROS, JOAQUIM LOPES (lith.). *Preto vendendo agoa*. 1840. Litografia *(O UNIVERSO DO TRABALHO – AGUADEIROS)*.

In COLEÇÃO ERICO STICKEL, São Paulo, GILBERTO FERREZ e MOACYR BRIGGS, Rio de Janeiro.

[301] BARROS, JOAQUIM LOPES (lith.). *Preto da illuminação publica*. 1840. Litografia *(O UNIVERSO DO TRABALHO – ILUMINAÇÃO PÚBLICA)*.

In COLEÇÃO ERICO STICKEL, São Paulo, GILBERTO FERREZ e MOACYR BRIGGS, Rio de Janeiro.

[302] BARROS, JOAQUIM LOPES (lith.). *Preto de doçes*. 1840. Litografia *(O UNIVERSO DO TRABALHO – VENDEDORES DE DOCES)*.

In Coleção Erico Stickel, São Paulo, Gilberto Ferrez e Moacyr Briggs, Rio de Janeiro.

[303] Barros, Joaquim Lopes (lith.). *Preto Mascáte*. 1840. Litografia (*O universo do trabalho – Mascates*).

In Coleção Erico Stickel, São Paulo, Gilberto Ferrez e Moacyr Briggs, Rio de Janeiro.

[304] Barros, Joaquim Lopes (lith.). *Preta de Ballas*. 1840. Litografia (*O universo do trabalho – Vendedores de balas*).

In Coleção Erico Stickel, São Paulo, Gilberto Ferrez e Moacyr Briggs, Rio de Janeiro.

[305] Barros, Joaquim Lopes (lith.). *Preto de caldo de cana*. 1840. Litografia (*O universo do trabalho – Vendedores de caldo de cana*).

In Coleção Erico Stickel, São Paulo, Gilberto Ferrez e Moacyr Briggs, Rio de Janeiro.

[306] Barros, Joaquim Lopes (lith.). *Preto vendendo gallinhas*. 1840. Litografia (*O universo do trabalho – Vendedores de galinhas*).

In Coleção Erico Stickel, São Paulo, Gilberto Ferrez e Moacyr Briggs, Rio de Janeiro.

[307] Barros, Joaquim Lopes (lith.). *Preto vendendo bonecas*. 1840. Litografia (*O universo do trabalho – Vendedores de bonecas*).

In Coleção Erico Stickel, São Paulo, Gilberto Ferrez e Moacyr Briggs, Rio de Janeiro.

[308] Barros, Joaquim Lopes (lith.). *Preto vendendo hortalices*. 1840. Litografia (*O universo do trabalho – Vendedores de hortaliças e legumes*).

In Coleção Erico Stickel, São Paulo, Gilberto Ferrez e Moacyr Briggs, Rio de Janeiro.

[309] Barros, Joaquim Lopes (lith.). *Preto d'açougue*. 1840. Litografia (*O universo do trabalho – Açougueiros*).

In Coleção Erico Stickel, São Paulo, Gilberto Ferrez e Moacyr Briggs, Rio de Janeiro.

[310] Barros, Joaquim Lopes (lith.). *Preto de lixo*. 1840. Litografia (*O universo do trabalho – Lixeiros*).

In Coleção Erico Stickel, São Paulo, Gilberto Ferrez e Moacyr Briggs, Rio de Janeiro.

[311] Barros, Joaquim Lopes (lith.). *Preto caiador*. 1840. Litografia (*O universo do trabalho – Caiadores*).

In Coleção Erico Stickel, São Paulo, Gilberto Ferrez e Moacyr Briggs, Rio de Janeiro.

[312] Barros, Joaquim Lopes (lith.). *Preto ao cepo*. 1841. Litografia (*Repressão e violência – Instrumentos de tortura de escravos – Cepos*).

In Coleção Erico Stickel, São Paulo, Gilberto Ferrez e Moacyr Briggs, Rio de Janeiro.

[313] Barros, Joaquim Lopes (lith.). *Preto vendendo agôa*. 1841. Litografia (*O universo do trabalho – Aguadeiros*).

In Coleção Erico Stickel, São Paulo, Gilberto Ferrez e Moacyr Briggs, Rio de Janeiro.

[314] Barros, Joaquim Lopes (lith.). *Preta vendendo carvão*. 1841. Litografia (*O universo do trabalho – Vendedores de carvão*).

In Coleção Erico Stickel, São Paulo, Gilberto Ferrez e Moacyr Briggs, Rio de Janeiro.

[315] Barros, Joaquim Lopes (lith.). *Quitandeiras*. 1841. Litografia (*O universo do trabalho – Quitandeiras – Quituteiras*).

In Coleção Erico Stickel, São Paulo, Gilberto Ferrez e Moacyr Briggs, Rio de Janeiro.

[316] Barros, Joaquim Lopes (lith.). *Preto de mascara*. 1841. Litografia (*Repressão e violência – Instrumentos de tortura de escravos – Máscaras e mordaças de folha de flandres*).

In Coleção Erico Stickel, São Paulo, Gilberto Ferrez e Moacyr Briggs, Rio de Janeiro.

[317] Barros, Joaquim Lopes (lith.). *Carregadores de café*. 1841. Litografia (*O universo do trabalho – Carregadores de café*).

In Coleção Erico Stickel, São Paulo, Gilberto Ferrez e Moacyr Briggs, Rio de Janeiro.

[318] Barros, Joaquim Lopes (lith.). *Pretos cangueiros*. 1841. Litografia (*O universo do trabalho – Cangueiros*).

In Coleção Erico Stickel, São Paulo, Gilberto Ferrez e Moacyr Briggs, Rio de Janeiro.

[319] Barros, Joaquim Lopes (lith.). *Pretos no Libambo*. 1841. Litografia (*Repressão e violência – Instrumentos de tortura de escravos – Libambos*).

In Coleção Erico Stickel, São Paulo, Gilberto Ferrez e Moacyr Briggs, Rio de Janeiro.

[320] Barros, Joaquim Lopes (lith.). *Vendedor d'agoa*. 1841. Litografia (*O universo do trabalho – Aguadeiros*).

In Coleção Erico Stickel, São Paulo, Gilberto Ferrez e Moacyr Briggs, Rio de Janeiro.

[321] Behrens, O. (del.) e autoria não identificada (xylo.). *Kokospalmu (Cocos nucifera)*. Xilogravura, 7,8 x 4,5 cm *(O universo do trabalho – Apanhadores de coco)*.

In Wainio, 1888:182.

[322] Behrens, O. (del.) e autoria não identificada (xylo.). *Mulatti*. Xilogravura, 8 x 4,7 cm *(Miscigenação – Mulatos)*.

In Wainio, 1888:227.

[323] Behrens, O. (del.) e autoria não identificada (xylo.). *Mulatti nainen*. Litografia, 7,3 x 5,5 cm *(Miscigenação – Mulatos)*.

In Wainio, 1888:228.

[324] Besnier, Fernand (del.) e autoria não identificada (xylo.). *Le campo de Saint-Anne a été changé en une forêt vierge*. Xilogravura, 13,2 x 12 cm. Rio de Janeiro *(O universo do trabalho – Quitandeiras – Quituteiras)*.

In Aimard, 1888:114.

[325] Besnier, Fernand (del.) e autoria não identificada (xylo.). *Nègresse mina*. Xilogravura, 13 x 7,5 cm *(Etnias negro-africanas – Minas)*.

In Aimard, 1888:131.

[326] Besnier, Fernand (del.). e autoria não identificada (xylo.). *Sem título*. Xilogravura, 7 x 4,2 cm *(O universo do trabalho – Mucamas)*.

In Aimard, 1888:197.

[327] Besnier, Fernand (del.) e autoria não identificada (xylo.). *Un employé de la Société de bienfaisance*. Xilogravura, 12 x 7,5 cm. *Tout à coup il fut chambré*. Xilogravura, 10 x 10,3 cm *(Estereótipos sobre o negro – Os corpos grotescos) (O universo do trabalho – Cozinheiros)*.

In Aimard, 1888:231-233.

[328] Best, Andrew W. & Leloir, T. (lith.). *Escravos chicoteados por ordem de seus senhores*. Litografia, 9 x 18 cm *(Repressão e violência – Instrumentos de tortura de escravos – Chicotes)*.

In Arago, s.d., I:68.

[329] Best, Andrew W. & GS (lith.). *Vente de nègres*. Litografia, 9,7 x 17,8 cm *(Mercados de escravos)*.

In Arago, s.d., I:74.

[330] Beyer, C. (sculpt.). *Sem título*. Gravura, 10,2 x 6 cm *(Indumentária masculina – Cavaleiro) (O universo do trabalho – Barqueiros – Canoeiros – Remeiros)*.
Obs.: As gravuras de Beyer são cópia das que ilustram a obra de Koster *[189 a 195]*.

In Fischer, 1819, 2 vols., contracapa de ambos os volumes.

[331] Beyer, C. (sculpt.). *Pflanzer und Pflanzerin auf der Reise*. Gravura, 6,3 x 9,8 cm *(O universo do trabalho – Carregadores com cesto – Carregadores de cadeirinhas, liteiras, palanquins, redes e serpentinas)*.

In Fischer, 1819, 2 vols., 2 vol: frontispício.

[332] Beyer, C. (sculpt.). *Einwohner aus dem Innern oder Sertanejo*. Gravura, 9,8 x 6. *(Miscigenação – Sertanejos)*

In Fischer, 1819, 2 v., segundo volume, frontispício.

[333] Biard, François Auguste & Riou, E. (del.), Gauchard, J. (xylo.). *Une rue de Bahia*. Xilogravura, 15,7 x 10 cm. Salvador *(O universo do trabalho – Aguadeiros) (Cenas de gênero)*.

In Biard, 1862:39.

[334] Biard, François Auguste & Riou, E. (del.), Trichon (xylo.). *Négresses à Rio de Janeiro*. Xilogravura, 8 x 8,5 cm *(O universo do trabalho – Quitandeiras – Quituteiras)*.

In Biard, 1862:47.

[335] Biard, François Auguste & Riou, E. (del.), Gauchard, J. (xylo.). *Une clef du palais de Rio de Janeiro*. Xilogravura, 9 x 8,5 cm *(O universo do trabalho – Criados do Paço Imperial)*.

In Biard, 1862:76.

[336] Biard, François Auguste & Riou, E. (del.), Maurand, C. (xylo.). *Dames brésiliennes à Rio de Janeiro*. Xilogravura, 8 x 13,5 cm *(O universo do trabalho – Mucamas – Pajens)*.

In Biard, 1862:85.

[337] Biard, François Auguste & Riou, E. (del.). *Nègre grandin, à Rio de Janeiro*. Xilogravura, 7,3 x 5 cm *(Indumentária masculina – Poncho – Acessórios – Guarda-chuva)*.

In Biard,1862:87.

[338] Biard, François Auguste & Riou, E. (del.), Lani Fr. (xylo.). *Nègres grandins, à Rio de Janeiro*. 7,5 x 5,3 cm *(Indumentária masculina – Acessórios – Guarda-chuvas)*.

In Biard, 1862:88.

[339] BIARD, FRANÇOIS AUGUSTE & RIOU, E. (del.), TRICHON (xylo.). *Les sapeurs de la garde nationale de Rio de Janeiro*. Xilogravura, 9 x 8 cm (*INDUMENTÁRIA MASCULINA – UNIFORMES MILITARES – GUARDA NACIONAL*).

In BIARD, 1862:89.

[340] BIARD, FRANÇOIS AUGUSTE & RIOU, E. (del.) e GAUCHARD, J. (xylo.). *Nègre portant de provisions à Rio de Janeiro*. Xilogravura, 7,5 x 5 cm (*O UNIVERSO DO TRABALHO – CARREGADORES*).

In BIARD, 1862:90.

[341] BIARD, FRANÇOIS AUGUSTE & RIOU, E. (del.) e MAURAND, C. (xylo.). *Déménagement d'un piano, à Rio de Janeiro*. Xilogravura, 8 x 13 cm (*O UNIVERSO DO TRABALHO – CARREGADORES DE PIANO*).

In BIARD, 1862:91.

[342] BIARD, FRANÇOIS AUGUSTE & RIOU, E. (del.) e GAUCHARD, J. (xylo.). *Négresses, à Rio de Janeiro*. Xilogravura, 9 x 8,2 cm (*INDUMENTÁRIA FEMININA*) (*O UNIVERSO DO TRABALHO – VENDEDORES DE FRUTAS*).

In BIARD, 1862:93.

[343] BIARD, FRANÇOIS AUGUSTE & RIOU, E. (del.). *Nègre porte-faix, à Rio de Janeiro*. Xilogravura, 10 x 16 cm (*O UNIVERSO DO TRABALHO – CARREGADORES*).

In BIARD, 1862:94.

[344] BIARD, FRANÇOIS AUGUSTE & RIOU, E. (del.) e TRICHON, J. (xylo.). *Vente d'esclaves, à Rio de Janeiro*. Xilogravura, 10 x 16 cm (*MERCADOS DE ESCRAVOS*).

In BIARD, 1862:94.

[345] BIARD, FRANÇOIS AUGUSTE & RIOU, E. (del.) e TRICHON, J. (xylo.). *Retour d'une vente d'esclaves, à Rio de Janeiro*. Xilogravura, 9,7 x 16 cm (*MERCADOS DE ESCRAVOS*).

In BIARD, 1862:99.

[346] BIARD, FRANÇOIS AUGUSTE & RIOU, E. (del.) e MAURAND (xylo.). *Une lutte nocturne dans le palais de l'empereur du Brésil*. Xilogravura, 8,2 x 12,8 cm (*INDUMENTÁRIA MASCULINA – LIBRÉ – CRIADOS DO PAÇO IMPERIAL*) (*O UNIVERSO DO TRABALHO – CRIADOS*).

In BIARD, 1862:107.

[347] BIARD, FRANÇOIS AUGUSTE & RIOU, E. (del.). *Nègre commissionaire, à Rio de Janeiro*. Litografia, 8 x 5 cm (*O UNIVERSO DO TRABALHO – CARREGADORES*).

In BIARD, 1862:110.

[348] BIARD, FRANÇOIS AUGUSTE & RIOU, E. (del.) e TRICHON, J. (xylo.). *La paye des commissionaires, au Pará*. Belém, Pará. Xilografia, 10,5 x 16,5 cm (*O UNIVERSO DO TRABALHO – CARREGADORES*).

In BIARD, 1862:314.

[349] BIARD, FRANÇOIS AUGUSTE & RIOU, E. (del.). *La mulâtresse*. Xilogravura, 8,3 x 8 cm. Ilha de Arapiranga, Pará (*MISCIGENAÇÃO – MULATOS*).

In BIARD, 1862:348.

[350] BINGHAM, A.Y. (del.) e PERSON, G. (sculpt.). *The Slave Village, Fazenda, Santa Anna*. Xilogravura, 9,3 x 6,75 cm. (Entre-Rios, província do Rio de Janeiro) (*ARQUITETURA – CASAS DE MORADIA – SENZALAS?*).

In BRASSEY, 1878:56.

[351] BRIGGS, F. (del. e lith.). *Panorama of the city of Rio de Janeiro, the capital of Brazil*. Litografia, 45 x 72 cm (*CENAS DE GÊNERO*).

In BRIGGS, 1837.

[352] BURMEISTER, HERMAN (del.) e LOEILLOT (lith.). *Capivary*. Litografia, 29,7 x 25 cm. Minas Gerais (*O UNIVERSO DO TRABALHO – CARREGADORES DE TROUXA*).

In BURMEISTER, 1853:(Atlas, Taf. IV).

[353] BURMEISTER, HERMAN (del.) e LOEILLOT (lith.). *Villa da Pomba, von der Südserte geschen*. Litografia, 23,3 x 37,8 cm. Pomba, Minas Gerais (*O UNIVERSO DO TRABALHO – CARREGADORES DE BAGAGEM, CARGA E FARDOS*).

In BURMEISTER, 1853:(Atlas, Taf. VI).

[354] BURMEISTER, HERMAN (del.) e LOEILLOT (lith.). *Stadhaus im Ouro Preto*. Litografia, 15,5 x 23,5 cm. Ouro Preto, Minas Gerais (*O UNIVERSO DO TRABALHO – PUXADORES DE CARROÇA*).

In BURMEISTER, 1853:(Atlas, Taf. IX)

[355] BURMEISTER, HERMAN (del.) e LOEILLOT (lith.). *Strafse im unteren theile der Stadt Ouro Preto*. Litografia, 14 x 24,8 cm. Ouro Preto, Minas Gerais (*O UNIVERSO DO TRABALHO – CARREGADORES DE BAGAGEM, CARGA E FARDOS*).

In BURMEISTER, 1853:(Atlas, Taf. X).

[356] BUVELOT, L. (del). e MOREAU, AUGUSTE (del.) e HEATON & RENSBURG (lith). *Carioca*. Litografia, 11 x 15,5 cm. Rio de Janeiro (*O UNIVERSO DO TRABALHO – AGUADEIROS – QUITANDEIRAS – QUITUTEIRAS*).
Obs.: Buvelot é o desenhista das paisagens e Moreau, o das figuras, na publicação *Rio de Janeiro pitoresco*.

In *Rio de Janeiro pitoresco*, [1842] .

[357] BUVELOT, L. (del.) e MOREAU, AUGUSTE (del.), HEATON & RENSBURG (lith.). *Sem título*. Litografia, 8,3 x 9,5 cm *(LÚDICA – LUNDU) (MÚSICA – INSTRUMENTOS MUSICAIS DE ORIGEM AFRICANA – MARIMBA) (O UNIVERSO DO TRABALHO – QUITANDEIRAS – QUITUTEIRAS)*.

In *Rio de Janeiro pitoresco*, [1842] .

[358] BUVELOT, L. (del.), MOREAU, AUGUSTE (del.). e HEATON & RENSBURG (lith.). *Sem título*. Litografia *(LÚDICA – CARNAVAL – ENTRUDO)*.

In *Rio de Janeiro pitoresco*, [1842] .

[359] BUVELOT, L. (del.), MOREAU, AUGUSTE (del.) e HEATON & RENSBURG (lith.). *Sem título*. Litografia, 5 x 5,5 cm *(MARGINALIDADE – PRISIONEIROS)*.

In *Rio de Janeiro pitoresco*, [1842] .

[360] BUVELOT, L. (del.), MOREAU, AUGUSTE (del.) e HEATON & RENSBURG (lith.). *Sem título*. Litografia, 7 x 10,5 cm *(O UNIVERSO DO TRABALHO – CARREGADORES DE CAIXÃO DE DEFUNTO)*.

In *Rio de Janeiro pitoresco*, [1842] .

[361] BUVELOT, L. (del.), MOREAU, AUGUSTE (del.) e HEATON & RENSBURG (lith.). *A Quinta Imperial em St. Christovão*. Litografia, 14 x 28 cm *(O UNIVERSO DO TRABALHO – BOIADEIROS)*.

In *Rio de Janeiro pitoresco*, [1842] .

[362] BUVELOT, L. (del.) e MOREAU, AUGUSTE (del.), HEATON & RENSBURG (lith.). *Chafariz da Rua do Conde*. Litografia, 6,5 x 10,5 cm *(O UNIVERSO DO TRABALHO – AGUADEIROS)*.

In *Rio de Janeiro pitoresco*, [1842] .

[363] BUVELOT, L. (del.) e MOREAU, AUGUSTE (del.), HEATON & RENSBURG (lith.). *Rua Direita*. Litografia, 14 x 19,3 cm *(O UNIVERSO DO TRABALHO – CARREGADORES DE BAGAGEM, CARGA E FARDOS – NEGROS DE GANHO – PUXADORES DE CARROÇA)*.

In *Rio de Janeiro pitoresco*, [1842] .

[364] BUVELOT, L. (del.), MOREAU, AUGUSTE (del.) e HEATON & RENSBURG (lith.). *Largo da Misericordia*. Rio de Janeiro. Litografia, 13 x 17,8 cm *(O UNIVERSO DO TRABALHO – PORQUEIROS)*.

In *Rio de Janeiro pitoresco*, [1842] .

[365] BUVELOT, L. (del.), MOREAU, AUGUSTE (del.) e HEATON & RENSBURG (lith). *Sem título*. Litografia, 9,5 x 6 cm *(INDUMENTÁRIA FEMININA) (MÚSICA – INSTRUMENTOS MUSICAIS DE ORIGEM AFRICANA – MARIMBA) (O UNIVERSO DO TRABALHO – NEGROS DE GANHO)*.

In *Rio de Janeiro pitoresco*, [1842] .

[366] BUVELOT, L. (del.), MOREAU, AUGUSTE (del.) e HEATON & RENSBURG (lith.). *Largo de S. Rita*. Litografia, 13,5 x 12,5 cm. Rio de Janeiro *(O UNIVERSO DO TRABALHO – AGUADEIROS – QUITANDEIRAS)*.

In *Rio de Janeiro pitoresco*, [1842] .

[367] BUVELOT, L. (del.), MOREAU, AUGUSTE (del.) e HEATON & RENSBURG (lith.). *Sem título*. Litografia, 4,5 x 10,3 cm *(O UNIVERSO DO TRABALHO – MUCAMAS – PAJENS)*.

In *Rio de Janeiro pitoresco*, [1842] .

[368] BUVELOT, L. (del.), MOREAU, AUGUSTE (del.) e HEATON & RENSBURG (lith.). *Sem título*. Litografia, 6,7 x 6 cm *(O UNIVERSO DO TRABALHO – BARBEIROS)*.

In *Rio de Janeiro pitoresco*, [1842] .

[369] BUVELOT, L. (del.), MOREAU, AUGUSTE (del.) e HEATON & RENSBURG (lith.). *Sem título*. Litografia, 7 x 7,5 cm *(O UNIVERSO DO TRABALHO – CANGUEIROS PUXANDO "PIOLHO")*.

In *Rio de Janeiro pitoresco*, [1842] .

[370] BUVELOT, L. (del.), MOREAU, AUGUSTE (del.) e HEATON & RENSBURG (lith.). *Sem título*. Litografia, 5,5 x 5 cm *(O UNIVERSO DO TRABALHO – CARREGADOR DE PERUS)*.

In *Rio de Janeiro pitoresco*, [1842] .

[371] BUVELOT, L. (del.), MOREAU, AUGUSTE (del.) e HEATON & RENSBURG (lith.). *Sem título*. Litografia, 6 x 5 cm *(REPRESSÃO E VIOLÊNCIA – INSTRUMENTOS DE TORTURA DE ESCRAVOS – LIBAMBOS – MÁSCARAS E MORDAÇAS DE FOLHA DE FLANDRES)*.

In *Rio de Janeiro pitoresco*, [1842] .

[372] CASANOVA (del.) e PEDROSO, ARMANDO (sculpt.). *O Seringal*. Xilogravura, 14 x 9,5 cm *(O UNIVERSO DO TRABALHO – SERINGUEIROS)*.

In FRIAS, 1883:243.

[373] CHAMBERLAIN, HENRY (del.) e CLARKE, JOHN (sculpt.). *Tijuca mountains*. 1819. Gravura, 20,5 x 29 cm. Rio de Janeiro *(O UNIVERSO DO TRABALHO – CEIFADORES DE CAPIM)*.

In CHAMBERLAIN, 1822, n. 3.

[374] CHAMBERLAIN, HENRY (del.) e CLARKE, JOHN (sculpt.). *A market stall*. 1819. Gravura, 20,5 x 29 cm. Rio de Janeiro *(MÚSICA – INSTRUMENTOS MUSICAIS DE ORIGEM AFRICANA – SAMBEE) (O UNIVERSO DO TRABALHO – QUITANDEIRAS – QUITUTEIRAS)*.

In 1. CHAMBERLAIN, 1822, n. 4.
2. BELLUZZO, 1994, III:95.

[375] CHAMBERLAIN, HENRY (del.) e CLARKE, JOHN (sculpt.). *The chege and cadeira*. Gravura, 20,5 x 29 cm (*O UNIVERSO DO TRABALHO – CARREGADORES DE CADEIRINHAS, LITEIRAS, PALANQUINS, REDES E SERPENTINAS – CONDUTORES DE BANGUÊS, CARROS, CARROS DE VIAJANTES, CARROÇAS, CARRUAGENS E SEGES*).

In CHAMBERLAIN, 1822, n. 5.

[376] CHAMBERLAIN, HENRY (del.) e CLARKE, JOHN (sculpt.). *A Brazilian family*. Gravura, 20,5 x 29 cm (*O UNIVERSO DO TRABALHO – AMAS – PAJENS*).

In CHAMBERLAIN, 1822, n. 6.

[377] CHAMBERLAIN, HENRY (del.) e CLARKE, JOHN (sculpt.). *Pretos de ganho*. Gravura, 20,5 x 29 cm (*O UNIVERSO DO TRABALHO – CANGUEIROS PUXANDO "PIOLHO" – NEGROS DE GANHO*).

In CHAMBERLAIN, 1822, n. 7.

[378] CHAMBERLAIN, HENRY (del.) e ALKEN, H. (sculpt.). *Rêde, or net*. Gravura, 20,5 x 29 cm (*O UNIVERSO DO TRABALHO – CARREGADORES DE CAPIM – CARREGADORES DE CADEIRINHAS, LITEIRAS, PALANQUINS, REDES E SERPENTINAS*).

In CHAMBERLAIN, 1822, n. 9.

[379] CHAMBERLAIN, HENRY (del.) e ALKEN, H. (sculpt.) *The slave market*. Gravura, 20,5 x 29 cm (*MERCADOS DE ESCRAVOS*).

In 1. CHAMBERLAIN, 1822, n. 11.
2. BELLUZZO, 1994, III:95.

[380] CHAMBERLAIN, HENRY (del.) e HUNT, T. (sculpt.). *The Lazareto*. Gravura, 29,5 x 27 cm. Rio de Janeiro (*O UNIVERSO DO TRABALHO – CATADORES DE GRAVETOS*).

In CHAMBERLAIN, 1822, n. 13.

[381] CHAMBERLAIN, HENRY (del.) e HUNT, G. (sculpt.). *Lagoa de Freitas*. Gravura, 19,5 x 27 cm. Lagoa Rodrigo de Freitas, Rio de Janeiro (*O UNIVERSO DO TRABALHO – CARREGADORES DE TROUXAS*).

In CHAMBERLAIN, 1822, n. 14.

[382] CHAMBERLAIN, HENRY (del.) e ALKEN, J. (sculpt.). *Point of the Callabouço from the Gloria*. Gravura, 30 x 85, cm (*O UNIVERSO DO TRABALHO – BARQUEIROS, CANOEIROS E REMEIROS – PESCADORES*).

In CHAMBERLAIN, 1822, n. 17.

[383] CHAMBERLAIN, HENRY (del.) e HUNT, G. (sculpt.). *View of the Western side of the harbour of Rio de Janeiro*. Gravura, 23 x 89,5 cm (*O UNIVERSO DO TRABALHO – BARQUEIROS, CANOEIROS E REMEIROS*).

In CHAMBERLAIN, 1822, n. 18.

[384] CHAMBERLAIN, HENRY (del.) e ALKEN, H. (sculpt.). *The store cart*. Gravura, 19,5 x 27,5 cm (*O UNIVERSO DO TRABALHO – PEÕES DE BOIADEIROS*).

In CHAMBERLAIN, 1822, n. 19.

[385] CHAMBERLAIN, HENRY (del.) e ALKEN, H. (sculpt.). *Convicts*. Gravura, 20 x 28 cm (*PRISÕES – GALÉS*).

In CHAMBERLAIN, 1822, n. 20.

[386] CHAMBERLAIN, HENRY (del.) e HUNT, T. (sculpt.). *View of the city of Rio de Janeiro*. Gravura, 19,7 x 27 cm (*O UNIVERSO DO TRABALHO – CARREGADORES DE CAPIM*).

In CHAMBERLAIN, 1822, n. 21.

[387] CHAMBERLAIN, HENRY (del.) e ALKEN, H. (sculpt.) *A pleasure cart*. Gravura, 20 x 27,5 cm (*O UNIVERSO DO TRABALHO – CONDUTORES DE BANGUÊS, CARROS, CARROS DE VIAJANTES, CARROÇAS, CARRUAGENS E SEGES*).

In CHAMBERLAIN, 1822, n. 22.

[388] CHAMBERLAIN, HENRY (del.) e HUNT (sculpt.). *Funeral of a negro*. Gravura, 20 x 27,5 cm (*CATOLICISMO – ENTERROS*).

In CHAMBERLAIN, 1822, n. 24.

[389] CHAMBERLAIN, HENRY (del.) e ALKEN, H. (sculpt.). *Troperos or Muleteers*. Gravura, 20 x 28 cm (*O UNIVERSO DO TRABALHO – AUXILIARES DE TROPEIROS*).

In 1. CHAMBERLAIN, 1822, n. 25.
2. MOURA, 1999:24.

[390] CHAMBERLAIN, HENRY (del.) e ALKEN, H. (sculpt.). *The Palace*. Gravura, 29,3 x 27,5 cm (*O UNIVERSO DO TRABALHO – CARREGADORES DE BARRIS, "TIGRES" E TONÉIS – CARREGADORES DE TROUXAS*).

In CHAMBERLAIN, 1822, n. 26.

[391] CHAMBERLAIN, HENRY (del.) e HUNT, G. (sculpt.). *Sick slaves*. Gravura, 20,5 x 28,5 cm (*OS CORPOS IMPERFEITOS – DESNUTRIÇÃO*) (*MÚSICA – INSTRUMENTOS MUSICAIS DE ORIGEM AFRICANA – MADIMBA – SAMBEE*).

In CHAMBERLAIN, 1822, n. 29.

[392] CHAMBERLAIN, HENRY (del.) e HUNT, T. (sculpt.). *View from the landing place at the Gloria*. Gravura, 20 x 27,5 cm. Rio de Janeiro (*O UNIVERSO DO TRABALHO – AGUADEIROS – CARREGA-*

DORES DE BARRIS, "TIGRES" E TONÉIS – VENDEDORES DE FRUTAS) *(REPRESSÃO E VIOLÊNCIA – INSTRUMENTOS DE TORTURA DE ESCRAVOS – GARGALHEIRAS).*

In CHAMBERLAIN, 1822, n. 30.

[393] CHAMBERLAIN, HENRY (del.) e HUNT, G. (sculpt.). *Huma historia*. Gravura, 20 x 28 cm *(O UNIVERSO DO TRABALHO – VENDEDORES DE GAMELAS – VENDEDORES DE MILHO).*

In CHAMBERLAIN, 1822, n. 31.

[394] CHAMBERLAIN, HENRY (del.) e HUNT, G. (sculpt.). *A pedlar and his slave*. Gravura, 20 x 28 cm *(O UNIVERSO DO TRABALHO – AUXILIARES DE MASCATE).*

In CHAMBERLAIN, 1822, n. 34.

[395] CHAMBERLAIN, HENRY (del.) e HUNT, T. (sculpt.). *Criminals carrying provisions from the prison*. Gravura, 20,5 x 28 cm *(PRISÕES – CALABOUÇOS – GALÉS).*

In CHAMBERLAIN, 1822, n. 35.

[396] CHAMBERLAIN, HENRY (del.) e ALKEN, H. (sculpt.). *Largo da Glória*. Gravura, 19,7 x 27,6 cm. Rio de Janeiro *(MÚSICA – INSTRUMENTOS MUSICAIS DE ORIGEM AFRICANA – MADIMBA DE BTSCHJÉ, CONGO) (O UNIVERSO DO TRABALHO – CARREGADORES – QUITANDEIRAS – QUITUTEIRAS – VENDEDORES DE ALGODÃO, BANDEJAS, CHAPÉUS, LIVROS E MUSSELINAS – VENDEDORES DE ALUÁ E CANA-DE-AÇÚCAR – VENDEDORES DE FEIJÃO E MILHO).*

In 1. CHAMBERLAIN, 1822, n. 36.
2. BELLUZZO, 1994, III:93

[397] DEBRET, JEAN BAPTISTE (del.) e AUTORIA NÃO IDENTIFICADA (lith.). *Sem título*. Litografia, 34,5 x 23,7 cm *(O UNIVERSO DO TRABALHO – ATIVIDADE NÃO IDENTIFICADA).*

In DEBRET, 1834-1839, T. I, frontispício.

[398] DEBRET, JEAN BAPTISTE (del.) e THIERRY FRÈRES (lith.). *Vue Gle. de la Ville de Rio de Janeiro*. Litografia, 7,5 x 33 cm *(O UNIVERSO DO TRABALHO – BARQUEIROS – CANOEIROS – REMEIROS – QUITANDEIRAS – QUITUTEIRAS).*

In DEBRET, 1834-1839, T. II, Pr. 4.

[399] DEBRET, JEAN BAPTISTE (del.) e CH. MOTTE (lith.). *Un employé du Gouvernt sortant de chez lui avec sa famille*. Litografia, 15,5 x 22 cm *(O UNIVERSO DO TRABALHO – AMAS – MOLEQUES – MUCAMAS – PAJENS).*

In DEBRET, 1834-1839, T. II, Pr. 5.

[400] DEBRET, JEAN BAPTISTE (del.) e CH. MOTTE (lith.). *Une dame brésilienne dans son intérieur*. Litografia, 16 x 22 cm *(O UNIVERSO DO TRABALHO – BORDADEIRAS – MOLEQUES).*

In DEBRET, 1834-1839, T. II, Pr. 6.

[401] DEBRET, JEAN BAPTISTE (del.) e THIERRY FRÈRES (lith.). *Le dîner*. Litografia, 15,5 x 21,7 cm *(O UNIVERSO DO TRABALHO – MOLEQUES).*

In DEBRET, 1834-1839, T. II, Pr. 7.

[402] DEBRET, JEAN BAPTISTE (del.) e CH. MOTTE (lith.). *Les rafraîchissements de l'après dîner sur la Place du Palais*. Litografia, 15,3 x 21,4 cm. Rio de Janeiro *(O UNIVERSO DO TRABALHO – AGUADEIROS – QUITANDEIRAS – QUITUTEIRAS – VENDEDORES DE REFRESCOS).*

In DEBRET, 1834-1839, T. II, Pr. 9.

[403] DEBRET, JEAN BAPTISTE (del.) e CH. MOTTE (lith.). *Une visite à la campagne*. Litografia, 14,8 x 21,4 cm *(O UNIVERSO DO TRABALHO – AMAS – BORDADEIRAS – MUCAMAS) (REPRESSÃO E VIOLÊNCIA – INSTRUMENTOS DE TORTURA DE ESCRAVOS – MÁSCARAS E MORDAÇAS DE FOLHA DE FLANDRES).*

In DEBRET, 1834-1839, T. II, Pr. 10.

[404] DEBRET, JEAN BAPTISTE (del.) e THIERRY FRÈRES (lith.). *Les barbiers ambulants*. Litografia, 15,2 x 23,2 cm *(INDUMENTÁRIA MASCULINA – UNIFORMES MILITARES) (O UNIVERSO DO TRABALHO – BARBEIROS).*

In DEBRET, 1834-1839, T. II, Pr. 11.

[405] DEBRET, JEAN BAPTISTE (del.) e THIERRY FRÈRES (lith.). *Boutique de barbiers*. Litografia, 16 x 23,2 cm *(O UNIVERSO DO TRABALHO – AMOLADORES DE FACA – BARBEIROS – CERZIDORES DE MEIAS – QUITANDEIRAS – QUITUTEIRAS – VENDEDORES DE REFRESCOS).*

In 1. DEBRET, 1834-1839, T. II, Pr. 12.
2. In BELLUZZO, 1994, III:88.

[406] DEBRET, JEAN BAPTISTE (del.) e THIERRY FRÈRES (lith.). *Marchand de sestes, Paniers, qui se portent sur la tête*. Litografia, 15 x 21 cm *(O UNIVERSO DO TRABALHO – VENDEDORES DE ABANOS E ARTEFATOS DE PALHA, CESTOS E SAMBURÁS).*

In DEBRET, 1834-1839, T. II, Pr. 13.

[407] DEBRET, JEAN BAPTISTE (del.) e THIERRY FRÈRES (lith.). *Nègre (sic) vendeurs de volaille*. Litografia, 14,2 x 21 cm *(MÚSICA – INSTRUMENTOS MUSICAIS DE ORIGEM AFRICANA – MARIMBAS) (O UNIVERSO DO TRABALHO – CONDUTORES DE CARGAS – VENDEDORES DE AVES).*

In DEBRET, 1834-1839, T. II, Pr. 14.

[408] DEBRET, JEAN BAPTISTE (del.) e THIERRY FRÈRES (lith.). *Retour, à la ville, d'un propriétaire de chacra*. Litografia, 13,5 x 23,2 cm (*O UNIVERSO DO TRABALHO – CARREGADORES DE CADEIRINHAS, LITEIRAS, PALANQUINS, REDES E SERPENTINAS – CARREGADORES DE FRUTAS – CARREGADORES DE GUARDA-CHUVAS*).

In DEBRET, 1834-1839, T. II, Pr. 15.

[409] DEBRET, JEAN BAPTISTE (del.) e THIERRY FRÈRES (lith.). *Litière pour voyager dans l'intérieur*. Litografia, 15,2 x 23,2 cm (*O UNIVERSO DO TRABALHO – AMAS – CONDUTORES DE BANGUÊS, CARROS, CARRROS DE VIAJANTES, CARROÇAS, CARRUAGENS E SEGES*).

In DEBRET, 1834-1839, T. II, Pr. 16.

[410] DEBRET, JEAN BAPTISTE (del.) e THIERRY FRÈRES (lith.). *Marchand de sambouras. Vendeur de palmito*. Litografia, 21,2 x 31,5 cm (*O UNIVERSO DO TRABALHO – VENDEDORES DE PALMITO – VENDEDORES DE SAMBURÁS*).

In DEBRET, 1834-1839, T. II, Pr. 17.

[411] DEBRET, JEAN BAPTISTE (del.) e THIERRY FRÈRES (lith.). *Négre (sic) scieurs de long*. Litografia, 19,5 x 31,3 cm (*O UNIVERSO DO TRABALHO – CARPINTEIROS*).

In DEBRET, 1834-1839, T. II, Pr. 19.

[412] DEBRET, JEAN BAPTISTE (del.) e THIERRY FRÈRES (lith.). *Nègres chasseurs rentrant en ville. Le retour des nègres d'un naturaliste*. Litografia, 20,4 x31,5 cm (*O UNIVERSO DO TRABALHO – CAMARADAS DE NATURALISTAS E EXPEDIÇÕES CIENTÍFICAS – CAÇADORES*).

In DEBRET, 1834-1839, T. II, Pr. 21 (aqui o editor cometeu um erro de numeração, pois a Pr. deveria ter o número 20).

[413] DEBRET, JEAN BAPTISTE (del.) e THIERRY FRÈRES (lith.). *Vendeurs de lait et de capim*. Litografia, 20 x 31 cm (*O UNIVERSO DO TRABALHO – CARREIROS – LEITEIROS – VENDEDORES DE CAPIM*).

In DEBRET, 1834-1839, T. II, Pr. 21.

[414] DEBRET, JEAN BAPTISTE (del.) e THIERRY FRÈRES (LITH.). *Esclaves nègres, de différentes nations*. Litografia, 20,5 x 31,8 cm (*ETNIAS NEGRO-AFRICANAS – MARCAS DE IDENTIDADE – ESCARIFICAÇÕES FACIAIS – ANGOLA – BENGUELA – CABINDA – CALLAVA – CASSANGE – CONGO – MOÇAMBIQUE – MINA – MONJOLO – REBOLO*) (*INDUMENTÁRIA FEMININA – PENTEADOS*) (*MISCIGENAÇÃO – CABRAS – CRIOULOS MULATOS*).
Conteúdo: Dezesseis imagens numeradas: 1) Rébola, 2) Congo, 3) Cabra, 4) Cabinda, 5) Créole, 6) Cabinda, 7) Binguelle, 8) Callava, 9) Mosambique, 10) Mina, 11) Moujole, 13) Mulâtresse, 14) Banguelle, 15) Casange, 16) Angola.

In DEBRET, 1834-1839, T. II, Pr. 22.

[415] DEBRET, JEAN BAPTISTE (del.) e THIERRY FRÈRES (lith.). *Boutique de la Rue du Val-Longo*. Litografia, 17,5 x25,5 cm. Rio de Janeiro (*MERCADOS DE ESCRAVOS*).

In DEBRET, 1834-1839, T. II, Pr. 23.

[416] DEBRET, JEAN BAPTISTE (del.) e THIERRY FRÈRES (lith.). *Intérieur d'une habitation de cigannos*. Litografia, 17,3 x 22,5 cm (*REPRESSÃO E VIOLÊNCIA – INSTRUMENTOS DE TORTURA DE ESCRAVOS – PALMATÓRIAS*) (*MERCADOS DE ESCRAVOS*) (*O UNIVERSO DO TRABALHO – LAVADEIRAS – PAJENS*).

In 1. DEBRET, 1834-1839, T. II, Pr. 24.
2. BELLUZZO, 1994, III:89.

[417] DEBRET, JEAN BAPTISTE (del.) e THIERRY FRÈRES (lith.). *Feitors corrigeant des nègres*. Litografia, 14,2 x 20 cm (*REPRESSÃO E VIOLÊNCIA – INSTRUMENTOS DE TORTURA DE ESCRAVOS – CHICOTES – FEITORES*) / *PETIT MOULIN À SUCRE PORTATIF* (*O UNIVERSO DO TRABALHO – LAVOURA CANAVIEIRA – ENGENHOS DE AÇÚCAR*).

In DEBRET, 1834-1839, T. II, Pr. 25 e Pr. 27.

[418] DEBRET, JEAN BAPTISTE & VISCONDESSA DE PORTES (del.) e THIERRY FRÈRES (lith.). *Transport de viande de boucherie*. Litografia, 14,7 x 23 cm (*O UNIVERSO DO TRABALHO – CARREGADORES DE CARNE*) / *Joug tournant pour dompter les boeufs* Litografia, 5 x 23 cm (*O UNIVERSO DO TRABALHO – DOMADORES DE BOIS*).

In DEBRET, 1834-1839, T. II, Pr. 28.

[419] DEBRET, JEAN BAPTISTE & VISCONDESSA DE PORTES (del.) e THIERRY FRÈRES (lith.). *Boutique de cordonnier*. Litografia, 16 x 23,5 cm (*MISCIGENAÇÃO – MULATOS*) (*REPRESSÃO E VIOLÊNCIA – INSTRUMENTOS DE TORTURA DE ESCRAVOS – PALMATÓRIAS*) (*O UNIVERSO DO TRABALHO – AUXILIARES DE SAPATEIROS*).

In DEBRET, 1834-1839, T. II, Pr. 29.

[420] DEBRET, JEAN BAPTISTE (del.) e THIERRY FRÈRES (lith.). *Négresses libres, vivant de leur travail*. Litografia, 15,5 x 21,2 cm (*O UNIVERSO DO TRABALHO – VENDEDORES DE FRUTAS*) / *Négresses marchandes de sonhos, manoés, aloc*. Litografia, 6,7 x 15,2 cm (*O UNIVERSO DO TRABALHO – VENDEDORES DE ALUÁ, LIMONADA, MANUÊ E SONHOS*) / *Maison à louer, cheval et chèvre à vendre*. Litografia, 20,5 x 33 cm (*O UNIVERSO DO TRABALHO – VENDEDORES DE ALHO E CEBOLA*) (*VENDEDORES DE CABRAS E DE CAVALOS – VENDEDORES DE TRIPAS*).

In DEBRET, 1834-1839, T. II, Pr. 30.

[421] DEBRET, JEAN BAPTISTE (del.) e THIERRY FRÈRES (lith.). *Scène de Carnaval*. Litografia, 17,3 x 22,2 cm (*LÚDICA – CARNAVAL – ENTRUDO*) / *Paveurs, Marchande d'atacaça*. Litografia, 9,3 x 22,2 cm (*INDUMENTÁRIA FEMININA – BAIANAS*) (*O UNIVERSO DO TRABALHO – VENDEDORES DE ATACAÇA*).

In DEBRET, 1834-1839, T. II, Pr. 33.

[422] DEBRET, JEAN BAPTISTE (del.) e THIERRY FRÈRES (lith.). *Pauvre famille dans sa maison*. Litografia 5,2 x 21,3 cm (*O UNIVERSO DO TRABALHO – AGUADEIROS – NEGROS DE GANHO*) / *Menuisier allant s'installer. Transport de feuilles d'aloès*. Litografia, 6,7 x 21,3 cm (*O UNIVERSO DO TRABALHO – CARREGADORES DE FOLHAS DE PITA – MARCENEIRO*).

In DEBRET, 1834-1839, T. II, Pr. 34.

[423] DEBRET, JEAN BAPTISTE (del.) e THIERRY FRÈRES (lith.). *Négresses marchandes d'angou*. Litografia, 15,7 x 22 cm. / *Fours à chaux*. Litografia, 8 x 21,8 cm (*O UNIVERSO DE TRABALHO – VENDEDORES DE ANGU – ESCRAVOS TRABALHANDO EM CAIEIRA*).

In DEBRET, 1834-1839, 3 v., T. II, Pr. 35.

[424] DEBRET, JEAN BAPTISTE (del.) e THIERRY FRÈRES (lith.). *Nègres cangueiros*. Litografia, 15 x 21,8 cm (*O UNIVERSO DO TRABALHO – CANGUEIROS PUXANDO "PIOLHO"*) / *Différentes nations nègres*. Litografia, 9,5 x 21,7 cm (*ETNIAS NEGRO-AFRICANAS – MARCAS DE IDENTIDADE – ESCARIFICAÇÕES FACIAIS – BENGUELA – CALLAVA – MINA – MOÇAMBIQUE – MOÇAMBIQUE DO SERTÃO – MONJOLO*) (*INDUMENTÁRIA MASCULINA – PENTEADOS*).
Resumo: Negros de diferentes nações: 1) Mujole, 2) Mina, 3) Mozambique du Sertãon, 4) Mozambique, 5) Banghuel, 6) même système de coiffure, 7) Calava, 8) autre système de coiffure, 9) exemple de la plus simples coiffure de ce genre.

In 1. DEBRET, 1834-1839, T. II, Pr. 36.
2. MOURA, 1994:58.

[425] DEBRET, JEAN BAPTISTE (del.) e THIERRY FRÈRES (lith.). *Transport d'une voiture demontée*. Litografia, 15,5 x 22 cm (*O UNIVERSO DO TRABALHO – CARREGADORES TRANSPORTANDO CARRUAGEM DESMONTADA*) / *Convoi de café. Marchandes de café brûlé*. Litografia, 7,5 x 22 cm (*O UNIVERSO DO TRABALHO – CARREGADORES DE CAFÉ – VENDEDORES DE CAFÉ*).

In DEBRET, 1834-1839, T. II, Pr. 37.

[426] DEBRET, JEAN BAPTISTE (del.) e THIERRY FRÈRES (lith.). *Negros de carro*. Litografia, 16 x 21,5 cm (*O UNIVERSO DO TRABALHO – CARREIROS*) / *Barque brésilienne faite avec un cuir de boeuf*. Litografia, 6,3 x 21,5 cm (*O UNIVERSO DO TRABALHO – PUXADORES DE PELOTAS*).

In DEBRET, 1834-1839, T. II, Pr. 38.

[427] DEBRET, JEAN BAPTISTE & VISCONDESSA DE PORTES (del.) e THIERRY FRÈRES (lith.). *Voyageurs de la Province de Rio Grande*. Litografia, 8,1 x 20 cm. Rio Grande do Sul (*O UNIVERSO DO TRABALHO – PEÕES*).

In DEBRET, 1834-1839, 3 v., T. II, Pr. 39.

[428] DEBRET, JEAN BAPTISTE (del.) e THIERRY FRÈRES (lith.). *Radeau de bois de construction*. Litografia, 14,1 x 18,5 cm (O UNIVERSO DO TRABALHO – BARQUEIROS – CANOEIROS – REMEIROS).

In DEBRET, 1834-1839, 3 vols., T. II, Pr. 40.

[429] DEBRET, JEAN BAPTISTE (del.) e THIERRY FRÈRES (lith.). *Marchand de tabac*. Litografia, 17,2 x 22 cm (*PRISÕES E CALABOUÇOS – GALÉS – LIBAMBOS*) (*O UNIVERSO DO TRABALHO – VENDEDORES DE HORTALIÇAS E LEGUMES*) / *L'aveugle chanteur*. Litografia, 8 x 10,2 cm (*MÚSICOS – CANTORES*) (*MÚSICA – INSTRUMENTOS MUSICAIS DE ORIGEM AFRICANA – MARIMBA – URUCUNGO*) / *Marchande de pandelos*. Litografia, 8 x 10,5 cm (*O UNIVERSO DO TRABALHO – VENDEDORES DE PÃO DE LÓ*).

In DEBRET, 1834-1839, 3 vols., T. II, Pr. 41.

[430] DEBRET, JEAN BAPTISTE (del.) e THIERRY FRÈRES (lith.). *Le collier de fer, Châtiment des fugitifs*. Litografia, 15,1 x 21,2 cm. (*REPRESSÃO E VIOLÊNCIA – INSTRUMENTOS DE TORTURA DE ESCRAVOS – CEPOS – CORRENTES – GARGALHEIRAS – VIRA-MUNDOS*) (*O UNIVERSO DO TRABALHO – VENDEDORES DE ABACAXI – AGUADEIROS*) / *Nègres en commission, par un temps de pluie*. Litografia, 7,2 x 10,4 cm (*INDUMENTÁRIA MASCULINA – ABRIGOS DE PALHA DE ARROZ*) / *Transport de tuiles*. Litografia, 7,2 x 10,5 cm (*O UNIVERSO DO TRABALHO – CARREGADORES DE TELHAS*).

In DEBRET, 1834-1839, 3 vols., T. II, Pr. 42.

[431] DEBRET, JEAN BAPTISTE (del.) e THIERRY FRÈRES (lith.). *Boutique de boulanger*. Litografia, 14,8 x 21,3 cm (*O UNIVERSO DO TRABALHO – AUXILIARES DE PADEIROS*) (*INDUMENTÁRIA FEMININA*) / *Colonie suisse de Cantagalo*. Litografia, 8,7 x 21,4 cm (*O UNIVERSO DO TRABALHO – CARREGADORES DE SACOS – MULETEIROS*).

In DEBRET, 1834-1839, 3 vols., T. II, Pr. 44.

[432] DEBRET, JEAN BAPTISTE (del.) e THIERRY FRÈRES (lith.). *L'éxecution de la punition du fouet*. Litografia, 14,5 x 22,3 cm (*REPRESSÃO E VIOLÊNCIA – INSTRUMENTOS DE TORTURA DE ESCRAVOS – GRILHÕES – VIRA-MUNDOS*) – / *Nègres au tronco*. Litografia, 8,7 x 22,4 cm (*REPRESSÃO E VIOLÊNCIA – INSTRUMENTOS DE TORTURA DE ESCRAVOS – TRONCOS*).

In 1. DEBRET, 1834-1839, 3 vols., T. II, Pr. 45.
2. MOURA, 1994:56.

[433] DEBRET, JEAN BAPTISTE (del.) e THIERRY FRÈRES (lith.). *Le chirurgien nègre*. Litografia, 14,7 x 20,5 cm (*O UNIVERSO DO TRABALHO – CIRURGIÃO NEGRO APLICANDO VENTOSAS – SANGRADORES*) / *Boutique d'un marchand de viande de porc*. Litografia, 9,3 x 20,5 cm (*O UNIVERSO DO TRABALHO – AUXILIARES DE AÇOUGUEIROS*).

In DEBRET, 1834-1839, 3 vols., T. II, Pr. 46.

[434] DEBRET, JEAN BAPTISTE (del.) e THIERRY FRÈRES (lith.). *Exploitation d'une carrière de granit*. Litografia, 16,1 x 22 cm (*O UNIVERSO DO TRABALHO – BRITADORES*) / *Passage d'une rivière guéable*. Litografia, 10,4 x 21,8 cm. Rio Jaguar Hy-Cato, província de Coritiba (*O UNIVERSO DO TRABALHO – CARREGADORES DE BAGAGEM, CARGA E FARDOS*).

In DEBRET, 1834-1839, T. II, Pr. 47.

[435] DEBRET, JEAN BAPTISTE (del.) e THIERRY FRÈRES (lith.). *Vue de la Place du Palais, à Rio de Janeiro*. Litografia, 12,8 x 37 cm (*O UNIVERSO DO TRABALHO – AGUADEIROS – CARREGADORES*).

In DEBRET, 1834-1839, T. III, Pr. 1.

[436] DEBRET, JEAN BAPTISTE (del.) e THIERRY FRÈRES (lith.). *Les premières occupations du matin*. Litografia, 18 x 23,5 cm (*CATOLICISMO – DEVOÇÕES – BEIJANDO ESTAMPAS RELIGIOSAS E OSTENSÓRIOS – PEDINTES DE IRMANDADES*) (*O UNIVERSO DO TRABALHO – CARREGADORES DE BILHAS, POTES E VASILHAS – ILUMINAÇÃO PÚBLICA – ACENDEDORES DE LAMPIÃO – VENDEDORES DE BALAS AÇUCARADAS*) / *Quêteurs*. Litografia, 9 x 11,5 cm (*CATOLICISMO – PEDINTES DE IRMANDADES*) / *Voeu d'une messe demandée comme aumône*. Litografia, 9 x 11,5 cm (*CATOLICISMO – PEDINTES DE IRMANDADES*) (*INDUMENTÁRIA MASCULINA – INDUMENTÁRIA FEMININA*).

In DEBRET, 1834-1839, 3 vols., T. III, Pr. 4.

[437] DEBRET, JEAN BAPTISTE (del.) e THIERRY FRÈRES (lith.). *Le vieillard convalescent*. Litografia, 15 x 21,7 cm (*CATOLICISMO – DEVOÇÕES – PAGADORES DE PROMESSAS*) (*O UNIVERSO DO TRABALHO – AMAS – BOLEEIROS – CARREGADORES DE VELAS PARA PAGAMENTO DE PROMESSA*) / *Une dame portée en cadeirinha, allant à la messe*. Litografia, 9 x 21,7 cm (*INDUMENTÁRIA MASCULINA – LIBRÉS*) (*O UNIVERSO DO TRABALHO – CARREGADORES DE CADEIRINHAS, LITEIRAS, PALANQUINS, REDES E SERPENTINAS – MOLEQUES*).

In DEBRET, 1834-1839, T. III, Pr. 5.

[438] DEBRET, JEAN BAPTISTE & VISCONDESSA DE PORTES (del.) e THIERRY FRÈRES (lith.). *Marchand de fleurs, à la porte d'une église*. Litografia, 17,5 x 23 cm (*O UNIVERSO DO TRABALHO – MUCAMAS – VENDEDORES DE FLORES*) / *Ex-voto de marins échappés d'un naufrage*. Litografia, 9 x 22,8 cm (*CATOLICISMO – DEVOÇÕES – EX-VOTOS – PAGADORES DE PROMESSAS*) (*O UNIVERSO DO TRABALHO – MARINHEIROS*).

In DEBRET, 1834-1839, 3 vols., T. III, Pr. 6.

[439] DEBRET, JEAN BAPTISTE (del.) e THIERRY FRÈRES (lith.). *Une mulâtresse allant passer les fêtes de Noël, à la campagne*. Litografia, 13,5 x 23 cm (*CENAS DE GÊNERO*) (*INDUMENTÁRIA FEMININA*) *MISCIGENAÇÃO – MULATOS*) (*O UNIVERSO DO TRABALHO – MUCAMAS*) / *Concours des écoliers, la veille du jour de St. Alexis*. Litografia, 10,5 x 23 cm (*O UNIVERSO DO TRABALHO – CARREGADORES DE GUARDA-CHUVA E DE MATERIAL ESCOLAR – MOLEQUES*).

In DEBRET, 1834-1839, T. III, Pr. 7.

[440] DEBRET, JEAN BAPTISTE (del.) e THIERRY FRÈRES (lith.). *Négresses allant à l'église, pour être baptisées*. Litografia, 18,3 x 23 cm (*CATOLICISMO – SACRAMENTOS – BATISMOS*) (*INDUMENTÁRIA FEMININA – INDUMENTÁRIA MASCULINA*) / *Vendeur d'herbe de ruda*. Litografia, 14,8 x 21,3 cm (INDUMENTÁRIA FEMININA) (O UNIVERSO DO TRABALHO – VENDEDORES DE ARRUDA).

In 1. DEBRET, 1834-1839, 3 vols., T. III, Pr. 8.
2. MOURA, 1994:56.

[441] DEBRET, JEAN BAPTISTE & VISCONDESSA DE PORTES (del.) e THIERRY FRÈRES (lith.). *Le St. Viatique porté chez un malade*. Litografia, 14,8 x 21,8 cm (*CATOLICISMO – SACRAMENTOS – SANTO VIÁTICO*) (*MÚSICOS – BANDAS DE MÚSICA*) / *Transport d'enfant blanc, pour être baptisé à l'église*. Litografia, 13,8 x 21,8 cm (*INDUMENTÁRIA FEMININA*) (*O UNIVERSO DO TRABALHO – AMAS – CARREGADORES DE CADEIRINHAS, LITEIRAS, PALANQUINS, REDES E SERPENTINAS*).

In DEBRET, 1834-1839, T. III, Pr. 12.

[442] DEBRET, JEAN BAPTISTE, VISCONDESSA DE PORTES & THIERRY FRÈRES (lith.). *Le dessous de la porte cochère d'un personnage de la cour*. Litografia, 13,8 x 21,8 cm (*O UNIVERSO DO TRABALHO – ARTESANATO DE PALHA – CHAPÉUS – LIMPADORES DE CARRUAGENS – PAJENS*) / *Le bando (proclamation municipale)*. Litografia, 11,5 x 21,5 cm (*INDUMENTÁRIA MASCULINA*) (*O UNIVERSO DO TRABALHO – BOLEEIROS, COCHEIROS, PALAFRENEIROS E SOTAS*).

In DEBRET, 1834-1839, 3 vols., T. III, Pr. 14.

[443] DEBRET, JEAN BAPTISTE & VISCONDESSA DE PORTES (del.) e THIERRY FRÈRES (lith.). *Marriage de nègres d'une maison riche*. Litografia, 17 x 21,5 cm (*CATOLICISMO – SACRAMENTOS – CASAMENTO*) (*INDUMENTÁRIA FEMININA – INDUMENTÁRIA MASCULINA*) (*O UNIVERSO DO TRABALHO – BOLEEIROS, COCHEIROS, PALAFRENEIROS E SOTAS*) / *Convoi funèbre de négrillons*. Litografia, 11,3 x 21,5 cm (*CATOLICISMO – RITUAIS – ENTERROS*) (*INDUMENTÁRIA FEMININA – INDUMENTÁRIA MASCULINA*) (*O UNIVERSO DO TRABALHO – CARREGADORES DE CADEIRINHAS, LITEIRAS, PALANQUINS, REDES E SERPENTINAS – CARREGADORES DE CAIXÕES DE DEFUNTO*).

In DEBRET, 1834-1839, T. III, Pr. 15.

[444] DEBRET, JEAN BAPTISTE (del.) e THIERRY FRÈRES (lith.). *Enterrement d'une femme nègre*. Litografia, 15 x 21,8 cm. *Convoi funèbre d'un fils de roi nègre*. Litografia, 10,5 x 21,8 cm (*CATOLICISMO – RITUAIS – ENTERROS – MESTRE DE CERIMÔNIAS*) (*INDUMENTÁRIA FEMININA – INDUMENTÁRIA MASCULINA*) (*INSTITUIÇÕES POLÍTICAS*

– REALEZA) (MÚSICA – INSTRUMENTOS MUSICAIS – ADUFE) (O UNIVERSO DO TRABALHO – QUITANDEIRAS – QUITUTEIRAS).

In 1. DEBRET, 1834-1839, 3 vols., T. III, Pr. 16.
2. MOURA, 1994:63.

[445] DEBRET, JEAN BAPTISTE & VISCONDESSA DE PORTES (del.) e THIERRY FRÈRES (lith.). *Brûlement de l'effigie du Juda le samedi saint.* Litografia, 15,5 x 22 cm (*LÚDICA – MALHAÇÃO DE JUDAS) (O UNIVERSO DO TRABALHO – QUITANDEIRAS – QUITUTEIRAS*).

In DEBRET, 1834-1839, T. III, Pr. 21.

[446] DEBRET, JEAN BAPTISTE (del.) e THIERRY FRÈRES (lith.). *Vivres portés aux prisonniers. La veille de la Pentecôte.* Litografia, 15 x 22 cm (*CATOLICISMO – PEDINTES DE IRMANDADES) (MARGINALIDADE – PRISIONEIROS) (MÚSICA – BANDAS DE MÚSICA*).

In DEBRET, 1834-1839, T. III, Pr. 22.

[447] DEBRET, JEAN BAPTISTE (del.) e THIERRY FRÈRES (lith.). *Embarquement des troupes à Prahia Grande, pour l'Expédition contre Monte-Video.* Litografia, 19,8 x 32 cm (*CENAS DE GÊNERO*).

In DEBRET, 1834-1839, T. III, Pr. 23.

[448] DEBRET, JEAN BAPTISTE (del.) e THIERRY FRÈRES (lith.). *Les étrennes de Noël.* Litografia, 15 x 21,7 cm (*O UNIVERSO DO TRABALHO – CARREGADORES DE AVES E LEITÕES*) / *Ange revenant de la procession. Un domestique Nègre rapportant la palme de son maître, le dimanche des rameaux.* Litografia, 11,8 x 21,5 cm (*CATOLICISMO – DEVOÇÕES – CARREGADORES DE PALMAS DE RAMOS) (INDUMENTÁRIA MASCULINA*).

In DEBRET,1834-1839, T. III, Pr. 25.

[449] DEBRET, JEAN BAPTISTE (del.) e THIERRY FRÈRES (lith.). *Diverses formes de cercueils.* Litografia, 16,30 x 21,3 (*CATOLICISMO – ENTERROS*).

In DEBRET, 1834-1839, T. III, Pr. 26.

[450] DEBRET, JEAN BAPTISTE (del.) e THIERRY FRÈRES (lith.). *Desembargadores, arrivant en Costume au Palais de Justice.* Litografia, 16 x 21,7 cm (*INDUMENTÁRIA MASCULINA) (O UNIVERSO DO TRABALHO – CRIADOS DO PALÁCIO DE JUSTIÇA*) / *Statue de St. George et son cortege, précèdant la procession de la Fête-Dieu.* Litografia, 9,8 x 21,5 cm (*CATOLICISMO – DEVOÇÕES – PROCISSÕES – PROCISSÃO DO CORPO DE DEUS) (MÚSICA – CONJUNTOS MUSICAIS – CORNETA, FLAUTA E TROMPA*).

In DEBRET,1834-1839, T. III, Pr. 27.

[451] DEBRET, JEAN BAPTISTE (del.) e THIERRY FRÈRES (lith.). *Quête nommée la Folie de l'Empereur du St. Esprit.* Litografia, 15,2 x 21,2 cm (*O UNIVERSO DO TRABALHO – MUCAMAS*).

In DEBRET, 1834-1839, T. III, Pr. 29.

[452] DEBRET, JEAN BAPTISTE (del.) e THIERRY FRÈRES (lith.). *Quête pour l'entretien de l'église du Rosario.* Litografia, 9 x 21 cm (*CATOLICISMO – IRMANDADES NEGRAS – IRMANDADE DE N. SRA. DO ROSÁRIO – PEDINTES) (INDUMENTÁRIA FEMININA – INDUMENTÁRIA MASCULINA) (MÚSICA – CONJUNTOS MUSICAIS*).

In 1. DEBRET, 1834-1839, T. III, Pr. 30.
2. MOURA, 1994:59.

[453] DEBRET, JEAN BAPTISTE (del.) e THIERRY FRÈRES (lith.). *Une matinée du mercredi Saint à l'Église.* Litografia, 14,8 x 22,3 cm (*CATOLICISMO – DEVOÇÕES – COMEMORAÇÕES DA SEMANA SANTA) (O UNIVERSO DO TRABALHO – MUCAMAS*).

In DEBRET,1834-1839, T. III, Pr. 31.

[454] DEBRET, JEAN BAPTISTE (del.) e THIERRY FRÈRES (lith.). *Déparquement (sic) de la Princesse Leopoldine à Rio de Janeiro.* Litografia, 21,8 x 30 cm (*O UNIVERSO DO TRABALHO – BARQUEIROS – CANOEIROS – REMEIROS*).

In DEBRET, 1834-1839, T. III, Pr. 32.

[455] DEBRET, JEAN BAPTISTE (del.) e THIERRY FRÈRES (lith.). *Costume militaire.* Litografia, 15,5 x 22 cm (*INDUMENTÁRIA MASCULINA – UNIFORMES MILITARES – PRIMEIRO REGIMENTO DE GRANADEIROS E CAÇADORES DA GUARDA IMPERIAL*).

In DEBRET, 1834-1839, T. III, Pr. 32.

[456] DEBRET, JEAN BAPTISTE (del.) e THIERRY FRÈRES (lith.). *Départ de la reine pour se rendre à bord du vaisseau Royal destiné à conduire sa Cour à Lisbonne.* Litografia, 20,7 x 33,5 cm (*O UNIVERSO DO TRABALHO – CARREGADORES – VENDEDORES DE REFRESCOS*).

In DEBRET, 1834-1839, T. III, Pr. 46.

[457] DEBRET, JEAN BAPTISTE (del.) e THIERRY FRÈRES (lith.). *Rideau d'avant scène éxecuté au théâtre de la Cour, pour la représentation d'apparat, à l'occasion du Couronement de l'Empereur D. Pedro 1er.* Litografia, 16 x 31,5 cm (*INDUMENTÁRIA MASCULINA – UNIFORMES MILITARES – SOLDADO DE REGIMENTO) (O UNIVERSO DO TRABALHO – LAVRADORES – ROCEIROS*).

In DEBRET, 1834-1839, T. III, Pr. 49.

[458] DRAYTON, J. (del.) e BRIGHTLY, H. (sculpt.). *Coffee carriers.* Gravura, 6 x 10,5 cm. Rio de Janeiro (*O UNIVERSO DO TRABALHO – CARREGADORES DE CAFÉ*).

In WILKES, 1856, I:53.

[459] DRAYTON, J. (del.) e BRIGHTLY, H. (sculpt.). *Mundjola (Monjolos) I*. Gravura, 5 x 3 cm (*ETNIAS NEGRO-AFRICANAS – MARCAS DE IDENTIDADE – ESCARIFICAÇÕES FACIAIS – MONJOLO*).

In 1. WILKES, 1856, I:57.
2. PRADO, 1955, fig. 15:291.

[460] DRAYTON, J. (del.) e BRIGHTLY, H. (sculpt.). *Slaves sleeping*. Litografia, 3,5 x 10 cm. Rio de Janeiro (*LAZER E REPOUSO*).

In WILKES, 1856, I:75.

[461] EARLE, AUGUSTUS (del.) e FINDEN, EDWARD (sculpt.) *Slave market at Rio*. Gravura, 18 x 24,5 cm. Valongo, Rio de Janeiro (*MERCADOS DE ESCRAVOS*).

In 1. GRAHAM, 1824 e 1945:iv-v.
2. JAMES, 12:168 e ss., 1955.

[462] EARLE, AUGUSTUS (del.) e FINDEN, EDWARD (sculpt.) *Gate and slave market at Pernambuco. Vista do Portão do Conde Maurício em Pernambuco, com o Mercado de escravos. Recife*. Gravura, 15,8 x 23,5 cm (*MERCADOS DE ESCRAVOS*).

In 1. GRAHAM, 1824 e 1956;119.
2. JAMES, 12:168 e ss., 1955.

[463] EARLE, AUGUSTUS (del.) e BULL, S. (lith.). *Corcovado Mountain*. Litografia, 13,3 x10 cm. Rio de Janeiro (*O UNIVERSO DO TRABALHO – BOLEEIROS, COCHEIROS, PALAFRENEIROS E SOTAS – CARREGADORES DE BARRIS, "TIGRES" E TONÉIS*).

In FITZROY, 1839, 1:188.

[464] EDWARDS, G. SELWYN (del.) e WHYMPER (xylo.). *João, the mule-stealer*. Xilogravura, 8 x 6,5 cm. Ipiranga, Paraná (*MARGINALIDADE – LADRÕES DE MULAS*).

In BIGG-WITHERS, 1878, II:202.

[465] ELWES, ROBERT (del.) e HULLMANDEL & WALTIN (lith.). *Rio de Janeiro*. Litografia, 12,2 x 17,4 cm (*LÚDICA – LUNDU – BATUQUE*).

In ELWES, 1854:25.

[466] ESSLINGER in ZURICH, MARTIN (del.). *Zusammenkunft mit Capitam Bento Lourenzo und seinen Mineiros in den Urwälden am Mucuri*. Gravura, 24 x 32 cm. Mucuri, Espírito Santo (*O UNIVERSO DO TRABALHO – AUXILIARES DE EXPEDIÇÕES CIENTÍFICAS*).

In MAXIMILIAN, PRÍNCIPE DE WIED NEUWIED, 1820-1821.

[467] EWBANK, THOMAS (del.) e LOSSING-BARRITT (lith.). *Sem título*. Litografia, 5,5 x 4 cm (*REPRESSÃO E VIOLÊNCIA – INSTRUMENTOS DE TORTURA DE ESCRAVOS – GARGALHEIRAS*) (*O UNIVERSO DO TRABALHO – AGUADEIROS – VENDEDORES DE FRUTAS*).

In EWBANK, 1856:77.

[468] EWBANK, THOMAS (del.) e LOSSING-BARRIT (lith.). *Brazilian sedan chair*. Litografia, 5,5 x 11,5 cm (*O UNIVERSO DO TRABALHO – CARREGADORES DE CADEIRINHAS, LITEIRAS, PALANQUINS, REDES E SERPENTINAS – MUCAMAS*).

In EWBANK, 1856:91.

[469] EWBANK, THOMAS (del.) e LOSSING-BARRITT (lith.). *Sem título*. Litografia, 5,5 x 10,5 cm (*O UNIVERSO DO TRABALHO – VENDEDORES DE FRUTAS – VENDEDORES DE GALINHAS E PERUS*).

In EWBANK, 1856:91.

[470] EWBANK, THOMAS (del.) e LOSSING-BARRITT (lith.). *Sem título*. Litografia, 6,5 x 5 cm (*O UNIVERSO DO TRABALHO – VENDEDORES DE ARMARINHOS E JOIAS*).

In EWBANK, 1856:94.

[471] EWBANK, THOMAS (del.) e LOSSING-BARRITT (lith.). *Sem título*. Litografia, 4,5 x 3,5 cm (*O UNIVERSO DO TRABALHO – VENDEDORES DE FRUTAS – QUITANDEIRAS – QUITUTEIRAS*).

In EWBANK, 1856:94.

[472] EWBANK, THOMAS (del.) e LOSSING-BARRIT (lith.). *Sem título*. Litografia, 14 x 6,5 cm (*LÚDICA – CARNAVAL – ENTRUDO*).

In EWBANK, 1856:101.

[473] EWBANK, THOMAS (del.) e LOSSING BARRIT (lith.) *Sem título*. Litografia, 8 x 6,5 cm (*MÚSICA – INSTRUMENTOS MUSICAIS DE ORIGEM AFRICANA – MARIMBA*).

In EWBANK, 1856:111.

[474] EWBANK, THOMAS (del.) e LOSSING-BARRIT (lith.). *Sem título*. Litografia, 4,5 x 4,5 cm (*O UNIVERSO DO TRABALHO – LAVADEIRAS*).

In EWBANK, 1856:114.

[475] EWBANK, THOMAS (del.) e LOSSING-BARRIT (lith.). *Sem título*. Litografia, 6,5 x 8,5 cm (*O UNIVERSO DO TRABALHO – CANGUEIROS PUXANDO "PIOLHO"*).

In EWBANK, 1856:116.

[476] EWBANK, THOMAS (del.) e LOSSING-BARRITT (lith.). *Sem título*. Litografia, 7 x 10 cm (*O UNIVERSO DO TRABALHO – CARREGADORES DE CAFÉ*).

In EWBANK, 1856:117.

[477] EWBANK, THOMAS (del.) e LOSSING-BARRIT (lith.). *Sem título*. Litografia, 4 x 2 cm *(CATOLICISMO – DEVOÇÕES – SEMANA SANTA – NEGRO COM MATRACA)*.

In EWBANK, 1856:223.

[478] EWBANK, THOMAS (del.) e LOSSING-BARRIT (lith.). *Sem título*. Litografia, 6,5 x 11 cm *(LÚDICA – MALHAÇÃO DE JUDAS)*.

In EWBANK, 1856:235.

[479] EWBANK, THOMAS (del.) e LOSSING-BARRIT (lith.). *Sem título*. Litografia, 9 x 11 cm *(CATOLICISMO – DEVOÇÕES – BANDEIRA DA FESTA DO DIVINO ESPÍRITO SANTO – PEDINTES) (MÚSICA – MÚSICOS DA BANDEIRA DO DIVINO – BUMBO, CLARINETE, TROMPA E PÍFARO)*.

In EWBANK, 1856:250.

[480] EWBANK, THOMAS (del.) e LOSSING-BARRITT (lith.). *Sem título*. Litografia, 6,5 x 5,5 cm *(OS CORPOS IMPERFEITOS – DOENÇAS – ELEFANTÍASE) (O UNIVERSO DO TRABALHO – CARREGADORES DE CARNE – VENDEDORES DE FRUTAS) (REPRESSÃO E VIOLÊNCIA – INSTRUMENTOS DE TORTURA DE ESCRAVOS – GRILHÕES)*.

In EWBANK, 1856:277.

[481] EWBANK, THOMAS (del.) e LOSSING-BARRITT (lith.). *S. Benedicto*. Litografia, 10,5 x 6,5 cm *(CATOLICISMO – SANTOS NEGROS – SÃO BENEDITO)*.

In EWBANK, 1856:291.

[482] EWBANK, THOMAS (del.) e LOSSING-BARRITT (lith.). *Church of Santa Rita*. Litografia, 12,5 x 11,5 cm. Igreja de Santa Rita, Rio de Janeiro *(O UNIVERSO DO TRABALHO – AGUADEIROS – VENDEDORES DE FRUTAS)*.

In EWBANK, 1856:312.

[483] EWBANK, THOMAS (del.) e LOSSING-BARRITT (lith.). *Feast of the Holy Ghost at Santa Anna's church*. Litografia, 9 x 11 cm. Igreja de Santana, Rio de Janeiro *(CATOLICISMO – DEVOÇÕES – FESTA DO DIVINO ESPÍRITO SANTO) (CENAS DE GÊNERO) (O UNIVERSO DO TRABALHO – QUITANDEIRAS – QUITUTEIRAS – VENDEDORES DE FRUTAS)*.

In EWBANK, 1856:341.

[484] EWBANK, THOMAS (del.) e LOSSING-BARRITT (lith.). *Arcos Street*. Litografia, 11,5 x 9,5 cm. Rua dos Arcos, Rio de Janeiro *(O UNIVERSO DO TRABALHO – AGUADEIROS – CANGUEIROS PUXANDO "PIOLHO")*.

In EWBANK, 1856:409.

[485] EWBANK, THOMAS (del.) e LOSSING-BARRIT (lith.). *Sem título*. Litografia, 5 x 5 cm *(REPRESSÃO E VIOLÊNCIA – INSTRUMENTOS DE TORTURA DE ESCRAVOS – GARGALHEIRAS – MÁSCARAS E MORDAÇAS DE FOLHA DE FLANDRES PARA CASTIGO E PREVENÇÃO DE EMBRIAGUEZ)*.

In EWBANK, 1856:412.

[486] EWBANK, THOMAS (del.) e LOSSING-BARRIT (lith.). *Sem título*. Litografia, 3 x 4,5 cm *(REPRESSÃO E VIOLÊNCIA – INSTRUMENTOS DE TORTURA DE ESCRAVOS – MÁSCARAS E MORDAÇAS DE FOLHA DE FLANDRES)*.

In EWBANK, 1856:437.

[487] EWBANK, THOMAS (del.) e LOSSING-BARRITT (lith.). *Sem título*. Litografia, 3 x 3,5 cm *(REPRESSÃO E VIOLÊNCIA – INSTRUMENTOS DE TORTURA DE ESCRAVOS – VIRA-MUNDOS)*.

In EWBANK, 1856:438.

[488] EWBANK, THOMAS (del.) e LOSSING-BARRITT (lith.). *Sem título*. Litografia, 3 x 3 cm *(REPRESSÃO E VIOLÊNCIA – INSTRUMENTOS DE TORTURA DE ESCRAVOS – GARGALHEIRAS)*.

In EWBANK, 1856:438.

[489] FIELDING, NEWTON (sculpt.). *Rio de Janeiro from Ilha das Cobras – (from a correct Painting, in the possession of Mefrs John H Freese & Co.)*. Gravura colorida, 8 x 15 cm *(CENAS DE GÊNERO)*.

In BARROW, 1807, I:frontispício.

[490] FLETCHER e KIDDER (del.) & VAN INGEN & SNYDER (sculpt.). *The Rio team (now abolished) (O grupo do Rio – Agora suprimido)*. Xilogravura, 6 x 10 cm *(O UNIVERSO DO TRABALHO – CARREGADORES)*.

In FLETCHER & KIDDER, 1866:28.

[491] FLETCHER & KIDDER (del.) e VAN INGEN & SNYDER (sculpt.). *The former coffee carriers of Rio de Janeiro (Antigos Carregadores de café do Rio de Janeiro)*. Xilogravura, 6 x 9,2 cm *(O UNIVERSO DO TRABALHO – CARREGADORES DE CAFÉ)*.

In FLETCHER & KIDDER, 1866:29.

[492] FLETCHER & KIDDER (del.) e VAN INGEN & SNYDER (sculpt.). *Great aqueduct – Rua dos Arcos*. Xilogravura, 8,5 x 9,5 cm. Rio de Janeiro *(O UNIVERSO DO TRABALHO – CARREGADORES – QUITANDEIRAS – QUITUTEIRAS)*.

In FLETCHER & KIDDER, 1866:63.

[493] FLETCHER & KIDDER (del.) e VAN INGEN & SNYDER (sculpt.). *The three man beettle*. Xilogravura, 9 x 6 cm. Rio de Janeiro *(O UNIVERSO DO TRABALHO – CALCETEIROS)*.

In FLETCHER & KIDDER, 1866:87.

[494] FLETCHER e KIDDER (del.) & VAN INGEN & SNYDER (sculpt.). *Gloria hill from the Passeio Público (Morro da Glória visto do Passeio Público)*. Xilogravura, 10 x 17,5 cm. Rio de Janeiro *(O UNIVERSO DO TRABALHO – MUCAMAS)*.

In FLETCHER & KIDDER, 1866:89.

[495] FLETCHER e KIDDER (del.) & VAN INGEN & SNYDER (sculpt.). *Lavandeiras*. Xilogravura, 8,5 x 6 cm. Rio de Janeiro *(O UNIVERSO DO TRABALHO – LAVADEIRAS)*.

In FLETCHER & KIDDER, 1866:102.

[496] FLETCHER & KIDDER (del.) e VAN INGEN & SNYDER (sculpt.). *The beggar (Mendigo)*. Xilogravura, 5,5 x 9,3 cm. Rio de Janeiro *(MARGINALIDADE – MENDICÂNCIA) (O UNIVERSO DO TRABALHO – CARREGADORES DE CADEIRINHAS, LITEIRAS, PALANQUINS, REDES E SERPENTINAS)*.

In FLETCHER & KIDDER, 1866:129.

[497] FLETCHER & KIDDER (del.) e VAN INGEN & SNYDER (sculpt.). *The log, iron colllar, and tin mask (Tora, Gargalheiras e Máscaras e mordaças de folha-de-flandres)*. Xilogravura, 8,5 x 5,5 cm. Rio de Janeiro. *(REPRESSÃO E VIOLÊNCIA – INSTRUMENTOS DE TORTURA DE ESCRAVOS – GARGALHEIRAS – GRILHÕES – MÁSCARAS E MORDAÇAS DE FOLHA DE FLANDRES – TORAS)*.

In FLETCHER & KIDDER, 1866:131.

[498] FLETCHER & KIDDER (del.) e VAN INGEN & SNYDER (sculpt.). *Preto de ganho e Quitandeiras – Quituteiras*. Xilogravura, 8,2 x 5,5 cm. Rio de Janeiro *(O UNIVERSO DO TRABALHO – NEGROS DE GANHO – QUITANDEIRAS – QUITUTEIRAS)*.

In LETCHER & KIDDER, 1866:134.

[499] FLETCHER & KIDDER (del.) e VAN INGEN & SNYDER (sculpt.). *The anjinho (O anjinho)*. Xilogravura, 9 x 6 cm. Rio de Janeiro *(O UNIVERSO DO TRABALHO – QUITANDEIRAS – QUITUTEIRAS)*.

In FLETCHER & KIDDER, 1866:151.

[500] FLETCHER & KIDDER (del.) e VAN INGEN & SNYDER (sculpt.). *Killing Judas (Malhação de Judas)*. Xilogravura, 6 x 9,5 cm. Rio de Janeiro *(LÚDICA – MALHAÇÃO DE JUDAS)*.

In FLETCHER & KIDDER, 1866:154.

[501] FLETCHER & KIDDER (del.) e VAN INGEN & SNYDER (sculpt.). *The Quitandeiras*. Xilogravura, 8,5 x 5,5 cm. Rio de Janeiro *(O UNIVERSO DO TRABALHO – QUITANDEIRAS – QUITUTEIRAS)*.

In FLETCHER & KIDDERN, 1866:167.

[502] FLETCHER & KIDDER (del.) e VAN INGEN & SNYDER (sculpt.). *The Brazilian Lady's delight (A alegria da senhora brasileira)*. Xilogravura, 9 x 5,5 cm. Rio de Janeiro *(O UNIVERSO DO TRABALHO – CARREGADORES DE MERCADORIAS DE MASCATES)*.

In FLETCHER & KIDDER, 1866:168.

[503] FLETCHER & KIDDER (del.) e VAN INGEN & SNYDER (sculpt.). *A bargain (Um negócio)*. Xilogravura, 8 x 6 cm. Rio de Janeiro *(O UNIVERSO DO TRABALHO – VENDEDORES DE GALINHAS)*.

In FLETCHER & KIDDER, 1866:172.

[504] FLETCHER & KIDDER (del.) e VAN INGEN & SNYDER (sculpt.). *The Angolian's reproach (A queixa do Angolano)*. Xilogravura, 8,5 x 5,5 cm. Rio de Janeiro *(ETNIAS NEGRO-AFRICANAS – ANGOLA) (O UNIVERSO DO TRABALHO – AGUADEIROS)*.

In FLETCHER & KIDDER, 1866:174.

[505] FLETCHER & KIDDER (del.) e VAN INGEN & SNYDER (sculpt.). *Ascending the rio São Francisco do Sul (Subindo o rio São Francisco do Sul)*. Xilogravura, 5,2 x 9,5 cm. Santa Catarina *(O UNIVERSO DO TRABALHO – BARQUEIROS – CANOEIROS – REMEIROS)*.

In FLETCHER & KIDDER, 1866:330.

[506] FLETCHER & KIDDER (del.) e VAN INGEN & SNYDER (sculpt.). *Yankee doodle on the plains of Ypiranga (Yankee galopando nos campos do Ipiranga)*. Xilogravura, 5 x 9,5 cm. São Paulo (O UNIVERSO DO TRABALHO – CARREGADORES – QUITANDEIRAS – QUITUTEIRAS).

In FLETCHER & KIDDER, 1866:427.

[507] FLETCHER & KIDDER (del.) e VAN INGEN & SNYDER (sculpt.). *Cascade of Itamarity, near Petropolis*. Xilogravura, 18 x 28,5 cm. Petrópolis *(O UNIVERSO DO TRABALHO – LAVRADORES – ROCEIROS)*.

In FLETCHER & KIDDER, 1866:433.

[508] FLETCHER & KIDDER (del.) e VAN INGEN & SNYDER (sculpt.). *View of a portion of Bahia (Vista de um local da Bahia)*. Xilogravura, 10,2 x 17,3 cm. Salvador (O UNIVERSO DO TRABALHO – CARREGADORES DE CADEIRINHAS, LITEIRAS, PALANQUINS, REDES E SERPENTINAS).

In FLETCHER & KIDDER, 1866:475.

[509] FLETCHER & KIDDER (del.) e VAN INGEN & SNYDER (sculpt.). *Porters of Bahia (Carregadores da Bahia)*. Xilogravura, 5,3 x 7,3 cm. Salvador *(O UNIVERSO DO TRABALHO – CARREGADORES)*.

In FLETCHER & KIDDER, 1866:476.

[510] FLETCHER & KIDDER (del.) e VAN INGEN & SNYDER (sculpt.). *The Bahiana negress (Negra baiana)*. Xilogravura, 8,5 x 5,5 cm. Salvador (INDUMENTÁRIA FEMININA – BAIANA).

In FLETCHER & KIDDER, 1866:477.

[511] FLETCHER e KIDDER (del.) & VAN INGEN & SNYDER (sculpt.). *A rede*. Xilogravura, 5 x 4 cm. São Luís, Maranhão *(O UNIVERSO DO TRABALHO – CARREGADORES DE CADEIRINHAS, LITEIRAS, PALANQUINS, REDES E SERPENTINAS)*.

In FLETCHER & KIDDER, 1866:533.

[512] FLETCHER & KIDDER (del.) e VAN INGEN & SNYDER (sculpt.). *The marimba*. Xilogravura, 9 x 6 cm *(MÚSICA – INSTRUMENTOS MUSICAIS DE ORIGEM AFRICANA – MARIMBA)*.

In FLETCHER & KIDDER, 1866:536.

[513] FITZROY, ROBERT. *Uma vista do Porto da Baixa*. Aquarela (?) Litografia (?). Salvador *(O UNIVERSO DO TRABALHO – CARREGADORES DE CADEIRINHAS, LITEIRAS, PALANQUINS, REDES E SERPENTINAS)*.

In 1. FITZROY, 1839, 2 vols.
2. AUGEL, 1980:67.

[514] GEHRTS (del.) e ARTISTA NÃO IDENTIFICADO (xylo.). *Flöten duett bei Bakaïri*. Xilogravura, 10,5 x 21 cm (O UNIVERSO DO TRABALHO – AUXILIARES DE EXPEDIÇÕES CIENTÍFICAS).

In STEINEN, 1886:173.

[515] GEHRTS (del.) e ANGERER & GÖSCHL (xylo.). *Zusammen treffen mit den Trumaí*. Xilogravura, 12,5 x 21 cm (O UNIVERSO DO TRABALHO – AUXILIARES DE EXPEDIÇÕES CIENTÍFICAS).

In STEINEN, 1886:192.

[516] GEHRTS (del.) e ANGERER & GÖSCHL (xylo.). *Empfang bei den Suyá*. Xilogravura, 12,5 x 21 cm (O UNIVERSO DO TRABALHO – AUXILIARES DE EXPEDIÇÕES CIENTÍFICAS).

In STEINEN, 1886:200.

[517] GIBBON, L. (del.) e P.S. DUVAL & CO. (lith.). *View down the river Itenez from Forte do Principe da Beira. Brasil*. Litografia, 11,5 x 17,5 cm. Mato Grosso *(INDUMENTÁRIA MASCULINA – UNIFORMES MILITARES – GUARDAS DO FORTE DO PRÍNCIPE DA BEIRA)*.

In HERNDON & GIBBON, 1853-1854, I:274.

[518] GIBBON, L. & F. FUCHS (del.) e P.S. DUVAL & CO. (lith.). *Descending Ribeirão Falls, Madeira River, Brazil*. Litografia, 11,2 x 19 cm. Amazonas *(O UNIVERSO DO TRABALHO – BARQUEIROS – CANOEIROS – REMEIROS)*.

In HERNDON & GIBBON, 1853-1854, I:294.

[519] GIBBON, L. (del.) e P.S. DUVAL & CO. (lith.). *Crossing the mouth of the Madeira river, Brazil*. Litografia, 10,5 x 7,5 cm. Amazonas *(O UNIVERSO DO TRABALHO – BARQUEIROS – CANOEIROS – REMEIROS)*.

In HERNDON & GIBBON, 1853-1854, I:312.

[520] GRAHAM, MARIA (del.) (atribuição) e AUTORIA NÃO IDENTIFICADA (sculpt.). *Escravos carregando uma pipa nas ruas de Pernambuco* (aliás Rio de Janeiro – v. retificação da autora à p. 303). Gravura, 2,2 x 8,5 cm *(O UNIVERSO DO TRABALHO – CANGUEIROS)*.

In GRAHAM, 1824:131 e 1956:143.

[521] GRAHAM, MARIA (del.) (atribuição) e AUTORIA NÃO IDENTIFICADA (sculpt.). *Cadeirinha, na Bahia*. Gravura, 4,7 x 8,3 cm *(O UNIVERSO DO TRABALHO – CARREGADORES DE CADEIRINHAS, LITEIRAS, PALANQUINS, REDES E SERPENTINAS)*.

In GRAHAM, 1824:133 e 1956:144.

[522] GRAHAM, MARIA (del.) (atribuição) e AUTORIA NÃO IDENTIFICADA (sculpt.). *Presos incumbidos de carregar água no Rio de Janeiro*. Gravura, 6 x 9 cm *(O UNIVERSO DO TRABALHO – AGUADEIROS) (PRISÕES E CALABOUÇOS – GALÉS)*.

In GRAHAM, 1824:217 e 1956:242.

[523] GRAHAM, MARIA (del.) (atribuição) e AUTORIA NÃO IDENTIFICADA (sculpt.). *Carro de pedras no Rio de Janeiro*. Gravura, 6 x 8,5 cm *(O UNIVERSO DO TRABALHO – CARREIROS TRANSPORTANDO PEDRA)*.

In GRAHAM, 1824:321 e 1956:362.

[524] GRAHAM, MARIA (del.) e FINDEN, EDWARD (sculpt.). *Palácio de São Cristóvão* . Gravura, 14,5 x 20 cm. Rio de Janeiro *(O UNIVERSO DO TRABALHO – VENDEDORES DE FRUTAS)*.

In GRAHAM, 1824:246 e 1956:272.

[525] GREVE (del.). *Fernsicht auf die Bergkette der deutschen Colonien*. Litografia, 11 x 17,6 cm. Porto Alegre (?), Rio Grande do Sul *(ETNIAS NEGRO-AFRICANAS – NÃO IDENTIFICADAS)*.

In CANSTATT, 1877:402.

[526] GREVE (lith.). *Der Hamburger Berg*. Litografia, 10,8 x 17,8 cm. São Leopoldo, Rio Grande do Sul *(INDUMENTÁRIA MASCULINA – TANGA) (O UNIVERSO DO TRABALHO – CARREGADORES DE BAGAGEM, CARGA E FARDOS)*.

In CANSTATT, 1877:403.

[527] HELINTON (sculpt.) e E. MORIN (lith.). *Interior of the Mill House of the "Carauna" Sugar Estate, in Pernambuco, belonging to Dr. Domingos de Sousa Leão; showing De Mornay's patent mill*. Litografia, 9,8 x 14,8 cm. Engenho Caraúna, Pernambuco *(O UNIVERSO DO TRABALHO – LAVOURA CANAVIEIRA – ENGENHOS – MAQUINÁRIA – TRABALHO FEMININO NOS ENGENHOS)*.

In HADFIELD, 1854:117.

[528] HELWAARD (sculpt.). *Eene Braziliaansche Dame in haar Pronkgewaad*. Gravura colorida, 7 x 7,5 cm (INDUMENTÁRIA MASCULINA – LIBRÉ) (O UNIVERSO DO TRABALHO – CARREGADORES DE GUARDA-CHUVAS E PÁRA-SÓIS – PAJENS).

In LEITHOLD, 1821, capa.

[529] HENDERSON, JAMES (del.), SHOOSMITH, C. (sculpt.) e REDMAN (lith.). *Custom house negroes*. Litografia, 17 x 22,8 cm. Rio de Janeiro (O UNIVERSO DO TRABALHO – CANGUEIROS).

In HENDERSON, 1821:10.

[530] HENDERSON, JAMES (del.), HARLEY, G. (sculpt.) e SHOOSMITH, C. (FIGS.). *A peddlar and his slave. Bella Fonta, the Shacara of I.E. Wright Esq.r.* Litografia, 16,5 x 22,3 cm. Rio de Janeiro (O UNIVERSO DO TRABALHO – AUXILIARES DE MASCATES).

In HENDERSON, 1821:62.

[531] HENDERSON, JAMES (del.) e SHOOSMITH, C. (lith.). *A free negress and other market women. (Night man – Water carrier – Washer woman)*. Litografia, 16 x 22 cm. Rio de Janeiro (O UNIVERSO DO TRABALHO – AGUADEIROS – LAVADEIRAS – CARREGADORES DE BARRIS, "TIGRES" E TONÉIS (?) – QUITANDEIRAS – QUITUTEIRAS).

In HENDERSON, 1821:71.

[532] HENDERSON, JAMES (del.) e SHOOSMITH, C. (lith.). *Water carrier Price 2 Vinténs- Washerwoman*. Litografia, 16 x 22 cm. Rio de Janeiro (O UNIVERSO DO TRABALHO – AGUADEIROS – LAVADEIRAS).

In HENDERSON, 1821:74.

[533] HENDERSON, JAMES (del.) e SHOOSMITH & HULLMANDEL (lith.). *A Brazilian sedan char & a person begging for the Church*. Litografia, 17 x 22,5 cm. Salvador (O UNIVERSO DO TRABALHO – CARREGADORES DE CADEIRINHAS, LITEIRAS, PALANQUINS, REDES E SERPENTINAS).

In HENDERSON, 1821:336.

[534] HENDERSON, JAMES (del.) e SHOOSMITH & HULLMANDEL (lith.). *A Brazilian sesta or afternoon nap (Uma sesta brasileira ou cochilo depois do almoço)*. Litografia, 17 x 23 cm (O UNIVERSO DO TRABALHO – MUCAMAS).

In HENDERSON, 1821:346.

[535] HENDERSON, JAMES (del.) e SHOOSMITH & HULLMANDEL (lith.). *Negroes impelling a canoe with the vara & scenery at Ponta Decho (Negros impulsionando uma canoa com a vara & cenário em Ponta Decho)*. Litografia, 16 x 22,7 cm (O UNIVERSO DO TRABALHO – BARQUEIROS – CANOEIROS – REMEIROS).

In HENDERSON, 1821:389.

[536] JUNIUS, FLUMEN. *Casamento na roça*. Xilogravura., 10 x 15,8 cm (O UNIVERSO DO TRABALHO – MUCAMAS).

In MORAES FILHO, [1901]:7.

[537] JUNIUS, FLUMEN. *Presentes do Anno Bom*. Xilogravura (O UNIVERSO DO TRABALHO – MUCAMAS – MOLECAS E MOLEQUES).

In MORAES FILHO, [1901]:19.

[538] JUNIUS, FLUMEN. *Negros de cadeira offerecidos como presente de Ano Bom* (Bahia). Xilogravura (O UNIVERSO DO TRABALHO – CARREGADORES DE CADEIRINHAS, LITEIRAS, PALANQUINS, REDES E SERPENTINAS) (ESCRAVOS DADOS COMO PRESENTE).

In MORAES FILHO, [1901]:24.

[539] JUNIUS, FLUMEN. *Folia do Divino* (província do Rio de Janeiro). Xilogravura, 10 x 16 cm. Província do Rio de Janeiro (CATOLICISMO – DEVOÇÕES – FESTA DO DIVINO ESPÍRITO SANTO – BEIJANDO ESTAMPAS RELIGIOSAS E OSTENSÓRIOS) (MÚSICA – CONJUNTOS MUSICAIS) (O UNIVERSO DO TRABALHO – VENDEDORES DE FRUTAS).

In MORAES FILHO, [1901]:47.

[540] JUNIUS, FLUMEN. *As três rainhas (A procissão de S. Benedito no Lagarto)*. Sergipe. Xilogravura, 6,5 x 5,3 cm (DEVOÇÕES CATÓLICAS – SANTOS NEGROS – PROCISSÃO DE SÃO BENEDITO).

In MORAES FILHO, [1901]:94.

[541] JUNIUS, FLUMEN. *Os Congos*. Lagarto, Sergipe. Xilogravura, 7 x 5,3 cm (LÚDICA – CONGADA).

In MORAES FILHO, [1901]:95.

[542] JUNIUS, FLUMEN. *A comida das almas*. Xilogravura, 12 x 5,2 cm. Penedo, Alagoas (INDUMENTÁRIA FEMININA) (RELIGIÕES DE ORIGEM MUÇULMANA – FESTA DAS ALMAS).

In MORAES FILHO, [1901]:339.

[543] JUNIUS, FLUMEN. *As Mucamas*. Xilogravura, 11 x 4,5 cm. Província do Rio de Janeiro (LÚDICA – FESTA DA MOAGEM DA CANA) (O UNIVERSO DO TRABALHO – LAVOURA CANAVIEIRA – ENGENHOS – MUCAMAS).

In MORAES FILHO, [1901]:301.

[544] JUNIUS, FLUMEN. *Bayadéra negra*. Xilogravura, 12 x 8,3 cm (INDUMENTÁRIA FEMININA) (LÚDICA – DANÇAS – BAIADERA NEGRA).

In MORAES FILHO, [1901]:341.

[545] JUNIUS, FLUMEN. *Nosso-Pae. Viático levado a um moribundo.* Xilogravura, 10 x 14,3 cm (CATOLICISMO – SACRAMENTOS – VIÁTICO) (O UNIVERSO DO TRABALHO – BOLEEIROS, COCHEIROS, PALAFRENEIROS E SOTAS – MUCAMAS – QUITANDEIRAS – QUITUTEIRAS) (CATOLICISMO – SACRAMENTOS – VIÁTICO).

In MORAES FILHO, [1901]:347.

[546] JUNIUS, FLUMEN. *Negro de libambo.* Xilogravura, 5,8 x 6 cm (REPRESSÃO E VIOLÊNCIA – INSTRUMENTOS DE TORTURA DE ESCRAVOS – GARGALHEIRAS – LIBAMBOS).

In MORAES FILHO, [1901]:358.

[547] JUNIUS, FLUMEN. *Escravo comedor de terra.* Xilogravura, 5,5 x 6,5 cm.
Chicote e palmatória. Xilogravura, 14,2 x 3,3 cm.
Supplicio dos anginhos. Xilogravura, 5,5 x 5 cm.
De machos aos pés. Também denominados vira-mundo. Xilogravura, 4,5 x 5,2 cm.
Cêpo e Correntes. Xilogravura, 4 x 7 cm.
Bacalháo de cinco pernas. Xilogravura, 11 x 2,7 cm (REPRESSÃO E VIOLÊNCIA – INSTRUMENTOS DE TORTURA DE ESCRAVOS – ANJINHOS – BACALHAUS – CEPOS – CHICOTES – CORRENTES – MACHOS – MÁSCARAS E MORDAÇAS DE FOLHA DE FLANDRES – PALMATÓRIAS – VIRA-MUNDOS).

In MORAES FILHO, [1901]:363, 377, 383, 387, 391 e 396.

[548] JUNIUS, FLUMEN. *Lucas da Feira.* Xilogravura, 14 x 12 cm (MARGINALIDADE – SALTEADOR – LUCAS DA FEIRA).

In MORAES FILHO, [1901]:342.

[549] JUNIUS, FLUMEN. *O padre Kelé.* Xilogravura, 10 x 4 cm.
O príncipe Natureza. De uma caricatura de Bordallo Pinheiro. Xilogravura, 13,2 x 9 cm. *Miguel, ex-escravo dos frades de São Bento. O Mi-rabeau casange das conferencias do Recreio...* Xilogravura, 21 x 5,5 cm.
O Dr. Pomada. Xilogravura, 12 x 7,5 cm.
O Principe Obá . Xilogravura, 11 x 4,5 cm (TIPOS POPULARES DO RIO DE JANEIRO – PADRE KELÉ – PRÍNCIPE NATUREZA – MIGUEL – DR. POMADA – PRÍNCIPE OBÁ).

In MORAES FILHO, [1901]:485, 517, 529, 535.

[550] KAUFFMANN, P. (del.) e TILLR, SMEETON (xylo.). *Types d'esclaves à Rio-de-Janeiro.* Xilogravura, 13,5 x 18 cm (O UNIVERSO DO TRABALHO – QUITANDEIRAS – QUITUTEIRAS).

In URSEL, 1879:2 e 3.

[551] KIDDER, DANIEL P. (del.) e BUTTLER, J.J. (lith.). *Negroes of a naturalist.* Litografia, 7,2 x 7,7 cm (O UNIVERSO DO TRABALHO – AUXILIARES DE EXPEDIÇÕES CIENTÍFICAS).

In KIDDER, 1845, I:129.

[552] KIDDER, DANIEL P. (del.) e BUTTLER, J.J. (lith.). *Engenho de Mandioca.* Litografia, 7,7 x 13 cm (O UNIVERSO DO TRABALHO – LAVOURAS DE SUBSISTÊNCIA – ENGENHO DE MANDIOCA).

In KIDDER, 1845, I:245.

[553] KIDDER, DANIEL P. (del.) e BUTTLER, J.J. (lith.). *Negro carriers.* Litografia, 6 x 8 cm (O UNIVERSO DO TRABALHO – CARREGADORES).

In KIDDER, 1845, II:20.

[554] M., C.C. *Party at Rio de Janeiro. A castrate singing.* Litografia colorida, 9,5 x 15,2 cm. Rio de Janeiro (CENAS DE GÊNERO – UMA RECEPÇÃO NO RIO DE JANEIRO) (O UNIVERSO DO TRABALHO – COPEIROS) (MISCIGENAÇÃO).

In G., A.P.D., 1826:180.

[555] M., C.C. *Slave shop at Rio, a Minas merchant bargaining.* Litografia colorida, 9,5 x 25 cm (MERCADOS DE ESCRAVOS).

In G., A.P.D., 1826:297.

[556] MAILLEST. (sculpt.). *Arcos de Cariaco, grand Aquéduc à Rio Janeiro.* Gravura, 14 x 20,5 cm (O UNIVERSO DO TRABALHO – CARREGADORES DE CADEIRINHAS, LITEIRAS, PALANQUINS, REDES E SERPENTINAS).

In BARROW, 1807, Pr. III.

[557] MACEDO, M. DE (del.) e PEDROSO, ARMANDO. (sculpt.). *O Bombá.* Xilogravura, 9,7 x 14,1 cm. Pinhel, Pará (LÚDICA – BOI-BUMBÁ).

In 1. FRIAS, 1883:419.
2. MOURA, 1997:56.

[558] [558A] MAWE, JOHN (esboço), WEBSTER, T. (del.) e WOOLNOTH, T. (sculpt.). *View of negroes washing for Diamonds at Mandango on the River Jogitonhonha in Cerro do Frio – Brazil.* Gravura, 21 x 16,5 cm. Serro do Frio, Minas Gerais (O UNIVERSO DO TRABALHO – MINERAÇÃO DE DIAMANTES).

In MAWE, 1812, frontispício, e 1821:317 (gravura colorida, 15 x 10 cm, atribuição).

[559] [559A] MAWE, JOHN (esboço), WEBSTER, T. (del.) e WOOLNOTH, T. (sculpt.). *A View in the manner in which the bed of the River Jigitonhonha is laid dry by an Aqueduct in order to search for Diamonds.* Gravura, 15 x 20,5 cm (INDUMENTÁRIA MASCULINA) (O UNIVERSO DO TRABALHO – MINERAÇÃO DE DIAMANTES).

In MAWE, 1812:221, e 1821:314 (gravura colorida, 7,3 x 10,3 cm).

[560] MAWE, JOHN (del.) E. WEBSTER, T. (sculpt.) . *Maniera d'ásciugare il letto del. Jigitonhonha per cercari i diamannti – Lavraco de diamannti*

a Mandanga. Gravura, 22 x 26 cm (*O UNIVERSO DO TRABALHO – MINERAÇÃO DE DIAMANTES*).

In 1. MAWE, 1817,T. 2.
2. MOURA, 1994:58.

[561] MAWE, JOHN (del.) e ARTISTA NÃO IDENTIFICADO (sculpt.). *Palace & Great Square in Rio de Janeiro*. Gravura colorida, 10,2 x 15 cm (*O UNIVERSO DO TRABALHO – AGUADEIROS*).

In MAWE, 1821, frontispício.

[562] MÉNARD (del.), BICHEBOIS (lith.) e BAYOT (fig.). *Fontaine de la place du Palais à Rio-Janeiro*. Litografia, 30 x 20,7 cm (*O UNIVERSO DO TRABALHO – AGUADEIROS*).

In PETIT-THOUARS, 1841.

[563] MORIER, JAMES (del.). *Punishment of the iron collar at Rio de Janeiro*. Xilogravura, 4,5 x 5 cm (*REPRESSÃO E VIOLÊNCIA – INSTRUMENTOS DE TORTURA DE ESCRAVOS – GARGALHEIRAS*).

In MORIER, 1818:8.

[564] OUSELEY, WILLLIAM GORE (del.) e NEEDHAM, J. (lith.). *Near Bahia*. Litografia aquarelada, 19 x 31,5 cm (*CENAS DE GÊNERO*).

In OUSELEY, [1852] .

[565] OUSELEY, WILLLIAM GORE (del.) e NEEDHAM, J. (lith.). *Ruined chapel of S. Gonsalo (Bahia)*. Litografia aquarelada, 30,5 x 42,5 cm. Salvador (O UNIVERSO DO TRABALHO – CARREGADORES DE TABULEIROS).

In OUSELEY, [1852] .

[566] OUSELEY, WILLLIAM GORE (del.) e NEEDHAM, J. (lith.). *Entrance of harbor of Rio de Janeiro & Sugar Loaf Rock*. Litografia aquarelada, 29,5 x 39,5 cm (*O UNIVERSO DO TRABALHO – LAVRADORES – ROCEIROS*).

In OUSELEY, [1852] .

[567] OUSELEY, WILLLIAM GORE (del.) e NEEDHAM, J. (lith.). *Chapel Fortaleza of Boa Viagem – Rio de Janeiro*. Litografia aquarelada, 23,5 x 28 cm (*O UNIVERSO DO TRABALHO – LAVADEIRAS*).

In OUSELEY, [1852] .

[568] OUSELEY, WILLLIAM GORE (del.) e NEEDHAM, J. (lith.). *Convent near Rio de Janeiro*. Litografia aquarelada, 17 x 22,5 cm (*LAZER E REPOUSO*).

In OUSELEY, [1852] .

[569] OUSELEY, WILLLIAM GORE (del.) e NEEDHAM, J. (lith.). *Aqueduct & Convent of Sta. Teresa, Rio de Janeiro*. Litografia aquarelada, 26 x 37,5 cm (*O UNIVERSO DO TRABALHO – AGUADEIROS – QUITANDEIRAS – QUITUTEIRAS*).

In OUSELEY, [1852] .

[570] OUSELEY, WILLLIAM GORE (del.) e NEEDHAM, J. (lith.). *Church of Nossa Señora da Gloria, & Aqueduct, Rio de Janeiro*. Litografia aquarelada, 25 x 33,5 cm (*O UNIVERSO DO TRABALHO – LAVRADORES – ROCEIROS*).

In OUSELEY, [1852] .

[571] OUSELEY, WILLLIAM GORE (del.) e NEEDHAM, J. (lith.). *Mangueiras, suburbs of Rio de Janeiro (for some years occupied by the British legation)*. Litografia aquarelada, 21,5 x 29 cm (*O UNIVERSO DO TRABALHO – LAVRADORES – ROCEIROS*).

In OUSELEY, [1852] .

[572] OUSELEY, WILLLIAM GORE (del.) e NEEDHAM, J. (lith.). *Entrance of harbour from Larangeiras, Rio de Janeiro*. Litografia aquarelada, 34 x 25 cm (*O UNIVERSO DO TRABALHO – LAVRADORES – ROCEIROS*).

In OUSELEY, [1852] .

[573] OUSELEY, WILLLIAM GORE (del.) e NEEDHAM, J. (lith.). *The Sugar Loaf Rock – Rio de Janeiro*. Litografia aquarelada, 22,5 x 30,5 cm (*CENAS DE GÊNERO*).

In OUSELEY, [1852] .

[574] OUSELEY, WILLLIAM GORE (del.) e NEEDHAM, J. (lith.). *Botafogo Bay, suburbs of Rio de Janeiro*. Litografia aquarelada, 23,7 x 36 cm (*O UNIVERSO DO TRABALHO – BARQUEIROS – CANOEIROS – REMEIROS – CARREGADORES DE CESTOS*).

In OUSELEY, [1852] .

[575] OUSELEY, WILLLIAM GORE (del.) e NEEDHAM, J. (lith.). *The waterfall of Itamaraty, distant two days from Rio de Janeiro*. Litografia, 44,5 x 36,5 cm (*O UNIVERSO DO TRABALHO – LAVRADORES – ROCEIROS*).

In OUSELEY, [1852] .

[576] OUSELEY, WILLIAM GORE (del.) e NEEDHAM, J. (lith.). *Serra da Estrella*. Litografia aquarelada, 27,5 x 40,5 cm (*O UNIVERSO DO TRABALHO – PESCADORES*).

In OUSELEY, [1852] .

[577] P., G. (del.) e WHITTOCK, N. (lith.). *View of the Serra and City of S. João d'El Rey*. Litografia, 9,2 x 16,3 cm. São João d'El Rei, Minas Gerais (*O UNIVERSO DO TRABALHO – CARREGADORES*).

In WALSH, 1830, II:132.

[578] POHL, JOHANN EMMANUEL (del.), ENDER, THOMAS (del.) e AXMANN, J. (sculpt.). *Cidade de Goyaz, früher Villa Boa, Haptstadt der gleichnahmigen Capitanie*. Gravura, 22 x 33 cm. Vila Boa, Goiás *(O UNIVERSO DO TRABALHO – CARREIROS – CARREGADORES DE BAGAGEM, CARGA E FARDOS).*

In POHL, s.d. – Atlas.

[579] RUGENDAS, JOHANN MORITZ (del. d'après nature), VILLENEUVE (del.), ADAM, V. (fig.) e ENGELMANN (lith.). *Prayä Rodriguez près de Rio de Janeiro*. Litografia, 25,4 x 33,8 cm *(O UNIVERSO DO TRABALHO – LAVRADORES – ROCEIROS).*

In RUGENDAS,1835, *Paysages, Première Division*, Pr. 1.

[580] RUGENDAS, JOHANN MORITZ (del. d'après nature), SABATIER (del.) e ENGELMANN (lith.). *Vue de Rio-Janeiro, prise de la Rade*. Litografia, 25,7 x 40 cm *(O UNIVERSO DO TRABALHO – BARQUEIROS – CANOEIROS – REMEIROS).*

In RUGENDAS, 1835, *Paysages, Première Division*, Pr. 7.

[581] RUGENDAS, JOHANN MORITZ (del. d'après nature), VILLENEUVE (del.), ADAM, V. (fig.) e ENGELMANN (lith.). *Vue de Rio-Janeiro prise de l'Aqueduc*. Litografia, 23,7 x 35 cm *(CENAS DE GÊNERO – PAJENS MATANDO COBRA).*

In RUGENDAS, 1835, *Paysages, Première Division*, Pr. 8.

[582] RUGENDAS, JOHANN MORITZ (del. d'après nature), SABATIER (del.) e ENGELMANN (lith.). *Botafogo*. Litografia, 22,2 x 33 cm. Rio de Janeiro *(O UNIVERSO DO TRABALHO – ARQUEIROS – BARQUEIROS – CANOEIROS – REMEIROS).*

In RUGENDAS, 1835, *Paysages, Première Division*, Pr. 11.

[583] RUGENDAS, JOHANN MORITZ (del. d'après nature), VILLENEUVE (del.), ADAM, V. (fig.) e ENGELMANN (lith.). *Cascade de Tijuca*. Litografia, 31 x 23,5 cm. Rio de Janeiro *(O UNIVERSO DO TRABALHO – LAVOURA CAFEEIRA – SECAGEM DO CAFÉ).*

In RUGENDAS, 1835, *Paysages, Première Division*, Pr. 12.

[584] RUGENDAS, JOHANN MORITZ (del. d'après nature), ADAM, V. (del.) e ENGELMANN (lith.). *Porto do Estrella*. Litografia, 24,8 x 33 cm. Porto da Estrela, Rio de Janeiro *(O UNIVERSO DO TRABALHO – CARREGADORES – MULETEIROS).*

In RUGENDAS, 1835, *Paysages, Première Division*, Pr.13.

[585] RUGENDAS, JOHANN MORITZ (del. d'après nature), JOLY (del.) e ENGELMANN (lith.). *Serra das Orguas*. Litografia, 22,3 x 29,7 cm. Serra dos Órgãos, província do Rio de Janeiro *(O UNIVERSO DO TRABALHO – MULETEIROS).*

In RUGENDAS, 1835, *Paysages, Première Division*, Pr. 15.

[586] RUGENDAS, JOHANN MORITZ (del. d'après nature) e ENGELMANN (lith.) *Rio Panahyba*. Litografia, 26,8 x 33,3 cm *(O UNIVERSO DO TRABALHO – MULETEIROS).*

In RUGENDAS, 1835, *Paysages, Première Division*, Pr. 16.

[587] RUGENDAS, JOHANN MORITZ (del. d'après nature), ARNOUT (del.) e ENGELMANN (lith.). *Rio Parahybuna*. Litografia, 23,5 x 31 cm. Minas Gerais *(O UNIVERSO DO TRABALHO – CAÇADORES).*

In RUGENDAS,1835, *Paysages, Première Division*, Pr. 17.

[588] RUGENDAS, JOHANN MORITZ (del. d'après nature), JACOTTET (del.) e ENGELMANN (lith.). *Mottosinho près St. Jean d'El Rey*. Litografia, 23,8 x 34,7 cm. Matosinhos, Minas Gerais *(CATOLICISMO – DEVOÇÕES – BEIJANDO ESTAMPAS E OSTENSÓRIOS) (TRÁFICO DE ESCRAVOS) (O UNIVERSO DO TRABALHO – CARREIROS – BARQUEIROS – CANOEIROS – REMEIROS).*

In RUGENDAS, 1835, *Paysages, Première Division*, Pr. 20.

[589] RUGENDAS, JOHANN MORITZ (del.), DAVID, JULES (fig.) e VILLENEUVE (lith.). *Villa Rica*. Litografia, 23 x 33,3 cm. Vila Rica, Minas Gerais *(MINERAÇÃO DE OURO – ESCRAVAS EMPREGADAS NA MINERAÇÃO).*

In RUGENDAS, 1835, *Paysages, Première Division*, Pr. 22.

[590] RUGENDAS, JOHANN MORITZ (del. d'après nature) e JOLY (lith.) *Campos*. Litografia, 23,4 x 31,5 cm *(O UNIVERSO DO TRABALHO – CAÇADORES).*

In RUGENDAS, 1835, *Paysages, Première Division*, Pr. 25.

[591] RUGENDAS, JOHANN MORITZ (del.), WATTIER (fig.) e SABATIER (fig.) (lith.). *San-Salvador*. Litografia, 26 x 35 cm. Salvador, Bahia *(CENAS DE GÊNERO – NAMORADOS) (LÚDICA – CAPOEIRA).*

In RUGENDAS,1835, *Paysages, Première Division*, Pr. 27.

[592] RUGENDAS, JOHANN MORITZ (del. d'après nature), ADAM (fig.) e SABATIER (lith.). *Ilia Itaparica*. Litografia, 22,1 x 35,4 cm. Ilha de Itaparica, Bahia *(O UNIVERSO DO TRABALHO – BARQUEIROS – CANOEIROS – REMEIROS).*

In RUGENDAS, 1835, *Paysages, Première Division*, Pr. 28.

[593] RUGENDAS, JOHANN MORITZ (del.), ADAM (fig.) e BICHEBOIS (lith.). *Vue prise sur la côte près de Bahia*. Litografia, 34,5 x 27,5 cm. Salvador *(INDUMENTÁRIA FEMININA) (O UNIVERSO DO TRABALHO – BARQUEIROS – CANOEIROS – REMEIROS – VENDEDORES COM TABULEIRO).*

In RUGENDAS, 1835, *Paysages, Première Division*, Pr. 29.

[594] RUGENDAS, JOHANN MORITZ (del. d'après nature) e SABATIER (lith.). *Vue d'Olinda*. Litografia, 20,4 x 32,3 cm. Pernambuco (O UNIVERSO DO TRABALHO – BARQUEIROS – CANOEIROS – REMEIROS).

In RUGENDAS, 1835, *Paysages, Première Division*, Pr. 30.

[595] RUGENDAS, JOHANN MORITZ (del.) e ZWINGER (lith.). *Nègre et Négresse dans une plantation*. Litografia, 27,2 x 22,2 cm (ETNIAS NEGRO-AFRICANAS NÃO IDENTIFICADAS – MARCAS DE IDENTIDADE – ESCARIFICAÇÕES FACIAIS) (O UNIVERSO DO TRABALHO – LAVOURA DE SUBSISTÊNCIA).

In RUGENDAS, 1835, *Portraits et costumes, Deuxième Division*, Pr. 6.

[596] RUGENDAS, JOHANN MORITZ (d'àprès nature) e MAURIN (lith.). *Négresses de Rio-Janeiro*. Litografia, 28,6 x 23,8 cm. Rio de Janeiro (INDUMENTÁRIA FEMININA) (O UNIVERSO DO TRABALHO – VENDEDORES DE FRUTAS – VENDEDORES DE QUINQUILHARIAS).

In RUGENDAS, 1835, *Portraits et costumes, Deuxième Division*, Pr. 7.

[597] RUGENDAS, JOHANN MORITZ (d'après nature) e MAURIN (lith.). *Nègre et négresse de Bahia*. Litografia, 29 x 24,2 cm (ETNIAS NEGRO-AFRICANAS NÃO IDENTIFICADAS – MARCAS DE IDENTIDADE – ESCARIFICAÇÕES FACIAIS) (INDUMENTÁRIA FEMININA – JOIAS) (O UNIVERSO DO TRABALHO – VENDEDORES DE PEIXE).

In 1. RUGENDAS, 1835, *Portraits et costumes, Deuxième Division*, Pr. 8.
2. MOURA, 1994:58.

[598] RUGENDAS, JOHANN MORITZ (del. d'après nature) e VIGNERON (lith.). *Benguelas. Congo*. Litografia, 35 x 29,2 cm (ETNIAS NEGRO-AFRICANAS – MARCAS DE IDENTIDADE – ESCARIFICAÇÕES FACIAIS – BENGUELA – CONGO).

In RUGENDAS, 1835, *Portraits et costumes, Deuxième Division*, Pr. 9.

[599] RUGENDAS, JOHANN MORITZ (del. d'après nature) e VIGNERON (lith.). *Cabinda. Quiloa. Rebolla. Mina*. Litografia, 35 x 29,2 cm (ETNIAS NEGRO-AFRICANAS – QUILOA – REBOLO) (MARCAS DE IDENTIDADE – ESCARIFICAÇÕES FACIAIS – CABINDA – MINA).

In 1. RUGENDAS, 1835, *Portraits et costumes, Deuxième Division*, Pr. 10.
2. MOURA, 1994:48.

[600] RUGENDAS, JOHANN MORITZ (d'après nature) e ZWINGER (lith.). *Capitao do mato*. Litografia, 36,5 x 27,8 cm (REPRESSÃO E VIOLÊNCIA – CAPITÃES DO MATO).

In RUGENDAS, 1835, *Portraits et costumes, Deuxième Division*, Pr. 11.

[601] RUGENDAS, JOHANN MORITZ (del. d'àprès nature) e MAURIN (lith.). *Negros novos*. Litografia, 29 x 24,3 cm (MERCADOS DE ESCRAVOS).

In RUGENDAS, 1835, *Portraits et costumes, Deuxième Division*, Pr.12.

[602] RUGENDAS, JOHANN MORITZ (del. d'après nature) e MAURIN (lith.). *Mozambique*. Litografia, 35,5 x 28,5 cm (ETNIAS NEGRO-AFRICANAS – MARCAS DE IDENTIDADE – ESCARIFICAÇÕES FACIAIS – MOÇAMBIQUE).

In RUGENDAS, 1835, *Portraits et costumes, Deuxième Division*, Pr. 13.

[603] RUGENDAS, JOHANN MORITZ (del.) e VIGNERON (lith.). *Benguelas. Angola. Congo. Monjolo*. Litografia, 34,5 x 27,7 cm (ETNIAS NEGRO-AFRICANAS – MARCAS DE IDENTIDADE – ESCARIFICAÇÕES CORPORAIS – ANGOLA – BENGUELA – CONGO – MONJOLO).

In RUGENDAS, 1835, *Portraits et costumes, Deuxième Division*, Pr. 14.

[604] RUGENDAS, JOHANN MORITZ (del.) e VIGNERON (lith.). *Créoles*. Litografia, 24, x 27,5 cm (INDUMENTÁRIA MASCULINA – INDUMENTÁRIA FEMININA) (MISCIGENAÇÃO – CRIOULOS).

In RUGENDAS, 1835, *Portraits et costumes, Deuxième Division*, Pr. 15.

[605] RUGENDAS, JOHANN MORITZ (del.) e ADAM (lith.). *Habitans de Minas*. Litografia, 23 x 32 cm. Minas Gerais (O UNIVERSO DO TRABALHO – PAJENS).

In RUGENDAS, 1835, *Portraits et costumes, Deuxième Division*, Pr. 18.

[606] RUGENDAS, JOHANN MORITZ (del. d'après nature), LEBORNE (del.) e ENGELMANN (lith.). *Habitans de Goyaz*. Litografia, 23 x 33 cm (O UNIVERSO DO TRABALHO – CAÇADORES).

In RUGENDAS, 1835, *Portraits et costumes, Deuxième Division*, Pr. 19.

[607] RUGENDAS, JOHANN MORITZ (del.) e ZWINGER (lith.). *Costumes de Bahia*. Litografia, 34 x 26 cm. Bahia (O UNIVERSO DO TRABALHO – CAÇADORES – PESCADORES).

In RUGENDAS, 1835, *Portraits et costumes, Deuxième Division*, Pr. 20.

[608] RUGENDAS, JOHANN MORITZ (del.) e ENGELMANN (lith.). *Rencontre d'indiens avec des voyageurs européens*. Litografia, 21,5 x 28,8 cm (O UNIVERSO DO TRABALHO – CARREGADORES – PEÕES).

In RUGENDAS, 1835, *Moeurs et usages des indiens, Troisième Division*, Pr. 1.

[609] RUGENDAS, JOHANN MORITZ (del.), ADAM, V. & LECAMUS (lith.). *Danse des Purys*. Litografia, 21,5 x 27,5 cm *(O UNIVERSO DO TRABALHO – CAMARADAS DE EXPEDIÇÕES CIENTÍFICAS)*.

In RUGENDAS, 1835, *Moeurs et usages des indiens, Troisième Division*, Pr. 6.

[610] RUGENDAS, JOHANN MORITZ (del.) e ADAM, V. (lith.). *Guerillas*. Litografia, 20 x 25,8 cm *(O UNIVERSO DO TRABALHO – CAMARADAS DE EXPEDIÇÕES CONTRA ÍNDIOS)*.

In RUGENDAS, 1835, *Moeurs et usages des indiens, Troisième Division*, Pr. 7.

[611] RUGENDAS, JOHANN MORITZ (del.) e ADAM, V. (lith.). *Indiens dans une plantation*. Litografia, 22,7 x 31 cm *(O UNIVERSO DO TRABALHO – MUCAMAS)*.

In RUGENDAS, 1835, *Moeurs et usages des indiens, Troisième Division*, Pr. 9.

[612] RUGENDAS, JOHANN MORITZ (del.) e ADAM, V. (lith.). *Baïa dos Mineros à Rio-Janeiro*. Litografia, 21,8 x 33 cm. Baía dos Mineiros, Rio de Janeiro *(O UNIVERSO DO TRABALHO – BARQUEIROS – CANOEIROS – REMEIROS)*.

In RUGENDAS, 1835, *Moeurs et usages des indiens, Troisième Division*, Pr. 11.

[613] RUGENDAS, JOHANN MORITZ (del. d'après nature), ADAM, V. (del.) e ENGELMANN (lith.). *Vue prise devant l'église de San-Bendo à Rio-Janeiro*. Litografia, 20,5 x 31 cm. Igreja de São Bento, Rio de Janeiro *(O UNIVERSO DO TRABALHO – CARREGADORES DE CADEIRINHAS, LITEIRAS, PALANQUINS, REDES E SERPENTINAS – MUCAMAS – VENDEDORES DE FRUTAS – VENDEDORES DE QUINQUILHARIAS)*.

In RUGENDAS, 1835, *Moeurs et usages des indiens, Troisième Division*, Pr. 12.

[614] RUGENDAS, JOHANN MORITZ (del. d'après nature), ADAM, V. (del.) e ENGELMANN (lith.). *Rue Droite à Rio-Janeiro*. Litografia, 21,3 x 29,6 cm. Rua Direita, Rio de Janeiro *(O UNIVERSO DO TRABALHO – CANGUEIROS – CARREGADORES DE TECIDOS – VENDEDORES DE FRUTAS)*.

In RUGENDAS, 1835, *Moeurs et usages des indiens, Troisième Division*, Pr. 13.

[615] RUGENDAS, JOHANN MORITZ (del. d'après nature), ADAM, V. (del.) e ENGELMANN (lith.). *San Christovao*. Litografia, 18,5 x 29,7 cm. São Cristóvão, Rio de Janeiro *(O UNIVERSO DO TRABALHO – CARREIROS – VENDEDORES DE FRUTAS)*.

In RUGENDAS, 1835, *Moeurs et usages des indiens, Troisième Division*, Pr. 14.

[616] RUGENDAS, JOHANN MORITZ (del. d'après nature), ADAM, V. (del.) e ENGELMANN (lith.). *Lagoa das Tretas*. Litografia, 18,8 x 31 cm. Lagoa Rodrigo de Freitas, Rio de Janeiro *(O UNIVERSO DO TRABALHO – MUCAMAS – BARQUEIROS – CANOEIROS – REMEIROS – SOTAS – NEGRA CONDUZINDO BURRO)*.

In RUGENDAS, 1835, *Moeurs et usages des indiens, Troisième Division*, Pr. 15.

[617] RUGENDAS, JOHANN MORITZ (del. d'après nature) e DAVID, JULES (lith.) *Famille de planteurs*. Litografia, 16,2 x 22 cm *(O UNIVERSO DO TRABALHO – MUCAMAS – PAJENS)*.

In RUGENDAS, 1835, *Moeurs et usages des indiens, Troisième Division*, Pr. 16.

[618] RUGENDAS, JOHANN MORITZ (del. d'après nature), ADAM, V. (fig.) e MONTHELIER (lith.). *Danse Landu*. Litografia, 21,8 x 27,5 cm *(CENAS DE GÊNERO – NEGROS ASSISTINDO LUNDU, DANÇADO POR UM CASAL DE BRANCOS) (LÚDICA – LUNDU)*.

In RUGENDAS, 1835, *Moeurs et usages des indiens, Troisième Division*, Pr. 18.

[619] RUGENDAS, JOHANN MORITZ (del. d'après nature), TIRPENNE (lith.) e ADAM, V. (fig.) *Repos d'une caravane*. Litografia, 22 x 32,8 cm *(O UNIVERSO DO TRABALHO – MUCAMAS – PAJENS – POUSO DE TROPEIROS) (LAZER E REPOUSO)*.

In RUGENDAS, 1835, *Moeurs et usages des indiens, Troisième Division*, Pr. 20.

[620] RUGENDAS, JOHANN MORITZ (del.), VIARD (lith.) e ADAM, V. (fig.). *Convoi de diamans passant par Caïete*. Litografia, 20 x 29,8 cm. Caeté, Minas Gerais *(INDUMENTÁRIA MASCULINA – UNIFORMES MILITARES – SOLDADOS) (O UNIVERSO DO TRABALHO – LAVRADORES – ROCEIROS) (TRANSEUNTES)*.

In RUGENDAS, 1835, *Moeurs et usages des indiens, Troisième Division*, Pr. 21.

[621] RUGENDAS, JOHANN MORITZ (del. d'après nature), JOLY (lith.) e WATTIER (fig.). *Lavage du minerai d'or près de la montaigne Itacolumi*. Litografia, 30,5 x 26 cm. Vila Rica, Minas Gerais *(O UNIVERSO DO TRABALHO – MINERAÇÃO DO OURO – LAVAGEM)*.

In RUGENDAS, 1835, *Moeurs et usages des indiens, Troisième Division*, Pr. 22.

[622] RUGENDAS, JOHANN MORITZ (del. d'après nature), ADAM, V. (fig.) e SABATIER (lith.). *Plantation chinoise de thé, dans le Jardin Botanique*.

Litografia, 21 x 28 cm. Jardim Botânico, Rio de Janeiro (*O UNIVERSO DO TRABALHO – LAVRADORES – LAVOURA DE CHÁ*).

In RUGENDAS, 1835, *Moeurs et usages des indiens, Troisième Division*, Pr. 25.

[623] RUGENDAS, JOHANN MORITZ (del. d'après nature), BAYOT, A. (fig.) e JACOTTET (lith.). *Hospice de N.S. da Piedade à Bahia*. Litografia, 21 x 31 cm. Salvador (*O UNIVERSO DO TRABALHO – CARREGADORES DE CADEIRINHAS, LITEIRAS, PALANQUINS, REDES E SERPENTINAS – CONDUTORES DE BANGUÊS, CARROS, CARROS DE VIAJANTES, CARROÇAS, CARRUAGENS E SEGES – MUCAMAS – PAJENS – QUITANDEIRAS – QUITUTEIRAS*).

In RUGENDAS, 1835, *Moeurs et usages des indiens, Troisième Division*, Pr. 26.

[624] RUGENDAS, JOHANN MORITZ (del. d'après nature) e DEROY (lith.). *Venta à Reziffé*. Litografia, 19,4 x 29 cm. Recife (*CATOLICISMO – DEVOÇÕES – BEIJANDO ESTAMPAS E OSTENSÓRIOS*) (*O UNIVERSO DO TRABALHO – LAVADEIRAS – VENDEDORES DE FRUTAS*).

In RUGENDAS, 1835, *Moeurs et usages des indiens, Troisième Division*, Pr. 27.

[625] RUGENDAS, JOHANN MORITZ (del. d'après nature), WATTIER (fig.) e VILLENEUVE (lith.). *Messe dans l'église de N. S. de Candelária a Pernambouc*. Litografia, 26 x 20 cm. Pernambuco (*CATOLICISMO – RITUAIS – MISSAS – COROINHAS*).

In RUGENDAS, 1835, *Moeurs et usages des indiens, Troisième Division*, Pr. 29.

[626] RUGENDAS, JOHANN MORITZ (del. d'après nature), DEROY (del.) e ENGELMANN (lith.). *Nègres à fond de calle*. Litografia, 15,3 x 25,3 cm (*TRÁFICO DE ESCRAVOS – NAVIOS NEGREIROS*).

In 1. RUGENDAS, 1835, *Moeurs et usages des nègres, Quatrième Division*, Pr. 1.
2. MOURA, 1994:50.
3. BELLUZZO, 1994, III:81.

[627] RUGENDAS, JOHANN MORITZ (del. d'après nature) e DEROI & SABATIER (del.), ENGELMANN (lith.). *Débarquement*. Litografia, 23,2 x 33 cm (*TRÁFICO DE ESCRAVOS – NAVIOS NEGREIROS*) (*O UNIVERSO DO TRABALHO – BARQUEIROS – CANOEIROS – REMEIROS*).

In RUGENDAS, 1835, *Moeurs et usages des nègres, Quatrième Division*, Pr. 2.

[628] RUGENDAS, JOHANN MORITZ (del. d'après nature), DEROI (del.) e ENGELMANN (lith.). *Marché aux nègres*. Litografia, 19 x 28 cm (*MERCADOS DE ESCRAVOS*) (*O UNIVERSO DO TRABALHO – VENDEDORES DE FRUTAS*).

In RUGENDAS, 1835, *Moeurs et usages des nègres, Quatrième Division*, Pr. 3.

[629] RUGENDAS, JOHANN MORITZ (del. d'après nature), DEROI (del.) e ENGELMANN (lith.). *Transport d'un convoi de nègres*. Litografia, 16,3 x 26,5 cm (*TRÁFICO DE ESCRAVOS*).

In RUGENDAS, 1835, *Moeurs et usages des nègres, Quatrième Division*, Pr. 4.

[630] RUGENDAS, JOHANN MORITZ (del. d'après nature), DEROI (del.) e ENGELMANN (lith.). *Habitation de nègres*. Litografia, 17,3 x 25,3 cm (*ARQUITETURA – CASAS DE MORADIA*).

In RUGENDAS, 1835, *Moeurs et usages des nègres, Quatrième Division*, Pr. 5.

[631] RUGENDAS, JOHANN MORITZ (del. d'après nature), DEROI (del.) e ENGELMANN (lith.). *Défrichement d'une forêt*. Litografia, 21,6 x 28,5 cm (*O UNIVERSO DO TRABALHO – LENHADORES*).

In RUGENDAS, 1835, *Moeurs et usages des nègres, Quatrième Division*, Pr. 6.

[632] RUGENDAS, JOHANN MORITZ (del. d'après nature), DEROI (del.) e ENGELMANN (lith.). *Préparation de la racine de mendioca*. Litografia, 16 x 20,5 cm (*O UNIVERSO DO TRABALHO – LAVOURA DE SUBSISTÊNCIA – PREPARO DA FARINHA DE MANDIOCA*).

In RUGENDAS, 1835, *Moeurs et usages des nègres, Quatrième Division*, Pr. 7.

[633] RUGENDAS, JOHANN MORITZ (del. d'après nature), DEROI (del.) e ENGELMANN (lith.). *Recolte de café*. Litografia, 24,5 x 31 cm. Rio de Janeiro (*O UNIVERSO DO TRABALHO – LAVOURA CAFEEIRA – COLHEITA DO CAFÉ*).

In 1. RUGENDAS, 1835, *Moeurs et usages des nègres, Quatrième Division*, Pr. 8.
2. MOURA, 1994:57.

[634] RUGENDAS, JOHANN MORITZ (del. d'après nature), ARNOUT & DEROI (del.) e ENGELMANN (lith.). *Moulin à sucre*. Litografia, 19,8 x 28 cm (*O UNIVERSO DO TRABALHO – LAVOURA CANAVIEIRA – ENGENHOS*).

In 1. RUGENDAS, 1835, *Moeurs et usages des nègres, Quatrième Division*, Pr. 9.
2. MOURA, 1994:58.

[635] RUGENDAS, JOHANN MORITZ (del. d'après nature), DEROI (del.) e ENGELMANN (lith.). *Châtimens domestiques*. Litografia, 21,5 x 31,5 cm (*REPRESSÃO E VIOLÊNCIA – INSTRUMENTOS DE TORTURA DE ESCRAVOS – BACALHAUS – GARGALHEIRAS – PALMATÓRIAS*).

In RUGENDAS, 1835, *Moeurs et usages des nègres, Quatrième Division*, Pr. 10.

[636] RUGENDAS, JOHANN MORITZ (del. d'après nature), DEROI (del.) e ENGELMANN (lith.). *Blanchisseuses à Rio-Janeiro*. Litografia, 16,5 x 23,5 cm. Rio de Janeiro *(O UNIVERSO DO TRABALHO – LAVADEIRAS)*.

In RUGENDAS, 1835, *Moeurs et usages des nègres, Quatrième Division*, Pr. 11.

[637] RUGENDAS, JOHANN MORITZ (del. d'après nature), DEROI (del.) e ENGELMANN (lith.). *Matelots*. Litografia, 19,2 x 19,7 cm *(O UNIVERSO DO TRABALHO – VENDEDORES DE BEBIDAS – VENDEDORES DE FRUTAS)*.

In RUGENDAS, 1835, *Moeurs et usages des nègres, Quatrième Division*, Pr. 12.

[638] RUGENDAS, JOHANN MORITZ (del. d'après nature), DEROI (del.) e ENGELMANN (lith.). *Marché sur la Braïa dos Mineros*. Litografia, 20,5 x 26,8 cm. Baía dos Mineiros, Rio de Janeiro *(O UNIVERSO DO TRABALHO – VENDEDORES DE FRUTAS – VENDEDORES DE PEIXE – MULETEIROS)*.

In RUGENDAS, 1835, *Moeurs et usages des nègres, Quatrième Division*, Pr. 13.

[639] RUGENDAS, JOHANN MORITZ (del. d'après nature) e DEROI (lith.). *Porteurs d'eau*. Litografia, 19,3 x 27,5 cm *(O UNIVERSO DO TRABALHO – AGUADEIROS) (PRISÕES E CALABOUÇOS – GALÉS – GRILHÕES)*.

In RUGENDAS, 1835, *Moeurs et usages des nègres, Quatrième division*, Planche 14.

[640] RUGENDAS, JOHANN MORITZ (del. d'après nature), DEROI (del.) e ENGELMANN (lith.). *Punition Publique sur la Place Ste. Anne*. Litografia, 22,6 x 31,4 cm. Praça de Santana, Rio de Janeiro *(REPRESSÃO E VIOLÊNCIA – INSTRUMENTOS DE TORTURA DE ESCRAVOS – BACALHAUS – PELOURINHOS) (O UNIVERSO DO TRABALHO – BOLEEIROS, COCHEIROS, PALAFRENEIROS E SOTAS) (TRANSEUNTES)*.

In RUGENDAS, 1835, *Moeurs et usages des nègres, Quatrième Division*, Pr. 15.

[641] RUGENDAS, JOHANN MORITZ (del. d'après nature), VILLENEUVE (lith.) e LEPORTEVIN (fig.) *Danse Batuca*. Litografia, 21 x 28 cm *(LÚDICA – BATUQUE) (REPRESSÃO E VIOLÊNCIA – INSTRUMENTOS DE TORTURA DE ESCRAVOS – GARGALHEIRAS)*.

In RUGENDAS, 1835, *Moeurs et usages des nègres, Quatrième Division*, Pr. 16.

[642] RUGENDAS, JOHANN MORITZ (del. d'après nature), DEROI (del.) e THIERRY FRÈRES (lith.). *Danse landu*. Litografia, 34 x 28 cm *(LÚDICA – LUNDU)*.

In RUGENDAS, 1835, *Moeurs et usages des nègres, Quatrième Division*, Pr. 17.

[643] JOHANN MORITZ RUGENDAS (del. d'après nature), DEROI (del.) e THIERRY FRÈRES (lith.). *Jogar capoëra ou danse de la guerre*. Litografia, 17 x 24,5 cm *(LÚDICA – CAPOEIRA)*.

In RUGENDAS, 1835, *Moeurs et usages des nègres, Quatrième Division*, Pr. 18.

[644] RUGENDAS, JOHANN MORITZ (del. d'après nature), ADAM, V. (fig.) e VILLENEUVE (lith.). *Fête de Ste. Rosalie, patrone des nègres*. Litografia, 24,5 x 33 cm *(IRMANDADES NEGRAS – IRMANDADE DE NOSSA SENHORA DO ROSÁRIO – FESTEJOS EM HONRA DA PADROEIRA)*.

In 1. RUGENDAS, 1835, *Moeurs et usages des nègres, Quatrième Division*, Pr. 19.
2. MOURA, 1994:62.

[645] RUGENDAS, JOHANN MORITZ (del. d'après nature), BICHEBOIS (lith.) e DAVID, JULES (fig.). *Enterrement d'un nègre à Bahia*. Litografia, 2 x 31,5 cm *(CATOLICISMO – RITUAIS – ENTERROS – COROINHAS)*.

In RUGENDAS, 1835, *Moeurs et usages des nègres, Quatrième Division*, Pr. 20.

[646] SARGENT (del.). *Waterfall of Itamarity, distant two day's journey from Rio de Janeiro*. Litografia, 18 x 11,5 cm. Cascata de Itamarati, Província do Rio de Janeiro *(O UNIVERSO DO TRABALHO – LAVRADORES – ROCEIROS)*.

In HADFIELD, William, 1854:182.

[647] SCHMID, PHILIPP (del.). *Eine Cafusa – Eine Mameluca aus der Provinz St. Paulo*. Desenho litografado, 30,5 x 15 cm. Tarumá, Capitania de São Paulo *(MISCIGENAÇÃO – CAFUZOS)*.

In SPIX & MARTIUS, 1823-1831, 3 vols. e Atlas.

[648] SISSON, SEBASTIEN AUGUSTE. *Antônio Tiberio de Moncorvo e Lima*. Litografia *(POLÍTICOS – ANTÔNIO TIBÉRIO DE MONCORVO E LIMA)*.

In 1. SISSON, Sebastien Auguste. *Assembleia Geral Legislativa. Galeria dos Representantes da Nação*. Rio de Janeiro, s.ed., s.d.
2. WILDBERGER, 1949:339.

[649] SISSON, SEBASTIEN AUGUSTE. *Cons. Francisco Gê Acaiaba de Montezuma, Visconde de Jequitinhonha*. Litografia, 32 x 25 cm *(POLÍTICOS – VISCONDE DE JEQUITINHONHA)*.

In 1. SISSON, 1861, 2:36.
2. MOURA, 1988:387.

[650] SISSON, SEBASTIEN AUGUSTE. *D. Manoel de Assis Mascarenhas*. Litografia, 32 x 25 cm (*POLÍTICOS – D. MANOEL DE ASSIS MASCARENHAS*).

In 1. SISSON, 1861, 2:98
2. MOURA, 1988:387.

[651] SPIX & MARTIUS (del.) e F. W. & COUVEN (lith.). *Rio de Janeiro*. Litografia, 29 x 33,5 cm (*O UNIVERSO DO TRABALHO – CARREGADORES*).

In SPIX & MARTIUS, 1823-1831, Atlas.

[652] SPIX & MARTIUS (del.) e MAYER, E. (lith.). *Trinkfest der Coroados*. Litografia, 34,3 x 43,5 cm (*O UNIVERSO DO TRABALHO – AUXILIARES DE EXPEDIÇÕES CIENTÍFICAS – CARREGADORES*).

In SPIX & MARTIUS, 1823-1831, Atlas.

[653] SPIX & MARTIUS (del.) e KRAFT, A. & HOHE, F. (lith.). *Rancho unweit der Serra do Caraca*. Litografia, 33,8 x 43,5 cm. Serra do Caraça, Minas Gerais (*O UNIVERSO DO TRABALHO – AUXILIARES DE TROPEIROS – VENDEDORES DE FRUTAS – VENDEIROS*).

In SPIX & MARTIUS, 1823-1831, Atlas.

[654] SPIX & MARTIUS (del.) e MAYER (lith.). *Diamanten waescherey Curralinho*. Litografia, 34,8 x 44 cm. Curralinho, Minas Gerais (*O UNIVERSO DO TRABALHO – MINERAÇÃO DE DIAMANTES – LAVAGEM*) (*REPRESSÃO E VIOLÊNCIA – FEITORES*).

In SPIX & MARTIUS, 1823-1831, Atlas.

[655] SPIX & MARTIUS (del.) e STEINGRÄBEL, J. (lith.). *Ausgrabung und zubereitung der schild-krotencier, am Amazonenstrome*. Litografia, 32,2 x 47,5 cm. Amazonas (*O UNIVERSO DO TRABALHO – CAMARADAS DE EXPEDIÇÕES CIENTÍFICAS – COZINHEIRAS*).

In SPIX & MARTIUS, 1823-1831, Atlas.

[656] SPIX & MARTIUS (del.) e NACHTMANN (lith.). *Sertanejo in Piauhy auf der reise*. Litografia, 9,3 x 15,3 cm. Piauí (*O UNIVERSO DO TRABALHO – CARREGADORES DE CADEIRINHAS, LITEIRAS, PALANQUINS, REDES E SERPENTINAS*).

In SPIX & MARTIUS, 1823-1831, Atlas.

[657] SPIX & MARTIUS (del.) e NACHTMANN (lith.). *Die Baducca, in S. Paulo*. Litografia, 17 x 22,5 cm. Estiva, capitania de São Paulo (*LÚDICA – BATUQUE*).

In SPIX & MARTIUS, 1823-1831, Atlas.

[658] SPIX & MARTIUS (del.) e NACHTMANN (lith.). *Festa da Rainha, in Minas*. Litografia, 16,3 x 22,3 cm. Tijuco, Minas Gerais (*CATOLICISMO – IRMANDADES? – FESTA DO ROSÁRIO? – PEDINTES*) (*INDUMENTÁRIA INFANTIL*).

In SPIX & MARTIUS, 1823-1831, Atlas.

[659] SPIX & MARTIUS (del.) e NACHTMANN (lith.). *In Rio de Janeiro*. Litografia, 10,8 x 16,5 cm (*O UNIVERSO DO TRABALHO – PAJENS*).

In SPIX & MARTIUS, 1823-1831, Atlas.

[660] SPIX & MARTIUS (del.) e NACHTMANN (lith.). *In Bahia*. Litografia, 9,2 x 16 cm. Salvador, Bahia (*O UNIVERSO DO TRABALHO – CARREGADORES DE CADEIRINHAS, LITEIRAS, PALANQUINS, REDES E SERPENTINAS*).

In SPIX & MARTIUS, 1823-1831, Atlas.

[661] TAUNAY, HIPPOLYTE (del.) e MOTTE, C. (sculpt.). *Aquéduc de Rio-Janéiro*. Litografia, 9 x 12,5 cm. Rio de Janeiro (O UNIVERSO DO TRABALHO – AGUADEIROS).

In TAUNAY & DENIS, 1822, II:23-24.

[662] TAUNAY, HIPPOLYTE (del.) e MOTTE, C. (sculpt.). *Lavage des Sables aurifères*. Litografia, 9 x 11,5 cm (*O UNIVERSO DO TRABALHO – MINERAÇÃO DO OURO- LAVAGEM*) (*REPRESSÃO E VIOLÊNCIA – FEITORES*).

In TAUNAY & DENIS, 1822, II:25-26.

[663] TAUNAY, HIPPOLYTE (del.) e MOTTE, C. (sculpt.). *Lavage du Cascalhaon contenant le Diamant*. Litografia, 9 x 11,5 cm (*O UNIVERSO DO TRABALHO – MINERAÇÃO DE DIAMANTES – LAVAGEM*).

In TAUNAY & DENIS, 1822, II:27-28.

[664] TAUNAY, HIPPOLYTE (del.) e MOTTE, C. (sculpt.). *Palanqueiros à Bahia*. Litografia, 9,3 x 6 cm (*INDUMENTÁRIA MASCULINA*) (*O UNIVERSO DO TRABALHO – CARREGADORES DE CADEIRINHAS, LITEIRAS, PALANQUINS, REDES E SERPENTINAS*).

In TAUNAY & DENIS, 1822, IV:31.

[665] TAUNAY, HIPPOLYTE (del.) e MOTTE, C. (sculpt.). *Negresse*. Litografia, 9 x 6 cm. Salvador, Bahia (*O UNIVERSO DO TRABALHO – CARREGADORES DE BILHAS, POTES E VASILHAS*).

In TAUNAY & DENIS, 1822, IV:43.

[666] TAUNAY, HIPPOLYTE (del.) e MOTTE, C. (sculpt.). *Magasin de Nègres à Bahia*. Litografia, 9 x 11,5 cm (*MERCADOS DE ESCRAVOS*).

In TAUNAY & DENIS, 1822, IV:72-73.

[667] TAUNAY, HIPPOLYTE (del.) e MOTTE, C. (sculpt.). *Nègres porteurs de fardeaux à Bahia*. Litografia, 9 x 11,5 cm (*O UNIVERSO DO TRABALHO – CANGUEIROS PUXANDO "PIOLHO"*).

In TAUNAY & DENIS, 1822, IV:87-88.

[668] TAUNAY, HIPPOLYTE (del.) e MOTTE, C. (sculpt.). *Colon en voyage*. Litografia, 9 x 12 cm. Pernambuco *(O UNIVERSO DO TRABALHO – CARREGADORES DE BAGAGEM, CARGA E FARDOS – CARREGADORES DE CADEIRINHAS, LITEIRAS, PALANQUINS, REDES E SERPENTINAS)*.

In TAUNAY & DENIS, 1822, V:49-50.

[669] TAUNAY, HIPPOLYTE (del.) e MOTTE, C. (sculpt.). *Manière de traverser les Fleuves*. Litografia, 9 x 10,5 cm *(O UNIVERSO DO TRABALHO – BARQUEIROS – CANOEIROS – REMEIROS)*.

In TAUNAY & DENIS, 1822, V:97-98.

[670] TAUNAY, HIPPOLYTE (del.) e MOTTE, C. (sculpt.). *Mulâtre quêtant pour l'église*. Litografia, 9 x 6 cm *(CATOLICISMO – IRMANDADES – PEDINTES DE IRMANDADES)*.

In TAUNAY & DENIS, 1822, V:237.

[671] THEREMIN, CARLOS GUILHERME VON (del.) e LOEILLOT (lith.). *O Paço da Cidade (1818) tomado da rampa. Palais depuis la debarcadère*. Litografia, 17,2 x 25,5 cm. Rio de Janeiro *(O UNIVERSO DO TRABALHO – CARREGADORES – PESCADORES)*.

In *Álbum Saudades do Rio de Janeiro...*, s.d.:97

[672] THEREMIN, CARLOS GUILHERME VON (del.) e LOEILLOT (lith.). *O Passeio Publico (1835) original, entrada. Promenade, entrée*. Litografia, 15,7 x 25,3 cm. Rio de Janeiro *(O UNIVERSO DO TRABALHO – CARREGADORES DE CADEIRINHAS, LITEIRAS, PALANQUINS, REDES E SERPENTINAS – QUITANDEIRAS – QUITUTEIRAS)*.

In *Álbum Saudades do Rio de Janeiro...*, s.d.:99.

[673] THEREMIN, CARLOS GUILHERME VON (del.) e LOEILLOT (lith.). *O Aqueducto (1832) da rua de Matta cavallos. L'Aqueduc depuis la rue de Matta Cavalos*. Litografia, 25,5 x 25 cm. Rio de Janeiro *(O UNIVERSO DO TRABALHO – CARREGADORES COM SAMBURÁS – NEGROS DE GANHO? – VENDEDORES DE FRUTAS)*.

In *Álbum Saudades do Rio de Janeiro...*, s.d.:101.

[674] THEREMIN, CARLOS GUILHERME VON (del.) e LOEILLOT (lith.). *Theatro Imperial (1835). Théâtre*. Litografia, 16 x 25,5 cm. Rio de Janeiro *(O UNIVERSO DO TRABALHO – AGUADEIROS – CARREGADORES DE CADEIRINHAS, LITEIRAS, PALANQUINS, REDES E SERPENTINAS – QUITANDEIRAS – QUITUTEIRAS)*.

In *Álbum Saudades do Rio de Janeiro...*, s.d.:105.

[675] THEREMIN, CARLOS GUILHERME VON (del.) e LOEILLOT (lith.). *O Chafariz do Campo (1835) tomado da Igreja de Sta. Anna. Fontaine du campo depuis l'église de Sta. Anna*. Litografia, 15,5 x 25 cm. Rio de Janeiro *(O UNIVERSO DO TRABALHO – AGUADEIROS – LAVADEIRAS)*.

In *Álbum Saudades do Rio de Janeiro...*, s.d.:107.

[676] TOUANNE, E.B. DE LA (del.), SABATIER, BERNARD & FREY (lith.), ADAM, V. (lith. fig.). *Anse de la Gloria dans la baie de Rio-Janeiro (Brésil)*. Litografia, 19 x 28 cm *(O UNIVERSO DO TRABALHO – LAVRADORES – ROCEIROS)*.

In BOUGAINVILLE, BARÃO DE, 1837.

[677] VEITH IN DRESDEN, J.P. (del.). *Schiffahrt auf einen Seitenarm des Rio Doce*. Gravura, 24 x 32 cm. Rio Doce, Espírito Santo *(O UNIVERSO DO TRABALHO – CAMARADAS DE EXPEDIÇÕES CIENTÍFICAS)*.

In MAXIMILIAN, PRÍNCIPE DE WIED-NEUWIED, 1820-1821.

[678] VILLARDEL, I. *O chefe sacrificador*. Xilogravura, 12,3 x 7,2 cm. Penedo, Alagoas *(RELIGIÃO MUÇULMANA – FESTA DOS MORTOS)*.

In MORAES FILHO, [1901]:337.

[679] VILLARDEL, L. *Negro ao tronco*. Xilogravura, 7,5 x 8,5 cm *(REPRESSÃO E VIOLÊNCIA – INSTRUMENTOS DE TORTURA DE ESCRAVOS – TRONCOS)*.

In MORAES FILHO, [1901]:397.

[680] WALSH, ROBERT (del.) e KELLY, T. (sculpt.). *View of Rio de Janeiro taken from the Convent of Santa Theresa*. Gravura, 10,2 x 17,7 cm *(O UNIVERSO DO TRABALHO – CARREGADORES DE BAGAGEM, CARGA E FARDOS)*.

In WALSH, 1830, I:130.

[681] WALSH, ROBERT (del.) e WHITTOCK, N. (lith.). *British Chapel*. Litografia, 9,30 x 16 cm. Rio de Janeiro *(PRISÕES E CALABOUÇOS – GALÉS) (REPRESSÃO E VIOLÊNCIA – INSTRUMENTOS DE TORTURA DE ESCRAVOS – GRILHÕES) (O UNIVERSO DO TRABALHO – VENDEDORES DE FRUTAS – CARREGADORES DE BAGAGEM, CARGA E FARDOS – CARREGADORES DE BARRIS, "TIGRES" E TONÉIS)*.

In 1. WALSH, 1830, I:326.
2. FERREZ, 1965a:126.

[682] WALSH, ROBERT (del.) e KELLY, T. (lith.). *View of the hill and church of Gloria, taken from the summit of the Aqueduct*. Litografia, 10 x 16 cm. Rio de Janeiro *(O UNIVERSO DO TRABALHO – CAÇADORES DE BORBOLETAS – VENDEDORES DE FRUTAS)*.

In WALSH, 1830, I:345.

[683] WALSH, ROBERT (del.) e WHITTOCK, N. (lith.) *S. Side of the Rocio or Praça da Constituição*. Litografia, 9,5 x 16 cm. Rio de Janeiro *(O*

UNIVERSO DO TRABALHO – CARREGADORES DE CADEIRINHAS, LITEIRAS, PALANQUINS, REDES E SERPENTINAS).

In 1. WALSH, 1830, I:459.
2. FERREZ, 1965a:126.

[684] WALSH, ROBERT (del.) e WHITTOCK, N. (lith.). *Aqueduct*. Litografia, 14 x 9,5 cm. Rio de Janeiro *(O UNIVERSO DO TRABALHO – CARREIROS)*.

In WALSH, 1830, I:499.

[685] WALSH, ROBERT (del.) (atribuição). *Ita Columé, or Child of Stone, as seen from the bed of the River of Villa Rica*. Litografia, 10,5 x 17,5 cm. Vila Rica, Minas Gerais *(O UNIVERSO DO TRABALHO – MINERAÇÃO DE OURO)*.

In WALSH, 1830, II:193.

[686] WALSH, ROBERT (del.) e AUTORIA NÃO IDENTIFICADA (lith.). *The Vargem or Horse pasture with a view of the Pikes and the Cabese de Frade or Friar's head*. Litografia, 10 x 16 cm. Província do Rio de Janeiro *(O UNIVERSO DO TRABALHO – ESCRAVOS DA ROÇA)*.

In WALSH, 1830, II:379.

[687] WALSH, ROBERT (del.) e WHITTOCK, N. (lith.). *The opening of the Senate House*. Litografia, 10 x 16,5 cm. Rio de Janeiro *(TRANSEUNTES – CENAS DE RUA)*.

In WALSH, 830, II:476.

[688] WALSH, ROBERT (del.) (atribuição) e KELLY, T. (lith.). *Sections of a slave ship*. Litografia, 9 x 17 cm *(NAVIOS NEGREIROS)*.

In WALSH, 1830, II:479.

[689] WALSH, ROBERT (del.) (atribuição) e AUTORIA NÃO IDENTIFICADA (lith.). *Sem título. Marcas a ferro*. Litografia *(REPRESSÃO E VIOLÊNCIA – INSTRUMENTOS DE TORTURA DE ESCRAVOS – MARCAS A FERRO)*.

In WALSH, 1830, II:482.

[690] WIEGANDT, J.B. (del.) e CHAMPNEY, J. WELLS (lith.). *The Cane-mills – Old and New*. Xilogravura, 7,8 x 9,3 cm. Taperinha, Santarém, Pará *(O UNIVERSO DO TRABALHO – LAVOURA CANAVIEIRA – ENGENHOS)*.

In SMITH, 1879:154.

[691] WIEGANDT, J.B. (del.) e SUDGEN, T.D. (lith.). *Fruit seller*. 1879. Xilogravura, 7,5 x 6,5 cm *(O UNIVERSO DO TRABALHO – VENDEDORES DE FRUTAS)*.

In SMITH, 1879:485.

[692] WIEGANDT, J.B. (del.) e SUDGEN, T.D. (sculpt.). *A narrow street*. Xilogravura, 8,5 x 6,5 cm *(O UNIVERSO DO TRABALHO – VENDEDORES DE FRUTAS)*.

In SMITH, 1879:494.

[693] WIEGANDT, J. B. (del.) e CHAMPNEY, J. WELLS *ET AL* (sculpt.). *The viveiro*. Xilogravura, 7,5 x 10 cm. Entre-Rios, Província do Rio de Janeiro *(O UNIVERSO DO TRABALHO – LAVOURA CAFEEIRA – VIVEIRO DE MUDAS DE CAFÉ)*.

In SMITH, 1879:516.

[694] WIEGANDT, J. B. (del.) e CHAMPNEY, J. WELLS *ET AL.* (sculpt.). *Picking coffee*. Xilogravura, 7,5 x 9 cm. Entre-Rios, Província do Rio de Janeiro *(O UNIVERSO DO TRABALHO – LAVOURA CAFEEIRA – COLHEITA DO CAFÉ)*.

In SMITH, 1879:517.

[695] WIEGANDT, J. B. (del.) e CHAMPNEY, J. WELLS *ET AL.* (sculpt.). *The pulping machine*. Xilogravura, 8 x 10 cm. Entre-Rios, Província do Rio de Janeiro *(O UNIVERSO DO TRABALHO – LAVOURA CAFEEIRA – DESPOLPADORES DE CAFÉ)*.

In SMITH, 1879:520.

[696] WIEGANDT, J.B. (del.) e CHAMPNEY, J. WELLS *ET AL.* (sculpt.). *Steam drying machine*. Xilogravura, 8,7 x 10 cm. Entre-Rios, Província do Rio de Janeiro *(O UNIVERSO DO TRABALHO – LAVOURA CAFEEIRA – SECADORES DE CAFÉ)*.

In SMITH, 1879:521.

[697] WIEGANDT, J.B. (del.) e CHAMPNEY, J. WELLS *ET AL.* (sculpt.). *Coffee-sheller (old form)*. Xilogravura, 8,3 x 10 cm. Entre-Rios, Província do Rio de Janeiro *(O UNIVERSO DO TRABALHO – LAVOURA CAFEEIRA – DESPOLPADORES DE CAFÉ)*.

In SMITH, 1879:524.

[698] WIEGANDT, J.B. (del.) e CHAMPNEY, J. WELLS *ET AL.* (sculpt.). *Picking over coffee*. 1878. Xilogravura, 7,5 x 6 cm. Entre-Rios, Província do Rio de Janeiro *(O UNIVERSO DO TRABALHO – LAVOURA CAFEEIRA – ESCOLHA DE CAFÉ)*.

In SMITH, 1879:525.

[699] WIEGANDT, J.B (del.) e KOSTER (lith.). *Coffee warehouse*. Xilogravura, 7,3 x 10 cm. Entre-Rios, Província do Rio de Janeiro *(O UNIVERSO DO TRABALHO – LAVOURA CAFEEIRA – TULHA DE CAFÉ)*.

In SMITH, 1879:535.

[700] WILLIAMS, T. (sculpt.). *Aqueduct and Convent of Saint Teresa, Rio de Janeiro*. Litografia, 9,6 x 14,2 cm (*O UNIVERSO DO TRABALHO – QUITANDEIRAS – QUITUTEIRAS*).

In HADFIELD, 1854:148.

[701] WILLIAMS, T. (sculpt.). *Church of Nossa Senora da Gloria, and Aqueduct, Rio de Janeiro*. Litografia, 11,5 x 14 cm (*CENAS DE GÊNERO*).

In HADFIELD, 1854:169.

[702] WILLMAN, ED. (sculpt.). *Rio de Janeiro. Palais Impérial et Cathédrale*. Gravura, 11,3 x 17,2 cm (*O UNIVERSO DO TRABALHO – CARREGADORES COM CESTO – NEGROS DE GANHO?*).

In ÉNAULT, 1867:150.

2. Bibliografia

2.1 Catálogos, livros e periódicos

2.1.1 Aquarelas, Desenhos Aquarelados, Gravuras, Litografias, Óleos e Xilogravuras

[703] AUTORIA NÃO IDENTIFICADA. *Plans et coupes de* La Vigilante *– Navire négrier du port de Nantes – 240 tonneaux, 4 canons, 30 hommes*. Litografia (*TRÁFICO DE ESCRAVOS – NAVIOS NEGREIROS*).

In MARTIN, 1931, hors texte.

[704] AUTORIA NÃO IDENTIFICADA. *Escravo do Rio de Janeiro*. Litografia colorida s/ papel, 30,3 x 19,2 cm. Coleção Mário de Andrade – Instituto de Estudos Brasileiros – Universidade de São Paulo (*O UNIVERSO DO TRABALHO – ESCRAVOS*).

Resumo: Impresso no C.s.d. "Atlas Pittoresque" e no lado i. d. "Lith. de Thierry frères", Paris. Impresso abaixo da figura, centro, "Esclave de Rio de Janeiro" Anotação de Mário de Andrade na margem: "Será d'après Guillobel?" V. *Revista SPHAN* n. 5.

In BATISTA & LIMA, 1984:292.

[705] AUTORIA NÃO IDENTIFICADA (del.) e ENGELMANN (lith.). *A rua Direita (Primeiro de Março)*. 1820. Litografia, 181 x 225 mm. Rio de Janeiro. Museus Castro Maya/IPAC/IBPC, Rio de Janeiro (*O UNIVERSO DO TRABALHO – CANGUEIROS PUXANDO "PIOLHO" – CARREGADORES DE CADEIRINHAS, LITEIRAS, PALANQUINS, REDES E SERPENTINAS – QUITANDEIRAS – QUITUTEIRAS*).

In FERREZ, 1965a:90.

[706] AUTORIA NÃO IDENTIFICADA. *Doceiras*. Desenho aquarelado, 17,5 x 13,5 cm (*O UNIVERSO DO TRABALHO – DOCEIRAS*).

In *O Barão de Löwenstern no Brasil – 1827-1829*, 1972.

[707] AUTORIA NÃO IDENTIFICADA. *Porqueiro*. Desenho aquarelado, 17,5 x 13,5 cm (*O UNIVERSO DO TRABALHO – PORQUEIROS*).

In *O Barão de Löwenstern no Brasil – 1827-1829*, 1972.

[708] AUTORIA NÃO IDENTIFICADA. *Mascate*. Desenho aquarelado, 17,7 x 13,5 cm (*O UNIVERSO DO TRABALHO – MASCATES – MASCATE FEMININO*).

In *O Barão de Löwenstern no Brasil – 1827-1829*, 1972.

[709] AUTORIA NÃO IDENTIFICADA. *Negro com coleira (e cesto)*. Desenho aquarelado, 17,7 x 13,5 cm (*REPRESSÃO E VIOLÊNCIA – INSTRUMENTOS DE TORTURA DE ESCRAVOS – GARGALHEIRAS*) (*O UNIVERSO DO TRABALHO – CARREGADORES COM CESTOS – NEGROS DE GANHO?*).

In *O Barão de Löwenstern no Brasil – 1827-1829*, 1972.

[710] AUTORIA NÃO IDENTIFICADA. *Vendedores de aves*. Desenho aquarelado, 17,7 x 13,5 cm (*O UNIVERSO DO TRABALHO – VENDEDORES DE AVES*).

In *O Barão de Löwenstern no Brasil – 1827-1829*, 1972.

[711] AUTORIA NÃO IDENTIFICADA. *Aguadeiros*. Desenho aquarelado, 17,7 x 13,5 cm (*O UNIVERSO DO TRABALHO – AGUADEIROS*).

In *O Barão de Löwenstern no Brasil – 1827-1829*, 1972.

[712] AUTORIA NÃO IDENTIFICADA. *Pedinte de Irmandade*. Desenho aquarelado, 17,7 x 13,5 cm (*CATOLICISMO – IRMANDADES – PEDINTES*).

In *O Barão de Löwenstern no Brasil – 1827-1829*, 1972.

[713] AUTORIA NÃO IDENTIFICADA. *Esclave au travail. L' esclave fugitif repris condamné aux travaux de la voierie à Rio de Janeiro*. 1835 (*REPRESSÃO E VIOLÊNCIA – INSTRUMENTO DE TORTURA DE ESCRAVOS – GRILHÕES – MÁSCARAS E MORDAÇAS DE FOLHA DE FLANDRES*).

In RINCHON, 1929:209.

[714] AUTORIA NÃO IDENTIFICADA. *Carcans pour conduire les esclaves. Instruments pour amarer (sic) les esclaves dans les navires négriers* (*TRÁFICO DE ESCRAVOS – A GRANDE TRAVESSIA – INSTRUMENTOS PARA AMARRAR OS ESCRAVOS NOS NAVIOS NEGREIROS*).

In RINCHON, 1929:160.

[715] AUTORIA NÃO IDENTIFICADA. *Bâtiment négrier poursuivi jettant ses esclaves à la mer*. 1838 (*TRÁFICO DE ESCRAVOS – A GRANDE TRAVESSIA – ESCRAVOS JOGADOS AO MAR, EM NAVIO NEGREIRO PERSEGUIDO*).

In RINCHON, 1929:192.

[716] AUTORIA NÃO IDENTIFICADA. *Retrato de Damião Barbosa de Araújo*. S.d. Óleo s/ tela (*MÚSICOS – COMPOSITORES – DAMIÃO BARBOSA DE ARAÚJO*).

In CLAVER FILHO, 1988:308.

[717] AUTORIA NÃO IDENTIFICADA. *Retrato do dr. Lino Coutinho*. S.d. Óleo s/ tela (*POLÍTICOS – LINO COUTINHO*).

In MOURA, 1988:380.

[718] AUTORIA NÃO IDENTIFICADA (del.). *Retrato de Antonio Pereira Rebouças em 1838*. Desenho (*ADVOGADOS – ANTÔNIO PEREIRA REBOUÇAS*).

In REBOUÇAS, 1938:382.

[719] AUTORIA NÃO IDENTIFICADA. *José da Natividade Saldanha*. S.d. Litografia (*POETAS – JOSÉ DA NATIVIDADE SALDANHA*).

In CAMARGO, 1988:335.

[720] AUTORIA NÃO IDENTIFICADA (lith.). *José Theófilo de Jesus*. S.d. Litografia (*ARTES PLÁSTICAS – PINTORES – JOSÉ TEÓFILO DE JESUS*).

In LEITE, 1988:29.

[721] AUTORIA NÃO IDENTIFICADA (del.) e ROBIN, PAULO (lith.). *Conselheiro Antonio Pereira Rebouças*. S.d. Litografia (*ADVOGADOS – ANTÔNIO PEREIRA REBOUÇAS*).

In MOURA, 1988:379.

[722] AUTORIA NÃO IDENTIFICADA. *Paisagem do Rio de Janeiro com casa tipicamente inglesa*. Óleo s/ tela, 34,5 x 51 cm. Rio de Janeiro. Museu Imperial/IBPC, Petrópolis (*CENAS DE GÊNERO*).

In BELLUZZO, 1994, III:28.

[723] AUTORIA NÃO IDENTIFICADA. *Recibo de compra e venda de uma escrava de nome Francisca, de nação Nagô*. 1848. Litografia (*MERCADOS DE ESCRAVOS – RECIBO DE COMPRA E VENDA DE ESCRAVOS*).

In KOSSOY & CARNEIRO, 1994:67.

[724] AUTORIA NÃO IDENTIFICADA. *Recibo de compra e venda de um escravo de nome Benedicto, de nação Crioulo, 1851*. Litografia (*MERCADOS DE ESCRAVOS – RECIBO DE COMPRA E VENDA DE ESCRAVOS*).

In KOSSOY & CARNEIRO, 1994:69.

[725] AUTORIA NÃO IDENTIFICADA. *Baiana*. C.1850. Óleo s/ tela. 140,5 x 85 cm. Museu Paulista, Universidade de São Paulo (*INDUMENTÁRIA FEMININA – ADORNOS DE CABEÇA – CORRENTES – JOIAS*).

In MARINO, 1998:328.

[726] AUTORIA NÃO IDENTIFICADA. ... (ilegível) *de azeite de peixe*. Desenho aquarelado (?), 1851. Rio de Janeiro (*O UNIVERSO DO TRABALHO – CAPATAZES – ILUMINAÇÃO PÚBLICA – LIMPADORES DE LAMPIÃO*).

In FAZENDA, 1904.

[727] AUTORIA NÃO IDENTIFICADA. *O Chafariz do Lagarto*. Desenho aquarelado (?), 1851 (*O UNIVERSO DO TRABALHO – AGUADEIROS – QUITANDEIRAS – QUITUTEIRAS*) (*REPRESSÃO E VIOLÊNCIA – INSTRUMENTOS DE TORTURA DE ESCRAVOS – MÁSCARAS E MORDAÇAS DE FOLHA DE FLANDRES*).

In FAZENDA, 1904.

[728] AUTORIA NÃO IDENTIFICADA. *Baiana*, séc. XIX. Óleo s/ tela, 42 x 35 cm. Coleção Emanoel Araújo, São Paulo (*INDUMENTÁRIA FEMININA – BAIANAS*).

In TRINDADE, 1988:126.

[729] AUTORIA NÃO IDENTIFICADA. *A. Gonçalves Dias*. C.1860-1864. Litografia, 15 x 9,5 cm (*LITERATURA – POETAS – GONÇALVES DIAS*).

In Coleção Carlos Eugênio Marcondes de Moura, São Paulo.

[730] AUTORIA NÃO IDENTIFICADA. *Visconde de Inhomirim*. S.d. Litografia (*POLÍTICOS – VISCONDE DE INHOMIRIM*).

In MOURA, 1988:389.

[731] AUTORIA NÃO IDENTIFICADA. *Laurindo Rabelo*. S.d. Xilogravura. Seção de Iconografia da Fundação Biblioteca Nacional/DRD/Divisão de Iconografia, Rio de Janeiro (*POETAS – LAURINDO RABELO*).

In CAMARGO, 1988:336.

[732] AUTORIA NÃO IDENTIFICADA (lith.). *Tobias Barreto*. S.d. Litografia. Seção de Iconografia. Fundação Biblioteca Nacional/DRD/Divisão de Iconografia, Rio de Janeiro (*FILÓSOFOS – TOBIAS BARRETO*).

In MOURA, 1988:374.

[733] AUTORIA NÃO IDENTIFICADA. *Júlio Cesar Ribeiro de Souza*. S.d. Xilogravura (*INVENTORES – AERONAUTAS – JÚLIO CÉSAR RIBEIRO DE SOUSA*).

In MOURA, 1988:375.

[734] AUTORIA NÃO IDENTIFICADA. *Antônio Gonçalves Crespo*. S.d Xilogravura. Seção de Iconografia da Fundação Biblioteca Nacional/DRD/Divisão de Iconografia, Rio de Janeiro (*POETAS – ANTÔNIO GONÇALVES CRESPO*).

In CAMARGO, 1988:340.

[735] AUTORIA NÃO IDENTIFICADA. *Retrato do dr. Luís Anselmo da Fonseca* S.d. Óleo s/ tela (*MÉDICOS – LUÍS ANSELMO DA FONSECA*).

In MOURA, 1988:380.

[736] AUTORIA NÃO IDENTIFICADA. *Retrato do dr. Domingos Alves de Melo.* S.d. Óleo s/ tela (*MÉDICOS – DOMINGOS ALVES DE MELO*).

In MOURA, 1988:381.

[737] AUTORIA NÃO IDENTIFICADA. *Retrato do dr. José Alves de Melo.* S.d. Óleo s/ tela (*MÉDICOS – JOSÉ ALVES DE MELO*).

In MOURA, 1988:381.

[738] AUTORIA NÃO IDENTIFICADA. *O escravo Izidoro acorrentado (desenho de artista popular alagoano, de 1888)* (*REPRESSÃO E VIOLÊNCIA – INSTRUMENTOS DE TORTURA DE ESCRAVOS – ALGEMAS – GARGALHEIRAS – GRILHÕES – LIBAMBOS*).

In RAMOS, XLVII, 1938:92.

[739] ALMEIDA JR. *Cabocla amamentando.* 1880. Óleo/madeira. Coleção Linneu de Camargo Schutzer, São Paulo (*MISCIGENAÇÃO – CABOCLOS*).

In NÓBREGA, 1984:163.

[740] BATE, RICHARD (del). *Palace Square, Rio de Janeiro, 1808.* Aquarela, 135 x 213 mm. Rio de Janeiro. Biblioteca Cornell University, Ithaca, Estados Unidos (*PRISÕES E CALABOUÇOS – CASTIGOS CORPORAIS – AGUADEIROS ACORRENTADOS – GALÉS*).

In FERREZ, 1965b:36.

[741] BATE, RICHARD (del.) *West side of Rua Direita, Rio de Janeiro. From a drawing by Miss Peppin.* S.d. Aquarela, 135 x 213 mm. Biblioteca Cornell University, Ithaca, Estados Unidos (*O UNIVERSO DO TRABALHO – CARREGADORES – QUITANDEIRAS – QUITUTEIRAS*).

In FERREZ, 1965b:42.

[742] BATE, RICHARD (del.) *Part of the east side of Rua Direita, Rio de Janeiro, with the Church for the Military.* S.d. Aquarela, 135 x 214 mm. Biblioteca Cornell University, Ithaca, Estados Unidos (*O UNIVERSO DO TRABALHO – AGUADEIROS – BOLEEIROS, COCHEIROS, PALAFRENEIROS E SOTAS – CANGUEIROS PUXANDO "PIOLHO" – CARREGADORES – QUITANDEIRAS – QUITUTEIRAS*).

In FERREZ, 1965b:48.

[743] BATE, RICHARD (del.). *Church of the Candelaria, from the Packet Office in Rua Direita.* S.d. Aquarela, 213 x 135 mm. Rio de Janeiro. Biblioteca Cornell University, Ithaca, Estados Unidos (*PRISÕES E CALABOUÇOS – CASTIGOS CORPORAIS – GALÉS ACORRENTADOS COM BARRIS NA CABEÇA*) (*O UNIVERSO DO TRABALHO – CARREGADORES – QUITANDEIRAS – QUITUTEIRAS*).

In FERREZ, 1965b:44.

[744] BATE, RICHARD (del.). *North side of the Rua do Ouvidor, Rio de Janeiro, 1809.* Aquarela, 135 x 212 mm. Biblioteca Cornell University, Ithaca, Estados Unidos (*O UNIVERSO DO TRABALHO – AGUADEIROS – VENDEDORES DE FRUTAS*).

In FERREZ, 1965b:46.

[745] BATE, RICHARD (del.). *Houses in Rua de Matta Cavallos, Rio de Janeiro, 1808.* Aquarela, 135 x 213 mm. Biblioteca Cornell University, Ithaca, Estados Unidos (*ETNIAS NEGRO-AFRICANAS – NÃO IDENTIFICADAS – MULHER COM SEU BEBÊ*).

In FERREZ, 1965b:50.

[746] BATE, RICHARD (del.). *Church of N. S. da Gloria from the road to Catete – Rio de Janeiro, with the Sugar-Loaf seen at back of the hill.* S.d. Aquarela, 135 x 213 mm. Biblioteca Cornell University, Ithaca, Estados Unidos (*O UNIVERSO DO TRABALHO – BARQUEIROS – CANOEIROS – REMEIROS*).

In FERREZ, 1965b:52.

[747] BATE, RICHARD (del.). *View from the steps of the Church of N. S. da Gloria, or Rua da Gloria, as far as the Largo da Lapa, the house in the center of picture, was the house of Commodore Taylor, and where the Rev. R. Walsh resided. C.*1809. Aquarela, 136 x 213 mm. Rio de Janeiro. Biblioteca Cornell University, Ithaca, Estados Unidos (*O UNIVERSO DO TRABALHO – BARQUEIROS – CANOEIROS – REMEIROS*).

In FERREZ, 1965b:56.

[748] BATE, RICHARD (del.). *Bay of Botafogo, and Corcovardo Mountain, Rio de Janeiro.* 1841. Aquarela, 135 x 212 mm, as. S.B. (Sophia Bate?). Biblioteca Cornell University, Ithaca, Estados Unidos (*O UNIVERSO DO TRABALHO – BARQUEIROS – CANOEIROS – REMEIROS*).

In FERREZ, 1965b:66.

[749] BATE, RICHARD (del.). *Bay of Gamboa. C.*1835. Aquarela, 133 x 307 mm. Rio de Janeiro. Biblioteca Cornell University, Ithaca, Estados Unidos (*O UNIVERSO DO TRABALHO – BARQUEIROS – CANOEIROS – REMEIROS – PESCADORES*).

In FERREZ, 1965b:70.

[750] BATE, RICHARD (del.). *The English burial ground, at the Gamboa, Rio de Janeiro, view taken 1835.* 1841. Aquarela, 134 x 212 mm. Biblioteca Cornell University, Ithaca, Estados Unidos (*O UNIVERSO DO TRABALHO – BARQUEIROS – CANOEIROS – REMEIROS*).

In FERREZ, 1965b:72.

[751] BATE, RICHARD (del.). *Triumphal Arch erected in Rua Direita, across the Rua do Ouvidor, on occasion of the proclaiming Dom Pedro Emperor of Brazils from a sketch taken on the spot by Miss Ann Peppin*. S.d. Aquarela, 135 x 213 mm. Rio de Janeiro. Biblioteca Cornell University, Ithaca, Estados Unidos (*ETNIAS NEGRO-AFRICANAS – NÃO IDENTIFICADAS*).

In FERREZ, 1965b:74.

[752] BATE, RICHARD (del.). *Bishop's palace. King John VI, in his barge. Spanish prince, and High Admiral on their way to the city. Village of St. Christovão (1809)*. 1851. Aquarela, 126 x 363 mm. Rio de Janeiro. Biblioteca Cornell University, Ithaca, Estados Unidos (*O UNIVERSO DO TRABALHO – BARQUEIROS – CANOEIROS – REMEIROS*).

In FERREZ, 1965b:76.

[753] BAUCH, EMIL. *Vista da Baía do Rio de Janeiro tomada da Rua da Gamboa, 1887*. Óleo s/ tela, 40,5 x 63,5 cm. Museu Imperial/ IBPC, Petrópolis (*O UNIVERSO DO TRABALHO – CARREGADORES COM TABULEIRO – LAVADEIRAS*).

In BELLUZZO, 1994, III:142.

[754] BAUCH, EMIL (del.) e KRAUSS, F. (sculpt.). *Rua da Cruz*. Recife. Cromolitografia, 27 x 52 cm (Medidas do álbum). Coleção Lygia e Newton Carneiro Jr., São Paulo (*O UNIVERSO DO TRABALHO – CARREGADORES – VENDEDORES DE FRUTAS*) (*REPRESSÃO E VIOLÊNCIA – VIOLÊNCIA CONTRA ESCRAVOS – FEITORES*).

A obra faz parte de um conjunto de cromolitografias avulsas denominado *Souvenirs de Pernambuco*.

In BELLUZZO, 1994, III:71.

[755] BERNARDELLI, RODOLFO. *Retrato de André Pinto Rebouças*. Último quartel do século XIX. Óleo s/ tela, 270 x 340 mm. Museu Histórico Nacional, Rio de Janeiro (*ENGENHEIROS – ANDRÉ PINTO REBOUÇAS*).

In *O Museu Histórico Nacional*, 1989:75.

[756] BERTICHEN, PIETER GODFRED. *Vista da entrada do Rio de Janeiro tomada da Glória*. C.1864. Óleo s/ tela, 80,5 x 140,7 cm. Museu Imperial/IBPC, Petrópolis (*O UNIVERSO DO TRABALHO – CARREGADORES DE MÓVEIS – VENDEDORES AMBULANTES*).

In 1. FERREZ, 1965a:189.
2. BELLUZZO, 1994, III:133.

[757] BIARD, FRANÇOIS AUGUSTE. *Fuga de escravos*. 1859. Óleo s/ madeira, 33 x 52 cm. Coleção Sergio Fadel, Rio de Janeiro (*OS CAMINHOS DA LIBERDADE – FUGAS DE ESCRAVOS*).

In BELLUZZO, 1994, III:108.

[758] BRAGGER, JEAN-BAPTISTE HENRI DURAND. *Vista da Baía do Rio de Janeiro*. C.1840. Óleo s/ tela, 52,5 x 135 cm. Museu Imperial/ IBPC, Petrópolis (*O UNIVERSO DO TRABALHO – CARREIROS*).

In BELLUZZO, 1994, III:128-129.

[759] BOULANGER, LOUIS ALEXIS (del.). *Justiniano José da Rocha*. 7.X.1842. *Décalque de portrait*. Nanquim s/ papel. Instituto Histórico e Geográfico Brasileiro, Rio de Janeiro (*JORNALISTAS – JUSTINIANO JOSÉ DA ROCHA*).

In MOURA, 1988:376

[760] BOULANGER, LOUIS ALEXIS (del. e lith.). *Francisco de Paula Brito*. S.d. Litografia. Instituto Histórico e Geográfico Brasileiro, Rio de Janeiro (*LIVREIROS E EDITORES – FRANCISCO DE PAULA BRITO*).

In CAMARGO, 1988:334.

[761] BOULANGER, LOUIS ALEXIS (del.). *Retrato do Cons. Joaquim Cândido Soares de Meireles*. S.d. Seção de Iconografia da Fundação Biblioteca Nacional/DRD/Divisão de Iconografia, Rio de Janeiro (*MÉDICOS – JOAQUIM CÂNDIDO SOARES DE MEIRELES*).

In MOURA, 1988:379.

[762] BROCOS Y GOMES. MODESTO. *Engenho de mandioca*. 1892. Óleo s/ tela, 58,6 x 75,8 cm (*O UNIVERSO DO TRABALHO – LAVOURA DE SUBSISTÊNCIA – ENGENHO DE MANDIOCA*).

In *Museu Nacional de Belas Artes*,1985:68.

[763] BRUGEMANN, JOSEPH. *Vista da antiga Cidade do Desterro*. 1867. Óleo s/ tela, 72 x 95 cm. Coleção Sergio Fadel, Rio de Janeiro (*O UNIVERSO DO TRABALHO – CARREGADORES DE FEIXES DE CANA*).

In BELLUZZO, 1994, III:146.

[764] BRUGEMANN, JOSEPH. *Vista da Lagoa de Nossa Senhora da Conceição, tomada do Morro da Conceição (Santa Catarina)*. 1868. Óleo s/ tela, 78 x 116 cm. Desterro, Santa Catarina. Coleção Sergio Fadel, Rio de Janeiro (*O UNIVERSO DO TRABALHO – LAVADEIRAS*).

In BELLUZZO, 1994, III:147.

[765] BUVELOT, ABRAHAM LOUIS. *Rio de Janeiro, palmeiras do Rio Comprido, 1853*. Aquarela s/ papel, 20 x 27 cm. Rio de Janeiro. Coleção Mário e Beatriz Pimenta Camargo, São Paulo (*ETNIAS NEGRO-AFRICANAS – NÃO IDENTIFICADAS*) (*INDUMENTÁRIA FEMININA*).

In BELLUZZO, 1994, III:24.

[766] CARVALHO, JOSÉ REIS DE. *Teatro Provisório*. S.d. Aquarela, 160 x 290. Rio de Janeiro (*O UNIVERSO DO TRABALHO – QUITANDEIRAS – QUITUTEIRAS*).

In FERREZ, 1965a:180.

[767] CARVALHO, JOSÉ REIS DE. *Igreja de Santana*. S.d. Aquarela, 180 x 310. Rio de Janeiro (*O UNIVERSO DO TRABALHO – QUITANDEIRAS – QUITUTEIRAS*).

In FERREZ, 1965a:180.

[768] CARVALHO, RAFAEL MENDES DE. (del.) (atribuição) *Os resultados do entrudo. Costumes do Rio de Janeiro*. 1840. Seção de Iconografia – Fundação Biblioteca Nacional/ DRD/Divisão de Iconografia, Rio de Janeiro (*LÚDICA – ENTRUDO*) (*PRISÕES E CALABOUÇOS – CASTIGOS CORPORAIS*).

In LIMA, 1963, II:523.

[769] COCHELET, CHARLES (del.) e ENGELMANN, GODEFROY (lith.). *Entrada da Baía do Rio de Janeiro e Igreja da Glória vistos do Convento de Santa Tereza*. *C*.1810. Litografia, 185 x 349 mm. Rio de Janeiro Museus Castro Maya/IPAC/IBPC, Rio de Janeiro (*O UNIVERSO DO TRABALHO – LAVRADORES – ROCEIROS*).

In FERREZ, 1965a:58.

[770] CLARK, WILLIAM (del.) e AUTORIA NÃO IDENTIFICADA (lith.). *Anlegen eines Zuckerrohr-feldes* (Plantio da cana-de-açúcar). S.d. Litografia (*LAVOURA CANAVIEIRA – PLANTIO*).

In PÖHNER, 1992:53.

[771] CZERNY, LUDWIG. *Nossa Senhora da Glória do Outeiro*. 1850. Óleo s/ tela, 81 x 111,5 cm. Rio de Janeiro. Coleção particular, Rio de Janeiro (*CENAS DE GÊNERO*).

In BELLUZZO, 1994, III:132.

[772] DEBRET, JEAN BAPTISTE. *Maison de Debret à Catumby*. S.d. Aquarela, 6,5 x 8 cm. Rio de Janeiro (*O UNIVERSO DO TRABALHO – CARREGADORES COM BALAIOS*).

Observação: Todas as aquarelas de Debret reproduzidas na edição de 1954 pertencem ao acervo dos Museus Castro Maya/ IPAC/IBPC, Rio de Janeiro.

In DEBRET, 1954, Pr. 4.

[773] DEBRET, JEAN BAPTISTE. *Ciganes allant à la campagne*. 1823. Aquarela, 16,4 x 21,3 cm (*O UNIVERSO DO TRABALHO – CARREGADORES DE GUARDA-CHUVA*).

In DEBRET, 1954, Pr. 7.

[774] DEBRET, JEAN BAPTISTE. *Officier de la cour se rendant au Palais*. 1822. Aquarela, 19 x 23,3 cm. Rio de Janeiro (*O UNIVERSO DO TRABALHO – CARREGADORES DE ALABARDA*).

In DEBRET, 1954, Pr. 8.

[775] DEBRET, JEAN BAPTISTE. *Manière de porter le Bon Dieu aux riches et aux personnes attachés à la Cour*. 1822. Aquarela, 17,5 x 24,8 cm. Rio de Janeiro (*CATOLICISMO – SACRAMENTOS – EXTREMA-UNÇÃO*).

In DEBRET, 1954, Pr. 9.

[776] DEBRET, JEAN BAPTISTE. *Boutique d'apothicaire*. 1823. Aquarela, 14,8 x 21 cm. Rio de Janeiro (*CENAS DE GÊNERO*) (*INDUMENTÁRIA MASCULINA – REDINGOTE*).

In DEBRET, 1954, Pr. 11.

[777] DEBRET, JEAN BAPTISTE. *Les Vénus noires de Rio de Janeiro*. S.d. e sem assinatura. Aquarela, 16,7 x 22,4 cm (*MARGINALIDADE – PROSTITUIÇÃO*).

In DEBRET, 1954, Pr. 12.

[778] DEBRET, JEAN BAPTISTE. *Soldat de cavalerie*. 1823. Aquarela, 18 x 26 cm. Rio de Janeiro (*O UNIVERSO DO TRABALHO – AGUADEIROS*) / *Débarquement de tuiles*. 1823. Aquarela, 14 x 24,3 cm. Rio de Janeiro (*O UNIVERSO DO TRABALHO – CARREGADORES DE TELHAS*).

In DEBRET, 1954, Pr. 16.

[779] DEBRET, JEAN BAPTISTE. *Banha de cabellos bem cheirosa*. 1827. Aquarela, 15,7 x 21,5 cm. Rio de Janeiro (*O UNIVERSO DO TRABALHO – VENDEDORES DE BANHA DE CABELO*).

In DEBRET, 1954, Pr. 17.

[780] DEBRET, JEAN BAPTISTE. *Marchand de noir de fumée. Marchande de tripes*. 1826. Aquarela, 15,3 x 21 cm. Rio de Janeiro (*O UNIVERSO DO TRABALHO – VENDEDORES DE BUCHO – VENDEDORES DE NEGRO, MATÉRIA COLORANTE PRETA*) / *Marimba – La promenade du dimanche après-midi*. 1826. Aquarela, 17,2 x 22,2 cm (*MÚSICA – INSTRUMENTOS MUSICAIS – RECO-RECO – INSTRUMENTOS MUSICAIS DE ORIGEM AFRICANA – MARIMBA*).

In DEBRET, 1954, Pr. 18 e Pr. 19.

[781] DEBRET, JEAN BAPTISTE. *Pão de lot*. 1826. Aquarela, 15,8 x 21,3 cm. Rio de Janeiro (*O UNIVERSO DO TRABALHO – VENDEDORES DE PÃO DE LÓ*).

In DEBRET, 1954, Pr. 20.

[782] DEBRET, JEAN BAPTISTE. *Nègres d'un charcutier. Lingüiças*. S.d. Aquarela, 15,3 x 21,2 cm. Rio de Janeiro (*O UNIVERSO DO TRABALHO – VENDEDORES DE LINGUIÇA*).

In DEBRET, 1954, Pr. 21.

[783] DEBRET, JEAN BAPTISTE. *Nègres en commission par un temps de pluie*. 1825. Aquarela, 14,8 x 21,4 cm. Rio de Janeiro. *(INDUMENTÁRIA MASCULINA – ABRIGOS DE PALHA DE ARROZ)*

In DEBRET, 1954, Pr. 22.

[784] DEBRET, JEAN BAPTISTE. *Manoe – pouding quente – Sonhos*. 1826. Aquarela, 15,7 x 22,3 cm. Rio de Janeiro *(O UNIVERSO DO TRABALHO – VENDEDORES DE MANUÊ, PUDIM QUENTE E SONHOS)*.

In DEBRET, 1954, Pr. 23.

[785] DEBRET, JEAN BAPTISTE. *Carvão*. 1822. Aquarela, 14,3 x 21,5 cm *(O UNIVERSO DO TRABALHO – CARREGADORES DE CARVÃO EM MULAS)*.

In DEBRET, 1954, Pr. 24.

[786] DEBRET, JEAN BAPTISTE. *Talha de lenha*. 1826. Aquarela, 15,3 x 21,3 cm. Rio de Janeiro *(O UNIVERSO DO TRABALHO – CARREGADORES DE LENHA – VENDEDORES DE FRUTAS)*.

In DEBRET, 1954, Pr. 25.

[787] DEBRET, JEAN BAPTISTE. *Le premier élan de la vertu guerrière*. 1827. Aquarela, 15,3 x 22 cm. Rio de Janeiro *(LÚDICA – MENINOS NEGROS E BRANCOS IMITANDO SOLDADOS)*.

In DEBRET, 1954, Pr. 26.

[788] DEBRET, JEAN BAPTISTE. *Nègres à la chaîne*. S.d. e sem assinatura. Aquarela, 14,5 x 22,2 cm *(REPRESSÃO E VIOLÊNCIA – INSTRUMENTOS DE TORTURA DE ESCRAVOS – GRILHÕES)*.

In DEBRET, 1954, Pr. 27.

[789] DEBRET, JEAN BAPTISTE. *Convoi de café s'acheminant vers la ville (Carregadores de café a caminho da cidade)*. 1827. Aquarela s/ papel, 15,9 x 22 cm. Rio de Janeiro *(O UNIVERSO DO TRABALHO – CARREGADORES DE CAFÉ)*.

In 1. DEBRET, 1954, Pr. 28.
2. BELLUZZO, 1994, III:85.

[790] DEBRET, JEAN BAPTISTE. *Paveurs*. 1824. Aquarela, 17 x 21 cm. Rio de Janeiro *(O UNIVERSO DO TRABALHO – CALCETEIROS)*.

In DEBRET, 1954, Pr. 29.

[791] DEBRET, JEAN BAPTISTE. *Le vieil Orphée africain Oricongo*. 1826. Aquarela, 15,3 x 21,7 cm. Rio de Janeiro *(MÚSICA – INSTRUMENTOS MUSICAIS DE ORIGEM AFRICANA – URUCUNGO) (O UNIVERSO DO TRABALHO – VENDEDORES DE FRUTAS)*.

In DEBRET, 1954, Pr. 30.

[792] DEBRET, JEAN BAPTISTE. *Feuilles de páo pita*. 1823. Aquarela, 16,8 x 23,3 cm. Rio de Janeiro (O UNIVERSO DO TRABALHO – CARREGADORES DE FOLHAS DE PITA).

In DEBRET, 1954, Pr. 31.

[793] DEBRET, JEAN BAPTISTE. *Marchande de feuilles de bananier*. 1823. Aquarela, 16,8 x 20,3 cm. Rio de Janeiro *(REPRESSÃO E VIOLÊNCIA – INSTRUMENTOS DE TORTURA DE ESCRAVOS – CHICOTES) (O UNIVERSO DO TRABALHO – VENDEDORES DE FOLHAS DE BANANEIRA)*.

In DEBRET, 1954, Pr. 32.

[794] DEBRET, JEAN BAPTISTE. *Marchand de sapé et de capim seco*. 1827. Aquarela, 15,2 x 21,3 cm. Rio de Janeiro *(O UNIVERSO DO TRABALHO – VENDEDORES DE SAPÉ E DE CAPIM SECO)*.

In DEBRET, 1954, Pr. 33.

[795] DEBRET, JEAN BAPTISTE. *Quitandeiras de diversas qualidades*. 1826. Aquarela, 14,5 x 22 cm. Rio de Janeiro *(O UNIVERSO DO TRABALHO – QUITANDEIRAS – QUITUTEIRAS)*.

In DEBRET, 1954, Pr. 34.

[796] DEBRET, JEAN BAPTISTE. *Nègres sortant d'une tuerie de cochons pour approvisioner les boutiques ou l'on vend de la viande de porc*. 1827. Aquarela, 15 x 21,5 cm. Rio de Janeiro *(O UNIVERSO DO TRABALHO – PORQUEIROS)*.

In DEBRET, 1954, Pr. 35.

[797] DEBRET, JEAN BAPTISTE. *Café torrado*. 1826. Aquarela, 15,3 x 19,5 cm. Rio de Janeiro *(O UNIVERSO DO TRABALHO – VENDEDORES DE CAFÉ TORRADO)*.

In DEBRET, 1954, Pr. 36.

[798] DEBRET, JEAN BAPTISTE. *Nègres mariniers fabriquant des balais avec des débris de cables faits de bois de cocotier*. 1825. Aquarela, 15,3 x 21,5 cm. Rio de Janeiro *(O UNIVERSO DO TRABALHO ARTESANATO – FABRICANTES DE VASSOURAS – MARINHEIROS)*.

In DEBRET, 1954, Pr. 37.

[799] DEBRET, JEAN BAPTISTE. *Les rafraîchissements d'usage pendant les après-midi d'été. Aloá, limon doux, riz cuit et fermenté dans l'eau*. 1825. Aquarela, 15,3 x 21,2 cm. Rio de Janeiro *(O UNIVERSO DO TRABALHO – VENDEDORES DE ALUÁ, LIMONADA E ARROZ COZIDO FERMENTADO NA ÁGUA)*.

In DEBRET, 1954, Pr 38.

[800] DEBRET, JEAN BAPTISTE. *Négresse tatouée vendant des fruits de caju*. 1827. Aquarela, 15,5 x 21,2 cm. Rio de Janeiro *(ETNIAS NEGRO-AFRICANAS NÃO IDENTIFICADAS – MARCAS DE IDENTIDADE –*

ESCARIFICAÇÕES FACIAIS) (O UNIVERSO DO TRABALHO – VENDEDORES DE FRUTAS).

In DEBRET, 1954, Pr. 39.

[801] DEBRET, JEAN BAPTISTE. *Embarquement de chevaux pour la Praya Grande*. 1826. Aquarela, 15,2 x 21,5 cm. Rio de Janeiro *(O UNIVERSO DO TRABALHO – BARQUEIROS – CANOEIROS – REMEIROS)*.

In DEBRET, 1954, Pr. 40.

[802] DEBRET, JEAN BAPTISTE. *Pauvres Tropeircs de Saint-Paul*. 1823. Aquarela, 15 x 22,2 cm. Rio de Janeiro *(O UNIVERSO DO TRABALHO – TROPEIROS)*.

In 1. DEBRET, 1954, Pr. 42.
2. MOURA, 1999:24.

[803] DEBRET, JEAN BAPTISTE. *Esclave nègre conduisant les troupeaux dans la Province de Rio Grande*. 1823. Aquarela, 15,2 x 21,8 cm. Rio Grande do Sul *(O UNIVERSO DO TRABALHO – MULETEIRO)*.

In DEBRET, 1954, Pr. 46.

[804] DEBRET, JEAN BAPTISTE. *Sem título*. S.d. Aquarela, 12 x 20 cm (O UNIVERSO DO TRABALHO – CARROCEIROS – CARREGADORES DE CADEIRINHAS, LITEIRAS, PALANQUINS, REDES E SERPENTINAS). / *Sem título*. S.d. Aquarela, 12 x 18,3 cm *(O UNIVERSO DO TRABALLHO – CANGUEIROS PUXANDO "PIOLHO" – VENDEDORES DE FRUTAS)*.

In DEBRET, 1954, Pr. 47.

[805] DEBRET, JEAN BAPTISTE. *Départ du vaisseau impérial Le Pedro 1º monté par Lord Cochrane commandant l'expédition contre Bahia. Sortie de Rio de Janeiro le premier avril 1823 à huit heures et demie du matin*. Aquarela, 16,3 x 40,2 cm. Rio de Janeiro *(O UNIVERSO DO TRABALHO – CARREGADORES COM BALAIO)*.

In DEBRET, 1954, Pr. 50.

[806] DEBRET, JEAN BAPTISTE. *Scène de la Province de Rio Grande*. S.d. Aquarela, 24,5 x 40,5 cm. Rio Grande do Sul *(O UNIVERSO DO TRABALHO – MAGAREFES)*.

In DEBRET, 1954, Pr. 51.

[807] DEBRET, JEAN BAPTISTE. *Guaratinguetá – N.S. d'Aparecida*. [1827]. Aquarela, 8 x 24,3 cm, sem assinatura *(O UNIVERSO DO TRABALHO – CARREGADORES DE CADEIRINHAS, LITEIRAS, PALANQUINS, REDES E SERPENTINAS) Jacarehy – Casa pintada*. [1827]. Aquarela, 8 x 24,1 cm. Jacareí, São Paulo *(O UNIVERSO DO TRABALHO – MULETEIROS)*.

In DEBRET, 1954, Pr. 61.

[808] DEBRET, JEAN BAPTISTE. *Vue de la ville d'Itu*. 1827. Aquarela, 13,3 x 23 cm. Itu, São Paulo *(O UNIVERSO DO TRABALHO – CAÇADORES)*.

In 1. DEBRET, 1954, Pr. 63.
2. MOURA, 1999:14.

[809] DEBRET, JEAN BAPTISTE. *Laguna*. [1827] . S.d., sem assinatura. Aquarela, 10,5 x 37,3 cm. Santa Catarina *(O UNIVERSO DO TRABALHO – CARREGADORES DE CADEIRINHAS, LITEIRAS, PALANQUINS, REDES E SERPENTINAS)*.

In DEBRET, 1954, Pr. 70.

[810] DEBRET, JEAN BAPTISTE. *Engenho de carne secca brézilien (Engenho de carne seca brasileiro)* 1829. Aquarela s/ papel, 11,2 x 34,2 cm. Rio Grande do Sul *(O UNIVERSO DO TRABALHO – CHARQUEADAS – INDÚSTRIA SALADEIRIL)*.

In 1. DEBRET, 1954, Pr. 71.
2. BELLUZZO, 1994, III:87.

[811] DEBRET, JEAN BAPTISTE. *Passo Rico de S. Gonzalez – Guarapuáva*. [1827] . Aquarela, 8,3 x 24,2 cm. Guarapuava, Paraná *(O UNIVERSO DO TRABALHO – BARQUEIROS – CANOEIROS – REMEIROS)*.

In DEBRET, 1954, Pr. 73.

[812] DEBRET, JEAN BAPTISTE. *Chasseur du Bataillon de l'Empereur. Garde d'honneur*. S.d. Aquarela, 13 x 9,5 cm *(INDUMENTÁRIA MASCULINA – UNIFORMES MILITARES – CAÇADOR DO BATALHÃO DO IMPERADOR – GUARDA DE HONRA)*.

In DEBRET, 1954, Pr. 77.

[813] DEBRET, JEAN BAPTISTE. *Un de deux valets de justice qui accompagnent les exécutions*. S. d. Aquarela, 15,5 x 8 cm *(O UNIVERSO DO TRABALHO – MEIRINHOS?) (INDUMENTÁRIA MASCULINA)*.

In DEBRET, 1954, Pr. 78.

[814] DEBRET, JEAN BAPTISTE. *Nègres marchands de fleurs*. S.d. e sem assinatura. Aquarela, 16,5 x 9,5 cm *(O UNIVERSO DO TRABALHO – VENDEDORES DE FLORES)*.

In 1. DEBRET, 1954, Pr. 79.
2. BELLUZZO, 1994, III:92.

[815] DEBRET, JEAN BAPTISTE. *Négresse de Bahia*. S.d. e sem assinatura. Aquarela, 10,2 x 14,5 cm *(ETNIAS NEGRO-AFRICANAS – NEGRA DA BAHIA) / Chasseurs d'indiens du sud*. S.d. e sem assinatura. Aquarela, 9,8 x 19,5 cm *(APRESAMENTO DE ÍNDIOS)*.

In DEBRET, 1954, Pr. 80.

[816] DEBRET, JEAN BAPTISTE. *Esclaves*. S.d. e sem assinatura. Aquarela, 9,7 x 17 cm (ETNIAS NEGRO-AFRICANAS – NÃO IDENTIFICADAS).

In DEBRET, 1954, Pr. 81.

[817] DEBRET, JEAN BAPTISTE. *Diversos tipos*. S.d. e sem assinatura. Aquarelas, 11 x 11,5 cm; 9,8 x 17 cm (ETNIAS NEGRO-AFRICANAS – NÃO IDENTIFICADAS).

In DEBRET, 1954, Pr. 82.

[818] DEBRET, JEAN BAPTISTE. *Diversos tipos*. S.d. e sem assinatura. Aquarelas, 9,8 x 13,7 cm; 10,3 x 18,3 cm (REPRESSÃO E VIOLÊNCIA – INSTRUMENTOS DE TORTURA DE ESCRAVOS – MÁSCARAS E MORDAÇAS DE FOLHA DE FLANDRES) (O UNIVERSO DO TRABALHO – AMAS – CARREGADORES COM BALAIOS – CARREGADORES DE FEIXES DE CANA).

In DEBRET, 1954, Pr. 83.

[819] DEBRET, JEAN BAPTISTE. *Diversos tipos*. S.d. e sem assinatura. Aquarelas, 6,3 x 13,7 cm; 7,4 x 11 cm; 7,2 x 12 cm (O UNIVERSO DO TRABALHO – CARREGADORES – VENDEDORES).

In DEBRET, 1954, Pr. 84.

[820] DEBRET, JEAN BAPTISTE. *Diversos tipos*. S.d. e sem assinatura. Aquarelas, 6,3 x 13,7 cm; 7,4 x 11 cm; 7,2 x 12 cm (O UNIVERSO DO TRABALHO – CARREGADORES – VENDEDORES DE FRUTAS).

In DEBRET, 1954, Pr. 85.

[821] DEBRET, JEAN BAPTISTE. *Scènes de la rue a Rio de Janeiro*. S.d. Aquarelas, 10,3 x 20,2 cm; 11,5 x 19,5 cm (O UNIVERSO DO TRABALHO – AGUADEIROS – CARREGADORES – QUITANDEIRAS – QUITUTEIRAS – VENDEDORES DE FRUTAS).

In DEBRET, 1954, Pr. 86.

[822] DEBRET, JEAN BAPTISTE. *Nègre habillé pour le baptême*. Aquarela, 13 x 17 cm (CATOLICISMO – SACRAMENTOS – BATISMOS) (INDUMENTÁRIA MASCULINA – TRAJE DE BATISMO) / *Nègre fugitif*. Aquarela, 12,3 x 9 cm (REPRESSÃO E VIOLÊNCIA – INSTRUMENTOS DE TORTURA DE ESCRAVOS – CORRENTES – GARGALHEIRAS) / *Masque de fer blanc que l'on fait porter aux nègres qui ont la passion de manger de la terre*. S.d. e sem assinatura. Aquarela, 18,6 x 10,4 cm (REPRESSÃO E VIOLÊNCIA – INSTRUMENTOS DE TORTURA DE ESCRAVOS – MÁSCARAS E MORDAÇAS DE FOLHA DE FLANDRES).

In 1. DEBRET, 1954, Pr. 87.
2. BELLUZZO, 1994, III:92.

[823] DEBRET, JEAN BAPTISTE. *Esclaves*. S.d. e sem assinatura. Aquarela, 8 x 11,5 cm; 5,3 x 6 cm; 5,3 x 14 cm; 11 x 7,3 cm (ESCRAVOS) (ETNIAS NEGRO-AFRICANAS – NÃO IDENTIFICADAS).

In DEBRET, 1954, Pr. 88.

[824] DEBRET, JEAN BAPTISTE. *Scènes de la rue de Rio de Janeiro*. S.d. e sem assinatura. Aquarela, 12,5 x 21,5 cm (O UNIVERSO DO TRABALHO – CARREGADORES).

In DEBRET, 1954, Pr. 89.

[825] DEBRET, JEAN BAPTISTE. *Limite da Província de São Paulo com Curitiba*. 1827. Aquarela (O UNIVERSO DO TRABALHO – ARRIEIROS – TROPEIROS).

In DEBRET, 1970, n. 2.

[826] DEBRET, JEAN BAPTISTE. *S. Pedro*, 1827. Aquarela s/ papel, 14 x 21 cm. Coleção Mário e Beatriz Pimenta Camargo, São Paulo (O UNIVERSO DO TRABALHO – MUCAMAS).

In 1. DEBRET, 1970, n. 5.
2. BELLUZZO, 1994, III:72.

[827] DEBRET, JEAN BAPTISTE. *Palácio do Governo em São Paulo*. 1827. Aquarela (O UNIVERSO DO TRABALHO – BOLEEIROS, COCHEIROS, PALAFRENEIROS E SOTAS – QUITANDEIRAS – QUITUTEIRAS).

In 1. DEBRET, 1970, n. 6.
2. MOURA, 1999:164.

[828] DEBRET, JEAN BAPTISTE. *Pont de St. Iphigénie*, São Paulo. (*Ponte de Santa Ifigênia, São Paulo*). 1827. Aquarela s/ papel, 14,5 x 20,6 cm. Coleção João Moreira Garcez, São Paulo (CENAS DE GÊNERO) (O UNIVERSO DO TRABALHO – MUCAMAS).

In 1. DEBRET, 1970, n. 7.
2. BELLUZZO, 1994, III:72.
3. MOURA, 1999:95.

[829] DEBRET, JEAN BAPTISTE. *Costume des antiques Breziliens*. S.d. Aquarela s/ papel. Museus Castro Maya/IPAC/IBPC, Rio de Janeiro (INDUMENTÁRIA MASCULINA) (O UNIVERSO DO TRABALHO – PAJENS).

In FRANCO, 1974:23.

[830] DEBRET, JEAN BAPTISTE. *Busto de negro carregador com rodilha de palha à cabeça*. S.d. Aquarela s/ papel. Museus Castro Maya/IPAC/IBPC, Rio de Janeiro (O UNIVERSO DO TRABALHO – CARREGADORES).

In FRANCO, 1974:25.

[831] DEBRET, JEAN BAPTISTE. *Officiers de Lord Cokrane*. S.d. Aquarela s/ papel. Museus Castro Maya/IPAC/IBPC, Rio de Janeiro (ETNIAS NEGRO-AFRICANAS – NÃO IDENTIFICADAS) (INDUMENTÁRIA MASCULINA) (O UNIVERSO DO TRABALHO – CARREGADORES DE BALAIOS – CARREGADORES DE BILHAS, POTES E VASILHAS).

In Franco, 1974:27.

[832] Debret, Jean Baptiste. *Negro com machado, provavelmente trabalhador rural; negro segurando marimba; negro carregador de água e negro de ganho, vendedor de bananas.* Aquarela s/ papel. S.d. Museus Castro Maya/IPAC/IBPC, Rio de Janeiro (*Indumentária masculina) (Instrumentos musicais de origem africana – Violas d'Angola) (O universo do trabalho – Aguadeiros – Vendedores de bananas – Lavradores – Roceiros).*

In Franco, 1974:31.

[833] Debret, Jean Baptiste. *A. Escrava negra. Preta vendedora de legumes, com tatuagem no rosto. B. Escrava de quarto, ou mucama.* S.d. Aquarela s/ papel. Museus Castro Maya/IPAC/IBPC, Rio de Janeiro *(Etnias negro-africanas – Marcas de identidade – Escarificações faciais) (Indumentária feminina) (O universo do trabalho – Mucamas – Vendedoras de legumes).*

In Franco, 1974:34.

[834] Jean-Baptiste Debret. *Viola d'Angola. Musica dos Pretos.* S.d. Aquarela s/ papel. Museus Castro Maya/IPAC/IBPC, Rio de Janeiro *(Instrumentos musicais de origem africana – Violas d'Angola).*

In Franco, 1974:35.

[835] Debret, Jean Baptiste. *Negros de carro, empregados para o serviço de transporte de mercadorias. Negra lavadeira com criança.* S.d. Aquarela s/ papel. Museus Castro Maya/IPAC/IBPC, Rio de Janeiro *(O universo do trabalho – Carregadores – Lavadeiras).*

In Franco, 1974:38.

[836] Debret, Jean Baptiste. *Escravos negros provenientes do Congo. Negra lavadeira e negro novo, como eram chamados os escravos recém-chegados da África).* S.d. Aquarela s/ papel. Museus Castro Maya/IPAC/IBPC, Rio de Janeiro *(Etnias negro-africanas – Congo) (O universo do trabalho – Lavadeiras).*

In Franco, 1974:42.

[837] Debret, Jean Baptiste. *Negras sentadas.* S.d. Aquarela s/ papel. Museus Castro Maya/IPAC/IBPC, Rio de Janeiro *(Etnias negro-africanas – Não identificadas).*

In Franco, 1974:43.

[838] Debret, Jean Baptiste. *Escravas que trabalhavam em mineração.* S.d. Aquarela s/ papel. Museus Castro Maya/IPAC/IBPC, Rio de Janeiro *(Indumentária feminina) (O universo do trabalho – Mineração – Escravas empregadas na mineração).*

In Franco, 1974:46.

[839] Debret, Jean Baptiste. *Ripas de Palmeiro.* 1826. Aquarela s/ papel. Museus Castro Maya/IPAC/IBPC, Rio de Janeiro *(O universo de trabalho – Carregadores de ripas de palmeira).*

In Franco, 1974:47.

[840] Debret, Jean Baptiste. *Negro carregando trouxa de roupa à cabeça e negra vendedora de milho assado, com fogareiro e abanador.* S.d. Aquarela s/ papel. Museus Castro Maya/IPAC/IBPC, Rio de Janeiro *(O universo do trabalho – Carregadores de trouxas – Vendedores de milho assado).*

In Franco, 1974:58.

[841] Debret, Jean Baptiste. *Negro carregando gamela de madeira. As folhas trançadas no peito, braços e cabeça, além de ornamento tinham a finalidade de refrescar o corpo ao sopro da brisa. Escravos recém-chegados da África.* S.d. Aquarela s/ papel. Museus Castro Maya/IPAC/IBPC, Rio de Janeiro *(Escravos recém-chegados da África) (Indumentária masculina) (O universo do trabalho – Carregadores).*

In Franco, 1974:59.

[842] Debret, Jean Baptiste. *Mimbituba.* S.d. Aquarela s/ papel. Museus Castro Maya/IPAC/IBPC, Rio de Janeiro *(O universo do trabalho – Barqueiros, canoeiros e remeiros – Carregadores).*

In Franco, 1974:63.

[843] Debret, Jean Baptiste. *Pelotas ou embarcações portáteis feitas de couro e boi, empregadas pelos viajantes na travessia dos rios da Província do Rio Grande. Estas embarcações eram geralmente rebocadas por um nadador.* 1823. Aquarela s/ papel. Museus Castro Maya/IPAC/IBPC, Rio de Janeiro *(O universo do trabalho – Puxadores de pelotas).*

In Franco, 1974:65.

[844] Debret, Jean Baptiste. *Negro da zona rural. Tropeiro e carregador de porco.* S.d. Aquarela s/ papel. Museus Castro Maya/IPAC/IBPC, Rio de Janeiro *(O universo do trabalho – Carregadores de trouxas – Porqueiros).*

In Franco, 1974:78.

[845] Debret, Jean Baptiste. *Négresse libre quitandeira.* S.d. Aquarela s/ papel. Museus Castro Maya/IPAC/IBPC, Rio de Janeiro *(Indumentária feminina) (O universo do trabalho – Carregadores – Quitandeiras).*

In Franco, 1974:81.

[846] Debret, Jean Baptiste. *Visite à une fazenda, à Santa Cruz*, 1831. Óleo s/ madeira, 32 x 34,5 cm. Coleção Maria Sílvia Bulhões de Car-

valho, Rio de Janeiro (O UNIVERSO DO TRABALHO – CARREGADORES – MUCAMAS).

In COUTINHO, 1990:49.

[847] DEBRET, JEAN BAPTISTE. *Machine à exprimer le jus de la canne à sucre (Engenho manual que faz caldo de cana)*. 1822. Aquarela s/ papel, 17,9 x 24,9 cm. Museus Castro Maya/IPAC/IBPC, Rio de Janeiro (O UNIVERSO DO TRABALHO – LAVOURA CANAVIEIRA – ENGENHOS).

In BELLUZZO, 1994, III:86.

[848] DEBRET, JEAN BAPTISTE. *Loja de rapé*. 1823. Aquarela s/ papel, 18,6 x 23,9 cm. Museus Castro Maya/IPAC/IBPC, Rio de Janeiro (O UNIVERSO DO TRABALHO – CARREGADORES – QUITANDEIRAS – QUITUTEIRAS) (REPRESSÃO E VIOLÊNCIA – INSTRUMENTOS DE TORTURA DE ESCRAVOS – GARGALHEIRAS).

In BELLUZZO, 1994, III:88.

[849] DEBRET, JEAN BAPTISTE. *Entrudo*. Rio de Janeiro, 1823. Aquarela s/ papel, 18 x 23 cm. Museus Castro Maya/IPAC/IBPC, Rio de Janeiro (LÚDICA – ENTRUDO).

In BELLUZZO, 1994, III:83.

[850] DEGRANDPRÉ (del.). *Résidence des traitants au milieu du barracon. L' esclave conduit au marché*. S.d. (TRÁFICO DE ESCRAVOS – ÁFRICA – BARRACÕES, DEPÓSITOS DE ESCRAVOS – ESCRAVO CONDUZIDO AO MERCADO).

In RINCHON, 1929:144.

[851] DESMONS, ILUCHAR (del.) e LEMERCIER (lith.). *Panoramas da Cidade do Rio de Janeiro tomado do Morro de Santo Antônio a vôo de Pássaro*. 1855. Litografia, 323 x 478 mm (CENAS DE GÊNERO) (INDUMENTÁRIA FEMININA – INDUMENTÁRIA MASCULINA).

In FERREZ, 1965a:184.

[852] DESMONS, ILUCHAR (del.) e LEMERCIER (lith.). *Panoramas da Cidade do Rio de Janeiro. Tomado da Chacra do Sr. Barão de Mauá a voo de Pássaro*. 1854. Litografia, 315 x 485 mm (CENAS DE GÊNERO) (INDUMENTÁRIA FEMININA – INDUMENTÁRIA MASCULINA) (O UNIVERSO DO TRABALHO – VARREDORES).

In FERREZ, 1965a:184.

[853] DESMONS, ILUCHAR (del.) e LEMERCIER (lith.). *Panoramas da Cidade do Rio de Janeiro tomado do morro de Santo Antônio a vôo de Pássaro*. Litografia, 315 x 480 mm (CENAS DE GÊNERO) (INDUMENTÁRIA FEMININA – INDUMENTÁRIA MASCULINA).

In FERREZ, 1965a:186.

[854] DESMONS, ILUCHAR (del.) e LEMERCIER (lith.). *Panoramas da Cidade do Rio de Janeiro tomado do morro de Sto. Antônio a voo de Pássaro*. Litografia, 313 x 482 mm (CENAS DE GÊNERO) (INDUMENTÁRIA FEMININA – INDUMENTÁRIA MASCULINA).

In FERREZ, 1965a:186.

[855] DUTRA, MIGUEL ARCANJO BENÍCIO DA ASSUNÇÃO. *Thomas da Silva Dutra*. S.d. Aquarela s/ papel, 14 x 10 cm. Museu Paulista, Universidade de São Paulo (O UNIVERSO DO TRABALHO – OURIVES – TOMÁS DA SILVA DUTRA).

In BARDI, 1981:84.

[856] DUTRA, MIGUEL ARCANJO BENÍCIO DA ASSUNÇÃO. *Cego guiado por um preto*. S.d. Aquarela s/ papel, 16,5 x 11 cm. Museu Paulista, Universidade de São Paulo (ETNIAS NEGRO-AFRICANAS – NÃO IDENTIFICADAS).

In BARDI, 1981:104.

[857] DUTRA, MIGUEL ARCANJO BENÍCIO DA ASSUNÇÃO. *Tipo humano*. C.1840. Aquarela sobre papel, 19 x 14 cm. Museu Paulista, Universidade de São Paulo (INDUMENTÁRIA MASCULINA – CHAPÉUS – REDINGOTES).

In MOURA, 1999:157.

[858] EARLE, AUGUSTUS. *Vista dos arredores do Rio de Janeiro. Pretas lavando roupa em um riacho*. S.d. Aquarela. National Library. Camberra, Austrália (O UNIVERSO DO TRABALHO – LAVADEIRAS).

In JAMES, 12:168 e ss., 1955.

[859] EARLE, AUGUSTUS. *Extraindo um bicho de pé. Cena dos Brasis*. S.d. Aquarela. National Library. Camberra, Austrália (O UNIVERSO DO TRABALHO – MUCAMAS) (USOS E COSTUMES – EXTRAINDO BICHO DE PÉ).

In JAMES, 12:168 e ss., 1955.

[860] EARLE, AUGUSTUS. *Castigando negros no calabouço*. S.d. Aquarela. National Library. Camberra, Austrália (PRISÕES E CALABOUÇOS – CASTIGOS CORPORAIS).

In JAMES, 12:168 e ss., 1955.

[861] EARLE, AUGUSTUS. *Negros brigando nos Brasis*. S.d. Aquarela. National Library. Camberra, Austrália (LÚDICA – CAPOEIRA ?).

In JAMES, 12:168 e ss., 12.

[862] EARLE, AUGUSTUS. *Folguedos durante o Carnaval no Rio de Janeiro*. S.d. Aquarela, 215 x 345 mm. National Library, Camberra, Austrália (LÚDICA – ENTRUDO) (O UNIVERSO DO TRABALHO MUCAMAS – PAJENS).

In 1. JAMES, 12:168 e ss., 1955.
2. FERREZ, 1965a:124.

[863] EARLE, AUGUSTUS. *Dança de negros na rua. Rua do Campo em Santana, junto ao Rio*. S.d. Aquarela. National Library. Camberra, Austrália (*BATUQUE – LÚDICA*).

In JAMES, 12:168 e ss., 1955.

[864] EARLE, AUGUSTUS. *Rita, decantada beleza negra do Rio de Janeiro*. S.d. Aquarela. National Library. Camberra, Austrália (*ETNIAS NEGRO-AFRICANAS – NÃO IDENTIFICADAS*).

In JAMES, 12:168 e ss., 1955.

[865] EARLE, AUGUSTUS. *Negro dormindo, Brasis, n. 1 e n. 2*. S.d. Aquarela. National Library. Camberra, Austrália (*LAZER E REPOUSO*).

In JAMES, 12:168 e ss., 1955.

[866] EARLE, AUGUSTUS. *A banana, Brasis*. S.d. Aquarela. National Library. Camberra, Austrália (*O UNIVERSO DO TRABALHO – LAVRADORES – ROCEIROS*).

In JAMES, 12:168 e ss., 1955.

[867] EARLE, AUGUSTUS. *Costumes dos Brasis. Escravo vendendo doces*. S.d. Aquarela. National Library. Camberra, Austrália (*O UNIVERSO DO TRABALHO – VENDEDORES DE DOCES*).

In JAMES, 12:168 e ss., 1955.

[868] EARLE, AUGUSTUS. *Nacionais conduzindo doces e legumes*. S.d. Aquarela. National Library. Camberra, Austrália (*O UNIVERSO DO TRABALHO – VENDEDORES DE DOCES E LEGUMES*).

In JAMES, 12:168 e ss., 1955.

[869] EARLE, AUGUSTUS. *Largo do Paço*. S.d. Aquarela, 265 x 600 mm. Rio de Janeiro Coleção Embaixador José Joaquim Moniz de Aragão, Rio de Janeiro (*O UNIVERSO DO TRABALHO – AMAS – BARQUEIROS – CANOEIROS – REMEIROS – CARREGADORES DE BAGAGEM, CARGA E FARDOS – QUITANDEIRAS – QUITUTEIRAS*).

In 1. FERREZ, 1965a:126.
2. JAMES, 12:168 e ss., 1955.

[870] EARLE, AUGUSTUS. *Gate & slave market at Pernambuco (Portão e mercados de escravos em Pernambuco)*. S.d. Óleo s/ tela, 45 x 68 cm. Recife. Museu Imperial. IBPC, Petrópolis (*MERCADOS DE ESCRAVOS*).

In BELLUZZO, 1994, III:101.

[871] ENDER, THOMAS. *Viehtreiber nebst seinen Sclaven*. Lápis, 190 x 248 (*INDUMENTÁRIA MASCULINA*) (*O UNIVERSO DO TRABALHO – AJUDANTE DE BOIADEIRO*).
Desenho de trajes de escravo, da região de Guaratinguetá e Aparecida, Capitania de São Paulo.
Observação: Todas as aquarelas que constam das edições de Prado e Ender datam de C.1817 e encontram-se no acervo da Akademie Der Bildenden Künste, em Viena, Áustria.

In 1. PRADO, 1955:64. Em sépia, com a legenda "Boiadeiro com escravo ajudante".
2. FERREZ, 1976:281.

[872] ENDER, THOMAS. *Königlischses Landschlos S. Christoph*. Aquarela, 193 x 286 (*TRANSEUNTES*) (*O UNIVERSO DO TRABALHO – CARREGADORES*).
Palácio de São Cristóvão em 1817.

In 1. PRADO, 1955:129. Em sépia, com a legenda "Palácio de S. Cristovam".
2. FERREZ, 1976:171.

[873] ENDER, THOMAS. *Gegend auf der Strasse bay St. Christoph*. Aquarela, 235 x 398 (*MÚSICA – INSTRUMENTOS MUSICAIS DE ORIGEM AFRICANA – BERIMBAU*) (*O UNIVERSO DO TRABALHO – QUITANDEIRAS – QUITUTEIRAS*).
Residência no caminho de São Cristóvão, Rio de Janeiro

In 1. PRADO, 1955:160, Pr. XXX. Em sépia, com a legenda "Residencia no caminho de S. Cristovam".
2. FERREZ, 1976:166.

[874] ENDER, THOMAS. *C. d S. Anna*. Aquarela, 197 x 187 (*O UNIVERSO DO TRABALHO – QUITANDEIRAS – QUITUTEIRAS*).

In 1. PRADO, 1955:192, Pr. XXXIV. Em sépia, com a legenda "Campo de Santana, Rio de Janeiro".
2. FERREZ, 1976:131.

[875] ENDER, THOMAS. *Mullatin – Negerin*. Aquarela (*ETNIAS NEGRO-AFRICANAS – NÃO IDENTIFICADAS*) (*INDUMENTÁRIA FEMININA*) (*MISCIGENAÇÃO – MULATOS*).

In PRADO, 1955:208, Pr. XXXVI. Em sépia, com a legenda "Tipos populares do Rio de Janeiro, Cariocas".

[876] ENDER, THOMAS. *Ansicht des Schauspielhauses zu Rio de Janeiro*. Aquarela e lápis, 390 x 532 (*O UNIVERSO DO TRABALHO – CARREGADORES COM BALAIO – QUITANDEIRAS – QUITUTEIRAS*).
Vista do Teatro do Rio de Janeiro.

In 1. PRADO, 1955:209, Pr. XXXVII. Em sépia, com a legenda "Teatro S. João".
2. FERREZ, 1976:126.

[877] ENDER, THOMAS. *Auslandung der Waaren an der Hauptmauth roth ner Treppe*. Aquarela, 204 x 283 (*O UNIVERSO DO TRABALHO – CARREGADORES*).

Descarregando mercadorias no trapiche da Alfândega, Rio de Janeiro.

In 1. PRADO, 1955:272, Pr. XLIV. Em sépia, com a legenda: "Desembarque de mercadorias num trapiche".
2. FERREZ, 1976:54.

[878] ENDER, THOMAS. *Ein Brunnen von Matto Cavallo auf dem Weeg nach St. Christoff*. Aquarela, 201 x 282 *(O UNIVERSO DO TRABALHO – AGUADEIROS – LAVADEIRAS)*.
Chafariz de Mata Cavalos no caminho para São Cristóvão, Rio de Janeiro.

In 1. PRADO, 1955:273, Pr. XV. Em sépia, com a legenda "Lavadeiras em Mata Porcos".
2. FERREZ, 1976:133.

[879] ENDER, THOMAS. *Das Innere einer Wohhung in Rio de Janeiro 1 Eine Portugiesin nebst ihren Kinde, 2 Deren Sclavin aus Banguela 3 Freye Creolin mit ihrr tochter.* Lápis aquarelado, 205 x 288 *(CENAS DE GÊNERO) (ETNIAS NEGRO-AFRICANAS – BENGUELA) (MISCIGENAÇÃO – CRIOULOS) (O UNIVERSO DO TRABALHO – COSTUREIRAS)*.
Quarto numa residência do Rio de Janeiro. 1 Portuguesa com filho, 2 Sua escrava, 3 Crioula livre, 4 Com filho.

In 1. PRADO, 1955:288, Pr. XLVI. Em sépia, com a legenda "Costureiras pretas no Rio de Janeiro".
2. FERREZ, 1976:58.

[880] ENDER, THOMAS. *Schwarze Obsthandlerin aus Banguela nebst ihrer tochter*. Aquarela, 199 x 265 *(ETNIAS NEGRO-AFRICANAS – BENGUELAS) (O UNIVERSO DO TRABALHO – QUITANDEIRAS – QUITUTEIRAS – VENDEDORES DE FRUTAS)*.
Vendedora de frutas da raça benguela com sua filha.

In 1. PRADO, 1955:288, Pr. XLVI. Em sépia, com a legenda "Casa de pretos forros".
2. FERREZ, 1976:83.

[881] ENDER, THOMAS. *Freye Creolinen*. Aquarela, 196 x 134 *(MISCIGENAÇÃO – CRIOULOS)*.
Crioulas livres, Rio de Janeiro.

In 1. PRADO, 1956:304, Pr. XLVIII. Em sépia, com a legenda "Crioulas livres".
2. FERREZ, 1976:59.

[882] ENDER, THOMAS. *Haupt Mauth zu Rio de Janeiro*. Aquarela, 180 x 128 *(O UNIVERSO DO TRABALHO – CARREGADORES)*.
Carregadores aguardando fregueses em frente ao portão da Alfândega, Rio de Janeiro.

In 1. PRADO, 1956; 305, Pr. XLIX, Em sépia, com a legenda "Pretos da Alfândega".
2. FERREZ, 1976:53.

[883] ENDER, THOMAS. *Ecke der Rua d'Alfandiga*. Aquarela, 206 x 276 *(O UNIVERSO DO TRABALHO – CARREGADORES)*.
Esquina da rua da Alfândega, Rio de Janeiro.

In 1. PRADO, 1955:305, Pr. XLIX.. Em sépia, com a legenda "Pretos Carregadores".
2. FERREZ, 1976:60.

[884] ENDER, THOMAS. *Neger in der Strasse Rua de Reita*. Aquarela, 192 x 282 *(O UNIVERSO DO TRABALHO – CARREGADORES – NEGROS DE GANHO – QUITANDEIRAS – QUITUTEIRAS)*.
Negros na rua Direita, atual 1° de Março, Rio de Janeiro.

In 1. PRADO, 1955:320, Pr. L. Em sépia, com a legenda "Escravos de ganho na rua Direita".
2. FERREZ, 1976:55.

[885] ENDER, THOMAS. *Personagens de Guillobel copiados por Ender*. Aquarela *(O UNIVERSO DO TRABALHO – CANGUEIROS – CARREGADORES DE FEIXES DE CAPIM) (MERCADOS DE ESCRAVOS) (MÚSICA – INSTRUMENTOS MUSICAIS DE ORIGEM AFRICANA – BERIMBAU)*.

In PRADO, 1955:321, Pr. LI.

[886] ENDER, THOMAS. *Ansicht der Haupt Strasse zu Rio de Janeiro*. Aquarela, 203 x 277 *(O UNIVERSO DO TRABALHO – VENDEDORES AMBULANTES)*.
Aspecto da rua principal do Rio de Janeiro.

In 1. PRADO, 1955:336, Pr. LII. Em sépia, com a legenda "Rua Direita – ao fundo passadiço entre o Paço e o antigo Convento do Carmo".
2. FERREZ, 1976:49.

[887] ENDER, THOMAS. *Gruppe auf dem Gemindemarkt*. Aquarela *(O UNIVERSO DO TRABALHO – QUITANDEIRAS – QUITUTEIRAS)*.

In PRADO, 1955:337, Pr. LIII. Em sépia, com a legenda "Quituteiras na R. Direita".

[888] ENDER, THOMAS. *Marktplatz am Seestrande hinder dem Mauthaus Alfandiga 2 Das Mauthaus Alfandiga 2 Kirche de S^a Cruz*. Aquarela, 405 x 516 *(O UNIVERSO DO TRABALHO – QUITANDEIRAS – QUITUTEIRAS – VENDEDORES DE LEGUMES E FRUTAS)*.
Mercado perto da praia, atrás do trapiche da Alfândega , 1 Trapiche da Alfândega, 2 Igreja de Santa Cruz.

In 1. PRADO, 1955 337, Pr. LIII. Em sépia, com a legenda "Vizinhanças da Alfândega".
2. FERREZ, 1976:57.
3. BELLUZZO, 1994, III:35.

[889] ENDER, THOMAS. *Praia de D. Manoel*. Aquarela *(O UNIVERSO DO TRABALHO – CARREGADORES)*.

In PRADO, 955:353, Pr. LVI.

[890] ENDER, THOMAS. *Brunnen do Terr° do Passo 1 Koenigl Stallungen*. Aquarela, 382 x 520 *(O UNIVERSO DO TRABALHO – AGUADEIROS)*.
Chafariz do Largo do Paço, Rio de Janeiro.

In 1. PRADO, 1955:353, Pr. LVII. Em sépia, com a legenda "Terreiro do Paço. (Ao fundo as cocheiras reais)".
2. FERREZ, 1976:43.

[891] ENDER, THOMAS. *Ansicht des Brunnes da Carioca 1 Kloster S° Antonio 2 Capellla dos Terceiros*. Aquarela e lápis, 383 x 509 *(O UNIVERSO DO TRABALHO – AGUADEIROS)*.
Vista do Chafariz da Carioca. Convento Santo Antônio – Capela dos Terceiros, Rio de Janeiro.

In 1. PRADO,1955:353, Pr. LVII. Em sépia, com a legenda "Largo da Carioca".
2. FERREZ, 1976:121.

[892] ENDER, THOMAS. *Ansicht des Fischmarktes – 1 Kirche da Lapa dos Masces 2 Kirche da Cruz, 3 Rua do Ouvidor*. Aquarela, 335 x 525 *(O UNIVERSO DO TRABALHO – VENDEDORES DE PEIXE – VENDEDORES AMBULANTES)*.
Vista do Mercado do Peixe – Igreja da Lapa dos Mercadores – Igreja da Cruz – Rua do Ouvidor, Rio de Janeiro.

In 1. PRADO, em sépia, com a legenda "Mercado do Peixe, rampa da Quitanda do Marisco, antiga Praia N. S. do Ó" 1955:360:Pr. LIIV.
2. FERREZ, 1976:47.

[893] ENDER, THOMAS. *Rio de Janeiro*. Aquarela, 355 x 540 *(O UNIVERSO DO TRABALHO – AGUADEIROS – QUITANDEIRAS – QUITUTEIRAS)*.
Panoramas da cidade do Rio de Janeiro de 1817, vista da ladeira do Morro da Conceição. Gravada em cobre por J. Axmann.

In 1. PRADO, 1955:360, Pr. LIV. Em sépia, com a legenda "Panoramas do Rio de Janeiro".
2. FERREZ, 1976:73.

[894] ENDER, THOMAS. *Theater Platz 1 Palais des Cte. do Rio Seco 2 Pranger und Gallgen, 3 Cavalerie Caserne 4 Rua do Piolho 5 Rua dos Siganos*. Aquarela, 376 x 522 *(O UNIVERSO DO TRABALHO – QUITANDEIRAS – QUITUTEIRAS)*.
Praça do Teatro indicando Palácio do Visconde do Rio Seco, pelourinho e forca, Quartel de Cavalaria, rua do Piolho, rua dos Ciganos. Rio de Janeiro.

In 1. PRADO,1 955:361, Pr. LV. Em sépia, com a legenda "Campo de Sant'Ana. À esquerda residência do Conde do Rio Seco".
2. FERREZ, 1976:127.

[895] ENDER, THOMAS. *Rua de St° Antonio*. Aquarela, 198 x 284. *(O UNIVERSO DO TRABALHO – CONDUTORES DE BANGUÊS, CARROS, CARROS DE VIAJANTES, CARROÇAS, CARRUAGENS E SEGES – QUITANDEIRAS – QUITUTEIRAS)*.
Rua de Santo Antonio, Rio de Janeiro.

In 1. PRADO, 1955:361, Pr. LV:361. Em sépia, com a legenda "Rua de S. Antonio".
2. FERREZ, 1976:129.

[896] ENDER, THOMAS. *Fort S. Cruz bey der Einfahrt in Hafen von Rio de Janeiro*. C.1817. Aquarela, 197 x 285 *(O UNIVERSO DO TRABALHO – BARQUEIROS – CANOEIROS – REMEIROS)*.
Fortaleza de Santa Cruz, na entrada da barra do Rio de Janeiro.

In FERREZ, 1976:37.

[897] ENDER, THOMAS. *Brasilianische Tragsessel*. Aquarela, 197 x 278 *(O UNIVERSO DO TRABALHO – CARREGADORES DE CADEIRINHAS, LITEIRAS, PALANQUINS, REDES E SERPENTINAS – MUCAMAS)*.
Cadeirinha brasileira, Rio de Janeiro.

In FERREZ,1976:45.

[898] ENDER, THOMAS. *Ansisch des Koenigl. Pallastes mit der Haupt wache 1 Fort S. Sebastião 2 Telegrapho*. Aquarela e lápis, 371 x 526 *(O UNIVERSO DO TRABALHO – CARREGADORES – QUITANDEIRAS – QUITUTEIRAS)*.
Vista do Palácio do Rei e a Guarda, Rio de Janeiro.

In FERREZ, 1976:46.

[899] ENDER, THOMAS. *Schaven ein Ohlfas durch die Strassen ziehent*. Aquarela, 173 x 268 *(O UNIVERSO DO TRABALHO – CANGUEIROS PUXANDO "PIOLHO")*.
Escravos puxando um "piolho" que leva um barril. Cena de rua. Rio de Janeiro.

In FERREZ, 1976:60.

[900] ENDER, THOMAS. *Wasserhandel. zu Rio de Janeiro*. Aquarela, 203 x 279 *(O UNIVERSO DO TRABALHO – AGUADEIROS)*.
Aguadeiros do Rio de Janeiro.

In FERREZ,1976:62.

[901] ENDER, THOMAS. *Warren tragende Neger.* Aquarela, 201 x 181 *(INDUMENTÁRIA MASCULINA) (O UNIVERSO DO TRABALHO – CANGUEIROS)*.
Cangeiros ou Gangeiros ou ainda Cangueros no Rio de Janeiro.

In FERREZ,1976:63.

[902] ENDER, THOMAS. *Ausladung des Holzes aus den Barken zu Prainha dos Minheiros*. Aquarela, 201 x 275 *(O UNIVERSO DO TRABALHO – CARREGADORES DE LENHA)*.

Desembarque de lenha das faluas na praia dos Mineiros (Rio de Janeiro).

In FERREZ, 1976:65.

[903] ENDER, THOMAS. *Pfarre Sta. Rita in der Rua dos Pescadores*. Lápis ligeiramente aquarelado. 375 x 510 (*O UNIVERSO DO TRABALHO – CARREGADORES – QUITANDEIRAS – QUITUTEIRAS – VENDEDORES AMBULANTES*).
Igreja de Santa Rita, na Rua dos Pescadores (Rio de Janeiro).

In FERREZ, 1976:70.

[904] ENDER, THOMAS. *Ansicht des Gefaengnisses in der Rua de Joaquim zu Rio de Janeiro*. Aquarela e lápis, 370 x 501 (*O UNIVERSO DO TRABALHO – CARREGADORES – QUITANDEIRAS – QUITUTEIRAS*).
Prisão da rua de Joaquim, no Rio de Janeiro

In FERREZ, 1976:71.

[905] ENDER, THOMAS. *Ansicht von Pedra da Prainha – Werten fur Boote*. Lápis aquarelado, 393 x 522 (*O UNIVERSO DO TRABALHO – CARREGADORES*).
Panoramas da Pedra da Prainha no lugar onde se constroem botes, atrás do trapiche São Francisco, Rio de Janeiro.

In FERREZ, 1976:77.

[906] ENDER, THOMAS. *Gegend von Val-longo*. Aquarela, 208 x 282 (*MERCADOS DE ESCRAVOS*) (*O UNIVERSO DO TRABALHO – CARREGADORES*).
Visão tirada do Valonguinho, na encosta do morro da Conceição, Rio de Janeiro.

In FERREZ,1976:78.

[907] ENDER, THOMAS. *Val-longo*. Aquarela, 195 x 278 (*MERCADOS DE ESCRAVOS*) (*O UNIVERSO DO TRABALHO – CARREGADORES – QUITANDEIRAS – QUITUTEIRAS*).

In FERREZ, 1976:79.

[908] ENDER, THOMAS. *Eine Portugiesin und Mulattin mit ihrer Sclavin aus der Kirche Kommend*. Aquarela, 203 x 208 (*CENAS DE GÊNERO*) (*ETNIAS NEGRO-AFRICANAS – NÃO IDENTIFICADAS*) (*MISCIGENAÇÃO – MULATOS*) (*O UNIVERSO DO TRABALHO – MUCAMAS – QUITANDEIRAS – QUITUTEIRAS*).
Portuguesa e mulata com escrava voltando da igreja, Rio de Janeiro.

In FERREZ, 1976:81.

[909] ENDER, THOMAS. *Springbrunnen do Largo do Moura*. Aquarela, 193 x 286 (*O UNIVERSO DO TRABALHO – AGUADEIROS*).
Chafariz do Largo do Moura, Rio de Janeiro.

In FERREZ, 1976:86.

[910] ENDER, THOMAS. *Hospital da Misericordia*. Aquarela, 203 x 281 (*O UNIVERSO DO TRABALHO – AGUADEIROS – QUITANDEIRAS – QUITUTEIRAS*).
Hospital da Misericórdia, Rio de Janeiro.

In FERREZ,1976:87.

[911] ENDER, THOMAS. *Anssicht von der Capellle S^a Lucia nach der Strasse von Gloria 1 Pfarre da Lapa 2 Kloster S^a Teresia 3 Kloster de Nosso Senhor d'Ajuda*. Aquarela, 382 x 519 (*O UNIVERSO DO TRABALHO – CARREGADORES*).
Vista da Capela de Santa Luzia para a Praia da Glória, indicando 1 Lapa, 2 Convento Santa Teresa, 3 Ajuda. Rio de Janeiro.

In FERREZ, 1976:91.

[912] ENDER, THOMAS. *Anssicht von Corcovado beim Anfange der Wasserleiting gegen die Stadt, Uber de Bay von Rio de Janeiro, nach Serra dos Orgãos*. Aquarela, 222 x 231 (*CENAS DE GÊNERO*).
Panorama pintado no caminho para o Corcovado, próximo do começo do aqueduto, vendo-se, ao longe, o Mangue, a baía e a Serra dos Órgãos, Rio de Janeiro.

In FERREZ, 1976:97.

[913] ENDER, THOMAS. *Kirche da Lapa – 1 Gloria*. Aquarela, 205 x 282 (*O UNIVERSO DO TRABALHO – QUITANDEIRAS – QUITUTEIRAS – VENDEDORES AMBULANTES*).
Igreja da Lapa, no Largo do mesmo nome, olhando em direção à Glória etc. Rio de Janeiro.

In FERREZ,1976:103.

[914] ENDER, THOMAS. *Aussicht von Gloria*. Aquarela, 262 x 398 (*O UNIVERSO DO TRABALHO – QUITANDEIRAS – QUITUTEIRAS*).
Aspecto pitoresco da baía da Guanabara, visto ao pé do morro da Glória, Rio de Janeiro.

In FERREZ, 1976:108.

[915] ENDER, THOMAS. *Ansicht von Cadete bey Rio de Janeiro*. Aquarela, 326 x 466 (*O UNIVERSO DO TRABALHO – QUITANDEIRAS – QUITUTEIRAS*).
O Catete e o Vale das Laranjeiras, Rio de Janeiro.

In FERREZ, 1976:110.

[916] ENDER, THOMAS. *Gegend von Laranjeiras com caza do sr. Roso*. Aquarela, 252 x 401 (*O UNIVERSO DO TRABALHO – CARREGADORES – CONDUTORES DE ANIMAIS*).
A entrada do Vale das Laranjeiras, isto é, o atual Largo do Machado, vendo-se a antiga residência de Domingos Francisco de Araújo Roso etc. Rio de Janeiro.

In FERREZ, 1976:111.

[917] ENDER, THOMAS. *Botafogo*. Aquarela, 195 x 308 *(O UNIVERSO DO TRABALHO – QUITANDEIROS)*.
Praia de Botafogo, Rio de Janeiro.

In FERREZ, 1976:112.

[918] ENDER, THOMAS. *Gegend von Botafogo*. Aquarela, 252 x 401 *(O UNIVERSO DO TRABALHO – AGUADEIROS – QUITANDEIRAS – QUITUTEIRAS)*.
Praia de Botafogo vista do início do caminho da Lagoa (São Clemente), Rio de Janeiro.

In FERREZ, 1976:113.

[919] ENDER, THOMAS. *Corcovado*. Aquarela, 233 x 329 *(LÚDICA-BATUQUE? LUNDU?)*.
Em primeiro plano, casal de negros dançando *(LUNDU? BATUQUE?)*.

In FERREZ, *1976:114*.

[920] ENDER, THOMAS. *Pfarre de Nosso Senhor do Rosario*. Aquarela, 371 x 516 *(O UNIVERSO DO TRABALHO – VENDEDORES COM TABULEIRO)*.
Igreja de Nossa Senhora do Rosário, na rua da Vala, Rio de Janeiro.

In FERREZ, 1976:122.

[921] ENDER, THOMAS. *Unvollendetes Gebaude der Mahler 1 Academia 2 Schauspielhaus*. Aquarela, 205 x 283 *(O UNIVERSO DO TRABALHO – CARREGADORES DE CADEIRINHAS, LITEIRAS, PALANQUINS, REDES E SERPENTINAS – QUITANDEIRAS – QUITUTEIRAS)*.
Ruínas da Sé Nova. Teatro São João, Rio de Janeiro.

In FERREZ, 1976:125.

[922] ENDER, THOMAS. *Ein theil von Rio de Janeiro mit der Wasserleitung und Aussicht gegen die Bay*. Aquarela, 223 x 331 *(O UNIVERSO DO TRABALHO – CEIFADORES DE CAPIM)*.
Prédios da rua Mata Cavalos, atual Riachuelo, e os Arcos da Carioca vistos da encosta do morro de Santa Teresa, Rio de Janeiro.

In 1. POHL, 1818. – Gravura de Axmann. Atlas.
2. FERREZ, 1976:134.

[923] ENDER, THOMAS. *Gatumbich*. Aquarela, 195 x 310 *(CENAS DE GÊNERO – TRANSEUNTES)*.
O Corcovado visto do Catumbi, Rio de Janeiro.

In FERREZ, 1976:144.

[924] ENDER, THOMAS. *Matta Porcos*. Aquarela, 192 x 277 *(O UNIVERSO DO TRABALHO – QUITANDEIRAS – QUITUTEIRAS – TRANSPORTANDO TERRA EM CARROÇA)*.
Mata Porcos, Rio de Janeiro.

In FERREZ,1976:145.

[925] ENDER, THOMAS. *Kirche von Mata Porcos*. Aquarela, 204 x 280 *(TRANSEUNTES) (O UNIVERSO DO TRABALHO – CARREGADORES – QUITANDEIROS)*.
Igreja de Mata Porcos (da Festa do Divino Espírito Santo), Rio de Janeiro.

In FERREZ,1976:146.

[926] ENDER, THOMAS. *Kaserne zu Mata porcos*. Aquarela, 204 x 280 *(O UNIVERSO DO TRABALHO – CANGUEIROS PUXANDO "PIOLHO" – QUITANDEIRAS – QUITUTEIRAS)*.
Quartel de Mata Porcos, Rio de Janeiro.

In FERREZ,1976:147.

[927] ENDER, THOMAS. *Vordere Ansicht des Bischöflichen Landhauses zu Rio de Janeiro*. Aquarela, 192 x 280 *(LAZER E REPOUSO) (O UNIVERSO DO TRABALHO – QUITANDEIRAS – QUITUTEIRAS)*.
Vista da casa de campo do Bispo, do fim do século XVIII, no Rio Comprido.

In FERREZ,1976:149.

[928] ENDER, THOMAS. *Ansicht nach Matta Porcos*. Aquarela, 252 x 405 *(TRANSEUNTES) (O UNIVERSO DO TRABALHO – QUITANDEIRAS – QUITUTEIRAS)*.
Planície e montanhas da Carioca e da Tijuca, Rio de Janeiro.

In FERREZ, 1976:157.

[929] ENDER, THOMAS. *Anfang des thalus von Bon Engenho*. Aquarela, 280 x 432 *(O UNIVERSO DO TRABALHO – QUITANDEIRAS – QUITUTEIRAS)*.
Engenho Velho, olhando em direção da Tijuca e pedra da Babilônia, Rio de Janeiro.

In FERREZ, 1976:162.

[930] ENDER, THOMAS. *Gegend St. Christoph*. Aquarela, 322 x 461 *(O UNIVERSO DO TRABALHO – CARREGADORES COM BALAIO)*.
Parecer ser o fim do Catumbi, olhando em direção da boca do Mangue, Rio de Janeiro.

In FERREZ,1976:165.

[931] ENDER, THOMAS. *Anfang des thalus von Bon Engenho*. Aquarela, 280 x 432 *(O UNIVERSO DO TRABALHO – QUITANDEIRAS – QUITUTEIRAS)*.
Engenho Velho, olhando em direção da Tijuca e pedra da Babilônia, Rio de Janeiro.

In FERREZ, 1976:167.

[932] ENDER, THOMAS (del.). *Königlicher Sommerpalast Boa Vista bey S. Christoph in der Nahe von Rio de Janeiro.* Aquarela, 221 x 330 *(CENAS DE GÊNERO).*
Palácio de São Cristóvão, Rio de Janeiro.

In 1. POHL, s.d. Pasini, J. (sculpt.).
2. FERREZ, 1976:169.

[933] ENDER, THOMAS. *S. Christoph.* Aquarela, 190 x 280 cm *(O UNIVERSO DO TRABALHO – QUITANDEIRAS – QUITUTEIRAS).*
Palácio de São Cristóvão, Rio de Janeiro.

In FERREZ, 1976:170.

[934] ENDER, THOMAS. *Pfarrkirche in thal von Bel Enginho.* Aquarela, 204 x 279 *(TRANSEUNTES) (O UNIVERSO DO TRABALHO – QUITANDEIRAS – QUITUTEIRAS).*
Matriz do Engenho Velho, Rio de Janeiro.

In FERREZ, 1976:181.

[935] ENDER, THOMAS. *Transport der Neger ins Innere.* Aquarela, 202 x 284 *(MERCADOS DE ESCRAVOS – TRÁFICO DE ESCRAVOS).*
Comboio de escravos para o interior. Capitania do Rio de Janeiro.

In FERREZ, 1976:195.

[936] ENDER, THOMAS. *Ansicht von Porto Estrella.* Aquarela, 189 x 285 *(O UNIVERSO DO TRABALHO – QUITANDEIRAS – QUITUTEIRAS).*
Porto à margem do rio Inhomirim, Rio de Janeiro.

In FERREZ, 1976:197.

[937] ENDER, THOMAS. *Der Brunnen von S^a^ Cruz von innen mit koenigll Sclaven.* Lápis, 191 x 309 *(O UNIVERSO DO TRABALHO – AGUADEIROS).*
Aspecto interno da casa da mina d'água de Santa Cruz com alguns escravos (Aguadeiros). Capitania do Rio de Janeiro.

In FERREZ, 1976:231.

[938] ENDER, THOMAS. *Die Österreischischen Kammer Herrn auf der Reise nach St. Paul.* Aquarela, 401 x 525 *(O UNIVERSO DO TRABALHO – CAMARADAS DE EXPEDIÇÕES CIENTÍFICAS).*
Cientistas da missão austríaca e a tropa atravessando a serra do Mar, a caminho de São Paulo. Capitania do Rio de Janeiro.

In 1. FERREZ,1976:237.
2. BELLUZZO, 1994, II:108.

[939] ENDER, THOMAS. *Ranjo nachst der Fazenda do Hilario.* 1/2 Ml. von S. João Marcos. Lápis aquarelado, 184 x 305 *(O UNIVERSO DO TRABALHO – ARRIEIROS TROPEIROS).*
Rancho nos arredores de São João Marcos, Capitania do Rio de Janeiro.

In FERREZ, 1976:240.

[940] ENDER, THOMAS. *Tropperas Schwinetreiber.* Lápis, 200 x 281. Capitania de São Paulo, Vale do Paraíba *(O UNIVERSO DO TRABALHO – PORQUEIROS).*
In FERREZ, 1976:285.

[941] ENDER, THOMAS. *Ansicht von der Anhole auf Matta Cavalos nach Catete (O Catete visto do alto de Mata Cavalos).* Aquarela s/ papel azul, 26,5 x 42,3 cm *(O UNIVERSO DO TRABALHO – HORTELÃS E JARDINEIROS).*
In BELLUZZO, 1994, III:39.

[942] ENDER, THOMAS. *Bananen pflazung (Plantação de banana).* Aquarela s/ papel, 31,5 x 48,7 cm *(O UNIVERSO DO TRABALHO – LAVOURA DE SUBSISTÊNCIA – BANANAL).*
In BELLUZZO, 1994, III:9.

[943] ENDER, THOMAS. *Ansicht von Rio de Janeiro (Vista do Rio de Janeiro),* 1817. Óleo s/ tela *(CENAS DE GÊNERO) (O UNIVERSO DO TRABALHO – QUITANDEIRAS – QUITUTEIRAS).*
In BELLUZZO, 1994, III:131.

[944] ENDER, THOMAS (del.). *Eine negerin wird verkauft.* Escrava sendo vendida. Aquarela e lápis, 155 x 158 mm *(MERCADOS DE ESCRAVOS).*
In WAGNER, 1997:57 e 78.

[945] EXPILLY, CHARLES (del.). *Vendedores de leite.* Desenho a lápis, 105 x 164 mm. Rio de Janeiro. Museus Castro Maya/IPAC/IBPC, Rio de Janeiro *(O UNIVERSO DO TRABALHO – LEITEIROS ORDENHANDO VACA NA RUA).*
In FERREZ, 1965a:182.

[946] FLEIUSS, HENRIQUE. *Gonçalves Dias.* Litografia. Seção de Iconografia da Fundação Biblioteca Nacional/DRD/Divisão de Iconografia, Rio de Janeiro *(POETAS – GONÇALVES DIAS) (ALEGORIAS).*
In CAMARGO, 1988:337.

[947] FLORENCE, HERCULES (del.). *Costume – Voyage dans l'intérieur du Brésil – manteau de Drap – Négresse avec Bayete ou morceau de Drap de laine ord.re. porto feliz – Province de St. Paul – Indien civilizé avec Poncho –* 1826. Porto Feliz, São Paulo, Aquarela, 19,7 x 25,5 cm. Coleção Cyrilo Hércules Florence (atualmente na Coleção Leila Florence de Moraes, São Paulo) *(INDUMENTÁRIA FEMININA).*

In 1. FLORENCE, 1977.
2. CARELLI, 1995:16-17.
3. MOURA, 1999:157.

[948] FLORENCE, HERCULES. (del.). *Carregadores d'água*. S.d. Coleção Cyrilo Hércules Florence (atualmente na Coleção Leila Florence de Moraes, São Paulo) (O UNIVERSO DO TRABALHO – AGUADEIROS – CANGUEIROS PUXANDO "PIOLHO" – VENDEDORES DE FRUTAS).

In FLORENCE, 1977:3.

[949] FLORENCE, HERCULES. (del.). *Partida de uma expedição mercantil de Porto Feliz para Cuiabá* . S.d. Nanquim a pena, 29,2 x 44 cm. Coleção Cyrilo Hércules Florence (atualmente na Coleção Leila Forence de Moraes, São Paulo) *(CENAS DE GÊNERO) (O UNIVERSO DO TRABALHO – CARREGADORES DE BILHAS, POTES E VASILHAS).*

In 1. FLORENCE, 1977:23.
2. CARELLI, 1995:20-21, 114-115.

[950] FLORENCE, HERCULES. (del.). *Expedição mercantil de Porto Feliz para Cuiabá (O UNIVERSO DO TRABALHO – CARREGANDO BATELÃO).*

In FLORENCE, 1977:24.

[951] FLORENCE, HERCULES. (del.). *Canoa "Chimbó"*. S.d. *(O UNIVERSO DO TRABALHO – BARQUEIROS – CANOEIROS – REMEIROS).*

In FLORENCE, 1977:26.

[952] FLORENCE, HERCULES. (del.). *Partida de Porto Feliz para Cuiabá*. S.d. *(O UNIVERSO DO TRABALHO – BARQUEIROS – CANOEIROS – REMEIROS).*

In FLORENCE, 1977:27.

[953] FLORENCE, HERCULES. (del.). *Negra de Camapuã*. 1826. Nanquim a pena e aquarela, 30,7 x 21,5 cm. Coleção Cyrilo Hércules Florence (atualmente na Coleção Leila Florence de Moraes, São Paulo) *(INDUMENTÁRIA FEMININA) (O UNIVERSO DO TRABALHO – CARREGADORES).*

In 1 . FLORENCE, 1977:75.
2. CARELLI, 1995:35 e 121.

[954] FLORENCE, HERCULES. (del.) *Sítio de D. Tereza*. S.d. Nanquim aguado, 27 x 32,5 cm. Coleção Leila Florence de Moraes, São Paulo *(O UNIVERSO DO TRABALHO – LAVOURA CANAVIEIRA – FORNALHA DE ENGENHO).*

In MOURA, 1994:32 e 1999:376.

[955] FLORENCE, HERCULES. (del.) *Négresse Cabinda (Negra Cabinda) (de frente e de lado)*. Aquarela e tinta, 22 x 29 cm. Diamantino de Mato Grosso, 17 février 1828. Aquarela e tinta, 22 x 29 cm. Arquivo da Academia de Ciências da Rússia, São Petersburgo *(ETNIAS NEGRO-AFRICANAS – MARCAS DE IDENTIDADE – ESCARIFICAÇÕES CORPORAIS – CABINDA).*

In *Expedição Langsdorff ao Brasil, 1821-182*,1988, III:68.

[956] FLORENCE, HERCULES. (del.). *Négre Cabinda. (Negro Cabinda)* (De frente e de lado). Diamantino de Mato Grosso, février 1828. Aquarela e nanquim, 22,2 x 29 cm. Arquivo da Academia de Ciências da Rússia, São Petersburgo *(ETNIAS NEGRO-AFRICANAS – MARCAS DE IDENTIDADE – ESCARIFICAÇÕES CORPORAIS – CABINDA).*

In 1. *Expedição Langsdorff ao Brasil, 1821-1829*,1988, III:69.
2. CARELLI, 1995:77 e 135.

[957] FLORENCE, HERCULES. (del.). *Négre Congo (Negro Congo)*. (De frente e de lado). Diamantino de Mato Grosso, février 1828. Aquarela e nanquim, 21,4 x 29 cm. Arquivo da Academia de Ciências da Rússia, São Petersburgo *(ETNIAS NEGRO-AFRICANAS – MARCAS DE IDENTIDADE – ESCARIFICAÇÕES FACIAIS – CONGO).*

In *Expedição Langsdorff ao Brasil, 1821-1829*, 1988, III:69.

[958] FLORENCE, HERCULES. (del.). *Négre Auça (Negro Hauçá)* (De frente e de lado). Diamantino de Mato Grosso, fevereiro 1828. Aquarela e nanquim, 22,7 x 30,8 cm. Arquivo da Academia de Ciências da Rússia, São Petersburgo *(ETNIAS NEGRO-AFRICANAS – MARCAS DE IDENTIDADE – ESCARIFICAÇÕES FACIAIS – HAUÇÁ).*

In *Expedição Langsdorff ao Brasil, 1821-1829*, 1988, III:70.

[959] FLORENCE, HERCULES. (del.). *Négresse Rebolo (Negra Rebolo)* (De frente e de lado). Diamantino de Mato Grosso, février 1828. Aquarela e nanquim, 21,7 x 27 cm. Arquivo da Academia de Ciências da Rússia, São Petersburgo *(ETNIAS NEGRO-AFRICANAS – MARCAS DE IDENTIDADE – ESCARIFICAÇÕES FACIAIS – REBOLO).*

In 1. FLORENCE, 1972:76.
2. *Expedição Langsdorff ao Brasil, 1821-1829*. 1988, III:70.
3. CARELLI, 1995:35 e 121.

[960] FLORENCE, HERCULES. (del.). *Arbre appellé Genipavera et gens qui demandent l'aumône pour la Fête du S. Esprit (Árvore denominada jenipavera e pessoas que pedem esmola para a festa do Espirito Santo)*. Diamantino de la Province de Mato Grosso, janvier 1828. Aquarela, 22,6 x 31,5 cm. Arquivo da Academia de Ciências da Rússia, São Petersburgo *(DEVOÇÕES CATÓLICAS – FESTA DO DIVINO ESPÍRITO SANTO).*

In 1. *Expedição Langsdorff ao Brasil, 1821-1829*. 1988, III:86.
2. CARELLI, 1995:76 e 134.

[961] FLORENCE, HERCULES. *Negra cabinda*. Diamantino, Mato Grosso, 1828. Aquarela, 25,2 x 20,2 cm. Coleção Cyrilo Florence (atualmente na Coleção Leila Florence de Moraes, São Paulo) *(ETNIAS NEGRO-AFRICANAS – MARCAS DE IDENTIDADE – ESCARIFICAÇÕES CORPORAIS – CABINDA).*

In CARELLI, 1995:77 e 135.

[962] JOSEPH FRUHBECK, FRANZ JOSEPH. *Feyerliche Ausschiffung der Prinzessin Leopoldina von João VI am 6 November 1817, Rio de Janeiro, 1817 (O festivo desembarque da Princesa Leopoldina no dia 6 de novembro de 1817)*. Guache s/ papel, 16,5 x 22,5 cm. Coleção particular, São Paulo (*O UNIVERSO DO TRABALHO – BARQUEIROS – CANOEIROS – REMEIROS*).

In 1. SMITH & FERREZ, 1960.
2. BELLUZZO, 1994, II:103.

[963] GARCIA JR., JOSÉ MAURÍCIO NUNES. *Retrato do Padre José Maurício Nunes Garcia*. S.d. Óleo s/ tela, 60 x 49 cm. Escola de Música da Universidade Federal do Rio de Janeiro, Rio de Janeiro (*MÚSICOS – PADRE JOSÉ MAURÍCIO NUNES GARCIA*).

In CLAVER FILHO, 1988:313.

[964] GRIMM, JOHANN GEORG. *Vista da Cidade de Sabará*. C.1886. Óleo s/ tela, 57 x 9,5 cm. Coleção Sergio Fadel, Rio de Janeiro (*INDUMENTÁRIA MASCULINA – CAVALEIROS*) (*O UNIVERSO DO TRABALHO – CARREGADORES DE UTENSÍLIOS*).

In BELLUZZO, 1994, III:150.

[965] GUILLOBEL, JOAQUIM CANDIDO. *Sem título*. Aquarela, 14 x 11,5 cm. Coleção Cândido Guinle de Paula Machado, Rio de Janeiro (*O UNIVERSO DO TRABALHO – VENDEDORES AMBULANTES*). Obs.: Todas as aquarelas do artista reproduzidas nesta publicação de 1978 foram realizadas entre 1812-1816.

In GUILLOBEL, 1978, n. 1.

[966] GUILLOBEL, JOAQUIM CANDIDO. *Sem título*. Aquarela, 14 x 11,5 cm. Coleção Cândido Guinle de Paula Machado, Rio de Janeiro (*MÚSICA – INSTRUMENTOS MUSICAIS DE ORIGEM AFRICANA – BERIMBAU*) (*O UNIVERSO DO TRABALHO – VENDEDORES AMBULANTES*).

In GUILLOBEL, 1978, n. 2.

[967] GUILLOBEL, JOAQUIM CANDIDO. *Sem título*. Aquarela, 14 x 11,5 cm. Coleção Cândido Guinle de Paula Machado, Rio de Janeiro (*O UNIVERSO DO TRABALHO – VENDEDORES DE ABACAXI*).

In 1. GUILLOBEL,1978, n. 3.
2. MOURA, 1994:55.

[968] GUILLOBEL, JOAQUIM CANDIDO. *Sem título*. Aquarela, 14 x 11,5 cm. Coleção Cândido Guinle de Paula Machado, Rio de Janeiro (*O UNIVERSO DO TRABALHO – VENDEDORES DE TOLETES DE CANA E CAJU*).

In 1. GUILLOBEL,1978, n. 4.
2. MOURA, 1994:54.

[969] GUILLOBEL, JOAQUIM CANDIDO. *Sem título*. Aquarela, 14 x 11,5 cm. Coleção Cândido Guinle de Paula Machado, Rio de Janeiro (*O UNIVERSO DO TRABALHO – VENDEDORES DE ABANOS E ARTEFATOS DE PALHA, CESTOS E SAMBURÁS – VENDEDORES DE CUIAS E GAMELAS – VENDEDORES DE LOUÇA E UTENSÍLIOS DE BARRO*).

In 1. GUILLOBEL, 1978, n. 5.
2. MOURA, 1994:54.

[970] GUILLOBEL, JOAQUIM CANDIDO. *Sem título*. Aquarela, 14 x 24 cm. Coleção Cândido Guinle de Paula Machado, Rio de Janeiro (*O UNIVERSO DO TRABALHO – VENDEDORES DE FRUTAS*).

In GUILLOBEL, 1878, n. 6.

[971] GUILLOBEL, JOAQUIM CANDIDO. *Sem título*. Copiado do natural por J.C. Guillobel no Rio de Janeiro em 1814. Aquarela, 14 x 11,5 cm. Coleção Howard Marvin (*O UNIVERSO DO TRABALHO – VENDEDORES AMBULANTES*).

In GUILLOBEL, 1978, n. 7.

[972] GUILLOBEL, JOAQUIM CANDIDO. *Sem título*. Copiado do natural por J.C. Guillobel no Rio de Janeiro em 1814. Aquarela, 14 x 11,5 cm. Coleção Howard Marvin (*REPRESSÃO E VIOLÊNCIA – INSTRUMENTOS DE TORTURA DE ESCRAVOS – GARGALHEIRAS*) (*O UNIVERSO DO TRABALHO – CARREGADORES DE BILHAS, POTES E VASILHAS – VENDEDORES AMBULANTES*).

In GUILLOBEL, 1978, n. 8.

[973] GUILLOBEL, JOAQUIM CANDIDO. *Sem título*. Aquarela, 14 x 24 cm. Coleção Cândido Guinle de Paula Machado, Rio de Janeiro (*O UNIVERSO DO TRABALHO – PEÕES*).

In GUILLOBEL, 1978, n. 9.

[974] GUILLOBEL, JOAQUIM CANDIDO. *Sem título*. Aquarela, 14 x 11,5 cm. Coleção Cândido Guinle de Paula Machado, Rio de Janeiro (*O UNIVERSO DO TRABALHO – VENDEDORES AMBULANTES*).

In GUILLOBEL, 1978, n. 10.

[975] GUILLOBEL, JOAQUIM CANDIDO. *Sem título*. Aquarela, 14 x 11,5 cm. Coleção Cândido Guinle de Paula Machado, Rio de Janeiro (*O UNIVERSO DO TRABALHO – AGUADEIROS ? LEITEIROS?*).

In GUILLOBEL, 1978, n. 11.

[976] GUILLOBEL, JOAQUIM CANDIDO. *Sem título*. Aquarela, 14 x 11,5 cm. Coleção Cândido Guinle de Paula Machado, Rio de Janeiro (*O UNIVERSO DO TRABALHO – VENDEDORES DE PALMITO (?)*).

In GUILLOBEL, 1978, n. 12.

[977] GUILLOBEL, JOAQUIM CANDIDO. *Sem título*. Aquarela, 14 x 11,5 cm. Coleção Cândido Guinle de Paula Machado, Rio de

Janeiro (MÚSICA – INSTRUMENTOS MUSICAIS DE ORIGEM AFRICANA – MARIMBA) (O UNIVERSO DO TRABALHO – VENDEDORES AMBULANTES).

In GUILLOBEL, 1978, n. 13.

[978] GUILLOBEL, JOAQUIM CANDIDO. *Sem título*. Aquarela, 14 x 11,5 cm. Coleção Cândido Guinle de Paula Machado, Rio de Janeiro (O UNIVERSO DO TRABALHO – VENDEDORES AMBULANTES).

In GUILLOBEL, 1978, n. 14.

[979] GUILLOBEL, JOAQUIM CANDIDO. *Sem título*. Aquarela, 14 x 11,5 cm. Coleção Cândido Guinle de Paula Machado, Rio de Janeiro (MÚSICA – INSTRUMENTOS MUSICAIS DE ORIGEM AFRICANA – URUCUNGO) (O UNIVERSO DO TRABALHO – VENDEDORES DE ERVAS).

In GUILLOBEL, 1978, n. 15.

[980] GUILLOBEL, JOAQUIM CÂNDIDO. *Sem título*. Aquarela, 14 x 11,5 cm. Coleção Cândido Guinle de Paula Machado, Rio de Janeiro (O UNIVERSO DO TRABALHO – VENDEDORES DE GALINHAS).

In 1. GUILLOBEL,1978, n. 16.
2. MOURA, 1994:54.

[981] GUILLOBEL, JOAQUIM CANDIDO. *Sem título*. Aquarela, 14 x 11,5 cm. Coleção Cândido Guinle de Paula Machado, Rio de Janeiro (O UNIVERSO DO TRABALHO – VENDEDORES DE CHAPÉUS (?).

In GUILLOBEL,1978, n. 17.

[982] GUILLOBEL, JOAQUIM CANDIDO. *Sem título*. Aquarela, 14 x 24 cm. Coleção Cândido Guinle de Paula Machado, Rio de Janeiro (MERCADOS DE ESCRAVOS).

In GUILLOBEL, 1978, n. 18.

[983] GUILLOBEL, JOAQUIM CANDIDO. *Sem título*. Aquarela, 14 x 11,5 cm. Coleção Cândido Guinle de Paula Machado, Rio de Janeiro (O UNIVERSO DO TRABALHO – VENDEDORES DE LOUÇAS).

In GUILLOBEL,1978, n. 19.

[984] GUILLOBEL, JOAQUIM CANDIDO. *Sem título*. Aquarela, 14 x 11,5 cm. Coleção Cândido Guinle de Paula Machado, Rio de Janeiro (O UNIVERSO DO TRABALHO – VENDEDORES DE HORTALIÇAS E LEGUMES).

In GUILLOBEL, 1978, n. 20.

[985] GUILLOBEL, JOAQUIM CANDIDO. *Sem título*. Aquarela, 14 x 11,5 cm. Coleção Cândido Guinle de Paula Machado, Rio de Janeiro (O UNIVERSO DO TRABALHO – VENDEDORES DE HORTALIÇAS).

In GUILLOBEL, 1978, n. 21.

[986] GUILLOBEL, JOAQUIM CANDIDO. *Sem título*. Aquarela, 14 x 11,5 cm. Coleção Cândido Guinle de Paula Machado, Rio de Janeiro (O UNIVERSO DO TRABALHO – VENDEDORES DE FARINHA (?).

In GUILLOBEL, 1978, n. 22.

[987] GUILLOBEL, JOAQUIM CANDIDO. *Sem título*. Aquarela, 14 x 11,5 cm. Coleção Cândido Guinle de Paula Machado, Rio de Janeiro (REPRESSÃO E VIOLÊNCIA – INSTRUMENTOS DE TORTURA DE ESCRAVOS – GARGALHEIRAS) (O UNIVERSO DO TRABALHO – CARREGADORES DE BILHAS, POTES E VASILHAS – VENDEDORES AMBULANTES).

In GUILLOBEL, 1978, n. 23.

[988] GUILLOBEL, JOAQUIM CANDIDO. *Sem título*. Aquarela, 14 x 11,5 cm. Coleção Cândido Guinle de Paula Machado, Rio de Janeiro (O UNIVERSO DO TRABALHO – CARREGADORES DE BILHAS, POTES E VASILHAS – QUITUTEIROS).

In GUILLOBEL, 1978, n. 24.

[989] GUILLOBEL, JOAQUIM CANDIDO. *Sem título*. Aquarela, 11,5 x 11,5 cm. Coleção Cândido Guinle de Paula Machado, Rio de Janeiro (O UNIVERSO DO TRABALHO – QUITANDEIRAS – QUITUTEIRAS).

In BERGER, 1978, n. 25.

[990] GUILLOBEL, JOAQUIM CANDIDO. *Sem título*. Aquarela, 14 x 11,5 cm. Coleção Cândido Guinle de Paula Machado, Rio de Janeiro (O UNIVERSO DO TRABALHO – VENDEDORES DE COPOS E GARRAFAS).

In GUILLOBEL, 1978, n. 26.

[991] JOAQUIM CÂNDIDO GUILLOBEL. *Sem título*. Aquarela, 14 x 24 cm. Coleção Cândido Guinle de Paula Machado, Rio de Janeiro (O UNIVERSO DO TRABALHO – CANGUEIROS PUXANDO "PIOLHO").

In 1. GUILLOBEL, 1978, n. 27.
2. MOURA, 1994:55.

[992] GUILLOBEL, JOAQUIM CANDIDO. *Sem título*. Aquarela, 14 x 11,5 cm. Coleção Cândido Guinle de Paula Machado, Rio de Janeiro (MÚSICA – INSTRUMENTOS MUSICAIS DE ORIGEM AFRICANA – PIANO DE CUIA) (O UNIVERSO DO TRABALHO – CARREGADORES DE FEIXES DE CANA).

In GUILLOBEL, 1978, n. 28.

[993] GUILLOBEL, JOAQUIM CANDIDO. *Sem título*. Aquarela, 14 x 11,5 cm. Coleção Cândido Guinle de Paula Machado, Rio de Janeiro (REPRESSÃO E VIOLÊNCIA – INSTRUMENTOS DE TORTURA DE ESCRAVOS – GARGALHEIRAS).

In GUILLOBEL, 1978, n. 29.

[994] GUILLOBEL, JOAQUIM CANDIDO. *Sem título*. Aquarela, 14 x 24 cm. Coleção Cândido Guinle de Paula Machado, Rio de Janeiro (*O UNIVERSO DO TRABALHO – CANGUEIROS PUXANDO "PIOLHO"*).

In GUILLOBEL, 1978, n. 30.

[995] GUILLOBEL, JOAQUIM CANDIDO. *Sem título*. Aquarela, 14 x 11,5 cm. Coleção Cândido Guinle de Paula Machado, Rio de Janeiro (*INDUMENTÁRIA FEMININA*).

In GUILLOBEL, 1978, n. 31.

[996] GUILLOBEL, JOAQUIM CANDIDO. *Sem título*. Aquarela, 14 x 11,5 cm. Coleção Cândido Guinle de Paula Machado, Rio de Janeiro (*INDUMENTÁRIA MASCULINA*).

In GUILLOBEL, 1978, n. 32.

[997] GUILLOBEL, JOAQUIM CANDIDO. *Sem título*. Aquarela, 14 x 11,5 cm. Coleção Cândido Guinle de Paula Machado, Rio de Janeiro (*INDUMENTÁRIA FEMININA – CHAPÉUS – MANTOS*).

In GUILLOBEL, 1978, n. 33.

[998] GUILLOBEL, JOAQUIM CANDIDO. *Sem título*. Aquarela, 14 x 11,5 cm. Coleção Cândido Guinle de Paula Machado, Rio de Janeiro (*O UNIVERSO DO TRABALHO – VENDEDORES DE ARMARINHO – VENDEDORES DE COPOS E GARRAFAS*).

In GUILLOBEL, 1978, n. 34.

[999] GUILLOBEL, JOAQUIM CANDIDO. *Sem título*. Aquarela, 14 x 11,5 cm. Coleção Cândido Guinle de Paula Machado, Rio de Janeiro (*O UNIVERSO DO TRABALHO – NEGROS DE GANHO?*).

In GUILLOBEL, 1978, n. 35.

[1000] GUILLOBEL, JOAQUIM CANDIDO. *Sem título*. Aquarela, 14 x 11,5 cm. Coleção Cândido Guinle de Paula Machado, Rio de Janeiro (*O UNIVERSO DO TRABALHO – VENDEDORES DE ABANOS E ARTEFATOS DE PALHA, CESTAS E SAMBURÁS – VENDEDORES DE FRUTAS*).

In GUILLOBEL, 1978, n. 36.

[1001] GUILLOBEL, JOAQUIM CANDIDO. *Sem título*. Aquarela, 14 x 11,5 cm. Coleção Cândido Guinle de Paula Machado, Rio de Janeiro (*O UNIVERSO DO TRABALHO – VENDEDORES DE FRUTAS*).

In GUILLOBEL, 1978, n. 37.

[1002] CANDIDO GUILLOBEL, JOAQUIM CANDIDO. *Sem título*. Copiée du naturel par J. C. Guillobel. Aquarela, 14 x 11,5 cm. Museu Imperial/IBPC, Petrópolis (*O UNIVERSO DO TRABALHO – VENDEDORES DE GAMELAS*).

In GUILLOBEL, 1978, n. 38.

[1003] GUILLOBEL, JOAQUIM CANDIDO. *Sem título*. Aquarela, 14 x 11,5 cm. Coleção Cândido Guinle de Paula Machado, Rio de Janeiro (*INDUMENTÁRIA FEMININA – MANTOS*).

In GUILLOBEL, 1978, n. 39.

[1004] GUILLOBEL, JOAQUIM CANDIDO. *Sem título*. Aquarela, 14 x 11,5 cm. Coleção Cândido Guinle de Paula Machado, Rio de Janeiro (*MARGINALIDADE – MENDICÂNCIA*).

In GUILLOBEL, 1978, n. 40.

[1005] GUILLOBEL, JOAQUIM CANDIDO. *Sem título*. Aquarela, 14 x 11,5 cm. Museu Imperial/IBPC, Petrópolis (*CENAS DE GÊNERO*).

In GUILLOBEL, 1978, n. 41.

[1006] GUILLOBEL, JOAQUIM CANDIDO. *Sem título*. Aquarela, 14 x 11,5 cm. Coleção Cândido Guinle de Paula Machado, Rio de Janeiro (*MISCIGENAÇÃO – CAFUZOS?*) (*O UNIVERSO DO TRABALHO – VENDEDORES DE ABANOS DE PALHA*).

In GUILLOBEL, 1978, n. 44.

[1007] GUILLOBEL, JOAQUIM CANDIDO. *Sem título*. Aquarela, 14 x 11,5 cm. Coleção Cândido Guinle de Paula Machado, Rio de Janeiro (*INDUMENTÁRIA MASCULINA – UNIFORMES MILITARES*).

In GUILLOBEL, 1978, n. 46.

[1008] GUILLOBEL, JOAQUIM CANDIDO. *Sem título*. Aquarela, 14 x 11,5 cm. Coleção Cândido Guinle de Paula Machado, Rio de Janeiro (*INDUMENTÁRIA MASCULINA*).

In GUILLOBEL, 1978, n. 47.

[1009] GUILLOBEL, JOAQUIM CANDIDO. *Sem título*. Aquarela, 14 x 24 cm. Coleção Cândido Guinle de Paula Machado, Rio de Janeiro (*DEVOÇÕES CATÓLICAS – BANDEIRA DO DIVINO – PEDINTES*) (*INDUMENTÁRIA MASCULINA*).

In GUILLOBEL, 1978, n. 48.

[1010] GUILLOBEL, JOAQUIM CANDIDO. *Sem título*. Aquarela, 14 x 24 cm. Coleção Cândido Guinle de Paula Machado, Rio de Janeiro (*INDUMENTÁRIA MASCULINA – LIBRÉ*) (*O UNIVERSO DO TRABALHO – CARREGADORES DE CADEIRINHAS, LITEIRAS, PALANQUINS, REDES E SERPENTINAS*).

In GUILLOBEL, 1978, n. 49.

[1011] GUILLOBEL, JOAQUIM CANDIDO. *Sem título*. Aquarela, 14 x 24 cm. Coleção Cândido Guinle de Paula Machado, Rio de Janeiro (*INDUMENTÁRIA MASCULINA – LIBRÉ*) (*O UNIVERSO DO TRABALHO –

CARREGADORES DE CADEIRINHAS, LITEIRAS, PALANQUINS, REDES E SERPENTINAS).

In GUILLOBEL, 1978, n. 50.

[1012] GUILLOBEL, JOAQUIM CANDIDO. *Sem título*. Aquarela, 14 x 24 cm. Coleção Cândido Guinle de Paula Machado, Rio de Janeiro *(O UNIVERSO DO TRABALHO – BOLEEIROS, COCHEIROS, PALAFRENEIROS E SOTAS).*

In GUILLOBEL, 1978, n. 52.

[1013] GUILLOBEL, JOAQUIM CANDIDO. *Sem título*. Aquarela, 14 x 11,5 cm. Coleção Cândido Guinle de Paula Machado, Rio de Janeiro *(INDUMENTÁRIA FEMININA – MANTOS – TORÇOS).*

In GUILLOBEL, 1978, n. 56.

[1014] GUILLOBEL, JOAQUIM CANDIDO. *Sem título*. Aquarela, 14 x 11,5 cm. Coleção Cândido Guinle de Paula Machado, Rio de Janeiro *(INDUMENTÁRIA FEMININA – MANTOS).*

In GUILLOBEL, 1978, n. 57.

[1015] GUILLOBEL, JOAQUIM CANDIDO. *Sem título*. Aquarela, 14 x 11,5 cm. Coleção Cândido Guinle de Paula Machado, Rio de Janeiro *(OS CORPOS IMPERFEITOS – BÓCIO) (O UNIVERSO DO TRABALHO – ARRIEIROS) – (INDUMENTÁRIA MASCULINA).*

In GUILLOBEL, 1978, n. 58.

[1016] GUILLOBEL, JOAQUIM CANDIDO. *Sem título*. Aquarela, 14 x 11,5 cm. Coleção Cândido Guinle de Paula Machado, Rio de Janeiro *(INDUMENTÁRIA FEMININA – CHAPÉUS – MANTOS).*

In GUILLOBEL, 1978, n. 60.

[1017] GUILLOBEL, JOAQUIM CANDIDO. *Sem título*. Aquarela, 14 x 11,5 cm. Coleção Cândido Guinle de Paula Machado, Rio de Janeiro *(O UNIVERSO DO TRABALHO – CONDUTORES DE BANGÜÊS, CARROS, CARROS DE VIAJANTES, CARROÇAS, CARRUAGENS E SEGES – MUCAMAS).*

In GUILLOBEL, 1978, n. 61.

[1018] GUILLOBEL, JOAQUIM CANDIDO. *Sem título*. Aquarela, 14 x 11,5 cm. Coleção Cândido Guinle de Paula Machado, Rio de Janeiro *(INDUMENTÁRIA FEMININA – MANTILHAS).*

In GUILLOBEL, 1978, n. 62.

[1019] GUILLOBEL, JOAQUIM CANDIDO. *Sem título*. Aquarela, 14 x 24 cm. Coleção Cândido Guinle de Paula Machado, Rio de Janeiro *(CENAS DE GÊNERO) (O UNIVERSO DO TRABALHO – AMAS – CARREGADORES DE GUARDA-CHUVA – MUCAMAS – PAJENS).*

In GUILLOBEL, 1978, n. 63.

[1020] GUILLOBEL, JOAQUIM CANDIDO. *Sem título*. Aquarela, 14 x 24 cm. Museu Imperial/IBPC, Petrópolis *(CENAS DE GÊNERO – EXTRAINDO BICHO DE PÉ) (O UNIVERSO DO TRABALHO – CARREGADORES DE BARRIS, "TIGRES" E TONÉIS – MUCAMAS – RENDEIRAS) (REPRESSÃO E VIOLÊNCIA – INSTRUMENTOS DE TORTURA DE ESCRAVOS – GARGALHEIRAS).*

In GUILLOBEL, 1978, n. 64.

[1021] HAGEDORN, FREDERICH. *Rua Imperador, Saint Christophe*. S.d. Aquarela, 505 x 674 mm. Rio de Janeiro. Coleção The Hispanic Society of America, Nova York *(O UNIVERSO DO TRABALHO – CARREGADORES – VENDEDORES DE FRUTAS).*

In FERREZ, 1965a:196.

[1022] HARRO-HARRING, PAUL. *Inspection de négresses nouvellement débarquées de l' Afrique (Inspeção de negras novas recentemente desembarcadas da África)*. S.d. Aguada *(MERCADOS DE ESCRAVOS).*

In 1. HARRO-HARRING, 1965.
2. Catálogo da Exposição "Harro-Harring, Paul. Esboços tropicais do Brasil", 1996:6.

Observação: Todas as aguadas de Harro-Harring encontram-se no acervo do Instituto Moreira Salles, São Paulo e Rio de Janeiro.

[1023] HARRO-HARRING, PAUL. *La négresse accusée de vol (A negra acusada de roubo)*. S.d. Aguada *(REPRESSÃO E VIOLÊNCIA – VIOLÊNCIA CONTRA ESCRAVOS – CASTIGOS CORPORAIS).*

In 1. HARRO-HARRING, 1965.
2. Catálogo da Exposição "Harro-Harring, Paul. Esboços Tropicais do Brasil", 1996:10.

[1024] HARRO-HARRING, PAUL. *Brésilien s'imaginant avoir rencontrée son esclave fugitif (Brasileiro imaginando ter encontrado seu escravo fugitivo)*. S.d. Aguada *(OS CAMINHOS DA LIBERDADE – FUGA DE ESCRAVOS).*

In 1. HARRO-HARRING, 1965.
2. Catálogo da Exposição "Harro-Harring, Paul. Esboços Tropicais do Brasil", 1966:13.

[1025] HARRO-HARRING, PAUL. *Sem título*. S.d. Aguada. Rio de Janeiro *(O UNIVERSO DO TRABALHO – BARQUEIROS – CANOEIROS – REMEIROS).*

In 1. HARRO, HARRING, 1965.
2. Catálogo da Exposição "Harro-Harring, Paul. Esboços Tropicais do Brasil", 1996:17.

[1026] HARRO-HARRING, PAUL. *Côte du Brésil. Entrée de la Baie de Rio Janeiro (Litoral do Brasil. Entrada da Baía do Rio de Janeiro)*. S.d. Aguada *(O UNIVERSO DO TRABALHO – BARQUEIROS – CANOEIROS – REMEIROS).*

In 1. HARRO-HARRING, 1965.

2. Catálogo da Exposição "Harro-Harring, Paul. Esboços Tropicais do Brasil", 1996:18.

[1027] HARRO-HARRING, PAUL. *Promenade sur l'eau dans la Baie de Rio de Janeiro . Un esclave nègre du Congo, racontant son histoire – Tenue d'esclave nègre fraîchement arrivé de l'Afrique (Passeio sobre a água na Baía do Rio de Janeiro. Um escravo negro do Congo narra sua história – Traje de escravo negro recém-chegado da África).* S.d. Aguada *(CENAS DE GÊNERO) (ETNIAS NEGRO-AFRICANAS – CONGO) (INDUMENTÁRIA MASCULINA).*

In 1. HARRO-HARRING, 1965.
2. Catálogo da Exposição "Harro-Harring, Paul. Esboços Tropicais do Brasil", 1996:19.

[1028] HARRO-HARRING, PAUL. *Panoramas de la Baie de Rio de Janeiro (Panoramas da Baía do Rio de Janeiro). Praya Grande, San Domingo.* S.d. Aguada *(ETNIAS NEGRO-AFRICANAS – NÃO IDENTIFICADAS).*

In 1. HARRO-HARRING, 1965.
2. Catálogo da Exposição "Paul Harro-Harring. Esboços Tropicais do Brasil",1996:21.

[1029] HARRO-HARRING, PAUL. *La barque de Guarda Mor (Capitaine du Port de Rio de Janeiro) (A barca do Guarda-Mor, Capitão do Porto do Rio de Janeiro).* S.d. Aguada *(O UNIVERSO DO TRABALHO – BARQUEIROS – CANOEIROS – REMEIROS).*

In 1. HARRO-HARRING, 1965.
2. Catálogo da Exposição "Harro-Harring, Paul. Esboços Tropicais do Brasil", 1996:24.

[1030] HARRO-HARRING, PAUL. *Scène de la Rua Direita – Nègres porteurs de café – Négresse affranchie – Nègre affranchi – Voyageur africain (Cena da Rua Direita – Negros Carregadores de café – Negra liberta – Negro liberto – Viajante africano).* S.d. Aguada. Rio de Janeiro *(OS CAMINHOS DA LIBERDADE – ALFORRIADOS) (O UNIVERSO DO TRABALHO – CARREGADORES DE CAFÉ – QUITANDEIRAS – QUITUTEIRAS).*

In 1. HARRO-HARRING, 1965.
2. Catálogo da Exposição "Harro-Harring, Paul. Esboços Tropicais do Brasil", 1996:25.

[1031] HARRO-HARRING, PAUL. *Scène de la Rua Direita – Nègres porteurs de café allant toucher le payemment de leur journée – Négresses vendant des bananes et des oranges – Ecclesiastique en cabriolet s'entretenant avec deux frères de St. Antoine. (Cena da Rua Direita – Negros carregadores de café indo receber o pagamento de sua jornada – Negras vendendo bananas e laranjas – Eclesiástico de cabriolé conversando com dois frades de Santo Antônio)* S.d. Aguada. Rio de Janeiro *(O UNIVERSO DO TRABALHO – BOLEEIROS, COCHEIROS, PALAFRENEIROS E SOTAS – CARREGADORES DE CAFÉ – QUITANDEIRAS – QUITUTEIRAS – VENDEDORES DE BANANAS E LARANJAS).*

In 1. HARRO-HARRING, 1965.
2. Catálogo da Exposição "Harro-Harring, Paul. Esboços Tropicais do Brasil", 1996:26.

[1032] HARRO-HARRING, PAUL. *Danse de nègres. Musiciens jouant les instruments de leur pays (Dança de negros – Músicos tocando os instrumentos de seu país).* S.d. Aguada *(LÚDICA – DANÇAS NÃO IDENTIFICADAS) (MÚSICA – INSTRUMENTOS MUSICAIS DE ORIGEM AFRICANA – MARIMBA – URUCUNGO).*

In 1. HARRO-HARRING 1965.
2. Catálogo da Exposição "Harro-Harring, Paul. Esboços Tropicais do Brasil", 1996:27.

[1033] HARRO-HARRING, PAUL. *Scène au pied de la coline de Ste. Therèse. Partie de l'Aqueduc de Rio Jan. Nègre affranchi donnant à boire à ses compatriotes esclaves. (Cena ao pé do morro de Santa Teresa – Parte do Aqueduto do Rio de Janeiro – Negro liberto dando de beber a seus compatriotas escravos).* S.d. Aguada *(OS CAMINHOS DA LIBERDADE – ALFORRIADOS) (O UNIVERSO DO TRABALHO – AGUADEIROS).*

In 1. HARRO-HARRING, 1965.
2. Catálogo da Exposição "Harro-Harring, Paul. Esboços Tropicais do Brasil", 1996:28.

[1034] HARRO-HARRING, PAUL. *Sem título.* S.d. Aguada *(REPRESSÃO E VIOLÊNCIA – VIOLÊNCIA CONTRA ESCRAVOS – CASTIGOS CORPORAIS).*

In 1. HARRO-HARRING, 1965.
2. Catálogo da Exposição "Harro-Harring, Paul. Esboços Tropicais do Brasil",1996:29.

[1035] HARRO-HARRING, PAUL. *Vieil esclave nègre, battu par sa maîtresse par malentendu. (le Voyageur, son cheval et son chien Fingal) (Velho escravo negro, castigado por sua senhora por engano) (o Viajante, seu cavalo e seu cão Fingal).* S.d. Aguada *(REPRESSÃO E VIOLÊNCIA – VIOLÊNCIA CONTRA ESCRAVOS – CASTIGOS CORPORAIS).*

In 1. HARRO-HARRING, 1965.
2. Catálogo da Exposição "Harro-Harring, Paul. Esboços Tropicais do Brasil", 1996:30.

[1036] HARRO-HARRING, PAUL. *St. John's highlands. Forme Panoramas (Morros de São João)* S.d. Duas aguadas com o mesmo título. Macaé, Rio de Janeiro *(O UNIVERSO DO TRABALHO – BARQUEIROS – CANOEIROS – REMEIROS).*

In 1. HARRO-HARRING, 1965.
2. Catálogo da Exposição "Harro-Harring, Paul. Esboços Tropicais do Brasil", 1996:32-33

[1037] HARRO-HARRING, PAUL. *St. John's highlands. Baie de St. Jean de Macaé, Isle S. Anna (Morros de São João – Baía de São João de Macaé, Ilha de Santana)*. S.d. Aguada *(O UNIVERSO DO TRABALHO – BARQUEIROS – CANOEIROS – REMEIROS)*.

In 1. HARRO-HARRING, 1965.
2. Catálogo da Exposição "Harro-Harring, Paul. Esboços Tropicais do Brasil", 1996:34.

[1038] HARRO-HARRING, PAUL. *Scène d'Ouverture d'une Vente Publique de Nègres. Marchand de Nègres et son Maquignon*. S.d. Aguada *(MERCADOS DE ESCRAVOS)*.

In 1. HARRO-HARRING, 1965.
2. Catálogo da Exposição "Harro-Harring, Paul. Esboços Tropicais do Brasil", 1996:37.

[1039] HASTREL, ADOLPHE D' (del.) e MONCEL, TH. DU (sculpt.). *Panoramas do Rio de Janeiro tomado de cima do Corcovado*. S.d. Litografia colorida, 23,5 x 70 cm (mancha) e 27 x 71 cm (papel). Coleção Mário e Beatriz Pimenta Camargo, São Paulo *(LAZER E REPOUSO)*.

In BELLUZZO, 1994, III:63.

[1040] HAVEL, WILLIAM. *Garden scene on the Braganza shore – Harbour of Rio de Janeiro, 1827 (Cena de jardim na Praia de Bragança – Porto do Rio de Janeiro)*. s.d. Guache s/ papel, 34,3 x 51,5 cm. The Board of Trustees of the Victoria and Albert Museum, Londres *(O UNIVERSO DO TRABALHO – CARREGADORES – VENDEDORES DE FRUTAS)*.

In BELLUZZO, 1994, III:22.

[1041] HEATON & RENSBURG (lith.). *Antonio Gonçalves Teixeira e Sousa*. S.d. Litografia. *(LITERATURA – ROMANCISTAS – ANTÔNIO GONÇALVES TEIXEIRA E SOUSA)*.

In CAMARGO, 1988:335.

[1042] HICKSON, RICHARD SKERRET. *Scene at the Washing House of Gongo Soco gold mine in Brazil*. C.1830-1840. Aquarela e guache s/ papel, 51 x 92 cm. Minas Gerais. Coleção Mário e Beatriz Pimenta Camargo, São Paulo *(O UNIVERSO DO TRABALHO – MINERAÇÃO DE OURO – LAVAGEM)*.

In MARINO, 1998:319-321.

[1043] HILDEBRANDT, EDWARD (del.). LUDWIG & BRIGGS (lith.). *Sem título*. Litografia aquarelada *(O UNIVERSO DO TRABALHO – BOLEEIROS, COCHEIROS, PALAFRENEIROS E SOTAS)*.
Obs.: As litografias de Ludwig & Briggs foram realizadas entre 1846 e 1849. Os desenhos são atribuídos a Hildebrandt por Lygia da Fonseca Fernandes da Cunha (Ludwig and Briggs, 1970:25).

In LUDWIG & BRIGGS, 1970, capa.

[1044] HILDEBRANDT, EDWARD (del.), LUDWIG & BRIGGS (lith.). *A pedlar (Mascate)*. Litografia aquarelada *(O UNIVERSO DO TRABALHO – AUXILIARES DE MASCATES)*.

In LUDWIG & BRIGGS, 1970, Pr. 1.

[1045] HILDEBRANDT, EDWARD (del.), LUDWIG & BRIGGS (lith.). *A hammock (Uma rede)*. Litografia aquarelada *(O UNIVERSO DO TRABALHO – CARREGADORES DE CADEIRINHAS, LITEIRAS, PALANQUINS, REDES E SERPENTINAS)*.

In LUDWIG & BRIGGS, 1970, Pr. 3.

[1046] HILDEBRANDT, EDWARD (del.), LUDWIG & BRIGGS (lith.). *Blacks reposing (Pretos descansando)*. Litografia aquarelada *(LAZER E REPOUSO) (O UNIVERSO DO TRABALHO – CARREGADORES DE BALAIOS (NEGROS DE GANHO?) – VENDEDORES DE FRUTAS)*.

In LUDWIG & BRIGGS, 1970, Pr. 5.

[1047] HILDEBRANDT, EDWARD (del.), LUDWIG & BRIGGS (lith.). *A policeman (Permanente)*. Litografia aquarelada *(O universo do trabalho – Carregadores de balaio (Negros de ganho?)*.

In LUDWIG & BRIGGS, 1970, Pr. 7.

[1048] HILDEBRANDT, EDWARD (del.), LUDWIG & BRIGGS (lith.). *Punishment (Castigos)*. Litografia aquarelada *(REPRESSÃO E VIOLÊNCIA – INSTRUMENTOS DE TORTURA DE ESCRAVOS- GARGALHEIRAS – GRILHÕES – MÁSCARAS E MORDAÇAS DE FOLHA DE FLANDRES)*.

In LUDWIG & BRIGGS, 1970, Pr. 9.

[1049] HILDEBRANDT, EDWARD (del.), LUDWIG & BRIGGS (lith.). *Selling poultry (Quitandeira de galinhas)*. Litografia aquarelada *(O UNIVERSO DO TRABALHO – VENDEDORES DE GALINHAS)*.

In LUDWIG & BRIGGS, 1970, Pr. 10.

[1050] HILDEBRANDT, EDWARD (del.), LUDWIG & BRIGGS (lith.). *Custom-house cart (Carro d'Alfandega)*. Litografia aquarelada *(O UNIVERSO DO TRABALHO – CANGUEIROS)*.

In LUDWIG & BRIGGS, 1970, Pr. 13.

[1051] HILDEBRANDT, EDWARD (del.), LUDWIG & BRIGGS (lith.). *Selling fruits (Quitandeira)*. Litografia aquarelada *(O UNIVERSO DO TRABALHO – VENDEDORES DE FRUTAS)*.

In LUDWIG & BRIGGS, 1970, Pr. 14.

[1052] HILDEBRANDT, EDWARD (del.), LUDWIG & BRIGGS (lith.). *A child's funeral (Enterro d'Anginho)*. Litografia aquarelada *(CATOLICISMO – RITUAIS – ENTERROS) (INDUMENTÁRIA MASCULINA – LIBRÉ) (O UNIVERSO DO TRABALHO – CARREGADORES DE CADEIRINHAS, LITEIRAS, PALANQUINS, REDES E SERPENTINAS)*.

In Ludwig & Briggs, 1970, Pr. 16.

[1053] Hildebrandt, Edward (del.), Ludwig & Briggs (lith.). *Going to the House of Correction (Indo para a Correcção)*. Litografia aquarelada. Rio de Janeiro (*Marginalidade – Detentos na Casa de Correção*).

In Ludwig & Briggs, 1970, Pr. 17.

[1054] Hildebrandt, Edward (del.), Ludwig & Briggs (lith.). *Playing the marimba (Dansa de Negros)*. Litografia aquarelada (*Música – Instrumentos musicais de origem africana – Marimbas*) (*O universo do trabalho – Carregadores com balaios (Negros de ganho?)*.

In Ludwig & Briggs, 1970, Pr. 18.

[1055] Hildebrandt, Edward (del.), Ludwig & Briggs (lith.). *A market scene (Quitandeiras)*. Litografia aquarelada (*O universo do trabalho – Quitandeiras – Quituteiras*).

In Ludwig & Briggs, 1970, Pr. 20.

[1056] Hildebrandt, Edward (del.), Ludwig & Briggs (lith.). *Water-carriers (Pretos d'água)*. Litografia aquarelada (*O universo do trabalho – Aguadeiros*).

In Ludwig & Briggs, 1970, Pr. 22.

[1057] Hildebrandt, Edward (del.), Ludwig & Briggs (lith.). *Coffee carriers (Carregadores de café)*. Litografia aquarelada (*O universo do trabalho – Carregadores de café*).

In Ludwig & Briggs, 1970, Pr. 23.

[1058] Hildebrandt, Edward (del.), Ludwig & Briggs (lith.). *A procession (Um Anjinho)*. Litografia aquarelada (*O universo do trabalho – Quitandeiras – Quituteiras*).

In Ludwig & Briggs, 1970, Pr. 25.

[1059] Hildebrandt, Edward (del.), Ludwig & Briggs (lith.). *Washer-women (Lavandeiras)*. Litografia aquarelada (*O universo do trabalho – Lavadeiras*).

In Ludwig & Briggs, 1970, Pr. 26.

[1060] Hildebrandt, Edward (del.), Ludwig & Briggs (lith.). *Begging for the Holy Ghost (Espirito Santo)*. Litografia aquarelada (Catolicismo – Devoções – Festa do Divino Espírito Santo – Pedintes).

In Ludwig & Briggs, 1970, Pr. 27.

[1061] Hildebrandt, Edward (del.), Ludwig & Briggs (lith.). *Going to mass (Cadeirinha)*. Litografia aquarelada (*Indumentária masculina – Libré*) (*O universo do trabalho – Carregadores de cadeirinhas, liteiras, palanquins, redes e serpentinas*).

In Ludwig & Briggs, 1970, Pr. 28.

[1062] Hildebrandt, Edward (del.), Ludwig & Briggs (lith.). *A free black-girl (Negra bahiana)*. Litografia aquarelada (*Indumentária feminina – Baianas*) (*Negros livres*).

In Ludwig & Briggs, 1970, Pr. 31.

[1063] Hildebrandt, Edward. *Sao Paolo (São Paulo)*. 1844. Óleo e Aquarela s/ papel, 24,2 x 34,3 cm. Staatliche Museen zu Berlin (*O universo do trabalho – Arrieiros*).

In Belluzzo, 1994, III:105.

[1064] Hildebrandt, Edward. *Brunen in Rio de Janeiro (A Carioca) (Chafariz no Rio de Janeiro)*. 1844. Aquarela s/ papel, 25,7 x 36,3 cm. Staatliche Museen zu Berlin (*O universo do trabalho – Aguadeiros*).

In Belluzzo, 1994, III:106.

[1065] Hildebrandt, Edward. *Strasse in market Rio de Janeiro (Rua no mercado do Rio de Janeiro)*. S.d. Lápis a aguada, 36 x 25,8 cm. Staatliche Museen zu Berlin (*O universo do trabalho – Carregadores – Quitandeiras – Quituteiras*).

In Belluzzo, 1994, III:107.

[1066] Hildebrandt, Edward (e detalhe ao lado). *Platz in Rio de Janeiro (Largo, chafariz e igreja de Santa Rita) (Praça no Rio de Janeiro)*. 1844. Aquarela s/ papel, 25,7 x 36,4. Staatliche Museen zu Berlin (*Catolicismo – Devoções – Festa do Divino Espírito Santo – Pedintes*) (*O universo do trabalho – Aguadeiros*).

In Belluzzo, 1994, III:108-109.

[1067] Hildebrandt, Edward. *Lagoa Rodrigo de Freitas*. 1844. Aquarela s/ papel, 25,1 x 36,3 cm. Staatliche Museen zu Berlin (*O universo do trabalho – Quitandeiras – Quituteiras*).

In Belluzzo, 1994, III:110.

[1068] Hora, Horácio. *Autorretrato*. S.d. Grafite, 120 x 77 cm. Museu Histórico de Sergipe, São Cristóvão, Sergipe (*Artes plásticas – Pintores – Horácio Hora*).

In Marques, 1988:140.

[1069] Huell, Quirijn Maurits Rudolph Ver (del.). *O Dique*. S.d. Aquarela. s.d. Salvador (*O universo do trabalho – Lavadeiras*).

In Augel, 1980:172.

[1070] HUELL, QUIRIJN MAURITS RUDOLPH VER (del.). *Cadeirinha*. S.d. Aquarela. Salvador *(O UNIVERSO DO TRABALHO – CARREGADORES DE CADEIRINHAS, LITEIRAS, PALANQUINS, REDES E SERPENTINAS).*

In AUGEL, 1980:201.

[1071] HUELL, QUIRIJN MAURITS RUDOLPH VER (del.). *Duas escravas baianas*. S.d. Aquarela. *(O UNIVERSO DO TRABALHO – AGUADEIROS – VENDEDORES DE FRUTAS).*

In AUGEL, 1980:13.

[1072] JANSSON, JACOB. *Chafariz (vê-se o cruzeiro e o portão da entrada que levava à Igreja da Penitência)*. 1824. Aquarela, 342 x 232 mm. Rio de Janeiro. Coleção Mário Ulysses Vianna Dias, Rio de Janeiro *(O UNIVERSO DO TRABALHO – AGUADEIROS – LAVADEIRAS).*

In FERREZ, 1965a:104.

[1073] JESUS, JOSÉ TEÓFILO DE. *África*. S.d. Óleo s/ tela, 65 x 82 cm. Museu de Arte da Bahia, Salvador, Bahia *(ALEGORIAS – ÁFRICA).*

In LEITE, 1988:30.

[1074] KORNYEV (atribuição) (del.). *View of the town of San Sebastian, Rio de Janeiro*. S.d. Desenho aquarelado (?), 9,3 x 17,2 cm *(O UNIVERSO DO TRABALHO – BARQUEIROS – CANOEIROS – REMEIROS).*

In BELLINGSHAUSEN, 1945, I:65.

[1075] KRETSCHMAR, EDUARD (del.), SALATHÉ, FRIEDRICH (sculpt.) e STEINMANN, JOHANN (edit.) . *Rio de Janeiro et ses environs prise du Palais de St.Christophe*. S.d. Água-tinta colorida, 16,5 x 98,88 cm. Coleção João Moreira Garcez, São Paulo *(CENAS DE GÊNERO).*

In BELLUZZO, 1994, III:56.

[1076] LANDSEER, CHARLES (del.) *Ruas do centro da cidade*. 1825. Desenho a bico de pena, 183 x 111 mm. Coleção Cândido Guinle de Paula Machado, Rio de Janeiro *(O UNIVERSO DO TRABALHO – CARREGADORES – QUITANDEIRAS – QUITUTEIRAS).*

In FERREZ, 1965a:112.

[1077] LANDSEER, CHARLES (del.) *Black punishment at Rio de Janeiro (Negro castigado no Rio de Janeiro)*. 1825. Lápis e sanguínea s/ papel. Coleção Cândido Guinle de Paula Machado, Rio de Janeiro *(REPRESSÃO E VIOLÊNCIA – CASTIGOS CORPORAIS – AÇOITES).*

In LANDSEER, 1972.

[1078] LANDSEER, CHARLES (del.). *Merchant of St. Paul and Minas resting in rancho* (Moradores de S. Paulo e Minas descansando em um rancho). S.d. Lápis e sanguínea s/ papel, 21 x 25 cm. Coleção particular, Rio de Janeiro *(LAZER E REPOUSO) (O UNIVERSO DO TRABALHO – ARRIEIROS – TROPEIROS).*

In 1. LANDSEER, 1972.
2. BELLUZZO, 1994, III:47.

[1079] LANDSEER, CHARLES. *Rancho dos Tropeiros*. 1827. Óleo s/ madeira, 45 x 60 cm. Coleção particular, Rio de Janeiro *(O UNIVERSO DO TRABALHO – TROPEIROS).*

In BELLUZZO, 1994, III:47.

[1080] LEAL, ARANHA (lith.). *Ladislau dos Santos Titara*. S.d. Litografia *(MÚSICOS – COMPOSITORES ERUDITOS – LADISLAU DOS SANTOS TITARA).*

In MOURA, 1988:378.

[1081] LIMA, JOSÉ CORREA DE. *Retrato do marinheiro Simão, o Carvoeiro*. 1853/1857. Óleo s/ tela, 93,1 x 72,6 cm. Museu Nacional de Belas Artes, Rio de Janeiro *(O UNIVERSO DO TRABALHO – MARINHEIROS).*

In *Museu Nacional de Belas Artes*, 1985:367.

[1082] LINDE, KARL. *Residência em Cosme Velho*. C.1865. Óleo s/ tela, 4 x 74,5 cm. Rio de Janeiro. Museu Imperial/IBPC, Petrópolis. *(O UNIVERSO DO TRABALHO – LEITEIROS).*

In BELLUZZO, 1994, III:30.

[1083] LOPES, HIGINO JOSÉ (del.) e BRIGGS (lith.). *Costumes do Brasil*. S.d. Litografia, 225 x 175 mm. Coleção Gilberto Ferrez, Rio de Janeiro *(O UNIVERSO DO TRABALHO – BOLEEIROS, COCHEIROS, PALAFRENEIROS E SOTAS – MASCATES – QUITANDEIRAS – QUITUTEIRAS – VENDEDORES DE BALAS).*

In FERREZ, 1965a:148.

[1084] LOPES, HIGINO JOSÉ (del.) e BRIGGS (lith.). *Estudante da Escola Militar e Família indo a Missa*. S.d. Litografia, 195 x 265 mm. Fundação Biblioteca Nacional/DRD/Divisão de Iconografia, Rio de Janeiro *(O UNIVERSO DO TRABALHO – MOLECAS E MOLEQUES CARREGANDO GUARDA-CHUVA – MUCAMAS).*

In FERREZ, 1965a:152.

[1085] LÖWENSTERN, BARÃO DE (del.). *Convento de N. S. da Ajuda e arredores*. Lápis aquarelado, 175 x 278 mm. S.d. Coleção Alberto Lee, Rio de Janeiro *(O UNIVERSO DO TRABALHO – CARPINTEIROS – PEDREIROS).*

In FERREZ, 1965a:122.

[1086] LÖWENSTERN, BARÃO DE (del.). *Curioso desembarque no cais da Glória*. Maio 1818. Desenho aquarelado, 22,5 x 27 cm. Rio de Janeiro *(O UNIVERSO DO TRABALHO – BARQUEIROS – CANOEIROS – REMEIROS).*

In *O Barão von Löwenstern no Brasil: 1827-1829*. 1972.

[1087] LÖWENSTERN, BARÃO DE (del.). *Caramboles transportirt von Pedestres*. Escravos fugitivos conduzidos pelos Capitães do mato. 19 jan. 1829. Desenho aquarelado, 20,5 x 21,5 cm (A LUTA PELA LIBERDADE – CANHAMBORAS) (REPRESSÃO E VIOLÊNCIA – CAPITÃES DO MATO).

In *O Barão von Löwenstern no Brasil: 1827-1829*. 1972.

[1088] LÖWENSTERN, BARÃO DE (del.). *Aqueduto da Carioca*. Desenho aquarelado, 24,5 x 35,5 cm. Rio de Janeiro (O UNIVERSO DO TRABALHO – LAVADEIRAS).

In *O Barão von Löwenstern no Brasil: 1827-1829*. 1972.

[1089] LÖWENSTERN, BARÃO DE (del.). *O Convento da Ajuda*. Desenho aquarelado, 18 x 28 cm. Rio de Janeiro (O UNIVERSO DO TRABALHO – PEDREIROS).

In *O Barão von Löwenstern no Brasil: 1827-1829*. 1972.

[1090] LÖWENSTERN, BARÃO DE (del.). *Negras descansando*. Desenho aquarelado, 12,8 x 9,5 cm (CENAS DE GÊNERO) (LAZER E REPOUSO).

In *O Barão von Löwenstern no Brasil: 1827-1829*. 1972.

[1091] LÖWENSTERN, BARÃO DE (del.). *Negro levando cesto com roupas*. Desenho aquarelado, 16,8 x 10,2 cm (O UNIVERSO DO TRABALHO – CARREGADORES DE CESTO COM ROUPAS).

In *O Barão von Löwenstern no Brasil: 1827-1829*. 1972.

[1092] LÖWENSTERN, BARÃO DE (del.). *Escravos conversando*. Desenho aquarelado, 17 x 10,7 cm (CENAS DE GÊNERO).

In *O Barão von Löwenstern no Brasil: 1827-1829*. 1972.

[1093] LÖWENSTERN, BARÃO DE (del.). *Dois escravos*. Desenho aquarelado, 16,5 x10,8 cm (ETNIAS NEGRO-AFRICANAS – NÃO IDENTIFICADAS) (ESCRAVOS).

In *O Barão von Löwenstern no Brasil: 1827-1829*. 1972.

[1094] LÖWENSTERN, BARÃO DE (del.). *Negros vistos de costa*. Desenho aquarelado, 16,8 x 10,2 cm (ETNIAS NEGRO-AFRICANAS – NÃO IDENTIFICADAS).

In *O Barão von Löwenstern no Brasil: 1827-1829*. 1972.

[1095] LÖWENSTERN, BARÃO DE (del.). *Lavadeiras*. Desenho aquarelado, 16,6 x 10,5 cm (O UNIVERSO DO TRABALHO – LAVADEIRAS).

In *O Barão von Löwenstern no Brasil: 1827-1829*. 1972.

[1096] LÖWENSTERN, BARÃO DE. (del.) *Escravo com trouxa de roupas*. Desenho aquarelado, 16,6 x 10,5 cm (O UNIVERSO DO TRABALHO – CARREGADORES DE TROUXA).

In *O Barão von Löwenstern no Brasil: 1827-1829*. 1972.

[1097] LÖWENSTERN, BARÃO DE (del.). *Negro com facão*. Nov. 1828. Desenho aquarelado, 26,5 x 19,2 cm (INDUMENTÁRIA MASCULINA).

In *O Barão von Löwenstern no Brasil: 1827-1829*. 1972.

[1098] LÖWENSTERN, BARÃO DE (del.). *Negra Quitandeira*. 14 nov. 1828. Desenho aquarelado, 34 x 21 cm (O UNIVERSO DO TRABALHO – QUITANDEIRAS – QUITUTEIRAS).

In *O Barão von Löwenstern no Brasil: 1827-1829*. 1972.

[1099] LÖWENSTERN, BARÃO DE (del.). *Jovem negra*. 17 nov. 1828. Desenho aquarelado, 34 x 21 cm (INDUMENTÁRIA FEMININA).

In *O Barão von Löwenstern no Brasil: 1827-1829*. 1972.

[1100] LÖWENSTERN, BARÃO DE (del.). *Pedestres auf der Caiambolen*. Capitães do mato. Desenho aquarelado, 34 x 21 cm (A LUTA PELA LIBERDADE. CANHAMBORAS) (REPRESSÃO E VIOLÊNCIA – CAPITÃES DO MATO).

In *O Barão von Löwenstern no Brasil: 1827-1829*. 1972.

[1101] LÖWENSTERN, BARÃO DE (del.). *Ein Neue Neger am Slaven Market*. Jovem negro no mercados de escravos. 27 fev. 1829. Desenho aquarelado. 33 x 21 cm. / *Ein Neue Neger Zum Verzaut*. Jovem negro à venda. 28 fev. 1829. Desenho aquarelado, 33 x 21 cm (INDUMENTÁRIA MASCULINA) (MERCADOS DE ESCRAVOS).

In *O Barão von Löwenstern no Brasil : 1827-1829*. 1972.

[1102] LÖWENSTERN, BARÃO DE (del.). *Duas figuras vestidas com apuro*. 6 abr. 1829. Desenho aquarelado, 33 x 21 cm (INDUMENTÁRIA MASCULINA).

In *O Barão von Löwenstern no Brasil: 1827-1829*. 1972.

[1103] *Marcas de Escravos*. 1839-1841 (REPRESSÃO E VIOLÊNCIA – VIOLÊNCIAS CONTRA ESCRAVOS – MARCAS A FERRO).

In 1. *Marcas de Escravos*, 1989.
2. MOURA, 1994:49.

[1104] MARTIN, C. J. *Vista da Bahia de Guanabara tomada da Praia do Russel, Rio de Janeiro*, 1850. Óleo s/ tela, 6 x 105 cm. Coleção Sergio Fadel, Rio de Janeiro (O UNIVERSO DO TRABALHO – HORTELÃS E JARDINEIROS).

In BELLUZZO, 1994, III:154.

[1105] MELLO & KRAMER. *Carlos Gomes*. C.1865. Litografia (*MÚSICOS – COMPOSITORES – CARLOS GOMES*).

In CLAVER FILHO, 1988:311.

[1106] MICHELLERIE, EUGÈNE DE LA (del.) *João Cabetan, negro Munjolo*. 1830. Lápis s/ papel, 30 x 20 cm. Coleção Mário Carelli, Paris (*ETNIAS NEGRO-AFRICANAS – MONJOLO*) (*INDUMENTÁRIA MASCULINA*).

In CARELLI, 1990:114.

[1107] MONVOISIN, RAYMOND AUGUSTE QUINSAC DE. *Vista da igreja da Glória tomada de Santa Teresa*. C.1850. Óleo s/ tela, 43 x 60 cm. Rio de Janeiro. Coleção Sergio Fadel, Rio de Janeiro (*CENAS DE GÊNERO*).

In BELLUZZO, 1994, III:133.

[1108] MONVOISIN, RAYMOND AUGUSTE QUINSAC DE. *A cidade do Rio de Janeiro tomada do adro da Igreja da Glória do Outeiro em 1847*. Óleo s/ tela, 46,5 x 64,5 cm. Rio de Janeiro. Museus Castro Maya/ IPAC/IBPC, Rio de Janeiro (*O UNIVERSO DO TRABALHO – QUITANDEIRAS – QUITUTEIRAS*).

In BELLUZZO, 1994, III:135.

[1109] MOREAU, FRANÇOIS RENÉ. *Largo do Rozario, Rio de Janeiro*. S.d. Desenho a lápis, 225 x 295 mm. Fundação Biblioteca Nacional/ DRD/Divisão de Iconografia, Rio de Janeiro (*O UNIVERSO DO TRABALHO – QUITANDEIRAS – QUITUTEIRAS*).

In FERREZ, 1965a:166.

[1110] MOREAU, FRANÇOIS RENÉ. *Interior da Praça do Mercado da Praia do Peixe*. S.d. Desenho a lápis, 230 x 296 mm. Rio de Janeiro. Fundação Biblioteca Nacional/DRD/Divisão de Iconografia, Rio de Janeiro (*O UNIVERSO DO TRABALHO – QUITANDEIRAS – QUITUTEIRAS*).

In FERREZ, 1965a:66.

[1111] MOREIRA, JOSÉ DE CHRISTO. *Botafogo*. C.1810-1815. Bico de pena, 201 x 588 mm. Rio de Janeiro. Coleção Cândido Guinle de Paula Machado, Rio de Janeiro (*O UNIVERSO DO TRABALHO – BARQUEIROS – CANOEIROS – REMEIROS – PESCADORES*).

In FERREZ, 1965a:64.

[1112] MOREIRA, JOSÉ DE CHRISTO. *Botafogo*. C.1810-1815. Óleo s/ tela, 640 x 2.260 mm. Rio de Janeiro.Museus Castro Maya/IPAC/IBPC, Rio de Janeiro (*O UNIVERSO DO TRABALHO – BOLEEIROS, COCHEIROS, PALAFRENEIROS E SOTAS*).

In FERREZ, 1965a:64.

[1113] NUNES, JOSÉ RODRIGUES. *Retrato de Antonio Joaquim Franco Velasco*. S.d. Óleo s/ tela (*ARTES PLÁSTICAS – PINTORES – ANTONIO JOAQUIM FRANCO VELASCO*).

In LEITE, 1988:36.

[1114] OUSELEY, WILLIAM GORE. *Landing negroes from a slave harest by a cruizer*. S.d. Aquarela, 205 x 262 mm. Rio de Janeiro. Coleção Newton Carneiro, Curitiba, Paraná (*TRÁFICO DE ESCRAVOS – NAVIO NEGREIRO*).

In FERREZ, 1965a:144.

[1115] PALLIÈRE, ARNAUD JULIEN. *Rua e Hospício dos Barbonos em 1818*. Litografia, 160 x 230 mm. Rio de Janeiro. Coleção Francisco Marques dos Santos, Rio de Janeiro (*O UNIVERSO DO TRABALHO – CARREGADORES – QUITANDEIRAS – QUITUTEIRAS*).

In FERREZ, 1965a:86.

[1116] PALLIÈRE, ARNAUD JULIEN (del.). *Chafariz das Marrecas. Fontaine des Marecas près de la promenade publique à Rio Jan.ro*. C.1830. Aquarela, 237 x 292 mm. Rio de Janeiro (*O UNIVERSO DO TRABALHO – AGUADEIROS – QUITANDEIRAS – QUITUTEIRAS*).

In O MUSEU HISTÓRICO NACIONAL, 1989:122.

[1117] PALLIÈRE, ARNAUD JULIEN. *Esposa do artista com o filho no colo*. S.d. Óleo s/ tela . Coleção Jaime Sloan Chermont, Rio de Janeiro (*O UNIVERSO DO TRABALHO – MUCAMAS – PAJENS*).

In 1. SANTOS, 1939:125.
2. CARELLI, s.d., p. 93.

[1118] PEDRO, JOÃO "O MULATO". *Água Sinhá de Pernaguá*. S.d. Aquarela, 33,5 x 23,5 cm. Paranaguá, Paraná. Centro de Cultura Newton e Elza Carneiro, Curitiba (*O UNIVERSO DO TRABALHO – ARRIEIROS*).

In MARQUES, 1988:156.

[1119] Porto Alegre, Manoel de Araújo e Larée, Victor (lith.). *A campainha e o anjo*. (14 dez. 1837). Litografia. Fundação Biblioteca Nacional/DRD/Divisão de Iconografia, Rio de Janeiro (*JORNALISTAS – JUSTINIANO JOSÉ DA ROCHA*).

In LIMA , 1963, I:73.

[1120] PRADIER, CHARLES SIMON (sculpt.). *Desembarque de Sua Alteza Real, a Arquiduqueza D. Carolina Leopoldina... no Rio de Janeiro em 5 de novembro de 1817*. C.1818. Gravura a buril, 525 x 710 mm. Museu Histórico Nacional, Rio de Janeiro (*INDUMENTÁRIA MASCULINA – REMEIROS*) (*O UNIVERSO DO TRABALHO – BARQUEIROS – CANOEIROS – REMEIROS*).

In O MUSEU HISTÓRICO NACIONAL, 1989:131.

[1121] ROUÈDE, EMILE. *Festa abolicionista, 1888*. Óleo s/ tela, 26 x 45 cm. Coleção Eduardo Schnoor, Rio de Janeiro (ABOLICIONISMO – COMEMORAÇÕES DO 13 DE MAIO).

In BELLUZZO, 1994, III:103.

[1122] RUGENDAS, JOHANN MORITZ. *Barqueiros oferecem-se para a travessia da Bahia*. S.d. Rio de Janeiro. Coleção Mário Vianna Dias, São Paulo. Biblioteca Municipal, São Paulo (O UNIVERSO DO TRABALHO – BARQUEIROS, CANOEIROS E REMEIROS – QUITANDEIRAS – QUITUTEIRAS).

In CARNEIRO, 1979:82-83.

[1123] RUGENDAS, JOHANN MORITZ. *Quitandeiras da Praia do Peixe, o primeiro mercado que teve o Rio de Janeiro*. S.d. Coleção Sebastião Loures, Rio de Janeiro. (O UNIVERSO DO TRABALHO – QUITANDEIRAS – QUITUTEIRAS).

In CARNEIRO, 1979:85.

[1124] RUGENDAS, JOHANN MORITZ. *Aguadeiros no chafariz da Pirâmide*. Rio de Janeiro. Museu Histórico Nacional, Rio de Janeiro. *Escravos fazendo provisão d'água em chafariz não identificado no Rio de Janeiro*. Versão algo modificada da cena anterior e que foi escolhida para a litografia. S.d. Coleção Germaine Álvares Penteado, São Paulo (O UNIVERSO DO TRABALHO – AGUADEIROS).

In CARNEIRO, 1979:86-87.

[1125] RUGENDAS, JOHANN MORITZ. *Negras em repouso; ao fundo lavadeiras trabalhando*. S.d. Coleção Paulo da Silva Prado, São Paulo (O UNIVERSO DO TRABALHO – LAVADEIRAS) (USOS E COSTUMES – CAFUNÉ).

In CARNEIRO, 1979:88.

[1126] RUGENDAS, JOHANN MORITZ. *Lavadeiras em trabalho*. S.d. Museu Imperial/IBPC, Petrópolis (O UNIVERSO DO TRABALHO – LAVADEIRAS).

In CARNEIRO, 1979:89.

[1127] RUGENDAS, JOHANN MORITZ. *O outeiro da Gloria; ao fundo vista do Rio de Janeiro com os arcos da Carioca e o Morro do Castelo*. S.d. Coleção Germaine Álvares Penteado, São Paulo (MARGINALIDADE – MENDICÂNCIA) (O UNIVERSO DO TRABALHO – AMAS ?).

In CARNEIRO, 1979:90.

[1128] RUGENDAS, JOHANN MORITZ. *A parada militar de 13 de maio de 1822, em São Cristóvão, quando são exibidos os novos uniformes*. Rio de Janeiro. Biblioteca Municipal Mário de Andrade, São Paulo (O UNIVERSO DO TRABALHO – QUITANDEIRAS – QUITUTEIRAS – VENDEDORES DE REFRESCOS).

In CARNEIRO, 1979:92.

[1129] RUGENDAS, JOHANN MORITZ. *Cena da Rua Direita, no Rio de Janeiro*. S.d. Biblioteca Municipal Mário de Andrade, São Paulo (O UNIVERSO DO TRABALHO – CARREGADORES – CANGUEIROS PUXANDO "PIOLHO" – QUITANDEIRAS – QUITUTEIRAS).

In CARNEIRO, 1979:94.

[1130] RUGENDAS, JOHANN MORITZ. *Festa de Nossa Senhora do Rosário*. S.d. Guache. Museu Paulista, Universidade de São Paulo (CATOLICISMO – IRMANDADES – FESTA DE NOSSA SENHORA DO ROSÁRIO).

In CARNEIRO, 1979:106.

[1131] RUGENDAS, JOHANN MORITZ. *Casa de Prazer*. S.d. Coleção Mário Calabria, Munique (MARGINALIDADE – PROSTITUIÇÃO – BORDÉIS) (O UNIVERSO DO TRABALHO – MUCAMAS).

In CARNEIRO, 1979:109.

[1132] RUGENDAS, JOHANN MORITZ. *Colheita de café nas proximidades do Rio de Janeiro*. S.d. Coleção Hasso Weiszflog, São Paulo (O UNIVERSO DO TRABALHO – LAVOURA CAFEEIRA – COLHEITA).

In CARNEIRO, 1979:110.

[1133] RUGENDAS, JOHANN MORITZ. *Colheita de café na Tijuca*. S.d. Coleção Germaine Álvares Penteado, São Paulo (O UNIVERSO DO TRABALHO – LAVOURA CAFEEIRA – COLHEITA).

In CARNEIRO, 1979:111.

[1134] RUGENDAS, JOHANN MORITZ. *Desvelos de mãe negra*. S.d. Museu Histórico Nacional, Rio de Janeiro (O UNIVERSO DO TRABALHO – AMAS).

In CARNEIRO, 1979 113.

[1135] RUGENDAS, JOHANN MORITZ. *Negro auxiliar da missão científica*. S.d. Biblioteca Municipal, São Paulo (O UNIVERSO DO TRABALHO – CAMARADAS DE EXPEDIÇÕES CIENTÍFICAS).

In CARNEIRO, 1979:138.

[1136] RUGENDAS, JOHANN MORITZ. *Auxiliar de caçador na Missão Langsdorff*. S.d. Museu Histórico Nacional, Rio de Janeiro (O UNIVERSO DO TRABALHO – AUXILIARES DE CAÇADORES).

In CARNEIRO, 1979:139.

[1137] RUGENDAS, JOHANN MORITZ. *Contato da Missão Langsdorff com indígenas*. S.d. Coleção Roberto Pinto de Souza, São Paulo (O UNIVERSO DO TRABALHO – CAMARADAS DE EXPEDIÇÕES CIENTÍFICAS).

In CARNEIRO, 1979:141.

[1138] RUGENDAS, JOHANN MORITZ. *Integrantes da Missão Langsdorff em repouso, possivelmente na Fazenda Mandioca.* S.d. Museu Imperial/IBPC, Petrópolis *(O UNIVERSO DO TRABALHO – CAMARADAS DE EXPEDIÇÕES CIENTÍFICAS).*

In CARNEIRO, 1979:143.

[1139] RUGENDAS, JOHANN MORITZ. *Crioulas e negras na Bahia.* S.d. Staatliche Graphische Sammlung, Munique *(INDUMENTÁRIA FEMININA – TRAJES DE BAIANAS).*

In CARNEIRO, 1979:147.

[1140] RUGENDAS, JOHANN MORITZ. *Cenas de rua no Rio de Janeiro.* S.d. Staatliche Graphische Sammlung, Munique *(O UNIVERSO DO TRABALHO – CARREGADORES DE BARRIS, "TIGRES" E TONÉIS – LAVADEIRAS).*

In CARNEIRO, 1979:148.

[1141] RUGENDAS, JOHANN MORITZ. *Negras da Bahia.* S.d. Staatliche Graphische Sammlung, Munique *(ETNIAS NEGRO-AFRICANAS – NÃO IDENTIFICADAS).*

In CARNEIRO, 1979:149-150.

[1142] RUGENDAS, JOHANN MORITZ. *Crioulas da Bahia.* S.d. Staatliche Graphische Sammlung, Munique *(MISCIGENAÇÃO – CRIOULOS).*

In CARNEIRO, 1979:151.

[1143] RUGENDAS, JOHANN MORITZ. *Barqueiro de Pernambuco.* S.d. Biblioteca Municipal Mário de Andrade, São Paulo *(O UNIVERSO DO TRABALHO – BARQUEIROS, CANOEIROS, REMEIROS).*

In CARNEIRO, 1979:152.

[1144] RUGENDAS, JOHANN MORITZ. *Negro em descanço.* S.d. Biblioteca Municipal Mário de Andrade, São Paulo *(ETNIAS NEGRO-AFRICANAS – NÃO IDENTIFICADAS) (LAZER E REPOUSO).*

In CARNEIRO, 1979:153.

[1145] RUGENDAS, JOHANN MORITZ. *Negro cabinda.* S.d. Coleção Paulo da Silva Prado, São Paulo *(ETNIAS NEGRO-AFRICANAS – MARCAS DE IDENTIDADE – ESCARIFICAÇÕES FACIAIS – CABINDA).*

In CARNEIRO, 1979:154.

[1146] RUGENDAS, JOHANN MORITZ. *Mulata amamentando.* S.d. Coleção Jacques Kugel, Paris *(MISCIGENAÇÃO – MULATOS).*

In CARNEIRO, 1979:155.

[1147] RUGENDAS, JOHANN MORITZ. *Negra Rebolo.* 1824. Coleção Hasso Weiszflog, São Paulo *(ETNIAS NEGRO-AFRICANAS – REBOLO) (INDUMENTÁRIA FEMININA – TORÇOS).*

In CARNEIRO, 1979:156.

[1148] RUGENDAS, JOHANN MORITZ. *Negra Gangela.* S.d. Coleção Hasso Weiszflog, São Paulo *(ETNIAS NEGRO-AFRICANAS – GANGUELA) (INDUMENTÁRIA FEMININA – TORÇOS).*

In CARNEIRO, 1979:157.

[1149] RUGENDAS, JOHANN MORITZ. *Castigo de palmatória.* S.d. Coleção Sebastião Loures, Rio de Janeiro *(REPRESSÃO E VIOLÊNCIA – INSTRUMENTOS DE TORTURA DE ESCRAVOS – PALMATÓRIAS).*

In CARNEIRO, 1979:158.

[1150] RUGENDAS, JOHANN MORITZ. *Navio negreiro.* S.d. Coleção Sebastião Loures, Rio de Janeiro *(TRÁFICO DE ESCRAVOS – NAVIOS NEGREIROS).*

In CARNEIRO, 1979:159.

[1151] RUGENDAS, JOHANN MORITZ. *Integrantes da missão Langsdorff em repouso, possivelmente na fazenda Mandioca.* S.d. Academia de Ciências, Leningrado *(O UNIVERSO DO TRABALHO – CAMARADAS DE EXPEDIÇÕES CIENTÍFICAS).*

In CARNEIRO, 1979:160.

[1152] RUGENDAS, JOHANN MORITZ. *Rancho com escravos e tropeiros, 1822/1824.* Aguada. Coleção Vicente de Paulo Azevedo, São Paulo *(O UNIVERSO DO TRABALHO – ESCRAVOS).*

In CARNEIRO, 1979:161.

[1153] RUGENDAS, JOHANN MORITZ. *Crioula baiana.* S.d. Aquarela. Coleção Newton Carneiro, Curitiba *(INDUMENTÁRIA FEMININA – BAIANAS) (MISCIGENAÇÃO – CRIOULOS).*

In CARNEIRO, 1979:162.

[1154] RUGENDAS, JOHANN MORITZ. *Porão de navio negreiro.* Desenho aquarelado. S.d. Coleção Sebastião Loures, Rio de Janeiro *(TRÁFICO DE ESCRAVOS – NAVIOS NEGREIROS).*

In CARNEIRO, 1979:163.

[1155] RUGENDAS, JOHANN MORITZ. *Cuidados maternais.* 1823. Coleção Walter Garibello, Campinas *(CENAS DE GÊNERO).*

In CARNEIRO, 1979:164.

[1156] RUGENDAS, JOHANN MORITZ. *Pátio com negros novos.* S.d. Coleção Mário Calabria, Munique *(TRÁFICO DE ESCRAVOS – NEGROS NOVOS).*

In CARNEIRO, 1979:165.

[1157] RUGENDAS, JOHANN MORITZ. *Negra vendedora de frutas*. S.d. Lápis e tinta nanquim. Coleção Hasso Weiszflog, São Paulo *(O UNIVERSO DO TRABALHO – VENDEDORES DE FRUTAS)*.

In CARNEIRO, 1979:166.

[1158] RUGENDAS, JOHANN MORITZ. *Engenho de mandioca*. S.d. Coleção Hasso Weiszflog, São Paulo *(O UNIVERSO DO TRABALHO – LAVOURA DE SUBSISTÊNCIA – ENGENHO DE MANDIOCA)*.

In CARNEIRO, 1979:167.

[1159] RUGENDAS, JOHANN MORITZ (del.). *Cabeça de mulato*. S.d. Lápis s/ papel, 13,7 x 10,3 cm. Coleção Mário de Andrade – Instituto de Estudos Brasileiros, Universidade de São Paulo *(MISCIGENAÇÃO – MULATOS)*.

In 1. BATISTA & LIMA, 1986:288.
2. DIENER-OJEDA, 1997, com a legenda *Estudio de un mulato*, 1822a 25.

[1160] RUGENDAS, JOHANN MORITZ (del.). *Cabeça de baiana*. S.d. Lápis s/ papel, 14,4 x 11,7 cm. Coleção Mário de Andrade. Instituto de Estudos Brasileiros, Universidade de São Paulo *(MISCIGENAÇÃO – MULATOS – BAIANA)*.

In 1. BATISTA & LIMA, 1986:288.
2. DIENER-OJEDA, 1997:57, com a legenda *Estudio de una bahiana*, 1846.

[1161] RUGENDAS, JOHANN MORITZ (del.). *Os Aguadeiros*. Primeira metade do século XIX. Desenho a grafite e nanquim, 143 x 252 mm. *(O UNIVERSO DO TRABALHO – AGUADEIROS)*.

In O MUSEU HISTÓRICO NACIONAL, 1989:20.

[1162] RUGENDAS, JOHANN MORITZ (del.). *Negro Cabinda*. S.d. Lápis s/ papel. Coleção Mário e Beatriz Pimenta Camargo, São Paulo *(ETNIAS NEGRO-AFRICANAS – MARCAS DE IDENTIDADE – ESCARIFICAÇÕES FACIAIS – CABINDA)*.

In LÖSCHNER, 1992:129.

[1163] RUGENDAS, JOHANN MORITZ (del.). *Le Cafuné*. S.d. Lápis s/ papel *(USOS E COSTUMES – CAFUNÉ)*.

In LÖSCHNER, 1992:129.

[1164] RUGENDAS, JOHANN MORITZ. *Die erste Messe anlässlich einer Taufe, São Vicente, 1532 (Primeira missa por ocasião de um batisado)*. 1845/1846. Óleo s/ tela. Coleção Mário e Beatriz Pimenta Camargo, São Paulo *(CATOLICISMO – SACRAMENTOS – BATISMO) (ETNIAS NEGRO-AFRICANAS – NÃO IDENTIFICADAS)*.

In MAGALHÃES, 1992:58.

[1165] RUGENDAS, JOHANN MORITZ (del.). *Vue de Barbacena, 1824 (Vista de Barbacena)*. Aquarela e tinta s/ papel, 25 x 36,5 cm. Arquivo da Academia de Ciências da Rússia, São Petersburgo *(O UNIVERSO DO TRABALHO – VAQUEIROS)*.

In BELLUZZO, 1994, II:125.

[1166] RUGENDAS, JOHANN MORITZ. (del.). *Descoberta nova perto do Rio das Pombas*. S.d. Tinta, nanquim e lápis s/ papel, 23 x 34,5 cm. Minas Gerais. Arquivo da Academia de Ciências da Rússia, São Petersburgo *(O UNIVERSO DO TRABALHO – MINERAÇÃO)*.

In 1. BELLUZZO, 1994, II:127.
2. DIENER-OJEDA, 1997:143.

[1167] RUGENDAS, JOHANN MORITZ. (del.). *Rua Direita no Rio de Janeiro*. S.d. Lápis e nanquim s/ papel, 20 x 29,9 cm. Pinacoteca Municipal – Centro Cultural de São Paulo, São Paulo *(O UNIVERSO DO TRABALHO – CANGUEIROS – CARREGADORES DE BAGAGEM, CARGA E FARDOS – QUITANDEIRAS – QUITUTEIRAS)*.

In 1. BELLUZZO, 1994, III:79.
2. DIENER-OJEDA, 1997:148, com a legenda. *Rua Direita; escena callejera en Rio de Janeiro*, 1822 a 25.

[1168] RUGENDAS, JOHANN MORITZ. (del.). *Marinheiros*. S.d. Lápis e nanquim s/ papel, 18,6 x 36,5 cm. Pinacoteca Municipal – Centro Cultural de São Paulo *(CENAS DE GÊNERO) (O UNIVERSO DO TRABALHO – QUITANDEIRAS – QUITUTEIRAS)*.

In BELLUZZO, 1994, III:79.

[1169] RUGENDAS, JOHANN MORITZ (del.). *Estudo para navio negreiro*. S.d. Lápis s/ papel, 12,4 x 22,1 cm *(TRÁFICO DE ESCRAVOS – NAVIOS NEGREIROS)*.

In BELLUZZO, 1994, III:81.

[1170] RUGENDAS, JOHANN MORITZ. *Mujer sentada*. 1822 a 25. Lápiz, tinta y aguada s/ papel, 13,4 x 20,7 cm. Coleção José Mindlin, São Paulo *(ETNIAS NEGRO-AFRICANAS – NÃO IDENTIFICADAS)*.

In DIENER-OJEDA, 1997:26 e 153.

[1171] RUGENDAS, JOHANN MORITZ. *Parada militar em São Cristóvão*. 13.5.1822 Lápiz, tinta y aguada s/ papel, 17,2 x 29,7 cm. Centro Cultural de São Paulo, São Paulo *(O UNIVERSO DO TRABALHO – QUITANDEIRAS – QUITUTEIRAS – VENDEDORES DE FRUTAS – VENDEDORES DE REFRESCOS)*.

In DIENER-OJEDA, 1997:27 e 142.

[1172] RUGENDAS, JOHANN MORITZ. *Lavadeiras do Rio de Janeiro*. 1822 a 25. Lápiz, tinta y aguada s/ papel, 16,4 x 23,7 cm. Museu Imperial/ IBPC, Petrópolis *(O UNIVERSO DO TRABALHO – LAVADEIRAS)*.

In DIENER-OJEDA, 1997:78 e 150.

[1173] RUGENDAS, JOHANN MORITZ. *Paisagem tropical. (Paisaje tropical con un río en Minas Gerais)*. 1825 a 28. Tinta y aguada s/ papel, 34,6 x 44,5 cm. Städtischer Kunstsammlungen Augsburg *(O UNIVERSO DO TRABALHO – CAMARADAS DE EXPEDIÇÕES CIENTÍFICAS?)*.

In DIENER-OJEDA, 1997:79 e 155.

[1174] RUGENDAS, JOHANN MORITZ. *Estudo de uma negra andando*. 1822 a 25. Lápiz s/ papel, 10,4 x 14,4 cm. Biblioteca Mário de Andrade, São Paulo *(INDUMENTÁRIA FEMININA – PANOS DA COSTA – TORÇOS)*.

In DIENER-OJEDA, 1997:82 e 151.

[1175] RUGENDAS, JOHANN MORITZ. *Negros cozinhando*. 1822. Tinta y aguada s/ papel, 23,7 x 38,4 cm. Museu Imperial/IBPC, Petrópolis *(O UNIVERSO DO TRABALHO – COZINHEIROS)*.

In DIENER-OJEDA, 1997:82 e 143.

[1176] RUGENDAS, JOHANN MORITZ. *Estudo de uma negra de perfil*. 1822 a 25. Lápiz s/ papel, 9,1 x 7,5 cm. Biblioteca Municipal Mário de Andrade, São Paulo *(INDUMENTÁRIA FEMININA – PANOS DA COSTA – TORÇOS)*.

In DIENER-OJEDA, 1997:83.

[1177] RUGENDAS, JOHANN MORITZ. *Croquis del interior de un Navío Negrero*. 1822 a 25. Lápiz s/ papel, 13,5 x 23,7 cm. Biblioteca Municipal Mário de Andrade, São Paulo *(TRÁFICO DE ESCRAVOS – NAVIOS NEGREIROS)*.

In DIENER-OJEDA, 1997:146 e 153.

[1178] RUGENDAS, JOHANN MORITZ. *Negro con un cesto en la cabeza*. 1822 a 25. Lápiz y tinta s/ papel, 18,5 x 12 cm. Coleção Hasso Weiszflog, São Paulo *(O UNIVERSO DO TRABALHO – AGUADEIROS)*.

In DIENER-OJEDA, 1997:152.

[1179] RUGENDAS, JOHANN MORITZ. *Quitandeira; estudio de una vendedora*. 1822 a 25. Lápiz s/ papel, 9,5 x 16 cm. Coleção José Mindlin, São Paulo *(O UNIVERSO DO TRABALHO – QUITANDEIRAS – QUITUTEIRAS)*.

In DIENER-OJEDA,1997:153.

[1180] SALATHÉ, FRIEDERICH (sculpt.) e STEINMANN, JOHANN (del.). *Panorama do Rio de Janeiro tomado do Morro do Castelo*. C.1839. Água-tinta colorida, 16,5 x 101 cm. Coleção João Moreira Garcez, São Paulo *(CENAS DE GÊNERO)*.

In BELLUZZO, 1994, III:57.

[1181] SALATHÉ, FRIEDERICH (sculpt.) e STEINMANN, JOHANN (del.). Água-tinta, 11 x 16,5 cm. Coleção João Moreira Garcez, São Paulo *(O UNIVERSO DO TRABALHO – CARREIROS – TROPEIROS)*.
Observação: Frontispício do álbum editado por Steinman, *Souvenirs de Rio de Janeiro*, Basileia, Suíça, 1839.

In BELLUZZO, 1994, III:69.

[1182] SALATHÉ, FRIEDERICH (sculpt.) e STEINMANN, JOHANN (del.). *Plantação de café*. 1839. Água-tinta, 11 x 16,5 cm. Coleção João Moreira Garcez, São Paulo *(O UNIVERSO DO TRABALHO – LAVOURA CAFEEIRA – CAFEZAL)*.
Observação: Frontispício do álbum editado por Steiman, *Souvenirs de Rio de Janeiro*, Basileia, Suíça, 1839.

In BELLUZZO, 1994, III:69.

[1183] SCHLAPPRIZ, LUÍS (del.) e CARLS, F. H. (ed.). *Caes da Rua do Trapiche*. S.d. Litografia, 19 x 26,5 cm. Recife. Museu do Estado de Pernambuco, Recife *(O UNIVERSO DO TRABALHO – BARQUEIROS CANOEIROS – REMEIROS – VENDEDORES DE FRUTAS)*.

In BELLUZZO, 1994, III:70.

[1184] SELLENY, JOSEPH. *Paisagem brasileira*. S.d. Óleo s/ tela, 110,5 x 91,4 cm. Coleção particular, São Paulo *(O UNIVERSO DO TRABALHO – LAVADEIRAS)*.

In BELLUZZO, 1994, III:169.

[1185] SISSON, SEBASTIEN AUGUSTE. *Retrato de Antonio José Nunes Garcia*. S.d. Litografia *(MÚSICA – COMPOSITORES – ANTÔNIO JOSÉ NUNES GARCIA)*.

In MOURA, 1988:377.

[1186] SMYTH, WILLIAM (del.) *Sketch taken from the market place. (Desenho tomado do mercado)*. Rio de Janeiro, 1832. Desenho aquarelado s/ papel, 23,2 x 5,4 cm. Museu Imperial/IBPC, Petrópolis *(O UNIVERSO DO TRABALHO – CARREGADORES – QUITANDEIRAS – QUITUTEIRAS)*.

In BELLUZZO, III:99.

[1187] SMYTH, WILLIAM. (del.) *O primitivo Chafariz do Largo da Carioca*. 1833. Aquarela, 280 x 450 mm. Rio de Janeiro. Coleção Cândido Guinle de Paula Machado, Rio de Janeiro *(O UNIVERSO DO TRABALHO – AGUADEIROS – CARREIROS – CANGUEIROS PUXANDO "PIOLHO" – QUITANDEIRAS – QUITUTEIRAS)*.

In FERREZ, 1965a:68.

[1188] STALLONE, LUIGI. *Largo do Paço, Rio de Janeiro*. 1865. Óleo s/ tela, 72,5 x 114 cm. Museu Histórico da Cidade do Rio de Janeiro *(INDUMENTÁRIA MASCULINA) (O UNIVERSO DO TRABALHO – CARREGADORES)*.

In BELLUZZO, 1994:III:145.

[1189] STOBER, F. J. *Batismo de um negro*. 1878. Óleo s/ tela, 0,55 x 0,40 cm. Coleção Emanoel Araújo, São Paulo (CATOLICISMO – SACRAMENTOS – BATISMOS).

In MOURA, 1994:53.

[1190] SUNQUA. *Panoramas do Rio de Janeiro. Vista de Botafogo*. S.d. Óleo s/ tela, 40 x 124 cm. Museu Imperial/IBPC, Petrópolis (O UNIVERSO DO TRABALHO – BARQUEIROS CANOEIROS – REMEIROS).

In BELLUZZO, 1994, III:65.

[1191] SUNQUA. *Panoramas do Rio de Janeiro. Vista do Castelo até São Bento*. S.d. Óleo s/ tela, 40 x 124 cm. Museu Imperial/IBPC, Petrópolis (O UNIVERSO DO TRABALHO – BARQUEIROS – CANOEIROS – REMEIROS).

In BELLUZZO, 1994, III:65.

[1192] SUNQUA. *Panoramas do Rio de Janeiro. Vista do Pão de Açúcar e Botafogo*. S.d. Óleo s/ tela, 40 x 124 cm. Museu Imperial/IBPC, Petrópolis (O UNIVERSO DO TRABALHO – BARQUEIROS – CANOEIROS – REMEIROS).

In BELLUZZO, 1994, III:65.

[1193] TAUNAY, AIMÉ ADRIEN. *Habitants de l'intérieur des terres du Brésil*. 1817. Aquarela s/ papel, 12,9 x 23,3 cm. Museus Castro Maya/ IPAC/IBPC, Rio de Janeiro (O UNIVERSO DO TRABALHO – PEÕES).

In COUTINHO, 1990:75.

[1194] TAUNAY, AIMÉ ADRIEN. *Famille de l'intérieur du Brésil en voyage*. 1818. Aquarela s/ papel, 19,5 x 26,5 cm. Museus Castro Maya/ IPAC/IBPC, Rio de Janeiro (O UNIVERSO DO TRABALHO – CARREGADORES – PEÕES).

In COUTINHO, 1990:76.

[1195] TAUNAY, AIMÉ ADRIEN (fecit), ARAGO (direxit). *Scène brésilienne. On abandonne aux nègres de chaque Paroisse dans la Semaine Sainte un Mannequin en ozier représentant Judas qu'ils brûlent après l'avoir traîné dans toutes les rues*. 1819. Aquarela s/ papel, 19,3 x 26,3 cm. Museus Castro Maya/IPAC/IBPC, Rio de Janeiro (LÚDICA – MALHAÇÃO DE JUDAS).

In COUTINHO, 1990:30.

[1196] TAUNAY, AIMÉ ADRIEN. *Francisca de Salles, né de la précedente et d'un métis*. Guimarães, 1817 (*Francisca de Salles, filha de Anastácia e de um mestiço*). Aquarela s/ papel, 23 x 288 cm. Guimarães, Mato Grosso. Arquivo da Academia de Ciências da Rússia, São Petersburgo (MISCIGENAÇÃO – CAFUZOS).

In BELLUZZO, 1994, II:129.

[1197] TAUNAY, FÉLIX EMILE. *Paisagem histórica de um desembarque no Largo do Paço*. C.1829. Óleo s/ tela, 76 x 117 cm. Rio de Janeiro. Museu Imperial/IBPC, Petrópolis (O UNIVERSO DO TRABALHO – BARQUEIROS – CANOEIROS – REMEIROS – PEDREIROS).

In BELLUZZO, 1994, III:124.

[1198] TAUNAY, FÉLIX EMILE. *Baía de Guanabara vista da Ilha das Cobras*. C.1828. Óleo s/ tela, 68 x 136 cm. Rio de Janeiro. Coleção Noêmia e Luiz Buarque de Holanda, Rio de Janeiro (LÚDICA – DANÇAS NÃO IDENTIFICADAS) (O UNIVERSO DO TRABALHO – QUITANDEIRAS – QUITUTEIRAS – VENDEDORES DE FRUTAS).

In BELLUZZO, 1994, III:127.

[1199] TAUNAY, FÉLIX EMILE. *Conserto de um barco – Ilha de Villegaignon – Baía de Guanabara*. C.1828. Óleo s/ tela, 68 x 136 cm. Rio de Janeiro. Coleção Noêmia e Luiz Buarque de Holanda, Rio de Janeiro (O UNIVERSO DO TRABALHO – CALAFATES – CARPINTEIROS).

In BELLUZZO, 1994, III:127.

[1200] TAUNAY, FÉLIX ANTOINE. *Mata reduzida a carvão*. S.d. Óleo s/ tela, 134 x 195 cm. Museu Nacional de Belas Artes, Rio de Janeiro (O UNIVERSO DO TRABALHO – CARVOEIROS).

In BELLUZZO, 1994, III:170.

[1201] TAUNAY, FÉLIX ANTOINE. *Vista da Mãe d'Água*, 1848. Óleo s/ tela, 115 x 88 cm. Museu Nacional de Belas Artes, Rio de Janeiro (O UNIVERSO DO TRABALHO – LENHADORES ?).

In BELLUZZO, 1994, III:92.

[1202] TAUNAY, NICOLAS ANTOINE. *Cascatinha da Tijuca*. S.d. Óleo s/ tela, 51,5 x 36 cm. Rio de Janeiro. Museu Histórico da Cidade do Rio de Janeiro (CENAS DE GÊNERO) (O UNIVERSO DO TRABALHO – BOIADEIROS).

In BELLUZZO, 1994, III:119.

[1203] TAUNAY, NICOLAS ANTOINE. *Largo da Carioca em 1816*. Óleo s/ tela, 46,5 x 57,4 cm. Rio de Janeiro. Museu Nacional de Belas Artes, Rio de Janeiro (O UNIVERSO DO TRABALHO – BOIADEIROS).

In BELLUZZO, 1994, III:120.

[1204] TAUNAY, NICOLAS ANTOINE. *Morro de Santo Antônio em 1816*. C.1817-1818. Óleo s/ tela, 45 x 56,5 cm. Rio de Janeiro. Museu Nacional de Belas Artes, Rio de Janeiro (CENAS DE GÊNERO) (O UNIVERSO DO TRABALHO – BOIADEIROS).

In BELLUZZO, 1994, III:121.

[1205] TAUNAY, NICOLAS ANTOINE. *Praia de Botafogo em 1816*. Óleo s/ tela, 32 x 46 cm. Rio de Janeiro. Museu Nacional de Belas Artes, Rio de Janeiro (*O UNIVERSO DO TRABALHO – BARQUEIROS – CANOEIROS – REMEIROS*.

In BELLUZZO, 1994, III:121.

[1206] THEREMIN, CARLOS GUILHERME VON. *Polizeis. Quitandeiras*. S.d. Aquarela, 247 x 202 mm. Rio de Janeiro. Coleção Família Brun Theremin, Nancy, França (*O UNIVERSO DO TRABALHO – QUITANDEIRAS – QUITUTEIRAS*).

In FERREZ, 1982:68.

[1207] THEREMIN, CARLOS GUILHERME VON. *Vicaires de Campagne – Capuanos – Stadt Pfarrer – Bahiano do Carmo e capadoces jogando capoeira*. S.d. Aquarela, 247 x 202 cm Coleção Família Brun Theremin, Nancy, França. (*LÚDICA – CAPOEIRA*).

In FERREZ, 1982:69.

[1208] THEREMIN, CARLOS GUILHERME VON. *Quêteur au coin des rues. Esmola para o Santíssimo Sacramento. Almosen Sammler*. S.d. Aquarela, 247 x 202. Rio de Janeiro. Coleção Família Brun Theremin, Nancy, França (*O UNIVERSO DO TRABALHO – CARREGADORES COM SAMBURÁ – NEGROS DE GANHO? – VENDEDORES DE FRUTAS*).

In FERREZ, 1982:70.

[1209] THEREMIN, CARLOS GUILHERME VON. *Os irmãos de St° Ant. de Pardos – Domestiques – de Carmo – Engel*. S.d. Aquarela, 247 x 202 mm. Coleção Família Brun Theremin, Nancy, França (*CATOLICISMO – IRMANDADES NEGRAS – IRMANDADE DE SANTO ANTÔNIO DOS PARDOS*) (*INDUMENTÁRIA MASCULINA*) (*O UNIVERSO DO TRABALHO – CRIADOS DOMÉSTICOS*).

In FERREZ, 1982:71.

[1210] THEREMIN, CARLOS GUILHERME VON. *Aquarelas de tipos*. S.d. Aquarela, 247 x 202 mm. Rio de Janeiro. Coleção Família Brun Theremin, Nancy, França (*O UNIVERSO DO TRABALHO – VENDEDORES AMBULANTES*).

In Ferrez, 1982:72.

[1211] TOLLENARE, L. F. DE. *Marchandes de legumes au Recife. Vendedores de legumes no Recife*. S.d. Bico de pena (*O UNIVERSO DO TRABALHO – VENDEDORES DE HORTALIÇAS E LEGUMES*).

In TOLLENARE, 1978:20.

[1212] TOLLENARE, L. F. DE. *Vue de la Sucrerie de Subirao*. Vista do Engenho Subirao (Subiró). S.d. Bico de pena. Pernambuco (*O UNIVERSO DO TRABALHO – LAVOURA CANAVIEIRA – ENGENHOS*).

In TOLENNARE, 1978:66.

[1213] TOLLENARE, L. F. DE. *Repas d'une dame Brésilienne: elle mange le manioc avec les doigts; quatre négresses sont employées à la servir; elles en servent une Cinquième*. Refeição de uma senhora brasileira, servindo-se com os dedos de farinha de mandioca e atendida por quatro negras. S.d. Bico de pena. Pernambuco (*CENAS DE GÊNERO*) (*O UNIVERSO DO TRABALHO – MUCAMAS*).

In TOLLENARE, 1978:68.

[1214] TOLLENARE, L. F. DE. *Gertrude/ Théresa Reine de Cabinda, Rainha à Subirao*. Gertrudes/ Teresa, Rainha de Cabinda, Rainha em Subiró. S.d. Bico de pena (*ETNIAS NEGRO-AFRICANAS – CABINDAS*) (*MISCIGENAÇÃO – MULATOS*).

In TOLLENARE, 1978:84.

[1215] TOLLENARE, L. F. DE. *Brésilienne en visite au palanquin*. Brasileira sai em visita no palanquim. S.d. Bico de pena. Pernambuco (*O UNIVERSO DO TRABALHO – CARREGADORES DE CADEIRINHAS, LITEIRAS, PALANQUINS, REDES E SERPENTINAS*).

In TOLLENARE, 1978:104.

[1216] TOLLENARE, L. F. DE. *Danse des nègres au Brésil*. Dança de negros no Brasil. S.d. Bico de pena (*LÚDICA – DANÇAS NÃO IDENTIFICADAS*).

In TOLLENARE, 1978:106.

[1217] TOLLENARE, L. F. DE. *Négresses branchisseuses au Brésil*. Negras lavadeiras no Brasil. S.d. Bico de pena (*O UNIVERSO DO TRABALHO – LAVADEIRAS*).

In TOLLENARE, 1978:110.

[1218] TOLLENARE, L. F. DE. *Dame Brésilienne qui reçoit visite dans sa Varanda, couchée dans un hamac*. Senhora brasileira recebe um visitante na sua varanda, deitada na rede. S.d. Bico de pena (*CENAS DE GÊNERO*) (*O UNIVERSO DO TRABALHO- MUCAMAS*).

In TOLLENARE, 1978:130.

[1219] TORINO LIT. FLLI. DOYEN. *A. Carlos Gomes*. S.d. Litografia, 18,3 x 14 cm. Coleção Carlos Eugênio Marcondes de Moura, São Paulo (*MÚSICA – COMPOSITORES – CARLOS GOMES*).
Observação: A litografia está inserida na partitura da ópera *Fosca*, de Carlos Gomes, encenada no Teatro Scala, em Milão, em 16 de fevereiro de 1873.

[1220] VALLE (del.) e ROBIN, PAULO (lith.). *Retrato de Francisco de Paula Rodrigues Alves*. S.d. Litografia (*POLÍTICOS – FRANCISCO DE PAULA RODRIGUES ALVES*).

In 1. FRANCO, 1975, 1:capa, guarda e verso da guarda.
2. MOURA, 1988:387.

[1221] VIDAL, EMERIC ESSEX. *Public fountain in Rio de Janeiro*. 1827. Aquarela, 20 x 335 mm. Coleção José Corradini, Buenos Aires *(O UNIVERSO DO TRABALHO – AGUADEIROS)*.

In FERREZ, 1965a:132.

[1222] VINET, HENRI NICOLAS. *Paisagem do Rio de Janeiro tendo ao fundo a Igreja da Glória*. S.d. Aquarela s/ papel, 23 x 33 cm. Rio de Janeiro. Coleção João Moreira Garcez, São Paulo *(O UNIVERSO DO TRABALHO – ARRIEIROS)*.

In BELLUZZO, 1994, III:24.

[1223] WENDROTH, HERRMANN RUDOLPH. *Escravos conduzindo uma barrica*. *C*. 1852. Desenho aquarelado. Col. D. Pedro de Orléans e Bragança, Petrópolis *(O UNIVERSO DE TRABALHO – CARREGADORES DE BARRICAS, BARRIS, "TIGRES" E TONÉIS)*.

In WENDROTH, s.d., fig. 27.

[1224] WENDROTH, HERMANN RUDOLPH. *Preto acorrentado pela perna*. *C*.1852. Desenho aquarelado. Col. D. Pedro de Orléans e Bragança, Petrópolis *(REPRESSÃO E VIOLÊNCIA – INSTRUMENTOS DE TORTURA DE ESCRAVOS – GRILHÕES)*.

In WENDROTH, s.d., fig. 28.

[1225] WENDROTH, HERRMANN RUDOLPH. *Preso acorrentado, chicoteando outro*. C.1852. Desenho aquarelado. Coleção D. Pedro de Orléans e Bragança, Petrópolis *(REPRESSÃO E VIOLÊNCIA – INSTRUMENTOS DE TORTURA DE ESCRAVOS – CHICOTES – GRILHÕES)*.

In WENDROTH, s.d., fig. 29.

[1226] WENDROTH, HERRMANN RUDOLPH. *Preso chicoteando outro, crucificado em pelourinho*. *C*.1852. Desenho aquarelado. Coleção D. Pedro de Orléans e Bragança, Petrópolis (REPRESSÃO E VIOLÊNCIA – INSTRUMENTOS DE TORTURA DE ESCRAVOS – CHICOTES).

In WENDROTH, s.d., fig. 69.

[1227] WENDROTH, HERRMANN RUDOLPH. *Beldades brasileiras*. *C*.1852. Desenho aquarelado. Col. D. Pedro de Orléans e Bragança, Petrópolis (O UNIVERSO DO TRABALHO – CARREGADORES – MOLEQUES – QUITANDEIRAS – QUITUTEIRAS – VENDEDORAS DE HORTALIÇAS E LEGUMES).

In WENDROTH, s.d., fig. 70.

[1228] WENDROTH, HERRMANN RUDOLPH. *Caçada de boi*. *C*.1852. Desenho aquarelado. Col. D. Pedro de Orléans e Bragança, Petrópolis (O UNIVERSO DO TRABALHO – VAQUEIROS).

In WENDROTH, s.d., fig. 71.

[1229] WENDROTH, HERRMANN RUDOLPH. *Aventura com uma brasileira*. *C*.1852. Desenho aquarelado. Coleção D. Pedro de Orléans e Bragança, Petrópolis *(REPRESSÃO E VIOLÊNCIA – CASTIGOS CORPORAIS – AÇOITES) (O UNIVERSO DO TRABALHO – MOLEQUES)*.

In WENDROTH, s.d., fig. 145.

[1230] WERNECKE, FRIEDERICH. *Rua Direita, Rio de Janeiro*. 1847. Aquarela, 250 x 362 mm. Coleção Mário Ulysses Vianna Dias, Rio de Janeiro (O UNIVERSO DO TRABALHO – QUITANDEIRAS – QUITUTEIRAS).

In FERREZ, 1965a:172.

2.1.2 Escultura

[1231] AUTORIA NÃO IDENTIFICADA. *Santo Antônio de Cartageró*. Século XIX. Escultura em madeira, 0,45 cm. Coleção Emanoel Araújo, São Paulo *(CATOLICISMO – ARTE SACRA – SANTO ANTÔNIO DE CARTAGERÓ)*.

In MOURA, 1994:64.

[1232] AUTORIA NÃO IDENTIFICADA. *São Benedito das Flores*. Século XIX. Escultura em terracota, 0,53 cm. Coleção Emanoel Araújo, São Paulo *(CATOLICISMO – ARTE SACRA – SÃO BENEDITO DAS FLORES)*.

In MOURA, 1994:64.

[1233] AUTORIA NÃO IDENTIFICADA. *São Benedito das Flores*. Século XIX. Escultura em madeira. 0,60 cm. Coleção Emanoel Araújo, São Paulo. (CATOLICISMO – ARTE SACRA – SÃO BENEDITO DAS FLORES)

In MOURA, 1994:64.

[1234] AUTORIA NÃO IDENTIFICADA. *Santo Antônio e São Benedito*. Século XIX. 27 esculturas em madeira (nó de pinho). Altura variando de 3 a 18,5 cm. Várias regiões de São Paulo. Vários colecionadores particulares *(CATOLICISMO – ARTE SACRA – SANTO ANTÔNIO E SÃO BENEDITO)*.

In MOURA, 1994:66-7.

[1235] AUTORIA NÃO IDENTIFICADA. *Santo Elesbão*. Século XIX. Escultura em madeira, 0,93 cm. Coleção Emanoel Araújo, São Paulo *(CATOLICISMO – ARTE SACRA – SANTO ELESBÃO)*.

In MOURA, 1994:64.

[1236] AUTORIA NÃO IDENTIFICADA. *Santo Antônio e São Benedito*. Século XIX. Imagens em nó de pinho. Diversas dimensões. Vale do Paraíba, São Paulo. Museu de Arte Sacra, São Paulo *(CATOLICISMO – ARTE SACRA – SANTO ANTÔNIO E SÃO BENEDITO)*.

In 1. O MUSEU DE ARTE SACRA DE SÃO PAULO, 1983, pp. 108-109.

2. LEMOS, 1988:192, 194, 195 e 197.

[1237] AUTORIA NÃO IDENTIFICADA. *Grupo de oito figuras do culto gêge-nagô. Fig. I. / Throno ou banco esculpido do culto de Iêmanjá. Fig. II. Ochêr (sic) de Chango (sic) Fig. III. / Peça do culto de Ochum. Fig. V. / Cofre de Yêmanjá (face anterior). Fig. VI. / Cofre de Yêmanjá (face posterior). Fig. VII (RELIGIÕES BRASILEIRAS DE ORIGEM AFRICANA – CANDOMBLÉ – ARTE SACRA).*

In RODRIGUES, *Kosmos*, ano I, n. 8, ago. 1904.

[1238] BERNA, BENEVENUTO. *Gonçalves Dias. Medalhão em bronze existe no edificio da Asociação dos Empregados no Commercio. Esculptura de Benevenuto Berna. Fundido nesta capital (POETAS – GONÇALVES DIAS).*

In *KOSMOS*, ano I, n. 3, mar. 1904.

[1239] BERNARDELLI, JOSÉ MARIA OSCAR RODOLFO. *Bahiana.* S.d. Gesso. 47 x 18 x 16 cm. Pinacoteca do Estado, São Paulo *(INDUMENTÁRIA FEMININA – BAIANAS).*

In 1. PINACOTECA DO ESTADO, 1994:83.
2. LOURENÇO, 1994:63.

[1240] BRESSAE, A. D. *Alegoria à Lei do Ventre Livre.* Século XIX. Gesso, alt. 1 710 mm. Museu Histórico Nacional, Rio de Janeiro *(ALEGORIAS – ABOLICIONISMO – LEI DO VENTRE LIVRE).*

In MUSEU HISTÓRICO NACIONAL, 1989:89.

[1241] LOPES, EROTIDES AMÉRICO DE ARAÚJO. *Tipos das ruas.* Séculos XIX e XX. Bahia. Madeira entalhada (cajazeira). Alt. 195, 1880, 180, 195, 170, 190, 210 e 180 mm. Museu Histórico Nacional, Rio de Janeiro *(O UNIVERSO DO TRABALHO – MASCATES – VENDEDORES DE FRUTAS – VENDEDORES DE PEIXE – VENDEDORES DE LOUÇA E UTENSÍLIOS DE BARRO).*

In O MUSEU HISTÓRICO NACIONAL, 1989:94-5.

2.1.3. Instrumentos de Tortura de Escravos

[1242] AUTORIA NÃO IDENTIFICADA. *Algema com cadeado, cinto de ferro, ferro de marcar, gargalheiras, libambo, mordaça, palmatória, tronco e viramundo.* Objetos de ferro e madeira, de vários formatos. Museu Histórico Nacional, Rio de Janeiro *(REPRESSÃO E VIOLÊNCIA – INSTRUMENTOS DE TORTURA DE ESCRAVOS – ALGEMA COM CADEADO, CINTO DE FERRO, FERRO DE MARCAR, GARGALHEIRAS, LIBAMBO, MORDAÇA, PALMATÓRIA, TRONCO E VIRA-MUNDO).*

In MUSEU HISTÓRICO NACIONAL, 1989:232-233.

[1243] AUTORIA NÃO IDENTIFICADA. *Algema, gargalheira, palmatóra, peia e viramundo.* Madeira, ferro e folha de flandres. Museu da Inconfidência, Ouro Preto *(REPRESSÃO E VIOLÊNCIA – INSTRUMENTOS DE TORTURA DE ESCRAVOS – ALGEMA, GARGALHEIRA, PALMATÓRIA, PEIA E VIRA-MUNDO).*

In Museu da Inconfidência, 1995:53.

Século XIX

B) Revistas Ilustradas

1. Fontes

1.1 Periódicos

[1244] Autoria não identificada (Angelo Agostini ou Cândido Aragonês de Faria). *Maravilha: Consequencias da circular prohibindo a franceza emmigração para o Brazil. / "Eva, eu quer te contracter pour mon Alcazar. Tu joueras les duègnes... ou les Ingenues". / "Si, sInhô. Monsiú, pai Arnaud mas eu quer cem mil reis por noute, um prato de angú, pó di arro, pr'o tolette, e o titulo de astro parisiense... nos annuncio.* Litografia, 15 x 14 cm (*As artes do espetáculo – Teatro musicado – Alcazar Lyrique*) (*Estereótipos sobre o negro – A expressão verbal – Os corpos grotescos*).

In *Vida Fluminense*, Rio de Janeiro, ano VIII, n. 412, 20 nov. 1875, p. 367.

[1245] Autoria não identificada. *Typos e Costumes. O Negro Mina. Preto Mina.* Xilografia, 10 x 3,5 cm (*Etnias negro-africanas – Minas*).

In *Brazil Illustrado*, Rio de Janeiro, ano I, n. 4, 1887, p. 63.

[1246] Autoria não identificada. *Evaristo Ferreira da Veiga.* Xilografia, 9,5 x 7,5 cm (*Literatura – Jornalistas – Evaristo Ferreira da Veiga*).

In *Brazil Illustrado*, Rio de Janeiro, ano I, n. 9, 12 maio 1887, p. 127.

[1247] Autoria não identificada. *A preta mina, por Fluminense.* Litografia, 10,5 x 6,5 cm (*Etnias negro-africanas – Minas*).

In *Brazil Illustrado*, Rio de Janeiro, ano I, n. 10, 1887, p. 145.

[1248] Autoria não identificada (lith.) e Larée, Victor (lith.). *Retrato de Domingos Caldas Barbosa* (1740-1800), a partir de litografia do século XVIII. 1851. Litografia, 9,3 x 9,5 cm. Seção de Iconografia da Fundação Biblioteca Nacional/DRD/Divisão de Iconografia, Rio de Janeiro (*Literatura – Poetas – Domingos Caldas Barbosa*).

In 1. *Brazil Illustrado*, Rio de Janeiro, ano I, n. 10, 1887, p. 145.
2. Cabral, 1988:322.

[1249] Agostini, Angelo. *A Pesca dos Torpedos / Ministro – Que quer isto dizer? Que significa este desenho? / Semana (confuso) – Eu... Excelentissimo... / Moleque: (meia voz) – Nhonhô está apertado! / Ministro – Serás tão presumpçoso que não acreditas que o governo não pode* (obs."Página cortada). Litografia, 17,3 x 21,3 cm (*Políticos – Zacarias de Góis e Vasconcelos*).

In *O Arlequim*, Rio de Janeiro, Ano I, n. 28, 10 nov. 1867, p. 8.

[1250] Agostini, Angelo. *– Já virão? Aquela desenxabida pensa que é uma grande cousa por estar agora no galarim da moda, toda coberta de brilhantes. Há gente que não se conhece!!... / Deixa estar; ella tambem háde levar o ponta-pé como nós levamos / Ouves-me amigo, o que dizem aquellas sugeitas/ – São duas invejosas! Levão o dia a praguejar porque já não me importo com ellas.. Coitadinhas! deixal-as penar...* Litografia, 17 x 21 cm (*Políticos – Zacarias de Góis e Vasconcelos*).

In *O Arlequim*, Rio de Janeiro, Ano I, n. 29, 17 nov. 1867, p. 8.

[1251] Agostini, Angelo. *A Falta D'agua. – As bicas eram sitiadas em regra por grandes multidões de gente de todas as cores, armados de barris, potes, caçambas, jarros e commandados por um urbano.* Litografia, 6 x 9,5 cm. / *Rita, arranja-te como quizeres. Has de cozinhar com essa agua. Não ha mais em parte alguma. – '/ Uê...* Litografia, 5 x 6 cm (*O universo do trabalho – Aguadeiros – Cozinheiras*).

In *Vida Fluminense*, Rio de Janeiro, ano 2, n. 56, 23 jan. 1869, pp. 720-721.

[1252] Agostini, Angelo. *As Aventuras de "Nho Quim" ou Impressões de uma viagem á Corte – Historia em muitos capitulos.* Litografias em vários formatos. (*O universo do trabalho – Boleeiros, cocheiros, palafreneiros e sotas – Mucamas – Pajens*).

In *Vida Fluminense,* Rio de Janeiro, ano 2, n. 57, 30 jan. 1869, pp. 727-728; ano 2, n. 81, 17 jul. 1869, pp. 1014-1015.

[1253] AGOSTINI, ANGELO. *Os incendios em Nictheroy.* Litografia, 12,5 x 18 cm (O UNIVERSO DO TRABALHO – MUCAMAS).

In *Vida Fluminense,* Rio de Janeiro, ano 2, n. 62, 6 mar. 1869, p. 765.

[1254] AGOSTINI, ANGELO. *A Semana Santa – No mesmo dia de quarta-feira santa, uma alluvião de moleques armados de matracas, corria estouvadamente pelas ruas fazendo um alarido e uma gritaria só propria do carnaval. A policia que manda fechar os theatros durante 8 dias, não poderia permitir semelhante escandalo!* Litografia, 5 x 10,5 cm (CATOLICISMO – SEMANA SANTA – MATRACAS).

In *Vida Fluminense,* Rio de Janeiro, ano 2, n. 66, 3 abr. 1869, pp. 800-801.

[1255] AGOSTINI, ANGELO. *Eclipse quase total de um astro alcazarino. / Começo ás 2 da tarde na rua da Uruguayana. Fim ás 8 da noute no xadrez da policia.* Litografia, 25 x 18,5 cm (MARGINALIDADE – DETENTAS).

In *Vida Fluminense,* Rio de Janeiro, ano 2, n. 67, 20 abr. 1869, p. 808.

[1256] AGOSTINI, ANGELO. *Alumnos sahindo da eschola de musica, e declamação.* Litografia, 11,5 x 19 cm (AS ARTES DO ESPETÁCULO – TEATRO – ATORES – FRANCISCO CORRÊA VASQUES).

In *Vida Fluminense,* Rio de Janeiro, ano 2, n. 72, 25 maio 1869, p. 848.

[1257] AGOSTINI, ANGELO. *Club Radical na Phenix Dramatica. / – E esta!? Eu que pensava ser o primeiro nas scenas comicas, encontro aqui um rival desta ordem! Decididamente, se a cousa continuar, ver-me-hei obrigado a abandonar a arte dramatica!...* Litografia, 12 x 18 cm (AS ARTES DO ESPETÁCULO – TEATRO – ATORES – FRANCISCO CORRÊA VASQUES) / LÁ VAE OBRA. *Visto não haver opposição na camara mas sim uma calmaria podre, este objecto torna-se indispensavel.* Litografia, 7 x 17cm (O UNIVERSO DO TRABALHO – CARREGADORES DE COLCHÕES).

In *Vida Fluminense,* Rio de Janeiro, ano 2, n. 78, 26 jun. 1869, p. 888.

[1258] AGOSTINI, ANGELO. *Meu collega, este doente está em tão mau estado que já não sei o que faça para salval-o! Acha prudente tirar-lhe mais algum sangue? / Eu sei lá, collega ! Tenho medo que appareça alguma reacção.* Litografia, 7,5 x 13,5 cm (POLÍTICOS – VISCONDE DE INHOMIRIM).

In *Vida Fluminense,* Rio de Janeiro, ano 2, n. 80, 10 jul. 1869, p. 1004.

[1259] AGOSTINI, ANGELO. *Estado sanitario... dos capitalistas! Objecto indispensavel aos que não puderam supportar a carga. / Dizem os doutores mais conspicuos que a extracção deve ser pasmosa nos mezes proximos. Ficam avisados os srs. Vannet e outros.* Litografia, 12 x 18 cm (POLÍTICOS – VISCONDE DE INHOMIRIM) / *Por causa da Ristori! Sinhá moça que foi vê Medé no triato Lylico disse que mattando assim, ficava o pato mais gostoso porque morria de morte tragica!* Litografia, 6,5 x 8,5 cm (ESTEREÓTIPOS SOBRE O NEGRO – A EXPRESSÃO VERBAL) (O UNIVERSO DO TRABALHO – COZINHEIRAS).

In *Vida Fluminense*, Rio de Janeiro, ano 2, n. 80, 10 jul. 1869, pp. 1004 e 1010.

[1260] AGOSTINI, ANGELO. *O roubo do thesouro. / Peça phantastica devida á imaginação de um cerebro medroso! "Camaradas la dentro ha cousa! Cuidado: nada de imprudencias".* Litografia, 8 x 18 cm. / *Cá está elle! Ahi, patife, não escapas, não!* Litografia, 7,5 x 9,5 cm. *Finalmente! Resistiu... matei-o!* Litografia, 7,5 x 9,5 cm (POLICIAIS) / *A Ristori. Todos são unanimes desta vez! É verdade que, em questões artisticas, não tiveram ainda nem terão tão cedo occasião de incensar um idolo daquella majestade!* Litografia, 13,5 x 18 cm (POLÍTICOS – FRANCISCO OTAVIANO DE ALMEIDA ROSA).

In *Vida Fluminense,* Rio de Janeiro, ano 2, n. 82, 24 jul. 1869, pp. 1022 e 1025.

[1261] AGOSTINI, ANGELO. *Uma partida politica no senado. / – Dá mais effeito, collega, assim não carambolas! / – Qual! Não quero fazer saltar as bolas como tu! Achas que produso pouco effeito! Ora vê só como esta vae mesmo em cheio!* Litografia, 28,5 x 24,5 cm (POLÍTICOS – ZACARIAS DE GÓIS E VASCONCELOS).

In *Vida Fluminense*, Rio de Janeiro, ano 2, n. 84, 7 ago. 1869, p. 1042.

[1262] AGOSTINI, ANGELO. *– Se a minha paciencia estivesse na ponta do nariz de ha muito que se acharia esgotada. / – Espirra, meu amiguinho, espirra! Lá tens a Camara dos Deputados para te dizer una voce: Dominus tuum!* Litografia, 12,5 x 18 cm (POLÍTICOS – FRANCISCO OTAVIANO DE ALMEIDA ROSA) / *– Quando sinhá e seu moço vai ao triato ver a Maria Tuanêta volta sempre pra caza com u zi lenço enxaricado! E dizem que vão lá pra si diverti! Xi!!!.* Litografia, 9,3 x 8,7 cm (ESTEREÓTIPOS SOBRE O NEGRO – A EXPRESSÃO VERBAL) (O UNIVERSO DO TRABALHO – MUCAMAS).

In *Vida Fluminense*, Rio de Janeiro, ano 2, n. 85, 14 ago. 1869, pp. 1043 e 1050.

[1263] AGOSTINI, ANGELO. *Bem procurei tapar os buracos d'esta grande velha aos olhos dos tais peritos encarregados de examinar a obra. Não pude conseguil-o... mando isto á tabúa e mudo d'officio.* Litografia, 24 x 18,5 cm (POLÍTICOS – VISCONDE DE INHOMIRIM).

In *Vida Fluminense*, Rio de Janeiro, ano 2, n. 89, 11 set. 1869, p. 1082.

[1264] Agostini, Angelo. *Scenas da rua da Mizericordia. Linguagem brutal e pouco urbana que empregam os policiaes para se fazerem entender dos marinheiros estrangeiros que não comprehendem a nossa lingua.* Litografia, 20,5 x 18 cm (Policiais) / *As quatro sorores Theresas da actualidade. / Como isto desenferruja a gente! Se o collega Furtado não fosse o primeiro a cometter tamanho articidio, confesso que eu jamais ousaria vestir estas roupas monacaes.* Litografia, 12,3 x 8,5 cm (As artes do espetáculo – Teatro – Atores – Francisco Corrêa Vasques).

In *Vida Fluminense*, Rio de Janeiro, ano 2, n.91, 25 set. 1869, pp. 1092 e 1098.

[1265] Agostini, Angelo. *O reverendo e illustrado redactor da "Chronica" do Apos-tolo (sic) consulta seu Diccionario favorito para responder com a dignidade e decencia proprios de um sacerdote, ao correspondente do Jornal do Commercio, em Roma, e aos artigos e desenhos dos jornaes illustrados desta Corte!!!* Litografia, 11 x 18 cm (Estereótipos sobre o negro – Alcoólatras – Negra mina).

In *Vida Fluminense*, Rio de Janeiro, ano 2, n. 100, 27 nov. 1869, p. 1063.

[1266] Agostini, Angelo. *Os escravos do Mosteiro de S. Bento do Rio de Janeiro. Escravo que ainda pode trabalhar. – Moleque, o peixe está moido; vou por isso ferrar-te duas duzias de bollos, grandesissimo. / Escravo que já não pode trabalhar. – Pae Matheus, toma tua carta de liberdade. Com 50 annos já não vales o que comes. / (Transcrevemos do "Apostolo" de 5 do corrente o seguinte: " O Mosteiro de S. Bento do Rio de Janeiro desde o 1.o de junho até 30 de setembro do corrente anno libertou 12 escravos, e foram declarados libertos todos os escravos que completaram a edade de 50 annos. / E não prestam para nada as ordens religiosas e são rebeldes ás leis do Estado!!! e portanto suffoquemo-las e repartamos entre nós os seus despojos!!!!! (Pomos por nossa conta outras três exclamações).* Litografia, 10,5 x 18,5 cm (Abolicionismo – Cartas de alforria).

In *Vida Fluminense*, Rio de Janeiro, ano 2, n. 103, 18 dez. 1869, p. 1093.

[1267] Agostini, Angelo. *De volta do Paraguai. Cheio de glória, coberto de louros, depois de ter derramado seu sangue em defesa da pátria e libertado um povo da escravidão, o voluntário volta ao seu país natal para ver sua mãe amarrada a um tronco! Horrível realidade!...* Litografia, 24 x 18 cm (Guerra do Paraguai – Voluntários da Pátria) (Repressão e violência – Instrumentos de tortura de escravos – Castigos corporais – Tronco).

In 1. *Vida Fluminense*, Rio de Janeiro, ano 3, 12 jun. 1870, p. 184.
2. Lima, 1963, I:208.
3. Moura, 1999:137.

[1268] Agostini, Angelo. *Tipos do Rio de Janeiro. Arrabaldes. IV – A Mucama. / – Sinhazinha, aí vem ele. / – Qual, o de barba preta? – Não, sinhá, é o de bigodinho louro.* Litografia, 24 x 18 cm (Cenas de gênero) (O universo do trabalho – Mucamas).

In 1. *A Vida Fluminense*, Rio de Janeiro, ano 3, n. 147, 22 out. 1870, p. 340.
2. Lima, 1963, II:783.

[1269] Agostini, Angelo. *Sessão magna do feiticeiro Juca Rosa.* Litografia, 17,5 x 24 cm (Marginalidade – Feitiçaria – O feiticeiro Juca Rosa).

In *Vida Fluminense*, Rio de Janeiro, ano 3, n. 154, 10 dez. 1870, p. 394.

[1270] Agostini, Angelo. *Os Festejos da Chegada de Ss.Mm.Ii. A Rua do Ouvidor na noite de Domingo* 31. Litografia, 23,5 x 40 cm (Estereótipos sobre o negro – Os corpos grotescos) / *Grandes brutos! Não deixem o fogo passar ás outras casas cá a da* Reforma, *não importa que se queime.* Litografia, 12,5 x 17,5 cm (O universo do trabalho – Bombeiros).

In *O Mosquito*, Rio de Janeiro, ano 4, n. 134, 6 abr. 1872, pp. 4-5 e 8.

[1271] Agostini, Angelo. *Effeito que produziu a Sociedade Economica de Consumo nas regiões seccas e molhadas./ – É, é, uê! que disafôlo!... então nós não ganha mais cachaça!...* Litografia, 12,5 x 13,5 cm. / *Não haverá meio de habilitar bons caixeiros para o negocio como temos hoje.* Litografia, 11,5 x 17,5 cm (Estereótipos sobre o negro – Alcoólatras – A expressão verbal).

In *O Mosquito*, Rio de Janeiro, ano 4, n. 135, 13 abr. 1872, pp. 4-5.

[1272] Agostini, Angelo. *Effeitos de uma medida policial na heroica aldeia de S. Sebastião. / Rapaz! Vá buscar uma parte de manteiga e dois pares de quatro. Olhe que é para o camarote n. 4. / Sim siô. / – Que diabo levas tu ahi? / – Que queres, os hoteis fechão agora ás 10 horas e eu não posso dispensar o meu chazinho...*Litografia, 12,5 x 19 cm (O universo do trabalho – Criados).

In *O Mosquito*, Rio de Janeiro, ano 4, n. 148, 13 jul. 1872, p. 8.

[1273] Agostini, Angelo. *– Mas Va. senhoria... / – Qual Senhoria, trata-me por tu, bem sabes que sou teu melhor amigo. / É verdade, uma vez de quatro em quatro anos.* Litografia, 12,5 x 8 cm (Eleições – Aliciamento de eleitores).

In *O Mosquito*, Rio de Janeiro, ano 4, n. 152, 10 ago. 1872, p. 8.

[1274] Agostini, Angelo. *Eleição – Para que você matou o moço? / É mentira, foi você que deu uma facada... / Grandessissima... id id (vide estylo Reforma e Nação).* Litografia, 9 x 11,5 cm (Etnias negro-africanas – Negras minas) *Typos de alguns membros do povo soberano.* Litografia, 10 x 9 cm (Marginalidade — Capadócios – Capangas – Capoeiras)

Ainda o povo soberano. Quem paga, são os liberaes ou os conservadores (Marginalidade – Capadócios Capangas – Capoeiras) Litografia, 9 x 12 cm. / *Uma scena de eleição! – E falla-se na Communa!* Litografia, 15 x 18 cm (Eleições – Aliciamento de capangas) / *Quartel general da Reforma. Chegada de um ajudante d'ordens, trazendo noticias dos campos de batalha.* Litografia, 14 x 22 cm (Políticos – Francisco Otaviano de Almeida Rosa)/ !!! Litografia, 23 x 18 cm (Eleições – Aliciamento de capangas).

In *O Mosquito*, Rio de Janeiro, ano 4, n. 154, 24 ago. 1872, pp. 4-5 e 8.

[1275] Agostini, Angelo. *Eleições – O dr. F. professor em mathematicas. / O Conselheiro B. O Commendador C. capitalista (Phosforos liberaes e conservadores).* Litografia, 10,5 x 7 cm (Eleições – Eleitores? Capangas?)/ Hontem *Liberté, égalité e (sic) fraternité.* Hoje. *Barrela indispensavel depois de se haver fraternisado com o povo soberano.* Litografia, 13 x 41,2 cm (Políticos – Francisco Otaviano de Almeida Rosa – Zacarias de Góis e Vasconcelos).

In *O Mosquito*, Rio de Janeiro, ano 4, n. 155, 31 ago. 1872, pp. 4-5.

[1276] Agostini, Angelo. *A flor de sua gente.* Litografia, 10,5 x 15 cm (Marginalidade – Capadócios – Capangas – Capoeiras).

In *O Mosquito*, ano 4, n. 156, 7 set. 1872, p. 5.

[1277] Agostini, Angelo. *Qual Será O Titulo! Martyres da liberdade... do voto. Os nossos amigos!* (Eleições – Capangas? Eleitores?) Litografia, 7,3 x 6 cm / *– D'esta vez leva só meia duzia de bollos para você não mentir nos seus folhetins acerca do* Mosquito. *Agora se quizeres, podes continuar.* Litografia, 13 x 18 cm (Literatura – Jornalistas – Ferreira de Menezes).

In *O Mosquito*, ano 4, n. 158, 21 set. 1872, p. 4.

[1278] Agostini, Angelo. *Bom Successo Monarchico. / – Mr. le docteur foi empregar le forceps et voilá raison porque a cabece d'esse sahio differente des autres. – Então, que quer? a creança apresentou-se com tantas difficuldades...* Litografia, 24 x 45 cm (Políticos – Visconde de Inhomirim)/ *Os novos fidalgos, para não se confundirem com os villões terão de recorrer ao classico vestuario de capa e espada. / N.B. Na rua da Carioca vendem-se excellentes fatos de princezes por preços razoaveis.* Litografia, 17 x 29 cm (Políticos – Visconde de Inhomirim) (O universo do trabalho – Vendedores de frutas).

In *O Mosquito*, Rio de Janeiro, ano 4, n. 163, 26 out. 1872, pp. 4-5 e 8.

[1279] Agostini, Angelo. *O Dia De Finados No Cemiterio Politico.* Litografia, 29 x 45 cm (Políticos – Visconde de Inhomirim).

In *O Mosquito*, Rio de Janeiro, ano 4, n. 164, 2 nov. 1872, pp. 4-5.

[1280] Agostini, Angelo. *Ao Apostolo, O.D.C. O* casamento *do Rev. Padre Anto. Teixeira de Albuquerque com a jovem e feliz senhorinha Francisca de Jesus.* Litografia, 41,5 x 24 cm (Catolicismo – Sacerdotes – Padre Antônio Teixeira de Albuquerque) (Marginalidade – Raptos).

In *O Mosquito*, Rio de Janeiro, ano 4, n. 170, 14 dez. 1872, pp. 4-5.

[1281] Agostini, Angelo. *Uma receita para as camelladas (Extrahido do Correio da Bahia). Estava o Rev. padre Jacintho da Costa Ferreira muito entretido a conversar com Anna Candida de Oliveira, quando o fazendeiro Constantino Vieira Cortez, que tinha suas razões para não gostar d'essas conversas, entra n'uma justa colera, vindo a toda pressa chamar seus escravos Manoel e Felippe.* Litografia, 7,8 x 9 cm. / *volta seguido por estes, armados e de canivetes bem afiados.* Litografia, 8,5 x 8 cm. / *Agarrado o padre, deitão-no de modo a poder bem lhe cortar os callos (sic). Apezar de dolorosa, consta que o padre Ferreira sobreviveu à operação e que, segundo affirmam os entendidos, elle ha de gozar de boa saude e engordar a fazer inveja a um capão.* Litografia, 6,5 x 18 cm (Repressão e violência – Escravos castram um padre namorador, a mando de seu senhor).

In *O Mosquito*, Rio de Janeiro, ano 4, n. 171, 21 dez. 1872, p. 8.

[1282] Agostini, Angelo. *A nossa Policia. – Graças ao zelo dos recrutadores, alguns pais de familia, officiaes da G.N., meninos de collegio, escravos e varios cidadãos aptos para o serviço militar enchem as estações (systema do ex dictador Lopez). Para alguma cousa serviu a guerra do Paraguay. Um capoeira filiado para recruta á vista de trez honrados pais de familia que se regozijam com tão acertada preza.* Litografia, 11,5 x 41 cm (Marginalidade – Capadócios – Capangas – Capoeiras) / *– Soccorro, sr. urbano! Livre-me d'estes dois malvados!! / – Não tenho nada com isso, o Sr. não está no meu quarteirão.* Litografia, 13 x 16,5 cm (Marginalidade – Capadócios – Capangas – Capoeiras). / *Programa Do Mosquito Para* 1873. / *Meu jovem 73, toma bem sentido com todos esses sujeitos. Avisa-me logo que descubrires alguma novidade; o meu lapis está bem afiado e prompto.* Litografia, 18 x 24 cm (Políticos – Francisco Otaviano de Almeida Rosa – Zacarias de Góis e Vasconcelos).

In *O Mosquito*, Rio de Janeiro, ano 5, n. 173, 4 jan. 1873, pp. 4-5 e 8.

[1283] Agostini, Angelo. *Orgia franciscana. Bem razão tiveram os trez frades em não querer que o convento servisse d 'enfermaria.* Litografia, 12 x 21 cm (Marginalidade – Relações sexuais de frades com escravas).

In *O Mosquito*, Rio de Janeiro, ano 5, n. 177, 1° fev. 1873, p. 5.

[1284] Agostini, Angelo. *Ajustes De Conta – / Ora, seu Chefe! quatro patacas é muito pouco! Eu dei mais de 200 vivas á Monarquia, a suas... /*

– E eu, seu Chefe, atirei mais de 40 pedras nas vidraças, e borrei a taboleta... etc. e etc... Litografia, 16,5 x 18 cm (*Policiais*) (*Marginalidade – Arruaceiros*) / *Contra senadores e deputados que defendem a "Republica", o Governo aprezenta estes typos como defensores da Monarchia!* Litografia, 10 x 6,5 cm (*Marginalidade – Arruaceiros*).

In *O Mosquito*, ano 5, n. 182, 8 mar. 1873, pp. 1 e 4-5.

[1285] Agostini, Angelo. *Ce cher monsieur Zacariá notre excellent protecteur! Voulez-vous prendre quelque chose?* Litografia, 18, x 24,3 cm (*Políticos – Zacarias de Góis e Vasconcelos*).

In *O Mosquito*, Rio de Janeiro, ano 5, n. 186, 5 abr. 1873, p. 4.

[1286] Agostini, Angelo. No Rio de Janeiro em 1873! *Procissão Carnavalesca.* Litografia, 24 x 39 cm (*Políticos – Zacarias de Góis e Vasconcelos*).

In *O Mosquito*, Rio de Janeiro, ano 5, n. 188, 19 abr. 1873, pp. 4-5.

[1287] Agostini, Angelo. *Abastecimento d'agua (negocio da China) / – Quatro vintens para encher essa garrafa d'agua?! Ave Maria, credo!! Veja se deixa por trez. / – Então rapariga você pensa que isto é vinho?* Litografia, 18 x 24,3 cm (*O universo do trabalho – Aguadeiros*).

In *O Mosquito*, Rio de Janeiro, ano 5, n. 191, 10 maio 1873, p. 8.

[1288] Agostini, Angelo. *O Rio Branco esteva vae não vae... Mas o Zacarias... o Zacarias é homem que não hesita.* Litografia, 12 x 18,2 cm (*Políticos – Zacarias de Góis e Vasconcelos*).

In *O Mosquito*, Rio de Janeiro, ano 5, n. 193, 24 maio 1873, p. 8.

[1289] Agostini, Angelo. *– Meu amigo tambem esteve n'essa berlinda, e... judiaram bastante comigo... Pobre Zacarias, tenho pena de ti!!!* Litografia, 17,5 x 18 cm (*Políticos – Zacarias de Góis e Vasconcelos*).

In *O Mosquito*, Rio de Janeiro, ano 5, n. 194, 31 maio 1873, p. 1.

[1290] Agostini, Angelo. *O Futuro Imperador Do Brazil. Estava abolido o beija-mão, mas graças aos reverendos srs. Zacarias e Candido Mendes havemos de ter o beija-pé, a Inquisição e outros melhoramentos.* Litografia, 24,3 x 40,5 cm (*Políticos – Zacarias de Góes e Vasconcelos*).

In *O Mosquito*, Rio de Janeiro, ano 5, n. 196, 14 jun. 1873, pp. 4-5.

[1291] Agostini, Angelo. *Acto de justiça que fez o Club Popular de Pernambuco a um dos mais distinctos chefes do partido liberal (Por ahi vê-se que ha mais moralidade nas provincias do que na Corte.* Litografia, 17,3 x 18 cm (*Políticos – Zacarias de Góis e Vasconcelos*).

In *O Mosquito*, Rio de Janeiro, ano 5, n. 199, 5 jul. 1873, p. 1.

[1292] Agostini, Angelo. *Effeito do brilhante discurso do Rev.mo Sr. Senador Candido Mendes sobre um auditorio (E estes não se forão embora por delicadeza...)* Litografia, 28 x 24,3 cm (*Políticos – Zacarias de Góis e Vasconcelos*).

In *O Mosquito*, Rio de Janeiro, ano 5, n. 200, 12 jul. 1872, p. 4.

[1293] Agostini, Angelo. *Façanhas veridicas dos nossos amigos os padres. Á Ss. Exx.as episcopaes offerece* O Mosquito. *O padre José Domingues apresentando sua senhora e filhos no baile do Sr. Ant.o J.e de Campos (Na Cacaria).* Litografia, 9 x 12 cm (*Sacerdotes e relações sexuais com negras*) – / *Se seu padre quer eu berganho seu moleque pelo meu burro... / – Isso não, seu capitão: olhe que elle é uma bonita peça; dê mais alguma coisa e fazemos negócio.* Litografia, 20,3 x 12 cm (*Tráfico de escravos – Sacerdotes católicos traficantes de escravos*) / *Associação Catholica. / Mosq. – Cada um faz o que pode. Aqui lhes trago um escudo d'armas para a sua associação. Creio que V.V. Exx. as não podem deixar de nomear-me socio benemerito?...* Litografia, 24 x 18 cm (*Políticos – Zacarias de Góes e Vasconcelos*).

In *O Mosquito*, Rio de Janeiro, ano 5, n. 203, 2 ago. 1873, pp. 4-5 e 8.

[1294] Agostini, Angelo. *Os unicos estabelecimentos a quem a policia não obriga a fechar as suas portas ao som do Aragão. / – Brrr! Este doce que vôs chama pé de muleca estar insupórtêble... / – Não é mais insupportavel do que este cigarro de tostão o masso; Puah! Para quem só fuma havana!* Litografia, 17,2 x 18 cm (*O universo do trabalho – Quitandeiras – Quituteiras*) / *Exposição de Carne Humana Tolerada Pela Policia. / – Ora, sr. Chefe!... Faça-me o favor de remover estas... creaturas indecentes para uma rua onde não passem os bonds. Creia que essa medida alem de moral, é muito mais conveniente do que a tal do toque do Aragão, e que as familias de muitos arrabaldes lhe ficarão immensamente gratas.* Litografia, 24 x 40 cm (*Marginalidade – Prostituição*).

In *O Mosquito*, Rio de Janeiro, ano 5, n. 206, 23 ago. 1873, pp. 1 e 4-5.

[1295] Agostini, Angelo. *C. de Paladini e G. Bianchi despedem-se. / – Vocês são excellentes artistas, mas se voltarem para aqui, tragam uns trapezios, cavallos, palhaços etc. etc. e garanto que em logar das flores levarão uma fortuna.* Litografia, 12 x 28 cm (*O universo do trabalho – Carregadores de flores*). / Os Srs. Nunes de Souza & Ca. gente limpa / *Uê!... Já birigarão com os aguadeiros agora e com o lixeiro, amanhã hão de querê birigá comigo para limpá os... Ave Maria! Credo! ehé ehé.* Litografia, 9,3 x 8,5 cm (*Estereótipos sobre o negro – A expressão verbal*) (*O universo do trabalho – Mucamas*).

In *O Mosquito*, Rio de Janeiro, ano 5, n. 208, 6 set. 1873, p. 8.

[1296] AGOSTINI, ANGELO. *O Ventre Livre ou a Lei de 28 de Setembro. / Mosq. – O collega que é mestre em apotheoses, que acha desta? / Dr. Sem.a – Acho bom. Focê bassou-me a berna: até gabaz de agredidar que focê tambem come bola.* Litografia, 38 x 24,3 cm (ABOLICIONISMO – LEI DO VENTRE LIVRE).

In *O Mosquito*, Rio de Janeiro, ano 5, n. 211, 27 set. 1873, pp. 4-5.

[1297] AGOSTINI, ANGELO. *– Sr. Cons.o. tanta demora em dar o parecer sobre os Estatutos da Associação catholica parece caçoada de V. Ex.a! Pois olhe Sr. Souza Franco, isto não é nenhuma associação carnavalesca!* Litografia, 18,5 x 18 cm (POLÍTICOS – ZACARIAS DE GÓIS E VASCONCELOS).

In *O Mosquito*, Rio de Janeiro, ano 5, n. 217, 8 nov. 1873, p. 1.

[1298] AGOSTINI, ANGELO. *– É para a liberdade de minha filha, sim siô / Uffa! Tome lá.* Litografia, 6 x 4,5 cm (ABOLICIONISMO – CARTAS DE ALFORRIA – NOITES DE BENEFÍCIO) / *– Diga a seu sinhor que eu venhe recevoir l'argent de mon benefice. / – Siô moço sahio sim sinhora, foi passêá.* Litografia, 5,8 x 8,5 cm (O UNIVERSO DO TRABALHO – CRIADOS).

In *O Mosquito*, Rio de Janeiro, ano 5, n. 218, 15 nov. 1873, p. 4.

[1299] AGOSTINI, ANGELO. *Pezagem de lixo ou a mais nova industria nacional... estamos acuados. Lixo e mais lixo. – A modo que eze baranco tá peridendo zizo! tanta baruya pra mó de eze porcaria!* Litografia, 6 x 7,5 cm (ESTEREÓTIPOS SOBRE O NEGRO – A EXPRESSÃO VERBAL) (O UNIVERSO DO TRABALHO – VARREDORES).

In *O Mosquito*, Rio de Janeiro, ano 5, n. 219, 22 nov. 1873, pp. 4-5.

[1300] AGOSTINI, ANGELO. *O governo do sr. Rivarola impedindo a viagem do paquete brazileiro, mas não consegue o seu fim, graças á attitude energica do commandante... Se fôr preciso – o que não é para desejar –* los macaquitos *mostrarão aos argentinos para quanto prestam.* Litografia, 6,5 x 9 cm (ESTEREÓTIPOS SOBRE O NEGRO – OS CORPOS GROTESCOS – "MACAQUITOS") (MILITARES).

In *O Mosquito*, Rio de Janeiro, ano 5, n. 223, 20 dez. 1873, p. 8.

[1301] AGOSTINI, ANGELO. *Cansado de esperar pela approvação dos estatutos, o presidente da Associação Catholica resolveu pedir á cocheira de Moreau um regulamento que possa substituir o outro.* Litografia, 7 x 7 cm. / *Uma assembléa geral se formou logo, e vários discursos bestialogicos se recitaram.* Litografia, 7 x 11cm (POLÍTICOS – ZACARIAS DE GÓIS E VASCONCELOS).

In *O Mosquito*, Rio de Janeiro, ano 6, n. 225, 3 jan. 1874, pp. 4-5.

[1302] AGOSTINI, ANGELO. *A Questão do dia. / Cons.o Goes – Meus irmãos, o santo bispo frei Vital acaba de ser preso (sensação, grande zurraria). Socegai irmãos, a esta hora os nossos amigos e o bom povo de Pernambuco terão feito correr muito sangue para livral-o. – Amen (Zurraria prolongada, grande alegria!) / Grande decepção, os Srs. zurradores acabaram por saber que, nem os seus amigos, nem o povo pernambucano impedirão que S. Ex. Rev.a fosse preso! Caiporismo!* Litografia, 7,5 x 18 cm (POLÍTICOS – ZACARIAS DE GÓIS E VASCONCELOS) / *Façanhas do santo vigario de Riacho do Sangue (Ceará) (com um nome d'esses, a villa não podia ter outro vigario. / O padre João Batista Alves Maia, desesperado de ver uma moça resistir a sua infernal paixão, manda assassinar quatro pessoas para cevar a sua vingança. Este padre não tardará a ser canonisado (Jornal do Com.o 20 de Dez.o de 1873).* Litografia, 18 x 29 cm (MARGINALIDADE – CAPADÓCIOS – CAPANGAS – CAPOEIRAS – ASSASSINATO – PADRE ENVOLVIDO COM CAPANGAS).

In *O Mosquito*, Rio de Janeiro, ano 6, n. 226, 10 jan. 1874, pp. 5 e 8.

[1303] AGOSTINI, ANGELO. *A prisão do bispo de Pernambuco. Consta que o chefe da dita Associação (Catholica) não poupou esforços para conseguir render homenagem ao bispo martyr. Foi debalde. Que lhes faça bom proveito. São gostos.* Litografia, 7,5 x 5 cm / *O Apostolo, orgão do jesuitismo, servirá de distracção ao illustre prisioneiro. O Cons.o Goes e o Dr. Reis empregarão todos os seus esforços para esse fim.* Litografia, 8,5 x10,5 cm *O General Goes é completamente derrotado pelo governo.* Litografia, 12 x 18 cm / *Reunião jesuitica. A prisão dos bispos de Olinda e do Pará, os artigos de Ganganelli, a derrota eitoral do bispo de Marianna e...a falta d'agua pode fazer com que esses energumenos fiquem inteiramente damnados. Chama-se pois a attenção da competente autoridade.* Litografia, 9 x 9 cm (POLÍTICOS – ZACARIAS DE GÓIS E VASCONCELOS).

In *O Mosquito*, Rio de Janeiro, ano 6, n. 227, 17 jan. 1874, pp. 4-5 e 8.

[1304] AGOSTINI, ANGELO. *A Ass. Cath. – Este telegramma sobre a missão Penedo é falso e uma mentira indigna, uma calumnia. O Papa aprova a nobre conduta dos bispos.* Litografia, 6 x 11 cm / *O presidente Goez reconhecendo a sua triste posição comprou grandes quantidades de cordão para si e para os seus collegas da Associação, não se sabem com que fim.* Litografia, 6 x 9,5 cm (POLÍTICOS – ZACARIAS DE GÓIS E VASCONCELOS).

In *O Mosquito*, Rio de Janeiro, ano 6, n. 228, 24 jun. 1874, p. 5.

[1305] AGOSTINI, ANGELO. *– (Lendo) – Entre muertos i heridos, ciento e tantas personas en la ultima eleccion etc. Isto faz-me lembrar o que escreviamos ha dois annos na Reforma: "o sangue liberal corre a jôrros, os commandantes das guardas afiando os sabres nas pedras das calçadas, o sangue liberal salpicando os templos, etc. Cá entre nós, a respeito d 'eleições creio que somos mais hespanhóes do que os nossos visinhos do Sul.* Litografia, 27,8 x 18 cm (POLÍTICOS – FRANCISCO OTAVIANO DE ALMEIDA ROSA) / *Grande baile a caracter offerecido pel O Mosquito a todas as summidades politicas, sociaes, religiosas e carnavalescas (A Exma. Sr.a D.a Vida Fluminense e o Illmo. Sr. Dr. Semana e o seu* *moleque, prestão-se obsequiosamente a abrilhantar esta festa com o seu bem reconhecido e incontestavel talento).* Litografia, 24 x 38 cm (Etnias negro-africanas – Negras minas) (Indumentária feminina) (Políticos – Zacarias de Góis e Vasconcelos).

In *O Mosquito*, Rio de Janeiro, ano 6, n. 231, 14 fev. 1874, pp. 1,4-5.

[1306] Agostini, Angelo. *A pedido geral publicamos o grupo de mascarados que S. Ex. o sr. Chefe prendeu no Domingo de Carnaval na rua Direita. /* O Mosquito *vendo n 'esses tres casamentos o final de tantos arrufos e a união legal de tres herejes com a igreja ultramontana, assevera que a idea é excessivamente moral e religiosa; e por isso, elle, Mosquito, autoridade muito acreditada n'esta materia, toma a licença de apresent'a-los ao publico, sentindo não estar de accordo com S. Ex. o Sr. Chefe.* Litografia, 23 x 40,5 cm (Políticos – Zacarias de Góis e Vasconcelos).

In *O Mosquito*, Rio de Janeiro, ano 6, n. 232, 21 fev. 1874, pp. 4-5.

[1307] Agostini, Angelo. *Variações sobre a questão religiosa. A Nação (jornal) diz que o Rev. redactor do Apostolo, tem o physico que o impede de peccar. O que quererá dizer a Nação com isso?* Litografia, 10 x 11 cm (Marginalidade – Relações sexuais de sacerdotes católicos com negras) (O universo do trabalho – Mucamas).

In *O Mosquito*, Rio de Janeiro, ano 6, n. 256, 21 mar. 1874, p. 8.

[1308] Agostini, Angelo. *Carlos Gomes colhe novos louros com a sua opera* Salvador Roza, *no theatro Carlo Fenice em Genova.* Litografia, 12 x 18 cm (Música – Compositores – Carlos Gomes).

In *O Mosquito*, Rio de Janeiro, ano 6, n. 242, 2 maio 1874, p. 8.

[1309] Agostini, Angelo. *Theatro politico / Dança politica no Senado. Causou admiração ver como essa eximia dançarina executou o passo dos ovos sem quebrar nenhum.* Litografia, 24 x 18 cm (Políticos – Barão de Cotejipe).

In *O Mosquito*, Rio de Janeiro, ano 6, n. 246, 30 maio 1874, p. 8.

[1310] Agostini, Angelo. *A Associação Catholica não pode conter a sua santa indignação ao ver o satanico grão-mestre da maçonaria e do gabinete profanando a vara do pallio. Horror!!!!!!!!* Litografia, 17 x 18 cm / *Na opinião do illustre Rio Grandense só o partido liberal poderá resolver esta grave questão religiosa. Isso lá é verdade, sobretudo se foram liberaes desta raça. Porem como há outros liberaes que não approvam o systema do sr. Zacarias sobre o modo de fazer andar este pobre paiz, segue-se, que teremos novas descomposturas parlamentares, pancadaria etc. etc.* Litografia, 10,5 x 13 cm (Políticos – Zacarias de Góis e Vasconcelos).

In *O Mosquito*, Rio de Janeiro, ano 6, n. 247, 6 jun. 1874, pp.1 e 4-5.

[1311] Agostini, Angelo. *O Governo e a Opposição (situação politica). Os attaques da Opposição baseados sobre principios falsos, sobre o jesuitismo e a inveja não fazem senão levantar o governo na Opinião publica e formar-lhe um pedestal com as pedras que lhe atiram.* Litografia, 24 x 39 cm (Políticos – Zacarias de Góis e Vasconcelos).

In *O Mosquito*, Rio de Janeiro, ano 6, n. 248, 13 jun. 1874, pp. 4-5.

[1312] Agostini, Angelo *O Sr . Zacarias interpella o governo sobre os bonds de S. Thereza que elle não quer ver por um oculo. Morador na rua dos Felizes,oxalá elle o seja n 'este seu pedido que achamos muito justo.* Litografia, 5 x 6,5 cm (Políticos – Zacarias de Góis e Vasconcelos) / *Projecto do monumento que os representantes do Vatapá offerecem ao Sr. Eunapio Deiró, um dos heroes da questão esgoto-bahiana.* Litografia, 7 x 4,5 cm (Políticos – Eunápio Deiró).

In *O Mosquito*, Rio de Janeiro, ano 6, n. 249, 20 jun. 1874, p. 4.

[1313] Agostini, Angelo. *Romaria ao carcere do martyr de Olinda (extrahido exclusivamente do "Apostolo"/ Cerca de 200 catholicos embarcaram no Cais das Marinhas na manhã de 21, e em devotissima romaria, dirigiram-se para a fortaleza de S. João.* Litografia, 11,5 x 18,5 cm / *Durante a viagem foram entoando hymnos, ladainhas, canticos e varias outras cantigas, com acompanhamento de gaita. / Desembarcando todos os romeiros, seguiram processionalmente e em respeitoso silencio para a prisão do heroico martyr da fé. Dispuzeram-se o melhor e mais ordenadamente possivel nos acanhados aposentos do illustre prisioneiro da Maçonaria Imperial, para ouvirem o Santo Sacrificio da missa.* Litografia, 10,5 x13,7 cm / *Apenas o amabilissimo confessor da fé appareceu para o tremendo sacrificio, os romeiros commovidos, desataram n'um tocante e religioso choro (coitadinhos!)* Litografia, 11 x11,5 cm / *Á Sagrada Meza chegaram-se cento e vinte romeiros que tiveram a dita ineffavel de receber a restauração catholica, o dulcissimo manjar dos Anjos!* Litografia, 7 x 19 cm (Políticos – Zacarias de Góis e Vasconcelos).

In *O Mosquito*, Rio de Janeiro, ano 6, n. 250, 27 jun. 1874, pp. 4-5.

[1314] Agostini, Angelo. *Julgamento do bispo do Pará. Bastantes esforços fizeram para que a balança da justiça pendesse para o seu lado, mas... coitados.* Litografia, 17,5 x 18 cm (Políticos – Zacarias de Góis e Vasconcelos).

In *O Mosquito*, Rio de Janeiro, ano 6, n. 251, 4 jul. 1874, p. 1.

[1315] Agostini, Angelo. *Sem título. Vestuarios representativos dos representantes da Nação depois da abolição da farda proposta pelo Sr. Martinho de Campos. Não será obrigatorio levar comsigo os accessorios symbolicos.* Litografia, 24 x 16 cm (Políticos – Eunápio Deiró).

In *O Mosquito*, Rio de Janeiro, ano 6, n. 253, 18 jul. 1874, p. 5.

[1316] Agostini, Angelo. *Os nossos amigos. / Garanto-lhe que é uma boa fazenda... 'O Rev.o Vigario de Campinas (Prov.a de S. Paulo) faz o seu negocio vendendo escravos a fazendeiros. Reccomendamos esse santo homem ao governo para o bispado de Pernambuco que está vago.* Litografia, 11,5 x 18,5 cm (*Tráfico de escravos – Sacerdotes católicos traficantes de escravos – Vigário de Campinas, São Paulo*) / *No Senado. – V. Abaeté – V. Exa. ha de ouvir o meu discurso... Exijo que venha sentar-se ao pé de mim, porque sou surdo, sinão sento-me... Zac.as, Silv.a da Motta, Fig.a de Mello – Apoiado. – V. R. Branco – Mas isto é um despotismo. V. Exa. está feito soberano do Senado? / É preciso confessar que uma sessão no Senado é coisa muito divertida.* Litografia, 8,5 x 18 cm (*Políticos – Zacarias de Góis e Vasconcelos*).

In *O Mosquito*, Rio de Janeiro, ano 6, n. 255, 1º ago. 1874, p. 4-5.

[1317] Agostini, Angelo. *Ah! vocês chamaram o Quintino e o Salvador para redactores, pois olhem, cá recrutei o Ferreira de Menezes que é tão bom republicano como os seus, e se fôr preciso lançarei mão do Octaviano Hudson. Quando é preciso não olho á despezas.* Litografia, 8 x 18 cm (*Literatura – Jornalistas – Ferreira de Menezes*).

In *O Mosquito*, ano 6, 15 ago. 1874, p. 257, p. 8.

[1318] Agostini, Angelo. *Grande banquete politico offerecido pelos dissidentes do Sr. Cons. Paulino. Os nobres deputados e senadores retiraram-se muito satisfeitos etc. etc.* Litografia, 11,5 x 15,5 cm (*Políticos – Visconde de Inhomirim*) (*O universo do trabalho – Palafreneiros*).

In *O Mosquito*, ano 6, 12 set. 1874, n. 261, pp. 4-5.

[1319] Agostini, Angelo. *Quem falta á verdade? / Os Srs. Zacarias & C.a rendem homenagem ás verdades que o S.to Martyr da fé tem proferido. / Pobres cegos! Verdade é que o reino do ceo os espera!* Litografia, 14,5 x 15,5 cm / *C.F. – Pois V. Ex. declara sem mais nem menos que não quer mais ser ministro! Se nós o fizemos presidente da Associação Catholica é pelos seus bonitos olhos so. / Ir. de Carv. – Isto n 'est pas bon e non é digno de um home politique. V. Ex. tem espichade.* Litografia, 9,5 x 9 cm (*Políticos – Zacarias de Góis e Vasconcelos*).

In *O Mosquito*, Rio de Janeiro, ano 6, n. 263, 26 set. 1874, p. 4.

[1320] Agostini, Angelo. *– O seu carcamano, tome lá dois vintens e acabe com essa amolação.* Litografia, 14 x 7 cm (*Políticos – Zacarias de Góis e Vasconcelos*).

In *O Mosquito*, Rio de Janeiro, ano 6, 3 out. 1874, p. 4.

[1321] Agostini, Angelo. *As festas! As festas!... Pesadello da actualidade.* Litografia, 17,5 x 17,8 cm (*O universo do trabalho – Mucamas – Pajens*).

In *O Mosquito*, Rio de Janeiro, ano 6, n. 272, 26 dez. 1874, p. 1.

[1322] Agostini, Angelo. *Cousas da actualidade. Poderia-se dispensar a presença d'esse bombeiro nos incendios, visto que elle não trata senão de circumscrever chicaras de café pela vizinhança.* Litografia, 6 x 8,5 cm (*O universo do trabalho – Mucamas*).

In *Revista Illustrada*, Rio de Janeiro, ano I, n. 1, 1º jan. 1876, pp. 4-5

[1323] Agostini, Angelo. *A falta d'água na Côrte é quasi absoluta. Um pingo de 5 em 5 minutos.* Litografia, 6,5 x 7 cm (*O universo do trabalho – Aguadeiros*).

In *Revista Illustrada*, Rio de Janeiro, ano I, n. 1, 1º jan. 1876, pp. 3-4.

[1324] Agostini, Angelo. *Ainda estão longe... mas os preparativos já começaram. Veremos novamente o sangue correr a jorros, salpicando os templos! e algumas illustres victimas receberem* facadas da flôr da minha gente. Litografia, 5 x 9 cm (*Marginalidade – Capadócios – Capangas – Capoeiras – Eleições*).

In *Revista Illustrada*, Rio de Janeiro, ano 1, n. 2, 8 jan. 1876, p. 8.

[1325] Agostini, Angelo. *Agua! Agua! É só o que se ouvia nestes dias. A entrada do aguadeiro n'uma casa de familia causava um verdadeiro alvoroço.* Litografia, 9 x14,5 cm (*Cenas de gênero*) (*Estereótipos sobre o negro – Os corpos grotescos*) (*O universo do trabalho – Mucamas – Moleques*).

In *Revista Illustrada*, Rio de Janeiro, ano I, n. 3, 15 jan. 1876, p. 3.

[1326] Agostini, Angelo. *Ao terem conhecimento do Edital do Chefe sobre o Carnaval, os escravos atterrorizados pelos cem açoites, acharam-se um tanto offendidos no seu... melindre!* Litografia, 5 x 9,5 cm (*Lúdica – Carnaval*) (*Repressão e violência contra escravos – Açoites*).

In *Revista Illustrada*, Rio de Janeiro, ano I, n. 6, 5 fev. 1876, p. 3.

[1327] Agostini, Angelo. D.B. – *Não se assuste; o seu ser não corre perigo, é inutil fazer testamento como declara hoje no folhetim do Jornal. Para poder desprestigiar os caricaturistas era necessario que S. Sa. não se tivesse antecipadamente desprestigiado a si mesmo.* Litografia, 8 x 10 cm (*Literatura – Jornalistas – Ferreira de Menezes*).

In *Revista Illustrada*, Rio de Janeiro, ano I, n. 6, 5 fev. 1876, p. 3.

[1328] Agostini, Angelo. *– Li hoje o teu folhetim e venho dar-te os meos agradecimentos. – Admira-me como os teus patrões consentem que empregues uma tinta tão ruim! – Julgastes então que ia te pintar de asno? Para que? Não te encarregaste tu mesmo de o fazer escrevendo tantas asneiras?! Enganas-te, sou mais generoso do que tu, pobre louco! Bem vi que ias espirrar com o meu tabaco, mas nunca pensei que espirrarias tantos disparates! no próximo sabbado conversaremos mais um pouco... Adeuzinho!...*Litografia, 19 x 22 cm (*Literatura – Jornalistas – Ferreira de Menezes*).

In *Revista Illustrada*, Rio de Janeiro, ano I, n. 7, 12 fev. 1876, p. 1.

[1329] Agostini, Angelo. *Questão de lixo (resposta ao illustre folhetinista do Jornal do Commercio)*. Litografia, 29 x 48 cm (*Literatura – Jornalistas – Ferreira de Menezes*).

In *Revista Illustrada*, Rio de Janeiro, ano I, n. 8, 19 fev. 1876, pp. 4-5.

[1330] Agostini, Angelo. *O sr. Octaviano Hudson, com o seu novo methodo, tem conseguido ensinar a lêr a crianças rescem nascidas em 4 minutos e 17 segundos*. Litografia, 9 x 15 cm (*Estereótipos sobre o negro – Os corpos grotescos*) (*O universo do trabalho – Amas*).

In *Revista Illustrada*, Rio de Janeiro, ano I, n. 11, 11 mar. 1876, p. 4.

[1331] Agostini, Angelo. *-É é! Uê! Que disa fôlo! si venda fecha a porta nos não ganha mais cachaça*. Litografia, 9 x 10 cm. / *Não haverá meio de habilitar bons caixeiros para o negocio como temos hoje* (desenhos extrahidos do "Mosquito" de 1872 (abril). Litografia, 9 x 11 cm (*Estereótipos sobre o negro – Alcoólatras – A expressão verbal*).

In *Revista Illustrada*, Rio de Janeiro, ano I, n. 20, 27 maio 1876, p. 8.

[1332] Agostini, Angelo. *A procissão de S. Jorge em 1600 e em 1876. Vantagens da procissão. Ver, para quem gosta de raridades, uma collecção completa de camapheus e mumias* . Litografia, 5 x 9,5 cm. / *Em compensação, tambem encontra-se algumas... do... Caroço*. Litografia, 4,5 x6 cm / *Ficar entalado, e suportar sem pestanejar um cheiro...!* Litografia, 6 x 4 cm / *Ver a cosinheira voltar da procissão debaixo de um pifão!* Litografia, 6 x 6,5 cm / *Ver umas caras de irmãos que eu não os queria nem para primos em 6o. grau*. Litografia, 6 x 9 cm (*Estereótipos sobre o negro – Alcoólatras – Os corpos grotescos – A mulata como objeto de desejo*).

In *Revista Illustrada*, Rio de Janeiro, ano. I, n. 23, 17 jun. 1876, p. 5.

[1333] Agostini, Angelo. *Jogo politico. – Uma partida de eleição. "É excusado virem com essas lamurias, que vocês etão n'uma posição critica e desesperada, eu bem o sei; mas n'este momento tenho de fazer uma partida de honra e não posso de modo algum accudir ás suas necessidades, tenham paciencia."* Litografia, 29 x 49 cm (*Políticos – Barão de Cotejipe*).

In *Revista Illustrada*, Rio de Janeiro, ano I, n. 24, 24 jun. 1876, pp. 4-5.

[1334] Agostini, Angelo. *As cinco EExx^as^ que no dia do centenario da Independencia americana declararam não poder assistir á festa por acharem-se incommodados. / Os Americanos deviam realmente sentir que n'esse grande dia as physionomias de suas Eexx^as^ não exprimissem positivamente enthusiasmo e alegria!... E logo 5 de uma vez! Que coincidencia e que epidemia!! / T.C. – Oh, menino, olha que eu não disse que foi pela mesma razão que deram os outros collegas... veja lá isso.* Litografia, 29,5 x 22,5 cm (*Políticos – Barão de Cotegipe*).

In *Revista Illustrada*, Rio de Janeiro, ano I, n. 26, 8 jul. 1876, p. 1.

[1335] Agostini, Angelo *Finanças e Politica*. Litografia, 29 x 22,5 cm / *(E. Eleição) – Sr. Barão, o dia em que devo apresentar-me aproxima-se. Dê-me pois outro vestuario mais á moda e tudo mais que é necessario, afim de que não se veja que eu sou a mesma eleição antiga. / B.C. (Barão de Cotegipe) – Ter de gastar com esta mulher velha que não posso aturar! e o peior é que o Thezouro está completamente... nem é bom pensar n'isso!... No entanto não posso fazer má figura. / B.C. (Barão de Cotegipe) – Meu amigo, tem paciencia, preciso muito de dinheiro. Venda-me isto por qualquer preço, mas traga os cobres quanto antes. / B.C. (Barão de Cotegipe) – Logo que puzer o vestido que está ahi na cadeira verá que bonito effeito produz mas tambem que dinheirão!! / E. (Eleição) – Ah! é o tal vestido que me fizeram nas Camaras?... eu reparo Sr. Barão que V.E. tem muito geito para apertar um colete. / B.C. – Acha ?* (*Políticos – Barão de Cotegipe*).

In *Revista Illustrada*, Rio de Janeiro, ano I, n. 26, 8 jul. 1876, p. 8.

[1336] Agostini, Angelo. *A Igreja Estado*. Litografia, 29 x 47,5 cm (*Políticos – Barão de Cotegipe*)

Conteúdo: 14 vinhetas de diferentes dimensões sobre a chegada do enviado do Papa, Mons. Roncetti e a adesão do ministério, do qual faz parte o Barão de Cotegipe, à união da Igreja com o Estado).

In *Revista Illustrada*, Rio de Janeiro, ano I, n. 30, 3 ago. 1876, pp. 4-5.

[1337] Agostini, Angelo. *– O teu baile está esplendido e estes sorvetes estão deliciosos... vou-me entender com o Roncetti logo que elle chegar de Roma para ver se ha meio de festejar-se N. Sra. da Gloria uma vez por mez... / B.C. (Barão de Cotegipe) – Pois tu pensas que uma festas d'estas não custa dinheiro? E o que diria o povo? /* Político *– Ora o povo! Ora dinheiro! Attaque mais impostos e attaque mais foguetes; assim elle fica com os olhos cheios de fumaça e não enxerga patavina*. Litografia, 18,8 x 22,5 cm (*Políticos – Barão de Cotegipe*).

In *Revista Illustrada*, Rio de Janeiro, ano I, n. 31, 12 ago. 1876, p. 1.

[1338] Agostini, Angelo. *O Napoleão das eleições*. Litografia, 7,5 x 22 cm. / *Aquela maldicta sentença faz-me desconfiar que estou em vespera de meu Waterloo! / Valia a pena tratar estas flores com tanto amor e carinho, para vir um Sr. Dr. Andrade Pinto escangalhar o meu ramalhete! Ora essa!* Litografia, 14,5 x 6,5 cm (*Marginalidade – Capadócios – Capangas – Capoeiras*).

In *Revista Illustrada*, Rio de Janeiro, ano I, n. 32, 19 ago. 1876, p. 8.

[1339] Agostini, Angelo.
Conteúdo: Quinze vinhetas, quase todas sobre a acolhida oficial ao novo núncio apostólico, Mons. Roncetti, enviado pelo papa Pio IX, e a sagração de Mons. Bruschetti, bispo de Abydos. Quatro delas referem-se ao ministro dos Estrangeiros, barão de Cotegipe (ele acumulava esta pasta com a do Tesouro) (Políticos – Barão de Cotegipe).

In *Revista Illustrada*, Rio de Janeiro, ano I, n. 39, 14 out. 1876, pp. 4-5.

[1340] Agostini, Angelo. *Chronica politica. / B.C. – Tantas bocas esfomeadas e meu coffre vazio!* Litografia, 9 x 8 cm / *O nosso barão de Cotegipe é homem de recursos e financeiro de força*. Litografia, 9 x 8 cm (Políticos – Barão de Cotegipe).

In *Revista Illustrada*, Rio de Janeiro, ano 2, n. 32, 27 jan. 1877, p. 4.

[1341] Agostini, Angelo. *Façanhas policiaes e um parenthese*. Litografia, 9 x 3,5 cm / *E será sempre assim emquanto o policia for ignorante, desmoralisado, e armado de um chanfalho que pucha a seu talante)* Litografia, 9,5 x 3,5 cm (Polícia – Policiais).

In *Revista Illustrada*, Rio de Janeiro, ano 2, n. 32, 27 jan. 1877, p. 8.

[1342] Agostini, Angelo. *Zé Pereira ministerial*. Litografia, 30 x 48,5 cm (Lúdica – Carnaval – Zé Pereira) (Políticos – Barão de Cotegipe).

In *Revista Illustrada*, Rio de Janeiro, ano 2, n. 34, 10 fev. 1877, p. 1.

[1343] Agostini, Angelo. *V. Jaguaribe – "Nego-lhe o meu voto por não achal'o digno de occupar essa cadeira que tanto illustrou o nobre Visconde de Inhomirim. / Cand. Mendes – "E eu também nego-lhe o meu voto por ter elle consentido que se ridicularizasse N. Sra. de Lourdes nas folias carnavalescas"*. Litografia, 19,7 x 22,3 cm (Políticos – Visconde de Inhomirim).

In *Revista Illustrada*, Rio de Janeiro, ano 2, n. 57, 3 mar. 1877, p. 1.

[1344] Agostini, Angelo. *Querendo acabar com os falsificadoras de notas do Thezouro, S. Ex. resolve falsifical'as elle mesmo na proxima emissão (similia similibus curantur). Para esse fim S. Ex. comprou o material do Sr. Henschel e C.a que se acha em condicções perfeitas e excepcionaes*. Litografia, 10,5 x 12 cm (Políticos – Barão de Cotegipe).

In *Revista Illustrada*, Rio de Janeiro, n. 2, n. 57, 3 mar. 1877, pp. 4-5.

[1345] Agostini, Angelo. *Miscelaneas. Fallou-se n'um preto que gritou das galerias: "Deputado conservadô é infame". O publico das galerias está-se apurando cada vez mais!"*. Litografia, 6,5 x 6 cm (Estereótipos sobre o negro – A expressão verbal) / *Consta que o petit Napoleon da Gloria vae arregimentar fardas e armar 150 de seus capangas para o serviço policial. Quem paga é o governo*. Litografia, 5 x 6,5 cm (Marginalidade – Capadócios – Capangas – Capoeiras).

In *Revista Illustrada*, Rio de Janeiro, ano 2, n. 59, 17 maio 1877, p. 5.

[1346] Agostini, Angelo. *B. de Coteg.e – Elle aguentará este augmento de pezos sem me dar algum couce? / Taques – Qual!... elle é muito manso'eu e meu pessoal judiamos com elle à grande e nunca refugou*. Litografia, 20 x 21,3 cm. / *Muda-se de casaca, mas não se muda de partido. / Part.o Con.or – Que papel vou eu fazer?! Vocês no anno atrazado fizeram-me vestir uma casaca, agora querem-me enfiar outra... Que politica é esta? / Coteg. e Paul.o – É a politica de conservar o poder o mais tempo que fôr possivel. / Part. liberal – Larapios! Isto é um roubo ao nosso programa politico e a nossas aspirações ao poder! Quando acabaremos de morejar?!!!* Litografia, 22 x 29 cm (Políticos – Barão de Cotegipe).

In *Revista Illustrada*, Rio de Janeiro, ano 2, n. 60, 24 mar. 1877, pp. 1 e 8.

[1347] Agostini, Angelo. *Consta que na proxima eleição sahirão eleitas algumas negras minas pra responder os discursos de alguns deputados (anterior: as questões mais importantes que se tratam na Camara actualmente são as particulares e com acompanhamento de descomposturas)*. Litografia, 7 x 5,5 cm (Etnias africanas – Minas).

In *Revista Illustrada*, Rio de Janeiro, ano 2, n. 63, 14 abr. 1877, p. 8.

[1348] Agostini, Angelo. *Scena parlamentar no Senado / Zacarias – "Porque razão V. Ex. não apertou a mão ao general Ozorio? / Caxias – "Porque não quiz; estou no meu direito." / Zacarias – " Bem; é isto que quero; mas a cortezia..." / Caxias – "Devia partir d'elle que é meu subordinado." / Zacarias – "Aqui não há subordinados; aqui somos todos iguaes, somos todos representantes da nação." / Caxias – "Se não fosse ministro, dava-lhe outra resposta..."* Litografia, 18,5 x 22 cm (Políticos – Zacarias de Góis e Vasconcelos).

In *Revista Illustrada*, Rio de Janeiro, ano 2, n. 66, 3 maio 1877, p. 1.

[1349] Agostini, Angelo. *Parodia da " grande Duchesse" / "Dites-lui*. Litografia, 19 x 22,3 cm (Políticos – Barão de Cotegipe).

In *Revista Illustrada*, Rio de Janeiro, n. 2, n. 67, 12 maio 1877, p. 1.

[1350] Agostini, Angelo. *O nosso Blondin politico. Elle não é mau equilibrista... nem por isso o paiz está lá muito seguro...!* Litografia, 21 x 21,5 cm (Lúdica – Funâmbulos) (Políticos – Barão de Cotegipe).

In *Revista Illustrada*, Rio de Janeiro, ano 2, n. 72, 7 jul. 1877, p. 1.

[1351] AGOSTINI, ANGELO. *Gritos e mais gritos. / Não é somente nas provincias do Norte que se tem dado scenas terriveis e attentados contra a propriedade, no Rio de Janeiro já começamos a sentir os tremendos e funestos effeitos de uma secca desoladoura (sic). Já não há mais garantias para os barris dágua.* Litografia, 25,5 x 9,5 cm. / *Actual aspecto de um chafariz. Uma gota d'agua de 5 em 5 minutos!* Litografia, 9 x 11,5 cm (O UNIVERSO DO TRABALHO – AGUADEIROS) / *Mas sr barão, todas as nações vão a Exposição Universal e eu não hei-de ir? Acha então que sou indigno de occupar um logar nessa grande festa da Civilização? / – Nada, meu amigo, é preciso fazer economias e eu não tenho dinheiro para lhe pagar a viagem: o parlamento absorve toda a receita.* Litografia, 21,5 x 29 cm (POLÍTICOS – BARÃO DE COTEGIPE).

In *Revista Illustrada*, Rio de Janeiro, ano 2, n. 73, 7 jul. 1877, pp. 4-5 e 8.

[1352] AGOSTINI, ANGELO. *Coitado! Com tal medico e taes remedios... não irá longe!* Litografia. / *A grande questão do dia.* Nove litografias em diversos formatos (POLÍTICOS – BARÃO DE COTEGIPE).

In *Revista Illustrada*, Rio de Janeiro, ano 2, n. 74, 14 jul. 1877, pp. 1 e 4-5.

[1353] AGOSTINI, ANGELO. *A Maioria.* Treze litografias em diversos formatos (POLÍTICOS – BARÃO DE COTEGIPE).

In *Revista Illustrada*, Rio de Janeiro, ano 2, n. 75, 21 jul. 1877, pp. 4-5 e 8.

[1354] AGOSTINI, ANGELO. *Impostos por causa da guerra do Paraguay. / Novos impostos por causa da guerra do Paraguay. / Governo – Olhe que já não chega, preciso de mais comida. / Camara – Apoiado. / Brazil – Senhores, eu sou pobre, e não me devem pedir mais do que aquillo que posso dar.* Litografia, 29,5 x 47,8 cm (POLÍTICOS – BARÃO DE COTEGIPE – ZACARIAS DE GÓIS E VASCONCELOS).

In *Revista Illustrada*, Rio de Janeiro, ano 2, n. 76, 28 jul. 1877, p. 1.

[1355] AGOSTINI, ANGELO. *A gallinha que põe ovos de ouro. Medida financeira proposta pelo governo e aprovada pelo parlamento. Se acontecer o mesmo do que na fabula...* Litografia, 19,5 x 22,5 cm (POLÍTICOS – BARÃO DE COTEGIPE).

In *Revista Illustrada*, Rio de Janeiro, ano 2, n. 78, 11 ago. 1877, p. 1.

[1356] AGOSTINI, ANGELO. *Apesar de todos os remedios e dos carinhosos cuidados dos amigos de S. Ex., o nobre ministro da Fazenda achava-se cada vez mais enfermo.* Litografia, 11,5 x 9 cm / *Os ares da Tijuca e um par de muletas (fraco apoio!) tem feito experimentar sensíveis melhoras.* Litografia, 11 x 8,5 cm (POLÍTICOS – BARÃO DE COTEGIPE).

In *Revista Illustrada*, Rio de Janeiro, ano 2, n. 80, 4 set. 1877, p. 8.

[1357] AGOSTINI, ANGELO. *Ditos da Opinião Publica acerca do grande orgão e outras occorrencias.* Quatro Litografias em diversas medidas (POLÍTICOS – BARÃO DE COTEGIPE).

In *Revista Illustrada*, Rio de Janeiro, ano 2, n. 81, 8 set. 1877, pp. 4-5.

[1358] AGOSTINI, ANGELO. *– Tomára que Elle chegue já, para entregar-lhe esta pasta e campainha.- Outro tanto não digo eu...* Litografia, 19 x 22 cm (POLÍTICOS – BARÃO DE COTEGIPE).

In *Revista Illustrada*, Rio de Janeiro, ano 22, n. 83, 22 set. 1877, p. 1.

[1359] AGOSTINI, ANGELO. *Regresso de SS.MM. A rua 1º de março (tomada d'après nature).* Litografia, 29 x 47,8 cm (ESTEREÓTIPOS SOBRE O NEGRO – OS CORPOS GROTESCOS) (O UNIVERSO DO TRABALHO – VENDEDORES DE FRUTAS).

In *Revista Illustrada*, Rio de Janeiro, ano 2, n. 84, 29 set. 1877, pp. 4-5.

[1360] AGOSTINI, ANGELO. *No Senado, continua o sr. Zacarias a tratar de uma questão que o Sr. de Cotegipe acha por demais amoladora.* Litografia, 9 x 6 cm (POLÍTICOS – BARÃO DE COTEGIPE).

In *Revista Illustrada*. Rio de Janeiro, ano 2, n. 85, 6 out. 1877, pp. 4-5.

[1361] AGOSTINI, ANGELO. *O sr. ministro do Imperio respondendo á Opposição acerca da phrase imperial declara que S.M. e a maioria da Camara teem plena confiança no governo. Confiança de cegos.* Litografia, 22,2 x 29 cm (POLÍTICOS – BARÃO DE COTEGIPE).

In *Revista Illustrada*, Rio de Janeiro, ano 2, n. 85, 6 out. 1877, p. 8.

[1362] AGOSTINI, ANGELO. *Os escravos são so para inglez ver e não para possuir. Assim o provou o Consul britannico, indo á prov.a de Minas libertar todos os escravos que uma companhia ingleza possuia ilegalmente.* Litografia, 7 x 11,5 cm / *É justo que obriguem a Companhia a pagar um salario a todos esses negros que não podem ser escravos. Que alegria para os pobres diabos e que tombo nos cofres da beaf company.* Litografia, 8,5 x 6,5 cm. / *O sr. barão de Cotegipe poderia mandar uma commissão de ex-escravos da Companhia ingleza fallar com lord Derby e dar-lhe todas as informações necessarias sobre esse negocio pedindo-lhe a sua publicação no blue-book e em todos os jornaes ingleses.* Litografia, 7,5 x 10 cm (ABOLICIONISMO – DENÚNCIA DE ESCRAVIZAÇÃO ILEGAL POR UMA COMPANHIA INGLESA EM MINAS GERAIS) (ESTEREÓTIPOS SOBRE O NEGRO – OS CORPOS GROTESCOS).

In *Revista Illustrada*, Rio de Janeiro, ano 2, n. 93, 8 dez. 1877, pp. 4-5.

[1363] AGOSTINI, ANGELO. *As minhas festas, as minhas festas, as minhas festas. – O S. Sebastião da actualidade. Quantas facadinhas! Pobres papais!* Litografia, 29,7 x 49 cm (Estereótipos sobre o negro – Os corpos grotescos) (O universo do trabalho – Moleques – Mucamas).

In *Revista Illustrada*, Rio de Janeiro, ano 2, n. 95, 22 dez. 1877, p. 8.

[1364] Agostini, Angelo e Litografia a Vapor. Angelo & Robin. *Retrato do Conselheiro Zacarias de Góez e Vasconcellos*. Litografia, 14 x 15 cm (Políticos – Zacarias de Góis e Vasconcelos).

In *Revista Illustrada*, Rio de Janeiro, ano 2, n. 96, 31 dez. 1877, p. 1.

[1365] Agostini, Angelo. *O generalissimo das campanhas eleitoraes prescente o seu Waterloo*. Litografia, 8,5 x 10,3 cm (Marginalidade – Capadócios – Capangas – Capoeiras).

In *Revista Illustrada*, Rio de Janeiro, ano 3, n. 98, 12 jan. 1878, pp. 4-5.

[1366] Agostini, Angelo. *Cousas da nossa municipalidade. Brevemente vae haver nova eleição de vereadores, e para a nossa maior vergonha alguns delles serão reeleitos. Mas já se sabe quaes são os cidadães (sic) capadócios que lhes darão seus votos)*. Litografia, 5,5 x 5 cm / *O homem de bem foge das eleições e faz muito bem. O rifão diz Quem tem... barriga tem medo. E não há valentia nenhuma de offerecer o seu abdomen em holocausto ás suas opiniões politicas ou municipaisl*. Litografia, 8,5 x 8 cm / *Quando chegará o dia em que os magnatas da terra creando Juizo, varrerão de uma vez essas indecentes creaturas que invadem os direitos do verdadeiro e honesto cidadão?* Litografia, 10 x 9 cm / *Quando deixará de ser este o emblema de nossas eleições?* Litografia, 9 x 4 cm / *Ainda sobre as eleições municipais. Como de costume, n'estas eleições o punhal, a faca e a navalha trabalharam a valer e tambem votaram a morte de alguns cidadãos. / Essas scenas de sangue terão sempre logar, logo que esses typos que assignam termo de bem viver, vão para as eleições com o fim de bem matar*. Litografia, 6,5 x 7,5 cm / *Tudo isso acabará logo que um novo systema de eleição varrerá das igrejas esses miseraveis*. Litografia, 5,5 x 6,5 cm / *cujas qualidades moraes pedem que o governo lhes dê cama e meza para toda a vida*. Litografia, 5,7 x 4,5 cm (Marginalidade – Capadócios – Capangas – Capoeiras – Eleições).

In *Revista Illustrada*, Rio de Janeiro, ano 3, n. 103, 3 mar. 1878, p. 9.

[1367] Agostini, Angelo. *Reconhecendo o quanto é justa e conveniente a resolução do sr. Chefe de policia em acabar com os vagabundos, o povo deve prestar o seu auxilio em prendel'os e apresental'os a S. Ex.* Litografia, 19 x 22 cm (Guardas municipais) (Marginalidade – Vadiagem) / *As cadeias foram feitas só para os pobres diabos que roubam queijos. Tambem não é de admirar logo que um proprio ministro de Estado negocia em fazendas... e contrabandos*. Litografia, 5 x 6 cm (Políticos – Barão de Cotegipe).

In *Revista Illustrada*, Rio de Janeiro, ano 3, n. 106, 6 abr. de 1878, p. 1.

[1368] Agostini, Angelo. *Em breve, esperamos que se dispersarão esse exercito de barris que rodeiam os chafarizes*. Litografia, 9 x 8,5 cm (O universo do trabalho – Aguadeiros) / *e estes pobres homens são victimas, á menor infração da postura, da voracidade insaciavel dos fiscaes. / – Pague, se não vae carroça e burro para o deposito*. Litografia, 8,5 x 10,5 cm (Marginalidade – Fiscais municipais – Extorsionários).

In *Revista Illustrada*, Rio de Janeiro, ano 3, n. 107, 13 abr. 1878, pp. 4-5.

[1369] Agostini, Angelo. *Sua Artesa o Principe Africano, D. Miguer Manoer Pereira da Natureza, na Conferencia de Domingo 5 do Corr.te no Thea. de Variedades*. Litografia, 9 x 8 cm / *Foi tal o enthusiasmo que despertou este rival do conferente chronico C. Bern. de Moura, que o nosso collega Bordallo não pôde resistir ao desejo de retratar esta celebridade!* Litografia, 10 x 3 cm (Tipos populares do Rio de Janeiro – Príncipe Natureza).

In *Revista Illustrada*, Rio de Janeiro, ano 3, n. 111, 11 maio 1878, p. 8.

[1370] Agostini, Angelo. *A grande questão do dia. E é justamente porque perdeu sua freguezia hoje que ouvimos a tal "por conta de maior descompostura."* Litografia, 7,5 x 8,5 cm (O universo do trabalho – Quitandeiras – Quituteiras) / *As tentativas de assassinato contra o imperador da Alemanha, a mensagem dos alemães da corte e os socialistas. Só do Principe Natureza poderia ser essa mensagem ter a honra de ser criticada. S.A. acha que ella faz um bon pendand à de marroquinos em Lisboa*. Litografia, 7,5 x 8,5 cm (Tipos populares do Rio de Janeiro – Príncipe Natureza).

In *Revista Illustrada*, Rio de Janeiro, ano 3, n. 117, 22 jun. 1878, p. 4.

[1371] Agostini, Angelo. *Congresso Agricola. Daqui a 20 annos veriamos o tumulo do ultimo escravo ao lado do último pé de café*. Litografia, 29 x 47 cm (Estereótipos sobre o negro – A expressão verbal) (O universo do trabalho – Lavoura cafeeira – Congresso Agrícola).
Conteúdo: Escravo encarapitado num cafeeiro. Legenda: *Uê! dire preto já vai se acabá. Que bono! amanhã já não vai trabaiá*.
Caipira trocando violão, encarapitado em outro galho do cafeeiro. Legenda: *É este o trabalho do meu coração/ A rede, a viola, o tutu de feijão*.

In *Revista Illustrada*, Rio de Janeiro, ano 3, n. 120, 13 jul. 1878, p. 4.

[1372] Agostini, Angelo. *Acerca da idéa de mandar vir chins como transição... Será transição de côr entre a preta e a branca que querem attenuar pela amarella? Neste caso os mulatos estão no direito de protestar... e com razão*. Litografia, 8 x 13,5 cm (Imigração chinesa e o negro).

In *Revista Illustrada*, Rio de Janeiro, ano 3, n. 120, 13 jul. 1878, p. 4.

[1373] Agostini, Angelo. *O Revmo. Sr. Vigario de Campinas, padre super ultramontano, physica e moralmente feio.* Litografia, 6,5 x 6,5 cm / *já muito nosso conhecido como vendedor de escravos* (Legenda: *Olhe que isto é fazenda.* Litografia, 8,5 x 9,5 cm / *Este bom vigario ficou um bello dia muito sarapantado por ver que o Clube da Lavoura de Campinas ia pedir ao Governo, na occasião do Congresso, que se estabelecesse o casamento civil etc.* Litografia, 9 x 8,5 cm / *tirar-nos os casamentos! O meu maior rendimento depois dos escravos! Oh isso não! e eu tambem hei d'ir á Corte e hei de combatter semelhante heresia!* Litografia, 8,5 x 7,3 cm / *Esse foi um dia de juizo! O padre estava damnado.* Litografia, 8,5 x 5,5 cm (Tráfico de escravos – Sacerdotes católicos traficantes de escravos – Vigário de Campinas).

In *Revista Illustrada*, Rio de Janeiro, ano 3 n. 121, 21 jul. 1878, pp. 4-5.

[1374] Agostini, Angelo. *As eleições na Gloria. Se entra, morre! vociferaram os capangas liberaes. O grande General reconhecendo a impossibilidade de tomar a urna de assalto deu signal de retirada.* Litografia, 10 x 21,5 cm (Marginalidade – Capoeiras- Capangas – Capadócios – Processo eleitoral).

In *Revista Illustrada*, Rio de Janeiro, ano 3, n. 124, 10 ago. 1878, pp. 4-5 e 8.

[1375] Agostini, Angelo. *S. Ex.a D. Gaspar* (da Silveira Martins) *accusou na Camara o seu antecessor e outros ministros da fazenda, de terem feito falsos argumentos, balanços fraudulentos etc. etc.* Litografia, 10,5 x 12 cm (Marginalidade – Capadócios – Capangas – Capoeiras) / *O sr. barão de Cotegipe encarou e respondeu ao tal discurso Gasparino "que tudo quanto D. Gaspar dissera é falso".* Litografia, 10,3 x 11 cm (Políticos – Barão de Cotegipe).

In *Revista Illustrada*, Rio de Janeiro, ano 4, n. 146, 18 jan. 1879, p. 4.

[1376] Agostini, Angelo. *S. Ex. Theodomiro Peru. Deputado pelo Sr. Silveira Lobo, fez um discurso em defeza do Governo sobre a ventura da crise ministerial.* Legenda: *por ventura, que ventura/ Por ventura a crise que ventura a divergencia.../ Porventura o governo, porventura a oposição.* Litografia, 19,4 x 21,5 cm. / *Interpellado na Camara, se ha ou não crise, o Deiró do partido liberal, orgão vocal do Governo, declara que não há nem crise nem divergencia.* Litografia, 6,5 x 7,5 cm (Políticos – Eunápio Deiró).

In *Revista Illustrada*, Rio de Janeiro, ano 4, n. 149, 8 fev. 1878, pp. 1 e 4.

[1377] Agostini, Angelo. *Caça aos suppostos vagabundos ou ataque à liberdade de indústria, da imprensa, do Commercio etc. etc. De ora em diante as nossas botinas sofrerão cruelmente com a falta de graxa. Nem todos tem à sua disposição um pai João para esse officio carcamano.* Litografia, 5,5 x 5,5 cm (O universo do trabalho – Criados – Engraxates).

In *Revista Illustrada*, Rio de Janeiro, ano 4, n. 105, 23 mar. 1878, pp. 4-5.

[1378] Agostini, Angelo. *Conteúdo: Festejos carnavalescos.* Litografia, 29 x 47 cm (Lúdica – Carnaval – Entrudo) (Marginalidade – Capadócios – Capangas – Capoeiras) (O universo do trabalho – Amas – Mucamas). Conteúdo: Quinze vinhetas ilustram a ida de uma família à rua do Ouvidor, em pleno carnaval: o pai, a mãe, os filhos, a ama com criança de colo e "outra rapariga moça que não achei prudente deixar só em casa", conforme declara o pai, que é o narrador. Chegando à rua do Ouvidor a família é alvo dos jatos de bisnagas com água e das seringas com polvilho. I"*Ahi, horror! vi as minhas pretas todas brancas! e a familia inteira victima da mais tremenda e horrivel seringação!*", exclama o pai. Uma das vinhetas ilustra a pancadaria praticada por capangas negros, que tem por objeto a Sociedade dos Fenianos.

In *Revista Illustrada*, Rio de Janeiro, ano 4, n. 152, 1 mar. 1879, pp. 4-5.

[1379] Agostini, Angelo. *O chá é a bebida dos homens bem comportados, dos maridos exemplares. O chá é o Aragão das familias, é enfim uma bebida moral.* Litografia, 8,5 x 12 cm (A imigração chinesa e o negro) (O universo do trabalho – Pajens) / *A proposito de morcegos, S. ex. D. Lacerda está gordo que nem um... conego Ferreira. S. Ex. fora passar uma temporada em Angra dos Reis e notou com summo prazer, que os frades tem alli muito boas fazendas... de criação.* Litografia, 8 x 8 cm (Marginalidade Relações sexuais entre sacerdotes católicos e negras) (O universo do trabalho – Mucamas).

In *Revista Illustrada*, Rio de Janeiro, ano 4, n. 156, 5 abr. 1879, p. 1.

[1380] Agostini, Angelo. *Reforma Eleitoral. Accostumados desde longos annos a ver brancos e pretos, illustrados e analphabetos, comer na mesma panella a feijoada eleitoral...* Litografia, 5 x 10,5 cm / *Na verdade folgamos de ver aredar (sic) das eleições a escoria de nossa sociedade.* Litografia, 6 x 5,5 cm (Marginalidade – Capadócios – Capangas – Capoeiras – Processo eleitoral).

In *Revista Illustrada*, Rio de Janeiro, ano 4, n. 159, 3 maio 1879, p. 4.

[1381] Agostini, Angelo. *Vamos illustrar a commovente scena de uma preta velha a beijar as augustas mãos de s. Magestade Martim Francisco e a admiração da mesma ao saber que.... / – Uê! pois esse não é que é o Imperadô?* Litografia, 8 x 13,5 cm (Pretas velhas) (Usos e costumes – Beija-mão).

In *Revista Illustrada*, Rio de Janeiro, ano 4, n. 164, 31 mai. 1879, p. 8.

[1382] Agostini, Angelo. *A chegada do Sr. Visconde do Rio Branco. Uma realidade que lhe parece um sonho!*. Litografia, 29 x 46,5 cm (Abolicionismo – Lei do Ventre Livre).

In *Revista Illustrada*, Rio de Janeiro, ano 4, n. 171, 2 ago. 1879, pp. 4-5.

[1383] Agostini, Angelo. *Fomos à festa da Glória e lá vimos a flôr da mais pura e cafrica aristocracia. Lá estava tambem o nosso cozinheiro deitando elegancia. / – Vossa Ex.a não espera pelo fogo? / V. S.a me discorpe, eu tenho d'i apronta o chá de yayá (E então!). / Às 10 horas da noite houve o classico combate que deixou embasbacados todos os pais Joãos e tios Zés. O transito ficou interrompido. E os cidadãos que tinham pressa de ir as suas casas, tiveram de esperar que se queimasse o último foguete*. Litografia, 9 x 40 cm (Estereótipos sobre o negro – A expressão verbal) (Indumentária masculina e feminina) (O negro nos espaços públicos – Festa da Glória) (O universo do trabalho – Cozinheiros – Mucamas).

In *Revista Illustrada*, Rio de Janeiro, ano 4, n. 173, 16 ago. 1879, pp. 4-5.

[1384] Agostini, Angelo. *Em toda parte do mundo engaiolamos os criminosos; em breve seria o contrario entre nós. É impossivel que não haja um philantropico machinista que não esteja inventando um meio de preservar a nossa pelle e os nossos membros dos terriveis atentados que diariamente relatam os jornais*. Litografia. *Segurança pública. Na verdade é triste ver-se assim attentar contra as... dobradinhas de um honesto cidadão, para depois ouvir o capoeira dizer: – Foi só prá vê si a navaia tava bem âmolada...!* Litografia, 8,5 x 9 cm / *Os toureadores hespanhois que se acham nesta Corte andam muito tristes. O sr. Chefe de Policia negou-lhes a licença de dar espectaculos. S. Ex. acha que as corridas de touro é um espetaculo barbaro e anti-civilizados. S. Exa. tem razão. É muito menos barbaro ver-se um pobre homem esfaqueado por um capoeira*. Litografia, 16,5 x 9,5 cm (Marginalidade – Capadócios – Capangas – Capoeiras).

In *Revista Illustrada*, Rio de Janeiro, ano 4, n. 174, ago. 1879, pp. 1 e 4-5.

[1385] Agostini, Angelo. *Grande discussão na Camara sobre os negocios da China. S. Ex.a dos Estrangeiros defende essa colonização amarella, contra os attaques do ill.e deputado Joaq.m Nabuco*. 11 vinhetas. 3) *Pobre lavoura! Já não bastava o preto, vaes ter o amarello! Com o auxilio de duas raças tão intelligentes, ella hade progredir de um modo espantoso!* Litografia, 9,5 x 16,5 cm (Estereótipos sobre o negro – Os corpos grotescos) (A imigração chinesa e o negro) / *Pobre café! Entendem que ele só póde produzir com a aplicação destes nossos instrumentos de lavoura!* Litografia, 10,5 x 9,5 cm. / *No entanto essa companhia americana abolio o chicote e os seus animaes são os que andam melhor. / E assim vemos os nossos semelhantes ficarem com inveja dos quadrupedes e os quadrupedes com pena dos nossos semelhantes*. Litografia, 8 x 15 cm / *O sr. Ministro dos Estrangeiros e todos os apologistas dos Chins, acreditarão realmente que o Chicote é o principal motor dos nossos trabalhos agricolas?* Litografia, 7,5 x 11,5 cm / *Pobre lavoura! Queira que elles (negros e chineses, observação minha) não deem cabo della*. Litografia, 7,5 x 10 cm (Repressão e violência – Instrumentos de tortura de escravos – Chicotes – Palmatórias) (O universo do trabalho – Lavoura cafeeira).

In *Revista Illustrada*, Rio de Janeiro, ano 4, n. 175, 30 ago. 1879, pp. 4-5.

[1386] Agostini, Angelo. *O novo D. Quixote – "É horrivel; é infame o paiz que não pudesse proteger gente tão desgraçada contra tão miseraveis perseguidores, mereceria o desprezo das outras nações". (Extr. textualmente do cruzeiro de 5 de setembro). Entre les deux mon coeur balance. – "Ha um problema a resolver-se: se a prostituição deve formar-se de elementos nacionaes ou estrangeiros."* Litografia, 19 x 22 cm (Marginalidade – Prostituição).

In *Revista Illustrada*, Rio de Janeiro, ano 4, n. 177, 20 set. 1879, p. 1.

[1387] Agostini, Angelo. *O Bulletin pour l'Europe, do Cruzeiro, não tardará a produzir os seus beneficos effeitos. Gambetta, Lord Gladstone, Bismark e outros illustres estadistas, sabios, medicos e philosophos, virão ao Rio-de-Janeiro buscar o remedio a tous les maux*. Litografia, 9 x 16 cm (O universo do trabalho – Vendedoras de frutas) / *Já se pode sahir á rua. O Patrocinio póde arriscar a sua cabeça, o Trovão o seu pescoço, o Ferreira de Menezes a sua luneta, e os pais da Patria... coisa nenhuma*. Litografia, 19,5 x 22 cm (Literatura – Jornalistas – Ferreira de Menezes – José do Patrocínio).

In *Revista Illustrada*, Rio de Janeiro, ano 5, n. 191, 17 jan. 1880, p. 1.

[1388] Agostini, Angelo. *Quarta-feira de Cinzas*. Litografia, 22, 5 x 29 cm. (Lúdica – Carnaval) (O universo do trabalho – Pajens).

In *Revista Illustrada*, Rio de Janeiro, ano 5, n. 195, 14 fev. 1880, p. 8.

[1389] Agostini, Angelo. *Não tendo mais esperança de receber um real das loterias que o Parlamento votou-lhes, é provavel que todas essas victimas das reformas lotericas, sahirão brevemente á rua pedir esmola*. Litografia, 19,8 x 22,5 cm (Abolicionismo – Fundo de Emancipação).

In *Revista Illustrada*, Rio de Janeiro, ano 5, n. 197, 28 fev. 1880, p. 1.

[1390] Agostini, Angelo. *Joaquim Antonio da Silva Callado*. Litografia, 18,5 x 21,7 cm (Música – Instrumentistas – Flautistas – Joaquim Antônio da Silva Callado).

In 1. *Revista Illustrada*, Rio de Janeiro, ano 5, n. 202, 3 abr. 1880, p. 1.
2. Cabral, 1988:322.

[1391] Agostini, Angelo. *No Senado, começaram os conservadores a interpelar o Governo sobre as atrocidades commettidas pelos liberaes em Chique Chique, Urubó, Rio das Eguas, Macaúba, Carinhanha, etc. / Essas scenas de selvageria não se dão somente lá pelo interior das provincias. Nós tambem cá as temos na Côrte. Ha dias, um selvagem municipal accompanhado de alguns Zulús, attacou barbaramente um nosso collega.* Litografia, 13 x 21 cm (Literatura – Jornalistas – José do Patrocínio) (Marginalidade – Capadócios – Capangas – Capoeiras).

In *Revista Illustrada*, Rio de Janeiro, ano 5, n. 205, 24 abr. 1880, pp. 4-5.

[1392] Agostini, Angelo. *Proudhomme e o Jornal do Commercio. Não sabemos o que estranhar, se a luta entre os dois, ou a indifferença da redacção de cima.* Litografia, 15,5 x 16 cm (Literatura – Jornalistas – José do Patrocínio).

In *Revista Illustrada*, Rio de Janeiro, ano 5, n. 209, 22 maio 1880, p. 8.

[1393] Agostini, Angelo. *As eleições, ou o povo soberano exercendo a sua soberania!* Litografia, 19,3 x 22 cm (Marginalidade – Capadócios – Capoeiras – Capangas – Eleições).

In 1. *Revista Illustrada*, Rio de Janeiro, ano 5, n. 214, 3 jul. 1880, p. 1.
2. Lima, 1963, I:185.

[1394] Agostini, Angelo. *A Carlos Gomes.* Litografia, 29 x 22 cm. *Recepção a Carlos Gomes no Rio de Janeiro. No mar e em terra – 18 de Julho de 1880. A Carlos Gomes a Revista Illustrada*, Rio de Janeiro, Litografia, 29 x 22 cm (Música – Compositores – Carlos Gomes).

In *Revista Illustrada*, Rio de Janeiro, ano 5, n. 216, 19 jul. 1880, p. 1.

[1395] Agostini, Angelo. *Carlos Gomes ainda vivo teve a felicidade de escapar são e salvo das terriveis ovações de sua chegada.* Litografia, 9 x 8 cm / *Foram tantos os abraços e os apertões! Consta até que alguns dillèttantes, julgando que o genio musical do maestro está na sua cabelleira, arrancaram uns poucos de fios de cabello. O que vale é elle ter muitos.* Litografia, 9,3 x 12 cm / *É fora de duvida que o maestro deve ter ficado furiosamente inchado com tanta manifestação de apreço. Graças porem aos cuidados do seu amigo e compadre Castellões, Carlos Gomes já deve estar em estado de aguentar mais algumas.* Litografia, 8,5 x 14 cm / *O autor do Guarany resolveu presentear a Academia com os seus louros. É uma bonita acção e ao mesmo tempo um meio de se ver livre de uns chapeos algum tanto incommodos e pesados para uma cabeça inspirada.* Litografia, 9 x 8,3 cm (Música – Compositores – Carlos Gomes).

In *Revista Illustrada*, Rio de Janeiro, ano 5, n. 217, 24 jul. 1880, p. 8.

[1396] Agostini, Angelo. *Coitado do Gomes! Felizmente o maestro é dotado de uma robustez á toda prova, além de uma vasta e possante cabelleira, o que lhe permittiu de resistir sem pestanejar a todas as orações e os innumeros discursos pronunciados por pessoas de toda idade, classe, tamanho e côr. Uff!* Litografia, 11 x 22 cm / *Nem a estes elle teria escapado se tivessem o dom da palavra!* Litografia, 7,3 x 12 cm / *O maestro partirá brevemente para S. Paulo. Desde já estremecemos ao lembrarnos que terá de passar por entre os Guaratinguetaenses, Pindamonhangabenses e Itaquaquecetubenses. Se o discursos forem do tamanho desses nomes, nunca o maestro chegará a Campinas, sua terra natal!* Litografia, 6,5 x 13 cm / *Consta que Carlos Gomes mandou fazer uma especie de couraça de aço para resistir aos abraços do enthusiasmo, e um capacete para collocar as innumeras coroas que lhe são offerecidas.* Litografia, 16 x 12,3 cm (Música – Compositores – Carlos Gomes).

In *Revista Illustrada*, Rio de Janeiro, ano 5, n. 218, 31 jul. 1880, p. 8.

[1397] Agostini, Angelo. *O Sr. Ministro da Guerra, attendendo ás reclamações da imprensa, rasgou não só o contracto dos sapatos como tambem o dos bonets – os extremos se tocam, pensou S.Ex., e zás! Ora nós nos referimos apenas ao calçado que, fabricado para pé de inglez...* Litografia, 9 x 4,5 cm / *S. Ex. receia talvez que os bonets fiquem grandes.* Litografia, 7 x 1,5 cm / *Nós, pelo conrario, receiamos que sejam pequenos, attendendo ao desenvolvimento da cabeça dos nossos militares, accostumados ao exercicio da capoeiragem.* Litografia, 3,3 x 3,5 cm / *Tudo isso nos faz suppor que o fardamento do nosso exercito será completamente reformado.* Litografia, 10 x 3,5 cm (Indumentária masculina – Uniformes militares) (Marginalidade – Capadócios – Capangas – Capoeiras) (O universo do trabalho – Engraxates).

In *Revista Illustrada*, Rio de Janeiro, ano 5, n. 220, 7 ago. 1880, p. 8.

[1398] Agostini, Angelo. *Na ordem das nações o Brasil é collocado atraz da Turquia. O que não é para estranhar logo que entre nós se vende gente do mesmo modo como se vendem perus, leitões, cavallos etc.* Litografia, 7,5 x 6 cm / *Se aquelle é o cavallo dos nossos politicos este com certeza é o cavallo que sustenta o paiz.* Litografia, 10 x 4,3 cm / *Se ao menos elle se podesse apoiar em dois, sempre ficaria em falta do outro.* Litografia, 9 x 6 cm / *Em resposta ao Sr. Joaq. Nabuco, o general Martinho declara-se escravocrata e inimigo até da lei de 28 de setembro. S.E. é fazendeiro e nunca procurará quebrar as cadeias da escravidão.* Litografia, 10 x 9,5 cm. / *Muito mais acertada foi a resposta do sr. presidente do Conselho que, declarou não poder se occupar de duas questões tão importantes, ao mesmo tempo, isto é montar dois cavallos de batalha.* Litografia, 8, x 8,5 cm / *Infelismente para o partido liberal o seu general ja tinha feito a sua declaração de amor a escravidão.* Litografia, 11 x 7,5 cm / *sem se importar com isso de colocar moralmente o seu paiz atraz da Zululandia.* Litografia, 9 x 5,5 cm (Abolicionismo) (Estereótipos sobre o negro – A mulata como objeto de desejo) (Trafico de escravos).

In *Revista Illustrada*, Rio de Janeiro, ano 5, n. 221, 28 ago. 1880, pp. 4-5.

[1399] AGOSTINI, ANGELO. *Projecto de uma estatua equestre para o illustre chefe do partido liberal. Esta estatua deve fazer pendão com a de Pedro I, e será collocada no dia 7 de Setembro de 1881. Á iniciativa dos illustres fazendeiros de Cebolas é que devemos mais esse monumento das nossas glórias.* Litografia, 19 x 21,5 cm (ABOLICIONISMO) / *Quando ella era criança a lavoura era sufficiente para o sustentar* Litografia, 10,5 x 10 cm (O UNIVERSO DO TRABALHO – AMAS) / *mas hoje...! – É é! Nhonhô está muito grande e eu muito véia, ja não pode aguentá. Industria – Se me dessem meio e eu ajudaria... – Não é preciso, o governo entende que basta a lavoura. Alem disso, gósto mais de andar à moda de Paris.* Litografia, 10,5 x 14 cm (ABOLICIONISMO) (ESTEREÓTIPOS SOBRE O NEGRO – A EXPRESSÃO VERBAL).

In *Revista Illustrada*, Rio de Janeiro, ano 5, n. 222, 4 set. 1880, pp. 1 e 8.

[1400] AGOSTINI, ANGELO. *Uma esplendida aurora humanitaria, civilizadora e liberal. Ha 9 annos que applaudimos essa aurora, quando poderemos applaudir o grande dia?!* Litografia, 19 x 21,3 cm (ABOLICIONISMO – LEI DO VENTRE LIVRE) (ALEGORIAS – VISCONDE DO RIO BRANCO) *Especialmente dedicado aos srs. lavradores. / Logo pela manhã, bem cedo, vimos a imprensa fluminense saudar o grande dia e deitar discurso bonito em favor da grandiosa idéia da emancipação. / Grande numero de cidadãos dos mais distinctos foram nesse dia inaugurar uma sociedade que tem por fim limpar aos poucos a lama que salpica o Impr. de S.a Cruz [Sociedade Brazileira Contra a Escravidão). / Essa bandeira, que a primeira vista parece assustar o lavrador / Serve unicamente para lembrar-lhe que hade chegar um dia em que será forçoso trocar o braço escravo pelo braço livre, e que não é prudente deixar de habilitar este desde já, para quando chegar o tal dia.* Litografia, 11,5 x 10,5 cm / *Livre!....* Litografia, 12 x 10,5 cm. / *Com certeza, querendo gozar immediatamente de sua liberdade, elle mandará o seu ex-sinhor (sic) capinar o café.* Litografia, 10 x 10 cm / *e quem nos diz que, sequioso de vingança elle não tentará....* Litografia, 10,5 x 13,5 cm [ex-escravo, armado com enxada, ataca seu ex-senhor – obs. minha]. / *Em qualquer das hypotheses, o braço livre será a salvação do trabalho e talves da vida. / No entretanto, os snrs. lavradores julgam poder estar descançados com a declaração que fez o Sr. Martinho e a maioria da Camara de serem escravocratas.* Litografia, 12,5 x 12 cm (ABOLICIONISMO – CLUBES E SOCIEDADES ABOLICIONISTAS – VISCONDE DO RIO BRANCO) (O UNIVERSO DO TRABALHO – LAVOURA CAFEEIRA)

In *Revista Illustrada*, Rio de Janeiro, ano 5, n. 225, 2 out. 1880, pp. 1 e 4-5.

[1401] AGOSTINI, ANGELO. *O Sr. Candido Mendes declarou-se francamente contra a escravidão e pedio desde já que se libertem os escravos maiores de 60 annos..* Litografia, 8,5 x 7 cm / *O augmento do fundo de emancipação votado unanimemente pelo Senado, muito honra os Senadores e muito pesará na balança para resgatar esses pobres escravos.* Litografia, 7 x 13 cm (ABOLICIONISMO – FUNDO DE EMANCIPAÇÃO – LEI DOS SEXAGENÁRIOS).

In *Revista Illustrada*, Rio de Janeiro, ano 5, n. 226, 11 out. 1880, p. 4.

[1402] AGOSTINI, ANGELO. *O primeiro salto é o que custa.* Litografia, 19,5 x 22 cm. / *Traditor! dizem alguns membros do partido Conservador ao sr. de Cotegipe. O novo Radamés longe de receiar a morte, tem todo o direito de ser carregado em triumpho, por ter optado antes pela conveniencia do paiz de que pela de seu proprio partido.* Litografia, 9,5 x 20,5 cm (AS ARTES DO ESPETÁCULO – CIRCENSES – ÓPERA) (POLÍTICOS – BARÃO DE COTEGIPE)/ *Uma nuvem que cresce cada vez mais.* Litografia, 19 x 21,2 cm. *Á sua memoria (Homenagem da* Revista Illustrada, Rio de Janeiro). *Elle fez o pedestal da grande estatua da Emancipação. O tempo já indica que é mister concluir essa grandiosa obra, o primeiro monumento nacional.* Litografia, 44,5 x 22 cm (ABOLICIONISMO – EMANCIPAÇÃO) (ALEGORIAS – VISCONDE DO RIO BRANCO) / *Afinal! Inspirado por verdadeiros sentimentos patrioticos e pelo ultimo numero da Revista Illustrada*, Rio de Janeiro, *o sr. Gaspar declara que o paiz corre grande perigo deante dos argentinos que se acham perfeitamente armados. / Parece-nos que o perigo existe somente na cabeça do Silveira Martins e nos desenhos da Revista Illustrada*, Rio de Janeiro. *O paiz é essencialmente agricola e se os argentinos estão preparados nós tambem estamos.* Litografia, 9 x 21 cm (O UNIVERSO DO TRABALHO – LAVOURA CAFEEIRA – QUITANDEIRAS – QUITUTEIRAS).

In *Revista Illustrada*, Rio de Janeiro, ano 5, n. 229, 6 nov. 1880, pp. 1 e 4-5.

[1403] AGOSTINI, ANGELO. 1) *Lavoura. S. Ex. da Agricultura estendeu a mão protetora á hortaliça. Muito bem.* 2) *Essa medida essencialmente agricola é digna de todo o louvor. Consta-nos que as quitandeiras irão agradecer e deitar discurso. O o, cuo lé-lê etc. / Zangam-se comnosco porque temos a franqueza de dizer que a nossa lavoura vista de perto é muito feia, mito velha e muito repugnante.* Litografia, 9 x 12,5 cm (ESTEREÓTIPOS SOBRE O NEGRO – OS CORPOS GROTESCOS) (O UNIVERSO DO TRABALHO – LAVOURA CAFEEIRA) / *Arte – Deslumbrados pela brilhante festa camoniana, os admiradores de Carlos Gomes quizeram fazer outra igual em homenagem ao maestro brasileiro. O enthusiasmo chegou a ferocidade; quasi furaram um olho ao brazileo compatriota, para ter mais parecença com o cantor dos Luziadas.* Litografia, 9,5 x13,5 cm / *Em quanto os estudantes gastavam seus pulmões n'um enthusiastico berreiro, outros gastaram o seu cobre n'um sem numero de amolações á Carlos Gomes.* Litografia, 10 x 9 cm / *É pois à Camões que o illustre brazileiro deve agradecer tanto enthusiasmo e não ao publico...* Litografia, 10,5 x 11,5 cm / *A primeira vez que C. Gomes voltou da Europa, as ovações sobre a bella opera Guarany, não passaram da Confeitaria Castellões... Podia o illustre artista brazileiro que acabára de obter o titulo de maestro passear livremente pela rua do Ouvidor que ninguém o incomodava. Estava longe o centenario e o maestro nunca tinha ido à Bahia.* Litografia, 5,3 x 15,5 cm (Música – Compositores – Carlos Gomes).

In *Revista Illustrada*, Rio de Janeiro, ano 5, n. 231, 12 dez. 1880, pp. 5 e 8.

[1404] Agostini, Angelo. *O Sr. Conde de Mattosinhos entregou carta de liberdade á todos os seus escravos. É com verdadeiro prazer que registramos tão humanitario acto e tambem é com verdadeiro espanto que vimos o 'Cruzeiro".* Litografia, 11 x 13 cm (Abolicionismo – Cartas de alforria).

In *Revista Illustrada*, Rio de Janeiro, ano 5, n. 232, 18 dez. 1880, p. 8.

[1405] Agostini, Angelo. *Os canos do abastecimento d'agua não querem ficar atraz do reservatorio do Pedregulho. E para termos dessas emoções, gastam-se 19 mil contos! fôra o resto.* Litografia, 19 x 22 cm (O universo do trabalho – Quitandeiras – Quituteiras).

In *Revista Illustrada*, Rio de Janeiro, ano 6, n. 235, 15 jan. 1881, p. 1.

[1406] Agostini, Angelo. *Dr. J.e Ferreira de Menezes.* Litografia, 12 x 17 cm (Literatura – Jornalistas – José Ferreira de Menezes) / *Cons. Zacarias de Góes e Vasconcelos.* Litografia 12 x 17 cm (Políticos – Zacarias de Góis e Vasconcelos).

In 1. *Revista Illustrada*, Rio de Janeiro, ano 6, n. 251, 22 jul. 1881, p. 8.
2. Moura, 1988:395.

[1407] Agostini, Angelo. *Preto e amarello. É possivel que haja quem entenda que a nossa lavoura só póde ser sustentada por essas duas raças tão feiras! Mau gosto!* Litografia, 19,5 x 22 cm (A imigração chinesa e o negro) (Estereótipos sobre o negro – Os corpos grotescos).

In *Revista Illustrada*, Rio de Janeiro, ano 6, n. 258, 30 jul. 1881, p. 1.

[1408] Agostini, Angelo. *O paiz, que não vê festejar o dia 7 de Setembro senão pelo canhão e foguetorio official, começa a comprehender que a sua independencia só se traduz em fumaça; em muita fumaça...* Litografia, 21,5 x 29 cm (Alegorias – O índio e o negro).

In *Revista Illustrada*, Rio de Janeiro, ano 6, n. 264, 10 set. 1881, p. 8.

[1409] Agostini, Angelo. *Quantas esperanças dependuradas na roda da fortuna.* Litografia, 29,2 x 22 cm (Loterias).

In *Revista Illustrada*, Rio de Janeiro, ano 6, n. 268, 5 out. 1881, p. 8.

[1410] Agostini, Angelo. *O crime da rua Larga de S. Joaquim. Alexandre Augusto Pereira de Carvalho. Antonio Manoel Romão (vulgo Bahia). O assassino de Alexandre (tirado do natural, na casa de Detenção). A. P. de Carvalho, no Necroterio.*. Litografia, 29,5 x 22 cm (Marginalidade – Homicidas).

In *Revista Illustrada*, Rio de Janeiro, ano 6, n. 269, 15 out. 1881, p. 5.

[1411] Agostini, Angelo. *Às urnas cidadãos! O voto é livre! Mas a barriga?...!* Litografia, 19,5 x 22 cm (Marginalidade – Capadócios – Capoeiras – Capangas – Eleições) / *O theatro lyrico e o high-life flum.e.* Quinze vinhetas sobre a encenação de *O Guarany*, de Carlos Gomes, com Tamagno, Borghi-Mamo, Battistini, Castelmary e Visconti (Música – Compositores – Carlos Gomes) / *Quem é esta Venus Hottentote que está aqui atras? / Falle baixo; ... é a ... do Dr. X. / Oh!... E a mocinha / É a sua propria f.... / Não é possivel!!! / É assim mesmo!* Litografia, 5,3 x 8 cm (Estereótipos sobre o negro – Os corpos grotescos – A Vênus Hotentote) (O negro nos espaços públicos – Nos teatros).

In *Revista Illustrada*, Rio de Janeiro, ano 6, n. 271, 29 out. 1881, p. 1.

[1412] Agostini, Angelo. *A flôr da nossa gente no dia de finados.* Litografia, 16 x 15,5 cm (Marginalidade – Capadócios – Capangas – Capoeiras).

In *Revista Illustrada*, Rio de Janeiro, ano 6, n. 273, 12 nov. 1881, p. 8.

[1413] Agostini, Angelo. *Quanto á D. Bazilio Tinta Roxa... o preto mais robusto, com toda a agua do Amazonas, todos os côcos da Bahia e toda a areia de Copacabana, nunca conseguirá por mais que o esfregue, laval-o de todas as... as... o diccionario não dá!.* Litografia, 6,5 x 13 cm (O universo do trabalho – Pajens).

In *Revista Illustrada*, Rio de Janeiro, ano 6, n. 277, 10 dez. 1881, p. 5.

[1414] Agostini, Angelo. *Choveo muito estes dias, mas a peior chuva que nos ameaça é a das festas!* Litografia, 19 x 22 cm (Estereótipos sobre o negro – Mulatas como objeto de desejo).

In *Revista Illustrada*, Rio de Janeiro, ano 6, n. 279, 24 dez. 1881, p. 1.

[1415] Agostini, Angelo. *Já que a carne apodrece só com o tranzito do matadouro para a Côrte, o unico meio de evitar isso é, cada cidadão trazer um boi vivo para sua casa. À principio naturalmente a familia estranhará, porem tudo é questão de habito.* Litografia, 9 x 19 cm. (O universo do trabalho – Mucamas) / *A continuação das correrias de Capoeiragem, prova bem o alto grão de civilização á que chegou a capital do Imperio, e a efficacia do nosso valente corpo de urbanos para contê-los nos seus atos sanguinários*. Litografia, 4,5 x 9,5 cm / *Até as pretas déram agora em capoeira! É bem possivel que esses illustres assassinos tragam, quando nascem, uma navalha dependurada no umbigo*. Litografia, 7 x 6 cm (MARGINALIDADE – CAPADÓCIOS – CAPANGAS – CAPADÓCIOS – CAPOEIRAS – MULHERES CAPOEIRAS).

In *Revista Illustrada*, Rio de Janeiro, ano 7, n. 281, 7 jan. 1882, p. 4.

[1416] AGOSTINI, ANGELO. *Ha muito tempo que temos adoptado esta figura para representar o nosso Thesouro Nacional (já é chapa)*. Litografia. / *A lavoura, a industria e o commercio são os encarregados de sustentar a vacca para dar o leite necessario que serve para a alimentação de uma immensidade de bezerros que se chamam empregados publicos, outros, companhias e emprezas subvencionadas com garantias de juros, etc*. Litografia. / *Entre esses bezerros, ha dois colossaes. Ainda ha outro que não especificamos. Noblesse oblige et a tout seigneur, tout honneur*. Litografia, 21 x 10,5 cm (POLÍTICOS – BARÃO DE COTEGIPE) / *Não teremos amas de leite como ha na Europa, de touca e avental, e cujos seios alvos como a neve dão vontade de... ser criança*. Litografia, 8 x 13 cm / *Continuaremos a ter amas de leite com caras de desmamar crianças e cujos seios... Pernas para que te quero! / Apesar disso, somos obrigados a confessar que, á muito custo, os pais conseguem desmamar os filhos*. Litografia, 5,7 x 10,5 cm / *Teremos pois amas pretas porem escolhidas. Usarão talvez touca, mas o preço será algum tanto alto*. Litografia, 7 x 9,5 cm (ESTEREÓTIPOS SOBRE O NEGRO – OS CORPOS GROTESCOS) (O UNIVERSO DO TRABALHO – AMAS).

In *Revista Illustrada*, Rio de Janeiro, ano 7, n. 282, 15 jan. 1882, pp. 4-5.

[1417] AGOSTINI, ANGELO. *Brevemente haverá um regulamento que obrigará os empregados das repartições da Fazenda a virem dar louvado Em lugar de bons dias, se dirá: Sus Christo. Os que se não quiserem sujeitar, serão demittidos*. Litografia. / *e substituidos por pretos da fazenda de Cebolas. O serviço não será tão bem feito, mas em compensação haverá grande redução nos ordenados*. Litografia, 5,5 x 9,5 cm (O UNIVERSO DO TRABALHO – ESCRAVOS DA ROÇA).

In *Revista Illustrada*, Rio de Janeiro, ano 7, n. 284, 28 jan. 1882, p. 8.

[1418] AGOSTINI, ANGELO. *Aconselhamos o sr. Julio Cesar (o immortal*) que deixe de escrever artigos pelos jornais defendendo-se contra os incredulos. É gastar dinheiro átôa. Os entendidos, ja tem o seu juizo formado e reconhecem que o seu triumpho foi completo. A Revista já provou no numero passado que a direcção do balão não é impossivel. Ja se póde navegar, viajar e até passear o mais commodamente, como fazemos aqui com um simples cachorrinho. Offerecemos-lhe esta nossa descoberta para aplical-a ao seu balão, certos de que ninguem achará coisa melhor. O futuro balão do sr. Julio Cesar feito por subscripção. Desta vez os admiradores do grande descobridor da navegação aerea, terão o gosto de vêr o seu dinheiro voar pelos ares*. Litografia, 22 x 21,7 cm (INVENTORES – JÚLIO CÉSAR RIBEIRO DE SOUSA).

In *Revista Illustrada*, Rio de Janeiro, ano 7, n. 294, 8 abr. 1882, p. 8.

[1419] AGOSTINI, ANGELO. *O verdadeiro balão é o Sr. Julio Cesar, o immortal! Enquanto durará o fogo sagrado da patriotada, elle subirá cheio de vento até que um dia*... Litografia, 19 x 21,8 cm / *Foi concedido afinal o subsidio para a passagem de Venus. O sr. ministro do Imperio deu 4 pinotes de satisfação*. Litografia. / *Uma Commissão pois irá vêr a Venus, aproveitando o balão do sr. Julio Cesar e o nosso systema propulsor*. Litografia, 14,5 x 13 cm / *O sr. Julio Cesar partiu para o Pará... E logo para o Pará. Quem sabe se não foi por causa do rasgão que soffreu o seu balão?* Litografia, 12 x 12,5 cm. / *É provavel que foi esse o motivo de uma viagem tão precipitada. Estamos certos que o immortal patricio voltará de lá com um balão feito de borracha, que é muito mais solido e seguro*. Litografia, 14 x 13 cm (INVENTORES – JÚLIO CÉSAR RIBEIRO DE SOUSA).

In *Revista Illustrada*, Rio de Janeiro, ano 7, n. 295, s.d., pp. 1 e 8.

[1420] AGOSTINI, ANGELO. *O inquerito sobre o negocio das joias parece estar definitivamente concluido, em bem da moralidade. Ainda bem!* Litografia. / *Outra victima de um roubo de joias, o principe Obá. S.A. de volta do paço, onde fôra cumprimentar S.M. deo pela falta de seu relogio, pincenez etc. Estão caiporas os principes!* Litografia, 6 x 5 cm / *Dizem que S.A. Obá declarou ao Chefe, que se elle puzer outra vez as barbas postiças e descobrir o roubo, elle se compromette á perdoar aos ladrões. S.E. não pode mais hesitar*. Litografia, 4,7 x 4,5 cm (TIPOS POPULARES DO RIO DE JANEIRO – O PRÍNCIPE OBÁ) / *Ao Povo – Esmola para Julio Cesar Ribeiro. Ah!... Deus te favoreça*. Litografia, 5 x 5 cm (INVENTORES – JÚLIO CÉSAR RIBEIRO DE SOUSA).

In *Revista Illustrada*, Rio de Janeiro, ano 7, n. 296, 22 abr. 1882, p. 8.

[1421] AGOSTINI, ANGELO. *Antonio Firmino Monteiro*. Litografia, 19,5 x 22 cm / *Fundação da cidade do Rio-de-Janeiro – Mem de Sá entrega as chaves da cidade ao Alcaide-mór. Quadro históricodo pintor brazileiro Antonio Firmino Monteiro*. Litografia, 20,3 x 29 cm (PINTORES – ANTÔNIO FIRMINO MONTEIRO).

In 1. *Revista Illustrada*, Rio de Janeiro, ano 7, n. 297, 29 abr. 1882, pp. 1 e 8.
2. MARQUES, 1988:138.

[1422] AGOSTINI, ANGELO. *Luiz Gama*. Litografia, 15 x 17,5 cm (LITERATURA – JORNALISTAS – LUÍS GAMA).

In 1. *Revista Illustrada*, Rio de Janeiro, ano 7, n. 313 , 26 ago. 1882, p. 1.
2. MOURA, 1988:382.

[1423] Agostini, Angelo. *Senado – São boas cartas, não há duvida, mas, infelizmente para si, o trumpho é páus. / Comp.a do Gaz – Perdi, é verdade... mas não hade de ser esta a ultima partida...* Litografia, 21,5 x 29 cm (Políticos – Barão de Cotegipe).

In *Revista Illustrada*, Rio de Janeiro, ano 7, n. 316, 23 set. 1882, p. 5.

[1424] Agostini, Angelo. *Tambem inventamos para o publico elegante um outro aparelho para dar palmas sem estragar as luvas e inchar as mãos. Tomamos a liberdade de offerecer um delles a Exma. e distinctissima Sr.a de um de nossos mais distinctos cidadãos, para que poupe as suas delicadas mãosinhas.* Litografia, 9 x 8 cm (Estereótipos sobre o negro – Os corpos grotescos).

In *Revista Illustrada*, Rio de Janeiro, ano 7, n. 319, 21 out. 1882, p. 5.

[1425] Agostini, Angelo. *O sr. barão do Rio-Bonito, um dos mais distinctos representantes da lavoura, inaugurou as conferencias agricolas com um brilhante discurso onde, com toda a franqueza que caracteriza o illustre lavrador, pintou com as cores mais vivas o triste estado da nossa lavoura.* Litografia. / *"Sentada sobre um volcão e amarrada a um poste que lhe tolhe os movimentos, a lavoura estremece diariamente da triste posição em que se acha" (Estr.o do discurso do sr. barão do Rio-Bonito).* Litografia, 13,3 x 21,5 cm (Alegorias – Lavoura cafeeira).

In *Revista Illustrada*, Rio de Janeiro, ano 7, n. 321, 4 nov. 1882, p. 5.

[1426] Agostini, Angelo. *E que attractivo para os colonos que devem vir salvar a nossa lavoura! Num paiz, dirão elles, onde ha escravos desta côr e homens livres deste feitio... é porque lá não vamos.* Litografia, 8,5 x 14 cm (Estereótipos sobre o negro – Os corpos grotescos) (O universo do trabalho – Lavoura cafeeira).

In *Revista Illustrada*, Rio de Janeiro, ano 7, n. 326, 23 dez. 1882, p. 4.

[1427] Agostini, Angelo. *A fumaça de um fuzileiro incommodava-o soffrivelmente, mas como é santo e martyr, elle aguentou resignado.* Litografia, 7,3 x 7,5 cm (Estereótipos sobre o negro – Os corpos grotescos).

In *Revista Illustrada*, Rio de Janeiro, ano 8, n. 330, 20 jan. 1883, p. 4.

[1428] Agostini, Angelo. *As aventuras de Zé Caipora.* Litografias em vários formatos (O universo do trabalho – Cozinheiras – Mucamas – Pajens).

In *Revista Illustrada, Rio de Janeiro,* ano 8, n. 331, p. 4; 337, 21 mar. 1883, pp. 4-5; n. 339, 21 abr. 1883, pp. 4-5; n. 344, 9 jun. 1883, p. 4; n. 346, 23 jun. 1883; n. 348, 14 jul. 1883, pp. 4-5; n. 352, 18 ago. 1883, pp. 4-5; n. 356, 20 set. 1883, pp. 4-5.

[1429] Agostini, Angelo. *Queira perdoar, mas... com aquelle negrinho não póde entrar. / – Mas é que eu não posso separar-me delle; é quem me veste quem me dá de comer, quem... quem me serve de todo afinal! / – É que... Enfim, em attenção às illustres qualidades de tão sabio soberano, creio que as nações civilizadas não duvidarão em admittil-o.* Litografia, 21,5 x 29 cm (O universo do trabalho – Pajens).

In *Revista Illustrada*, Rio de Janeiro, ano 8, n. 347, 30 jun. 1883, p. 8.

[1430] Agostini, Angelo. *Excelsior politico-brasileiro. Ao contrario do que acontece no "Excelsior" do choreographo Manzotti, o Obscurantismo e a Indifferença vencem a Luz e a Liberdade na desgraça da questão do Elemento Servil!* Litografia, 19 x 22 cm (Abolicionismo) (Repressão e violência – Violência contra escravos – Espancamentos).

In *Revista Illustrada*, Rio de Janeiro, ano 8, n. 354, 15 set. 1883, p. 8.

[1431] Agostini, Angelo. *Os interessados nas importantes medidas e reformas que o sr. Lafayette promettera quando tomou conta do governo, não podem deixar de manifestar a sua profunda gratidão ao illustre estadista por não ter feito coisa alguma durante a sessão legislativa. É possivel que, reconhecido diante de tamanha prova de apreço, S. Ex se resolva fazer alguma coisa quando as gallinhas tiverem dentes.* Litografia, 10 x 22,3 cm (Abolicionismo – Elemento servil).

In *Revista Illustrada*, Rio de Janeiro, ano 8, n. 354, 15 set. 1883, p. 8.

[1432] Agostini, Angelo. *A Colonisação chineza. Plasticamente fallando, conhecem formas mais bellas, mais robustas, mais varonís! Como as outras raças ficam mesquinhas e rachiticas ao lado dos filhos do Celeste Imperio! Até o paiz delles chama-se celeste! Que poesia! O governo não poderia escolher melhores colonos!* Litografia, 8 x 9 cm (A imigração chinesa e o negro).

In *Revista Illustrada* Rio de Janeiro, ano 8, n. 358, 20 out. 1883, pp. 4-5.

[1433] Agostini, Angelo. *Apulcho (sic) de Castro. Redactor responsavel do "Corsario". Assassinato de Apulcho de Castro na rua do Lavradio, em frente á Secretaria de Policia, no dia 25 de Outubro de 1883, ás 4 ½ horas da tarde.* Litografia, 29 x 22,5 cm (Literatura – Jornalistas – Apulcro de Castro).

In *Revista Illustrada*, Rio de Janeiro, ano 8, n. 359, 31 out. 1883, p. 8.

[1434] Agostini, Angelo. *Trata-se agora da nomeação de um director para a estrada de ferro D. Pedro II. O criterio indica-lhe um nome, mas é muito provavel que não será escolhido.* Litografia. *São muito boas pessoas,mas como ministros não se póde deixar de concordar que elles andam a quatro, isto é, de gatinhas. São tão moços!... E tudo mais anda assim.* Litografia, 8,7 x 48 cm (O universo do trabalho – Lavoura cafeeira) / *Vasques:... Mas não acha que esta minha idéa é melhor que a do Polichinello, com a sua estatua de João Caetano? – Não ha duvida! Acho-a até de muito espirito. Penso exactamente como tu; a arte dramatica está morta entre nós; e na verdade, não podias ter melhor idéa do que levantar-lhe um mausoléo. Tu has de ser sempre um grande pãndego! / Aos artistas dramaticos. Que esse jazigo perpetuo lhes seja sempre leve. Amen! Subscripção para o Monumento J. O. Caetano. Jazigo perpetuo para os artistas dramaticos.* Litografia, 29,8 x 22 cm (As artes do espetáculo – Teatro – Atores – Francisco Corrêa Vasques).

In 1. *Revista Illustrada*, Rio de Janeiro, ano 9, n. 368, 12 jan. 1884, pp. 4-5 e 8.

2. Moura, 1978:62.

[1435] Agostini, Angelo. *Tambem podem as familias sem faltar ao decoro social, assistir – no Carnaval – ao triumpho das prostitutas que, repimpadas no seu carro, ao lado de algum imbecil, podem zombar da honestidade daquelas que no dia seguinte, curvadas sobre o seu trabalho, pensam involuntariamente quanto é penivel a virtude e seductor o vicio!* Litografia, 9,5 x 28,5 cm (Lúdica – Carnaval) (Marginalidade – Prostituição).

In *Revista Illustrada*, Rio de Janeiro, ano 9, n. 369, 19 jan. 1884, pp. 3-4.

[1436] Agostini, Angelo. *Realmente, entristece-nos de vêr, por causa de tal Mandarim, o sr. C. Laet e Sampaio Moreira, chafurdarem-se como duas quitandeiras bebadas, no rego lamacento da descompostura desbragada. E em vão!* Litografia, 5 x 9,5 cm (Estereótipos sobre o negro – Alcoólatras) (O universo do trabalho – Quitandeiras – Quituteiras).

In *Revista Illustrada*, Rio de Janeiro, ano 9, n. 370, 27 jan. 1884, p. 8.

[1437] Agostini, Angelo. *O Cotegipe – quem diria – já está seguro que nem uma mosca!* Litografia, 8 x 10 cm / *O sr. de Cotegipe provedor da S. Casa e representante da parte fanatica, pinta as irmãs com as mais brandas, suaves e alvas cores.* Litografia, 8,5 x 12,5 cm (Políticos – Barão de Cotegipe).

In *Revista Illustrada*, Rio de Janeiro, ano 9, n. 371, 9 fev. 1884, pp. 3-4.

[1438] Agostini, Angelo. !!!!!! *Que grande pandego! ou, que grande hypocrita! Esta é a observação que todos tem feito ao ver a piedosa attitude do Sr. de Cotegipe na discussão com o Con.so Saboia sobre a S. Casa de Misericordia.* Litografia, 20 x 21,7 cm / *No tremendo duello acerca da S. Casa, o Sr. de Cotegipe foi completamente battido pelo Conso. Saboia. É que este tinha consigo o espelho da verdade, cujos reflexos cegaram o adversario, representante do fanatismo e da hypocrisia (sic).* Litografia, 7 x 11,5 cm (Políticos – Barão de Cotegipe).

In *Revista Illustrada*, Rio de Janeiro, ano 9, n. 372, 16 fev. 1884, pp. 1 e 8.

[1439] Agostini, Angelo. *O entrudo em 1884. Rua do Ouvidor.* Litografia, 14 x 46,5 cm (Lúdica- Carnaval – Entrudo).

In *Revista Illustrada*, Rio de Janeiro, Rio de Janeiro, ano 9, n. 373, 29 fev. 1884, pp. 3-4.

[1440] Agostini, Angelo. *Os bens dos Conventos. No fim do jantar, a animação chegou a tal ponto que não nos é possivel descrevel'a. Varias saudes á "Ganganelli"e á "Revista Illustrada,* Rio de Janeiro,*" foram acompanhadas de muitos hips e hurrasI.* Litografia, 8 x 20 cm / *Um frade levantou-se e com uma voz de trovão, berrou uma canção latinada. Bonum vinum laetificat cor hominis etc, etceteris, etc, et aeternum! Que grandes pandegos!* Litografia, 8 x 20 cm. (O universo do trabalho – Pajens – Moleques) / *Consummatum est! Deo gratias! Como acabou o festim, não sabemos com certeza. O prior achou prudente retirar-se e levou-nos comsigo.* Litografia, 9,5 x 21,8 cm (O universo do trabalho – Moleques – Pajens).

In *Revista Illustrada*, Rio de Janeiro, ano 9, n. 374, 8 mar. 1884, pp. 4 e 8.

[1441] Agostini, Angelo. *Os bens dos Conventos. Apontamentos tomados d'après nature por um frade e illustrados pelo mesmo. Capitulo II. O meu melhor vinho, que estes tratantes estão a saborear!* Litografia, 9 x 16,5 cm / *Procuramos acalmar o Rev.do e dirigimo-nos para a estribarial.* Litografia, 9 x 8,5 cm / *Chegamos a fazenda [dos frades]. Um preto velho abriu-nos a porteira e um vasto terreiro espraiou-se diante os nossos olhos. Uma barulhada estupenda assaltou nossos ouvidos. Uau, uau, cuim, cuim, sus Criss, Sus Criss, Cuã, cuã, cuã, kôkorokô, etc etc. E o prior deitou a bençam em todos os bipedes e quadrupedes que vieram ao nosso encontro.* Litografia, 8 x 18 cm/ *Entramos para a vasta sala e ahi vimos um verdadeiro viveiro de ambos os sexos, e todos mulatinhos mais ou menos. São meus afilhados, disse-nos o prior. O meu companheiro piscou-me um olho...* Litografia, 8 x 13 cm / *Uma preta velha condusio-nos para os aposentos que eram destinados. Cada um teve o seu quarto.* / Litografia, 7,5 x 7,5 cm / *Tinha-me estendido um pouco para descançar, quando uma jovem e interessante mulatinha trouxe-me um café com leite e assucar, o que adoçou singularmente a monotona solidão em que me achava. Senti-me algum tanto commovido! Tantos cuidados!.* Litografia, 8,3 x 8,3 cm / *Apenas retirou-se, espiei no corredor e vi outra jovem sahir do quarto do meu companheiro em penitencia. Hum!* Litografia, 7,7 x 10 cm / *Estavamos gozando o fresco da tarde, quando vimos os quatro companheiros de mesa entrar triumphalmente montados nos dois unicos burros que encontraram na estribaria. Sem saber, tinhamos tomado os animaes de dois frades.* Litografia, 8 x 21 cm (ESTEREÓTIPOS SOBRE O NEGRO – A MULATA COMO OBJETO DE DESEJO) (MARGINALIDADE – SACERDOTES CATÓLICOS E RELAÇÕES SEXUAIS COM ESCRAVAS E LIBERTAS) (O UNIVERSO DO TRABALHO – ESCRAVOS DA ROÇA – MUCAMAS – PAJENS).

In *Revista Illustrada*, Rio de Janeiro, ano 9, n. 375, 15 mar. 1884, pp. 4-5.

[1442] AGOSTINI, ANGELO. *Francisco Nascimento. À testa dos jangadeiros cearenses, Nascimento impede o tráfico de escravos da provincia do Ceará vendidos para o Sul.* Litografia, 20 x 21,8 cm / *Livre!I* Litografia, 30 x 47,5 cm (ABOLICIONISMO – FRANCISCO NASCIMENTO, O DRAGÃO DO MAR) / *Os negreiros ainda contam com o ex-general do futuro e com uma especie de arlequim para estes deterem na sua marcha a idéa abolicionista.* Litografia. / *Esta porem caminha sem o menor receio acompanhada pelo Paiz e liberta os que se encontra no seu caminho, sem dar a menor importancia aos seus adversarios entrincherados (sic) dentro de duas fortalezas de papel.* Litografia, 20 x 12,5 cm (ABOLICIONISMO – NEGREIROS).

In 1. *Revista Illustrada*, Rio de Janeiro, ano 9, n. 376, s. d. (1884) pp. 1, 3-4 e 8.
2. LIMA, 1963, II:793.
3. MOURA, 1988:382.

[1443] AGOSTINI, ANGELO. *As igrejas foram muito concorridas. A maioria dos devotos traziam luto desde os pés até a ponta dos cabellos. Era o luto levado a altura de um cumulo!* Litografia, 8 x 13 cm / *As ruas estavam negras desses religiosos, sombrios e luctuosos grupos. Parecia estar-se em plena Zululandia.* Litografia, 8 x 9 cm / *Não sahimos á rua. Tanta escuridão assusta-nos.* Litografia, 7 x 5 cm / *Somos muito abolicionista, mas não nos extasiamos diante as bellesas da raça africana, cuja plastica deixa muito a desejar. Vê-se cada venta!...* Litografia, 9 x 12 cm / *Não podemos ver, sem calafrios, o angelico rosto de uma loura donzella ao lado de uma mucama beiçuda e de ventas achatadas. Não! A nossa vontade é logo dizer: "Sai dahi para fora! E... offerecer os nossos serviços.* Litografia, 7,5 x 8 cm (ESTEREÓTIPOS SOBRE O NEGRO – OS CORPOS GROTESCOS) (O NEGRO NOS ESPAÇOS PÚBLICOS – NAS IGREJAS E NAS RUAS).

In *Revista Illustrada*, Rio de Janeiro, ano 9, n. 377, 29 abr. 1884, pp. 4-5.

[1444] AGOSTINI, ANGELO. *A proposito da abolição. – U-ô cuô ilê lê, pai Zuão. Sabe? Nós vá fica tudo foro./ – É é. / Siô Clapi dá carta de liberdade á todo africano. / – Uê!* Litografia, 8,5 x 11 cm (ABOLICIONISMO – CARTAS DE LIBERDADE) (ESTEREÓTIPOS SOBRE O NEGRO – A EXPRESSÃO VERBAL).

In *Revista Illustrada*, Rio de Janeiro, ano 9, n. 378, 27 abr. 1884, p. 8.

[1445] AGOSTINI, ANGELO. *Antes das Camaras, o Governo acendia velas a Abolição, ás suas festas, Kermesses e outras manifestações abolicionistas.* Litografia, 9 x 10 cm (ABOLICIONISMO – MANIFESTAÇÕES ABOLICIONISTAS).

In *Revista Illustrada*, Rio de Janeiro, ano 9, n. 380, 17 mai. 1884, p. 4.

[1446] AGOSTINI, ANGELO. *Já os velhos escravos podem morrer livres! Mas é livres de tratamento e no meio da estrada. Todo escravo maior de 60 annos será livre, disse o actual governo. / É algum tanto deshumano, mas sempre é um passo a favor da abolição.* Litografia, 7,5 x 12 cm / *Porem muito confiamos na philantropia dos lavradores, que com certeza, não enxotarão os velhos pretos apezar de livres. Ha sempre serviço para elles.* Litografia, 7 x 11 cm / *A nova lei tambem se presta a ser illudida. / – Uê! meu Sinhô! é é / – Deixe rapaz; estou-te fazendo mais moço. Quantos brancos não quereriam que lhe fizessem o mesmo.* Litografia, 8,3 x 11 cm (ABOLICIONISMO – LEI DOS SEXAGENÁRIOS).

In *Revista Illustrada*, Rio de Janeiro, ano 9, n. 383, 14 jun. 1884, p. 8.

[1447] AGOSTINI, ANGELO. *Depois de a terem guerreado, hoje elles abraçam essa lei com enthusiasmo! Que ridicula incoherencia!* Litografia, 29 x 22 cm (ABOLICIONISMO – LEI DO VENTRE LIVRE) / *Suplemento. O governo e a Opposição antes do dia 28 de julho.* Litografia, 29 x 22 cm / *O governo e a Opposição no dia 30 de julho. Vendo os ferozes escravocratas cada vez mais enfurecidos contra o seu projecto, o governo entendeu prudente dar um tiro para dissolvel-os. O tiro, porem, foi de polvora seca.* Litografia, 29 x 22 cm (ABOLICIONISMO – LEI DOS SEXAGENÁRIOS).

In *Revista Illustrada*. Rio de Janeiro, ano 9, n. 387, 22 jul. 1884, p. 4 e 8.

[1448] AGOSTINI, ANGELO. *Apesar do abastecimento de água e de todos os reservatorios, o Zé Povinho sentiu saudades do sistema antigo. Ao menos, sempre dava para mattar a sede.* Litografia, 19 x 25 cm (O UNIVERSO DO TRABALHO – AGUADEIROS).

In 1. *Revista Illustrada*, Rio de Janeiro, ano 9, n. 390, 13 ago. 1884, p. 1.
2. LIMA, 1963, II:492.

[1449] AGOSTINI, ANGELO. *No jantar do dia 28 de setembro, o sr. barão de Cotegipe declarou que o Partido Conservador deve ser ultra--abolicionista.* Litografia, 5,5 x 7,5 cm / *S. Ex.ca entende que o partido deve habilitar-se a receberas cubiçadas pastas, caso El Rei haja por bem mandal-o chamarI.* Litografia, 5,5 x 8,3 cm / *Mas então a lavoura... / – E que me importa lá com a lavoura? / Mas.../ Qual mas! O partido conservador, por causa das conveniencias da Lavoura, não hade sacrificar as suas. O nosso Imperial Senhor e amo é abolicionista, pois nós também seremos abolicionistas.* Litografia, 5,5 x 9 cm (POLÍTICOS- BARÃO DE COTEGIPE).

In *Revista Illustrada*, Rio de Janeiro, ano 9, n. 392, 11 out. 1884, p. 8.

[1450] AGOSTINI, ANGELO. *Para onde penderá a balança?* Litografia, 19,5 x 21,5 cm (POLÍTICOS – BARÃO DE COTEGIPE) / *Mme. Ossian Ronnet. O Jangadeiro, retrato em cera. 396. E nós que julgavamos que elle era feito em chocolate!* Litografia, 8 x 6,5 cm (ESTEREÓTIPOS SOBRE O NEGRO NAS ARTES PLÁSTICAS) (O UNIVERSO DO TRABALHO – JANGADEIROS).

In *Revista Illustrada*, Rio de Janeiro, ano 9, n. 397, 13 dez. 1884, pp. 1 e 4-5.

[1451] AGOSTINI, ANGELO. *Eleição do 2o. escrutinio. O partido Conservador (o da ordem) saudoso do antigo systema de eleição, e despertado pela derrota, convidou a capangada e a flôr dos vagabundos a fazerem chinfrinadas.* Litografia, 13 x 27 cm (MARGINALIDADE – CAPADÓCIOS – CAPANGAS – CAPOEIRAS – ELEIÇÕES) (O UNIVERSO DO TRABALHO – QUITANDEIRAS – QUITUTEIRAS).

In *Revista Illustrada*, Rio de Janeiro, ano 10, n. 399, 10 jan. 1885, p. 4.

[1452] AGOSTINI, ANGELO. *Algumas considerações sobre o partido da ordem. Saudar um illustre cidadão pelo simples facto de ser chefe e não dar pela chegada do sr. barão de Cotegipe, chefe mais antigo, não menos illustre e presidente do Senado!!!.* Litografia, 7,5 x 7 cm / *E uma vez sentado à mesa do orçamento, com a eloquente voz dirá: Os meus correligionarios comprehenderão, porque em tempo, eu declarei que o partido conservador não podia, não queria, não devia estar fóra do Poder.* Litografia, 8,5 x 12 cm (POLÍTICOS – BARÃO DE COTEGIPE).

In *Revista Illustrada*, Rio de Janeiro, ano 10, n. 401, 31 jan. 1885, pp. 4-5.

[1453] AGOSTINI, ANGELO. *O que é o partido conservador, na opinião do illustre fazendeiro senador Paulino de Souza. A boiada conservadora que lhe agradeça.* Litografia, 9 x 21,5 cm (ABOLICIONISMO – A QUESTÃO DO ELEMENTO SERVIL) / *Senado – Eu estou prompto. – E eu ainda estou neste estado! Aquellas pamonhas não acabam de apromptar o vestido. – Mas eu não posso mais esperar... tratarei pois sósinho de responder á falla do throno.* Litografia, 20,5 x 28,5 cm (ESTEREÓTIPOS SOBRE O NEGRO – OS CORPOS GROTESCOS) (POLÍTICOS – BARÃO DE COTEGIPE).

In *Revista Illustrada*, Rio de Janeiro, ano 10, n. 405, 24 mar. 1885, pp. 1 e 8.

[1454] AGOSTINI, ANGELO. *Conferencia medica. Medico assistente. Todos concordamos que o doente padece de abolicionite aguda. Pois bem, eu julgo que com este meu remedio, em breve, ficará bom. Se os collegas não concordam, apresentem suas opiniões e discutiremos qual o melhor meio de salvar o paiz. Se teem algum remedio mais efficaz, apresentem-n'o. – Nessa não cahiremos nós. É o nosso segredo. – AFF. CELSO (à parte). Elles mesmos não se entendem. – CHR. OTTONI – O que todos querem é tomar conta do doente sem compromisso algum. Que bons médicos!... O que dirá o tutor do doente?* Litografia, 18,5 x 21,7 cm (POLÍTICOS – BARÃO DE COTEGIPE).

In *Revista Illustrada*, Rio de Janeiro, ano 10, n. 406, 4 abr. 1885, p. 1.

[1455] AGOSTINI, ANGELO. *O carro do Estado, conduzido pelos Conservadores.* Litografia, 19 x 21,5 cm (O UNIVERSO DO TRABALHO – ESCRAVA E SEUS FILHOS) (POLÍTICOS – BARÃO DE COTEGIPE).

In 1. *Revista Illustrada*, Rio de Janeiro, ano 10, n. 406, 4 abr. 1885, p. 8.
2. LIMA, 1963, I:203.

[1456] AGOSTINI, ANGELO. *Se os negreiros, do parlamento, não tratarem de libertar já estes pobres escravos de 60 annos, nós, o povo, os libertaremos! (É esta a actual attitude do povo fluminense).* Litografia, 29 x 21,5 cm (ABOLICIONISMO – LEI DOS SEXAGENÁRIOS).

In *Revista Illustrada*, Rio de Janeiro, ano 10, n. 409, 11 abr. 1885, p. 1.

[1457] AGOSTINI, ANGELO. *Quadros da actualidade!: O Ministro-fazendeiro explicando o seu projeto aos lavradores: / Vocês comprehendem que, sendo eu lavrador, não podia deixar de tranquilizar a lavoura, garantindo a propriedade escrava e fixando-lhe um vallor. Podem, pois, continuar a considerar o escravo um animal como qualquer outro e sujeito a ser comprado, vendido, surrado etc., pelo menos nestes 10 annos. É o que lhes garante o meu projeto.*

LOTE DE BENS À VENDA / *50.*	LOTE – AVALIAÇÃO
Uma besta para cangalha	80$000
8 porcos gordos a 30$	240$000
6 carneiros a 15$	90$000
Uma vacca taurina	80$000
Agostinho, preto velho	60$000
Ignez, preta velha cega	10$000
Luiz, creoulo, 28 annos	900$000
Joanna e um ingenuo	600$000
Antonio, 50 annos, aleijado	70$000.

Litografia, 28,5 x 47,5 cm (ABOLICIONISMO) (MERCADO DE ESCRAVOS).

In 1. *Revista Illustrada*, Rio de Janeiro, ano 10, n. 413, 30 jun. 1885, pp. 3-4.
2. LIMA, 1963, I:213.

[1458] AGOSTINI, ANGELO. *Apesar de termos horror a Sra. Politica, a maldita anda sempre a apoquentar-nos o espirito. Vemos discursos que causam-nos verdadeiras nauseas. Por exemplo: O sr. Zama, logo no começo do seu discurso, declara-se abolicionista enragé: diz horrores sobre a escravidão e parece querer enforcar todos os senhores de escravos. E logo em seguida, declara que os sexagenarios devem continuar a supportar as doçuras da escravidão, como o determina o projecto Saraiva.Que auxiliará a estes com todos os esforços, etc., etc.* Litografia, 8,5 x 11,5 cm / *E devemos todos ficar tranquillos, pois que os negreiros da Camara, são capazes de querer que a lavoura, não só aproveite o escravo em vida, como tambem depois de morto, vendendo os ossos, e para fabricar botões, escovas de dente, etc. / Excusado é dizer, quanto essa feliz idea seria aprovada pela respeitabilissima Associação commercial desta praça e pelo humanitario Centro da Lavoura e Commercio.* Litografias. *Ah! Se se pudesse, como outr'ora, empilhar escravos, como se empilham hoje saccas de café... Como não ficariam contentes o Commercio e a Industria.* Litografia, 8,5 x 17 cm (Abolicionismo – Lei dos Sexagenários) (O universo do trabalho – Lavoura cafeeira).

In *Revista Illustrada*, Rio de Janeiro, ano 10, n. 414, 22 jul. 1885, pp. 4-5.

[1459] Agostini, Angelo. *Pobre Brazil! Quando os pobres sexagenarios viam raiar a aurora da liberdade uma nuvem negra veio escurecer o horizonte (Projecto Dantas). Art. 10. E cobrindo todo o céo deste vasto Imperio, cahiu com saraiva sobre os desgraçados velhos.* Litografia, 21 x 26 cm / *Julgam os infelizes, terem encontrado abrigo sob o manto imperial, mas o sr. Saraiva que o tal manto cubria, apenas, uma estatua de marmore.* Litografia, 13 x 12 cm / *A grande degringolade. Pobre Brazil! Quando o país se resolve a quebrar os ferros e a gritar: Liberdade!... Que sarilho! O que será do carro do Estado, da monarquia, da imperial ciência, do papo de tucanos e da tranquilidade da lavoura?* Litografia, 28,3 x 21,5 cm (Abolicionismo – Lei dos Sexagenários).

In 1. *Revista Illustrada*, Rio de Janeiro, ano 10, n. 415, 28 jul. 1885, pp. 4 e 8.
2. Lima, 1963, I:211.

[1460] Agostini, Angelo. *A grande novidade politica. Aceita a demissão do gabinete 6 de maio, S. M. mandou chamar os presidentes das Camaras e disse-lhes: Vão consultar os seus amigos e depois voltem.* Litografia, 7 x 11,5 cm *[Saraiva] / Manchou o parlamento, impondo-lhe uma tabela de preços para a carne humana, o que reduziu a camara dos deputados a um mercado de escravos, como disse Joaquim Nabuco.* Litografia, 10,5 x 10 cm / *Já que que os humanitarios estadistas não estabelecem differença entre a carne humana e a de vacca, completem a obra e mandem abrir açougues para a venda do genero a retalho. Nem todos tem meios de comprar uma peça inteira.* Litografia, 10 x 13 cm (Abolicionismo – Lei Saraiva) (Políticos – Barão de Cotegipe).

In *Revista Illustrada*, Rio de Janeiro, ano 10, n. 416, 20 ago. 1885, pp. 4-5.

[1461] Agostini, Angelo. *7 de Setembro. E festeja sua independencia.* Litografia, 20 x 21,5 cm (Alegorias – Escravidão). *Revista dos acontecimentos politicos. Hoje é o partido Conservador quem dá as cartas. S.M. houve por bem mudar de parceiro.* Litografia, 8,5 x 10 cm / *Na verdade, é cruel depois de escaldar-se em tirar a sardinha, vir o macaco comel-a.* Litografia, 7 x 11,5 cm / *Mas o que é mais cruel é a machiavelicc combinação de um chefe traidor entregar o seu partido ao adversario. – Entrego-te o poder, com a condição de fazer passar o meu projecto no Senado e sem emendas. – Está dito.* Litografia, 6,5 x 10,5 cm / *A união faz a força e o partido liberal sahe do "Globo"transformado em leão. O sr. de Cotegipe fica um tanto assustado.* Litografia, 9 x 10 cm / *Cobrando animo e conhecendo as manhas do grupo (a facção do parto. liberal), S. Ex. procura o melhor meio de amansar o terrivel bicho. O leão começa a ficar um tanto modificado; as orelhas crescem e a juba domina. Extraordinario effeito do milho* [o leão transforma-se no burro Partido Liberal. O barão de Cotegipe segura o saco Eleição a 50$000 diarios – obs. minha). Litografia, 7 x 95 cm / *A mudança torna-se cada vez mais sensivel apenas um resto de juba. Já se lhe pode enfiar o cabresto.* Litografia, 8 x 10,5 cm / *O grande desideratum é cavalgar o partido adversario, obtendo delle as eis de meios para governa-lo.* Litografia, 8 x 8,5 cm / *A Illustrissima, desejando agradar á brava gente, deitou patriotismo em grande ala, enfeitou-se toda e deo liberdade a160 escravisaaos. Mas à custa da philanthropia dos habitantes desta mui leal, e heroica cidade.* Litografia, 10,5 x 9 cm / *S.M., ao retirar-se da festança municipal, declarou estar muito satisfeito, e manifestou o desejo de ver repetir todos os anos estas festas de liberdade.* Litografia. / *O imperial desejo de S.M. sendo cumprido, permitte-nos esperar que, d'aqui a uns 60 annos, a nossa futura e amada Imperatriz entregará a cartade liberdade ao ultimo dos Abencerragens escravos.* Litografia, 10 x 8,5 cm (Abolicionismo – A questão do elemento servil – Cartas de alforria) (Políticos – Barão de Cotegipe).

In *Revista Illustrada*, Rio de Janeiro, ano 10, n. 417, 13 set. 1885, p. 1.

[1462] Agostini, Angelo. *Considerações philosophicas acerca de nova e famosa lei de 28 de setembro de 1885. O sr. de Cotegipe é quem está encarregado de applicar o tal projecto-chicote no lombo deste pobre e desgraçado paiz! E o gigante Americano curva-se, humilha-se e supporta cobardemente o injurioso e infamante castigo!* Litografia, 13 x 12,5 cm (Políticos – Barão de Cotegipe) (Abolicionismo – Lei Saraiva) (Políticos – Barão de Cotegipe) / *Mas que energia se póde esperar de um paiz, que desde a infancia, educou-se no meio da escravidão e acostumou-se a vêr uns pobres entes humanos supportar humildemente os mais atrozes castigos!* Litografia, 14 x 14 cm (Instrumentos de tortura de escravos – Bacalhaus).

In *Revista Illustrada*, Rio de Janeiro, ano 10, n. 418, 28 set. 1885, pp. 4-5.

[1463] Agostini, Angelo. *Influencia do balão Julio Cesar nos destinos politicos do paiz* Litografias em vários formatos (Inventores – Júlio César Ribeiro de Sousa).

In *Revista Illustrada*, Rio de Janeiro, ano 10, n. 419, 11 out. 1885, pp. 4-5; ano 11, n. 416, 30 jan. 1886, pp. 4-5.

[1464] Agostini, Angelo. *Metteram-me em serios apuros! De um lado, S. Benedicto a pedir-me protecção para seus parceiros; do outro, o meu amado e venerando mestre S. Francisco de Assis a dizer-me que devo riscar o infamante artigo que pune as almas caridosas que dão asylo e protecção aos escravizados. Realmente, é bem triste ter de mexer n'esta monstruosidade!* Litografia, 20 x 21,5 cm (Abolicionismo) (Catolicismo – Devoção a santos negros – São Benedito).

In *Revista Illustrada*, Rio de Janeiro, ano 10, n. 420, 31 out. 1885, p. 1.

[1465] Agostini, Angelo. *Cousas da... Julio Cesar sobre os destinos politicos do paiz (continuado do n. 421). No entanto havia grande receio de que o paiz cahisse nas mãos dos republicanos que, com certeza, mudariam a forma do governo.* Litografia. / *e que o Patrocinio e outros petroleiros abolicionistas proclamassem a liberdade dos escravos, completa e sem indemnisação.* Litografia, 8,5 x 8,3 cm (Abolicionismo) (Literatura – Jornalistas – José do Patrocínio) / *Apanhar uma boa febre Vieira de Mello – isto é, palustre, que nos leva à cama.* Litografia. / *Para dahir sahir para o Cajú* (O universo do trabalho – Boleeiros, cocheiros, palafreneiros e sotas) / *O santo e valente general foi encontrado em misero estado e coberto de teias de aranha.* Litografia, 8 x 6,5 cm / *Procedeo-se logo a uma limpeza em regra, depois de despido da cabelleira e de todos os ouropeis officiaes e guerreiros. Em seguida, pegando n'um machado, o Sr. de Cotegipe cortou a cabeça ao Santo.* Litografia, 7 x 8 cm / *Sacrilégio! exclamou o sr. Junqueira. Altos negocios do estado, respondeu o Sr. de Cotegipe. S. Ex. já tinha ensinado um papagaio a dizer: Já sei, já sei, e outras chapas imperiaes.* Litografia, 7 x 5 cm / *O papagaio foi introdusido na imperial pansa, preparada adrede para receber tão importante e augusta ave. Admirados de tanta habilidade politica, os ministros carregaram o Presidente do Conselho em triumpho.* Litografia, 8 x 7 cm (Políticos – Barão de Cotegipe) / *O povo do Rio de Janeiro, vendo passear o imperial Senhor no seu carro, julga ser o verdadeiro. A mola de arame que o Sr. de Cotegipe pusera no pescoço, auxiliada pelo movimento do carro, faz S.M. comprimentar para direita e para esquerda.* Litografia, 8,5 x 15,5 cm (O universo do trabalho – Boleeiros, cocheiros, palafreneiros e sotas – Quitandeiras – Quituteiras) / *Nos dias de despacho, deante da augusta e automatica presença de S.M. imperial, o Sr. de Cotegipe diz a seus collegas – Eis o verdadeiro rei constitucional; reina, mas não governa: acabou-se de uma vez o poder pessoal e temos plena liberdade de fazer o que nos convier. – Muito bem, dizem os collegas. – Que intelligencia! – Que artista! – Que dentista! – Que hereje, diz o Sr. Junqueira, que não podia perdoar-lhe o attentado contra S. Jorge.* Litografia, 8,5 x 22 cm / *O Sr. de Cotegipe continua a achar muita graça nos jornaes da Corte e provincias que parecem querer chamar a attenção de S.M. sobre os desmandos do Governo. Mal sabem elles que D. Pedro II está bem longe daqui.* / *E em recompensa da minha não intervenção, S.M., em lugar de dissolver a Camara, deixou-me levar um tremendo trambulhão.* Litografia, 7 x 12,5 cm / *É justamente o que quero evitar. E se as cousas não correrem pacificamente, como eu espero, empregarei todos os meios de garantir a liberdade de voto... dos meus correligionários.* Litografia, 7,5 x 25,5 cm (Marginalidade – Capadócios – Capangas – Capoeiras – Eleições) (Políticos – Barão de Cotegipe).

In *Revista Illustrada*, Rio de Janeiro, ano 10, n. 421, 16 nov. 1885, pp. 3-4 e 5-6.

[1466] Agostini, Angelo. *A nossa policia. Typos de assassinos e ratoneiros ou a flôr da actual policia, escolhida entre a flôr da capangada.* Litografia, 8,5 x 15,5 cm. *Capitaneada pelo Ex.mo. Sr. Chefe de... policia!* Litografia. *O illustre Chefe tem outras prendas. Para ser agradavel aos seus collegas, em lavoura, fez-se capitão do mato.* Litografia, 9 x 14 cm / *Nas horas vagas, entrega-se ao officio de barbeiro, e passa a navalha no côco de todos os escravos que lhe caem nas mãos. É um costume antigo, diz elle, e como bom conservador deseja conservar os bons costumes.* Litografia, 10,5 x 10 cm / *É provavel que restabeleça o não menos antigo e bom costume de sovar-se barbaramente escravos nas praças da cidade, como nos tempos do pelourinho.* Litografia, 8 x 13,5 cm / *Ultimamente deu em caçar crianças nacionais e estrangeiras, para mandal-as a seus amigos fazendeiros.* Litografia / *Que lhes fazem experimentar as doçuras dos trabalhos agricolas em parceria com os escravos.* Litografia, 8 x 16,5 cm / *De nada valem, para o governo conservador, nem as censuras da imprensa, nem as queixas do publico. O Chefe continua a capitanear seus capangas, que diariamente dão batalhas nas ruas da capital. São exercicios praticos para as futuras eleições.* Litografia, 6,5 x 17,5 cm (Marginalidade – Capadócios – Capangas – Capoeiras – Eleições) (Repressão e violência – Violência contra escravos – Capitães do mato – Instrumentos de tortura de escravos – Chicotes – Repressão policial).

In *Revista Illustrada*, Rio de Janeiro, ano 10, n. 422, 30 nov. 1885, pp. 4-5.

[1467] Agostini, Angelo. *Graças á antiphatia que sentimos por todos os instrumentos cortantes, perfurantes, asphyxiantes e... dependurantes, a moda do suicidio ainda não chegou até nós. Continuamos, pois, no gozo da mais perfeita etc. Os escravos é que não tem o direito de suicidarem-se. A vida delles pertence a seus senhores, que podem tortural-os á vontade. Assim o entende o Sr. Chefe de Policia, que mandou amarrar uma rapariga n'um escaler, com receio de que ella se atirasse ao mar; para fugir dos barbaros castigos que a esperavam.* Litografia, 8,5 x 18,5 cm / *Formar uma associação protectora dos escravos maltratados e dar caça a esses escaleres, como faziam os inglezes, contra os navios negreiros, torna-se hoje um dever para todos os bons abollcionistasI.* Litografia, 7,5 x 13 cm / *No dia 2 de Dezembro, ao entregar as cartas de liberdade, S.M. disse: "Agradam-me estas festas; espero, quando morrer, não deixar um só escravo."* Litografia, 8,5 x 8,5 cm / *Foi o mesmo que dizer: "Desejo viver até o anno de 1935, epocha em que, n'este andar, poderei entregar a carta ao ultimo escravo."* Litografia, 9 x 14 cm / *Conseguimos descubrir n'um canto da provincia de Matto Grosso o systema que infelizmente nos rege e toda sua aulica commitiva, na mais completa pindahiba e n'um estado quasi primitivo. Interrogando um d'elle... – é verdade, estamos reduzidos a este estado! Os inglezes, não só não querem mais dar dinheiro, como tambem exigem que se lhes pague o que o Brazil deve; como se isto fosse possivel! Ja puzemos a corôa no prego, mas nem assim! Os malditos abolicionistas são a causa de tudo isto; acabaram com os escravos e agora ja não ha mais quem trabalhe para nós. Será este o estado do Brasil, se continuar o tal systema que infelizmente nos rege? É muito possivel.* Litografia, 8,5 x 2,4 cm (*Abolicionismo – Cartas de alforria*) (*Suicídio de escravos*) (*Políticos – Barão de Cotegipe*).

In *Revista Illustrada*, Rio de Janeiro, ano 10, n. 423, 12 dez. 1885, pp. 3-4.

[1468] Agostini, Angelo. *Vou-me embora sem poder dar-te a liberdade promettida. Mas a culpa não foi minha. Adeus! E que o meu successor seja mais feliz do que eu.* Litografia, 17,5 x 21,3 cm (*Abolicionismo – Lei dos Sexagenários*).

In *Revista Illustrada*, Rio de Janeiro, ano 10, n. 424, 31 dez. 1885 – suplemento.

[1469] Agostini, Angelo. *Hipódromo político. Corrida eleitoral da Côrte. Páreo entre os produtos nacionais. Desta vez a victoria pertenceu à boiada. Hurrah!* Litografia, 28,3 x 48,5 cm (*Literatura – Jornalistas – José do Patrocínio*) / *A Nação Brasileira entre os dois partidos politicos, no dia da eleição (15 de Janeiro de 1886). / Cons.r – Então, és minha, não é assim? – Nação – Que remedio tenho eu se não entregar-me ao Snr.! Eu antes queria o outro, mas elle ficou desempregado e já não pode me sustentar. / Lib.t – Ah, perfida! – Uê! E não é que a Sinhá aceitou o velho? / – Chiii! Não é tão cedo, agora, que nós fica forro!...* Litografia, 20,3 x 28,3 cm (*Abolicionismo*) (*Políticos – Barão de Cotegipe*) (*O universo do trabalho – Mucamas – Moleques*).

In *Revista Illustrada*, Rio de Janeiro, ano 11, n. 425, 16 jan. 1886, pp. 4-5 e 8.

[1470] Agostini, Angelo. *Scenas da escravidão patrocinadas pelo partido da Ordem sob o glorioso e sabio reinado do Senhor D. Pedro II o Grande... Escravos tirados das prisões, amarrados, amordaçados e espancados, mettidos em carros, para serem enviados a seus senhores.* Litografia, 8,5 x16,5 cm / *Uns, vão em carros de mudanças, com os pés e mãos amarrados, supportando os maus tratos dos secretas da policia.* Litografia, 7 x 10,5 cm / *Outros, como o escravo Honorio, viajam deste modo em wagões expressamente alugados pelos seus senhores e algozes da força do tal Dr. Alfredo Ellis.* Litografia, 8 x 11,3 cm / *Antes de chegar á presença do seu senhor, Honorio recebeu a sua carta de liberdade. Enquanto o pobre escravisado viajava no trem, passando dois dias sem comer nem beber.* Litografia, 8 x 8,5 cm / *a Confederação Abolicionista da Côrte telegraphava ao benemerito e humanitario Dr. Antonio Bento para este dar providencias, afim de libertar o infeliz, que já não esperava senão a morte.* Litografia / *Um outro escravo que ia reconduzido a seu senhor, conseguio frustar a vigilancia de seus guardas e precipitou-se entre as rodas do trem, morrendo despedaçado.* Litografia, 7,5 x 11 cm / *Outro, bateu com a cabeça de encontro a uma janella do wagon, para cortar o pescoço com estilhaços de vidro, o que conseguio por meio de horriveis dores.* Litografia, 8,3 x 5,8 cm / *São inumeros os casos de suicidio; uns enforcam-se, outros atiram-se ao mar, outros afogam-se em rios.* Litografia, 7,5 x 14,5 cm / *Todos esses desgraçados preferem o mais horrivel suicidio á morte lenta e dolorosa por meio do chicote molhado em vinagre e areia, despedaçando-lhe as carnes.* Litografia, 9 x 15 cm / *Contam-se horrores sobre as atrocidades dos barbaros senhores. Escravos tem sido mettidos vivos em fornos incandescentes.* Litografia, 8,5 x 11 cm / *Outros, precipitados em caldeiras de agua fervendo, nos engenhos de assucar, ou enterrados vivos.* Litografia, 8,5 x 15,5 cm / *Não ha muito tempo, os jornaes traziam o horrivel facto de um fazendeiro furioso de vêr uma sua escrava não poder mais trabalhar por ter chegado a hora de dar á luz, matal-a á pontapés na barriga.* Litografia, 7 x 9,5 cm / *Apezar de todos esses horrores, não se vê um só senhor nas prisões do Estado! Em compensação, ellas estão cheias de infelizes que tiveram a ousadia de se revoltarem contra seus algozes. Santa Justiça!* Litografia, 7 x 11 cm / *Não é só no interior quese commettem crimes contra os escravos. As pretas Eduarda e Joanna, levadas ás redacções dos jornaes pelo José do Patrocinio e João Clapp provam que na côrte tambem ha verdugos.* Litografia, 9 x 11,5 cm / *O photographo Heitor tirou o retrato das duas infelizes, quasi cegas de pancadas, e com o rosto todo ferido e desfigurado.* Litografia, 8,5 x 10 cm / *Tres dias depois a misera Joanna achava-se no Necroterio, onde varios medicos, procedendo a autopsia, declararam ter ella fallecido de uma tuberculose aggravada por maus tratos.* Litografia, 5 x 5,5 cm / *A Confederação Abolicionista fez o enterro, acompanhando-a até o cemiterio.* Litografia, 7 x 8,5 cm / *Sobre o caixão, ao lado de uma grinalda, achava-se pregada a sua carta de liberdade!* Litografia, 7,5 x 7 cm / *Apesar de todos esses horrores da escravidão, não devemos desanimar. A philanthropia penetrou na alta classe de nossa sociedade que, commovida com os maus tratos que soffrem os burros, cães, gatos, etc., resolveu fundar a Sociedade Protectora dos Animaes. O presidente desta humanitaria Associação é o Ex.o Sr. Senador Nunes Gonçalves e um de seus mais fervorosos adeptos, o Ex.o Sr. Chefe de Policia, Coelho Bastos. – Os nossos parabens á bicharia.* Litografia, 8,5 x 16 cm / *– Esta nossa terra é um cumulo!* Litografia, 8 x 6 cm (*Abolicionismo – Confederação*

Abolicionista) (Literatura – Jornalistas – José do Patrocínio) (Repressão e violência – Violência contra escravos Atrocidades – Assassinato de escravos – Espancamentos – Suicídio de escravos) (Sociedade Protetora dos Animais).

In *Revista Illustrada*, Rio de Janeiro, ano 11, n. 427, 18 fev. 1886, pp. 4-5.

[1471] Agostini, Angelo. *Cuidado, bellas filhas de Terpsichore. As fructas são saborosas, mas a quitandeira amarella é terrivel e sem piedade.* Litografia, 20,3 x 21,5 cm (Indumentária feminina – Panos da costa – Torços) (Saúde pública – Febre Amarela) (O universo do trabalho – Quitandeiras – Quituteiras).

In *Revista Illustrada*, Rio de Janeiro, ano 11, n. 430, 9 abr. 1886, p. 1.

[1472] Agostini, Angelo. *Condemnado a mais de 13 annos de galés pelos juizes Saraiva e Cotegipe. Pobre Brazil!* Litografia, 21,3 x 28,2 cm (Abolicionismo – Lei Saraiva).

In *Revista Illustrada*, Rio de Janeiro, ano 11, n. 434, 19 jun. 1886, p. 8.

[1473] Agostini, Angelo. *Falla de S.M. D. Cotegipe 1o. – Dignissimos Senhores, representantes da Opposição. Póde o Senado votar vinte vezes contra a Minha deslealdade na execução das leis que pouco Me importa. Enquanto Eu não estiver com a Corôa, Hei de fazer o que bem entender. Hei por bem declarar, que o partido conservador, representado por Minha Augusta Pessoa, quer, póde e deve conservar a escravidão o mais tempo possivel; quer, pode e deve lançar mão de todos os meios e até dos mais reprovados, para fraudar os direitos dos legitimos representantes da Nação. Quer, pode e deve, enfim, desprestigiar o paiz perante as nações civilizadas ... lanção a monarchia nos quatro cantos do Imperio. D. Cotegipe 1o. Imperador constitucional e defensor perpetuo da escravidão.* Litografia, 20,2 x 21,5 cm (Abolicionismo) (Políticos – Barão de Cotegipe).

In *Revista Illustrada*, Rio de Janeiro, ano 11, n. 435, 15 jul. 1886, p. 1.

[1474] Agostini, Angelo. *Ninguem precisa convencer o sr. presidente do Conselho que S. Exa. está doente; elle bem o sabe... Mas tal é o amor á patria conservadora, que nem assim S. Exa. larga o poder.* Litografia, 8 x 7,5 cm / *Debalde o sr. Otaviano procurou sacudil-o de sua cadeira com um trecho da A expressão verbal do throno. O sr. de Cotegipe sorrio-se e declarou que só levaria um trambolhão se S. M. lhe retirasse a sua confiança e a sua cadeira.* Litografia, 9 x 21 cm (Políticos – Barão de Cotegipe – Francisco Otaviano de Almeida Rosa) / *Naturalmente, o governo acha muito justo; humano e civilisador o horrivel e official assassinato de dois escravos, praticado na Parahyba em nome da Justiça (Pobre Justiça!) E havemos de nos callar diante d'essas infamias praticadas pelos negreiros officiaes? Podem mandar-nos descompôr pelo tal sr. Y.* Litografia, 10 x 13 cm (Repressão e violência – Violência contra escravos – Assassinato de escravos).

In *Revista Illustrada*, Rio de Janeiro, ano 11, n. 436, 31 jul. 1886, pp. 4-5.

[1475] Agostini, Angelo. *– Comparando a nossa sorte com a dos pobres escravos, somos bem felizes, disse um dia o burro. – É verdade, respondeu o cavallo; temos menos trabalho e ainda menos chicotadas. – No emtanto, disse o cão, formou-se uma sociedade para proteger-nos, fundada por um senador e presidida por outro. – É uma grande honra para nós, disseram todos.* Litografia, 5,5 x 21,8 cm / *Consta que os animaes, commovidos diante das desgraças dos pobres escravos, vão fazer uma representação à Sociedade Protectora dos Animaes, pedindo que esta os considere, ao menos, como uns animaes dignos de sua protecção. É de esperar-se que os philanthropicos Senadores Correia e Nunes Gonçalves attenderão a tão justo pedido.* Litografia, 21, x 25,cm (Repressão e violência – Violência contra escravos) (Sociedade Protetora dos Animais) / *Á distincta abolicionista Nadina Bulicioff. Nadina Bulicioff libertando sete escravas na noite de seu beneficio. O publico, enthusiasmado por tão generoso acto, faz-lhe uma estrondosa ovação. Rio-de-Janeiro, 10 de Agosto de 1886.* Litografia, 28,5 x 21,5 cm (Abolicionismo – Cartas de alforria) (Literatura – Jornalistas – José do Patrocínio).

In *Revista Illustrada*, Rio de Janeiro, ano 11, n. 437, 20 ago. 1886, pp. 4 e 8.

[1476] Agostini, Angelo. *O dia 8 de Dezembro em S. Paulo. Patrioticas homenagens a José Bonifácio.* Litografia, 19 x 21,5 cm (Abolicionismo – Homenagem a José Bonifácio) (Repressão e violência – Instrumentos de tortura de escravos – Grilhões) / *Segundo o louvavel costume, a Illustrissima Camara Municipal festejou o anniversario de S. M. com 50 cartas de liberdade que foram entregues por S.A. a Serenissima Princeza Imperial.* Litografia, 14 x 21,5 cm (Abolicionismo – Cartas de alforria).

In *Revista Illustrada*, Rio de Janeiro, n. 444, 8 dez. 1886, p. 1.

[1477] Agostini, Angelo. *As festas. / Lendo: "Presadissima sogra. / Desejando-lhe ser agradavel, offereço-lhe como festas, uma assignatura da "Gazeta de Noticias."- – Estes snrs. genros são muito canalhas!* Litografia, 8,5 x 9,3 cm (O universo do trabalho – Mucamas).

In *Revista Illustrada*, Rio de Janeiro, ano 11, n. 446, 31 dez. 1886, p. 8.

[1478] Agostini, Angelo. *Dois illustres politicos jogando capoeiragem, o que muito diverte a galeria em geral e o sr. Cotegipe em particular.* Litografia, 20,3 x 21,5 cm (Marginalidade – Capadócios – Capangas – Capoeiras) (Políticos – Barão de Cotegipe).

In *Revista Illustrada*, Rio de Janeiro, ano 12, n. 448, 15 jan. 1887, p. 1.

[1479] AGOSTINI, ANGELO. *Uf! ... O Rio de Janeiro já não é mais uma cidade, é um forno! / Tambem consta que uma rapariga, deixando cahir o samburá das compras, vio o seu filet immediatamente assado e os ovos, quebrados, redusidos a uma bella omelette.* Litografia, 9 x 10,5 cm *(O UNIVERSO DO TRABALHO – MUCAMAS) / Consta que os açougueiros vão offerecer um boi de honra ao presidente da Camara Municipal e outro ao vereador Patrocinio, por terem dado acertadas providencias no Matadouro de Santa Cruz (Haverá passeata triumphal qualquer destes dias).* Litografia, 8,7 x 20,5 cm *(LITERATURA – JORNALISTAS – JOSÉ DO PATROCINIO).*

In *Revista Illustrada*, Rio de Janeiro, ano 12, n. 449, 25 jan. 1885, pp. 4 e 5.

[1480] AGOSTINI, ANGELO. *S. M. continúa em franca convalescença... / Graças às nossas preces e não às drogas do Sr. barão de Motta Maia S. M. recupera a saude, que deverá conservar pelo menos 60 annos... para satisfazer o seu imperial desejo de não morrer sem ter libertado o ultimo escravo.* Litografia, 6,3 x 8,5 cm *(ABOLICIONISMO – D. PEDRO II).*

In *Revista Illustrada*, Rio de Janeiro, ano 12, n. 453, 15 mar. 1887, p. 1.

[1481] AGOSTINI, ANGELO. *Incendio do trapiche Lazareto, na rua da Gambôa, no dia 22, às 6 horas da tarde. O corajoso trabalhador Modesto, com risco de vida, arranca das chamas o infeliz administrador.* Litografia, 19,3 x 22 cm *(ATOS DE HEROÍSMO) / Apenas constou que a navalha fora admittida no gremio das lettras, varios capoeiras Nagôs e Guyamús offerecerem os seus serviços e pediram para ser admittidos como socios.* Litografia, 7 x 9 cm *(MARGINALIDADE – CAPADÓCIOS – CAPANGAS – CAPOEIRAS).*

In *Revista Illustrada*, ano 12, n. 454, 31 mar. 1887, pp. 1 e 4.

[1482] AGOSTINI, ANGELO. *Em consequencia da doença de S. M., foi resolvido que o sr. de Mamoré fará o papel do imperador na proxima abertura do parlamento. / Mais habituado a ver-se mettido em papos de aranha do que em papos de tucano, V. Ex. está-se preparando para representar com toda magestade o augusto papel de imperante.* Litografia, 20 x 21,5 cm *(O UNIVERSO DO TRABALHO – CRIADOS – MUCAMAS).*

In *Revista Illustrada*, Rio de Janeiro, ano 12, n. 455, 15 abr. 1887, p. 1.

[1483] AGOSTINI, ANGELO. *Ainda conto com a maioria, mas, é possivel que a questão militar a volte contra mim. N 'este caso, como o estado de saude de V. M., apezar de satisfactorio, não permite grandes preocupações politicas, virei pedir-lhe a dissolução. – Mas, por que não chamamos o Junqueira para a pasta da Guerra? Elle goza de sympathia no exercito. / – Terei a honra de ponderar a V. M. que o Junqueira também está... doente / – Ja sei, ja sei. Mas... antes de tomar uma resolução, convem consultar o Bom Retiro.* Litografia, 19 x 27,7 cm */ Estado de questão militar. não se trata de disciplina, mas sim de uma questão de honra e dignidade para o exercito. Por isso, não estamos dispostos a recuar. / – Pois, para o governo, trata-se de uma questão de capricho, e por isso mesmo não estou disposto a recuar. /? / – Luz, dá cá toda esta papelada sobre a questão militar. Eu chimpo-lhes um discurso tamanho que, com certeza, elles não aguentam: pegam no somno, amollecem, fatigam-se e cahem.* Litografia, 28,5 x 21,5 cm *(POLÍTICOS – BARÃO DE COTEGIPE).*

In *Revista Illustrada*, Rio de Janeiro, ano 12, n. 457, 14 maio 1887, pp. 1 e 8.

[1484] AGOSTINI, ANGELO. *O estado satisfactorio e fa.....do da questão que dizem estar acabada. ..: O estado de S. M. é cada vez mais satisfactorio (para o ministerio) e com toda a facilidade assigna os decretos que lhe apresentam, como, por exemplo, a nomeação de dois novos ministros, e segundo consta, o de presidente da relação, Coelho Bastos.* Litografia, 8 x 8 cm */ A famosa questão militar acabou como tinhamos previsto. O Governo, que parece um medonho volcão em erupção, espirrou um ratinho.* Litografia, 7 x 8 cm */ – É o caso de applicar-se o rifão: Entrada de lião e sahida de... já se sabe.* Litografia, 7,5 x 20,3 cm */ – Recuou para não cahir no precipicio, vendo a attitude energica dos adversarios, ja dispostos a avançar e aceitou, reconhecido, a taboa de salvação offerecida pelo Silveira Martins, em nome do Senado.* Litografia, 9 x 21,5 cm */ A sua satisfacção foi tamanha que não duvidou declarar que esqueceria tudo e perdoava a tutti.* Litografia, 8,5 x 8 cm */ E depois de acabado este negocio de trancas, ficou sabendo que...] / Que o Governo considera a sua palavra e a sua dignidade iguaes a umas bolhas de sabão! São de muita força!* Litografia, 8,3 x 11,5 cm *(POLÍTICOS – BARÃO DE COTEGIPE).*

In *Revista Illustrada*, Rio de Janeiro, ano 12, n. 458, 31 maio 1887, pp. 3-4.

[1485] AGOSTINI, ANGELO. *Pobre D. Pedro II!* Litografia, 20,5 x 21,5 cm *(POLÍTICOS – BARÃO DE COTEGIPE) / – Tenho a honra de declarar a V. M. que será bom preparar as suas malas para a viagem que... / – Oh, homem! nem sequer me deixam gozar da presença da minha filha!... Já querem ver-me pelas costas!. / Parece-me conveniente que V.A. convença S.M que é preciso partir. / – É um pouco difficil... Só se fôr por musica. / Oui, la musique produz effeitos magnifiques / – Pois seja por musica.* Litografia, 7,5 x 9,5 cm */ Imagine-se qual não foi a surpresa de S. M. ao ouvir a cantata n. 30* que começa assim: Il faut partir, il faut partir, il faut partir... / – Ja sei, ja sei, mas não me amolem mais os ouvidos, irra!! / Escusado é dizer que S. M. não gostou de tal musica e achou-a, até, muito desafinada.* (de junho)* Litografia, 8,3 x 16,3 cm */ Consta que depois da cantata "Il faut partir" S. M. passou uma noite agitadissima e sonhou cousa do* *"arco da velha". Via Napoleão 1o. em S. Helena, o Cotegipe metido em papos de tucanos a olhara para elle, rindo-se como quem diz: Quem manda, agora, sou eu!* Litografia, 8 x 12,5 cm (Políticos – Barão de Cotegipe).

In *Revista Illustrada*, Rio de Janeiro, ano 12, n. 459, 15 jun. 1887, pp. 1 e 4-5.

[1486] Agostini, Angelo. *Consta-nos que o Exmo. sr. barão encavacou solemnemente com o desenho da 1a. pagina desta "Revista" representando a partida de S. M. para a Europa.* Litografia, 7,5 x 10,2 cm / *Meu caro Sr. barão, assoe-se neste lenço!* Litografia, 7,5 x 9,5 cm / – *Também não é nossa a seguinte figura: Ora tigre com os conservadores, ora cordeiro com os liberaes, ora leão com os militares, ora... etc., com os mesmos, etc etc.* Litografia, 7,5 x 25 cm / *Todos sabem como o sr. barão, vestindo outra vez a leonina pelle, tratou o sr. Taunay e a reformas por este apresentadas ao Senado.* Litografia, 8 x 9 cm / *Sabe-se tambem como reagiu o patriotico Senador. Que monumental sova! Louco e retrogrado chamou-o o sr. Taunay. – Louco, confessou que o era, desde a idade de 40 annos.* Litografia, 8,3 x 8 cm / *Quanto a ser retrogrado, foi o mesmo de que chamal-o botocudo. Litografia, 8,5 x 4,5 cm / Nem por isso o soi disant leão deu-se por vencido. Encarando para a carneirada parlamentar, arreganhou os dentes, soltou um rugido e vio, com satisfacção, que ninguem tugiu nem mugiu. Ainda bem! disse elle. Audaces fortuna juvat, diz o proverbio latino.* Litografia, 8,5 x 9,5 cm / *Um collega, não quiz, como nós, dar a honra de leão ao Sr. de Cotegipe. O homem dos macaquinhos convidou S. Exa. a olhar-se n'um espelho, para ver o que é um macacão.* Litografia, 9,5 x 8,5 cm / *Á vista disto, acho bom que S. Exa. torne a assoar-se neste lenço.* Litografia, 7 x 7 cm / *[No dia da inauguração, a Regente andou em bond eletrico; mais um progresso introduzido pelos SS. A. Hargreaves e Cintra da Silva]. / Ora vamos lá... Um bom impulso sr. barão e metta-se neste trem. Ninguem nos excederá em louvores a este acto de patriotismo.* Litografia, 5 x 7 cm / *Taunay – Ja fiz o que pude, mas... elle .... que deve, póde e quer impedir-nos de caminhar. / Brasil -Não sei o que mais admirar... Se a audacia delle, se o desleixo ou cobardia de quem o pode mandar sahir do caminho, se a minha proverbial paciencia em atural-o.* Litografia, 15 x 28,5 cm (Políticos – Barão de Cotegipe).

In *Revista Illustrada*, Rio de Janeiro, ano 12, n. 460, 15 jul. 1887, pp. 4-5 e 8.

[1487] Agostini, Angelo. *Onde fomos encontrar um excellente collaborador. / A "Revista continua no gozo da mais perfeita saude, o que muito desespera o Sr.* Litografia, 7,5 x 9 cm / *de Cotegipe, que bem contente ficaria se nos visse pelas costas e a bordo de algum paquete.* Litografia, 8 x 10,5 cm / *Como, porem, não padecemos de estado satisfactorio, nem causamos embaraçoao seu governo, tomamos a heroica resoluçãode ficar.* Litografia, 7,5 x 6,5 cm / *Assim, o illustre barão continuará a saborear, entre risadinhas amarellas, as garatujas que lhe dizem respeito, inspiradas nas palavras dos seus proprios correligionarios.* Litografia, 7,5 x 8,5 cm / *Eis os quadros que aqui reprodusimos, transcrevendo alguns dos discursos do illustre senador Taunay: "Fizeram saltar repentinamente por uma janella, como carga inutil e até prejudicial."* Litografia, 17,5 x 11,5 cm / *"Aos donos da situação actual, quando o paiz com todo o direito de perguntar: "Que tendes feito, que estais fazendo?" E só poderá responder: "Temos vivido e estamos vivendo mais ou menos commodamente.* Litografia, 17,5 x 16 cm / *"O actual governo parece-se com os crustaceos, que tem a regalia de vêrem em breve tempo renascer as pernas, quando as perdem. / E não é que o gabinete actual, com suas manifestas tendencias em andar para traz, tem sua analogia com o carangueijo?" (Risos). Reconhecendo isto, os senadores Paulino e João Alfredo não esperaram que crescesse outra perna, e trataram logode substituir a que tinha sido decepada.* Litografia, 16 x 20 cm / *Ainda a politica / Na eleicção senatorial por Minas o Sr. Cesario Alvim furou a chapa. Que tremendo choque recebeu o Sr. de Cotegipe! Mais uma vez, a provincia de Minas provou que o seu legitimo representante é o Sr. Cesario Alvim.* Litografia, 7 x 21,5 cm / *Como se vê, cada membro do meu gabinete pode ter a sua opinião, respeitar ou desrespeitar a lei. Eu, como presidente do conselho, posso ter duas: não faço mais do que pôr em pratica a theoria do mui illustrado e nobre collega Lafayette: "Pode ser que sim, pode ser que não".* Litografia, 9,5 x 12,5 cm. (Políticos – Barão de Cotegipe).

In *Revista Illustrada*, Rio de Janeiro, ano 12, n. 461, 30 jul. 1887, pp. 3-4 e 8.

[1488] Agostini, Angelo. *A lei Saraiva e Cotegipe e o trem abolicionista. / Cada dia o trem do progresso vai tomando passageiros. De muitas localidades e sobretudo da provincia de S. Paulo, os proprios lavradores não hesitam em embarcar. A iniciativa particular, vencendo sempre a official! Que figura ridicula fazem hoje dois estadistas, com a sua famosa lei de 28 de setembro de 1885, que prolonga o prazo da escravidão até o fim deste seculo, quando em menos de tres annos ella ficará de todo extincta!* Litografia, 28,5 x 48,5 cm (Políticos – Barão de Cotegipe) (Abolicionismo – Lei Saraiva) / *O aviso negreiro sobre a matricula de escravos. / 1) O illegal aviso do Sr. ministro da Agricultura, Rodrigo Silva, mandando reescravizar milhares de criaturas humanas que outro aviso do ex-ministro Prado, baseado sobre a lei, tinha declarado livres, são uma triste idea do actual ministro que se presta às loucas incoherencias do Sr. de Cotegipe.* Litografia, 7,5 x 9,5 cm / *Este acto illegal do governo negreiro, deu occasião a que a maioria do Senado tratasse osr. presidente do Conselho como um turco, arrumando-lhe na cabeça uns 25 murros bem puchados. Mas nem por isso, conseguiram quebral-a. Cabeça dura!* Litografia, 8,5 x11,5 cm (Políticos – Barão de Cotegipe).

In *Revista Illustrada*, Rio de Janeiro, ano 12, n. 462, 13 ago. 1887, pp. 4-5 e 8.

[1489] Agostini, Angelo. *Que bom capacho offereceu-me a tal Associação Commercial. Este comprimento, da parte desta gente, que eu julgava zangada commigo, por causa da nova tarifa da Alfandega e por tel-a já tratado com certo despreso... traz, com toda certeza, agua no bico! Louvar-me por manter a ordem, quando é sabido, por todos, que foi a policia quem fez a bernarda! E que tem elles com isso! Ou são idiotas, ou pretendem engambellar-me por causa de alguma patota! Terão elles a pretenção de quererem novamente empalmar as mil apolices do Asylo? Pois sim.* Litografia, 20,5 x 21,5 cm / *Está mais que provado hoje que a verdadeira molestia que prostrou S. M. durante tantos mezes, foi uma Cotegipite aguda.* Litografia, 5,5 x 8,5 cm (*Políticos – Barão de Cotegipe*).

In *Revista Illustrada*, Rio de Janeiro, ano 12, n. 463, 26 ago. 1887, p. 1.

[1490] Agostini, Angelo. *O nosso estado sanitario. / Estamos convencidos que o Sr. Ministro do Imperio, vendo o D. Cotegipe 1o. sarapintado, tomará o negocio a serio e porá á disposição da Junta de Hygiene todos os meios de debellar a epidemia.* Litografia, 14 x 17,5 cm (*Políticos – Barão de Cotegipe*) / *José do Patrocinio sahio da "Gazeta da Tarde", levando comsigo a bandeira abolicionista.* Litografia, 5,5 x 6 cm (*Literatura – Jornalistas – José do Patrocínio*).

In *Revista Illustrada*, Rio de Janeiro, ano 12, n. 464, 3 set. 1887, p. 5 e 8.

[1491] Agostini, Angelo. *Nesta epoca de naufragios, tambem ha naufragios politicos. O calhambeque do Snr. Cotegipe bateu no Recife... e lá se foi um homem ao mar.* Litografia, 29,3 x 21,5 cm / *Os ultimos acontecimentos / A carta do Dr. Demerval, redactor da "Gazeta de Noticias", e enviado extraordinario junto a S.M. produziu o effeito de uma pilha electrica no Sr. de Cotegipe.* Litografia, 5,5 x 7 cm / *S. Exa. ficou furioso; e desviando os Romões que ladravam contra o "Paiz", açula-os agora contra a "Gazeta", o que muito divertiu os redactores-chefes de ambos os jornais.* Litografia, 6 x 11 cm / *Ninguem entende o Sr. Cotegipe. Antes de partir para a Europa, S. Exa. declarava, no parlamento, que o estado do Imperador era melindroso, que não poderia occupar-se de negocios do Estado e que uma viagem longa era indispensavel.* Litografia, 6 x 5 cm / *Hoje, S. Ex. ja não quer que S.M. esteja doente e irrita-se contra quem declara o contrario.* Litografia, 6 x 6 cm / *Tanta incoherencia, faz-nos supor que S. Ex. é quem deveras soffre da bola.* Litografia, 4,5 x 6,5 cm / *O melhor que o Sr. de Cotegipe tem a fazer é procurar o seu amigo Seixas, comprar-lhe umas malas e ir a Europa consultar alguns medicos especialistas.* Litografia, 6 x 5 cm (*Políticos – Barão de Cotegipe*).

In *Revista Illustrada*, Rio de Janeiro, ano 12, n. 465, 11 out. 1887, pp. 1 e 4-5.

[1492] Agostini, Angelo. *Actualidades. / Sabonete abolicionista, no senado / Prado – Isto não pode continuar assim! É preciso outra lei que acabe o quanto antes com a escravidão! / J.o Alfredo – V. Exa. declarou que o partido Conservador póde, quer e deve resolver esta questão. Não podemos esperar mais! / Saraiva – Reconheço, hoje, que a minha lei é insufficiente, e estou prompto a votar outra, comtanto que venha da Camara. / Taunay, Godoy, Dantas, em côro. Eis aqui varios projectos; é só escolher! / Cotegipe – Pois bem, meus senhores... Vou pensar n 'isso.* Litografia, 10,5 x 23,5 cm / *Cotegipe – Ouviu bem, compadre? Você apresenta o projecto Dantas e pede urgencia. / Motta – Isto cheira-me a maroteira... / Cotegipe – Qual o que! Você sabe que sou incapaz disso...* Litografia, 7 x 5,5 cm / *Ah, ah, ah, ah... Bem sabia eu que o Prado e o João Alfredo recuariam. Quanto ao Saraiva, é sabido o ciume que elle tem do Dantas. O que estes abolicionistas querem, é o meu logar. Pois vão esperando...* Litografia, 6 x 5,5 cm (*Políticos – Barão de Cotegipe*) / *Emquanto no parlamento só se discursa e nada se resolve, os pretinhos raspam-se com toda a ligeireza. Os lavradores não podem segural-os.* Litografia, 8 x 28 cm (*Abolicionismo – A luta pela liberdade – Fuga de escravos*) / *Mas, não se deve perder as esperanças. É provavel que daqui a dous ou tres annos, o Sr. de Cotegipe diga: – Dou-lhe uma feliz noticia: arranjei uma leisinha, que liberta os escravos, mas com a condição de trabalharem mais uns poucos de annos. Está satisfeito? / – Ora, muito obrigado! Os meus escravos já, ha muito, que se puzeram ao fresco... e sem condição alguma.* Litografia, 9,5 x 20 cm (*Políticos – Barão de Cotegipe*) (*Abolicionismo – A luta pela liberdade – Fuga de de escravos*).

In *Revista Illustrada*, Rio de Janeiro, ano 12, n. 466, 30 set. 1887, pp. 4-5.

[1493] Agostini, Angelo. *Chegou, afinal, o grande dia do encerramento das Camaras! Os marrecos não puderam commigo! Cá os espero para o anno.* Litografia, 20,3 x 21,5 cm (*Políticos – Barão de Cotegipe*) / *Cousas extraordinarias! / Desta vez o Sr. de Cotegipe não ousou apparecer e escondeu-se atraz do reposteiro.* Litografia, 8 x 3 cm / *Desta vez, a rapoza não ousou enfrentar o Leão do Norte./ É que o assumpto não dava para pilheria.* Litografia, 7 x 9,5 cm / *Alguns pescadores trouxeram a esta Côrte uns bichos estranhos, e phantasticos, que foram recolhidos ao Museu Nacional, depois de terem embasbacado quem os viu. / Não seria mau que levassem tambem, ao Sr. Ladislau Netto, para recolher ao Museu, esta tartaruga de nossa politica (Wander Cotegipus [Testudo Coriaco] Pescado na Bahia).* Litografia, 7 x 6,5 cm (*Políticos – Barão de Cotegipe*) / *Um fazendeiro tambem fez uma descoberta que o deixou embatucado! Um escravo lia, no eito, para os seus parceiros ouvirem, um discurso abolicionista do Cons. Dantas!* Litografia, 7,5 x 16 cm (*Abolicionismo – Escravo lê para seus companheiros discurso abolicionista do Cons. Dantas*) / *Outra cousa extraordinaria e destinada a fazer uma revolução luminosa, é a luz electrica do Julien. / Qualquer cidadão poderá compral-a, a tanto o kilo, levando-a para casa como se fôra queijo suisso.* Litografia, 8,5 x 11 cm (*O universo do trabalho – Mucamas*) / *Ja que se trata de luz, seria bom que o Sr. Hargreaves, introductor desse melhoramento na Corte, o introduzisse tambem na cabeça do Governo, que muito precisa ser esclarecida.* Litografia, 7 x 10,5 cm / *Quanto á For... Cuidado na applicação, se não quizer passar por um exaltado abolicionista.* Litografia, 7,5 x 7 cm (*Políticos – Barão de Cotegipe*).

In *Revista Illustrada*, Rio de Janeiro, ano 12, n. 467, 15 out. 1887, pp. 1 e 4-5.

[1494] Agostini, Angelo. *Um telegramma hoje recebido pelo "Paiz" diz o seguinte: "Em Campinas, um fazendeiro importante mandou surrar, pelos seus escravos, e metter no tronco da fazendo o subdito portuguez José Joaquim Silveira, official de pedreiro e homem trabalhador".* Litografia, 20 x 21,8 cm (*Repressão e violência – Violência cometida por escravos por ordem de seu senhor*). *Os ultimos acontecimentos. / Apenas encerrado o parlamento, o Snr. barão de Cotegipe tornou a pôr a corôa na cabeça, embrulhou-se nos tucanescos papos, e encarapitou-se no throno, disposto a descansar durante 7 mezes das longas fadigas parlamentares.* Litografia, 8,5 x 21 cm / *Terminou a farça parlamentar com uma Falla, na qual o Snr. D. Cotegipe 1o nem uma só palavra disse a respeito da palpitante questão que interessa o paiz e põe em sobressalto a vida de milhares de pessoas!* Litografia, 8 x 7,5 cm (*Políticos – Barão de Cotegipe*) / *Por isso mesmo as scenas da escravidão continuam cada vez mais horrorosas. Um tal Davino, medico, assassinou 4 desgraçados que já nem eram escravos, matando-os, lentamente, a açoites!* Litografia, 8,5 x 14 cm (*Repressão e violência – Assassinato de ex-escravos*) / *Por outra parte, os escravos que o Snr. Coelho Bastos manda entregar a seus senhores, preferem despedaçar o corpo nas estradas, atirando-se dos wagons, tal é a certeza que teem de morrer debaixo do azorrague.* Litografia, 7 x 12,5 cm (*Abolicionismo – A luta pela liberdade – Fuga de escravos*) (*Repressão e violência – Suicídio de escravos*) / *Pelos telegrammas do "Paiz" e de outros jornaes desta Corte sabe-se, que cerca de 150 escravisados abandonaram diversas fazendas de Capivary (S. Paulo) e seguiram em direcção à capital. De Itú, mandaram ao encontro dos fugitivos 10 praças da policia, com o fim de aprisional-os, travando-se então serio conflito no qual foi destroçada essa força policial.* Litografia, 8 x 26,5 cm / *Dizem mais os telegrammas que os escravisados, respeitando as fardas, despiram algumas praças e os surraram, naturalmente com o fim de lhes darem uma pequena idéa das doçuras da escravidão.* Litografia, 7,5 x 11 cm / *De S. Paulo partio incontinenti, uma força de 20 praças de policia a cavallo, que tambem travou renhido combate, havendo mortos e feridos de parte a parte, e não conseguindo desalojar de suas posições o grupo de escravisados. O amor pela liberdade e a exaltação de que se achavam possuidos, fazem gritar a esses sublevados – Aqui, ninguem se rende! Preferimos morrer todos. Viva a liberdade!* Litografia, 8,5 x 48,5 cm (*Abolicionismo – A luta pela liberdade – Fuga de escravos – Repressão do governo – Confronto com praças da policia*) / *A nova espada que o governo pretende apresentar ao exercito para vencer os miseros escravisados, que combatem pela liberdade!* Litografia 21,5 x 28,8 cm) (*Abolicionismo – Intervenção do Exército*) (*Instrumentos de tortura de escravos – Bacalhau*) (*Políticos – Barão de Cotegipe*).

In *Revista Illustrada*, Rio de Janeiro, ano 12, n. 468, 22 out. 1887, pp. 1,4-5 e 8.

[1495] Agostini, Angelo. *Sobre vulcões... Pois ora temos apenas erupções parciaes. Mas, se estas pegam deveras em todo o paiz, foi-se de uma vez o meu reinado!* Litografia, 19,3 x 21,5 cm (*Abolicionismo – Manifesto militar em favor de escravos fugidos*) (*A luta pela liberdade – Sublevação de escravos*) (*Políticos – Barão de Cotegipe*) (*Repressão e violência – Violência contra escravos – Atrocidades – Vandalismo policial*) / *Actualidades / Como previmos, os briosos militares repelliram, energicamente, o vil instrumento de capitão do matto.* Litografia, 8,5 x 17 cm. / *– E agora?!* Litografia, 8,3 x 13 cm (*Abolicionismo – Recusa de intervenção do Exército*) (*Políticos – Barão de Cotegipe*) / *Actualidades / ..: Os fugitivos de Capivary. O chefe da estação do Cubatão, Francisco Guerra, entrega á força publica os 15 escravisados que, coagidos pela fome, se haviam confiado à protecção desse judas!* Litografia, 7,5 x 11 cm / *Estes desgraçados serão provavelmente entregues aos seus senhores que, á imitação do feroz Dr. Davino, tomarão medidas efficazes para que não fujam mais!* Litografia, 7,5 x 10,5 cm / *A maior parte dos fugitivos procurou refugiar-se nas mattas do Cubatão.* Litografia, 7,5 x 7,5 cm / *seguindo depois, em paz e boa ordem, para a cidade livre de Santos, cujos habitantes, verdadeiramente civilisados, humanos e dignos, os receberam de braços abertos.* Litografia, 7,5 x 14 cm (*Abolicionismo – Escravos fugidos acolhidos pela população de Santos, Província de São Paulo*) (*A luta pela liberdade – Fuga de escravos – Sua entrega à Força Pública*).

In *Revista Illustrada*, Rio de Janeiro, ano 12, n. 469, 29 out. 1888, pp. 1, 4-5 e 8.

[1496] Agostini, Angelo. *O dia de Finados no Cemiterio Politico (Aqui jaz a gloriosa data da Lei de Setembro de 1871, assassinada em 28 de setembro de 1885 – Tributo de gratidão nacional).* Litografia, 28,5 x 48,5 cm (*Abolicionismo – Lei do Ventre Livre – Lei Saraiva*) (*Políticos – Barão de Cotegipe*).

In *Revista Illustrada*, Rio de Janeiro, ano 12, n. 470, 5 nov. 1887, pp. 4-5.

[1497] Agostini, Angelo. *Os bispos e a escravidão / Afinal, os bispos do imperio não podem mais conter a sua indignação diante das torturas inflingidas aos miseros escravisados!* Litografia, 13,5 x 21,7 cm (*Abolicionismo – A Igreja e a escravidão*) (*Instrumentos de tortura de escravos – Gargalheiras – Troncos*).

In *Revista Illustrada*, Rio de Janeiro, ano 12, n. 471, 12 nov. 1887, p. 5.

[1498] Agostini, Angelo. [*D. Rodrigo sciama... / – Ser paulista e fazer parte de um governo negreiro... Isto já não me cheira! / ..: Sr. D. Cotegipe, eu vou-me embora... / – Não faça isso! – / – Homem, eu não quero ficar desmoralisado perante a minha provincia, nem brigar com o ... /* Litografia, 6,5 x 8 cm / *..: Isto é o diabo! O Rodrigo sahindo completa a meia duzia de ex-ministros do meu gabinete. E tudo isto por causa da maldita abolição! Pois hei de ficar com 3 pastas?* Litografia, 6,5 x 5 cm / *Meu caro Paulino, mandei-o chamar para fazer com que o Rodrigo não saia. Elle tem agora ideias abolicionistas, ou antes, Paulistas. É preciso, pois, reunir a sua carneirada, e apresentar um projecto, que eu aceitarei.* Litografia, 7,5 x 7,5 cm / *..: Hoje consta que não se trata da questão servil, mas sim da emigração. Querem colonos escravos para escravisar tudo, brancos e pretos.* / Litografia, 7,5 x 9 cm (Políticos – Barão de Cotegipe) / *Aspecto actual da questão servil. Já não há mais partidos politicos. nem liberaes, nem conservadores ou abolicionistas, ou negreiros! Os Srs. Paulino e Moreira de Barros procuram segurar o misero escravo; os srs. Prado e Leoncio de Carvalho, esforçam-se para o arrancar das garras dos ferozes escravocratas? Em que ficamos?* Litografia, 20,5 x 28,5 cm (Abolicionismo e os políticos) (Instrumentos de tortura de escravos – Gargalheiras – Grilhões).

In *Revista Illustrada*, Rio de Janeiro, ano 12, n. 472, 19 nov. 1887, pp. 4-5.

[1499] Agostini, Angelo. *Sombra implacavel/ pavoroso espectro!!! Sonho que teve esta madrugada Sua Magestade D. Cotegipe 1o.* Litografia, 20 x 21,5 cm (Políticos – Barão de Cotegipe) / *Quadros Politicos. O governo, de palanque, contempla os feitos de sua brava gente / – Não sei o que mais admirar: se a coragem dos fazendeiros de Santa Maria Magdalena, ameaçando o Juiz de Direito e o Promotor, para favorecerem o nosso amigo Dr. Davino a quem tiraram da cadêa depois de uma brilhante manifestação de apreço, se o heroico feito d'armas da policia de Campos, acutilando os abolicionistas / Mas, V. M. não receia que esses factos chamem a atenção do.../ Qual! emquanto Ella tratar de juntar donativos para o Papa não ha perigo. / Todavia, se as cousas tomarem caracter serio e correr muito mais sangue?... / Oh, n 'esse caso, eu darei um conto de reis para Sua Santidade e serei logo considerado benemerito.* Litografia, 28 x 48 cm (Políticos – Barão de Cotegipe) (Repressão e violência – Repressão policial a escravos) / *Se os escravocratas, que tambem são christãos, se lembram de mandar ao Papa os seus ferros... (Cada um dá o que tem)* – Litografia, 7,5 x 7,5 cm / *que derrota haveria no exercito feminino... E que cara não faria SS. Leão ao ver aquillo.* Litografia, 7 x 6,3 cm (Instrumentos de tortura de escravos – Bacalhaus – Grilhões – Vira-mundos).

In *Revista Illustrada*, Rio de Janeiro, ano 12, n. 473, 26 nov. 1887, pp. 1, 4-5 e 8.

[1500] Agostini, Angelo. *Cortejo no dia 2 de Dezembro de 1887 (Por procuração?...)* – Litografia, 20,3 x 21,5 cm (Políticos – Barão de Cotegipe)

In *Revista Illustrada*, Rio de Janeiro, ano 12, n. 474, 3 dez. 1887, p. 1.

[1501] Agostini, Angelo. – *Ca estou, e pela sexta vez / – Não faz mal!... póde vir até a duodecima. Como o negocio é da escolha e o Pedro, hoje, sou eu, não ha novidade? / Prosiga (sic), não desanime,... e, ate a vista.* Litografia, 20,3 x 21,5 cm (Políticos – Barão de Cotegipe).

In *Revista Illustrada*, Rio de Janeiro, ano 12, n. 475, 20 dez. 1887, p. 1.

[1502] Agostini, Angelo. *Quadros politicos. O carro do Estado. Ao passo que na provincia de S. Paulo os lavradores reunem-se para procurarem o melhor meio de acabar com o elemento servil, o carro do Estado segue o fatal caminho da hedionda Lei Saraiva-Cotegipe, arrastando comsigo a escravidão e enlameando a Igreja e o Estado, symbolos do partido conservador e das instituições juradas! Cuidado com o atoleiro!* Litografia, 21,5 x 48 cm (Políticos – Barão de Cotegipe – Abolicionismo – Lei Saraiva-Cotegipe) (Instrumentos de tortura de escravos – Correntes – Grilhões) / *O modo porque o Cons. Prado trata hoje a lei Saraiva-Cotegipe, que elle proprio arregimentou, causa espanto aos autores della, que ja o teem na conta de um grande anarchista.* Litografia, 12 x 21,5 cm (Abolicionismo – Lei Saraiva-Cotegipe) (Políticos – Barão de Cotegipe).

In *Revista Illustrada*, Rio de Janeiro, ano 12, n. 476, 7 dez. 1887, pp. 4-5.

[1503] Agostini, Angelo. *Temos a satisfacção de declarar que a "Revista" chegou até o fim do corrente anno, gosando sempre a mais perfeita saude, apezar do calor / ..: e da grande sympathia que lhe vota a actual côrte deste imperio.* Litografia, 5,5 x 7 cm (Políticos – Barão de Cotegipe).

In *Revista Illustrada*. Rio de Janeiro, ano 12, n. 478, 31 dez. 1887, p. 8.

[1504] Agostini, Angelo. *Cameleão Politico. D. Cotegipe I, de papo para o ar, estuda um novo projecto sobre o elemento servil. São tantas as suas incoherencias e contradições, que d'elle se pode dizer que muda de ideas como o cameleão muda de cor.* Litografia, 19,7 x 21,5 cm / *Temos, afinal, artigos politicos escriptos pelos Romões pagos pelo governo que poem este nas nuvens.* Litografia, 5,5 x 7 cm / *Em compensação, o valente cavalleiro do Anno Politico da "Gazeta", ergueu a viseira e deu uma estocada, que foi um Deus nos acuda!* Litografia, 7 x 9 cm / *Mas isto de politica, já é tão enjoativo, que nossa vontade é pôr o Cotegipe de conserva e dar-lhe feriado por algum tempo.* Litografia, 7,5 x 5,5 cm / *Muito obrigado! Não ha de que...* Litografia, 6,5 x 7,5 cm (Políticos – Barão de Cotegipe).

In 1. *Revista Illustrada*, Rio de Janeiro, ano 13, n. 481, 21 jan. 1888, pp. 1 e 8.
2. Lima, 1963, II:786.

[1505] Agostini, Angelo. *E o "Paiz" que passa por um jornal da opposição feroz, e intransigente, affigurou-se-nos um verdadeiro pote de melado, offerecido a El-Supremo para elle lambusar-se todo de satisfação.* Litografia, 8 x 10,5 cm / *Não ha duvida alguma que o D. Cotegipe estuda um projecto; mas este, é o de ficar o mais tempo possivel no poder.* Litografia, 7,5 x 10 cm / *Todos sabem que ele é macaco velho e não mette a mão em cumbuca.* Litografia, 8,5 x 12,5 cm / *Está prompto, todavia, a tirar a sardinha com a mão do gato ou dos gatos, quando são varios a trabalharem... para elle.* Litografia, 8,5 x 24,5 cm / *E D. Cotegipe, lembrando-se que o diabo já se fez frade, pensa que bem póde tambem passar para o ról dos anarchistas da abolição.* Litografia, 9 x 12 cm / *O resultado de todas essas considerações cotegipianas faz suppôr que os dois chefes da junta do couce, não tardarão a entrar em verdadeiro sarilho de marradas, mais ou menos negreiras e partidarias.* Litografia, 6,5 x 18 cm / *Transformando-se de repente em leão, com aquella habilidade que todos lhe reconhecem, D. Cotegipe se lembrará de uma fabula de Lafontaine* Litografia, 8 x 7,5 cm / *e tratará de a pôr em pratica, apresentando-se para dividir as glorias dos projectos abolicionistas de seus correligionarios politicos, dizendo o seguinte: A primeira parte pertence- me por ser leão; a segunda, por ser forte; a terceira, por ser valente; e se alguem tocar na quarta, far-lhe-ei sentir a força do meu dente! (Este leão, na verdade, é de muita força!).* Litografia, 8 x 23 cm (POLÍTICOS – BARÃO DE COTEGIPE).

In *Revista Illustrada*, Rio de Janeiro, ano 13, n. 482, 28 jan. 1888, pp. 3-4.

[1506] AGOSTINI, ANGELO. *E de consideração em consideração cahimos no mais bello somno. E esta pagina que era consagrada á politica Cotegipiana, ficou consagrada a Morpheo.* Litografia, 22,7 x 48,5 cm / *Mas o Governo quer senadores que possa cavalgar a vontade (sem fazer alusão a cavalgaduras).* Litografia, 7,7 x 10 cm / *O Soares, homem de cifras, não convem. O das famosas popelines, ainda menos. Que fiquem entregues ao desespero, ordenou o Poder Moderador e executivo.* Litografia, 7 x 10 cm / *Já não é só a Camara Municipal e S. Borja, a de Nictheroy tambem! Patifaria! Querem saber qual é a forma de governo que convem adoptar! Então não estão satisfeitos com a minha! pensam talvez que sou um soberano de contrabando, um rei Fritz-Mack, marca barbante!* Litografia, 9,5 x 8,5 cm (POLÍTICOS – BARÃO DE COTEGIPE).

In *Revista Illustrada*, Rio de Janeiro, ano 13, n. 483, 4 fev. 1888, pp. 4-5 e 8.

[1507] AGOSTINI, ANGELO. *Zique-zique-zique, bum bum bum! Zigue-zique-zique, bum, bum bum bum! Este é o Zé-Pereira da "Revista", que, apezar de bater todo o anno n'estes bombos e tambores, ainda não conseguio rebentar-lhes as pelles.* Litografia, 20,5 x 21 cm / *Correo o boato... (façam de conta que aquillo é o tal boato) que S.M. D. Pedro II esteve preparando as mallas, para voltar para o Brasil. Que essa vontade repentina foi devida a ter elle visto um numero da nossa folha, que trazia o Cotegipe de corôa e papos de tucanos. – Estou roubado, disse D. Pedro.* Litografia. / *D'ahi firme resolução de vir reclamar o que é seu. Imaginem agora o encontro dos dois imperadores, o verdadeiro e o falso... Tableau!* Litografia, 7,5 x 9 cm / *Que imperial sarilho!* Litografia, 6,5 x 9,5 cm / *Desejando acompanhar esta quadra carnavalesca, D. Cotegipe deu tratos á bola, para achar o melhor meio de disfarçar-se.* Litografia, 7 x 7,5 cm / *Na sua qualidade de rei pensou em mascarar-se em Deus Mono – isto é – Deus Momo. / O receio, porem, de ser reconhecido, fel-o abandonar esta idea.* Litografia, 6,5 x 6,5 cm / *Afinal, gritou: Eureka! Vou disfarçar-me em abolicionista. Ninguem me reconhecerá e poderei assim, pregar uma boa peça aos meus adversarios.* Litografia, 6 x 7 cm / *A tal peça do Sr. de Cotegipe figurará no carro de idea do governo, representando uma fortaleza, ameaçada de ser tomada pelos abolicionistas. / Nessa occasião, a famosa peça disparará contra o inimigo e o Cotegipe triumphante, exclamará: Quero, posso e devo reinar e capoeirar á vontade!...* Litografia, 19 x 22 cm (ABOLICIONISMO) (LÚDICA – CARNAVAL) (POLÍTICOS – BARÃO DE COTEGIPE).

In *Revista Illustrada*, Rio de Janeiro, ano 13, n. 484, 11 fev. 1888, pp. 1 e 8.

[1508] AGOSTINI, ANGELO. *Apezar das acertadas providencias do Sr. Chefe de Policia para acabar com o entrudo, a côrte celeste desobedeceu e exauctorou-o, completamente. Consta que S. Ex.a, furioso, exclamou: – Isto não parte senão de S. Benedicto, mas tambem se o apanho... raspo-lhe a cabeça!* Litografia, 20,5 x 21,5 cm (CATOLICISMO – DEVOÇÕES SANTOS NEGROS – SÃO BENEDITO) (LÚDICA – CARNAVAL).

In *Revista Illustrada*, Rio de Janeiro, ano 13, n. 485, 18 fev. 1888, p. 1.

[1509] AGOSTINI, ANGELO. *E o governo ficará indifferente diante de tão horrorosas scenas?! É provavel...* Litografia, 8 x 6 cm / *Como iamos dizendo, não podemos deixar de exprimir a nossa indignação, fisgando com o nosso lapis este governo e outros sustentaculos da escravidão.* Litografia, 8,5 x 15 cm / *E diser-se que com uma simples penada, elle poderia acabar com todas essas vergonhas!...* Litografia, 9 x 6,5 cm / *Não teriamos o receio de vêr, um dia, as scenas mudarem, e as victimas applicarem a pena do talião aos seus algozes! É tempo que o governo encare esta questão seriamente e dê acertadas providencias.* Litografia, 9 x 13,5 cm (ABOLICIONISMO) (POLÍTICOS – BARÃO DE COTEGIPE).

In *Revista Illustrada*, Rio de Janeiro, ano 13, n. 485, 18 fev. 1888, pp. 1 e 4-5.

[1510] AGOSTINI, ANGELO. *Por algumas folhas que vimos, do album dos jovens principes, conhece-se que elles teem vocação para a caricatura. A principio luctavam com bastante difficuldade, para apanhar bem um certo nariz, mas, afinal, sempre conseguiram o que queriam.* Litografia, 13,5 x 16 cm / *No que os jovens collegas parecem ter séria vocação é para os typos militares. A revista passada pelo ministro da guerra do 170. batalhão de infanteria e a que passou, igualmente, o ministro da Justiça nos officiaes da Guarda Nacional, são muito bem apanhadas.* Litografia. / *D. Cotegipe pediu a benção Papa e este deitou-lha. Que lhe faça bom proveito.* Litografia, 6 x 9 cm / *– Não sabia que era tão religioso... / – Isto não é religião, é politica. Não imagina como esta benção me torna sympathico á Princesa...*Litografia, 5,5 x 6 cm (Indumentária masculina – Uniformes militares) (Estereótipos sobre o negro – Os corpos grotescos) (Políticos – Barão de Cotegipe).

In *Revista Illustrada*, Rio de Janeiro, ano 13, n. 486, 25 fev. 1888, pp. 4-5 e 8.

[1511] Agostini, Angelo. *"Quem o alheio veste, na praça o despe!"* Litografia, 20,5 x 21,5 cm / *A vista do bello procedimento da policia do sr. Coelho Bastos, (hoje ex-chefe graças a Deus!) o governo achou opportuno recompensa-lo lavrando o decreto que o nomeava presidente da Relação.* Litografia, 8 x 12 cm / *Mal sabia o governo o trambolhão que o esperava!* Litografia, 8,5 x 15,5 cm / *O resultado foi o que se sabe. S.A. a Regente, perfeitamente informada pela imprensa neutra, de quanto valia o tal Chefe, disse indignada: – Muito me admira que o governo queira recompensar quem só merece castigo. – N'esse caso, damos a nossa demissão. – E eu aceito-a com muito gosto.* Litografia, 8 x 11 cm (Políticos – Barão de Cotegipe).

In *Revista Illustrada*, Rio de Janeiro, ano 13, n. 488, 10 mar. 1888, pp. 1 e 4-5.

[1512] Agostini, Angelo. *Cons.o Dantas: – "Ou eu, ou o Sr. Dantas..." Barão de Cotegipe: – Homem, não me amólle..."*- Litografia, 19,5 x 21,3 cm / *Em certas alturas compararam o Sr. de Cotegipe a um artista equestre, que depois de ter furado varios arcos de papel estendeu-se no ultimo por ser este de panno baptiste.* Litografia, 15 x 29 cm / *Os ex-ministros do terrivel gabinete de 20 de Agosto, reduzidos a simples cidadãos, fazem hoje uma cara... mas má cara! Coitados!* Litografia, 10,5 x 13 cm (Políticos – Barão de Cotegipe).

In *Revista Illustrada*, Rio de Janeiro, ano 13, n. 489, 17 mar. 1888, p. 1.

[1513] Agostini, Angelo. *A volta do Sr. de Cotegipe ao seu cargo de provedor da S.ta Casa / Ao menos, resta-me esta consolação!* Litografia, 11,5 x 9,5 cm / *É tal o poder do habito, que involuntariamente, rabiscamos a veronica coroada de D. Cotegipe I!* Litografia, 11,5 x 9,5 cm / *Felismente, segundo elle declara, já retirou-se á vida privada. Hoje usa cartola, e em lugar de coupé, anda em carro de praça.* Litografia, 11,5 x10,5 cm / *Como tudo mudou! Ainda nos lembramos de que S. Ex.a dizia, no senado: Isto de discursos é como o vinho; uns teem o vinho alegre, outros o vinho triste.* Litografia, 10 x 6,5 cm / *o vinho de S. Ex.a, actualmente, parece-nos que deve ser bem triste!* Litografia, 9,5 x 7,7 cm (Políticos – Barão de Cotegipe) / *Esperamos que o Sr. Cons.o Ferreira Vianna, ministro da Justiça, empregará a espada da dita, para dar cabo dos malditos Capoeiragens, capitaneados pelos Benjamins, Gusmãos, Zacharias e outros ferozes membros da guarda de honra do Sr. ex-Coelho Bastos.* Litografia, 12,3 x 21 2 cm (Marginalidade – Capadócios – Capangas – Capoeiras).

In *Revista Illustrada*, Rio de Janeiro, ano 13, n. 490, 24 mar. 1888, pp. 4-5 e 8.

[1514] Agostini, Angelo. *Ressurrexit!* Litografia, 45,5 x 28,3 cm (Abolicionismo) (Políticos – Barão de Cotegipe).

In *Revista Illustrada*, Rio de Janeiro, ano 13, n. 491, 31 mar. 1888, pp. 4-5.

[1515] Agostini, Angelo. *Pelo que disse o sr. bispo, deduz-se que não importa que um preto passe toda a sua vida na escravidão, contanto que á hora da morte lhe seja entregue a carta de liberdade para gozal-a no outro mundo.* Litografia, 4 x 12 cm (Abolicionismo – Cartas de alforria).

In *Revista Illustrada*, Rio de Janeiro, Rio de Janeiro, ano 13, n. 493, 14 abr. 1888, p. 5.

[1516] Agostini, Angelo. *Grande pescaria eleitoral. Na eleição dia 19, a Confederação Abolicionista lançou a sua rêde em favor do candidato Ferreira Vianna, conseguindo pescar 1346 votos, isto é, peixes, de todo o tamanho e côres politicas. Os republicanos, menos felizes, apenas alcançaram para o candidato Quintino 110, entre sardinhas republicanas e baiacús negreiros.* Litografia, 28,5 x 48 cm (Literatura – Jornalistas – José do Patrocínio).

In *Revista Illustrada*, Rio de Janeiro, ano 13, n. 494, 21 abr. 1888, pp. 4-5.

[1517] Agostini, Angelo. *A abolição, felizmente, vai colhendo os melhores resultados! São innumeras as libertações em massa, que, diariamente, honram os fazendeiros que as conseguem.* Litografia, 8 x 13,5 cm / *Alguns, porêm, mostram-e mais renitentes. Os lavradores da Serrarria, cerrando os ouvidos aos gritos de liberdade, que echoam de toda a parte, declaram e juram "sustentar o elemento servil."* Litografia. / *Se fôr a perú e a vinho do Porto terão o nosso apoio.* Litografia, 8 x 12 cm (Abolicionismo – Cartas de alforria).

In *Revista Illustrada*, Rio de Janeiro, ano 13, n. 495, 28 abr. 1888, p. 4.

[1518] Agostini, Angelo. *Hoje, a cousa é outra: o escravo é considerado um ente digno de toda proteção e para elle devem convergir as luzes da representação nacional, pois a sua liberdade é o principal assumpto de que tratam o governo e o povo.* Litografia, 10 x 16 cm (Abolicionismo).

In *Revista Illustrada*, Rio de Janeiro, ano 13, n. 496, 5 maio 1888, p. 4.

[1519] Agostini, Angelo. *O último lote de escravos políticos do Snr. Paulino em completa debandada da grande batalha parlamentar do dia 10 de Maio de 1888. Quando os escravisados de toda a parte do Brazil se revoltam contra o captiveiro e vão em demanda da liberdade, é bem triste e parece mesmo inacreditavel, que haja quem prefira servir a um Senhor, à servir à Patria!* Litografia, 29,2 x 48 cm (Abolicionismo – A luta pela liberdade).

In *Revista Illustrada*, Rio de Janeiro, ano 13, n. 497, 12 maio 1888. pp. 4-5.

[1520] Agostini, Angelo. *Homenagem da "Revista Illustrada*, Rio de Janeiro" *ao dia 13 de Maio de* 1888. Litografia, 29 x 46,5 cm (Abolicionismo – Comemorações do dia 13 de maio) (Literatura – Jornalistas – José do Patrocínio).

In *Revista Illustrada*, Rio de Janeiro, ano 13, n. 498, 19 maio 1888, pp. 4-5.

[1521] Agostini, Angelo. *A lavoura e os actuaes libertos. / – Uê! Honte tanta lambada p'ra trabaiá, e hoje só dinhero e adulação. Eh! Eh!* Litografia, 19,2 x 21,5 cm (O universo do trabalho – Trabalhadores assalariados). *Os troncos, bacalhaus e outros instrumentos de tortura, alimentam as fogueiras em redor das quaes os novos cidadãos entregam-se ao mais delirante batuque.* Litografia, 8 x 14 cm (Lúdica – Batuque) / *Que despertar para os lavradores que dormiam o somno da imprevidencia, ao verem seus escravos dizerem: bom dia, em logar de Sus chriss...* Litografia, 8,5 x 12 cm (Abolicionismo) (O negro e a cidadania) / *Ao passo que em todo imperio reina a alegria, em alguns districtos ruraes, os lavradores conspiram contra o Estado e declaram-se por barretes phrygios.* Litografia. / *Ora, não seria melhor que em vez de politica tratassem de segurar os pretinhos, que outros collegas mais sensatos procuram tirar-lhes offerecendo maior salario?* Litografia, 8,5 x 18 cm / *O resultado é facil de prever-se: os lavradores chapéos de chile prosperarão, tendo o gosto de verem innumeros braços livres cultivarem contentes as suas terras, enquanto que os lavradores de bonnet phrygio, reduzidos à miséria, terão de trabalhar em parceria com os seus ex-escravos, para não morrerem de fome.* Litografia, 8 x 15,5 cm / *Hoje, o unico systema possivel para a lavoura, aqui como em toda parte, é pagar e não bufar. Exemplo: – Vossuncê dá vinte mi rê? – Não, dou-te dez, se quiseres. – Oia, siô moço, baguinho di café tá hi p'ra coiê, si siô... / – Que remedio! Bom, dou-te os vinte.* Litografia, 6 x 8,5 cm (O universo do trabalho – Trabalhadores assalariados).

In *Revista Illustrada*, Rio de Janeiro, ano 13, n. 499, 2 jun. 1888, pp. 1 e 4-5.

[1522] Agostini, Angelo. *Não vos aproximeis de mim! Vossas mãos ainda tintas de sangue dos escravos manchariam as minhas vestes! Retirai-vos, eu não vos quero...* Litografia, 30 x 47,5 cm (Abolicionismo – Indenizações aos ex-senhores de escravos) / *Um estupendo batuque official e popular, symbolo da igualdade estabelecida pela lei e pela abolição, seria dansado pelo ministerio e os libertos.* Litografia, 6 x 12,3 cm (Abolicionismo) (Lúdica – Batuques).

In *Revista Illustrada*, Rio de Janeiro, ano 13, n. 500, 9 jun. 1888, pp. 4-5.

[1523] Agostini, Angelo. *O sr. de Cotegipe, lembrando-se da sua theoria do vinho alegre, declarou que apresentaria tambem um projecto de indemnisação.* Litografia, 7,5 x 8 cm / *Ora, não seria melhor que o Sr. de Cotegipe se recolhesse às piedosas doçuras da Santa Casa??* Litografia, 8 x 9,5 cm / *Se alguem tem direito á indemnisação, esse alguem é o ex-escravo que trabalhou durante annos e annos, sempre de meia cara.* Litografia, 8 x12 cm (Abolicionismo – Indenização aos escravos e ex-senhores de escravos) (Políticos – Barão de Cotegipe).

In *Revista Illustrada*, Rio de Janeiro, ano 13, n. 501, 16 jun. 1888, pp. 4-5.

[1524] Agostini, Angelo. *– Então, como é isto?... Quando o Sr. estava no governo, recusou-se a pagar-me metade do valor dos escravos, garantido pela lei de 1885, sob pretexto de que não havia dinheiro que chegasse,e agora quer indemnizar todo bicho carêta e por inteiro? Isto é sério? Isto é molecagem?... Que diabo d'isto é aquillo?* Litografia, 19,7 x 21,5 cm (Abolicionismo – Indenização aos ex-senhores de escravos) (Políticos – Barão de Cotegipe).

In *Revista Illustrada*, Rio de Janeiro, ano 13, n. 502, 23 jun. 1888, p. 1.

[1525] Agostini, Angelo. *Balões politicos.* Litografia, 47,3 x 29 cm (Abolicionismo – Indenização aos ex-senhores de escravos) (Políticos – Barão de Cotegipe).

In *Revista Illustrada*, Rio de Janeiro, ano 13, n. 503, 30 jun. 1888, pp. 4-5.

[1526] Agostini, Angelo. *Para os lavradores politicos são as tricas eleitoraes e republicanas, com o famoso projecto de indemnisação. O Sr. Cotegipe quer fingir que é bananeira que ainda póde dar cacho. E á sombra da dita bananeira, reunem-se os novos republicanos á espera do fructo pendente.* Litografia, 16,5 x 14 cm / *Afinal, todos esses republicanos agricolas reconhecerão, mais un peu tard, que foram victimas de uma grande molecagem.* Litografia, 17,5 x 21,5 cm (Abolicionismo – Indenização aos ex-senhores de escravos) (Políticos – Barão de Cotegipe).

In *Revista Illustrada*, Rio de Janeiro, ano 13, n. 504, 7 jul. 1888, pp. 3-4.

[1527] Agostini, Angelo. *Ha muito tempo que o sr. de Cotegipe andava com vontade de pregar uma peça ao Sr. J.o Alfredo. – Elle quer andar a vapor... eu o ensino! Lembrou-se de arranjar tambem um collossal Bendegó e colloca-o sobre os trilhos, por onde devia passar o trem do Estado. Para isso contava com o auxilio da maioria do Senado.* Litografia, 4 x 3,5 cm / *Porêm, como se tratava de um acto de selvageria e de um roubo á Nação, só appareceram 9 selvagens, que se puseram ás ordens do terrivel cacique.* Litografia, 9 x 18,5 cm / *O resultado era facil de prever-se. Vindo a locomotiva a toda força, o limpa-trilhos atirou para longe o tal calhão, e alguns esguichos de vapor puzeram em debandada os taes bendegoistas que...* Litografia, 28 x 48,5 cm (*Abolicionismo*) (*Políticos – Barão de Cotegipe*).

In *Revista Illustrada*, Rio de Janeiro, ano 13, n. 506, s.d., pp. 4-5.

[1528] Agostini, Angelo. 29 *de Julho de* 1888. Litografia, 19 x 21 cm (*Abolicionismo – Comemorações do dia 13 de maio*).

In *Revista Illustrada*, Rio de Janeiro, ano 13, n. 507, 28 jul. 1888, p. 1.

[1529] Agostini, Angelo. *Deixa-te estar: o "Congo"não tarda á barra... Veremos então quem tem garrafas vazias para vender!...*Litografia, 29,3 x 21,5 cm (*Políticos – Barão de Cotegipe*) / *Como fez bem a Regente expulsando por indigno de governar êsse individuo que tanto desprestigiou a dignidade nacional!* Litografia, 8,5 x 8,3 cm / *S.M. dará graças a Deus que a Capital de seu Imperio não seja mais o theatro das infamias de uma policia que raspava cabeças.* Litografia, 7,3 x 5 cm / *e auxiliava capitães de mato, arrastando os miseros escravos até a estrada de ferro,* Litografia, 7,5 x 10,5 cm / *para serem entregues aos seus ferozes senhores que, certos da impunidade, matavam-nós a chibatadas, pelo crime de terem fugido!* Litografia, 7 x 9 cm (*Repressão e violência – Violência contra escravos – Assassinatos*). *Mas o que mais admirará a S.A. é que um homem de Estado, que se diz defensor da monarchia, procure hostilisar esta, apresentando ao senado um projecto de indemnisação para esses que, por tanto tempo, locupletaram-se com o suor do misero escravo.* Litografia, 6 x 6,5 cm / *e que outro estadista, tambem sustentaculo da monarchia esteja empurrando, por detráz, aquelles assaltantes para saquearem o thesouro nacional aos gritos de: – Viva a republica, tendo á frente delles um chefe do partido conservador. Apesar do senado ter votado contra a indemnisação, o Sr. de Cotegipe entendeu dever debicar ainda os Snrs. Senadores apresentando-lhes um pedido de indemnisação dos lavradores da Canna-Verde.* Litografia, 9 x 10 cm / *Essa... dita canna, o Sr. de Cotegipe deveria tel-a chupado toda, verde ou madura, se o Senado collocasse a sua dignidade acima de uma consideração pessoal mal cabida.* Litografia, 7,5 x 9 cm / *Agora que os raios do sol iluminam um paiz regenerado por uma lei que o mundo civilizado saudou cobrindo-a de flores não podemos admitir que um... Cotegipe queira capoeirar diante da mesma lei, projectando sobre ella ridicula sombra. Fóra pois o Sr. de Cotegipe.* Litografia, 9 x 22,5 cm / *Se, como os morcegos, esta luz de liberdade o incommoda, metta-se em casa e não saia de seu buraco.* Litografia, 8 x 9,5 cm (*Abolicionismo – Indenização aos ex-senhores de escravos*). (*Políticos – Barão de Cotegipe*)/*Contra a revoltante deshumanidade dos Paivas e outros ex-senhores de escravos, o ministro da Justiça faz jus á estima publica, protegendo os infelizes de todas as idades e côr.* Litografia, 9,5 x 7 cm (*Repressão e violência – Violência contra os negros cidadãos*).

In *Revista Illustrada*, Rio de Janeiro, ano 13, n. 509, 11 ago. 1888, pp. 1,4-5 e 8.

[1530] Agostini, Angelo. *Grande conspiração politica./ – O meu plano é este: deixamos o homem desembarcar, receber todas as manifestações etc. Depois, quando chegar o momento opportuno, na minha qualidade de senador e estadista, declaro-me decidido defensor da corôa, da constituição e dos papos de tucanos, seriamente ameaçados pelos republicanos, cuja rebellião eu me comprometto a abafar, para salvar a monarchia.* Litografia, 12,5 x 20,8 cm / *O imperador, assustado e agradecido, chamou-me logo para organizar o ministerio, e a minha primeira satisfação é fazer uma carêta a João Alfredo.* Litografia, 11,5 x 9,5 cm / *Em seguida, assesto o meu grande canhão bendegó (Indemnisação) contra os rebeldes republicanos e garanto que não fica um só de pé.* Litografia, 28,5 x 49,5 cm. (*Políticos – Barão de Cotegipe*) / *A festa da Gloria, e alguns effeitos da lei 13 de Maio. Nos bonds.* Litografia, 6,5 x 21,5 cm / *Ahi vem a familia Pitada; 15 pessôas! / Mizericordia! e nem uma rapariga em casa!* Litografia, 8 x 7 cm / *Pai Zuzé Congo e sua Ex.ma familia.* Litografia, 10,5 x 8,5 cm / *Todos os criados na festa da Gloria, e um honesto cidadão aqui, a esquentar agua para o chá!* Litografia, 7 x 6,2 cm / *– Liberdade é muito bom, mas cria callos que é o diabo!* Litografia, 10,3 x 8 cm / *Fiquei com o corpo livre, mas estou com os pés no cativeiro!* Litografia, 9,3 x 6,5 cm / *Roubado pelos gatunos! Eis uma sensaçco que nunca tive antes da Lei!* Litografia, 9,5 x 6,5 cm (*Catolicismo – Devoções – A Festa da Glória*) (*Estereótipos sobre o negro – Os corpos grotescos*) (*O negro cidadão*).

In *Revista Illustrada*, Rio de Janeiro, ano 13, n. 510, 18 ago. 1888, pp. 4-5 e 8.

[1531] Agostini, Angelo. *Xisto Bahia.* Xilogravura, 7 x 6,5 cm (*As artes do espetáculo – Teatro – Atores – Xisto Bahia*).

In *Revista Illustrada*, Rio de Janeiro, ano 19, n. 667, nov. 1894, p. 2.

[1532] Agostini, Angelo. *O Novo Ministerio. Dr. Rodrigues Alves. Ministro da Fazenda.* Litografia, 7,5 x 8,5 cm (*Políticos – Francisco de Paula Rodrigues Alves*).

In *Revista Illustrada*, Rio de Janeiro, ano 19, n. 668, nov. 1894, p. 8.

[1533] Agostini, Angelo. *O nosso collega José do Patrocinio, que muitos diziam não estar na côrte celeste, já appareceu na rua do Ouvidor e de perfeita saúde.* Litografia, 11,5 x 11,5 cm (*Literatura – Jornalistas – José do Patrocínio*).

In *Revista Illustrada*, Rio de Janeiro, ano 19, n. 671, dez. 1894, p. 4.

[1534] Agostini, Angelo. *O Snr. Ministro da Fazenda realiza em Londres um emprestimo de tres milhões de esterlinos, que significa o restabelecimento do nosso credito e a confiança que a Republica vai inspirando. Um bello presente de festas. Bravo!* Litografia, 17,5 x 17 cm (*Políticos – Francisco de Paula Rodrigues Alves*).

In *Revista Illustrada*, Rio de Janeiro, ano 20, n. 672, jan. 1895, p. 5.

[1535] Agostini, Angelo. *O snr. ministro da fazenda: – O emprestimo teve o melhor exito! (aparte) Tanta gente para trazer dinheiro; o que não seria se fosse para vir recebel-o...* Litografia, 19,7 x 21,5 cm (*Políticos – Francisco de Paula Rodrigues Alves*).

In *Revista Illustrada*, Rio de Janeiro, ano 20, n. 677, fev. 1895, p. 1.

[1536] Agostini, Angelo. *O mesmo poderá dizer o snr. ministro da fazenda que vio o emprestimo interno coberto duas vezes e andar por empenhos. Muito bem.* Litografia, 10 x15,5 cm (*Políticos – Francisco de Paula Rodrigues Alves*).

In *Revista Illustrada*, Rio de Janeiro, ano 20, n. 679, mar. 1895, p. 4.

[1537] Agostini, Angelo. *A Camara... pelo orgão de seu leader declara que, como sustentadora da situação actual, ha de collaborar como melhor entender nas medidas de que dependerem a paz e a prosperidade da Republica. Muito bem!* Litografia, 11 x 9 cm (*Políticos – Francisco Glicério*).

In *Revista Illustrada*, Rio de Janeiro, ano 20, n. 696, set. 1895, p. 5.

[1538] Agostini, Angelo. *Cahida a emenda do Senado, no proprio recinto onde vira a luz e d'onde não devera ter sahido, todas as esperanças voltam-se para o projecto Glycerio. As tempestades que formaram sobre a cabeça de tão benemerito republicano, só serviram para illuminal-o mais...* Litografia, 8,3 x 10,5 cm (*Políticos – Francisco Glicério*).

In *Revista Illustrada*, Rio de Janeiro, ano 20, n.697, out. 1895, p. 4.

[1539] Agostini, Angelo. *O que muito alegrava á um chefe politico, que sempre encontrou bom tempo para as suas boas idéas.* Litografia, 8,3 x 9,7 cm (*Políticos – Francisco Glicério*).

In *Revista Illustrada*, Rio de Janeiro, ano 20, n. 702, dez. 1895, p. 4.

[1540] Agostini, Angelo. *Ultimos echos das festas do Anno Bom. (Scena familiar e politica, muito commum). Antes das festas. Guerra cruel. Todos brigam. Ninguem se entende. Eu era assim... / Depois das festas. Pacificação. Todos sorriem. Todos se abraçam. E agora fiquei assim. E nós que os vejamos por muitos annos e bons.* Litografia, 28,5 x 21,5 cm (*Usos e costumes – Festas do Ano Bom*).

In *Revista Illustrada*, Rio de Janeiro, ano 21, n. 703, jan. 1896, p. 8.

[1541] Agostini, Angelo. *Entre nós (que ninguem nos ouve), o snr. Francisco de Paula Rodrigues Alves tem estado a dormir o somno dos justos na pasta da fazenda, deixando o cambio chegar ás proporções mais infimas. Fazemos votos que isto não continue,* Litografia, 13,2 x 14 cm (Políticos – Francisco de Paula Rodrigues Alves).

In *Revista Illustrada*, Rio de Janeiro, ano 21, n. 710, mar. 1896, pp. 4-5.

[1542] Agostini, Angelo. *Vagando a presidencia da Camara, os Srs. Glycerio e A. Rios, quaes novos Hamlets, exclamam: To be or not to be!...* Litografia, 13,5 x12,5 cm (*Políticos – Francisco Glicério*).

In *Revista Illustrada*, Rio de Janeiro, ano 21, n. 713, abr. 1896, p. 5.

[1543] Agostini, Angelo. *O orçamento e os planos de economias. Lá que o Snr. Glycerio córte os enxertos estadoaes e municipaes, que teem sido postos no orçamento federal, vái nada mais justo. Mas querer passar o serrote nas Estradas de ferro, Academias, Arsenaes e outros serviços que não pódem deixar de estar sob as vistas da União é demais. Olhe lá, não lhe vá a acontecer como ao caboclo...* Litografia, 28,3 x 21 cm (*Políticos – Francisco Glicério*).

In *Revista Illustrada*, Rio de Janeiro, ano 21, n. 716, jun. 1896, p. 4.

[1544] Agostini, Angelo. *O protocolo ia já nas alturas da 3a. discussão, quando o sr. de Brichanteau lembrou-se de atiçar o fogo, resultando d'ahi que os dois generaes em chefes das manobras pucharam das durindanas, e de commum accôrdo, esbandalharam tudo.* Litografia, 28,5 x 21,5 cm (*Políticos – Francisco Glicério*).

In *Revista Illustrada*, Rio de Janeiro, ano 21, n. 721, set.1896, p. 5.

[1545] Agostini, Angelo. *A Carlos Gomes preito de admiração e saudade da "Revista Illustrada, Rio de Janeiro".* Litografia, 30 x 27,5 cm (*Música – Compositores – Carlos Gomes*) / *O snr. Glycerio está disposto a fazer grandes cortes no orçamento. Vamos a ver! Que não sejam economias de bananas e palitos é o que desejamos.* Litografia, 11,5 x 8,5 cm (*Políticos – Francisco Glicério*).

In *Revista Illustrada*, Rio de Janeiro, ano 21, n. 722, set. 1896, pp. 4-5 e 8.

[1546] Agostini, Angelo. *Nos ultimos tempos, a lavoura, o commercio e a industria, teem elevado um clamor enorme, pedindo providencias contra os males que as assolam.* Litografia. *Como em grande parte esses sofrimentos provem da injustificada e absurda baixa do cambio, taes reclamações dirigem-se ao snr. ministro da fazenda.* Litografia, 10,5 x 10 cm / *que, chamando o cambio á sua presença, diz-lhe com seu amavel sorriso que elle é um perfido. O cambio acha graça e parece responder-lhe que rira bien qui rira le dernier.* Litografia,

10,5 x 11 cm (POLÍTICOS – FRANCISCO DE PAULA RODRIGUES ALVES) / *Ao inspirado autor do 'Guarany", ao maestro que nos arrebatou com os accórdes das suas harmonias sublimes, reproduzindo os murmurios das nossas florestas, os hymnos dos selvicolas, a canção do aventureiro, e tantas bellezas, que o immortalisaram honrando o nome brasileiro; dedicamos esta pagina inspirada nas homenagens do Instituto Nacional de Musica e e outras que foram prestadas*. Litografia, 28,5 x 21,5 cm (MUSICA – COMPOSITORES – CARLOS GOMES).

In *Revista Illustrada*, Rio de Janeiro, n. 723, out. 1896, pp. 4-5 e 8.

[1547] AGOSTINI, ANGELO. *Dr. Manuel Victorino Pereira Vice-Presidente da Republica, em exercicio da Presidencia desde o dia 10 do corte*. Litografia, 19 x 21,5 cm (POLÍTICOS – MANUEL VITORINO PEREIRA).

In *Revista Illustrada*, Rio de Janeiro, ano 21, n. 724, nov. 1896, p. 1.

[1548] AGOSTINI, ANGELO. *O Recolhimento de Santa Rita de Cassia. Bazilio de Moraes, o protagonista das nefandas scenas do Asylo de Santa Rita de Cassia. Felizmente já está entregue à Justiça o monstro que assombra a nossa sociedade com as horrorosas scenas, que a imprensa tem descripto!* Litografia, 13 x 21,5 cm (MARGINALIDADE – ATENTADO VIOLENTO AO PUDOR).

In *Revista Illustrada*, Rio de Janeiro, ano 21, n. 726, nov. 1896, p. 5.

[1549] AGOSTINI, ANGELO. *Coisas da semana: Os boatos desta semana annunciaram grande movimento entre os partidos politicos da Bahia./ – O ô cúô! Geté / – O cuô babá*. Litografia, 7,5 x 8 cm (ESTEREÓTIPOS SOBRE O NEGRO – A EXPRESSÃO VERBAL).

In *Don Quixote*, Rio de Janeiro, n. 15, 4 maio 1895, pp. 4-5.

[1550] AGOSTINI, ANGELO. *Sabe que mais, Chico, tome conta d'ella, que eu sou homem pacato e não estou para massadas. Lavo as mãos como Pilatos*. Litografia, 11,5 x 14,5 cm / – *Que me importa que me chamem de selvagem? Logo que sou general, não posso pensar senão em guerra, custe o que custar*. Litografia, 12 x 6 cm / – *Portanto, viva a Rrrrepublica jacobina sedenta de sangue e de dinheiro, sobretudo!* Litografia, 12,5 x 9,5 cm / *Até que um dia, bem próximo, diante do Thesouro vasio, os partidarios da Guerra, em lugar de pretenderem bater os gauchos, baterão a linda plumagem*. Litografia, 13 x 22 cm / *e serão os primeiros a pregarem a paz e a ordem*. Litografia, 20,5 x 8 cm (POLÍTICOS – FRANCISCO GLICÉRIO).

In *Don Quixote*, Rio de Janeiro, n. 16, 11 maio 1895, p. 4.

[1551] AGOSTINI, ANGELO. *O sr. Glycerio, que só trata de salvar os interesses de seus amigos politicos, insiste pela continuação da guerra*. Litografia, 10 x 10,5 cm / *"Entre les deux mon coeur balance"*. Litografia, 16 x 23 cm / *O tempo passa, mas as datas gloriosas ficam. Salve! Augusta e benemerita Princeza! Libertaste uma raça; hoje trata-se de libertar a Patria ameaçada por um terrivel monstro que pretende devoral-a*. Litografia, 28,5 x 21,5 cm (ABOLICIONISMO – COMEMORAÇÕES DO 13 DE MAIO) (POLÍTICOS – FRANCISCO GLICÉRIO).

In *Don Quixote*, Rio de Janeiro, n. 17, 18 maio 1895, pp. 4-5 e p. 8.

[1552] AGOSTINI, ANGELO. *Ao ver partir para o sul esses bravos soldados... ...o que tanto intristece (sic) a Nação, D. Quixote apresenta pela segunda vez o meio efficaz de acabar a guerra fratricida, injusta e ruinosa, arrancando do governo do Rio Grande este despota causador do derramamento do santo sangue brasileiro*. Litografia, 29 x 47,5 cm (POLÍTICOS – FRANCISCO GLICÉRIO) (REVOLUÇÃO FEDERALISTA).

In *Don Quixote*, Rio de Janeiro, n. 20, 8 jun. 1895, pp. 4-5.

[1553] AGOSTINI, ANGELO. Don Quixote: *Ora, já se viu que mania esta de sangrar*. Litografia, 29 x 47,5 cm (POLÍTICOS – FRANCISCO GLICÉRIO).

In *Don Quixote*, Rio de Janeiro, n. 22, 22 jun. 1895, pp. 4-5.

[1554] AGOSTINI, ANGELO. *A morte de um heróe o almirante L.F. Saldanha da Gama. Deante de tão horrivel quadro a Nação desespera! O Governo felicita Castilhos!! e os jacobinos bebem champagne!!* Litografia, 29 x 47,5 cm (POLÍTICOS – FRANCISCO GLICÉRIO).

In *Don Quixote*, Rio de Janeiro, n. 23, 29 jun. 1895, pp. 4-5.

[1555] AGOSTINI, ANGELO. *D. Quixote: Que caixões são esses? – É para Don Chicote e seu Pança, sim Sió. Seu Zé Cubino é quem manda Sancho Pança – Dize que ficamos muito obrigados, mas que não havia pressa*. Litografia, 19 x 21,5 cm (POLÍTICOS- FRANCISCO GLICÉRIO).

In *Don Quixote*, Rio de Janeiro, n. 24, 13 jul. 1895, p. 1.

[1556] AGOSTINI, ANGELO. *Sahindo do gabinete, conseguimos ver as* ficelles *da politica jacobinesca... com que os chefes ensaiavam, por meio de um boneco, as attitudes que pretendem dar ao Chefe do Estado. Cheios de patriotica indignação, sentimos impetos de tomarmos o lugar de taes politicos, e darmos a attitude que mais convem para o fim de todos*. Litografia, 16 x 15 cm (POLÍTICOS – FRANCISCO GLICÉRIO).

In *Don Quixote*, Rio de Janeiro, n. 29, 17 ago. 1895, pp. 4-5.

[1557] AGOSTINI, ANGELO. *Pacificação no Rio Grande do Sul: Destruindo, afinal, as teias que o embaraçavam, o Presidente da Republica achou-se, logo, cercado de louros e flores. Nem todas as aranhas fugiram. A mais perigosa ficou*. Litografia. / *O José do Patrocinio teve, a pedido do povo, de pronunciar 354 discursos em dois dias e soltar 23455 vivas ao Dr. Prudente de Moraes, á Paz, á Republica, ao General Galvão, a Joca Tavares e ao Rio Grande do Sul*. / Litografia. 10,5 x 14 cm / *Na*

Camara, o grande chefe Zé Cubino Chico Guassú (Francisco Glicério), *censurou o modo por que se fez a paz e disse: "Poderá o estrangeiro tomar á serio a Republica, se a revisão da Constituição de um Estado é pedida na ponta da espada de um general!"* Litografia, 10,5 x 14 cm / *D. Quixote, que tambem tem assento no parlamento quando lhe convem, respondeu: Antes na ponta da espada de um patriota e honesto militar, do que na ponta da lingoa de um parlamentar que, um dia, diz uma cousa e n'outro outra.* / Litografia / *Sancho Pança, vendo que Seu Chico tornou-se apostolo da paz, resolveu presenteal'o com uma casaca, que espera nunca virará.* Litografia. / *Vendo-se assim meio civilizado, o Sr. Chico-guassú poderá á vontade deitar elegancia. Sim Senhor.* / Litografia, 8,5 x 6,5 cm (*Políticos – Francisco Glicério*).

In *Don Quixote*, Rio de Janeiro, n. 30-31, 24 ago. 1895, pp. 4-5.

[1558] Agostini, Angelo. *Boatos. Mas felizmente dissiparam-se tais boatos, subsistindo apenas o que se refere a dois generaes que, contrários à amnistia ampla, já estão preparados para irem em pessoa dirigir a guerra nos campos do Sul. Caramba!* 12,5 x 14 cm (*Políticos – Francisco Glicério*).

In *Don Quixote*, Rio de Janeirom, n. 32, 11 set. 1895, pp. 4-5.

[1559] Agostini, Angelo. *Dança serpentina na Camara dos Deputados / Diz o Dr. Lauro Muller*

Diz o Dr. Lauro Muller	*As outras, no seu emprego*
Que esta é que é a verdadeira	Transformam-se em borboletas
Serpentina feiticeira	Miss Glicy, com suas tretas
A célebre Glicy Fuller	*Volve-se em triste morcego!*

Litografia, 28,5 x 21,5 cm (*Políticos – Francisco Glicério*).

In *Don Quixote*, Rio de Janeiro, n. 33, 21 set. 1895, p. 8.

[1560] Agostini, Angelo. *O sr. F. Glycerio, occultando-se atraz do reposteiro – Â diabo! Vou enrubescer de vergonha.* Litografia, 17 x 10,5 cm / *A figura da Verdade: A Verdade, que é um desmancha prazeres, apresenta ao sr. F. Glycerio a carta que este escreveu ao sr. F. Tavares, e observa que mais depressa se apanha um* leader *do que um côxo. Eis ahi o candidato ao segundo districto. / O manifesto é bonito. / Elle é o Zé do Pato* / Litografia, 10 x 21,5 cm (*Literatura – Jornalistas – José do Patrocínio*) (*Políticos – Francisco Glicério*).

In *Don Quixote*, Rio de Janeiro, n. 35, 5 out. 1895, p. 7.

[1561] Agostini, Angelo. *Gallinheiro do Segundo Districto. Estão no chôco um pato e um capão. O capão tem no seu ôvo a inscripção mysteriosa P.R.F distribue cedulas... eleitoraes, e não do thesouro, como almejaram os funccionarios municipaes. Vamos pela ninhada do Pato, que deve sair viva e esperta, ao calor de um manifesto e de tantas conferencias.* Litografia, 19,7 x 21,5 cm / *Na camara passou a amnistia maneta e perneta. O estatuario F. Glycerio está contemplando embevecido a sua bella obra, sem mesmo ter limpado as mãos á parede.* Litografia, 10,7 x 10,5 cm (*Literatura – Jornalistas – José do Patrocínio*) (*Políticos – Francisco Glicério*).

In *Don Quixote*, Rio de Janeiro, n. 36, 12 out. 1895, pp. 1 e 5.

[1562] Agostini, Angelo. *Nas ultimas sessões da camara os papagaios, já desfalcados em numero, continuam a salvar o paiz roendo os ultimos grãos do espiga. / Este papagaio Innocente Serzedello é que não roeu espiga, antes pelo contrario: seus ultimos discursos valeram-lhe da parte de seu* leader *a restituição da sua cadeira de lente, de seus galões de tenente-coronel... e de uma rolha. Felizardo!* Litografia, 15 x 12,5 cm (*Políticos – Francisco Glicério*).

In *Don Quixote*, Rio de Janeiro, n. 40, 16 nov. 1895, p. 4.

[1563] Agostini, Angelo. *A febre amarella, resolvida a mudar de paragens, e sua debelação. Ela filia-se ao Partido Republicano Federal, que salva todas as situações difficeis, estaduais e federaes, politicas e febre-ammarellicas. Um dos mandões do P.R.F. entrega-lhe carta de recomendações ao chefissimo do P.R.F., o qual satisfaz o desejo, dando em resultado que ao cabo de tudo uma grande pedra ficará sobre o negocio e D. Febre Amarella filiada ao P.R.F. continuará a imperar n'esta muito leal e muito heroica Cidade.* Litografia, 14,5 x 15,5 cm (*Políticos – Francisco Glicério*).

In *Don Quixote*, Rio de Janeiro, n. 41, 23 nov. 895, pp. 4-5.

[1564] Agostini, Angelo. *Dr. Manoel Vitorino Pereira, Presidente da benemerita Commissão Promotora da Exposição da Industria Nacional.* Litografia, 19,5 x 21,5 cm (*Políticos – Manuel Vitorino Pereira*).

In *Don Quixote*, Rio de Janeiro, n. 42, 30 nov. 1895, p. 1.

[1565] Agostini, Angelo. *Vertenzas da actualidade. A tal Vertenza do Sr. Nilo Peçanha inundou completamente o recinto da camara dos deputados, convertendo-o em mar de riso. Ficou conhecida a força das vertentes do* illustre *deputado.* Litografia, 14,5 x 14,5 cm (*Políticos – Nilo Peçanha*).

In 1. *Don Quixote*, Rio de Janeiro, n. 43, 14 dez. 1895, p. 4.
2. Moura, 1988:387.

[1566] Agostini, Angelo. *O anno de* 1896 (continuação) *D. Quixote – Ao passo que nas mais ricas nações americanas galopam na estrada do progresso, a nossa vae em sentido contrario, levada pello Prudente, o Prudente pelo Vasques, o Vasques pelo Carvalho, o Carvalho pelo Glycerio, e o Glycerio pelo Castilhos.* Litografia, 29 x 49,5 cm (*Políticos – Francisco Glicério*).

In *Don Quixote*, Rio de Janeiro, n. 48, 25 jan. 1895, pp. 4-5.

[1567] Agostini, Angelo. *Quarta feira de cinzas, pela manhã. À espera do primeiro bonde.* Litografia, 14 x 21,5 cm / *E falla-se contra o entrudo!* Litografia, 15,5 x 21,5 cm (*Lúdica – Carnaval*) (*O universo do trabalho – Arrumadeiras*).

In 1. *Don Quixote*, Rio de Janeiro, n. 52, 22 fev. 1896, p. 8.
2. Lima, 1963, II:518.

[1568] Agostini, Angelo. *Abertura da pandega politica. / Á noite, o Recreio Dramatico é o lugar preferido como o mais encantador pela maior parte de nossos Lycurgos que não desdenham olhar para as innumeras Phryneas de todas as cores e feitio, nacionaes e estrangeiras. / No fim de algum tempo o mais ferrenho nativista, torna-se um cosmopolita* enragé, *diante das francezas, hespanholas, italianas portuguesas e hungaras (Estas para os mais modestos e timidos). Não encontra embaraços na escolha, e procura agradar a todas, com o nobre fim (já se vê) de estudar qual a colonização que mais convem ao paiz em geral e ao deputado em particular.* Litografia, 8,7 x 12,5 cm (*Marginalidade – Prostituição*).

In *Don Quixote*, Rio de Janeiro, n. 60, 4 maio 1895, pp. 4-5.

[1569] Agostini, Angelo. *D. Quixote, republicano, saúda a Princesa D. Isabel, que inscreveu seu nome nas duas mais bellas paginas da nossa história.* Litografia, 29 x 21,7 cm (*Abolicionismo – Comemorações do 13 de Maio – Princesa Isabel*).

In *Don Quixote*, Rio de Janeiro, n. 62, 16 maio 1896, p. 8.

[1570] Agostini, Angelo. *Glyceconomias. / Governo da União. Que diabo de plano economico é esse, que entrega aos Estados tudo quanto constitue o progresso e o prestigio do governo da União?! Assim despido, que figura faço eu? Ora seu Gycerio! / Leader da Camara – Homem, cá entre nós: são mais as espigas do que os proveitos que os Estados levam.* Litografia, 29 x 21,5 cm (*Política – Francisco Glicério*).

In *Don Quixote*, Rio de Janeiro, n. 63, 6 jun. 1896, p. 8.

[1571] Agostini, Angelo. *Ministro Francisco de Paula Rodrigues Alves. – Sim, sr., seu Chico, melhor plano economico do que o séu, é uma estricta economia. / D'esse cofre não sahirá nem um real, que não seja convenientemente applicado* Litografia, 17,5 x 24 cm (*Políticos – Francisco de Paula Rodrigues Alves – Francisco Glicério*).

In *Don Quixote*, Rio de Janeiro, n. 64, 17 jun. 1896, p. 4.

[1572] Agostini, Angelo. D. Q. *– A discrição politica do sr. Glycerio é extraordinária! Que tino! / – Só falta agora declarar na Camara, que o Prudente é seu secretario, e que elle é o Presidente, como general em chefe do P.R.F.* Litografia, 22 x 20,5 cm (*Políticos – Francisco Glicério*).

In *Don Quixote*, Rio de Janeiro, n. 65, 14 jul. 1896, p. 1.

[1573] Agostini, Angelo. *O General Glicerio e o protocolo italo-brazileiro.* Litografia, inúmeras vinhetas (21), diversas dimensões (*Políticos – Francisco Glicério*).

In *Don Quixote*, Rio de Janeiro, n. 70, 25 ago. 1896, pp. 4-5.

[1574] Agostini, Angelo. *Cada vez mais boticudos. / Grande questão do dia: O projecto economico do Glycerio. / – Isto de instrucção scientifica, litteraria e artística é uma conversa! Eu nunca aprendi essas cousas e de simples rabula, cheguei a ser o manda-chuva cá da terra, o grande General! Acaba-se pois com toda esta trapalhada, que tanto dinheiro custa!* Litografias, 17,2 x 14 cm. e 28,3 x 21,5 cm (*Políticos – Francisco Glicério*) / *Ao immortal maestro!* Litografia, 28,5 x 21,5 cm (*Música – Compositores – Carlos Gomes*).

In *Don Quixote*, Rio de Janeiro, n. 72, 26 set. 1896, pp. 4-5 e 8.

[1575] Agostini, Angelo. *Ainda uma vez o immortal maestro Carlos Gomes.* Litografia, 29,5 x 21,5 cm (*Música – Compositores – Carlos Gomes*).

In *Don Quixote*, Rio de Janeiro, n. 73, 17 out. 1896, p. 1.

[1576] Agostini, Angelo. *Chapeau bas au nouveau Marquis de Carabas! / Convencido de que o Sr. Manoel Victorino empregará todos seus esforços em tirar o PAIZ do máo estado em que se acha, D. Quixote offerece-lhe seu franco apoio. – Sancho – E eu também.* Litografia, 21 x 20,5 cm / *A náo do Estado. / E esta coitada, tão magra... e bestificada, será preciso dizer quem é?! E assim deslisou... até hoje mansamente pela agua abaixo, com um governo inerte e doente! / A náo do Estado / Serzedello – Psiu?!... psiu! Oh! seu Rodrigues... Seu Rodrigues?! – Rodr. – Hein? Um dos tripolantes, o Bricio, approveita o ensejo e deita fóra o imposto exagerado sobre as drogas. Igualmente bem inspirados, outros tripolantes, Oscar Godoy e Timotheo da Costa attiram fóra o indigno imposto sobre bois importados. Um outro, chamado Lamartine, ...(!) damnado com a quéda do dito imposto, (Ah! reeleição!) deita grossa descompostura no patrão glycerio que, impavido e sardonico, o manda... bugiar.* Litografia, 30 x 48 cm (*Políticos – Francisco de Paula Rodrigues Alves – Francisco Glicério – Manoel Vitorino Pereira*).

In *Don Quixote*, Rio de Janeiro, n. 74, 14 nov. 1896, pp. 1 e 4-5.

[1577] Agostini, Angelo. *A náo do Estado. / Grandes mudanças e reboliço politico na canôa. O comandante em chefe foi, por motivo de moléstia physica, substituido pelo seu immediato legal o Dr. Manoel Victorino. Tres membros do Estado Maior accordaram e não vendo mais o primeiro chefe declararam que queriam desembarcar e entregaram as respectivas pastas. A Nação tambem accordou de sua habitual apathia e parece interessar-se pelos acontecimentos. O piloto politico discute qual será o rumo mais favoravel ao P.R.F. e para favorecer a manobra mandou pôr uma vela triangular confiada a um habil marinheiro da nossa bahia, Guanabara/* Litografia, 28,5 x 47,5 cm (*Políticos – Francisco Glicério – Manoel Vitorino Pereira*).

In *Don Quixote*, Rio de Janeiro, n. 75, 21 nov. 1896, pp. 4-5.

[1578] Agostini, Angelo. *Grande baile offerecido pelo P.R.F. a Dom Manoel Victorino 1o. / : O bailado das serpentinas e dos pandeiros produziu o melhor effeito. / D.Q. Aquillo são pandeiros? / S.P. Desconfio que são peneiras que elles amolam a passar-lhe pelos olhos... / D.Q. E aqueles trez, lá do canto? / S.P. São as Tres Graças, em francez –* Trois grasses! Litografia, 29 x 48 cm (*Políticos – Francisco Glicério – Manoel Vitorino Pereira*).

In *Don Quixote*, Rio de Janeiro, n. 76, 28 nov. 1896, pp. 4-5.

[1579] AGOSTINI, ANGELO. O Seixas – *Tome lá esta chapa e vote em mim*. Litografia, 9,5 x 10,5 cm / *(Um negro) = Uê! Pois se eu sou candidato*. Litografia, 9,5 x 10,5 cm / *Diante do clamor geral contra o P.R.F. que apresentou nas suas chapas candidatos que ninguem conhece, alguns desses illustres desconhecidos mandaram-nos seus retratos que obsequiosamente publicamos*. Litografia, 16,5 x 21,5 cm (PROCESSO ELEITORAL – ELEIÇÕES – CANDIDATOS NEGROS).

In *Don Quixote*, Rio de Janeiro, n. 77, 19 de dez. 1896, p. 8.

[1580] AGOSTINI, ANGELO. *E dizer que durante quatro anos subsistiram essas monstruosidades. / Asylo de Santa Rita de Cassia / Leonor e sua filha castigando as asyladas que se recusavam a satisfazer as torpes propostas de Basilio de Moraes / Basilio de Moraes (Director do Asylo). È esquerda, Leonor dos Santos (1a. regente do asylo e amasia de Basilio). À direita, Angela dos Santos (filha de Leonor) sub-gerente do Asylo. Em baixo: Catharina de Mello (2a. regente do Asylo e amasia de Basilio). / As torpezas monstruosas do* papai *(!) Basilio. Começava a seducção por mandar coçar o pé./ Interrogatório de Leonor pelo Juiz Ataulfo na casa da mesma pelo Juiz – Não nega, portanto, que maltratou as creanças? / Leonor – Que quer o senhor, se eu tenho cabello na venta.../ Acareação, no Asylo, de Basilio com Catharina e varias asyladas victimas do miseravel satyro. Uma asylada, indignada, exclamou: Pois o Sr. ousa negar que abusou de mim?!* Litografias, 30 x 47,5 cm (MARGINALIDADE – ATENTADO VIOLENTO AO PUDOR).

In *Don Quixote*, Rio de Janeiro, n. 78, 9 jan. 1897, pp. 3-4.

[1581] AGOSTINI, ANGELO. *As ultimas eleições para deputados, senadores e intendentes confirmaram ainda mais o estado botocudo da política P.F. Feiana. / : Toda esta patuscada eleitoral indignou o ex-prefeito Dr. Barata Ribeiro, que sente devéras não poder botar abaixo essa* cabeça de porco *que se chama P.R.F.* Litografia, 17,5 x 15 cm (POLÍTICOS – FRANCISCO GLICÉRIO).

In *Don Quixote*, Rio de Janeiro, n. 79, 23 jan. 1897, p. 4.

[1582] AGOSTINI, ANGELO. *Confettis, confettis e mais confettis*. Litografia, 6,5 x 10,5 cm / *No dia 24 de fevereiro. / Vice-Presidente – Creio que deve estar satisfeita, agora que tem um bello palacio, ricas mobilias / Republica – Isto é muito bom em duvida; mas de que me serve tanto luxo se para meu* sustento *não me dão o que preciso?* Litografias, 7 x 10,5 cm e 28,5 x 22,5 cm (POLÍTICOS – MANOEL VITORINO PEREIRA).

In *Don Quixote*, Rio de Janeiro, n. 81, 6 mar. 1897, pp. 4-5.

[1583] AGOSTINI, ANGELO. *Logo é chegada do nosso prefeito. Th. Delf. Você tem de escolher um ou outro desses alvos. / (mas é bom lembrar-lhe de quem tem hoje a faca e o queijo. As cousas estão feias! / Prefeito – Confesso que estou embaraçado! Um tiro politico d'esses é cem vezes peior para acertar do que qualquer dos que dei em Buenos Aires –* Litografia, 28,5 x 21 cm (POLÍTICOS – FRANCISCO GLICÉRIO).

In *Don Quixote*, Rio de Janeiro, n. 85, 26 jun. 1897, pp. 1 e 4-5.

[1584] AGOSTINI, ANGELO. *As lamentações de Jeremias e a situação política*. Litografias, vários formatos (POLÍTICOS- FRANCISCO GLICÉRIO). Conteúdo: Vinte e sete vinhetas sobre a cisão do Partido Federal e a oposição de Francisco Glicério e seus amigos ao Presidente Prudente de Moraes.

In *Don Quixote*, Rio de Janeiro, n. 85, 26 jun. 1897, pp. 4-5 e 8.

[1585] AGOSTINI, ANGELO. *As lamentações de Jeremias (continuação)*. Litografia. / *A união faz a* farsa. Litografia. / *Grande concerto vocal e instrumental sobre a maior taboleta da America do Sul por occasião da chegada de S. Paulo do ex-leader do governo o Exmo. Sr. General Francisco Glycerio. / Além dos amigos de S.Exa. que se encarregaram da parte cantante o governo offereceu gentilmente a parte instrumental*. Litografia. / *O Almirante Chico Glycerio, à testa da esquadra revoltosa, combatendo o governo federal. / : Não se sabe mais o que admirar!... Se a audacia do actual chefe dos revoltosos, se a calma extraordinaria do pacatissimo sr. Presidente da Republica!* Litografias (13), vários formatos (POLÍTICOS – FRANCISCO GLICÉRIO – MANOEL VITORINO PEREIRA).

In *Don Quixote*, Rio de Janeiro, n. 86, ago. 1897, pp. 2-3 e 4.

[1586] AGOSTINI, ANGELO. *Hontem e hoje. / Quem não desconfiara da seriedade politica do ex-leader tão amigo hontem* Litografia, 16 x 9,5 cm / *e hoje, sem motivo e por simples despeito, inimigo encarniçado e / verdadeiro revoltoso que não duvida tanto na Camara como na imprensa sacrificar a Republica e seus creditos para ferir ferozmente o Chefe da Nação Prudente de Moraes – isto é – Prudente de Mais?* Litografia, 12,3 x 12,5 cm / *O barbaro assassinato do Presidente Idearte Borda unio, no mesmo sentimento de cortesia internacional, o leader do governo, Bellizario e o da opposição, que aprezentaram à camara uma moção de pezar.* Litografia, 14,5 x 12,5 cm (POLÍTICOS – FRANCISCO GLICÉRIO).

In *Don Quixote*, Rio de Janeiro, n. 87, 1897, pp. 2-3 e 4-5.

[1587] ANGELO AGOSTINI. *No Senado, os Drs. Ramiro Barcellos e Rodrigues Alves deram uma liçaosinha aos Srs. F. Penna e A. Azeredo, que mostraram alguma falta de criterio em relação a certas despesas.* Litografia, 16,5 x 21,5 cm (POLÍTICOS – FRANCISCO DE PAULA RODRIGUES ALVES) / *Alta moralidade – Quem é o senhor? – Via-a na janella, achei-a bonita, subi as escadas rapidamente e vim... – O senhor engana-se; esta casa é de familia e honesta!... – Queira perdoar-me. Vejo que me enganei. – Vocês bem sabem que não gosto que estejam na cosinha! – Ora, Vovó, pois si papai nos prohibe ir à sala por causa das taes typas!* Litografia, 11 x 9 cm (MARGINALIDADE – PROSTITUI-

ção) (O UNIVERSO DO TRABALHO – COZINHEIRAS) / *Espectaculo forçado e gratuito a que assiste a população da Capital Federal! Viva a moralidade administrativa, que mantém essa vergonha!* Litografia, 13,5 x 21 cm (INDUMENTÁRIA MASCULINA – UNIFORMES MILITARES) (MARGINALIDADE – PROSTITUIÇÃO).

In *Don Quixote*, Rio de Janeiro, ano V, n. 95, 23 set. 1899, pp. 5 e 8.

[1588] ANGELO AGOSTINI. *Tambem fomos levar nossas coroas aos collegas fallecidos, e ao passarmos pelo cemiterio politico, lá vimos o Sr. Glicerio e o Commr. Malvino Reis.* Litografia, 28,5 x 21,5 cm (POLÍTICOS – FRANCISCO GLICÉRIO) / *Preceitos contra a peste bubonica recommendados pela Junta de Hygiene. Um outro preceito manda "evitar as agglomerações". É o mesmo que aconselhar os nossos soldados a desertarem em massa dos quarteis.* Litografia, 17,3 x 21 cm (SAÚDE PÚBLICA – PESTE BUBÔNICA) (UNIFORMES MILITARES – SOLDADOS).

In *Don Quixote*, Rio de Janeiro, ano V, n. 101, 4 nov. 1899, pp. 1 e 4.

[1589] ANGELO AGOSTINI. *A Republica em perigo. Naturalmente o resultado será o feliz commendador ser acclamado D. Malvino I, rei do Brazil e com direito aos papos de tucano e outras magestaticas bugigangas.* Litografia, 10,5 x 15,3 cm (O UNIVERSO DO TRABALHO – PAJENS).

In *Don Quixote*, Rio de Janeiro, ano V, n. 102, 11 nov. 1899, p. 5.

[1590] Angelo Agostini. – *Por menos de 50$000 não lhe dou meu voto. / – Pois sim, meu cargo amigo, conte com meu reconhecimento... / – Á sua saude... / – Á sua...* Litografia, 8 x 11,5 cm / – *Apanhei 50$ do candidato A, com os 50$ que recebi do B... já não é máo negocio. – E como vaes tu fazer para votar nos dois? – Não voto em nenhum.* Litografia, 10 x 10,5 cm (PROCESSO ELEITORAL – COMPRA E VENDA DE VOTOS).

In *Don Quixote*, Rio de Janeiro, ano V, n. 107, 16 dez. 1899, p. 5.

[1591] FARIA, CÂNDIDO ARAGONÊS DE. *SUIVEZ-MOI, JEUNES molequinhos!* Litografia, 16,5 x 11 cm (INDUMENTÁRIA MASCULINA) (O UNIVERSO DO TRABALHO – MOLEQUES).

In *O Arlequim*, Rio de Janeiro, n. 17, 25 ago. 1867, pp. 4-5.

[1592] FARIA, CÂNDIDO ARAGONÊS DE. *Monumento ao Dezesseis de Julho – A actualidade com todos os seus horrores.* Litografia, 24,5 x 18,3 cm (ALEGORIA AO GABINETE DE 16 DE JULHO DE 1869 – ESCRAVIDÃO).

In *O Mosquito*, Rio de Janeiro, ano I, n. 13, 11 dez. 1869, p. 8.

[1593] FARIA, CÂNDIDO ARAGONÊS DE. – *Antônce SInhô Juan Facissico, vamo ô nô vamu poú Som Lumigo? / — Iche!! Onte já foi mi botá café nos pó di s omoço Chiquinho e ele dizeu qu are votá en nogi p'ra no mundá di aqui di capinhero. / – Viva, nhonhô Chiqulnho! caparo godo ta ahi p'ro sua fuessa.* Litografia, 11 x 10 cm (ELEIÇÕES) (ESTEREÓTIPOS SOBRE O NEGRO – A EXPRESSÃO VERBAL).

In *O Mosquito*, Rio de Janeiro, ano I, n. 17, 9 jan. 1870, p. 4.

[1594] FARIA, CÂNDIDO ARAGONÊS DE. *Desta vez é certa a queda/ Deste heróe de Trapisonda/ Que já andou por sobre as ondas/ Como nós por nossa casa! / Perdeu a principal vasa/ Nesta partida d'arromba,/ E se não perdeu a tromba/ Dando ao mundo enorme abalo/ É porque em meio da queda'Ainda contou c'o cavallo!* Litografia, 18,3 x 17,8 cm (POLÍTICOS – VISCONDE DE INHOMIRIM).

In *O Mosquito*, Rio de Janeiro, ano II, n. 55, 2 out. 1870, p. 1.

[1595] FARIA, CÂNDIDO ARAGONÊS DE. *Um baile no Pavilhão, por F... Uma donzella nagôa.* Litografia, 5 x 3,8 cm (ESTEREÓTIPOS SOBRE O NEGRO – OS CORPOS GROTESCOS) (INDUMENTÁRIA FEMININA) (LÚDICA – BAILES) (O NEGRO NOS ESPAÇOS PÚBLICOS) / *Colcha de retalhos por Faria. É basola...* Litografia, 7,5 x 13 cm (ESTEREÓTIPOS SOBRE O NEGRO – A EXPRESSÃO VERBAL).

In *O Mosquito*, Rio de Janeiro, ano II, n. 59, 30 out. 1870, pp. 3-4.

[1596] FARIA, CÂNDIDO ARAGONÊS DE. *Mascaradas por Faria. Aproveito o Carnaval para ser outra vez Timandro durante três dias / Nhônhô lá prá seus lados é muito escuro se tem medo eu lhe acompanho até sua casa* . Litografia, 6,5 x 9 cm (POLÍTICOS – VISCONDE DE INHOMIRIM).

In *O Mosquito*, Rio de Janeiro, ano III, n. 75, s.d., pp. 4-5.

[1597] FARIA, CÂNDIDO ARAGONÊS DE. *O Carnaval por Faria. Zé Pereira policial.* Litografia, 6,5 x 10,5 cm / *Sou util ainda brincando.* Litografia, 23,8 x 18 cm (ESTEREÓTIPOS SOBRE O NEGRO – OS CORPOS GROTESCOS) (INDUMENTÁRIA MASCULINA – UNIFORMES MILITARES) (LÚDICA – CARNAVAL – ZÉ PEREIRA) (POLÍTICOS – ZACARIAS DE GÓIS E VASCONCELOS).

In *O Mosquito*, Rio de Janeiro, ano III, n. 76, 24 fev. 1871, pp. 4-5 e 8.

[1598] FARIA, CÂNDIDO ARAGONÊS DE. *Saute-Mouton – Chacun son tour.* Litografia, 18,3 x 8 cm (POLÍTICOS – VISCONDE DE INHOMIRIM) / *Miscelanea por Faria.* Litografia. *Minha Sinhora, V. Ex. dá-me a honra de dançar comigo? / – Não vê, para o Sr. ir dizer commo outro dia, que eu tenho catinga!* Litografia, 6 x 6,5 cm (ESTEREÓTIPOS SOBRE O NEGRO – OS CORPOS GROTESCOS).

In *O Mosquito*, Rio de Janeiro, ano III, n. 77, 3 mar. 1871, p. 1.

[1599] FARIA, CÂNDIDO ARAGONÊS DE. *Para variar em todas as ruas encontra-se a mesma cousa (Policia activissima).* Litografia, 24 x 18,5 cm (ESTEREOTIPOS SOBRE O NEGRO – VADIAGEM) (INDUMENTÁRIA

MASCULINA – UNIFORMES – POLICIAIS URBANOS) (MARGINALIDADE – GATUNOS).

Texto: *No tempo em que foi gatuno*
Passara a noite assustado
Depois que se fez urbano
Dorme muito descançado

In *O Mosquito*, Rio de Janeiro, ano VI, p. ? (obs.: número incompleto).

[1600] FARIA, CÂNDIDO ARAGONÊS DE. *O alvoroto da rua Municipal. / Prova-se que uma boca artificial faz calar cincoenta naturaes.* Litografia, 13,2 x 10,5 cm (ORDEM PÚBLICA) EXPOSIÇÃO NACIONAL. / *"Oia, oia!... Que bom p'ra fazê pipoca e cangica!...* Litografia, 11,5 x 13,5 cm (ESTEREÓTIPOS SOBRE O NEGRO – A EXPRESSÃO VERBAL) / *"Vamos para outra sala; vamos depressa. O nosso lugar não é aqui / Ambas se enganaram, por certo!* Litografia, 10,5 x 13,5 cm (ESTEREÓTIPOS SOBRE O NEGRO – O NEGRO FORA DO LUGAR).

In *Vida Fluminense*, Rio de Janeiro, ano 6, n. 263, 11 jun. 1873, pp. 1259-1260.

[1601] FARIA, CÂNDIDO ARAGONÊS DE. *Ao Grão Turco / 70 Rua do Ouvidor 70 / Grande exposição de cachimbos e piteiras mandados vir d'encommenda pela Vida Fluminense / Para ser offerecido ao meu distincto Ten.e Coronel Carvalho.* Litografia, 9,5 x 14,5 cm (O UNIVERSO DO TRABALHO – MUCAMAS) / *Para ser offerecido ao Snr. Visconde do Rio Branco.* Litografia, 8,5 x 12,5 cm (ABOLICIONISMO – VISCONDE DO RIO BRANCO).

In *Vida Fluminense*, Rio de Janeiro, ano 6, n. 264, 18 jan. 1873, pp. 1270-1271.

[1602] FARIA, CÂNDIDO ARAGONÊS DE. *Em breve ressuscitará* (Diário de Notícias – obs. minha). / *Mas os Jucas Rosas estão alerta! Cuidado!...* Litografia, 16 x 18 cm (MARGINALIDADE – FEITICEIROS – JUCA ROSA).

In *Vida Fluminense*, Rio de Janeiro, ano 6, n. 265, 25 jan. 1873, p. 1275.

[1603] FARIA, CÂNDIDO ARAGONÊS DE. *O partido conservador puro. "Calem-se opposicionistas, calem-se pelo amor de Deos!" Eu ja não posso conter este Lobo... pernambucano, e se elle chega a cahir-lhes em cima!...*Litografia, 24,5 x 12,5 cm (ABOLICIONISMO – VISCONDE DO RIO BRANCO).

In *Vida Fluminense*, Rio de Janeiro, ano 6, n. 265, 25 jan. 1873, p. 1282.

[1604] FARIA, CÂNDIDO ARAGONÊS DE. *Nas mãos do grande heroe que sempre chega cedo. / Do canudo de boma a agua fria esguicha / E corre a creoulinha ao lado sem mêdo. A seringa apontando a fugitiva bicha!* Litografia, 11,5 x 18,5 cm (MISCIGENAÇÃO – CRIOULOS) (SAÚDE PÚBLICA – EPIDEMIA DE FEBRE AMARELA).

In *Vida Fluminense*, Rio de Janeiro, ano 6, n. 266, 1º fev. 1873, p. 1284.

[1605] FARIA, CÂNDIDO ARAGONÊS DE. *Questões febris. / Obrigado amigo tempo, muito obrigado. Eu e a creoula somos reconhecidos. Se não foras tu a irrigação ja tinha dado commnosco em vasa-barris.* Litografia, 9,5 x 11,5 cm (MISCIGENAÇÃO – CRIOULOS) (SAÚDE PÚBLICA – EPIDEMIA DE FEBRE AMARELA).

In *Vida Fluminense*, Rio de Janeiro, ano 6, n. 268, 5 fev. 1873, p. 1301.

[1606] FARIA, CÂNDIDO ARAGONÊS DE. *O snr. poderá dizer-me se isto é direito...* Litografia, 14 x 17,5 cm (POLÍTICOS – VISCONDE DE INHOMIRIM) / *Pilulas e confeitos / Para festejar e applaudir o discurso em que o illustre deputado atacou a policia, a flôr carrega em triumpho o seu nobre chefe.* Litografia, 8,5 x 11,5 cm (MARGINALIDADE – CAPADÓCIOS – CAPANGAS – CAPOEIRAS).

In *Vida Fluminense*, Rio de Janeiro, ano 6, n. 269, pp. 1307 e 1310.

[1607] FARIA, CÂNDIDO ARAGONÊS DE. *Pilulas e confeitos / Martin Morue, Marquis Capadoce, Monseigneur Zaccharie et le soup do Bomfim condemnam o augmento do subsidio mas recebem depois e S. Ex.as não podem deixar de cumprir as leis!* Litografia, 6 x 18 cm. (POLÍTICOS – ZACARIAS DE GÓIS E VASCONCELOS).

In *Vida Fluminense*, Rio de Janeiro, ano 6, n. 270, 1 mar. 1873, p. 1322.

[1608] FARIA, CÂNDIDO ARAGONÊS DE. *Olhe, pai José: se o povo cá entrar, você dirá que não estamos em casa... e depois fica forro... Ja vio.* Litografia, 8,5 x 12,5 cm (ABOLICIONISMO – CARTAS DE ALFORRIA) (O UNIVERSO DO TRABALHO – COZINHEIROS).

In *Vida Fluminense*, Rio de Janeiro, n. 271, ano 6, 8 mar. 1873, p. 1326.

[1609] FARIA, CÂNDIDO ARAGONÊS DE. *Lá vae obra! / Ora até que enfim!!! (Como é bom fazer eleições sem barulho nem contrariedades!).* Litografia, 11 x 14 cm (PROCESSO ELEITORAL – ELEIÇÕES).

In *Vida Fluminense*, Rio de Janeiro, ano 6, n. 273, 22 mar. 1873, p. 1342.

[1610] FARIA, CÂNDIDO ARAGONÊS DE. *Resultados da febre amarela entre os Sn.res Pharmaceuticos (Vai-se o aconito... mas a gaveta enche-se!...).* Litografia, 9 x 12,5 cm (SAÚDE PÚBLICA – EPIDEMIA DE FEBRE AMARELA).

In *Vida Fluminense*, Rio de Janeiro, ano 6, n. 274, 29 mar. 1873, pp. 1350-1351.

[1611] FARIA, CÂNDIDO ARAGONÊS DE. *Os milagres de S. Jozé Maria / Imitação dos "Milagres de Santo Antonio por xxx. 'S. José Maria, evo-*

cando a liberdade, faz do escravo um homem livre e do homem livre um cidadão. Litografia, 11,5 x 12,5 cm (ALEGORIAS – ABOLICIONISMO – VISCONDE DO RIO BRANCO).

In *Vida Fluminense*, Rio de Janeiro, ano 6, n. 277, p. 1375.

[1612] FARIA, CÂNDIDO ARAGONÊS DE. *Ora, dizei-me, irmaã: conseguireis que eu encha a barriga das nossas duzentas pensionistas com isso que ahi está? / Irmaã! Deos Nosso senhor deu de comer a cinco mil pessoas com cinco pães e dois peixes! / Mas Deos Nosso Senhor fazia milagres / E nós... porque não havemos de fazel-os?* Litografia, 24,5 x 18,5 cm (POLÍTICOS – ZACARIAS DE GÓIS DE VASCONCELOS).

In *Vida Fluminense*, Rio de Janeiro, ano 6, n. 280, 10 maio 1873, p. 1399.

[1613] FARIA, CÂNDIDO ARAGONÊS DE. *Sumam-se, desappareçam...! Não quero cá pedreiros... de casta alguma. Bastam os livres para me porem a cabeça tonta. / Sua Minencia tá enganado. Nó nô somo livre: somos escravo, sim sinhô!* Litografia, 13,2 x 17,5 cm (ESTEREÓTIPOS SOBRE O NEGRO – A EXPRESSÃO VERBAL) (O UNIVERSO DO TRABALHO – PEDREIROS).

In *Vida Fluminense*, Rio de Janeiro, ano 6, n. 281, 17 maio 1873, p. 1403.

[1614] FARIA, CÂNDIDO ARAGONÊS DE. *A sessão de 17 no Senado / Queda notavel! O mestre não precisa de grão para ao som das palmas do Brazil, atterrar o ultramontanismo.* Litografia, 23,5 x 18 cm (POLÍTICOS – ZACARIAS DE GÓIS E VASCONCELOS).

In *Vida Fluminense*, Rio de Janeiro, ano 6, n. 282, 24 maio 1873, p. 1418.

[1615] FARIA, CÂNDIDO ARAGONÊS DE. *Bombinhas. / "Então, que disse seu Quinquas Nabuco? / Ah, nhonhô, elle poz vosmeês pela rua d'amargura. Falou no montanismo, no justismo... / Não digas mais... semelhantes impiedades... fazem arrepiar as carnes!* Litografia, 4,3 x 9 cm / *O que os Sn.res Milvados deviam ter feito apenas viram as barbas do visinho a arder / Como o não fizeram, um delles projecta viagens cerca-se de guarda-costas e entre campos e macacos hesita na escolha.* Litografia, 11 x 13 cm (POLÍTICOS – ZACARIAS DE GÓIS E VASCONCELOS) (O UNIVERSO DO TRABALHO – PAJENS).

In *Vida Fluminense*, Rio de Janeiro, ano 6, n. 283, 31 maio 1873, pp. 1422-1423.

[1616] FARIA, CÂNDIDO ARAGONÊS DE. *Que dizes, irmaã? Este criado serve-nos perfeitamente, não achas? / Porque não o tomaste ha mais tempo? / Ora essa é boa! Eu sabia lá se elle queria o logar?!... Só agora é que se declarou...* Litografia, 24,5 x 18 cm / *Os algozes da Religião (se os da esquerda approvam a execução, os da direita hão de impedil-a: ola, hão=de!* Litografia, 18,5 x 24,5 cm (POLÍTICOS – ZACARIAS DE GÓIS E VASCONCELOS).

In *Vida Fluminense*, Rio de Janeiro, ano 6, n. 284, 7 jun. 1873, pp. 1431 e 1434.

[1617] FARIA, CÂNDIDO ARAGONÊS DE. *Em caza do Sr. Cabral. 'Tome sentido Sr. Cabral; quero meu retrato bem parecido, bem perfeito! / Esteja descansado Sr. Conselheiro a machina não pode mentir. / Rua do Hospicio 97 / Então isso é o meu tratato? com esse chapeo de jesuita / La isso é verdade; mas olhe Exmo. a machina não pode mentir.* Litografia, 11,7 x 18 cm / *Daqui a algum tempo se o governo não tiver a idéa de acabar com os conventos.* Litografia, 17 x 24,5 cm (POLÍTICOS – ZACARIAS DE GÓIS E VASCONCELOS).

In *Vida Fluminense*, Rio de Janeiro, ano 6, n. 285, 14 jun. 1873, pp. 1438 e 1442.

[1618] FARIA, CÂNDIDO ARAGONÊS DE. *Nós somos grandes bombeiros segurança dos seguros... / mas por... Infeliz acazo ao chegarmos aos brazeiros / So achamos negros muros / o mais tudo já foi aceso.* Litografia, 18 x 23,5 cm (O UNIVERSO DO TRABALHO – BOMBEIROS).

In *Vida Fluminense*, Rio de Janeiro, ano 6, n. 308, 22 nov. 1873, p. 1623.

[1619] FARIA, CÂNDIDO ARAGONÊS DE. *Prepara-se um auto da fé com libações beatificas. O futuro Presidente do Conselho será o orador, os jesuitas, os convivas, o Brazil a victima. Que outra cousa pode resultar da contemporização do Governo!* Litografia, 40,5 x 25,5 cm (POLÍTICOS – ZACARIAS DE GÓIS E VASCONCELOS) (O UNIVERSO DO TRABALHO – MUCAMAS).

In *Vida Fluminense*, Rio de Janeiro, ano 6, n. 310, 6 dez. 1873, pp. 1638-1639.

[1620] FLEIUSS, HENRIQUE. *Rua Direita, canto d'Alfandega (Para o Illmo. Sr. Fiscal da Candelaria ver).* Litografia, 11,3 x 17,7 cm (O UNIVERSO DO TRABALHO – CARREGADORES DE BAGAGEM, CARGA E FARDOS).

In *Semana Illustrada*, Rio de Janeiro, primeiro ano, n. 2, s.d., p. 13.

[1621] FLEIUSS, HENRIQUE. PASSEIO PUBLICO. *A rua do Ouvidor está agora com privilegio de matta virgem; os leões percorrem-na durante o dia e os "tigres" durante a noite. É um perigo constante!* Litografia, 11,3 x 18 cm (O UNIVERSO DO TRABALHO – CARREGADORES DE BARRIS, "TIGRES" E TONÉIS).

In *Semana Illustrada*, Rio de Janeiro, primeiro ano, n. 3, s.d., p. 21.

[1622] FLEIUSS, HENRIQUE. *A Semana Illustrada declara guerra de morte aos leões e aos "tigres".* Litografia, 10,5 x 17,3 cm (O UNIVERSO DO TRABALHO – CARREGADORES DE BARRIS, "TIGRES" E TONÉIS).

In *Semana Illustrada*, Rio de Janeiro, primeiro ano, n. 4, s.d., p. 4.

[1623] FLEIUSS, HENRIQUE. *"Desculpe-me, Snr., mas ella ordenou-me, que lhe entregasse todas estas cartas e lhe dissesse que a não impor-*

tunasse mais. / – Minhas cartas! Um rompimento! Que ouço..."- *Que osso tem razão. É bem difficil de roer*". Litografia, 9 x 8,5 cm (O UNIVERSO DO TRABALHO – PAJENS) / *Campo de Santa Anna / Viva a municipalidade!!!*. Litografia, 20,5 x 28 cm (O UNIVERSO DO TRABALHO – AGUADEIROS).

In *Semana Illustrada*, Rio de Janeiro, primeiro ano, n. 5, s.d., pp. 36 e 37.

[1624] FLEIUSS, HENRIQUE. – *Teu Senhor está em casa? / Não, senhor, / A que horas voltará? Quando meu senhor diz que não está em casa, não se sabe quando volta*. Litografia, 12 x 8,7 cm (O UNIVERSO DO TRABALHO – PAJENS) (INDUMENTÁRIA MASCULINA – PAJENS) / *Olympo brazileiro. 2. Marte*. Litografia, 22 x 28 cm (POLÍTICOS – BARÃO DE COTEGIPE).

In *Semana Illustrada*, Rio de Janeiro, primeiro ano, n. 18, 14 abr. 1861, p. 140.

[1625] FLEIUSS, HENRIQUE. – *Scena de heroismo, executada ás 11 horas da noute de 20 do corrente, no largo de S. Francisco de Paula, por dous Intrepidos policiaes)*. Litografia, 9 x 9 cm (REPRESSÃO E VIOLÊNCIA – REPRESSÃO POLICIAL – ESPANCAMENTOS) (O UNIVERSO DO TRABALHO – QUITANDEIRAS – QUITUTEIRAS).

In *Semana Illustrada*, Rio de Janeiro, primeiro ano, n. 33, 28 jul. 1861, p. 260.

[1626] FLEIUSS, HENRIQUE. *Passeio hygienico dos bemaventurados guardas fiscaes pelas ruas da cidade – Os astros teem seus satellites; os guardas fiscaes tem seus tigrellites*. Litografia, 20 x 11 cm (O UNIVERSO DO TRABALHO – CARREGADORES DE BARRIS, "TIGRES" E TONÉIS).

In *Semana Illustrada*, Rio de Janeiro, primeiro ano, n. 35, 11 ago. 1861, p. 276.

[1627] FLEIUSS, HENRIQUE. *O grande paysagista da Camara*. Litografia, 10 x 8,7 cm (POLÍTICOS – FRANCISCO OTAVIANO DE ALMEIDA ROSA).

In *Semana Illustrada*, Rio de Janeiro, primeiro ano, n. 37, 25 ago. 1861, p. 292.

[1628] FLEIUSS, HENRIQUE. *Leilão de 100,00 paletots. A cidade do rio de Janeiro tem 200,000 habitantes do genero masculino, e segundo as ultimas listas da Illustrissima, 100,000 destes possuem um paletot. Por meio do ultimo leilão de 100,000 paletots e 1 500 casacas, na rua do Ouvidor, vemos agora com satisfação tambem os moleques e "tigres" vestidos á ultima moda*. Litografia, 11 x 9 cm (O UNIVERSO DO TRABALHO – CARREGADORES DE BARRIS, "TIGRES" E TONÉIS – MOLEQUES).

In *Semana Illustrada*, Rio de Janeiro, primeiro ano, n. 39, 8 set. 1861, p. 308.

[1629] FLEIUSS, HENRIQUE. *Pai Zuzê, praquê tanto cipó? Não faze só samburá e baraio com zele, faze tambem barão, que ganha maze. 'Uê? Barão é home rico; nunca vi barão de cipó. 'Não é di esse que foi buscar nosso lá no nosso terra; não falta tambem di esse que pinta papê na casa sucundido, e d'ahi chama biêto. Barão, pai Zuzê, é esse capuera qui muié amara na cIntura, para pindurá vessido em cima. / Ah, já sabe, tia Maria, tãobé tem ua capuza di esse qui tá bom para botá pirú*. Litografia, 8,5 x 9 cm (ESTEREÓTIPOS SOBRE O NEGRO – A EXPRESSÃO VERBAL).

In *Semana Illustrada*, Rio de Janeiro, primeiro ano, n. 40, 15 set. 1861, p. 346.

[1630] FLEIUSS, HENRIQUE. *A Illma. Camara Municipal, reconhecendo a necessidade de desinfectar as praias do Rio de Janeiro, ordena que, todas as noites, 500 Africanos livres ao seu serviço vão ASPIRAR os miasmas desses laboratorios de cholera e febre amarella*. Litografia, 20,5 x 28 cm (O UNIVERSO DO TRABALHO – AFRICANOS LIVRES A SERVIÇO DA CÂMARA MUNICIPAL DO RIO DE JANEIRO) (SAÚDE PÚBLICA – EPIDEMIAS DE CÓLERA E FEBRE AMARELA).

In *Semana Illustrada*, Rio de Janeiro, primeiro ano, n. 47, 3 nov. 1861, p. 372.

[1631] FLEIUSS, HENRIQUE. *OBSERVAÇÕES DE UM GUARDA DALFANDEGA / I. Chegada de vapor inglez: traz á bordo, para os bancos 400:000$ de prata em barra, a que os Inglezes chamam caldo (Buillon) – E ainda se admiram que esses senhores andem tão gordos e rosados! Com taes caldos não é milagre. / I. Chega o vapor do Norte e traz à bordo 400:000$ em carne e osso, para cultivar as nossas roças. Deos os leve... dar-me-hia melhor com os caldos britannicos*. Litografia, 9,5 x 27,7 cm (O UNIVERSO DO TRABALHO – CARREGADORES – ESCRAVOS DA ROÇA).

In *Semana Illustrada*, Rio de Janeiro, ano I, n. 49, 17 nov. 1861, p. 387.

[1632] FLEIUSS, HENRIQUE. *OLYMPO BRAZILEIRO / PROTHEO*. Litografia, 21,7 x 17,5 cm (POLÍTICOS – VISCONDE DE INHOMIRIM).

In *Semana Illustrada*, Rio de Janeiro, primeiro ano, n. 50, 24 nov. 1861, p. 400.

[1633] FLEIUSS, HENRIQUE. *EXPOSIÇÃO NACIONAL. / – Papai disse que é preciso esperar dez annos! / Ah! meu Deo do Céo! tomara já morrê pra desiposse quando eu é moça branca, usa este cachim*. Litografia, 6 x 8,5 cm (ESTEREÓTIPOS SOBRE O NEGRO – A EXPRESSÃO VERBAL) (O UNIVERSO DO TRABALHO – MUCAMAS).

In *Semana Illustrada*, Rio de Janeiro, primeiro ano, n. 54, 22 dez. 1861, p. 429.

[1634] FLEIUSS, HENRIQUE. *A sua escrava é uma verdadeira somnambula, minha senhora. Vê como está lucida? / Não, Senhor, está enganado. Ella é Angola*. Litografia, 11,5 x 8,7 cm (ETNIAS NEGRO-AFRICANAS – ANGOLA) (O UNIVERSO DO TRABALHO – MUCAMAS).

In *Semana Illustrada*, Rio de Janeiro, segundo ano, n. 55, 29 dez. 1861, p. 436.

[1635] FLEIUSS, HENRIQUE. *CIRCO SPALDING AND ROGERS / Columna equilibrista, photographada do natural (Promette-se que brevemente as posições hão de variar). VAN ORDEN, secretario.* Litografia, 22,5 x 17,5 cm (POLÍTICOS – VISCONDE DE INHOMIRIM) OLYMPO BRAZILEIRO */ Jason.* Litografia, 22,3 x 27 cm (POLÍTICOS – ZACARIAS DE GÓIS E VASCONCELOS) */ Commemoração de um acto de generosidade publica / 7 de agosto de 1862. Supplemento da Semana Illustrada). CARIDADE PUBLICA. Mal pensavamos nós que prevendo que as duas crianças de que temos tratado encontrariam hontem na praça do juizo dos orphãos não um novo senhor, mas a liberdade, ainda não fazemos inteira justiça aos sentimentos do povo fluminense. Pois bem, com verdadeiro jubilo o noticiamos, não só a essas duas crianças, mas ainda a uma irmã mais pequena, e á mão de todas as tres se estendeu a caridade, livrando-as todas do captiveiro.* Litografia, 28,5 x 18 cm (ABOLICIONISMO – CARTAS DE ALFORRIA – LIBERTAÇÃO DE CRIANÇAS ESCRAVAS ÓRFÃS).

In *Semana Illustrada*, Rio de Janeiro, segundo ano , n. 87, 20 ago. 1862, pp. 690, 694 e 695.

[1636] FLEIUSS, HENRIQUE. *Se estes braços fossem meus, que magnifico par de pernas eu não mandava fazer!!* Litografia, 12,3 x 9 cm (ESTEREÓTIPOS SOBRE O NEGRO – OS CORPOS GROTESCOS) (O UNIVERSO DO TRABALHO – AMAS).

In *Semana Illustrada*, Rio de Janeiro, segundo ano, n. 91, 7 set. 1862, p. 723.

[1637] FLEIUSS, HENRIQUE. *O ADEUS DOS DEPUTADOS. Um vermelho.* Litografia, 20,2 x 4 cm (POLÍTICOS – VISCONDE DE INHOMIRIM).

In *Semana Illustrada*, Rio de Janeiro, segundo ano , n. 92, 24 out. 1862, p. 734.

[1638] FLEIUSS, HENRIQUE. *O OLYMPO BRAZLEIRO. ERATO (A musa da poesia lyrica).* Litografia, 22,5 x 17,5 cm (LITERATURA – POETAS – GONÇALVES DIAS).

In *Semana Illustrada*, Rio de Janeiro, segundo ano, n. 93, 21 set. 1862, p. 742.

[1639] FLEIUSS, HENRIQUE. *Liça Politica. / Aqui lhes atiro a luva, meus senhores; apanhem-a e vamos ao cambate que eu e meus companheiros estamos promptos a sustental-o. Para nós, tanto a victoria como a derrota, serão gloriosas, attenta a santa causa que defendemos.* Litografia, 27,5 x 22,8 cm (POLÍTICOS – VISCONDE DE INHOMIRIM).

In *Semana Illustrada*, Rio de Janeiro, segundo ano, n. 94, 28 set. 1862, p. 8.

[1640] FLEIUSS, HENRIQUE. *VIDA DE UMA MOÇA DA MODA. N. 2.*

Na igreja entrou a vaidosa	Mas há quem pope (?) adiante
Requebrando-se dengosa	Deste moleque tratante
Junto a uma jovem piedosa	Se o moleque é petulante,
Garrida se ajoelhou	O namorado é peior
E o signal da cruz fazendo	É pretexto a religião
Foi logo os olhos volvendo	Fingimento e devoção
E toda se derretendo	E a missa uma occasião
Pois o amante avistou.	P'ra os namoros da vaidosa
E o seu moleque adestrado	Moços, fugi da esparrella!
Mesmo no templo sagrado	É um demonio a tal bella
Recebe do namorado	Fugi dos encantos della,
Um bilhetinho de amor	Que espinha muito esta rosa.

Litografia, 9,5 x 17,8 cm (O UNIVERSO DO TRABALHO – MOLEQUES).

In *Semana Illustrada*, Rio de Janeiro, segundo ano, n. 99, 2 nov. 1865, p. 785.

[1641] FLEIUSS, HENRIQUE. *– João – Como vais te dando com teu amo? / André – Excellentemente, pois até me sacode o meu paletó, em paga talvez de eu sacudir o seu. / João – Não acredito, estás zombando. / André – É verdade, a unica differença é que sacudo o paletó de meu amo no cabide, e elle sacode o meu no meu corpo.* Litografia, 9,5 x 17,8 cm (O UNIVERSO DO TRABALHO – CRIADOS) (REPRESSÃO E VIOLÊNCIA – VIOLÊNCIA CONTRA ESCRAVOS – ESPANCAMENTOS) / SEMANA ILLUSTRADA *(dirigindo-se aos convidados). Todos quereis Pedro II, Constituição e integridade do Imperio'por tanto, meus Senhores, para mim é indifferente que governe qualquer de vós, sendo para o bem do paiz; e assim tenho a honra de beber á vossa saúde; isto é, dos verdadeiros Brasileiros illustres.* Litografia, 23,3 x 17,8 cm (POLÍTICOS – FRANCISCO OTAVIANO DE ALMEIDA ROSA – VISCONDE DE INHOMIRIM).

In *Semana Illustrada*, Rio de Janeiro, segundo ano, n. 100, 9 nov. 1862, pp. 795 e 798.

[1642] FLEIUSS, HENRIQUE. *– Repara, bruto, que estás derramando sôpa sobre o meu vestido novo de seda. / – Não faz mal, minha senhora, na cosinha ainda ficou uma sôpeira cheia.* Litografia, 9 x 8 cm (O UNIVERSO DO TRABALHO – MOLEQUES).

In *Semana Illustrada*, Rio de Janeiro, terceiro ano, n. 106, 21 dez. 1862, p. 843.

[1643] FLEIUSS, HENRIQUE. *DIALOGO ENTRE DOIS PATRIOTAS NO DIA 7 DE JANEIRO. / – Gosto de te ver fumando, Homem. / – Benedictus sejas, já que queres tomar chá á minha custa.* Litografia, 22,3 x 17,3 cm (POLÍTICOS – VISCONDE DE INHOMIRIM).

In *Semana Illustrada*, Rio de Janeiro, terceiro ano, n. 112, 25 jan. 1862, p. 894.

[1644] FLEIUSS, HENRIQUE.

CANTA O MOLEQUE	CORO DOS MOLEQUES
Vai-se embora enfadadinho	Uê cambota uararê
Sem um adeus me dizer;	Carauê uaringá,
As saudades que me deixa	Lord Cristi com cerveja
Por dez réis posso vender	Vai batatas curá

(Alviçaras ganhas pelo Diario de 6 do corrente mez). Litografia, 10,5 x 17,5 cm (ESTEREÓTIPOS SOBRE O NEGRO – A EXPRESSÃO VERBAL).

In *Semana Illustrada*, Rio de Janeiro, terceiro ano, n. 114, 15 fev. 1862, p. 902.

[1645] FLEIUSS, HENRIQUE. *TYPOS DO RIO DE JANEIRO – III – O NEGRO DO GANHO. Eis um typo emprestado á Costa da Africa. O negro do ganho é um galego de Portugal, com a differença de não ser branco e de acreditar-se menos estupido. De calça e camisa rôta e porca, pés cobertos de poeira e semeiados de bichos, e com um cesto no hombro, uma rodilha na cabeça e um chocalho na mão, mostra-se elle ajojado de cargas, a cantarolar pelo meio da rua, ou a dormir ao sol, estendido nos lagedos da igreja da Candelaria. Não parece desgraçado e exulta de prazer quando tem o cinturão de couro cheio de moedas de dous vintens.* Litografia, 3,2 x 1,8 cm / *MINA DE FRUCTAS. – Admirada pelos estrangeiros, perseguida pelos meninos das escolas para lhe furtarem a quitanda, e aborrecida pelas donas de casa, que não lhe podem aturar os estouvamentos e as respostas tortas, a mina das fructas ostenta por essas ruas um pimpão na cabeça, uma camisa de entremeio e rendas, uma saia de chita, um panno da costa a tiracollo, quatro pulseiras e meia de coraes, e uns chinellinhos até o meio do pé. Dir-se-hia um calçado de Cendrillon, se os pés não fossem as duas varas. Serve apenas para a quitanda e para ajuntar dinheiro. Acredita em feitiço e toma a benção de quanto negro velho ha por ahi, acompanhando a reverencia da cabalistica frase:* O – cu – ô ? *Differe dos gambás, em trazer os filhos nas costas, e não na frente. Não saber ler nem escrever, mas conta admiravelmente. Todas são de côr preta.* Litografia, 2,1 x 3,8 cm (ESTEREÓTIPOS SOBRE O NEGRO – OS CORPOS GROTESCOS) (ETNIAS NEGRO-AFRICANAS – MINAS) (O UNIVERSO DO TRABALHO – NEGROS DE GANHO – VENDEDORAS DE FRUTAS).

In *Semana Illustrada*, Rio de Janeiro, terceiro ano, n. 116, 1º mar. 1862, p. 922.

[1646] FLEIUSS, HENRIQUE. *Sr. Director Aqui estão estes bouquets que a Sra. Rouxinol manda a v. S. para que lh'os faça atirar quando ella cantar hoje no theatro. "Director. Diga à Sra. Rouxinol que os ajuntarei aos outros que por conta da empreza já comprei para o mesmo fim."* Litografia, 9 x 8,2 cm (O UNIVERSO DO TRABALHO – MUCAMAS).

In *Semana Illustrada*, Rio de Janeiro, terceiro ano, n. 121, 5 abr. 1863, p. 964.

[1647] FLEIUSS, HENRIQUE. *Estou resolvido a retirar-me da politica, meu amigo, porque no triste estado em que estão as cousas não tenho mais fé nella. – Faz muito bem, Sr. Doutor, e é uma justa represallia, já que a politica não tem tambem fé no senhor.* Litografia, 8,3 x 8,3 cm (POLÍTICOS – VISCONDE DE INHOMIRIM) / *ENTRE A CRUZ E A CALDEIRINHA. Preso em nome da Policia porque é encontrado depois das 10 horas, e em nome da Municipalidade porque faltão 5 minutos para as 11 horas da noite, o negro pede que lhe digão pelo amor de Deos em qual das duas repartições será depositado o barril.* Litografia, 11 x 17,5 cm (O UNIVERSO DO TRABALHO – CARREGADORES DE BARRIS, "TIGRES" E TONÉIS).

In *Semana Illustrada*, Rio de Janeiro, terceiro ano, n. 122, 12 abr. 1863, p. 972.

[1648] FLEIUSS, HENRIQUE. *A CAÇADA DO TIGRE DE BENGALA. Quadro historico, alegorico e muito moral, offerecida á Illma. Camara Municpal.* Litografia, 22 x 17,8 cm (O UNIVERSO DO TRABALHO – CARREGADORES DE BARRIS, "TIGRES" E TONÉIS).

In *Semana Illustrada*, Rio de Janeiro, terceiro ano, n. 123, 19 abr. 1863, p. 980.

[1649] FLEIUSS, HENRIQUE. *TYPOS DO RIO DE JANEIRO. A MUCAMA – XXXVII. / Com um grande ferro maxambomba engomma para a humanidade inteira! Que sucia de senhores moços e de nhanhãasinhas (sic) querem as suas calças os seus palitots e os seus vestidos engommados! Tem um pulso robusto, atira-se á gamela da roupa, faz as camas e varre a casa; porém há uma especialidade em que a mucama prima: vestir a sinhasinha e contar-lhe historias do namorado que passou no cavalo do Cabo. Pobre paiz! onde esse cancro mortal vai roendo os bons costumes e ensinando ás raparigas a confiarem-se em uma escrava! A Negrinha, esposa do Moleque da Semana, protesta contra a frase acima escripta, mas infelizmente não deixa de ser nada mentirosa!... A mucama, quando ganha a confiança de sua senhora, é invejada pelas outras escravas e espesinhada por causa das mais innocentes cousas.* Quavis sunt sub aqua, sub aqua maledicere tentant. Litografia, 4,8 x 2,2 cm/O BARBEIRO DO LARGO DA SÉ. N. XXXVIII. *Esfola aqui, esfola acolá, é o barbeiro do Largo da Sé o mais sublime typo de todos os que a Semana tem publicado. Negro de má catadura, estupido como um frade de pedra, e mettido a curandeiro, senta-se o barbeiro em uma tripeça de largo da igreja e começa a operação, que, quasi sempre, é domingueira. Desgraçados queixos que lá cahem! Não sei quanto custa uma barba, mas creio que não deve passar de quatro vintens. Até hoje ainda lá não fui, e espero que, em quanto houverem barbeiros na rua do Ouvidor, não me atire a esse amolador de queixadas. Não gosto de fazer a barba no meio da rua, e é para um estrangeiro, um quadro aterrador da nossa civilização, e do bom gosto da Municipalidade! Ninguem póde negar que o barbeiro do Largo da Sé é um artista, embora o mundo se engane, acreditando o contrario. Mundus vulit decipi.* Litografia, 2 x 4 cm (O UNIVERSO DO TRABALHO – BARBEIROS – MUCAMAS).

In *Semana Illustrada*, Rio de Janeiro, terceiro ano, n. 126, 10 maio 1863, p. 1002.

[1650] Fleiuss, Henrique. *Padre – Como se chama o pai da criança? / Pai – José Antonio dos Anjos & Comp. / Padre – Como se hade chamar a menina? / Pai (embaraçado) – Ora, tenho o nome na ponta da lingoa, e não me posso lembrar... Minha mulher é que o havia escolhido... É verdade!... Como se chama aquella fazenda de laã de que se fazem calças? / Padre – Casemira... / Pai – Justamente, Sr. Padre.* Litografia, 8 x 17 cm (O universo do trabalho – Amas) / Charitas – Dous Meninos Perdidos e Achados: Vide Jornal do Commercio de 9 do Corrente / *Para que se não percão mais, o da direita irá para a Europa, e o da esquerda será dado a educar ao sr. Brandão.* Litografia, 21,8 x 17,5 cm (Políticos – Visconde de Inhomirim).

In *Semana Illustrada*, Rio de Janeiro, terceiro ano, n. 127, 17 maio 1863, pp. 1012 e 1015.

[1651] Fleiuss, Henrique. *Para V. Ex. fumar durante a viagem.* Litografia, 8 x 6 cm (Políticos – Visconde de Inhomirim).

In *Semana Illustrada*, Rio de Janeiro, terceiro ano, n. 128, 24 maio 1863, p. 1021.

[1652] Fleiuss, Henrique. *São duas as cousas, em que os Conservadores e os Liberaes se harmonisão: a admiração da belleza, e uma boa feijoada (Chateaubrigand).* Litografia, 20 x 17,5 cm (Políticos – Visconde de Inhomirim).

In *Semana Illustrada*, Rio de Janeiro, terceiro ano, n. 129, 31 maio 1863, p. 1028.

[1653] Fleiuss, Henrique. Typos do Rio de Janeiro. A Lavadeira do Campo de Santa Anna. N. xlvii. / *Desgraçado ente que vê passarem-lhe pelas costas núas os sóes de todas as estações sem que a pelle negra, castigada pela natureza, proteste contra esse barbaro serviço, que o arrasta ás vallas do cemiterio! E no entanto, ri-se, canta e profere palavras obscuras, que a policia nunca escuta, para que os transeuntes as guardão todas para que os estrangeiros não nos chamem de selvagens! Em que paiz civilizado consentir-se-hia que, no centro de uma praça publica, meio cento de negras, quasi núas, malcriadas e insolentes, fizessem uma algazarra terrivel, impropria de um lupanar, ao som das pancadas da roupa sobre uma pedra? As duas horas da tarde, está o Campo transformado em um coradouro immenso, e ninguem se dá d'isso, porque a policia, a camara municipal e todos os que poderião acabar com esse escandalo e essa vergonha, não se importão, e só passão pelo Campo, quando vão ouvir as bellas vozes do theatro lyrico (gratis) ou procurar algum votantesinho em vesperas de eleição! Meu Deus! Quando deixaremos de ter lavadeiras no Campo de Santa Anna? Acabe-se com esse typo proprio da Costa d'Africa, e convenção-se de que, da minha parte, teimando sempre, heide imital-as no bater continuo da pedra: 'Qui magis est duruam saxo? quid mollis unda? / 'Dura tamen molli saxa cavantur aqua.'* Litografia, 3,2 x 5,5 cm (O universo do trabalho – Lavadeiras).

In *Semana Illustrada*, Rio de Janeiro, terceiro ano, n. 130, 7 jun. 1863, p. 1034

[1654] Fleiuss, Henrique. *Todo o 4o. districto eleitoral do Rio de Janeiro veio em commissão pedir ao Sr. Salles que não se retirasse para a Europa. Incerto se isso seria para o bem ou para o mal de todos, S. Ex. ficou indeciso, e declarou que ia reflectir sobre a respostas nos banhos de Bade-Bade.* Litografia, 11 x 8,8 cm (Políticos – Visconde de Inhomirim) / *Chapas illustradas para a côrte (negativo). Vendem-se estas chapas na Semana Illustrada pelos preços seguintes: Vermelhas a 1004000 o cento. Amarellas a 10$000 o dito (Faz-se esta differença pelo grande consumo destas ultimas).* Litografia, 9 x 17,5 cm (Políticos – Visconde de Inhomirim) / Laocoonte. / *A despeito da sua furia e dos seus importantes esforços, o Laocoonte desta fabula contemporanea (que não morre como seu homonymo pela sua fé e por Deos), é victima das serpentes creadas por elle proprio para morderem alternadamente a tudo e a todos.* Litografia, 21,5 x 17,5 cm (Políticos – Visconde de Inhomirim).

In *Semana Illustrada*, Rio de Janeiro, terceiro ano, n. 132, 21 jun. 1863, pp. 1352 e 1356.

[1655] Fleiuss, Henrique. *O Judeo Errante 'Caminha, Judeo, caminha! / Corre a Europa sem parar/ Que andando por lá, não podes / Com o Brasil judiar / Por India e Mina és passado / Agora segue outra lenha / Vais a Abyssinia e a Favis / Caminha, judeo, caminha.'* Litografia, 10,5 x 17 cm (Política – Visconde de Inhomirim).

In *Semana Illustrada*, Rio de Janeiro, terceiro ano, n. 133, 28 jun. 1863, p. 1061.

[1656] Fleiuss, Henrique *Pai João tira da alfandega uma caixa que vem cheia de porcelanas, e que elle jurou que continha livros, e o diabo do pai João para melhor illudir a alfandega, faz apparecer em um buraco da caixa um livro, que é por feliz coincidencia a – Arte de furtar do padre Vieira.* Litografia, 11,3 x 8,8 cm (Políticos – João Manoel Pereira da Silva).

In *Semana Illustrada*, Rio de Janeiro, terceiro ano, n. 236, 29 jul. 1863, p. 1085.

[1657] Fleiuss, Henrique. Gabinete Zoologico da Provincia do Rio de Janeiro. *(Pinto, anta, gralha, ratão, leão).* Litografia, 27 x 22 cm (Abolicionismo – Africanos livres).

In *Semana Illustrada*, Rio de Janeiro, terceiro ano, n. 148, 11 out. 1863, p. 1184.

[1658] Fleiuss, Henrique. Ultimo Quadro da Comedia de Pai João / O Plutarcho de Iguassu/ *embriagado com o triumpho que alcançou na camara municipal de Nictheroy, reune as muzas do seu conhecimento e vai com ellas fazer um pagode na Tijuca, conduzido n'um carro de porcelana.* Litografia, 17 x 23 cm (Políticos – João Manoel Pereira da Silva) (Marginalidade – Prostituição) /

Suplemento – Coizas Ridiculas que Devião Ser Serio. O Incendio na Prainha. / Os negros fogem espavoridos, não os salvando da policia nem os "tigres" que trazem á cabeça. A illustra corporação de pedestres impa de orgulho por ter occasião de desembainhar a virginal catana. Explica-se isso, pela afinidade que ha entre um tigre e um pedestre. Entre dous "tigres" está o pedestre como o peixe dentro d'agua. Moleque – Olhe que grande caçada de "tigres", nhonhô! Que quererá fazer com aquelles "tigres" reunidos? / dr. Semana – Calla-te, tolo, não imites o Jornal do Commercio censurando se apenarem pretos para extinguir o incendio do trapiche do Bastos. Devemos antes elogiar a idéia, e dar ao seu autor o Brevet d'invention. Litografia, 21,5 x 37,2 cm (*O universo do trabalho – Carregadores de barris, "tigres" e tonéis*).

In *Semana Illustrada*, Rio de Janeiro, terceiro ano, n. 149, 18 out. 1863, p. 1192.

[1659] Fleiuss, Henrique. *A Tunica de Nessus. / Assim como diz a fabula que outr'ora o abutre não cessava de roer o coração de Prometheo, assim hoje o Leão, agarrado no cachaço do Octavio, é causa de escrever elle de continuo para defender as suas dentadas.* Litografia, 21,5 x 17 cm (*Políticos – Francisco Otaviano de Almeida Rosa*).

In *Semana Illustrada*, Rio de Janeiro, terceiro ano, n. 150, 25 out. 1863, p. 1200.

[1660] Fleiuss, Henrique. *O Dr. Teixeira tão previdente que, quando vai ao theatro, leva o almoço do dia seguinte, porque os espectaculos agora acabão de manhã. / (Nota do Moleque – Motivo: os espichados intervallos).* Litografia, 13 x 8 cm (*O universo do trabalho – Mucamas – Moleques*).

In *Semana Illustrada*, Rio de Janeiro, terceiro ano, n. 154, 22 nov. 1863, p. 1228.

[1661] Fleiuss, Henrique. *Bellezas do Rocio – N. 4. Attendendo ao preço louco da roupa lavada, o philantropico emprezario do Jardim do Rocio acaba de estabelecer quatro lavabos publicos, para quem quizer mandar lavar a sua roupa suja.* Litografia, 8,3 x 11 cm (*O negro nos espaços públicos – No Jardim do Rocio, Rio de Janeiro*).

In *Semana Illustrada*, Rio de Janeiro, quarto ano, n. 157, 13 dez. 1863, p. 1251.

[1662] Fleiuss, Henrique. *Scenas parlamentares. Antes da Discussão e Depois da Discussão.* Litografia, 20,5 x 17,5 cm (*Políticos – Zacarias de Góis e Vasconcelos*).

In *Semana Illustrada*, Rio de Janeiro, quarto ano, n. 164, 31 jan. 1864, p. 2308.

[1663] Fleiuss, Henrique. *Biblia Brasileira. / Josué fazendo parar o sol / Para tua carreira: os teus raios queimão em vez de aquecerem.* Litografia, 21,5 x 17,5 cm (*Políticos – Zacarias de Góis e Vasconcelos*).

In *Semana Illustrada*, Rio de Janeiro, quarto ano, n. 165, 7 fev. 1864, p. 1320.

[1664] Fleiuss, Henrique. *Penitencia de Quaresma. / Sobre a pyra fumegante / Arde um terno coração; / Antes que fique torrado / Vamos fazer oração: / Dies irae, dies illa / Solvet saeculum in favilla. / Quantos tremor sit futuros/ Quando judex est venturus!* Litografia, 20 x 27,5 cm (*Políticos – Visconde de Inhomirim*).

In *Semana Illustrada*, Rio de Janeiro, quarto ano, n. 166, 14 fev. 1864, p. 1325.

[1665] Fleiuss, Henrique. *– Tenho ciumes das moças! / Porque? – Por causa do vestuario nessa estação calmosa; vêja, um balão... um vestido... prompto!* Litografia, 10 x 9 cm (*O universo do trabalho – Mucamas*).

In *Semana Illustrada*, Rio de Janeiro, quarto ano, n. 170, 13 mar. 1864, p. 1357.

[1666] Fleiuss, Henrique.

Positivo	Comparativo	Superlativo
Vermelho	Mais Vermelho	Vermelhissimo.

Litografia, 7,3 x 17,5 cm (*Políticos – Visconde de Inhomirim*) / *Proposta de um Brasão Para uma Casa Vitalicia no Campo de Sant'anna.* Litografia, 12,7 x 17,5 cm (*Políticos – D. Manoel de Assis Mascarenhas*).

In *Semana Illustrada*, Rio de Janeiro, quarto ano, n. 171, 20 mar. 1864, p. 1365.

[1667] Fleiuss, Henrique. *O Dr. Semana, bem informado, declara verdadeira a noticia da conferencia havida entre os dous maiores Homens do seculo actual; as duas Torres proeminentes da civilização universal. / Logo que se espalhou a noticia, subirão os fundos publicos na bolsa de Paris. Parece que a Polonia fica fica independente, que a Dinamarca não se desmembra, que a Santa Aliança não se effectua e que o Mexico aceita o novo Imperador e paga todas as custas do grande processo imperial, não incluindo aqui a bagatella da pacificação da União Americana e a queda do gabinete Palmerston-Russell.* Xilogravura, 25,8 x 17,5 cm (*Políticos – Visconde de Inhomirim*).

In *Semana Illustrada*, Rio de Janeiro, quarto ano, n. 175, 17 abr. 1864, p. 1400.

[1668] Fleiuss, Henrique. *Jogos acrobaticos. Como chegou a occasião de quererem todos saltar para o poleiro da senatoria, pela provincia do Rio de Janeiro, o Dr. Semana emprega os seus esforços para vêr se sobressalta os ditos cujos que se apresentão.* Litografia, 10,3 x 17,4 cm (*Políticos – Visconde de Inhomirim*) / *Machambomba Pernambucana – Antes de expedir-se o trem, verificou-se que a locomotiva Bramah estava desconcertada. Espera-se, porém, que os habeis engenheiros, chamados a concertal-a, a ponhão em bom caminho.* Litografia, 8 x 17 cm (POLÍTICOS – ZACARIAS DE GÓIS E VASCONCELOS).

In *Semana Illustrada*, Rio de Janeiro, quarto ano, n. 187, 20 jul. 1864, pp. 1489 e 1492.

[1669] FLEIUSS, HENRIQUE. *PREPARATIVOS PARA UM BAILE / – José, vai á casa do Carceller e compra uma duzia de pasteis de Santa Clara para o chá, que espero ter hoje 15 senhoras á meza. / Mas, minha senhora, uma duzia de pasteis não chega para 15 pessoas. / É mais provavel que, dessas 15, tres não comão... / Á hora do serviço, verificou o José muito assombrado que sua senhora é uma adivinhadora.* Litografia, 20,3 x 17,3 cm (O UNIVERSO DO TRABALHO – CRIADOS) / *São 4 horas da tarde. O combate acabou por falta de combatentes. O medico do exercito, coajuvado por seus habeis enfermeiros, pensa as feridas dos guerreiros e lança sobre elas balsamos adormecedores.* Litografia, 18 x 22,5 cm (POLÍTICOS – FRANCISCO OTAVIANO DE ALMEIDA ROSA – D. MANOEL DE ASSIS MASCARENHAS – ZACARIAS DE GÓIS E VASCONCELOS).

In *Semana Illustrada*, Rio de Janeiro, quarto ano, n. 188, 17 jul. 1864, pp. 1500 e 1504.

[1670] FLEIUSS, HENRIQUE. *– O senhor tem espirito para vender? / – Sinto muito, rapariga; aqui ha de tudo, menos isso. É genero a que não dou extracção.* Litografia, 8,2 x 9 cm (O UNIVERSO DO TRABALHO – MUCAMAS).

In *Semana Illustrada*, Rio de Janeiro, quarto ano, n. 189, 24 jul. 1864, p. 1508.

[1671] FLEIUSS, HENRIQUE. *O LOBO E A ROSA. Fabula illustrada para a Exposição da Academia das Malas Artes.*

Era um dia um lobo austero	No ardor do seu sentimento
Namorado d'uma rosa	Sem o querer, maltratava
O lobo era audaz, potente	O lobo á rosa, e a face delle
A flor meiga e maliciosa	Ella de espinhos crivava
E ela disse-lhe – não, lobo	– Para todos tens carinhos,
Não quero esse amor feroz	A ninguem mostras rigor,
Não, que esse amor me dá morte!	P'ra mim só estuda espinhos?
Diz elle – em tetrica voz...	Ai! que não te aturo flor!

Litografia, 20,5 x 17,5 cm (POLÍTICOS – FRANCISCO OTAVIANO DE ALMEIDA ROSA).

In *Semana Illustrada*, Rio de Janeiro, quarto ano, n. 190, 31 jul. 1864, p. 1513.

[1672] FLEIUSS, HENRIQUE. *HISTORIA ROMANA. / MARCUS CURTIUS / sacrificando-se para o bem do seu paiz.* Litografia, 21 x 17,3 cm (POLÍTICOS – JOÃO MANOEL PEREIRA DA SILVA).

In *Semana Illustrada*, Rio de Janeiro, quarto ano, n. 191, 7 ago. 1864, p. 1528.

[1673] FLEIUSS, HENRIQUE. *– O que estás olhando, moleque? / – Estou gostando de ver como sinhá é poupada; pois por causa do máo tempo deixou em casa as barrigas das pernas!* Litografia, 9 x 8 cm (O UNIVERSO DO TRABALHO – MOLEQUES).

In *Semana Illustrada*, Rio de Janeiro, quarto ano, n. 192, 14 ago. 1864, p. 1532.

[1674] FLEIUSS, HENRIQUE. *AINDA PERGUNTA/ – Galante menina! – Quem? a criança ou eu?* – Litografia, 8,5 x 8,3 cm (O UNIVERSO DO TRABALHO – AMAS).

In *Semana Illustrada*, Rio de Janeiro, quarto ano, n. 204, 6 nov. 1864, p. 1268.

[1675] FLEIUSS, HENRIQUE. *Job – N. 1 – Meu amo manda dizer ao Sr. Doutor, que o está esperando esta noite para o voltarete. – / Dize a teu amo, que hoje não é possivel, porque tenho de ir ver um doente grave.* Xilogravura, 11 x 7 cm (ESTEREÓTIPOS SOBRE O NEGRO – A MULATA COMO OBJETO DE DESEJO) (O UNIVERSO DO TRABALHO – CRIADOS).

In *Semana Illustrada*, Rio de Janeiro, quarto ano, n. 205, 13 nov. 1864, p. 1639.

[1676] FLEIUSS, HENRIQUE. *DOMINUS abstulit, – DOMINUS dedit, / Benedictum sit nomem DOMINI!! / Traducção livre: TODO O BEM VEM DE CIMA.* Litografia, 21 x 17,5 cm (POLÍTICOS – FRANCISCO OTAVIANO DE ALMEIDA ROSA – D. MANOEL DE ASSIS MASCARENHAS – ZACARIAS DE GÓIS E VASCONCELOS).

In *Semana Illustrada*, Rio de Janeiro, quarto ano, n. 207, 27 nov. 1864, p. 1656.

[1677] FLEIUSS, HENRIQUE. *RETROSPECTO QUATRIENAL – PANTHEON DA SEMANA ILLUSTRADA. Penetrado do mais cordial reconhecimento, o Dr. Semana lança uma vista rapida por sobre as notabilidades que durante quatro annos concorrerão á abrilhantar as columnas da Semana Illustrada, tornando-o o periodico mais apreciado de todo o Imperio do Brasil. / N.B. – Talvez que alguns dos illustres cooperadores note a falta do seu retrato na procissão supra, mas tenha paciencia, deixe o cortejo ir desfillando, que a cada um hade chegar a sua vez de apparecer.* Litografia, 21,8 x 40 cm (POLÍTICOS – VISCONDE DE INHOMIRIM – ZACARIAS DE GÓIS E VASCONCELOS) / *Suplemento da Semana Illustrada. / O GRAÇA E O VASQUES. / Scena comica representada no Gymnasio Dramatico, ESCRITA PELO ACTOR VASQUES. – / Vasques – Dá cá um charuto. / Não tenho; esqueceu-me passar pelo charuteiro. / Vasques – Ora agora se te parece negar-me tambem um charuto? / Graça – Já te disse que não tenho, só se queres que eu vá roubal-o para ti. / Vasques – Tu vens da Praça do Povo? – Graça – Não, venho do camarim, porque? (obs.:* o restante do texto cortado pela encadernação – obs. minha). Litografia, 21,3 x 17,3 cm (AS ARTES DO ESPETÁCULO – TEATRO – ATORES – FRANCISCO CORRÊA VASQUES) / *BISNAGA POLITICA / – Pois tão cedo V. Ex. se aborreceu?*

ainda não ha dous annos que lhe confiei esta pasta, e agora me torna a entregar? Litografia, 21,5 x 17,5 cm / Suplemento – *Quando Corpus Morietur / Fac ut Animae Donetur / Paradisi Gloria / Hic jacet Ultimus Gubernator Zakharias Gois a Vasconcellos / Obiit 30 Augusti MDCCCXIV.* Litografia, 21,3 x 38 cm *(Políticos – Zacarias de Góes e Vasconcelos) / Sarao Aristocratico de Phantasia. / O Moleque interrompendo a contradança: – Descansem um pouco, meus senhores, nada de tanto afan. Aqui tem sorvetes politicos e carnavalescos, provem que gostarão. – / Um Dansante – Que differença ha entre essas duas qualidades de sorvetes? / Moleque – Nenhuma, Exm. sr., mas quasi sempre o que é doce para um, é amargo para outro (cantando): / Amigos, dansemos – Sem nunca parar – Que em breve os pares – Veremos mudar.* Litografia, 22,7 x 30,8 cm *(Políticos – Zacarias de Góes e Vasconcelos).*

In *Semana Illustrada*, Rio de Janeiro, quarto ano, n. 208, 4 dez. 1864, p. 1665.

[1678] Fleiuss, Henrique. *O Viajante Universal – / Apenas chegado da Europa e minha primeira visita é para V.S. Fui refrescar, meu caro; trago as minhas antigas idéas e mais algumas adquiridas na viagem. Por exemplo... / Dr. Semana – Perdão, traz as suas antigas idéas... Mas quaes/ Moleque (á parte) – Este nhonhô tem cousas!* – Litografia, 20 x 27,5 cm *(Políticos – Visconde de Inhomirim) / Apotheose a Gonsalves Dias / Gloria ao poeta! As filhas da memoria / Cingem-lhe as as frontes de virentes palmas / Cada lagrima vossa é como um canto, / Que sagra o genio e a morte! / Não mais a lyra doce entre os seus dedos / Segredará os criticos celestes / É morto o vate: Da chorosa patria / Passa aos braços da história.* Litografia, 21 x 17,5 cm *(Poetas – Gonçalves Dias).*

In *Semana Illustrada*, Rio de Janeiro, quinto ano, n. 210, 18 dez. 1864, pp. 1675 e 1680.

[1679] Fleiuss, Henrique. *O Grande Cometa / – Qual é a direcção do cometa, nhonhô? – / – Paris, moleque. Todos os cometas trazem a guerra consigo; este foje da guerra. É um cometa pessoal.* Litografia, 20 x 17,5 cm *(Políticos – Visconde de Inhomirim).*

In *Semana Illustrada*, Rio de Janeiro, quinto ano, n. 217, 5 fev. 1865, p. 1733.

[1680] Fleiuss, Henrique. *Francisco Corrêa Vasques, actor do Gymnasio, vende, de porta em porta, a sua scena patriotica – O Brasil e Paraguay – e destina o producto para os orphãos e viuvas dos brasileiros que morrerem na guerra. / Honra ao distincto artista brasileiro!* Litografia, 9 x 8,7 cm *(As artes do espetáculo – Teatro – Atores – Francisco Corrêa Vasques) (Guerra do Paraguai).*

In *Semana Illustrada*, Rio de Janeiro, quinto ano, n. 223, 19 mar. 1865, p. 1729.

[1681] Fleiuss, Henrique. *A Politica do Dia Analisada por um Preto. /*

Eh! Se Moço!... Eu ta spatado
Neste Lio de Zeneiro:
Nho Palanha faz asneo
Governo fica zangado;
Agora Lope, marvado

Leva pau, si sió;
Fica Pleto vencedo,
Blanco morre d'um instant:
Moça Lica é commandante,
Nhô Chiquinho embassadô.

Litografia, 9 x 17 cm *(Estereótipos sobre o negro – A expressão verbal) (Guerra do Paraguai).*

In *Semana Illustrada*, Rio de Janeiro, quinto ano, n. 224, 26 mar. 1865, p. 1792.

[1682] Fleiuss, Henrique. *– Que é isto, moleque? Em que trajo te vejo? / Nhonhô, vendo os zuavos Bahianos, foi o nosso maior desejo formar tambem um corpo de zuavos Fluminenses; não queremos ficar atraz. Toda a crioulada vai inscrever-se. Minha mulher nos acompanha como vivandeira.*

E vivão os bravos
Crioulos da côrte!

Corramos á morte
Valentes zuavos!

Litografia, 20,5 x 17,5 cm *(Guerra do Paraguai – Zuavos baianos) (Indumentária masculina – Uniformes do Exército – Zuavos baianos).*

In *Semana Illustrada*, Rio de Janeiro, quinto ano, n. 225, 2 abr. 1865, p. 1796.

[1683] Fleiuss, Henrique. *Effeitos do Eclipse do Sol no dia 25 de Abril de 1865, / Photographados pelo Moleque.* Litografia, 21,3 x 17,5 cm *(Políticos – Francisco Otaviano de Almeida Rosa – Visconde de Inhomirim).*

In *Semana Illustrada*, Rio de Janeiro, quinto ano, n. 228, 23 abr. 1865, p. 1827.

[1684] Fleiuss, Henrique. *Proverbio: 'Velho amador, inverno em flôr.'* Litografia, 8,5 x 8,5 cm *(Estereótipos sobre o negro – A mulata como objeto de desejo) / Triplice Aliança / O Brasil, a Confederação Argentina e o Estado Oriental assignão o solemne tratado, por meio do qual, dentro de pouco tempo, um povo ficará libertado e um tyrano será punido.* Litografia, 10,5 x 17,3 cm *(Políticos – Francisco Otaviano de Almeida Rosa).*

In *Semana Illustrada*, Rio de Janeiro, quinto ano, n. 233, 28 maio 1865, p. 1859.

[1685] Fleiuss, Henrique. *Photographo – Assim... quando eu abrir isto, você olhe para dentro do vidro. / Agora... um, dous, três, quatro...* Litografia, 10 x 17,3 cm *(Estereótipos sobre o negro – Os corpos grotescos) (Etnias negro-africanas – Minas) (O negro e a fotografia).*

In *Semana Illustrada*, Rio de Janeiro, sexto ano, n. 268, 28 jan. 1866, p. 3040.

[1686] Fleiuss, Henrique. – *Então, conselheiro, como lhe foi de viagem? / Perfeitamente bem; como vai a sua gente? Diga antes a nossa porque agora tambem tenho a honra de pertencer à familia.* Litografia, 10 x 8,5 cm (Políticos – Visconde de Inhomirim).

In *Semana Illustrada*, Rio de Janeiro, sexto ano, n. 276, 25 mar. 1866, p. 3107.

[1687] Fleiuss, Henrique. *Ultimos momentos do heroico 1o. Tenente – Mariz e Barros. Commandante do encouraçado – Tamandaré.* – Litografia, 22 x 17,5 cm (Políticos – Francisco Otaviano de Almeida Rosa).

In *Semana Illustrada*, Rio de Janeiro, sexto ano, n. 281, 29 abr. 1866, p. 1347.

[1688] Fleiuss, Henrique. – *Nhonhô, vm. me póde trocar dez mil réis em miudos? / – Vai ao Matadouro, mãi, que lá acharás miudos em quantidade.* Litografia, 9,3 x 8,7 cm (Indumentária feminina – Pano da costa – Torço) (O universo do trabalho – Vendedores de frutas).

In *Semana Illustrada*, Rio de Janeiro, sexto ano, n. 283, 13 maio 1866, p. 3158.

[1689] Fleiuss, HENRIQUE. *Remedio Para Tornar Lisos os Cabellos / Maravilhoso effeito da Tulucura, annunciada no Jornal de 14, onde diz, que as pessoas que a usão, estão bem convencidas de sua virtude, por isso tornão-se desnecessarios os elogios.* Litografia, 9 x 8,8 cm (Estereótipos sobre o negro – Alisamento dos cabelos).

In *Semana Illustrada*, Rio de Janeiro, sexto ano, n. 285, 27 maio 1866, p. 3177.

[1690] Fleiuss, Henrique. *O Porte-monnaie de uma senhora do tom no anno da graça de 1866.* Litografia, 11 x 17,5 cm (O universo do trabalho – Carregadores – Pajens) (Indumentária masculina – Libré).

In *Semana Illustrada*, Rio de Janeiro, sexto ano, n. 286, 3 jun. 1866, p. 3184.

[1691] Fleiuss, Henrique. *Dr. Semana – Excellentissimo, li os seus apontamentos, e supposto não seja financeiro, gostei de os ler. A opinião geral é que as medidas de V. Ex. são boas e eu o creio. Venho, pois, felicital-o e agradecer-lhe ao mesmo tempo pelo serviço que prestou ao Brasil, que não succumbirá, quando todos os seus filhos o sirvão com o interesse de V. Ex.* Litografia, 20 x 18 cm (Políticos – Visconde de Inhomirim).

In *Semana Illustrada*, Rio de Janeiro, sexto ano, n. 288, 17 jun. 1866, p. 3197.

[1692] Fleiuss, Henrique. *Os nossos candidatos para a senatoria.* Litografia, 20 x 17,8 cm (Políticos – Francisco Otaviano de Almeida Rosa).

In *Semana Illustrada*, Rio de Janeiro, sexto ano, n. 295, 5 ago. 1866, p. 2353.

[1693] Fleiuss, Henrique. *Um Irmão de Jocrisse / – Pai João, toma cuidado em me recordar que ás 2 horas tens de ir á cidade / – Sim, senhor, mas meu amo fará o favor de lembrar-m'o cinco minutos antes.* Litografia, 8,8 x 9 cm (O universo do trabalho – Criados) / *Aqui tem V. Ex. esta pasta. Nem odios, nem rancores me fizerão abandonal-a cumprindo o meu dever. Rasão mais alta, a da conveniencia publica, dicta-me que livremente lha entregue. / – Recebo-a, Excellentissimo como um legado de honra. Os clamores da inveja, e das mesquinhas ambições, repelli-los-hei como V. Ex o fez. Só causa igual me forçará a depôl-a. O paiz fará justiça aos quer o servem e aos que o atraiçoão nas horas de dolorosa provação.* Litografia, 21,5 x 17,5 cm (Políticos – Zacarias de Góis e Vasconcelos).

In *Semana Illustrada*, Rio de Janeiro, sexto ano, n. 296, 12 ago. 1866, pp. 2364 e 2368.

[1694] Fleiuss, Henrique. *Combate Parlamentar. / – General dos Alliados – Amigos, nossa bandeira é: firmeza e união, herdada dos vossos nobres antecessores. Vamos atacar estes Esteros Bellacos, que nos querecem receber á bayoneta calada. A victoria é nossa, não ha duvida. Avante, marche, marche, hurrah!* Litografia, 27,8 x 21,5 cm (Políticos – Zacarias de Góis e Vasconcelos).

In *Semana Illustrada*, Rio de Janeiro, sexto ano, n. 297, 19 ago. 1866, p. 2376.

[1695] Fleiuss, Henrique. *A elevação e a quéda / (Quadro offerecido aos accionistas do Banco do Brazil) / – Agora, sim, teremos dinheiro em abundancia.* Litografia, 21,8 x 17,8 cm (Políticos – Visconde de Inhomirim).

In *Semana Illustrada*, Rio de Janeiro, sexto ano, n. 298, 26 ago. 1866, p. 2384.

[1696] Fleiuss, Henrique. *O grande Condé dizia que para concluir-se a guerra no mais breve espaço de tempo, erão necessarias duas coisas: homens e dinheiro; o Sr. José Luiz Alves, negociante de grosso trato n'esta praça, comprehendeu perfeitamente o axioma de Condé, comprando e libertando um escravo, offerecendo-o para marchar para o theatro da guerra, pagou-lhe adiantado um anno de fardamento, soldo e etapa. Assim, praticou elle um acto de patriotismo, diminuio o numero de escravos e augmentou o dos soldados. Parabens ao honrado Fluminense. Honra a elle e a todos os que seguem tão nobre exemplo!* Litografia, 22,3 x 17,8 cm (Abolicionismo – Cartas de alforria) (Guerra do Paraguai – Oferecimento de escravos para lutar na guerra).

In *Semana Illustrada*, Rio de Janeiro, sexto ano, n. 309, 11 nov. 1866, p. 2468.

[1697] Fleiuss, Henrique. *O commendador Mathias Rôxo e seus filhos Augusto e Frederico fazem de seus escravos cidadãos e dos cidadãos soldados. O coração do Imperador e a voz da patria, os apontão como exemplo a seguir.* Litografia, 10 x 17,5 cm (Guerra do Paraguai – Oferecimento de escravos para lutar na guerra) (Abolicionismo – Cartas de alforria).

In *Semana Illustrada*, Rio de Janeiro, sétimo ano, n. 315, 23 dez. 1866, p. 2517.

[1698] Fleiuss, Henrique. *Os três reis mag(r)os. Adorando o único Messias, de que têm notícia neste mundo.* Litografia, 21,7 x 17,2 cm (Políticos – Eunápio Deiró – atribuição).

In 1. *Semana Illustrada*, Rio de Janeiro, sétimo ano, n. 318, 13 jan. 1867.
2. Lima,1963, II:653.

[1699] Fleiuss, Henrique. *Senado. Sessão secreta.* Litografia, 17,5 x 23 cm (Políticos – Senadores – D. Manoel de Assis Mascarenhas).

In *Semana Illustrada*, Rio de Janeiro, sétimo ano, n. 323, 17 fev. 1867, p. 2584.

[1700] Fleiuss, Henrique *Lavadeira e cozinheira.*

Faz vestido – a lavadeira	Faz casaca – o cosinheiro
Dos sobejos – da *gamella*	Dos sobejos – da *panella*
	Pastor Fido

Litografia, 11,1 x 17,3 cm (O universo do trabalho – Cozinheiras – Lavadeiras).

In *Semana Illustrada,* Rio de Janeiro, sétimo ano, n. 336, 19 maio 1867, p. 2684.

[1701] Fleiuss, Henrique. *Galeria dos Homens Illustres. I – O cardeal Richelieu.* Litografia, 21,8 x17,8 cm (Políticos – Zacarias de Góis e Vasconcelos).

In *Semana Illustrada*, Rio de Janeiro, oitavo ano, n. 367, 22 dez. 1867, p. 2936.

[1702] Fleiuss, Henrique. *Galeria dos Homens Illustres. II – O Lord (Cupido) Palmerston.* Litografia, 21,8 x 17,8 cm (O universo do trabalho – Amas).

In *Semana Illustrada*, Rio de Janeiro, sétimo ano, n. 368, 29 dez. 1867, p. 2944.

[1703] Fleiuss, Henrique. *A boca que falla. No Gymnasio representa-se actualmente a* Cabeça que falla. *Brevemente se representãö as outras partes do corpo humano que fallão tambem, ás vezes mais claramente que a cabeça, por meio de um silencio eloquente, silentium loquens.* Litografia, 4,5 x 7 cm (Estereótipos sobre o negro – Os corpos grotescos).

In *Semana Illustrada*, Rio de Janeiro, oitavo ano, 5 jan. 1868, p. 2948.

[1704] Fleiuss, Henrique. *Por causa do cambio, / Custa agora um cajú, 500 rs.; uma barba, 320 rs.; uma tampa de cameló, 400 rs.; um figo, 200 rs., um ramo de flores, 2$000. Carne secca, feijão, milho, arroz, enfim tudo quanto vem de fóra o triplo e o quadruplo. / E viva a especulação.* Litografia, 21,7 x 17,5 cm (O universo do trabalho – Barbeiros – Vendedores de flores – Vendedores de frutas).

In *Semana Illustrada*, Rio de Janeiro, oitavo ano, n. 376, 23 fev. 1868, p. 3008.

[1705] Fleiuss, Henrique. *Baptisado de S. A. Principe D. Augusto. No dia 14 de março de* 1868. Litografia, 27,5 x 24 cm (Políticos – Zacarias de Góis e Vasconcelos).

In *Semana Illustrada*, Rio de Janeiro, oitavo ano, n. 383, 12 abr. 1868, pp. 3060-3061.

[1706] Fleiuss, Henrique. *Como se mata o minotauro.* Litografia, 17,5 x 24 cm (Políticos – Zacarias de Góis e Vasconcelos).

In *Semana Illustrada*, Rio de Janeiro, oitavo ano, n. 389, 24 maio 1868, p. 3112.

[1707] Fleiuss, Henrique. *A politica – do Correo Mercantil. – / "Deus nos conceda quanto antes a victoria para que nos vejamos livres a um tempo do Lopez e do Ministerio do Sr. Zacarias" / 23 de maio, artigo de fundo. /* Litografia, 17,5 x 28,3 cm (Políticos – Zacarias de Góis e Vasconcelos).

In *Semana Illustrada*, Rio de Janeiro, oitavo ano, n. 391, 7 jun. 1868, p. 3128.

[1708] Fleiuss, Henrique. *Um substituto / Pai João pedio na botica um remedio para dôr de dentes. O boticario chegou-lhe ao nariz uma garrafa de amoniaco. Pai João viu as estrellas. O remedio era para a sra. Barbara Bonifacia, que não sentio alivio algum com a applicação do remedio ao negro.* Litografia, 7,5 x 17,5 cm (O universo do trabalho – Criados) / *A inquisição moral. / ...depois diz-nos a chronica que o santo tribunal pozéra a tractos/ o Trez-de-Agosto, e attonita / deixou por terra a logica dos factos.* Litografia, 21,3 x 17,8 cm (Políticos – Zacarias de Góis e Vasconcelos).

In *Semana Illustrada*, Rio de Janeiro, oitavo ano, n. 394, 28 jun. 1868, p. 3152.

[1709] Fleiuss, Henrique. *A Praga do Egypto. / Se os deixou pousar um instante, dão-me cabo da situação.* Litografia, 17,5 x 24,5 cm (Políticos – Zacarias de Góis e Vasconcelos).

In *Semana Illustrada*, Rio de Janeiro, oitavo ano, n. 396, 12 jul. 1868, p. 3168.

[1710] Fleiuss, Henrique. *Contra as leis physicas*. Litografia, 21,8 x 17,8 cm (Políticos – Visconde de Inhomirim).

In *Semana Illustrada*, Rio de Janeiro, oitavo ano, n 398, 26 jul. 1868, p. 3181.

[1711] Fleiuss, Henrique. *Quem tocou a campainha? / – Foi um cavalleiro, que se diz amigo do senhor. Está esperando na salla. Que moço bonito, que bigodes, que olhar. / O moço bonito, com os bigodes, cansado de esperar, retira-se levando algumas lembranças do seu amigo*. Litografia, 8,8 x 17,5 cm (O universo do trabalho – Mucamas).

In *Semana Illustrada*, Rio de Janeiro, oitavo ano, n. 399, 2 ago. 1868, p. 3189.

[1712] Fleiuss, Henrique. *O Remorso Vivo. / Drama do Sr. Furtado Coelho, representado no Theatro Gymnastico*. Litografia, 21,8 x 17,5 cm (Políticos – Visconde de Inhomirim).

In *Semana Illustrada*, Rio de Janeiro, oitavo ano, n. 400, 9 ago. 1968, p. 3200.

[1713] Fleiuss, Henrique. *Requiem Eternam*. Litografia, 21,5 x 17,5 cm (Políticos – Zacarias de Góis e Vasconcelos).

In *Semana Illustrada*, Rio de Janeiro, oitavo ano, n. 406, 20 set. 1868, p. 3248.

[1714] Fleiuss, Henrique. *Meu amigo e vizinho... Ahi vão os meus cavallos, que V. S. Dezeja guardar durante a minha ausencia. Rogo-lhe que os trate como o Senhor dezejaria ser tratado*. Litografia, 11,8 x 17,3 cm (O universo do trabalho – Pajens).

In *Semana Illustrada*, Rio de Janeiro, oitavo ano, n. 407, 27 set. 1868, p. 3252.

[1715] Fleiuss, Henrique. *Os pescadores de aguas turvas. / – Ó Sr. Antonio, que boa enguia! Parece uma ..... / – Mas escorrega, que tem diabo. / E morde! Perco a esperança de a segurar. / A mim dá-me cada chicotada com o rabo...!* Litografia, 21,7 x 17,8 cm (Políticos – Zacarias de Góis e Vasconcelos).

In *Semana Illustrada*, Rio de Janeiro, oitavo ano, n. 412, 1o. nov. 1868, p. 3293.

[1716] Fleiuss, Henrique. *A respeito de finanças. / Mestre, faltam retalhos para completar esta colxa. O Sr. Braz fica descoberto do lado de baixo. / Cubril-o-hemos com este pedaço que tiraremos de cima. / Mas com que o cubriremos em cima? / – Tomaremos outra vez este pedaço de baixo*. Litografia, 13,4 x 17,5 cm (Políticos – Visconde de Inhomirim).

In *Semana Illustrada*, Rio de Janeiro, oitavo ano, n. 413, 8 nov. 1868, p. 3301.

[1717] Fleiuss, Henrique. *Aspecto de um chafariz que levou um assalto igual ao das lombas Valentlnas, com a differença que aqui o assalto foi executado com polvora* secca *(Este quadro é dedicado ao Illmo. Sr. Inspector das Obras Públicas)*. Litografia, 9,7 x 17,7 cm (O universo do trabalho – Aguadeiros).

In *Semana Illustrada*, Rio de Janeiro, nono ano, n. 424, 24 jan. 1869, p. 3389.

[1718] Fleiuss, Henrique. *– A Sinhá mandou-lhe estas fructas do Conde; são as primeiras. / – Bem, ponha-as lá na mesa. Dize que fico muito agradecido. Que esperas ainda? / – Não sei o que devo responder a Sinhá se me perguntar, quanto recebeste de gorgeta!?* Litografia, 10 x 8,8 cm (O universo do trabalho – Mucamas) / *A Fabrica de Rapé dos Srs. Vieira Guimarães e Couto. Na rua da Gamboa 22. "Feliz, muito feliz / É quem vive do nariz"* Litografia, 22 x 17,5 cm (Usos e costumes – Cheirar rapé).

In *Semana Illustrada*, Rio de Janeiro, nono ano, n. 427, 14 fev. 1869, pp. 3412 e 3416.

[1719] Fleiuss, Henrique *– Ama – Que importa que os cabellos sejão falsos se o resto é verdadeiro e o coração cheio de sentimento / Criada (aparte) o resto... é verdade... resto de maior quantia!*. Litografia, 9 x 17,5 cm (O universo do trabalho – Mucamas).

In *Semana Illustrada*, Rio de Janeiro, nono ano, n. 429, 28 fev. 1869, p. 3427.

[1720] Fleiuss, Henrique. *Dr. Semana: ...tu não entendes disto, porque a tua alma é tão preta como a tua cor / Moleque – É nhonhô; porque a minha alma traja sempre novo pelas miserias da humanidade*. Litografia, 10 x 18 cm (Estereótipos sobre o negro – O negro de alma negra).

In *Semana Illustrada*, Rio de Janeiro, nono ano, n. 439, 9 maio 1869, p. 3505.

[1721] Fleiuss, Henrique. *A Actualidade / Em quanto os orgãos deixão ouvir seus sons retumbantes, os organistas levantam visinhas e cara á cara fazem uma guerra, não "sanguino", mas "tinta lenta. / Brasil – Que sahirá de tudo isto? / Dr. Semana. – É o que eu tambem quisera saber. / Moleque – Não creio que as bichas pequem!* Litografia, 21,7 x 37,3 cm (Políticos – Francisco Otaviano de Almeida Rosa).

In *Semana Illustrada*, Rio de Janeiro, nono ano, n. 441, 23 mai. 1869, pp. 3523-3524.

[1722] Fleiuss, Henrique. *Eu cá sou franco: / Desta maneira, / Deixo a cadeira, / Fico no banco*. Litografia, 21,8 x 17,5 cm (Políticos – Visconde de Inhomirim).

In *Semana Illustrada*, Rio de Janeiro, nono ano, n. 443, 6 jun. 1869, p. 3544.

[1723] Fleiuss, Henrique. – *Que transformação produzem os bailes do Cassino em ambos os sexos? – Fazem com que as senhoras se vistam e os homens se dispam.* Litografia, 10 x 17,8 cm (O universo do trabalho – Mucamas) / *Sonho do Pharaó.* Litografia, 21,3 x 18 cm (Políticos – Visconde de Inhomirim).

In *Semana Illustrada*, Rio de Janeiro, nono ano, n. 444, 13 jun. 1869, pp. 3547 e 3552.

[1724] Fleiuss, Henrique. *Não se póde estar socegado neste banco; quando menos se espera lá vem um peso deste calibre... Já me arripiam os cabellos da minha cabelleira! Ora, senhores porque razão o Ricardo Kirk não inventou uma boa funda para estas quebra... duras?* Litografia, 21,8 x 27,5 cm (Políticos – Visconde de Inhomirim).

In *Semana Illustrada*, Rio de Janeiro, nono ano, n. 448, 11 jul. 1869, p. 3581.

[1725] Fleiuss, Henrique. *Comissão de Contas / A bomba, que já ha tempo se temia, cahiu afinal e arrastou comsigo tudo o que não estava firme, principiando por uma* torre *e acabando por um* homem. Litografia, 12 x 17,5 cm (Políticos – Visconde de Inhomirim).

In *Semana Illustrada,* Rio de Janeiro, nono ano, n. 452, 8 ago. 1869, p. 3613.

[1726] Fleiuss, Henrique. 1) *Moleque enxota aquelle gato.* 2) *Maria, calça-me esta meia.* Litografia, 8 x 9 cm cada (O universo do trabalho – Moleques – Mucamas).

In *Semana Illustrada*, Rio de Janeiro, nono ano, n. 459, 26 set. 1869, p. 3668.

[1727] Fleiuss, Henrique. *Fragmentos da procissão. 'Anjinhos, já bastante desenvolvidos e um tanto queimados pelo sol.' - / Outros anjinhos nas janellas, ainda mais desenvolvidos.* Litografia, 11 x 18 cm (Catolicismo – Rituais – Procissões).

In *Semana Illustrada*, Rio de Janeiro, décimo ano, n. 471, 19 dez. 1869, p. 3764.

[1728] Fleiuss, Henrique. *Semelhante à casa da Moeda, a photographia dos Carneiros e Gaspares faz grande emissão de bilhetes... photographados.* Litografia, 10,8 x 17,8 cm (O universo do trabalho – Amas) (Estereótipos – O negro e a fotografia).

In *Semana Illustrada*, Rio de Janeiro, décimo ano, n. 474, 9 jan. 1870, p. 3788.

[1729] Fleiuss, Henrique. *Timandro vencido! / Furia implacavel / Pesadello horrivel! / Timandro, a quem outrora acalentei/ 'stás vencido por mim, monstro nefando / Hoje sou Senador, Barão serei.* Litografia, 21,8 x 17,5 cm (Políticos – Visconde de Inhomirim).

In *Semana Illustrada*, Rio de Janeiro, décimo ano, n. 491, 8 maio 1870, p. 3928.

[1730] Fleiuss, Henrique. *Moleque – É um escandalo, Nhonhô, apontarem-se tão illustres senhores como actores da Vida e Feitos do dr. Semana / dr. Semana – Ninguém póde contra a opinião publica, Moleque... / Moleque – Mas se eu declarei, eu, esta innocente creança, que o paiz conhece tão bem, que sou o auctor... Aqui é o caso de dizer, como no* Poeta e a Inquisição

Rouba-se ao Brasileiro a liberdade,
E até o pensamento roubar querem!

Litografia, 21,5 x 17,5 cm (Políticos – Visconde de Inhomirim).

In *Semana Illustrada*, Rio de Janeiro, décimo ano, n. 494, 29 maio 1870, p. 3949.

[1731] Fleiuss, Henrique. *Phases da Vida Timandrica de S. Francisco de Salles / 1. Tymandro Mazarini. 2. Rotschild 3. Chico em Hombourg. 4. O Deputado Geral. 5. O Ministro. 6. O Senatus populusque fluminensisi.* Litografia, 17,8 x 24,3 cm (Políticos – Visconde de Inhomirim).

In *Semana Illustrada*, Rio de Janeiro, décimo ano, n. 502, 24 jul. 1870, p. 3416.

[1732] Fleiuss, Henrique. *Costumes brasileiros. Creada e Ama (traição e singeleza) /*

Joanna, vê que expressões! Creia, creia, sinhàzinha
Ele me chama anjo, e flôr! (Que refinado bregeiro!)
Jura por Deus, e eu creio, Depois do ultimo amor
Que sou seu primeiro amor! É de certo este o primeiro

Litografia, 21,8 x 17,5 cm (O universo do trabalho – Criados).

In *Semana Illustrada*, Rio de Janeiro, décimo ano, n. 506, 21 ago. 1870, p. 4048.

[1733] Fleiuss, Henrique. Nacionalidades illustradas. / *Uma bahiana tradicional.* Litografia, 6,8 x 5,5 cm (Indumentária feminina – Baianas).

In *Semana Illustrada*, Rio de Janeiro, décimo ano, n. 509, 11 set. 1870, p. 4068.

[1734] Fleiuss, Henrique. *Historia Contemporanea / Um Siberista – / Aqui tem o meu bilhete para ir ao Engenho Novo, illuminado pela graça do Divino Espirito Santo / Conductor – Mas olhe, que este é o lugar das pessoas descalças. / Siberista – Não faz mal; descalço as botas (E o faz).* Litografia, 21,8 x 17,8 cm (O negro nos espaços públicos – Nos bondes).

In *Semana Illustrada*, Rio de Janeiro, décimo ano, n. 512, 2 out. 1870, p. 4096.

[1735] Fleiuss, Henrique. *Rio de janeiro em Tempo de Chuva . Limpeza Publica.* Litografia, 21, 7 x 17,5 cm (O universo do trabalho – Limpeza pública) / *½ Pensionista.* Litografia. (O universo do trabalho – Pajens) / *Pai João Durante a Crise. Comedia em 4 actos para reabertura do theatro da Cadeia Velha. / 1. Chega a noticia, nasce a esperança, / 2. Chega ao espelho e a esperança... cresce / 3. Chega á janella e a esperança... espera / 4. Chega um correio e a esperança ...morre!* Litografia, 21,8 x 17,8 cm (POLÍTICOS – JOÃO MANOEL PEREIRA DA SILVA).

In *Semana Illustrada*, Rio de Janeiro, décimo ano, n. 513, 9 out. 1870, pp. 4100 e 4101.

[1736] FLEIUSS, HENRIQUE. *D'esta vez, ai! outra vez / Fica o pobre engazopado / Do seu rosto a pallidez / Mostra como tem chorado / E se noite e dia / Taes lagrimas gasta, / É porque queria / Pôr-se-la-na pasta.* Litografia, 12,5 x 17,5 cm (POLÍTICOS – JOÃO MANOEL PEREIRA DA SILVA).

In *Semana Illustrada*, Rio de Janeiro, décimo ano, n. 519, 20 nov. 1870, p. 4149.

[1737] FLEIUSS, HENRIQUE. *ORDEM DO DIA, E DA NOITE1 / Feiticeiros Juca, que são nada de Rosa; feiticeiro, em que não acredito. / Rosa, que tem seu perfume, e tambem os seus espinhos; feiticeira, em que acredito.* Litografia, 9,8 x 17,8 cm (FEITIÇARIA – O FEITICEIRO JUCA ROSA).

In *Semana Illustrada*, Rio de Janeiro, décimo primeiro ano, n. 522, 11 dez. 1870, p. 4172.

[1738] FLEIUSS, HENRIQUE. *Um dia da vida de uma moça chic. 11 horas. Acordar para fazer o plano como ha de passar o dia. Sobre esta cogitação passa-se uma meia hora. / 11 1/2. Para refrescar corpo e alma toma-se então um banho, que tambem tem a vantagem de abrir o apetite para o almoço.* Litografia, 8,5 x 10,5 cm (O UNIVERSO DO TRABALHO – MUCAMAS).

In *Semana Illustrada*, Rio de Janeiro, décimo primeiro ano, n. 529, 20 jan. 1871, p. 4228.

[1739] FLEIUSS, HENRIQUE. *Operação zacariana praticada por um douto bispo do Thesouro / Assistiram a operação todos os assignantes do Jornal do Commercio, Diario do Rio de Janeiro e Reforma / La mère et les enfants se portent bien! Helàs! Helàs! Helàs?* Litografia, 21,7 x 17,8 cm (POLÍTICOS – ZACARIAS DE GÓIS E VASCONCELOS).

In *Semana Illustrada*, Rio de Janeiro, décimo primeiro ano, n. 530, 5 fev. 1871, p. 4240.

[1740] FLEIUSS, HENRIQUE. *Recordação do carnaval de 1871. Uma das mascaras mais expressivas e que excitou geral hilariedade entre as outras (mesmo sem excepção daqueles que andam todo o anno mascarados) foi a do Pai João vestido de ministro e abraçado com a pasta da Agricultura, côr de esmeralda.* Litografia, 22,8 x 17,8 cm (POLÍTICOS – JOÃO MANOEL PEREIRA DA SILVA).

In *Semana Illustrada*, Rio de Janeiro, décimo primeiro ano, n. 533, 26 fev. 1871, p. 4261.

[1741] FLEIUSS, HENRIQUE. *SUICIDIO / Pai João, depois da declaração de não aceitar pasta alguma, vendo que ainda desta vez as bichas não pegaram, resolveu, para consolar-se, matar o bicho!* Litografia, 11,7 x 8,8 cm (POLÍTICOS – JOÃO MANOEL PEREIRA DA SILVA).

In *Semana Illustrada*, Rio de Janeiro, décimo primeiro ano, n. 536, 9 mar. 1871, p. 4284.

[1742] FLEIUSS, HENRIQUE. *BORBOLETA E ABELHA*. Litografia, 17,5 x 24 cm (O UNIVERSO DO TRABALHO – MUCAMAS).

In *Semana Illustrada*, Rio de Janeiro, décimo primeiro ano, n. 540, 16 abr. 1871, p. 4316.

[1743] FLEIUSS, HENRIQUE. *O que se vê da minha janella. / Vendedor de peixe*. Litografia, 7 x 4,5 cm / *VENDE CANNA e outras cousinhas boas*. Litografia, 8 x 4,5 cm / *Fazendo chapeos*. Litografia, 4,5 x 4 cm. / *Quitandeira*. Litografia, 5 x 4,5 cm (ARTESANATO DE PALHA – CHAPÉUS) (O UNIVERSO DO TRABALHO – QUITANDEIRAS – QUITUTEIRAS – VENDEDORES DE PEIXE).

Obs.: Cópia dos retratos de negros feitos por Christiano Jr., fotógrafo português estabelecido no Rio de Janeiro, e reproduzidos no livro *Escravos brasileiros do século XIX na fotografia de Christiano Jr.*, São Paulo, Ex Libris, 1987, adiante catalogados sob os ns. 2384 a 2460.

In *Semana Illustrada*, Rio de Janeiro, décimo primeiro ano, n. 543, 7 maio 1871, pp. 4440-4441.

[1744] FLEIUSS, HENRIQUE. *O VENTRE LIVRE (Projecto 12 de maio)*. Litografia, 17,5 x 23,5 cm (ABOLICIONISMO – LEI DO VENTRE LIVRE).

In *Semana Illustrada*, Rio de Janeiro, décimo primeiro ano, n. 545, 21 maio 1871, p. 4360.

[1745] FLEIUSS, HENRIQUE. *– Sinhá, está ahi o Sr. Dr. Ernesto! / – O Dr. Ernesto? Esse póde entrar (se fosse outro, a resposta seria a mesma).* Litografia, 13,5 x 17,5 cm (O UNIVERSO DO TRABALHO – MUCAMAS).

In *Semana Illustrada*, Rio de Janeiro, décimo primeiro ano, n. 546, 28 maio 1871, p. 4364.

[1746] FLEIUSS, HENRIQUE. *Toda gente se admira / do macaco fazer renda! / quanto mais de ver Cupido / ser caixeiro de uma venda!! / quanto mais de vêr Timandro / andar hoje de commenda!!!*. Litografia, 21,8 x 17,5 cm (POLÍTICOS – VISCONDE DE INHOMIRIM).

In *Semana Illustrada*, Rio de Janeiro, décimo primeiro ano, n. 547, 4 jun. 1871, p. 4372.

[1747] FLEIUSS, HENRIQUE. *Chegada de uma artista ao Rio de Janeiro, e volta para a terra natal, poucos mezes depois (Este quadro é copiado de uma photographia; deve pois ser muito natural).* Litografia, 9,8 x 17,8 cm (O UNIVERSO DO TRABALHO – CARREGADORES DE BAGAGEM E DE GAIOLA COM PAPAGAIO) / *OS SANTOS DO BRASIL. I. S. Lourenço da Bahia a quem as mineiras offerecem um vatapá em agradecimento do voto pela liberdade do ventre*. Litografia, 21,7 x 17,8 cm (*Abolicionismo – Lei do Ventre Livre*) (*Etnias negro-africanas – Minas*).

In *Semana Illustrada*, Rio de Janeiro, décimo primeiro ano, n. 562, 17 set. 1871, p. 4493.

[1748] Fleiuss, Henrique. 28 *de Setembro de* 1871. / *Vincula Servitii Tandem Sunt Saeva Remissa*. Litografia, 21,5 X 17,8 cm (*Abolicionismo – Lei do Ventre Livre*) (*Alegorias – Lei do Ventre Livre*).

In *Semana Illustrada*, Rio de Janeiro, décimo primeiro ano, n. 565, 8 out. 1871, p. 4520.

[1749] Fleiuss, Henrique. *Preparativos de viagem / Lá vai Ella, esta Estrella, esta Ar-nal que me foi tão fatal! Mas breve, a mim tambem leva o vapor e quando puder pôr pé em Paris, em Mabille, Chateau de fleurs... Vade retro, Santanaz, já estou delirando!!!* Litografia, 22,7 x 17,7 cm (*Políticos – João Manoel Pereira da Silva*).

In *Semana Illustrada*, Rio de Janeiro, décimo primeiro ano, n. 566, 15 out. 1871, p. 4528.

[1750] Fleiuss, Henrique. *O Conselheiro Jeronymo José Teixeira Junior.. / Presidente da Camara dos Deputados / Discurso pronunciado na camara dos deputados em sessão de 30 de maio de 1871, sobre a reforma do estado servil*. Litografia, 21,8 x 17,8 cm (*Abolicionismo – Reforma do estado servil*).

In *Semana Illustrada*, Rio de Janeiro, décimo primeiro ano, n. 567, 22 out. 1871, p. 4536.

[1751] Fleiuss, Henrique. *O padre Morales, cantando a mulata*. Litografia, 9,5 x 17,8 cm (*Marginalidade – Sacerdotes católicos e relações sexuais com negras e mulatas – Padre Morales*).

In *Semana Illustrada*, Rio de Janeiro, décimo primeiro ano, n. 572, 26 nov. 1871, p. 4572.

[1752] Fleiuss, Henrique. *Quando á casa do Jornal do Commercio chegou a noticia da publicação do Correio do Brasil, novo e festejado orgam dos verdadeiros interesses commerciaes, os pseudo-proprietarios daquille ninho de interesses particulares mandaram buscar grande porção de* perfumadores. *Parece que sentiram cheiro de defunto. Consta que o sr. Godinho, espirrando á força dos aromas, sorveo quatro retumbantes pitadas*. Litografia, 10 x 17,8 cm (*O universo do trabalho – Carregadores de urinóis*).

In *Semana Illustrada*, Rio de Janeiro, décimo segundo ano, n. 575, 17 dez. 1871, p. 4604.

[1753] Henrique Fleiuss. *Um Bom Criado Malcriado / Estas são as consequencias, quando se ensina aos moleques a ler e escrever; ficam sendo conhecedores e confidentes de todos os nossos segredos!* Litografia, 9 x 18 cm (*Alfabetização*) (*O universo do trabalho – Moleques*).

In *Semana Illustrada*, Rio de Janeiro, décimo segundo ano, n. 584, 18 fev. 1872, p. 4668.

[1754] Fleiuss, Henrique. *Gyro de Um Bilhete de Dez Mil Réis. / ...o filho do celeste imperio saldou por meu intermedio suas contas com uma quitandeira, a qual sem demora ficou quite com o sr. Antonio dono de um grande armazem de molhados...* Litografia, 6 x 6 cm (*O universo do trabalho – Quitandeiras – Quituteiras*).

In *Semana Illustrada*, Rio de Janeiro, décimo segundo ano, n. 585, 25 fev. 1872, p. 4676.

[1755] Fleiuss, Henrique. *O Diario do Rio de Janeiro voltando ao estado primitivo, graças ao Neves e á direcção Kerosenarca, não esquece o annexim – Cada Um Dá o Que Tem*. Litografia, 13,5 x 18 cm (*O universo do trabalho – Carregadores de barris, "tigres" e tonéis*).

In *Semana Illustrada*, Rio de Janeiro, décimo segundo ano, n. 590, 31 mar. 1872, p. 4717.

[1756] Fleiuss, Henrique. *O Regresso de ss. Mm. Imperiaes – A familia Pereira das Selvas preparou-se com todo o esmero para assistir ao desembarque de Suas Magestades, escolhendo logo logar de onde pudesse ostentar o luxo das toilettes. O Conselheiro cidadão bis só pensa agora em escolhas!* Litografia, 9,5 x 18 cm (*O universo do trabalho – Engraxates – Mucamas*).

In *Semana Illustrada*, Rio de Janeiro, décimo segundo ano, n. 591, 7 abr. 1872, p. 4724.

[1757] Fleiuss, Henrique. *Visita dos Parentes da Roça. / – Venha este abraço, minha tia e meu tio José. Com effeito, vê-se bem que os meus caros parentes vem da roça. (Consigo) para envergonhar-nos*. Litografia, 9,5 x 17,5 cm (*O universo do trabalho – Pajens*).

In *Semana Illustrada*, Rio de Janeiro, décimo segundo ano, n. 595, 5 maio 1872, p. 4756.

[1758] Fleiuss, Henrique. *Machado de Assis e alguns personagens de seu novo romance Resurreição (sic) (Livia, Felix, Menezes, Rachel, Luiz Baptista)*. Litografia, 21,5 x 17,5 cm (*Literatura – Romancistas – Machado de Assis*).

In *Semana Illustrada*, Rio de Janeiro, décimo segundo ano, n. 597, 19 mar. 1872, p. 4776.

[1759] Fleiuss, Henrique. *Voto Livre / (Art. III. Ninguem deve influir sobre o espirito dos votantes; cumpre deixal-os obrar como quizerem). / – Tome esta nota do banco, vote pelo X / – Tome esta nota do thezouro, vote pelo Y / Obrigado, meus senhores, mas V. Mercês se enganaram; eu não sou votante, sou simples* Phosphoro. Litografia, 21,9 x 17,8 cm (Políticos – Visconde de Inhomirim).

In *Semana Illustrada*, Rio de Janeiro, décimo segundo ano, n. 602, 23 jun. 1872, p. 4816.

[1760] Fleiuss, Henrique. *No Toucador / – Levanta-me o topete, Joana; quero mostrar a riqueza de meus cabellos. / Joanna (á parte) – Postiços e parece que nhanhã anda já com o topete bastantemente levantado!* Litografia, 9,3 x 9,3 cm (O universo do trabalho – Mucamas).

In *Semana Illustrada*, Rio de Janeiro, décimo segundo ano, n. 603, 30 jun. 1872, p. 4820.

[1761] Fleiuss, Henrique. *Recordação da Eleição / Vem cá, meu caro irmão, vossê hade ser sempre o amigo intimo da nossa rapaziada; meus senhores eu bebo a saude do distincto eleitor Fulano de Tal Carapuça, viva o nosso... / (Côro de capangas). Viva, viva, hip... hip, hip... (Este quadro é fiel e ao mesmo tempo conservador e liberal.* Litografia, 21,5 x 17,8 cm (Marginalidade – Capadócios – Capangas – Capoeiras – Eleições) (Processo eleitoral – Eleitores).

In *Semana Illustrada*, Rio de Janeiro, décimo segundo ano, n. 612, 1º set. 1872, p. 4893.

[1762] Fleiuss, Henrique. *Finda uma Recordação das Eleições – Juiz de paz – Meus amigos, eis os votos de uma urna que tanto defendi – as argolas! Tudo mais foi-se no ultimo rôlo (Historico).* Litografia, 11 x 18 cm (Processo eleitoral – Eleitores).

In *Semana Illustrada*, Rio de Janeiro, décimo segundo ano, n. 613, 8 set. 1872, p. 4901.

[1763] Fleiuss, Henrique. *Sessão Preparatoria para a Eleição Senatorial?*

Gente de lei, haja rôlo
Rôlo com todo o furor!
Sem rôlo não é possivel
Que alguem saia Senador
Viva, viva a tão valente
Bella flor de nossa gente. /

Litografia, 8,5 x 17,8 cm / *As Armas Nacionaes / Episodio eleitoral / Foi de soberbo effeito a cabeçada. Mas produzior maior a navalhada.* Litografia, 11,3 x 17,8 cm (Marginalidade – Capadócios – Capangas – Capoeiras – Eleições) (Processo eleitoral – Eleitores).

In *Semana Illustrada*, Rio de Janeiro, décimo segundo ano, n. 617, 6 out. 1872, p. 4932.

[1764] Fleiuss, Henrique. *Coupé reformado. / Nhô-Mirim – Recapitulemos, pois, sr. Mestre. A côr ha de ser. / Mestre – Bismark... / Nhô-Mirim. Perfeito, e o brazão bem grande, será dividido em tres partes eguaes. Na primeira um bonet phrygio, rodeado de um T vermelho; na segunda um sacco de dinheiro com um L amarello, e na terceira a corôa de Visconde com um C. Tudo isto é um circulo formado por um serpente que morde o rabo, e com o motte: Richard, coeur de lion. Assim a reforma é completa.* Litografia, 21,5 x 17,8 cm (Políticos – Visconde de Inhomirim)

In *Semana Illustrada*, Rio de Janeiro, décimo segundo ano, n. 620, 27 out. 1872, p. 4960.

[1765] Fleiuss, Henrique. – *Estás com receio do Ludgero? Creança, não sabes que este clima brota flôres como nenhum outro do Brazil; e até flores de minha gente? Póde elle fazer o que quizer, não é capaz de dar cabo destas parasitas, porque teme os espinhos.* Litografia, 10,5 x 17,5 cm (Marginalidade – Capadócios – Capangas – Capoeiras).

In *Semana Illustrada*, Rio de Janeiro, décimo segundo ano, n. 621, 3 nov. 1872, p. 4965.

[1766] Fleiuss, Henrique. *Moleque*

Eu canto aquelle visconde
Que hontem eram conselheiro,
Ant'hontem grande banqueiro
Trezante-hontem Senador,
E ha quatro dias cantor
Do povinho do soalheiro
Da minha guitarra ao som
Reclamo o antigo letreiro
de Richard, coeur de lion
Que usou quando era solteiro
Perdido o phrygio bonet
Com que se mostrou á gente,
E o seu timandrino T,
ficou-lhe a calva patente.
E por defender a prôa
Das sujidades do pó
Arranjou uma corôa
Que pôz em vez de chinó.

Litografia, 10,3 x 17,8 cm (Políticos – Visconde de Inhomirim).

In *Semana Illustrada*, Rio de Janeiro, décimo segundo ano, n. 622, 10 nov. 1872, p. 4969.

[1767] Fleiuss, Henrique. *Pai João Manoel Capadocio Plutarcho Sem lagedo / apresentando sua ultima filha D. Aspasia ao publico intelligente que por isso o manda á outro officio.* Litografia, 22 x 17,5 cm (Políticos – João Manoel Pereira da Silva).

In *Semana Illustrada*, Rio de Janeiro, décimo terceiro ano, n. 627, 15 dez. 1872, p. 5013.

[1768] Fleiuss, Henrique. *Galeria das Celebridades N. 1 / Ca-te-espero Morte Certa Bijous.* Litografia, 6,8 x 17,5 cm (Marginalidade – Capadócios – Capangas – Capoeiras).

In *Semana Illustrada*, Rio de Janeiro, décimo terceiro ano, n. 637, 23 fev. 1873, p. 5093.

[1769] Fleiuss, Henrique. Nova Companhia Lyrico-Italiana / *Deve chegar no dia 10 de maio. / O Moleque da Semana Illustrada, querendo ser agradavel aos seus leitores, começa hoje a publicar as photographias dos principaes artistas que lhe foram remettidas pelo director do theatro Scala, em Milão. / N. 1. DAVID, o maestro da harpa.* Litografia, 22 x 17,5 cm (Políticos – Visconde de Inhomirim).

In *Semana Illustrada*, Rio de Janeiro, décimo terceiro ano, n. 645, 20 abr. 1873, p. 5157.

[1770] FLEIUSS, HENRIQUE. NOVA COMPANHIA LYRICO-ITALIANA / *Deve chegar no dia 10 de maio. / N. 2.* PAI JOÃO, *tocador de caquinhos*

Veja lá a minha gente	Eu posso fazer dansar,
Como com estes caquinhos	*Bellos, gostosos fadinhos.*

Litografia, 21,8 x 17,8 cm (POLÍTICA – JOÃO MANOEL PEREIRA DA SILVA).

In *Semana Illustrada*, Rio de Janeiro, décimo terceiro ano, n. 646, 27 abr. 1873, p. 5165.

[1771] FLEIUSS, HENRIQUE. NOVA COMPANHIA LYRICO ITALIANA / *Deve chegar no dia 10 de maio. / N. 4. D.* OCTAVIA ROSATA, *prima-dona absoluta.*

Minha terra tem Senado	Minha terra tem só flôres,
Onde canta Octaviano	Tem sublimes oradores,
As aves que lá gorgeiam	Mas nenhum canta qual elle
Não gorgeiam todo o anno	*Com mais flôres, mais primores.*

Litografia, 21,8 x 17,8 cm (POLÍTICOS – FRANCISCO OTAVIANO DE ALMEIDA ROSA).

In *Semana Illustrada*, Rio de Janeiro, décimo terceiro ano, n. 648, 11 maio 1873, p. 5181.

[1772] FLEIUSS, HENRIQUE. – *Uê! nunca pensei que nhanhã fosse assim, não; gente que come tão bem ser assim tão magra!* Litografia, 7 x 9 cm (O UNIVERSO DO TRABALHO – PAJENS) / NOVA COMPANHA LYRICO ITALIANA. / *Deve chegar no dia 10 de maio./ N. 5.* MAESTRO ZACARINI, *primeiro rabequista-concertino*

Sabe guardar o Compasso	Com salto não, mas com passo
No alegre no andante	Quer que a liga... se levante

Litografia, 21,8 x 17,5 cm (POLÍTICOS – ZACARIAS DE GÓIS E VASCONCELOS).

In *Semana Illustrada*, Rio de Janeiro, décimo terceiro ano, n. 649, 18 maio 1873, p. 5189.

[1773] FLEIUSS, HENRIQUE. – *Está aqui um homem mudo que quer falar com meu senhor. / Mas elle é mesmo mudo? / – Elle está dizendo que é, sim senhor.* Litografia, 10,5 x 8,8 cm (O UNIVERSO DO TRABALHO – CRIADOS).

In *Semana Illustrada*, Rio de Janeiro, décimo terceiro ano, n. 650, 25 maio 1873, p. 5196.

[1774] FLEIUSS, HENRIQUE.

S.T – Adeus, meu Nhonhô pequeno
Dr. S. – Também de ti não me esqueço
Dr. S. – Adeus, meu Nhonhô Mirim; Ó meu caro Salamandro,
S.T. – Levo de ti a lembrança. Quasi matam-me as saudades
Da Europa até mesmo ao fim. Que tenho de ti, ma(la)ndro!

Litografia, 8,5 x 17,5 cm (POLÍTICOS – VISCONDE DE INHOMIRIM).

In *Semana Illustrada*, Rio de Janeiro, décimo terceiro ano, n. 654, 22 fev. 1872, p. 5229.

[1775] FLEIUSS, HENRIQUE. *O fogo do charuto é como o fogo do amor: aproxima as distancias.* Litografia, 10 x 8,8 cm (O UNIVERSO DO TRABALHO – CARREGADORES) / *D. Marianna Mineira remetteu pela redacção dos apelidos do Jornal do Commercio uma barrica de incenso á Siberia e ao Hindustão de um cheiro tão forte que cahiram desmaiados todos os pedreiros, livres – e casados.* Litografia, 22 x 17,5 cm (POLÍTICOS – ZACARIAS DE GÓIS E VASCONCELOS).

In *Semana Illustrada*, Rio de Janeiro, décimo terceiro ano, n. 655, 29 jun. 1873, pp. 5237 e 5240.

[1776] FLEIUSS, HENRIQUE. – *Mora aqui o Dr. Gaspar? / – Mora, sim senhor, mas não está em casa. / Diga-lhe, quando vier, que vim vel-o. / Como o senhor se chama? / – Não precisa, elle me conhece muito.* Litografia, 10 x 8,5 cm (INDUMENTÁRIA FEMININA – MUCAMAS) (O UNIVERSO DO TRABALHO – MUCAMAS).

In *Semana Illustrada*, Rio de Janeiro, décimo terceiro ano, n. 658, 20 jul. 1873, p. 5260.

[1777] FLEIUSS, HENRIQUE. *Demonstração incontestavel. / – Sen – Ó negra, onde estão as duas libras de manteiga, que vieram hoje da venda – /* NEGRA – *O gato comeu, sinhá. /* SENHORA – *O gato?! Bota o gato na balança (Vae o bicho para a balança e pesa duas libras). Bem; aqui está o pêso da manteiga. Que é do pêso do gato?* Litografia, 10,8 x 17,5 cm (O UNIVERSO DO TRABALHO – COZINHEIROS).

O illustre senhor Curti	Dos incautos amadores
Que á curta põe os cantores	Póde, sem causar queixume
Zomba do muito a seu gosto	*Aguentar o seu côro no certame.*

Litografia, 17,5 x 22 cm (MÚSICA – CANTORES – CANTORAS LÍRICAS).

In *Semana Illustrada*, Rio de Janeiro, décimo terceiro ano, n. 672, 26 out. 1873, pp. 5372 e 5373.

[1778] FLEIUSS, HENRIQUE.

DR. SEMANA –	*VISCONDE –*
Lamentando a ausencia tua,	*Agradeço a amenidade!*
Meu visconde e conselheiro,	*Eu tambem qual chafariz,*
Quasi morri de saudade	Pranteava sem cessar
Neste Rio de Janeiro	*........Por ti, Doutor, em Pariz.*

Litografia, 20,3 x 17,5 cm (POLÍTICOS – VISCONDE DE INHOMIRIM).

In *Semana Illustrada*, Rio de Janeiro, décimo terceiro ano, n. 673, 2 nov. 1873, p. 5377.

[1779] FLEIUSS, HENRIQUE. Villa Izabel. *Ainda sou muito moça e muito travessa, mas com a graça de Deos / e com a protecção do meu caro padrinho hei de ir adiante.* Litografia, 10 x 17,5 cm (POLÍTICOS – VISCONDE DE INHOMIRIM).

In *Semana Illustrada*, Rio de Janeiro, décimo quarto ano, n. 679, 14 dez. 1873, p. 5429.

[1780] Fleiuss, Henrique. *Faça-me o favor de mandar estes dous maços de grampos á minha casa; não desejo incomodar-me com isso. / – Pois não, Exma. (chama um preto de ganho e diz-lhe): leva este embrulho á casa da Exma. Sra. D. F.* – Litografia, 9,8 x 8,5 cm (O universo do trabalho – Negros de ganho).

In *Semana Illustrada*, Rio de Janeiro, décimo quarto ano, n. 687, 8 fev. 1874, p. 5492.

[1781] Fleiuss, Henrique. *No Domingo de Ramos distribuiam-se na matriz da Gloria Palmeiras, que como symbolo da concordia trouxeram entre os recebedores tanta discordia que á sahida do templo as palmas de uns nas faces de outros.* Litografia, 9,8 x 17,8 cm (Catolicismo – Comemorações da Semana Santa – Domingo de Ramos) (O negro nos espaços públicos, na igreja da Glória, Rio de Janeiro).

In *Semana Illustrada*, Rio de Janeiro, décimo quarto ano, n. 695, 5 abr. 1874, p. 5557.

[1782] Fleiuss, Henrique. *Dia de São João. Na vespera, enquanto se atacavam foguetes e pistolas, foram commetidos dous assassinatos: / Um na casa do Dr. Bento, em um infeliz Perú-ano; Outro na de D. Clara, num me(i)rinho.* Litografia, 9,7 x 17,5 cm (O universo do trabalho – Cozinheiros).

In *Semana Illustrada*, Rio de Janeiro, décimo quarto ano, n. 707, 28 jun. 1874, p. 5652.

[1783] Fleiuss, Henrique. *Visão / O Brazil tem seus Altos e Baixos, como uma nora; quando lhe apraz, mette a mão na combuca e puxa um que, depois de inutilisado, volta ao patrio lar.* Litografia, 21,8 x 17,5 cm (Políticos – Zacarias de Góis e Vasconcelos).

In *Semana Illustrada*, Rio de Janeiro, décimo quarto ano, n. 714, 16 ago. 1874, p. 5712.

[1784] Fleiuss, Henrique. *Que Pena! / Anna Pinto – Amanhã faz annos o meu mano Antonio. / Julia Silva – Que pena, depois de amanhã faço eu annos; se elle tivesse esperado mais um dia, teriamos nascido gêmeos.* Litografia, 10,5 x 8,8 cm (O universo do trabalho – Carregadores de material escolar – Mucamas).

In *Semana Illustrada*, Rio de Janeiro, décimo quarto ano, n. 715, 22 ago. 1874, p. 5716.

[1785] Fleiuss, Henrique. *– Sinhá, nhonhô Arthur não póde tomar banho hoje; a agua está muito fria. / Não faz mal, Joanna, veste-lhe uma jaquetinha, um cachenez e bota-lhe o bonnet na cabeça, com isso não sentirá frio.* Litografia, 11 x 9 cm (O universo do trabalho – Mucamas).

In *Semana Illustrada*, Rio de Janeiro, décimo quarto ano, n. 727, 15 nov. 1874, p. 5813.

[1786] Fleiuss, Henrique. *Origem dos Puffs.* Litografia, 10,8 x 9 cm (Indumentária feminina – Pano da costa – Torços).

In *Semana Illustrada*, Rio de Janeiro, décimo quinto ano, n. 742, 28 fev. 1875, p. 5932.

[1787] Fleiuss, Henrique. *Bahia em Armas.* Litografia, 10,3 x 17,5 cm (O universo do trabalho – Vendedoras de frutas).

In *Semana Illustrada*, Rio de Janeiro, décimo quinto ano, n. 765, 8 ago. 1875, p. 6113.

[1788] Guimarães, Pinheiro. *Viva Garibaldi,/ Compadre, compadroni, / A liga do Saldanha, Octavio e Ottoni. (Estribilho de uma nova modinha que brevemente sahirá á Luz.).* Litografia, 22 x 17,3 cm (Políticos – Francisco Otaviano de Almeida Rosa).

In *Semana Illustrada*, Rio de Janeiro, terceiro ano, n. 130, 7 jun. 1863, p. 1040.

[1789] Guimarães, Pinheiro. *Typos Appreciaveis. – N. 1. Hontem sujo na cozinha / Hoje limpo aqui caminha.* Litografia, 11,5 x 12,3 cm (Indumentária masculina – Libré) (O universo do trabalho – Criados).

In *Semana Illustrada*, Rio de Janeiro, terceiro ano, n. 150, 25 out. 1863, p. 1196.

[1790] Guimarães, Pinheiro. *Typos Appreciaveis – N. 3. / O Pai João está engraçado! / Non sinhá tá enforocado.* Litografia, 22,5 x 9 cm (O universo do trabalho – Criados) (Estereótipos sobre o negro – A expressão verbal).

In *Semana Illustrada*, Rio de Janeiro, terceiro ano, n. 152, 8 nov. 1863, p. 1213.

[1791] Guimarães, Pinheiro. *Chegadas de Cascadura para Passar a Festa em Casa da Mana Chica.* Litografia, 9 x 17,5 cm (O universo do trabalho – Mucamas – Moleques).

In *Semana Illustrada*, Rio de Janeiro, quarto ano, n. 163, 24 jan. 1864, p. 1300.

[1792] Guimarães, Pinheiro. *– Si j'étais Roi de Béotie.. / – Não te lamentes, John Styx; quem foi rei sempre tem magestade. / O emprezario do Alcazar não poupou esforços, não esquecem cousa alguma para apresentar* Orpheu *em cena, nem mesmo a sua cozInheira.* Litografia, 21,5 x 17,5 cm (O universo do trabalho – Cozinheiras).

In *Bazar Volante*, Rio de Janeiro, ano 2, n. 23, 26 fev. 1865, p. 8.

[1793] Guimarães, Pinheiro. *Porque é Que se Vae ao Alcazar. Para parecer Fraceza (sic).* Litografia, 8 x 7 cm. *Por obrigação.* Litografia, 6 x 7 cm (Indumentária feminina) (As artes do espetáculo – Teatro musicado – O Alcazar Lyrique).

In *O Arlequim*, Rio de Janeiro, ano I, n. 4, 26 maio 1867, p. 4.

[1794] Guimarães, Pinheiro. *Caretas por Guimarães. Algumas croquetes*. Litografia, 19 x 17,7 cm (O universo do trabalho – Criados do Senado).

In *O Mosquito*, Rio de Janeiro, ano II, n. 54, 25 set. 1870, p. 1.

[1795] Guimarães, Pinheiro. *Por serviços para a guerra / Qualquer é hoje marquez / Por serviços pela arte / Cupido Condessa a fez*. Litografia, 24 x 18 cm (O universo do trabalho – Carregadores).

In *Vida Fluminense*, Rio de Janeiro, ano 2, n. 76, 12 jun. 1869, p. 876.

[1796] Guimarães, Pinheiro. *Questão secular. Talleyrand-guassu, o primeiro diplomata da America do Sul, deposita no Museu Nacional a penna e o resto de tinta com que assignou o tratado de La Paz. Depois de assignar tão grande nome ainda lhe sobrou tinta*. Litografia. 24 x 18 cm (Indumentária masculina – Libré) (O universo do trabalho – Criados do Palácio de Justiça).

In *O Mosquito*, Rio de Janeiro, ano II, n. 49, 21 ago. 1870, p. 1.

[1797] Guimarães, Pinheiro. *Algumas croquettes, uns pasteisinhos e um calix de vinho do Porto no fim da sessão (Receita de Mr. Choufleury para curar o mal de flato do Senado*. Litografia, 19 x 17,7 cm / *Camara dos Deputados. Rio de Janeiro. Ordem do dia... todos os dias*. Litografia. 12,5 x 10 cm (Indumentária masculina – Libré) (O universo do trabalho – Carregadores de cartazes – Criados).

In *O Mosquito*, Rio de Janeiro, ano II, n. 54, 25 set. 1870, pp. 1 e 4.

[1798] Junius, Flumen. *Oh, mulato, o que disseram ellas? / Estão dizendo: "Olhe que Moço tão faceiro! ...e apezar de já não ser muito rapaz haviam as moças da moda ser como elle..."/ Sim, hein? Deixal-as penar...* Litografia, 9,7 x 9,7 cm (O universo do trabalho – Boleeiros, cocheiros, palafreneiros e sotas) / *Sinhá, o nhônhô está chorando muito, coitadinho! – Ora! que se calle, elle não vê como o Cupido está tão caladinho no meu collo?* Litografia, 7 x 9 cm (O universo do trabalho – Mucamas).

In *Semana Illustrada*, Rio de Janeiro, n. 48, 10 nov. 1861, p. 380.

[1799] Junius, Flumen. *Não se assuste, Sr. ExtraordInario... deixe estar que o seu ministro não ha de reprovar seus actos*. Litografia, 10,3 x 17,3 cm (Políticos – Francisco Otaviano de Almeida Rosa).

In *Bazar Volante*, Rio de Janeiro, ano 2, n. 38, 11 jun. 1863, p. 1.

[1800] Junius, Flumen. *A guerra por Flumen Junius. Encouraçado forçando uma bateria*. Litografia, 24 x 18 cm (O negro caricaturado – Os corpos grotescos).

In *O Mosquito*, Rio de Janeiro, ano I, n. 45, 24 jul. 1870, p. 8.

[1801] Machado, Julião. *Manoel Victorino (Pereira)*. Xilografia, 21,5 x 14 cm (Políticos – Manoel Vitorino Pereira).

In *A Cigarra*, Rio de Janeiro, ano I, n. 13, 1° ago. 1895, p. 1.

[1802] Machado, Julião. *José do Fato – Prudhome*. Xilografia, 27,5 x 12,5 cm (Literatura – Jornalistas – José do Patrocínio).

In *A Cigarra*, Rio de Janeiro, ano I, n. 22, 3 out. 1895, p. 1.

[1803] Mill, J. *Honi Soit Qui Mal Y Pense (Quadro historico da creação da ... no reinado de Ricardo III da Inglaterra)*. Litografia, 21,3 x 38 cm (Políticos – Francisco Otaviano de Almeida Rosa – D. Manoel de Assis Mascarenhas – Zacarias de Góis e Vasconcelos).

In *Bazar Volante*, Rio de Janeiro, ano I, n. 7, 8 nov. 1863.

[1804] Mill, J. *Invocação PARLAMENTAR ao Divino Espirito Santo no Dia 1º de Janeiro de 1864. Se presides á Trindade / Com divina sapiencia / De um ministro da liga / Dae-me cedo a Presidencia*. Litografia, 18,3 x 37,3 cm (Políticos – Zacarias de Góis e Vasconcelos).

In *Bazar Volante*, Rio de Janeiro, ano I, n. 15, 3 jan. 1864, pp. 4-5.

[1805] Mill, J. *Oceano das Necessidades. / Pescaria em águas turvas*. Litografia, 16,3 x 21,3 cm (Políticos – Francisco Otaviano de Almeida Rosa – Zacarias de Góis e Vasconcelos).

In *Bazar Volante*, Rio de Janeiro, ano I, n. 18, 24 jan. 1864, p. 5.

[1806] Mill, J. *Olha a Trazeira... Olha a Trazeira. Consumo Forçado de Gelo Artificial. / Não se tendo reunido numero sufficiente, convida os nobres collegas a tomar sorvete*. Litografia, 17,5 x 21,5 cm (Políticos – D. Manoel de Assis Mascarenhas).

In *Bazar Volante*, Rio de Janeiro, ano I, n. 19, 31 jan. 1864, p. 4.

[1807] Mill, J. *Grande Baile Carnavalesco no Theatro do Bazar Volante, Domingo 7 de Fevereiro de 1864!!!*. Litografia, 21,3 x 36,2 cm (Lúdica – Carnaval) (Políticos – Zacarias de Góis e Vasconcelos).

In *Bazar Volante*, Rio de Janeiro, ano I, n. 20, 7 fev. 1864, p. 4.

[1808] Mill, J. *Grande Baile de Phantasia do Dia 9 de Fevereiro de 1864, no Theatro do Bazar Volante*. Litografia, 21,5 x 37 cm (Políticos – D. Manoel de Assis Mascarenhas, representado como Demosthenes, n. 8; Francisco Otaviano de Almeida Rosa, representado como Um Homem de Força, n. 11; Zacarias de Góis e Vasconcelos, representado como Condessa de Salisbury, n. 9).

In *Bazar Volante*, Rio de Janeiro, ano I, n. 21, 16 fev. 1864, pp. 4-5.

[1809] Mill, J. *Processo Progressista. Um monte serrado constitucionalmente*. Litografia, 16,5 x 21 cm / *Purgatorio Eleitoral. Novos ares, novos climas irei longe respirar / Quando soará a minha hora? / Quando chegará a minha vez? / Depois de em chamas arder / Do progresso o grande emporio / Dentre duas sahe voando / Uma alma do purgatorio.* Litografia, 15,8 x 21,3 cm (POLÍTICOS – ZACARIAS DE GÓIS E VASCONCELOS).

In *Bazar Volante*, Rio de Janeiro, ano I, n. 22, 21 fev. 1864, pp. 5 e 8.

[1810] MILL, J. *Silencio, meninos! aqui sou eu quem mando. Não quero que se falle, senão leva tudo a bollos, e não ganharão sorvetes e laranjinhas de salão.* Litografia, 21,5 x 18 cm (POLÍTICOS – D. MANOEL DE ASSIS MASCARENHAS).

In *Bazar Volante*, Rio de Janeiro, ano I, n. 23, 28 fev. 1864, p. 4.

[1811] MILL, J. *Gabinete de um astrologo. Muito bem: uma parte do horizonte está limpo; mas lá para o lado do norte há muita Saraiva; se o velho muda, talvez que a borrasca chegue para cá.* Litografia, 17 x 11,7 cm (POLÍTICOS – ZACARIAS DE GÓIS E VASCONCELOS) / *Nova padaria do progresso / É o que lhe digo meus amigos, esta padaria está hoje muito acreditada; d'aqui é que sahe o pão para todo o Imperio; tenho officiaes peritos, e para mover as massas não ha nenhum, como aquelle que está dando volta á roda.* Litografia, 17 x 21,3 cm (POLÍTICOS – ZACARIAS DE GÓIS E VASCONCELOS – FRANCISCO OTAVIANO DE ALMEIDA ROSA).

In *Bazar Volante*, Rio de Janeiro, ano I, n. 25, 13 mar. 1864, pp. 4 e 5.

[1812] MILL, J. *Benção e distribuição de palmas.* Litografia, 10,3 x 18 cm (POLÍTICOS – ZACARIAS DE GÓIS E VASCONCELOS) / *Libertas, decus, et anima nostra* in *dubio sunt.* (A nossa liberdade, honra e vida estão em perigo). Si fractus illambatur orbis / Impavidos fereent ruinae / *Embora o mundo desabe, Tudo acabe de vez / De varões justos e firmes / Nada altera a impavidez.* Litografia, 21,5 x 18 cm (POLÍTICOS – D. MANOEL DE ASSIS MASCARENHAS).

In *Bazar Volante*, Rio de Janeiro, ano I, n. 26, 13 mar. 1864, pp. 1 e 5.

[1813] MILL, J. – *Quem será este judas de casaca, e chapéo redondo? / – Quando romper o Alleluia, havemos rasgar-lhe o lenço, e então ficará bem conhecido.* Litografia, 10 x 18 cm (LÚDICA – MALHAÇÃO DE JUDAS) / *Jurata nunc rupta jacet (Interpretação das quatro lettras). N'este mausoleu estão encerrados os restos dilacerados de um livro respeitavel, cuja doctrina jurou-se manter; mas apezar do Centurião que vigia o tumulo, as folhas esparsas se juntárão, e o livro ressurgirá.* Litografia, 21 x 18 cm / LEITE MERCENARIO. *Vêde, e horrorisae-vos, mães carinhosas!...* LEITE GRATUITO. *Vêde, e invejai, mães desnaturadas!* Litografia, 9,7 x 8,5 cm (cada imagem) (O UNIVERSO DO TRABALHO – AMAS DE LEITE).

In *Bazar Volante*, Rio de Janeiro, ano I, n. 27, 27 mar. 1864, pp. 1,5 e 8.

[1814] MILL, J. *Cloto, Lachesis, Atropos / Divindades vitalicias que presidem a epoca do progresso / Emquanto Clóto fica enthusiasmada / Torce o fio Lachesis delirando /E quando já cansada e esbaforida / Atropos em silencio vae cortando.* Litografia, 17 x 21,2 cm (POLÍTICOS – D. MANOEL DE ASSIS MASCARENHAS).

In *Bazar Volante*, Rio de Janeiro, ano I, n. 29, s.d., p. 5.

[1815] MILL, J. *Infracção de posturas. Já que os guardas e vigias são poucos para tantos porcos, não ha remedio senão (em tempo de guerra) fazer o general o serviço dos subalternos.* Litografia, 9,5 x 17,5 cm (O UNIVERSO DO TRABALHO – PORQUEIROS).

In *Bazar Volante*, Rio de Janeiro, ano I, n. 31, 24 abr. 1864, p. 8.

[1816] MILL, J. *Autorizado pelo* CONSISTORIO DA NOSSA IRMANDADE, *tenho a honra de pedir a V. Exc. um lugarsinho no Instituto de surdos e mudos, para esta criança que acaba de perder a falla, no principio de sua educação.* Litografia, 19 x 18 cm (POLÍTICOS – D. MANOEL DE ASSIS MASCARENHAS) / *Extracção de dentes e gengivas pelo methodo completo de esmurração lenta (Mr. Pai Ricardo). Applicação de ventosas ou cornucopias volantes pelo Systema das chupetas (Mr. Pai Adão).* Litografia, 8 x 21,5 cm / *Extracção do bicho do pé por meio de pregos galeotas (Mr. Pai Germano). Processo rapido de raspação em secco pelo systema de couro e cabello (Mr. Pai André).* Litografia, 8,3 x 21,5 cm (ESTEREÓTIPOS SOBRE O NEGRO – OS CORPOS GROTESCOS) (O UNIVERSO DO TRABALHO – BARBEIROS) (OS PAIS E TIOS).

In *Bazar Volante*, Rio de Janeiro, ano I, n. 32, 1º maio 1864, pp. 1 e 3.

[1817] MILL, J.

Em todos os meus guisados	Mas d'esta vez me parece
Nunca perdi por mexer,	Que me espichei na mistura
Guisados que dão no gôto	Vendo o caldo se entornar
Me podem pôr a perder	Separado da gordura!

Litografia, 10 x 18 cm (POLÍTICOS – ZACARIAS DE GÓIS E VASCONCELOS).

In *Bazar Volante*, Rio de Janeiro, ano I, n. 32, 1º de maio de 1864, p. 4.

[1818] MILL, J. *Fr. Manoel aborrecido pelo chuveiro de reclamações, lembra-se do methodo antigo de ensinar a fallar os papagaios novos encafurnando o seu afilhado Caturra em um pote de barro, como ultimo recurso. / Teme comtudo que as suas esperanças sejam frustradas!* Litografia, 16,7 x 10,5 cm (POLÍTICOS – D. MANOEL DE ASSIS MASCARENHAS).

In *Bazar Volante*, Rio de Janeiro, ano I, n. 34, 15 maio 1864, p. 5.

[1819] MILL, J. *Um domingo na côrte, é o mais verdadeiro epigramma á Camera Municipal. / Quem tem garrafas vazias p'ra vender!...* Epigramma *aos filhos de Eva que não bebem água. / Garantia aos lucros perfumistas da rua do Ouvidor.* Litografia, 9,5 x 8,5 cm cada

(O universo do trabalho – Carregadores de barris, "tigres" e tonéis – Garrafeiros – Varredores).

In *Bazar Volante*, Rio de Janeiro, ano I, n. 35, 22 maio 1864, p. 4.

[1820] Mill, J. *Pobre caturra!... Victima de tantos mestre e parece-me que o defeito é da natureza. Não ha remedio se não fazer das fraquezas forças, e dispôr de algumas horas vagas (Vejamos Sr. Dr. se o defeito é da lingua ou da campainha, na certeza de que o meu caturra ha de fallar por força sem se engasgar, quando se tratar dos negocios da justiça)*. Litografia, 9,3 x 18 cm *(Políticos – D. Manoel de Assis Mascarenhas)*.

In *Bazar Volante*, Rio de Janeiro, ano I, n. 36, 29 maio 1864, p. 5.

[1821] Mill, J. *Grande cousa é o progresso. Quando eu era vermelho cabia-me a mitra até as orelhas*. Litografia, 10 x 8,3 cm / *Sempre mais pezado do que pensava!... grita o orador enfurecido!... e deste modo o que era numerador passa para denominador sem se alterar a ordem das licenças*. Litografia, 17 x 21 cm *(Políticos – Visconde de Jequitinhonha)*.

In *Bazar Volante*, ano I, n. 37, 5 jun. 1864, pp. 1 e 5.

[1822] Mill, J.

Em signal de gratidão
Ao Salvador *directorio*
Abrio o Bazar Volante
De luz este novo emporio

Aqui virá no futuro
Acudir eu chamaria.
O povo todo estudar
A historia deste Paiz!.

Litografia, 17 x 21,5 cm *(Políticos – D. Manoel de Assis Mascarenhas)*.

In *Bazar Volante*, Rio de Janeiro, ano I, n. 39, 19 jun. 1864, p. 5.

[1823] Mill, J. *A Caravana atravessando o deserto em busca de um oasis phantastico*. Litografia, 21,5 x 36 cm *(Políticos – D. Manoel de Assis Mascarenhas – Zacarias de Góis e Vasconcelos)*.

In *Bazar Volante*, Rio de Janeiro, ano I, n. 40, 26 jun. 1864, pp. 4-5.

[1824] Mill, J. *Os Capotes da situação*. Litografia, 10 x 27,3 cm / *Fiquem socegados, meninos, senão ahi vem o* papão vermelho. Litografia, 10 x 18 cm *(Políticos – Zacarias de Góis e Vasconcelos)*.

In *Bazar Volante*, Rio de Janeiro, ano I, n. 41, 3 jul. 1864, pp. 1 e 5.

[1825] Mill, J.

"Oh! que côres tão bonitas!
"Que balão, meu Deus tão lindo!
"Segura, mano totó
"Que o balão já vai subindo

"Abana, camaradinha
"Abana sem descançar!
- Não vês que estou abanando!...
- Que não cesso de abanar!

Litografia, 21 x 18 cm *(Políticos – Francisco Otaviano de Almeida Rosa – Zacarias de Góis e Vasconcelos)*.

In *Bazar Volante*, Rio de Janeiro, ano I, n. 42, 10 jul. 1864, p. 4.

[1826] Mill, J. *Os Zuavos do Progresso*. Litografia, 18 x 21,5 cm *(Políticos – Francisco Otaviano de Almeida Rosa – Zacarias de Góis e Vasconcelos)*.

In *Bazar Volante*, Rio de Janeiro, ano I, n. 43, 17 jul. 1864, p. 8.

[1827] Mill, J. *Os argonautas em busca do* Vellocino de Ouro. Litografia, 17 x 21 cm *(Políticos – Zacarias de Góis e Vasconcelos)*.

In *Bazar Volante*, Rio de Janeiro, ano I, n. 44, 24 jul. 1864, p. 8.

[1828] Mill, J. *Venha para cá sô marreco. Então Vm.ce disfarçou-se em turco para molestar-me, não?* Litografia, 10 x 17,5 cm *(Políticos – Zacarias de Góis e Vasconcelos)* / *David e Goliat*. Litografia, 17,5 x 22 cm *(Políticos – Francisco Otaviano de Almeida Rosa)* / *Não ha duvida, meu amo, de todos á quem mandei pezar não ha ninguem com mais pezo do que o Catonhê*. Litografia, 15 x 18 cm *(Políticos – Zacarias de Góis e Vasconcelos)*.

In *Bazar Volante*, Rio de Janeiro, ano I, n. 46, 7 ago. 1864, pp. 1, 4 e 8.

[1829] Mill, J. *Os Perus da Situação. Já que os filhotes se prestão, compadre, vamos os engordando a nozes: depois os comeremos*. Litografia, 17,5 x 21 cm *(Políticos – Francisco Otaviano de Almeida Rosa – Zacarias de Góis e Vasconcelos)*.

In *Bazar Volante*, Rio de Janeiro, ano I, n. 47, 14 ago. 1864, p. 4.

[1830] Mill, J. *Um sonho dourado*. Litografia, 10 x 17,5 cm *(Políticos – Zacarias de Góis e Vasconcelos)* / *Meu velho amigo, bem fiz eu em recuar ser padrinho d'aquella criança: sou macaco velho, e previ logo que o recem nascido não aturaria muito tempo. Veja o estado rachitico da criança que não tem melhorado, não obstante os cuidados dos pais, e os medicamentos do Dr. Rosa*. Litografia, 16,5 x 21,3 cm *(Políticos – Francisco Otaviano de Almeida Rosa)*.

In *Bazar Volante*, Rio de Janeiro, ano I, n. 48, 21 ago. 1864, pp. 1 e 4.

[1831] Mill, J. *Uma scena domestica. Epocha: – Actualidade*. Litografia, 21,3 x 17,5 cm *(Políticos – Francisco Otaviano de Almeida Rosa)*.

In *Bazar Volante*, Rio de Janeiro, ano I, n. 49, 28 ago. 1864, p. 4.

[1832] Mill, J. *Eis aqui o meu Ultimatum*. Litografia, 17,5 x 10,5 cm *(Políticos – Francisco Otaviano de Almeida Rosa)*.

In *Bazar Volante*, Rio de Janeiro, ano I, n. 50, 3 set. 1864, p. 4.

[1833] Mill, J. *Scenas da Cadeia Velha – A Tia Martinha e a Tia Bonifrata travão-se de disputa na Praça do Mercado*. Litografia, 10 x 17,5 cm *(Indumentária feminina – Pano da costa – Torço)*.

Conteúdo: Os políticos Martinho de Campos e José Bonifácio, travestidos de negras minas.

In *Bazar Volante*, Rio de Janeiro, ano I, 11 set. 1864, p. 4.

[1834] MILL, J. *Entre, Sr. Pedrinho, temos aqui um lugar reservado para você / – Ora, estou incommodado... (á parte) Bem quisera entrar, mais este Rosinha não quer; o que hei de fazer?* Litografia, 17,5 x 21,3 cm (POLÍTICOS – FRANCISCO OTAVIANO DE ALMEIDA ROSA).

In *Bazar Volante*, Rio de Janeiro, ano 2, n. 1, 25 set. 1864, p. 4.

[1835] MILL, J. *Que fáro que teem os taes bichinhos!!!* Litografia, 17,5 x 21,3 cm (POLÍTICOS – FRANCISCO OTAVIANO DE ALMEIDA ROSA – ZACARIAS DE GÓIS E VASCONCELOS).

In *Bazar Volante*, Rio de Janeiro, ano 2, n. 2, 2 out. 1864, p. 8.

[1836] MILL, J. *O jogo da Cabra Cega. / Brasil – Eis á que se sujeita um homem que se mette com crianças. / Vasconcellos (dando-lhe um empurrão) – Pode seguir o caminho é plano / Brasil (dando uma topada na Missão Especial) Irra! Desta vez quasi q. caio. / José Thomaz Nabuco de Araujo (passamos por baixo das pernas). Não me pilhas, meu pateta. Eu conheço o jogo / Brasil (tropeçando em uma grande pedra, vai cahir na crise) Ai! Estou perdido para sempre! / Franco – Ah! Ah! Ah! Esta preparei-lhe eu,* LORDE ROSA. *Não vale, está espiando por baixo do lenço. / Todos (ás gargalhadas) Fió! Fió! Fió!* Litografia, 20,3 x 35,7 cm (POLÍTICOS – FRANCISCO OTAVIANO DE ALMEIDA ROSA).

In *Bazar Volante*, Rio de Janeiro, ano 2, n. 4, 16 out. 1864, p. 4.

[1837] MILL, J. *Uma comissão de negros Minas felicitando á Christiano pelo brilhante chingamento.* Litografia, 9,7 x 17 cm (ETNIAS NEGRO-AFRICANAS – MINAS) (O NEGRO E A FOTOGRAFIA) / *A Fructa mais appreciavel no Rio de Janeiro.* Litografia, 20,5 x 17,3 cm (POLÍTICOS – FRANCISCO OTAVIANO DE ALMEIDA ROSA).

In *Bazar Volante*, Rio de Janeiro, ano 2, n. 8, 13 nov. 1864, p. 5.

[1838] MILL, J. *O VIDRACEIRO MOR DA SITUAÇÃO.* Litografia, 10 x 17 cm (POLÍTICOS – FRANCISCO OTAVIANO DE ALMEIDA ROSA).

In *Bazar Volante*, Rio de Janeiro, ano 2, n. 10, 27 nov. 1864, p. 1.

[1839] MILL, J. *Lord Rosa, o poeta laureado, interprete de Lord Byron, advogado das massas fallidas!! / O tempora o mores.* Litografia, 20,5 x 17,3 cm (POLÍTICOS – FRANCISCO OTAVIANO DE ALMEIDA ROSA).

In *Bazar Volante*, Rio de Janeiro, ano 2, n. 12, 11 dez. 1864, p. 8.

[1840] MILL, J. *D. Rosa Purificação do Amor Divino, frequentando todas as noites o Alcasar, deseja encontrar um moço com certos requisitos, que tradusa livremente o francez. O Sr. Julião Novilho, chegado ultimamente de Pariz, deseja achar uma occupação lucrativa durante algumas horas da noite. Traduz bem o francez.* Litografia, 15,5 x 21 cm (ESTEREÓTIPOS SOBRE O NEGRO – OS CORPOS GROTESCOS – A MULATA COMO OBJETO DE DESEJO) (MARGINALIDADE – PROSTITUIÇÃO) (AS ARTES DO ESPETÁCULO – TEATRO MUSICADO – ALCAZAR LYRIQUE).

In *Bazar Volante*, Rio de Janeiro, ano 2, n. 13, 18 dez. 1864, p. 5.

[1841] MILL, J. *O Sr. Constantino entra em casa ... e chama o moleque para descalçar-lhe as botas. O seu processo de descalçar é o mais original possivel; consiste em pô o cano da bota entre as pernas do moleque, e dar-lhe em seguida um pontapé nos peitos; a nova descalçadeira vai cahir á 4 passos de distancia com a competente bota. O Bazar Volante offerece este novo processo ao sr. Tito Taconi.* Litografia, 9,5 x 17,5 cm (O UNIVERSO DO TRABALHO – MOLEQUES).

In *Bazar Volante*, Rio de Janeiro, ano 2, n. 14, 25 dez. 1864, p. 5.

[1842] MILL, J. *Já que pela minha tenra idade não posso prestar ao meu Nhonhô nenhum outro serviço, procurarei ao menos evitar que o seu repouso seja perturbado* por alguma indiscreta pulga que se lhe Insinue entre os lençois, *unica cousa que lhe pode tirar o somno.* Litografia, 9,7 x 18 cm (O UNIVERSO DO TRABALHO – PAJENS).

In *Bazar Volante*, Rio de Janeiro, ano 2, n. 15, 1º jan 1865, p. 5.

[1843] MILL, J. *Peste, Fome, Guerra.* Litografia, 11,2 x 18 cm (POLÍTICOS – ZACARIAS DE GÓIS E VASCONCELOS).

In *Bazar Volante*, Rio de Janeiro, ano 2, n. 17, 15 jan. 1865, p. 1.

[1844] MILL, J. *A Cêa dos Apóstolos da Liga. Em verdade vos digo que entre vós existe um que me entregará* aos inimigos. Litografia, 15 x 21 cm (POLÍTICOS – FRANCISCO OTAVIANO DE ALMEIDA ROSA – ZACARIAS DE GÓIS E VASCONCELOS).

In *Bazar Volante*, Rio de Janeiro, ano 2, n. 18, 22 jan. 1865, p. 8.

[1845] MILL, J. *Aos Polichinelos da situação. / Com este sete bonecos / Movidos por minha mão / Faço tudo o que quero / Sou rei da situação.* Litografia, 21,5 x 18 cm (POLÍTICOS – FRANCISCO OTAVIANO DE ALMEIDA ROSA).

In *Bazar Volante*, Rio de Janeiro, ano 2, n. 22, 19 fev. 1865, p. 8.

[1846] MILL, J. *Terceira Missão Especial !!! Não ha remedio sinão partir... apezar dos meus incommodos. Quem quererá agora cuidar dos meus pobres* Polichinellos? Litografia, 10,5 x 17,5 cm (POLÍTICOS – FRANCISCO OTAVIANO DE ALMEIDA ROSA).

In *Bazar Volante*, Rio de Janeiro, ano 2, n. 26, 19 mar. 1865, p. 4.

[1847] MILL, J. *A tia Rosa preparando á toda pressa um* angú *que lhe encommendárão.* Litografia, 21,5 x 18 cm (INDUMENTÁRIA FEMININA –

BAIANA – TORÇO – PANO DA COSTA) (POLÍTICOS – FRANCISCO OTAVIANO DE ALMEIDA ROSA).

In *Bazar Volante*, Rio de Janeiro, ano 2, n. 28, 2 abr. 1865, p. 8.

[1848] MILL, J. *Um Jantar Diplomatico. Chorava o Caturra, chorava o Tom Pouce, Tito Taconi sustinha-se nos tacões para comprimir os suspiros... tudo chorava, só lord Rosa não chorava porque já não tinha mais lágrimas!* Litografia, 16,3 x 21 cm (POLÍTICOS – FRANCISCO OTAVIANO DE ALMEIDA ROSA).

In *Bazar Volante*, Rio de Janeiro, ano 2, n. 29, 9 abr. 1865, p. 5.

[1849] MILL, J. *– Soccorro! soccorro!... ladrões!... Ernestina! Ernestina! / – O que é isto, Nhonhô? / – A minha grã-cruz? onde está a minha grã-cruz? / – Está ahi mesmo, Vmc. não a larga, si até dorme com ella!* Litografia, 9,5 x 18 cm (O UNIVERSO DO TRABALHO – MUCAMAS).

In *Bazar Volante*, Rio de Janeiro, ano 2, n. 34, s.d., p. 4.

[1850] MILL, J. *Um mestre de rhetorica soporifero*. Litografia, 16 x 21 cm (POLÍTICOS – ZACARIAS DE GÓIS E VASCONCELOS).

In *Bazar Volante*, Rio de Janeiro, ano 2, n. 40, 25 jun. 1865, p. 4.

[1851] MILL, J. *Apresenta-te, menino, que ninguem se ha de rir de ti*. Litografia, 10,2 x 17,5 cm (POLÍTICOS – D. MANOEL DE ASSIS MASCARENHAS).

In *Bazar Volante*, Rio de Janeiro, ano 2, n. 42, 9 jul. 1865, p. 1.

[1852] MILL, J. *Deixe-o commigo, compadre, para quem é bacalhão basta*. Litografia, 16,5 x 21,3 cm (POLÍTICOS – ZACARIAS DE GÓIS E VASCONCELOS) / UM TALENTO MULTIPLO. *Lord Rosa estudante, pagodeando em S. Paulo*. Litografia, 10 x 17,3 cm / *Lord Rosa, parlamentar, dominando com a palavra uma Assembléa (todos dormen). Lord Rosa, vestido de ... na sepultura de um amigo*. Litografia, 10 x 17,3 cm / *Lord Rosa, gloria Brasileira! / Eu te saúdo, Lord Rosa!* (POLÍTICOS – FRANCISCO OTAVIANO DE ALMEIDA ROSA).

In *Bazar Volante*, Rio de Janeiro, ano 2, n. 43, 16 jul. 1865, pp. 4 e 5.

[1853] MILL, J. *"- Olhe lá, sr. mestre! veja si vai fazer algum* PASTEL.*" /- "Não tenha medo, patrão, bem sei que tenho que fazer uma* TORTA. Litografia, 10,3 x 17,5 cm (POLÍTICOS – FRANCISCO OTAVIANO DE ALMEIDA ROSA).

In *Bazar Volante*, Rio de Janeiro, ano 2, n. 44, 23 jul. 1865, p. 1.

[1854] MILL, J. *– Então gostaram! / – Sim! acharam a massa fina, folhada, muito côr de ouro, o recheio pouco, sim mas gostozo; sómente disseram ao patrão – Isto deve ser um prato caro. – E elle o que respondeu? / – São bagatellas: o que é bom custa caro*. Litografia, 10,3 x 17,3 cm (POLÍTICOS – FRANCISCO OTAVIANO DE ALMEIDA ROSA).

In *Bazar Volante*, Rio de Janeiro, ano 2, n. 46, 6 ago. 1865, p. 1.

[1855] MILL, J. *Res tua agitur*. Litografia, 9,8 x 8,8 cm (POLÍTICOS – FRANCISCO OTAVIANO DE ALMEIDA ROSA).

In *Bazar Volante*, Rio de Janeiro, ano 2, n. 49, 27 ago. 1865, p. 8.

[1856] MILL, J. DE SYNTAXE LATINA PARA USO DAS ESCOLAS. – *Ille ego qui quondam gracili modulatus avena*. Litografia, 9,7 x 8,7 cm (POLÍTICOS – FRANCISCO OTAVIANO DE ALMEIDA ROSA).

In *Bazar Volante*, Rio de Janeiro, ano 2, n. 50, 3 set. 1865, p. 8.

[1857] MILL, J. NOVO METHODO REPENTINO DE SYNTAXE LATINA PARA USO DAS ESCOLAS. / *Viginti talentis Caturra orationem vendit*. Litografia, 20 x 8,3 cm (POLÍTICOS – D. MANOEL DE ASSIS MASCARENHAS).

In *Bazar Volante*, Rio de Janeiro, ano 3, n. 2, 1º out. 1865, p. 4.

[1858] MILL, J. *A* OPPOSIÇÃO DAS SALINHAS. Litografia, 17,5 x 21,5 cm (INDUMENTÁRIA FEMININA – PANOS DA COSTA – TORÇOS). Conteúdo: Políticos da oposição travestidos de negras minas.

In *Bazar Volante*, Rio de Janeiro, ano 3, n. 8, 12 nov. 1865, p. 4.

[1859] MILL, J. *Vagou a Senatoria do Ceará ! Vou mandar tirar a minha certidão de idade, e mandal-a ao Pedro Luiz*. Litografia, 10,3 x 17,5 cm (POLÍTICOS – FRANCISCO OTAVIANO DE ALMEIDA ROSA).

In *Bazar Volante*, Rio de janeiro, ano 3, n. 9, 19 nov. 1865, p. 1.

[1860] MILL, J. *Acteon atassalhado por seus proprios cães*. Litografia, 17 x 21,5 cm (POLÍTICOS – D. MANOEL DE ASSIS MASCARENHAS).

In *Bazar Volante*, Rio de Janeiro, ano 3, n. 17, 14 jun. 1866, p. 4.

[1861] MILL, J. *Tenho feito milhares de experiencias com este menino, já consultei a homoeopathia, já invoquei a Allopathia, cheguei a mandar chamar até o medico das crianças, já o puz de molho dentro d'um pote por espaço de dous dias, tento agora este ultimo recurso, de sujeital-o a um processo chimico, e... nada. Já distilei-o por todos os systemas conhecidos: não deu nada!!! Este menino faz-me suar o topete!!* Litografia, 10 x 18 cm (POLÍTICOS – D. MANOEL DE ASSIS MASCARENHAS).

In *Bazar Volante*, Rio de Janeiro, ano 3, n. 25, 11 mar. 1866, p. 4.

[1862] MILL, J. *O beijo de Arditi*. Litografia, 17 x 21 cm (O UNIVERSO DO TRABALHO – CARREGADORES DE BARRIS, "TIGRES" E TONÉIS).

In *Bazar Volante*, Rio de Janeiro, ano 3, n. 27, 25 mar. 1866, p. 5.

[1863] MILL, J. *Mme.* Dauvre, *parteira acreditada, tentando fazer uma difficultosa operação na lingua do Caturra. Graças a seus conhecimentos profissionais, o padrinho da criança espera que ella em breve conseguirá* fallar. Litografia, 9,5 x 17,3 cm (POLÍTICOS – D. MANOEL DE ASSIS MASCARENHAS).

In *Bazar Volante*, Rio de Janeiro, ano 3, n. 31, 22 abr. 1866, p. 4.

[1864] MILL, J. – *Moleque, que é do meu chapéo de sol? / – Perdi, sinhô moço. / – Pois, moleque, tu perdeste o meu chapéo de sol novo? / – Eu já mandei um annuncio para o Jornal do Commercio, sinhô moço. / – Um chapéo novo? / – Eh! Sinhô moço. Vmce. pensa que eu sou tolo? Eu disse no annuncio que elle era velho. / – Faz um buraco no chão para metter este cisco. / – E onde hei de metter a terra do buraco, nhonhô? / – Ó tolo, faz um buraco maior, para poder caber a terra e o cisco.* Litografia, 9,5 x 17 cm cada imagem (O UNIVERSO DO TRABALHO – PAJENS).

In *Bazar Volante*, Rio de Janeiro, ano 3, n. 38, 10 jun. 1866, p. 5.

[1865] MILL, J. – *Sinhô moço, si vuçusse tira nosso pão, nosso tudo morre. / – E eu também não como?* Litografia, 9,2 x 17 cm (ESTEREÓTIPOS SOBRE O NEGRO – A EXPRESSÃO VERBAL) (O UNIVERSO DO TRABALHO – CARREGADORES DE BARRIS, "TIGRES" E TONÉIS).

In *Bazar Volante*, Rio de Janeiro, ano 3, n. 42, 8 jul. 1866, p. 4.

[1866] MILL, J. *Chegada de Mr. Chéri.* Litografia, 10,3 x 17 cm (O UNIVERSO DO TRABALHO – CARREGADORES DE CADEIRINHAS, LITEIRAS, PALANQUINS, REDES E SERPENTINAS).

In *Bazar Volante*, Rio de Janeiro, ano 3, n. 44, 22 jul. 1866, p. 5.

[1867] MILL, J. CAÇADOR DE MINISTROS *(Scena do dia 1º de Agosto) / – Péga! péga! péga!* Litografia, 9,2 x 17 cm / *– Atira para cá, maninho. / – Lá vai, segura com geito. / – Olha, não atira com muita força, que pode arrebentar. / – Qual! não tem andado sempre tão direitinho de mim para você, de você para mim?* Litografia, 16 x 21,5 cm (POLÍTICOS – ZACARIAS DE GÓIS E VASCONCELOS).

In *Bazar Volante*, Rio de Janeiro, ano 3, n. 47, 12 ago. 1866, pp. 5 e 8.

[1868] MILL, J. *Casa da Alfandega. Material de grande applicação! Porteiro vence 1$600 diaria para fazer chapêos de palha. É cego.* Litografia, 9,5 x 17,45 cm (O UNIVERSO DO TRABALHO – ARTESANATO DE PALHA – CHAPÉUS) / *Nós breve teremos festa. É preciso engordar este leitão.* Litografia, 9,5 x 17,5 cm / *Pai José – Vussucê tá vendo zi cazinha di vitrina, zi cazi, turo tá caindo! Pai João – É verdade, pai Zuzé! Mazi cruparo é zi gruveno; dá 20 conto pro anno a genhêro. / – Pai José – E genhêro fazi côsa qui nu presta, p'ra fica tura vida comendo zi dinhero di branco!* Litografia, 16 x 21,5 cm (ESTEREÓTIPOS SOBRE O NEGRO – A EXPRESSÃO VERBAL – OS "PAIS").

In *Bazar Volante*, Rio de Janeiro, ano 3, n. 49, 26 ago. 1866, pp. 4 e 8.

[1869] MILL, J. – *Cuidemos d'estas arvores, antes que sequem de todo; já muitas têm morrido! São ellas as unicas que podem dar hoje bons fructos. Está provado a toda a evidencia que a terra vermelha é a melhor.* Litografia, 21,5 x 17,5 cm (POLÍTICOS – VISCONDE DE INHOMIRIM – ZACARIAS DE GÓIS E VASCONCELOS).

In *Bazar Volante*, Rio de Janeiro, ano 3, n. 50, 2 set. 1866, p. 8.

[1870] MILL, J. – *Eh! Eh! sia moço quer levá si bacaiáu tão velho! Esse si bacaiáu já não presta i la ni fasenda ha bacaiáu mais mió. / – Bruto, traz o bacalhau, que eu não posso andar sem elle.* Litografia, 10, x 17 cm (ESTEREÓTIPOS SOBRE O NEGRO – A EXPRESSÃO VERBAL) (O UNIVERSO DO TRABALHO – PAJENS).

In *Bazar Volante*, Rio de Janeiro, ano 4, n. 1, 23 set. 1866, p. 1.

[1871] MILL, J. *Tanta comida te hei de acunhar na tina que has de engordar por força.* Litografia, 10 x 18 cm (POLÍTICOS – ZACARIAS DE GÓIS E VASCONCELOS).

In *Bazar Volante*, Rio de Janeiro, ano 4, n. 4, 14 out. 1866, p. 1.

[1872] MILL, J. *A* TRIPLICE ALIANÇA. */ – Encommendarão-me este quadro, pagarão bem, e a final borrei a pintura!* Litografia, 21 x 17 cm (POLÍTICOS – FRANCISCO OTAVIANO DE ALMEIDA ROSA).

In *Bazar Volante*, Rio de Janeiro, ano 4, n. 6, 28 out. 1866, p. 5.

[1873] MILL, J. *Sou bigorna que ha perto de 40 annos os martellos da calumnia têm pretendido estragar!* Litografia, 16 x 21,5 cm (POLÍTICOS – ZACARIAS DE GÓIS E VASCONCELOS).

In *Bazar Volante*, Rio de Janeiro, ano 4, n. 7, 4 nov. 1866, p. 8.

[1874] MILL, J. RARIDADES DA EXPOSIÇÃO VISTAS ATRAVÉS DE UM PINCE-NEZ. */ – Si sinhô, mio pracero, turo tá bonito, zi cabroco, zi animá, tudo... / – É vredade! / – Masi branco zi vez ni pensa mêmo! Zêre fazi céo di bosqui cu teto di caza.* Litografia, 8,5 x 9 cm (ESTEREÓTIPOS SOBRE O NEGRO – A EXPRESSÃO VERBAL).

In *Bazar Volante*, Rio de Janeiro, ano 4, n. 9, 18 nov. 1866, p. 4.

[1875] MILL, J. *Adora Absynio o que já apedrejaste.* Litografia, 16,3 x 21 cm (POLÍTICOS – ZACARIAS DE GÓIS E VASCONCELOS).

In *Bazar Volante*, Rio de Janeiro, ano 4, n. 14, 23 dez. 1866, p. 5.

[1876] MILL, J. *A* DIVIDA FLUCTUANTE DO BRAZIL. Litografia, 16 x 21 cm (ESCRAVIDÃO).

In *Bazar Volante*, Rio de Janeiro, ano 4, n. 18, 20 jan. 1867, p. 4.

[1877] MILL, J. *Marchemos para o Rio de Janeiro que as cousas por lá parecem estar muito feias.* Litografia, 21,5 x 18 cm (POLÍTICOS – FRANCISCO OTAVIANO DE ALMEIDA ROSA).

In *Bazar Volante*, Rio de Janeiro, ano 4, n. 19, 27 jan. 1867, p. 8.

[1878] MILL, J. *– José, perdi hontem tudo no jogo; não posso pagar. É preciso salvar a minha honra; e como tu me tens sido sempre muito dedicado, toma esta pistola, e... vai-te matar por mim. José – Sinhô, não é melhor ir ganhar?* Litografia, 17 x 21 cm (*O UNIVERSO DO TRABALHO – PAJENS*).

In *Bazar Volante*, Rio de Janeiro, ano 4, n. 20, 3 fev. 1867, p. 5.

[1879] MILL, J. *Processo moderno de fazer comendador e titulares. Entra-se por uma porta com um negro, e sahe-se por outra condecorado.* Litografia, 9,5 x 17,5 cm (*GUERRA DO PARAGUAI – OFERECIMENTO DE ESCRAVOS PARA LUTAR NA GUERRA*) / *Limpemos esta lyra, que me ha de recordar sempre o que fui.* Litografia, 21,5 x 17,5 cm (*POLÍTICOS – FRANCISCO OTAVIANO DE ALMEIDA ROSA*).

In *Bazar Volante*, Rio de Janeiro, ano 4, n. 23, 24 fev. 1867, pp. 5 e 8.

[1880] MILL, J. *Um Zé Pereira.* Litografia, 16 x 21 cm (*LÚDICA – CARNAVAL – ZÉ PEREIRA*) (*POLÍTICOS – FRANCISCO OTAVIANO DE ALMEIDA ROSA – ZACARIAS DE GÓIS E VASCONCELOS*).

In *Bazar Volante*, Rio de Janeiro, ano 4, n. 24, 3 mar. 1867, p. 5.

[1881] MILL, J. *Fique aqui socegadinho, nhonhô, você ainda é muito jovem e póde fazer travessuras. Fique socegadinho para comer o pão de lóth á gosto.* Litografia, 21 x 17,5 cm (*POLÍTICOS – FRANCISCO OTAVIANO DE ALMEIDA ROSA*).

In *Bazar Volante*, Rio de Janeiro, ano 4, n. 25, 10 mar. 1867, p. 4.

[1882] MILL, J. *AVE CESAR – MORITURI TE SALUTANT.* Litografia, 21,5 x 17 cm (*POLÍTICOS – FRANCISCO OTAVIANO DE ALMEIDA ROSA*).

In *Bazar Volante*, Rio de Janeiro, ano 4, n. 26, 17 mar. 1867, p. 5.

[1883] MILL, J. *– Seu José, por ordem superior entregue os negros. / – O que? os negros? nem que eu saia d'aqui em cacos!* Litografia, 15,5 x 21,5 cm (*ESCRAVIDÃO – ESCRAVOS APREENDIDOS*).

In *Bazar Volante*, Rio de Janeiro, ano 4, n. 27, 24 mar. 1867, p. 8.

[1884] MILL, J. *TOME A BOLA, CREIO QUE CHEGOU DE NOVO A SUA VEZ.* Litografia, 15,5 x 21 cm (*POLÍTICOS – ZACARIAS DE GÓIS E VASCONCELOS*) / *A NOVA ORDEM DA ROSA.* Litografia, 9,5 x 17,5 cm (*GUERRA DO PARAGUAI – CONCESSÃO DE ORDENS HONORÍFICAS AOS SENHORES QUE DERAM ESCRAVOS PARA A GUERRA*) / *– Abana, comadre sinhasinha, que o fogo está apagando. / Por mais que abane, comadre Martinha, é impossivel atêal-o e já não há lenha... / – E como haveremos de fazer este guisado? / Eu cá, apezar de não entender de negocio de cozinha, estou vendo que não haveremos de comer o tal guisado. / Não desanime, comadre Joana, vá assoprando sempre.* Litografia, 21,5 x 17,5 cm (*POLÍTICOS – ZACARIAS DE GÓIS E VASCONCELOS*).

In *Bazar Volante*, Rio de Janeiro, ano 4, n. 29, 7 abr. 1867, pp. 4 e 8.

[1885] MILL, J. *– Coma, Compadre, mas não me estrague a peça. / – Ora estragada está ella, compadre, d'esde que você metteu-lhe o dente.* Litografia, 16 x 21 cm (*POLÍTICOS – ZACARIAS DE GÓIS E VASCONCELOS*).

In *Bazar Volante*, Rio de Janeiro, ano 4, n. 30, 14 abr. 1867, p. 8.

[1886] MILL, J. *Bobadella, ajudado por seu conselheiro, enterra o Quarto.* Litografia, 16,5 x 21 cm (*POLÍTICOS – ZACARIAS DE GÓIS E VASCONCELOS*).

In *Bazar Volante*, Rio de Janeiro, ano 4, n. 31, 21 abr. 1867, p. 5.

[1887] MILL, J. *– O NOVO BARÃO POR PATRIOTISMO. – A.P.F.* / Litografia, ... / *Zi branco não tem vergonha memo; segura si negro cativo, e faz d'elle sodado. / – Eh ehi, mia pracero, zi branco quer si comenda pr'a pô no peito.* Litografia, 9 x 17,5 cm (*ESTEREÓTIPOS SOBRE O NEGRO – A EXPRESSÃO VERBAL*) / (*GUERRA DO PARAGUAI – OFERECIMENTO DE ESCRAVOS PARA LUTAR NA GUERRA*) (*O UNIVERSO DO TRABALHO – CARREGADORES*) / *Lá está o astro (bom sinal). Amigos, apromptemos as malas e deixemos este quanto antes, a borrasca está eminente.* Litografia, 17 x 21 cm (*POLÍTICOS – ZACARIAS DE GÓIS E VASCONCELOS*).

In *Bazar Volante*, Rio de Janeiro, ano 4, n. 32, 28 abr. 1867, p. 4.

[1888] MOLLA, VICTOR. *Diálogo de negros minas.* Litografia, 22 x 18 cm (*ESTEREÓTIPOS SOBRE O NEGRO – A EXPRESSÃO VERBAL*) (*GUERRA DO PARAGUAI – OFERECIMENTO DE ESCRAVOS PARA LUTAR NA GUERRA*).
Extensa legenda (sobre o recrutamento para a Guerra do Paraguai).

In *A Vida Fluminense*, Rio de Janeiro, 11 jan. 1868.

[1889] MOLLA, VICTOR (M.V.) *É verdade! Sinhô Conséeiro me deu um abraço e me chamô de Vossa Sinhoria!* Litografia, 16,8 x 11,5 cm (*PROCESSO ELEITORAL – ELEITORES*).

In *O Arlequim*, Rio de Janeiro, ano I, n. 1, 5 maio 1867, p. 4.

[1890] MOLLA, VICTOR. *Admirem os leitores como elle (o político mineiro Cristiano Ottoni, obs. minha) é bem ensinado! e como tem as bossas tão desenvolvidas. Sabe de tudo, e de outras cousas mais... Dança na corda bamba, salta no trampolim e faz caretas como ninguem. / O outro não trabalha hoje porque está no goso de um descanso vittalicio.* Litografia, 22 x 17 cm (*O UNIVERSO DO TRABALHO – MOLEQUES – QUITANDEIRAS – QUITUTEIRAS*).

In *O Arlequim*, Rio de Janeiro, ano I, n. 2, 12 maio 1867, p. 8.

[1891] MOLLA, VICTOR. DIALOGO NA ROÇA. / Mulher: *Olhai, Antonico, que lastima! Um conto e quinhentos mil reis perdidos!... /* Marido: *Qual, conto e quinhentos, nhá-dona! É um habito da Rosa que perdemos!*

Litografia, 21 x 16 cm (GUERRA DO PARAGUAI – CONCESSÃO DE ORDENS HONORÍFICAS – OFERECIMENTO DE ESCRAVOS PARA LUTAR NA GUERRA) (SUICÍDIO DE ESCRAVOS).

In *O Arlequim*, Rio de Janeiro, ano I, n. 3, 19 maio 1867, p. 8.

[1892] MOLLA, VICTOR. *Quer ser condecorado, só porque perdeu um braço?! Essa é boa!... Então o que direi eu que vou perder nada menos de quatro!!?! (O Arlequim pergunta aos amaveis leitores se já virão um peito mais digno de ser condecorado).* Litografia, 26,5 x 21,5 cm (GUERRA DO PARAGUAI – CONCESSÃO DE ORDENS HONORÍFICAS – OFERECIMENTO DE ESCRAVOS PARA LUTAR NA GUERRA).

In *O Arlequim*, Rio de Janeiro, ano I, n. 5, s.d., 1867, p. 5.

[1893] MOLLA, VICTOR. *Não posso comer bem, mas vejo perfeitamente! Não posso ver bem, porém mastigo como gente!* Litografia, 6 x 10,5 cm (GUERRA DO PARAGUAI – OFERECIMENTO DE ESCRAVOS PARA LUTAR NA GUERRA).

In *O Arlequim*, Rio de Janeiro, ano I, n. 14, 4 ago. 1867, p. 5.

[1894] MOLLA, VICTOR. *MODAS POR V. MOLLA / Bravo! Quando eu vier fazer compras, hei de pedir a Nhanhã que me empreste um vestido de cauda.* Litografia, 10 x 20 cm (O UNIVERSO DO TRABALHO – MOLEQUES) / *TODOS ESPERAM NOTICIAS DO SUL! / SE FOREM BOAS: / Vivão os bailes e as festas publicas! As moças mandão fazer vestidos em casa da Dazon; as velhas passão em revista todos os seus postiços; os guardas nacionaes, que fugirão para o mato, limpão armas e correntes; os hosteis da Côrte decidem, em boa harmonia, qual d'elles deve fornecer os doces para os bailes.* Litografia, 9 x 7,5 cm (O UNIVERSO DO TRABALHO – AUXILIARES DE MODISTAS).

In *O Arlequim*, Rio de Janeiro, ano I, n. 16, 18 ago. 1867, p. 2.

[1895] MOLLA, VICTOR. *MODAS POR V. MOLLA. FRUCTAS DO TEMPO.* Litografia, 20,5 x 17,5 cm (ESTEREÓTIPOS SOBRE O NEGRO – OS CORPOS GROTESCOS).

In *O Arlequim*, Rio de Janeiro, ano I, n. 19, 8 set. 1867, p. 4.

[1896] MOLLA, VICTOR. *Amigo Major, aqui lhe trago um substituto para o exercito; veja que bonita peça / Qual peça!... Isso não passa de uma lanada para limpar peças!* Litografia, 16 x 21 cm (GUERRA DO PARAGUAI – OFERECIMENTO DE ESCRAVOS PARA LUTAR NA GUERRA).

In *O Arlequim*, Rio de Janeiro, ano I, n. 24, 13 out. 1867, p. 4.

[1897] MOLLA, VICTOR. *NA FAZENDA. / Nhanhã. Ahi vem Sinhô velho!...* Litografia, 8,7 x 8 cm (O UNIVERSO DO TRABALHO – MUCAMAS).

In *O Arlequim*, Rio de Janeiro, ano I, n. 32, 8 dez. 1867, p. 4.

[1898] NIGUERAS. *Zacarias de Góes e Vasconcelos, Primeiro Presidente desta Provincia / Ministro e Secretario d'Estado dos Negocios da Marinha e Deputado á Assembléa Geral Legislativa pela provincia da Bahia. (Cópia de uma litographia de 1851, de Lemercier.)* Litografia, 33 x 22,5 cm (POLÍTICOS – ZACARIAS DE GÓIS E VASCONCELOS).

In *A Galleria Illustrada*, Curitiba, ano I, n. 4, 20 dez. 1888, p. 29.

[1899] PEREIRA NETO. *Os conspiradores que até agora se mantiveram na sombra creararam esperanças de ver o governo pelos ares, com o negocio do juramento do deputado republicano – que classificaram de Bendegó-bomba.* Litografia, 12 x 16,5 cm / *Vendo-se o governo sahir-se tão bem d'esta grave situação, os 3 conspiradores embasbacados diante das idéas liberaes do actual gabinete, perdem as esperanças de vê-lo voar pelos ares.* Litografia, 12,7 x 15 cm (POLÍTICOS – BARÃO DE COTEGIPE).

In *Revista Illustrada*, Rio de Janeiro, ano 13, n. 514, 15 set. 1888, pp. 4-5.

[1900] PEREIRA NETO. *Das pedras atiram, a gratidão e o patriotismo irão fazendo um pedestal para a estatua que a posteridade lhe terá de erigir um dia!* Litografia, 28,5 x 21 cm (LITERATURA – JORNALISTAS – JOSÉ DO PATROCÍNIO) / *28 de Setembro de 1888. / Ao visconde do Rio-Branco, 17 annos depois da aurea lei que libertou os braços, homenagem da "Revista Illustrada*, Rio de Janeiro". Litografia, 21 x 28,5 cm (ABOLICIONISMO – LEI DO VENTRE LIVRE) (ALEGORIAS – VISCONDE DO RIO BRANCO).

In *Revista Illustrada*, Rio de Janeiro, ano 13, n. 516, 29 set. 1888, pp. 4-5 e 8.

[1901] PEREIRA NETO. *No Brazil, a rosa de ouro florescerá sobre os destroços de uma instituição nefanda, banhada pelos clarões do sol de 13 de Maio. Sendo assim não ha a receiar que os seus espinhos firam a liberdade.* Litografia, 28,2 x 21,5 cm (ABOLICIONISMO – ROSA DE OURO) (REPRESSÃO E VIOLÊNCIA – INSTRUMENTOS DE TORTURA DE ESCRAVOS).

In *Revista Illustrada*, Rio de Janeiro, ano 13, n. 517, 6 out. 1888, p. 8.

[1902] PEREIRA NETO. *Pois nem assim o senado se resolve a seguir o bello exemplo da classe commercial, adoptando o fechamento das portas!* Litografia. / *Isto tem sido um gostinho para o Sr. de Cotegipe, que continúa a apresentar representações da Canna Verde, d'essa (tal) canna que já tem dado tanto que falar.* Litografia, 12,5 x 9 cm / *Desanimados com as contrariedades, os partidarios da indemnisação aproveitam a festa da Penha para levarem promessas à Santa e supplicarem-lhe que mande um outro governo que lhes dê esperanças, um governo bom, generoso, reparador, um governo de... Rosas. Viva a Penha! Ahi, rapaziada!...* Litografia, 20,5 x 28,5 cm (ABOLICIONISMO – INDENIZAÇÃO AOS EX-SENHORES DE ESCRAVOS) (POLÍTICOS – BARÃO DE COTEGIPE).

In *Revista Illustrada*, Rio de Janeiro, ano 13, n. 520, 27 out. 1888, pp. 5 e 8.

[1903] Pereira Neto. *Como se isto não bastasse, tivemos ainda um dia de finados que pôs a cidade tão triste e a inevitavel visita aos cemiterios que enche as almas de luto.* Litografia. / *Mas para se chegar a essa cidade dos Mortos, quantos tormentos! Os bonds eram tomados de assalto.* Litografia / *Vencida a primeira difficuldade, imagine-se que martyrio, o d'essa viagem com um calor suffocante e 7 passageiros em cada banco!* Litografia, 9,5 x 13 cm / *Nos cemiterios o luto era geral. Vimos mesmo, alguns extraordinariamente fechados e completos!* Litografia, 12,5 x 10,5 cm (Estereótipos sobre o negro – Os corpos grotescos) (O negro nos espaços públicos, nos bondes e cemitérios).

In *Revista Illustrada*, Rio de Janeiro, ano 13, n. 521, 3 nov. 1888, pp. 4-5.

[1904] Pereira Neto. *Afinal! Mas o Sr. Cotegipe não permittir que essa desejada lei sahisse lá em muito bom estado...* Litografia, 7,3 x 9,5 cm / *Mal se acabou com a escravidão dos africanos e já o Sr. de Cotegipe quer dotar a nossa patria com a escravidão da raça amarella! Que enorme trabalho para futuros abolicionistas! Contamos, porém, que eles não uzem só dos discursos e das flores... A paciência tem limite.* Litografia, 11,5 x 21,5 cm (Políticos – Barão de Cotegipe).

In *Revista Illustrada*, Rio de Janeiro, ano 13, n. 522, 10 nov. 1888, p. 5 e 8.

[1905] Pereira Neto. *Brazil Chim. O sr. barão de Cotegipe andava desgostoso e desanimado, por se considerar o homem mais impopular do Brazil,* Litografia, 8,5 x 6 cm / *quando, de repente, alguns amigos lhe vieram suggerir a idéa dos chins, não só como meio de auxiliar a lavoura, mas tambem de resultado seguro para a sua popularidade.* Litografia, 8,5 x 11,5 cm / *A lavoura ficaria contentissima, tendo trabalhadores mais submissos do que os antigos e quasi pelo mesmo preço. Elle não faria questão da côr...* Litografia, 8,5 x 11,5 cm / *E o sr. de Cotegipe começou a pensar nos chins,* Litografia, 9 x 6 cm / *a estudar o chim,* Litografia, 9 x 7,3 cm / *a calcular o chim,* Litografia, 9 x 6 cm *e a sonhar com o chim!* Litografia, 8 x 11 cm / *S. Ex.a compenetrou-se tanto do assumpto, que pondo-se ao lado do chim, em frente de um espelho, reclamou: – Estes diabos até se parecem comnosco! (comnosco, vá elle!).* Litografia, 8 x 8,5 cm / *Ficou delirante. – Precisamos do chim, venha o chim, não ha salvação possivel fóra do chim!* Litografia, 7 x 9 cm / *E demais narratio delectat! Como deve ser agradavel mudar de habitos e de costumes,* Litografia, 7,5 x 7 cm / *Comendo arroz com dois pausinhos.* Litografia, 6 x 7 cm / *e apreciando um fricandó de lagartixas com minhocas recheiadas em torno.* Litografia, 6 x 8,7 cm / *E um samba, meio bahiano, meio chinez, que cousa divertida e esplendida! Está pois decidido, o chim vem* Litografia, 7,3 x 8 cm / *trabalha, enriquece, enriquece-nos, é uma felicidade geral! Vencidos pelo numero, resolvemos todos mudarnos para a outra vida.* Litografia. / *Ficam só no Brazil o Sr. Cotegipe e os chins. Estes, no delirio do enthusiasmo, proclamam-n'o mandarim Tchim-Tcham-Fó Io. imperador d'esta cotegipica China... Um pagode!* Litografia, 9 x 8 cm (Políticos – Barão de Cotegipe).

In *Revista Illustrada*, Rio de Janeiro, ano 13, n. 523, 17 nov. 1888, pp. 4-5.

[1906] Pereira Neto. *No dia 20 o imperador encerrou, officialmente, os trabalhos do parlamento, lendo a Falla do Throno, que este anno causou a mais agradavel impressão, pelo modo elevado como se refere aos progressos do Brasil.* Litografia, 20,5 x 21,3 cm / *A mais Bella. A "Cidade do Rio" por sua vez, declara que é preciso fazer um concurso de belleza fluminense e exclama: – Ás urnas, cidadãos!* Litografia, 7 x 9 cm (Literatura – Jornalistas – José do Patrocínio).

In *Revista Illustrada*, Rio de Janeiro, ano 13, n. 524, 24 nov. 1888, pp. 1 e 4-5.

[1907] Pereira Neto. *Pantheon. Numero 1. D. Pedro 2º Pela primeira vez, ao imperador é dada a fortuna de festejar a sua data natalicia na patria livre. – Tantos anniversarios, dirá S.M., mas nenhum como este! Aproveitamos esta occasião para inaugurarmos o nosso* Pantheon. Litografia, 21 x 23 cm (Abolicionismo – Comemorações do 13 de Maio).

In *Revista Illustrada*, Rio de Janeiro, ano 13, n. 525, 1 dez. 1888, p. 8.

[1908] Pereira Neto. *O sr. de Cotegipe não póde viver sem uma presidencia. Tendo perdido a do Senado e a do Conselho, atirou-se á do Banco do Brazil e em tão bôa ora que sahio eleito quasi por unanimidade. Ainda quererá indemnisação e chins?* Litografia, 20 x 21,3 cm (Políticos – Barão de Cotegipe).

In *Revista Illustrada*, Rio de Janeiro, ano 13, n. 526, 8 dez. 1888, p. 1.

[1909] Pereira Neto. *Á vista d'esses acontecimentos, o governo vai enviar-lhe algumas palavras animadoras e varios batalhões. D'esta vez, Matto Grosso parece que ficará povoado.* Litografia, 8,7 x 15,5 cm (O universo do trabalho – Carregadores – Criados).

In *Revista Illustrada*, Rio de Janeiro, ano 13, n. 528, 22 dez. 1888, pp. 4-5.

[1910] Pereira Neto. *E até ao Sr. Cotegipe, n'este momento solemne, não resistimos a dizer: Bôas entradas! Ah! maganão...* Litografia, 8 x 4 cm (Políticos – Barão de Cotegipe).

In *Revista Illustrada*, Rio de Janeiro, ano 13, n. 529, 29 dez. 1888, pp. 4-5.

[1911] Pereira Neto. *Hoje, em dia, não se falla senão em guarda negra.* Litografia, 6,5 x 9 cm / *em guarda mulata, em guarda, enfim, de todas as cores,* Litografia, 7,5 x 9 cm / *o que não podemos comprehender depois de 13 de Maio que nivellou todas as cores derrocando velhos preconceitos*. Litografia, 9 x 8,5 cm (Estereótipos sobre o negro – Batuqueiros) (Indumentária – Uniformes militares – Guarda Negra).

In *Revista Illustrada*, Rio de Janeiro, ano 14, n. 531, 12 jan. 1889, pp. 4-5.

[1912] Pereira Neto. *A "Revista"continúa... não, pelo contrario, começa a sentir agora um calafrio de todos os diabos, que lhe percorre a espinha dorsal e põe-lhe os cabellos em pé... – O recrutamento está damnado! Nem mesmo crianças, velhos e lavadeiras escapam!* Litografia, 13,5 x 18,5 cm / *Por esse feitio teremos, em pouco tempo, os claros do exercito assim preenchidos. Ha de ser um espetaculo muito devertido (sic)!* Litografia, 12 x 20 cm (Exército – Recrutamento) (O universo do trabalho – Lavadeiras) / *Pantheon – Numero 7. O insigne poeta Olavo Bilac, autor das "Panoplias, Via Lactea, Sarças de fogo" e outras bellissimas poesias*. Litografia, 28,3 x 21,5 cm (Literatura – Poetas – Olavo Bilac).

In *Revista Illustrada*, Rio de Janeiro, ano 14, n. 532, 19 jan. 1889, pp. 4-5 e 8.

[1913] Pereira Neto. *O sr. Barão de Cotegipe, fallecido a 13 do corrente. Homenagem da "Revista Illustrada*, Rio de Janeiro". Litografia, 19 x 21,5 cm (Políticos – Barão de Cotegipe – Notícia do falecimento).

In *Revista Illustrada*, Rio de Janeiro, ano 14, n. 536, 16 fev. 1889, pp. 1 e 8.

[1914] Pereira Neto. *N'este dia, a "Revista Illustrada*, Rio de Janeiro,*"não póde deixar de expandir o seu enthusiasmo, saudando o sol que brilha em nossos horisontes. Hurrah! Hurrah! Tres vezes hurrah!* Litografia, 19 x 21,5 cm / *Homenagem da 'Revista Illustrada*, Rio de Janeiro,", *ao 1º aniversario da lei de 13 de Maio. Data gloriosa! Ao teu influxo uma grande nacionalidade que, até então se compunha de senhores e escravos, fraternisou com um povo de irmãos, levantando hosannas à liberdade, igualdade e fraternidade! Salve, Treze de Maio!...* Litografia, 28,3 x 49 cm (Abolicionismo – Comemorações do 13 de Maio).

In *Revista Illustrada*, Rio de Janeiro, ano 14, n. 548, 13 maio 1889, p. 1.

[1915] Pereira Neto. *Senador Otaviano Rosa*. Litografia, 18,7 x 21,5 cm (Políticos – Francisco Otaviano de Almeida Rosa – Notícia de falecimento).

In *Revista Illustrada*, Rio de Janeiro, ano 14, n. 551, 1º jun. 1889, p. 1.

[1916] Pereira Neto. *Pantheon. Numero 15. Carlos Gomes no seu regresso á patria, que tanto honra com seu talento. Homenagem da "Revista Illustrada*, Rio de Janeiro". Litografia, 28,5 x 21 cm (Musica – Compositores – Carlos Gomes).

In *Revista Illustrada*, Rio de Janeiro, ano 14, n. 555, 29 jun. 1889, p. 4.

[1917] Pereira Neto. *A grande troça, a grande e unica troça, da semana, foi, sem duvida, a que nos forneceu a mocidade da Escola de Medicina, com a manifestação a laranjas ao Sr. activo e zeloso subdelegado de S. José, bradando com todo o enthusiasmo: – Viva o subdelegado da freguezia! Viva a freguezia do subdelegado!* Litografia, 9,3 x 38,5 cm (O universo do trabalho – Quitandeiras – Quituteiras).

In *Revista Illustrada*, Rio de Janeiro, ano 14, n. 558, 27 jul. 1889, pp. 4-5.

[1918] Pereira Neto. *Francisco Glycerio, chefe republicano paulista, que ultimamente se vio na necessidade de prender algumas auctoridades, afim de manter a ordem no Rio-Pardo*. Litografia, 18,3 x 21,5 cm (Políticos – Francisco Glicério).

In 1. *Revista Ilustrada*. Rio de Janeiro, ano 14, n. 560, 17 ago. 1889, p. 1.
2. Moura, 1988:388.

[1919] Pereira Neto. *A questão do Banco Nacional. São tantos a puxar para um lado e para outro, em favor do Banco Nacional e contra elle, que afinal, o monopolio ameaça ficar em pedaços. Lá do alto, um conhecido personagem está exclamando: Puxa que eu gemo!* Litografia, 28,3 x 49,5 cm (Literatura – Jornalistas – José do Patrocínio).

In *Revista Illustrada*, Rio de Janeiro, ano 14, n. 568, 2 nov. 1889, pp. 4-5.

[1920] Pereira Neto. *A entrada do Sr. Francisco Glycerio, para o ministerio e a sahida do sr. Demetrio, para o Rio Grande, foi uma coisa tão rapida, que só nos deu tempo de exclamar: Demetrio morto, Glycerio posto!* Litografia, 9 x 20,5 cm (Políticos – Francisco Glicério).

In *Revista Illustrada*, Rio de Janeiro, ano 15, n. 574, 8 fev. 1890, p. 5.

[1921] Pereira Neto. *Tambem o Sr. Fran.co Glycerio vai-se exercitando na pasta da Justiça*. Litografia, 7,5 x 10,5 cm (Políticos – Francisco Glicério).

In *Revista Illustrada*, Rio de Janeiro, ano 15, n. 582, 15 mar. 1890, p. 4.

[1922] Pereira Neto. *B. Berna. A mimosa (busto em gesso) Bôa factura. Quanto ao assumpto, A mimosa é filha da Sabina quando teve a primeira dor de dentes*. Litografia, 6 x 6 cm (Estereótipos sobre o negro – Os corpos grotescos – O negro nas artes plásticas).

In *Revista Illustrada*, Rio de Janeiro, ano 15, n. 587, 19 abr. 1890, p. 8.

[1923] Pereira Neto. *João Clapp e José de Seixas Mag.es iniciadores dos festejos*. Litografia, 7,5 x 12 cm (Abolicionismo – Confederação Abolicionista – José de Seixas Magalhães).

In *Revista Illustrada*, Rio de Janeiro, ano 15, n. 590, maio 1890, pp. 4-5.

[1924] Pereira Neto. *Vendo passar os novos e flamantes generaes, a "Revista" não póde deixar de fazer-lhes a devida continencia*. Litografia, 28,5 x 21 cm (Políticos – Francisco Glicério).

In *Revista Illustrada*, Rio de Janeiro, ano 15, n. 591, 31 maio 1890, p. 4.

[1925] Pereira Neto. *– Ah! Juca!... Ha pouco tempo, no dia de hoje, é que éra; éra só: livre, nagôa! entra Santa Rita! / – Deixa disso Maneco; olha o dotô Sampaio Ferraz*... Litografia, 7,7 x 8,5 cm (Abolicionismo – Comemorações do 13 de maio) / *Enfim, este anno, bem poucos devotos, bem poucos typos*. Litografia, 8,5 x 10,5 cm (Estereótipos sobre o negro – Os corpos grotescos).

In *Revista Illustrada*, Rio de Janeiro, ano 15, n. 599, 23 ago. 1890, p. 4.

[1926] Pereira Neto. *O Dr. Nilo Peçanha hasteia a bandeira da federação do Estado do Rio*. Litografia, 16,5 x 12,5 cm (Políticos – Nilo Peçanha).

In *Revista Illustrada*, Rio de Janeiro, ano 15, n. 601, 6 set. 1890, pp. 4-5.

[1927] Pereira Neto. *O governador Portella convencido da autonomia de seu Estado, quiz medir forças com o snr. general ministro da agricultura. D'esse duelo resultou sahir o governador com alguns arranhões*. Litografia, 7,5 x 10 cm (Políticos – Francisco Glicério).

In *Revista Illustrada*, Rio de Janeiro, ano 15, n. 605, out. 1890, p. 4.

[1928] Pereira Neto. *Damnadas festas = A cosinheira – meu amo, vosmocê (sic) não me dá as festas?* Litografia, 6,5 x 7,5 cm / *O copeiro – Não se esqueça yóyó de seu copeiro*. Litografia, 7,5 x 7 cm / *Todos em côro – Nossas festas, nossas festas. – Elle – Vão para o diabo que os carregue. Damnadas festas, irra!* Litografia, 9,5 x 21,5 cm (O universo do trabalho – Copeiros – Cozinheiros) (Usos e costumes – Boas festas).

In *Revista Illustrada*, Rio de Janeiro, ano 16, n.611, jan. 1891, p. 8.

[1929] Pereira Neto. *O Congresso e a Constituição. O Brazil gloria-se de haver discutido e promulgado uma constituição adiantada, com o concurso de seus filhos mais dilectos, terminando esta grande obra pela eleição dos dois principais factores do dia 15 de Novembro, para as supremas magistraturas da patria livre. Honra à America! Viva a República!* Litografia, 28,3 x 49 cm (Políticos – Francisco Glicério – Nilo Peçanha).

In *Revista Illustrada*, Rio de Janeiro, ano 16, n. 615, mar. 1891, pp. 4-5.

[1930] Pereira Neto. *A"Revista" saúda enthusiasticamente o Vasques, por ter conseguido perpetuar, em bronze, a memoria do seu querido mestre João Caetano. Bravos!* Litografia, 19,5 x 13,5 cm (As artes do espetáculo – Teatro – Atores – Francisco Corrêa Vasques).

In *Revista Illustrada*, Rio de Janeiro, ano 16, n. 621, maio 1891, p. 5.

[1931] Pereira Neto. *Estevão Roberto da Silva*. Litografia, 20 x 14,5 cm (Pintores – Estevão Roberto da Silva).

In 1. *Revista Illustrada*, Rio de Janeiro, ano 16, n. 622, nov. 1891, p.1.
2. Marques, 1988:137.

[1932] Pereira Neto. *O illustre maestro Carlos Gomes está entre nós. Ao recebermos a sua amavel visita, foi tamanho o desejo de abraçal-o, que houve cá em casa um charivari medonho!*. Litografia, 8 x 13 cm (Música – Compositores – Carlos Gomes).

In *Revista Illustrada*, Rio de Janeiro, ano 16, n. 623, jun. 1891, p. 5.

[1933] Pereira Neto. *O nosso illustre maestro Carlos Gomes acaba de triumphar mais uma vez, colhendo novos louros com a sua bella opera "Condor", cantada pela la. vez n'esta Capital, na noite de 18 do corrente. A "Revista "sauda-o enviando-lhe mil bravos!* Litografia, 20 x 21,5 cm (Música – Compositores – Carlos Gomes).

In 1. *Revista Illustrada*, Rio de Janeiro, ano 16, n. 627, ago. 1891, p. 1.
2. Claver Filho, 1988:310.

[1934] Pereira Neto. *O novo governo da Republica dos Estados Unidos do Brasil. Dr. Franco de Paula Rodrigues Alves. Ministro da Fazenda*. Litografia, 10 x 10 cm (Políticos – Francisco de Paula Rodrigues Alves).

In *Revista Illustrada*, Rio de Janeiro, ano 16, n. 633, nov. 1891, p. 4.

[1935] Pereira Neto. *Situação apimentada dos Estados. À fama do bom angu*. Litografia, 17 x 26 cm (Indumentária feminina – Baianas – Panos da costa – Torços).
Conteúdo: Três políticos, em trajes de quitandeiras, com torço e pano da costa, em torno do caldeirão Política Interna, servindo angu.

In *Revista Illustrada*, Rio de Janeiro, ano 17, n. 639, fev. 1892, p. 4.

[1936] Pereira Neto. *O Carnaval de* 1892. *Para o discurso/ D'acclamação/ Ninguem é urso / Commigo não*. Litografia, 28,5 x 49 cm (Lúdica – Carnaval) (Políticos – Francisco de Paula Rodrigues Alves).

In *Revista Illustrada*, Rio de Janeiro, ano 17, n. 640, mar. 1892, pp. 4-5.

[1937] Pereira Neto. *O duplo crime da rua de Santo Amaro. A viuva D.a Rachel Municci Rangel / D.a Mathilde Alves de Faria / O assassino José Manoel da Cunha (Cópia das photographias que nos foram offerecidas pelo distincto photographo, sr. Arthur de Pinho)*. Litografia, 28,5 x 21,5 cm (Marginalidade – Homicidas).

In *Revista Illustrada*, Rio de Janeiro, ano 17, n. 641, mar. 1892, p. 8.

[1938] Pereira Neto. *Dando pezames ao sr. Zama, daremos parabens ao Estado da Bahia pela brilhante escolha que acaba de fazer nas eleições senatoriaes: Ruy Barbosa e Manoel Victorino*. Litografia, 9,5 x 12,5 cm (Políticos – Manoel Vitorino Pereira).

In *Revista Illustrada*, Rio de Janeiro, ano 17, n. 647, jul. 1892, p. 4.

[1939] Pereira Neto. *O horrivel assassinato de Maria de Macedo. Pedro de Oliveira Leitão (cadete baleiro) – Timotheo Freire da Silva (João Creoulo). José Valentim da Costa*. Litografia, 6,5 x 21,5 cm (Marginalidade – Homicidas).

In *Revista Illustrada*, Rio de Janeiro, ano 17, n. 650, out. 1892, p. 8.

[1940] Pereira Neto. *Á memoria do actor Francisco Correa Vasques*. Litografia, 28,5 x 21,5 cm (As artes do espetáculo – Teatro – Atores – Francisco Corrêa Vasques).

In *Revista Illustrada*, Rio de Janeiro, ano17, n. 654, dez. 1892, p. 8.

[1941] Pereira Neto. *Cruz e Souza, autor do Missal*. Litografia, 8,3 x 6,5 cm (Poetas – Cruz e Sousa).

In 1. *Revista Illustrada*, Rio de Janeiro, ano 18, mar. 1893, p. 5.
2. Camargo, 1988:340.

[1942] Pereira Neto. *Retrato do Dr. Manoel Vitorino Pereira*. Litografia, 19 x 21,5 cm (Políticos – Manoel Vitorino Pereira).

In 1. *Revista Illustrada*, Rio de Janeiro, ano 21, n. 724, nov. 1896, p. 1.
2. Moura, 1988:389.

[1943] Pinheiro, Bordallo. *Typos de rua. Sua Arteza fallou no Domingo ás massas – Fazendo claros alguns pontos escuros da historia e da philosophia, collocou-nos Sua Arteza, não só á altura de um principe, mas á altura de muitos – Foi grande quando referindo-se do Choque de Pai e Mói disse: Imparandô: qui é imparandô? não é nada; terra come êre – Nu frigi di carne, se vê gordura – Vamos embora. / Abençoada democracia. Sabio, glorioso, e Principe – Três virtudes que não cabem em um sacco*. Litografia, 24 x 17,5 cm (Estereótipos sobre o negro – Os corpos grotescos) (Tipos populares – Príncipe Natureza).

In *O Bezouro*, Rio de Janeiro, 11 maio 1878, p. 1.

[1944] Pinheiro, Bordallo. *Rinkando*. – Chronica – Congresso Agricola. *Provou-se que é o preto e não a terra que produz o café, logo quem tiver um preto tem trinta arrobas de café, é tirar-lh'as do lombo o que pode ser feito pelo agricultor, com um páu*. Litografia, 9 x 6,5 cm (O universo do trabalho – Lavoura cafeeira).

In *O Bezouro*, Rio de Janeiro, 13 jul. 1878, p. 144.

[1945] Pinheiro, Bordallo. *Eleições – Huguenotes – Benção dos punhais. Capangotes – Benção das navalhas – Por haver provado mal, enviando um compatriota preso, quando este só queria vir abraçar a mói, vai para a margem o consul de New-York*. Litografia, 7 x 17,5 cm (Marginalidade – Capadócios – Capangas -Capoeiras).

In *O Bezouro*, Rio de Janeiro, 8 ago. 1878, p. 144.

[1946] Pinheiro, Bordallo. *Theatro Lyrico* – O Guarany. (*Epocha lyrica de 1878) – Interpretes: Sra. Mariani, srs. F. Tamagno, Castelmary, Storti, Lombardelli, etc. Bravo! Bravo! Bravo! Aplaudimos enthusiasmados sempre que temos a fortuna de ouvir esta esplendida opera do maestro Carlos Gomes. / Hoje appladimos mais que nunca pela interpretação que a companhia Ferrari lhe soube dar*. Litografia, 38 x 24 cm (Música – Compositores – Carlos Gomes).

In 1. *O Bezouro*, Rio de Janeiro, 19 out. 1878, p. 228.
2. Moura, 1978, p. 79.

[1947] Pinheiro, Bordallo. *Maestro Mesquita. O talento mais original, a organização musical mais completa que possue o Brazil. Ao popular maestro enviamos d'aqui uma saudação de respeito e admiração pelo seu enorme talento. Emquanto o Brazil applaudir e estimar os talentos como o de Mesquita e de Gomes, será um Paiz*. Litografia, 23,5 x 17,7 cm (Música – Maestros e compositores- Henrique Alves de Mesquita).

In *O Bezouro*, Rio de Janeiro, 26 out. 1878, p. 233.

[1948] Pinheiro, Bordallo. *S. Ex. Theodomiro Chapa. Esgaravatou com fagundia as velhas chapas parlamentares que, como moço, devera ignorar. Tão rhetorico, não poderá ser nunca o representante da mocidade, como deseja*. Litografia, 24 x 17,5 cm (Políticos – Teodomiro Fagundes).

In *O Bezouro*, Rio de Janeiro, 8 fev. 1879, p. 48.

[1949] Teixeira, Hilarião. *Pantheon Numero 27. O Vasques (Francisco Corrêa Vasques, o popular actor e autor dramatico)*. Litografia, 28,5 x 21,5 cm (As artes do espetáculo – Teatro – Atores – Francisco Corrêa Vasques).

In 1. *Revista Illustrada*, Rio de Janeiro, ano 15, n. 583, 22 mar. 1890, p. 8.
2. Moura, 1988:393.

[1950] TEIXEIRA, HILARIÃO. *A Capital Federal apresenta ao publico uma parte da brilhantissima commemoração do "13 de Maio", e atira flôres aos promotores d'essa grandiosa solemnidade*. Litografia, 28,5 x 48 cm (ABOLICIONISMO – COMEMORAÇÕES DO 13 DE MAIO – PRÉSTITOS) (INSTRUMENTOS DE TORTURA DE ESCRAVOS).

In *Revista Illustrada*, Rio de Janeiro, ano 15, n. 590, maio 1890, pp. 4-5.

[1951] Z., SCA. – *O que está fazendo ahi, seu Chiquinho? / – Estou fabricando este novo* Polichinello, *pois o senhor teve a amabilidade de quebrar o meu* Polichinello *de mollas que eu presava tanto*. Litografia, 10 x 18 cm (POLÍTICOS – FRANCISCO OTAVIANO DE ALMEIDA ROSA).

In *Bazar Volante*, Rio de Janeiro, ano 2, n. 23, 26 fev. 1865, p. 1.

2. BIBLIOGRAFIA

2.1 PERIÓDICOS

[1952] AUTORIA NÃO IDENTIFICADA. *Um futuro Verdi*. Litografia (MÚSICA – COMPOSITORES – CARLOS GOMES).

In 1. *O Merrimac*, Rio de Janeiro, 24 jan. 1864.
2. LIMA, 1963, III:955.

[1953] AGOSTINI, ANGELO. *Eu e minhas companheiras, ficando desarranjadas com a retirada dos nossos estudantes viemos pedir ao Sr. Cabrião, que disseram-nos ser muito boa pessoa, o favor de nos indicar algumas cozinhas decentes, onde possamos mostrar nossas habilidades com a condição de fazermos compras. / Cabrião – Tá, tá, tá. Não me amolem, senhoras cozinheiras. Quem cozinha decente, vai ao seminário*. Litografia, 9,5 x 6,3 cm (O UNIVERSO DO TRABALHO – COZINHEIRAS).
Obs.: Foi pesquisada a edição fac-similar de *O Cabrião*.

In *O Cabrião*, São Paulo, n. 6, 4 nov. 1866.

[1954] AGOSTINI, ANGELO. *Importação forçada*. Litografia. (O UNIVERSO DO TRABALHO – DIARISTAS – JORNALEIROS).

In *O Cabrião*, São Paulo, n. 7, 11 nov. 1866.

[1955] AGOSTINI, ANGELO. *Episódios no baile. Prepara-se para o baile. Não acha luvas. Um vizinho caridoso manda-lhe uma*. Litografia. (O UNIVERSO DO TRABALHO – PAJENS).

In *O Cabrião*, São Paulo, n. 10, 2 dez. 1866.

[1956] AGOSTINI, ANGELO. *A mostra dos ultimos defensores da Patria que foram agarrados, enfardados, e enviados para o theatro da guerra, para defenderem a honra nacional!!! Estamos aceados!* Litografia, 7,5 x 15,5 cm (GUERRA DO PARAGUAI – ENVIADOS PARA LUTAR NA GUERRA).

In *O Cabrião*, São Paulo, n. 34, 26 maio 1867.

[1957] AGOSTINI, ANGELO. *Rio de Janeiro. Continúo a tratar dos destinos do paiz. Pobre Brasil!* Litografia, 8,2 x 16 cm (POLÍTICOS – ZACARIAS DE GÓIS E VASCONCELOS).

In *O Cabrião*, São Paulo, n. 36, 9 jun. 1867.

[1958] AGOSTINI, ANGELO. *Uma familia paulista passeando ao luar*. Litografia. (CENAS DE GÊNERO) (O UNIVERSO DO TRABALHO – AMAS).

In *O Cabrião*, São Paulo, n. 39, 30 jun. 1867.

[1959] AGOSTINI, ANGELO. *Emissão de papel moeda. / – Mas isto é pura moeda falsa, snr. Zacharias; não há ouro para o resgate. Você está querendo me pregar uma das suas! / – Pois, meu amigo, ou isto ou a bancarrota*. Litografia, 15,5 x 19,5 cm (POLÍTICOS – ZACARIAS DE GÓIS E VASCONCELOS).

In *O Cabrião*, São Paulo, n. 43, 18 ago. 1867.

[1960] AGOSTINI, ANGELO. *O ministro salta de contente com a passagem do projecto de mobilisação da guarda nacional, votado para convinhaveis da Temporaria*. Litografia, 8,8 x 16 cm / *Mas, felizmente para o paiz, foi um pouco menos venturoso no Senado*. Litografia, 9 x 15,5 cm (POLÍTICOS – ZACARIAS DE GÓIS E VASCONCELOS).

In *O Cabrião*, São Paulo, n. 47, 1º set. 1867.

[1961] AGOSTINI, ANGELO. *O Vasques do Gymnasio – rei das scenas comicas*. Litografia, 12,3 x 15,3 cm (AS ARTES DO ESPETÁCULO – TEATRO – ATORES – FRANCISCO CORRÊA VASQUES).

In *O Cabrião*, São Paulo, n. 48, 8 set. 1867.

[1962] AGOSTINI, ANGELO. *Costumes paulistas. Primeiras lições de moralidade que recebem seus filhos por estarem onde não deveriam estar*. Litografia, 5,5 x 8 cm / *O namorado mais ousado, faz do moleque da caza, seu mercurio*. Litografia, 5,5 x 5,5 cm / *Com a primeira carta quasi desmaiou... de gosto. As visitas. Depois de ter esperado ½ na escada, o visitante ainda tem de esperar mais 1 hora na sala. E o motivo é este*. Litografia, 5,5 x 8 cm / *Obrigão o vizitante a comer por quatro, e contra a vontade, a pretexto de apreciar os petiscos especiais da terra*. Litografia, 5,5 x 10,5 cm (O UNIVERSO DO TRABALHO – COZINHEIRAS – COSTUREIRAS – MUCAMAS – MOLEQUES) (USOS E COSTUMES).

In *O Cabrião*, São Paulo, n. 49, 15 set. 1867.

[1963] FARIA, CÂNDIDO ARAGONÊS DE. *Os saltimbancos politicos. "Grande espetáculo de tudo e para todos. O burro de sete-fôlegos amestrado por sete domadores e tão pacífico que não sente o chicote do velho Tching*

Hai, nem se amola com os pesos que lhe põe Mr. Vender-a-lei etc.... É um verdadeiro burro (POLÍTICOS – BARÃO DE COTEGIPE).

In 1. *O Diabrete*, Rio de Janeiro, 30 jun. 1877.
2. LIMA, 1963, I:397.

[1964] HASTOY. ADIANTE. *É um trabalho arriscado/o do grande equilibrista/sobre um* decreto afiado/*com baionetas à vista. / De um monte a outro, no fio, /ei-lo que passa sem medo;/ leva a* Cidade do Rio/*qual maromba de arremedo. / Aplaudem-no as multidões/pois o seu trabalho cresce/ ante as oscilações/de um monte que sobe e desce.* Litografia. / (LITERATURA – JORNALISTAS – JOSÉ DO PATROCÍNIO).

In 1. *Vida Fluminense*, Rio de Janeiro, 7 jun. 1890, Série III.
2. LIMA, 1963, III:945.

[1965] HUASCAR DE VERGARA, NICOLAU. *Distribuidor de jornais.* Litografia, 15,5 x 19 cm (LITERATURA – JORNALISTAS – P. P. CARNEIRO, PSEUDÔNIMO DE POMPÍLIO DE ALBUQUERQUE).
Obs.: Foi pesquisada a edição fac-similar de *O Polichinello*.

In *O Polichinello*, São Paulo, ano I, n. 5, 14 maio 1876, p. 1.

[1966] HUASCAR DE VERGARA, NICOLAU. *São João Politico.* Litografia, 14,5 x 23 cm (LITERATURA – JORNALISTAS – LUÍS GAMA).

In *O Polichinello*, São Paulo, ano I, n. 11, 25 jun. 1876, pp. 4-5.

[1967] HUASCAR DE VERGARA, NICOLAU. *Taubaté / Explendido milagre, sob a protecção da Policia. Fr. Messina, em um momento de inspiração, benze as hortaliças, as hortaliças animam-se, sentem, vivem e andam! / Espirra o bom senso estuporado!* (POLICIAIS).

In *O Polichinello*, São Paulo, ano I, n. 14, 16 jul. 1876, pp. 4-5.

[1968] HUASCAR DE VERGARA, NICOLAU. *Francisco Correa Vasques.* Litografia, 14 x 19 cm (AS ARTES DO ESPETÁCULO – TEATRO – ATORES – FRANCISCO CORRÊA VASQUES) / *Episodios eleitorais. Fernandes Coelho bate chapa-cerrada nos amigos e correligionários.* Litografia, 12,5 x 21,5 cm (POLÍTICOS – JOSÉ FERNANDES COELHO).

In *O Polichinello*, São Paulo, ano I, n. 27, 15 out. 1876, pp. 1 e 4-5.

[1969] HUASCAR DE VERGARA, NICOLAU. *TUDO FOLGA! Comedia politica, que promette não ter fim.* Litografia, 13 x 21,5 cm (POLÍTICOS – JOSÉ FERNANDES COELHO).

In *O Polichinello*, São Paulo, ano I, n. 25, 1° out. 1876, pp. 4-5.

[1970] HUASCAR DE VERGARA, NICOLAU. *Phenix-Dramatica.* Litografia, 7 x 7,5 cm (MÚSICA – MAESTROS E COMPOSITORES – HENRIQUE ALVES DE MESQUITA).

In *O Polichinello*, São Paulo, ano I, n. 29, 29 out. 1876, pp. 4-5.

[1971] HUASCAR DE VERGARA, NICOLAU. *Padre Mamede José Gomes da Silva.* Litografia, 25,5 x 18,5 cm (CATOLICISMO – SACERDOTES – PADRE MAMEDE JOSÉ GOMES DA SILVA).

In *O Polichinello*, São Paulo, ano I, n. 31, 12 nov. 1876, p. 8.

[1972] HUASCAR DE VERGARA, NICOLAU. *Il Ritorno Di Columela (Zarzuela Paulistana).* Litografia, 12,5 x 20,5 cm (POLÍTICOS – JOSÉ FERNANDES COELHO).

In *O Polichinello*, São Paulo, ano I, n. 35, 10 dez. 1876, pp. 4-5.

[1973] MICHON, ALF. *Timandro. On a bien quelque fois vu un maçon trouver un trésor en démolissant un édifice; mais il est très rare qu'il lui soit offert par le proprietaire.* Litografia (POLÍTICOS – VISCONDE DE INHOMIRIM).

In 1. *Ba-ta-clan*, Rio de Janeiro, 22 ago. 1868.
2. LIMA, 1963, II:822.

[1974] ROCHA, MANOEL TEIXEIRA DA. *Está na ordem do dia a questão dos bancos. / O Sr. Ministro da Fazenda preparou um quitute que não ficou do agrado de alguns Literatura – Jornalistas que remexem o môlho a fim de ver se lhe mudam o sabor.* Litografia (LITERATURA – JORNALISTAS – JOSÉ DO PATROCÍNIO).

In 1. *Vida Fluminense*, Rio de Janeiro, 1° fev. 1890, Série II.
2. LIMA, 3:938.

Século XIX

C) Fotografia

1. Fontes

1.1 Originais sobre Papel Albuminado

[1975] Evangelisti, Carlo. *Impudica/Typo negro brasiliense*. 10 abr. 1898, 18,5 x 11 cm (*O negro e a fotografia – Nu feminino*).
In Coleção Carlos Eugênio Marcondes de Moura, São Paulo.

[1976] Militão. *Não identificado*. 1865-1870, 3,00 x 2,40 cm (*Indumentária masculina*).
In Acervo do Museu Paulista/Universidade de São Paulo, 16539-0051/101D.

[1977] Militão. *Não identificado*. 1865-1870, 3,00 x 2,40 cm.
In Acervo do Museu Paulista/Universidade de São Paulo, 16539-0064/114D.

[1978] Militão. *Não identificado*. 1865-1870, 3,00 x 2,40 cm (*Indumentária masculina*).
In Acervo do Museu Paulista/Universidade de São Paulo, 16539-0198/247D.

[1979] Militão. *Não identificado*. 1865-1870, 3,00 x 2,40 cm.
In Acervo do Museu Paulista/Universidade de São Paulo, 16539-0219/312D.

[1980] Militão. *Não identificado*. 1865-1870, 3,00 x 2,40 cm.
In Acervo do Museu Paulista/Universidade de São Paulo, 16539-0416/489D.

[1981] Militão. *Não identificado*. 1865-1870, 3,00 x 2,40 cm.
In Acervo do Museu Paulista/Universidade de São Paulo, 16539-0440/513D.

[1982] Militão. *Não identificado*. 1865-1870, 3,00 x 2,40 cm.
In Acervo do Museu Paulista/Universidade de São Paulo, 16539-0455/530D.

[1983] Militão. *Não identificado*. 1865-1870, 3,00 x 2,40 cm.
In Acervo do Museu Paulista/Universidade de São Paulo, 16539-0507/578D.

[1984] Militão. *Não identificado*. 1865-1870, 3,00 x 2,40 cm.
In Acervo do Museu Paulista/Universidade de São Paulo, 16539-0833/992D.

[1985] Militão. *Não identificado*. 1865-1870, 3,00 x 2,40 cm.
In Acervo do Museu Paulista/Universidade de São Paulo, 16539-09511/472D.

[1986] Militão. *Não identificado*. 1865-1870, 3,00 x 2,40 cm.
In Acervo do Museu Paulista/Universidade de São Paulo, 16539-1074/1124.

[1987] Militão. *Não identificada*. 1865-1870, 3,00 x 2,40 cm (*Indumentária feminina – Penteados*).
In Acervo do Museu Paulista/Universidade de São Paulo, 16539-1283/1216D.

[1988] Militão. *Não identificado*. 1865-1870, 3,00 x 2,40 cm.
In Acervo do Museu Paulista/Universidade de São Paulo, 16539-1355/1283D.

[1989] Militão. *Antônio de Castro Alves*. 1865-1870, 3,00 x 2,40 cm (*Literatura – Poetas – Castro Alves*).
In Acervo do Museu Paulista/Universidade de São Paulo, 16539-1412.

[1990] Militão. *Não identificado*. 1865-1870, 3,00 x 2,40 cm.
In Acervo do Museu Paulista/Universidade de São Paulo, 16539-1415/1344D.

[1991] Militão. *Não identificados*. 1865-1870, 3,00 x 5,00 cm.

In Acervo do Museu Paulista/Universidade de São Paulo, 16539-1421/1340D.

[1992] Militão. *Não identificado*. 1865-1870, 3,00 x 2,40 cm.

In Acervo do Museu Paulista/Universidade de São Paulo, 16539-1443/1372D.

[1993] Militão. *Não identificada*. 1865-1870, 3,00 x 2,40 cm (*Indumentária feminina – Chapéus*).

In Acervo do Museu Paulista/Universidade de São Paulo, 16539-1596/310D.

[1994] Militão. *Não identificada*. 1865-1870, 3,00 x 2,40 cm (*Indumentária feminina – Adereços – Penteados*).

In Acervo do Museu Paulista/Universidade de São Paulo, 16539-0051/101D.

[1995] Militão. *Não identificada*. 1865-1870, 3,00 x 2,40 cm (*Indumentária feminina – Penteados*).

In Acervo do Museu Paulista/Universidade de São Paulo, 16539-1612/382D.

[1996] Militão. *Não identificado*. 1865-1870, 3,00 x 2,40 cm.

In Acervo do Museu Paulista/Universidade de São Paulo, 16539-1634/436D.

[1997] Militão. *Não identificado*. 1865-1870, 3,00 x 2,50 cm.

In Acervo do Museu Paulista/Universidade de São Paulo, 16539-1650/541D.

[1998] Militão. *Não identificado*. 1865-1870, 3,00 x 2,40 cm.

In Acervo do Museu Paulista/Universidade de São Paulo, 16539-1666/579D.

[1999] Militão. *Catharina Pavão*. 1865-1870, 3,00 x 2,40 cm (*O universo do trabalho – Engomadeiras – Catharina Pavão*).

In Acervo do Museu Paulista/Universidade de São Paulo, 16539-1741/1765D.

[2000] Militão. *Não identificada*. 1865-1870, 3,00 x 2,50 cm.

In Acervo do Museu Paulista/Universidade de São Paulo, 16539-1835/1873D.

[2001] Militão. *Não identificado*. 1865-1870, 3,00 x 2,40 cm.

In Acervo do Museu Paulista/Universidade de São Paulo, 16539-1878/1916D.

[2002] Militão. *Não identificado*. 1865-1870, 3,00 x 2,40 cm.

In Acervo do Museu Paulista/Universidade de São Paulo, 16539-1916/1953.

[2003] Militão. *Não identificados*. 1870, 2,90 x 5,10 cm.

In Acervo do Museu Paulista/Universidade de São Paulo, 16539-1960/1997.

[2004] Militão. *Não identificada*. 1870, 3,00 x 2,40 cm.

In Acervo do Museu Paulista/Universidade de São Paulo, 16539-2058/2095D.

[2005] Militão. *Não identificada*. 1870, 3,00 x 2,50 cm.

In Acervo do Museu Paulista/Universidade de São Paulo, 16539-2059/2096D.

[2006] Militão. *Não identificada*. 1870, 3,00 x 2,50 cm.

In Acervo do Museu Paulista/Universidade de São Paulo, 16539-2060/2097D.

[2007] Militão. *Não identificada*. 1870, 3,00 x 2,40 cm (*Indumentária feminina – Chapéus*).

In Acervo do Museu Paulista/Universidade de São Paulo, 16539-2061/2098D.

[2008] Militão. *Não identificado*. 1870, 3,00 x 2,40 cm.

In Acervo do Museu Paulista/Universidade de São Paulo, 16539-2076/2113D.

[2009] Militão. *Não identificados*. 1870, 3,00 x 5,00 cm.

In Acervo do Museu Paulista/Universidade de São Paulo, 16540-0012-/2162D.

[2010] Militão. *Não identificado*. 1870, 3,00 x 2,50 cm.

In Acervo do Museu Paulista/Universidade de São Paulo, 16540-0015/2164D.

[2011] Militão. *Não identificado*. 1870, 3,00 x 5,00 cm.

In Acervo do Museu Paulista/Universidade de São Paulo, 16540-0051/2198D.

[2012] Militão. *Não identificada*. 1870, 3,00 x 2,50 cm (*Indumentária feminina – Panos da costa – [?]*).

In Acervo do Museu Paulista/Universidade de São Paulo, 16540-0120/2260D.

[2013] Militão. *Luís Gama*. 1870, 3,00 x 2,50 cm (Jornalistas – Luís Gama).

In Acervo do Museu Paulista/Universidade de São Paulo, 16540-0167/2304D.

[2014] Militão. *Não identificado*. 1870, 3,00 x 2,50 cm.

In Acervo do Museu Paulista/Universidade de São Paulo, 16540-0190/2327D.

[2015] Militão. *Não identificada*. 1870, 3,00 x 2,50 cm (Indumentária feminina – Adereços – Penteados).

In Acervo do Museu Paulista/Universidade de São Paulo, 16540-0212/2349D.

[2016] Militão. *Não identificados*. 1870, 3,00 x 3,00 cm (O universo do trabalho – Amas).

In Acervo do Museu Paulista/Universidade de São Paulo, 16540-0228/2365D.

[2017] Militão. *Zé Poeta e Gerebita (2 malandros)*. 1870, 3,00 x 5,50 cm (Marginalidade – Malandros – Gerebita – Zé Poeta).

In Acervo do Museu Paulista/Universidade de São Paulo, 16540-0257/2394D.

[2018] Militão. *Não identificada*. 1870, 3,00 x 2,50 cm.

In Acervo do Museu Paulista/Universidade de São Paulo, 16540-0258/2395D.

[2019] Militão. *Não identificada*. 1870, 3,00 x 2,50 cm.

In Acervo do Museu Paulista/Universidade de São Paulo, 16540-0261/2398D.

[2020] Militão. *Não identificadas*. 1870, 3,00 x 5,50 cm.

In Acervo do Museu Paulista/Universidade de São Paulo, 16540-0262/2399D.

[2021] Militão. *Não identificado*. 1870, 3,00 x 2,50 cm.

In Acervo do Museu Paulista/Universidade de São Paulo, 16540-0279/2415D.

[2022] Militão. *Não identificado*. 1870, 3,00 x 2,40 cm.

In Acervo do Museu Paulista/Universidade de São Paulo, 16540-0428/2558D.

[2023] Militão. *Não identificada*. 1870, 3,00 x 2,40 cm (Indumentária feminina).

In Acervo do Museu Paulista/Universidade de São Paulo, 16540-0650/2774D.

[2024] Militão. *Não identificado*. Set. 1871, 3,00 x 2,50 cm.

In Acervo do Museu Paulista/Universidade de São Paulo, 16540-0674/2798D.

[2025] Militão. *Luís Gama*. Out. 1871, 3,00 x 2,50 cm (Jornalistas – Luís Gama).

In Acervo do Museu Paulista/Universidade de São Paulo, 16540-0697/2819D.

[2026] Militão. *Dr. José Fernandes Coelho*. Nov. 1871, 3,00 x 2,50 cm (Políticos – José Fernandes Coelho).

In Acervo do Museu Paulista/Universidade de São Paulo, 16540-0748/2869D.

[2027] Militão. *Não identificado*. Fev. 1872, 3,00 x 2,50 cm.

In Acervo do Museu Paulista/Universidade de São Paulo, 16540-0875/2993D.

[2028] Militão. *Não identificada*. Maio 1872, 3,00 x 2,50 cm.

In Acervo do Museu Paulista/Universidade de São Paulo, 16540-1012/3127D.

[2029] Militão. *Não identificados*. Jun. 1872, 3,00 x 5,00 cm.

In Acervo do Museu Paulista/Universidade de São Paulo, 16540-1065/3177D.

[2030] Militão. *Não identificado*. Jul. 1872, 3,00 x 2,50 cm.

In Acervo do Museu Paulista/Universidade de São Paulo. 16540-1081/3193D.

[2031] Militão. *Não identificada*. Jul. 1872, 3,00 x 2,50 cm (Indumentária feminina).

In Acervo do Museu Paulista/Universidade de São Paulo, 16540-1094/2206D.

[2032] Militão. *Não identificado*. Set. 1872, 3,00 x 2,50 cm.

In Acervo do Museu Paulista/Universidade de São Paulo, 16540-1127/3239D.

[2033] Militão. *Não identificado*. Set. 1872, 3,00 x 2,50 cm.

In Acervo do Museu Paulista/Universidade de São Paulo, 16540-1162/3274D.

[2034] Militão. *Não identificado*. Dez. 1872, 3,00 x 2,50 cm.

In Acervo do Museu Paulista/Universidade de São Paulo, 16539-0051/101D.

[2035] MILITÃO. *Não identificado.* Dez. 1872, 3,00 x 2,50 cm.

In ACERVO DO MUSEU PAULISTA/Universidade de São Paulo, 16540-1237/3349D.

[2036] MILITÃO. *Não identificado.* Mar. 1873, 3,00 x 2,50 cm (*CATOLICISMO – SACERDOTES – NÃO IDENTIFICADO*).

In ACERVO DO MUSEU PAULISTA/Universidade de São Paulo, 16540-1331/3442D.

[2037] MILITÃO. *Não identificada.* Mar. 1873, 3,00 x 2,50 cm.

In ACERVO DO MUSEU PAULISTA/Universidade de São Paulo, 16540-1334/3445D.

[2038] MILITÃO. *Não identificada.* Abr. 1873, 3,00 x 2,50 cm.

In ACERVO DO MUSEU PAULISTA/Universidade de São Paulo, 16540-1380/3490D.

[2039] MILITÃO. *Não identificada.* Jun. 1873, 3,00 x 2,50 cm.

In ACERVO DO MUSEU PAULISTA/Universidade de São Paulo, 16540-1444/3554D.

[2040] MILITÃO. *Não identificada.* Set. 1871, 3,00 x 2,50 cm.

In ACERVO DO MUSEU PAULISTA/Universidade de São Paulo, 16540-1454/3564D.

[2041] MILITÃO. *Não identificado.* Out. 1873, 3,00 x 2,50 cm.

In ACERVO DO MUSEU PAULISTA/Universidade de São Paulo, 16540-1588/3694D.

[2042] MILITÃO. *Não identificado.* 16 set. 1873, 3,00 x 2,50 cm.

In ACERVO DO MUSEU PAULISTA/Universidade de São Paulo, 16540-1614/4022D.

[2043] MILITÃO. *Não identificado.* Out. 1873, 3,00 x 2,50 cm.

In ACERVO DO MUSEU PAULISTA/Universidade de São Paulo, 16540-1626/4036D.

[2044] MILITÃO. *Não identificada.* Out. 1873, 3,00 x 2,50 cm.

In ACERVO DO MUSEU PAULISTA/Universidade de São Paulo, 16540-1652/4063D.

[2045] MILITÃO. *Não identificado.* Out. 1873, 3,00 x 2,50 cm.

In ACERVO DO MUSEU PAULISTA/Universidade de São Paulo, 16540-1670/4082D.

[2046] MILITÃO. *Não identificado.* Out. 1873, 3,00 x 2,50 cm.

In ACERVO DO MUSEU PAULISTA/Universidade de São Paulo, 16540-1754/4169D.

[2047] MILITÃO. *Não identificado.* Dez. 1873, 3,00 x 2,50 cm.

In ACERVO DO MUSEU PAULISTA/Universidade de São Paulo, 16540-1759/4175D.

[2048] MILITÃO. *Não identificado.* Dez. 1873, 3,00 x 2,50 cm.

In ACERVO DO MUSEU PAULISTA/Universidade de São Paulo, 16540-1802/4217D.

[2049] MILITÃO. *Não identificado.* Dez. 1873, 3,00 x 2,50 cm.

In ACERVO DO MUSEU PAULISTA/Universidade de São Paulo, 16540-1803/4218D.

[2050] MILITÃO. *Não identificado.* Dez. 1873, 3,00 x 2,50 cm.

In ACERVO DO MUSEU PAULISTA/Universidade de São Paulo, 16539-0051/101D.

[2051] MILITÃO. *Não identificada.* Dez. 1873, 3,00 x 2,50 cm.

In ACERVO DO MUSEU PAULISTA/Universidade de São Paulo, 16540-1915/4331D.

[2052] MILITÃO. *Não identificados.* Dez. 1873, 3,00 x 5,10 cm.

In ACERVO DO MUSEU PAULISTA/Universidade de São Paulo, 16540-1946/4364D.

[2053] MILITÃO. *Não identificada.* Dez. 1873, 3,00 x 2,50 cm.

In ACERVO DO MUSEU PAULISTA/Universidade de São Paulo, 16540-1949/4367D.

[2054] MILITÃO. *Não identificado.* Dez. 1873, 3,00 x 2,50 cm.

In ACERVO DO MUSEU PAULISTA/Universidade de São Paulo, 16540-1953/4371D.

[2055] MILITÃO. *Não identificada.* Dez. 1873, 3,00 x 2,50 cm.

In ACERVO DO MUSEU PAULISTA/Universidade de São Paulo, 16540-1962/4381D.

[2056] MILITÃO. *Não identificado.* Dez. 1873, 3,00 x 2,50 cm.

In ACERVO DO MUSEU PAULISTA/Universidade de São Paulo, 16540-1972/4391D.

[2057] MILITÃO. *Não identificados.* Dez. 1873, 3,00 x 5,10 cm (*INDUMENTÁRIA INFANTIL – MENINAS – MENINOS*).

In ACERVO DO MUSEU PAULISTA/Universidade de São Paulo, 16540-2037/4456D.

[2058] Militão. *Não identificada.* Dez. 1873, 3,00 x 2,50 cm (*Indumentária feminina – Penteados*).

In Acervo do Museu Paulista/Universidade de São Paulo, 16540-2042/4661D.

[2059] Militão. *Não identificada.* Dez. 1873, 3,00 x 2,50 cm.

In Acervo do Museu Paulista/Universidade de São Paulo, 16540-2086/4507D.

[2060] Militão. *Não identificada.* Dez. 1873, 3,00 x 2,50 cm.

In Acervo do Museu Paulista/Universidade de São Paulo, 16540-2087/4507D.

[2061] Militão. *Não identificado.* Dez. 1873, 3,00 x 2,50 cm.

In Acervo do Museu Paulista/Universidade de São Paulo, 16540-2089/4509D.

[2062] Militão. *Não identificado.* Dez. 1873, 2,90 x 2,40 cm.

In Acervo do Museu Paulista/Universidade de São Paulo, 16540-2090/4510D.

[2063] Militão. *Não identificado.* Fev. 1874, 3,00 x 2,50 cm.

In Acervo do Museu Paulista/Universidade de São Paulo, 16540-2245/4665D.

[2064] Militão. *Não identificado.* Fev. 1874, 3,00 x 2,50 cm.

In Acervo do Museu Paulista/Universidade de São Paulo, 16540-2353/4779D.

[2065] Militão. *Não identificado.* Mar. 1874, 3,00 x 2,50 cm (*Indumentária masculina – Uniformes militares*).

In Acervo do Museu Paulista/Universidade de São Paulo, 16540-2381/4801D.

[2066] Militão. *Não identificada.* Mar. 1874, 3,00 x 2,50 cm.

In Acervo do Museu Paulista/Universidade de São Paulo, 16540-2391/4811D.

[2067] Militão. *Não identificado.* Mar. 1874, 3,00 x 2,50 cm.

In Acervo do Museu Paulista/Universidade de São Paulo, 16540-2398/4818D.

[2068] Militão. *Não identificado.* Mar. 1874, 3,00 x 2,50 cm.

In Acervo do Museu Paulista/Universidade de São Paulo, 16540-2466/4886D.

[2069] Militão. *Não identificada.* Mar. 1874, 3,00 x 2,50 cm.

In Acervo do Museu Paulista/Universidade de São Paulo, 16540-2474/4894D.

[2070] Militão. *Não identificado.* Mar. 1874, 3,00 x 2,50 cm.

In Acervo do Museu Paulista/Universidade de São Paulo, 16540-2498/4918D.

[2071] Militão. *Não identificados.* Abr. 1874, 2,90 x 2,40 cm.

In Acervo do Museu Paulista/Universidade de São Paulo, 16540-2545/4965D.

[2072] Militão. *Não identificada.* Abr. 1874, 3,00 x 2,50 cm.

In Acervo do Museu Paulista/Universidade de São Paulo, 16540-2547/4967D.

[2073] Militão. *Não identificado.* Abr. 1874, 3,00 x 2,50 cm.

In Acervo do Museu Paulista/Universidade de São Paulo, 16540-2561/4981D.

[2074] Militão. *Não identificada.* Abr. 1874, 3,00 x 2,50 cm (*Indumentária feminina – Chapéus*).

In Acervo do Museu Paulista/Universidade de São Paulo, 16540-2654/5074D.

[2075] Militão. *Não identificada.* Abr. 1874, 3,00 x 2,50 cm.

In Acervo do Museu Paulista/Universidade de São Paulo, 16540-2655/5075D.

[2076] Militão. *Não identificadas.* Abr. 1874, 2,90 x 2,40 cm.

In Acervo do Museu Paulista/Universidade de São Paulo, 16540-2675/5095D.

[2077] Militão. *Não identificados.* Maio 1874, 2,90 x 4,80 cm.

In Acervo do Museu Paulista/Universidade de São Paulo, 16540-2473/5163D.

[2078] Militão. *Não identificado.* Maio 1874, 2,90 x 2,40 cm.

In Acervo do Museu Paulista/Universidade de São Paulo, 16540-2747/5167D.

[2079] Militão. *Não identificado.* Jun. 1874, 2,90 x 2,40 cm.

In Acervo do Museu Paulista/Universidade de São Paulo, 16540-2856/5276D.

[2080] Militão. *Não identificada.* Jun. 1874, 3,00 x 2,50 cm.

In Acervo do Museu Paulista/Universidade de São Paulo, 16540-2888/5308D.

[2081] Militão. *Não identificado.* Jun. 1874, 3,00 x 2,50 cm.

In Acervo do Museu Paulista/Universidade de São Paulo, 16540-2919/5339D.

[2082] Militão. *Não identificado.* Jun. 1874, 3,00 x 2,50 cm.

In Acervo do Museu Paulista/Universidade de São Paulo, 16540-2920/5340D.

[2083] Militão. *Não identificada.* Jun. 1874, 3,00 x 2,50 cm.

In Acervo do Museu Paulista/Universidade de São Paulo, 16540-2921/5341D.

[2084] Militão. *Não identificado.* Jun. 1874, 3,00 x 2,50 cm.

In Acervo do Museu Paulista/Universidade de São Paulo, 16540-2922/5342D.

[2085] Militão. *Não identificada.* Jul. 1874, 3,00 x 2,50 cm.

In Acervo do Museu Paulista/Universidade de São Paulo, 16540-2988/5408D.

[2086] Militão. *Não identificada.* Jul. 1874, 3,00 x 2,50 cm (*Indumentária feminina – Adereços – Mantilhas – Penteados*).

In Acervo do Museu Paulista/Universidade de São Paulo, 16540-2989/5409D.

[2087] Militão. *Não identificados.* Jul. 1874, 2,90 x 2,50 cm.

In Acervo do Museu Paulista/Universidade de São Paulo, 16540-2994/5414D.

[2088] Militão. *Não identificado.* Jul. 1874, 3,30 x 2,50 cm.

In Acervo do Museu Paulista/Universidade de São Paulo, 16540-3023/5443D.

[2089] Militão. *Não identificado.* Ago. 1874, 2,90 x 2,40 cm.

In Acervo do Museu Paulista/Universidade de São Paulo, 16540-3073/5493D.

[2090] Militão. *Não identificado.* Ago. 1874, 3,00 x 2,50 cm.

In Acervo do Museu Paulista/Universidade de São Paulo, 16540-3149/5569D.

[2091] Militão. *Não identificada.* Ago. 1874, 3,00 x 2,50 cm.

In Acervo do Museu Paulista/Universidade de São Paulo, 16540-3166/5586D.

[2092] Militão. *Não identificado.* Ago. 1874, 3,00 x 2,50 cm.

In Acervo do Museu Paulista/Universidade de São Paulo, 16540-3169/5589D.

[2093] Militão. *Não identificada.* 1º set. 1874, 3,00 x 2,50 cm (*Indumentária feminina*).

In Acervo do Museu Paulista/Universidade de São Paulo, 16541-0041/5681D.

[2094] Militão. *José Fernandes Coelho.* Set. 1874, 3,00 x 2,40 cm (*Políticos – José Fernandes Coelho*).

In Acervo do Museu Paulista/Universidade de São Paulo, 16541-0108/5478D.

[2095] Militão. *Não identificado.* Out. 1874, 2,90 x 2,50 cm.

In Acervo do Museu Paulista/Universidade de São Paulo, 16541-0167/5807D.

[2096] Militão. *Não identificada.* Dez. 1874, 3,00 x 2,50 cm.

In Acervo do Museu Paulista/Universidade de São Paulo, 16541-0467/6102D.

[2097] Militão. *Não identificado.* Dez. 1874, 3,00 x 2,50 cm.

In Acervo do Museu Paulista/Universidade de São Paulo, 16541-0468/6103D.

[2098] Militão. *Não identificado.* Dez. 1873, 3,00 x 2,50 cm.

In Acervo do Museu Paulista/Universidade de São Paulo, 16540-1972/4391D.

[2099] Militão. *Não identificado.* Dez. 1874, 3,00 x 2,50 cm.

In Acervo do Museu Paulista/Universidade de São Paulo, 16541-0471/6106D.

[2100] Militão. *Não identificado.* Dez. 1874, 3,00 x 2,50 cm.

In Acervo do Museu Paulista/Universidade de São Paulo, 16541-0472/6107D.

[2101] Militão. *Não identificada.* 1875, 3,00 x 2,50 cm.

In Acervo do Museu Paulista/Universidade de São Paulo, 16541-0547/6182D.

[2102] Militão. *Não identificada.* 1875, 3,00 x 2,50 cm (*Indumentária feminina – Adereços – Penteados*).

Acervo do Museu Paulista/Universidade de São Paulo, 16541-0597/6231D.

[2103] Militão. *Não identificada.* 1875, 3,00 x 2,50 cm.

In Acervo do Museu Paulista/Universidade de São Paulo, 16541-0634/6267D.

[2104] Militão. *Não identificada.* 1875, 3,00 x 2,50 cm (*Indumentária feminina – Penteados*).

In Acervo do Museu Paulista/Universidade de São Paulo, 16541-0697/6330D.

[2105] Militão. *Não identificada.* Fev. 1875, 3,00 x 2,50 cm.

In Acervo do Museu Paulista/Universidade de São Paulo, 16541-0698/6331D.

[2106] Militão. *Não identificado.* Mar. 1875, 3,00 x 2,50 cm.

In Acervo do Museu Paulista/Universidade de São Paulo, 16541-0752/6385D.

[2107] Militão. *Não identificado.* Mar. 1875, 3,00 x 2,50 cm.

In Acervo do Museu Paulista/Universidade de São Paulo, 16541-0785/6418D.

[2108] Militão. *Não identificado.* Mar. 1875, 3,00 x 2,50 cm (*Indumentária masculina – Uniformes militares*).

In Acervo do Museu Paulista/Universidade de São Paulo, 16541-0831/6464D.

[2109] Militão. *Benedicto dos Santos.* Mar. 1875, 3,00 x 2,40 cm (*O universo do trabalho – Funcionários públicos – Contínuo no Tesouro – Benedicto dos Santos*).

In Acervo do Museu Paulista/Universidade de São Paulo, 16541-0871/6501D.

[2110] Militão. *Não identificada.* Mar. 1875, 3,00 x 2,50 cm.

In Acervo do Museu Paulista/Universidade de São Paulo, 16541-0878/6508D.

[2111] Militão. *Não identificado.* Mar. 1875, 3,00 x 2,50 cm.

In Acervo do Museu Paulista/Universidade de São Paulo, 16541-0898/6528D.

[2112] Militão. *Não identificado.* Abr. 1875, 3,00 x 2,50 cm.

In Acervo do Museu Paulista/Universidade de São Paulo, 16541-0932/6562D.

[2113] Militão. *Não identificado.* Abr. 1875, 3,00 x 2,50 cm.

In Acervo do Museu Paulista/Universidade de São Paulo, 16541-0945/6575D.

[2114] Militão. *Não identificada.* Abr. 1875, 3,00 x 2,50 cm (*Indumentária feminina*).

In Acervo do Museu Paulista/Universidade de São Paulo, 16541-0960/6590D.

[2115] Militão. *Não identificado.* Maio 1875, 3,00 x 2,60 cm.

In Acervo do Museu Paulista/Universidade de São Paulo, 16541-1097/6727D.

[2116] Militão. *Não identificado.* Maio 1875, 3,00 x 2,50 cm.

In Acervo do Museu Paulista/Universidade de São Paulo, 16541-1147/6778D.

[2117] Militão. *Não identificado.* Maio 1875, 3,00 x 2,50 cm.

In Acervo do Museu Paulista/Universidade de São Paulo, 16541-1154/6785D.

[2118] Militão. *Não identificado.* Maio 1875, 3,00 x 2,50 cm (*Indumentária masculina – Uniformes militares*).

In Acervo do Museu Paulista/Universidade de São Paulo, 16541-1167/6796D.

[2119] Militão. *Não identificado.* Maio 1875, 3,00 x 2,50 cm.

In Acervo do Museu Paulista/Universidade de São Paulo, 16541-1172/6803D.

[2120] Militão. *Não identificado.* Maio 1875, 3,00 x 2,50 cm.

In Acervo do Museu Paulista/Universidade de São Paulo, 16541-1190/6821D.

[2121] Militão. *Não identificado.* Jun. 1876, 3,00 x 2,50 cm (*Indumentária masculina*).

In Acervo do Museu Paulista/Universidade de São Paulo, 16541-1242/6873D.

[2122] Militão. *Não identificado.* Jun. 1875, 3,00 x 2,50 cm.

In Acervo do Museu Paulista/Universidade de São Paulo, 16541-1254/6885D.

[2123] Militão. *Não identificado.* Jul. 1875, 3,00 x 2,50 cm.

In Acervo do Museu Paulista/Universidade de São Paulo, 16541-1326/6957D.

[2124] Militão. *Não identificada.* Jul. 1875, 3,00 x 2,50 cm (*Indumentária feminina*).

In Acervo do Museu Paulista/Universidade de São Paulo, 16541-1397/7026D.

[2125] Militão. *Não identificados*. Jul. 1875, 3,00 x 2,50 cm *(Indumentária masculina – Chapéus)*.

In Acervo do Museu Paulista/Universidade de São Paulo, 16541-1414/7042D.

[2126] Militão. *Não identificada*. Jul. 1875, 3,00 x 2,50 cm.

In Acervo do Museu Paulista/Universidade de São Paulo, 16541-1416/7045D.

[2127] Militão. *Não identificado*. Ago. 1875. 3,00 x 2,50 cm.

In Acervo do Museu Paulista/Universidade de São Paulo, 16541-1539/7169D.

[2128] Militão. *Não identificados*. Out. 1875, 3,20 x 2,50 cm *(O universo do trabalho – Amas?)*.

In Acervo do Museu Paulista/Universidade de São Paulo, 16541-1618/7246D.

[2129] Militão. *Não identificado*. Out. 1875, 3,00 x 2,50 cm.

In Acervo do Museu Paulista/Universidade de São Paulo, 16541-1671/7297D.

[2130] Militão. *Não identificada*. Out. 1875, 3,00 x 2,50 cm.

In Acervo do Museu Paulista/Universidade de São Paulo, 16541-1685/7311D.

[2131] Militão. *Não identificada*. Out. 1875, 3,00 x 2,50 cm.

In Acervo do Museu Paulista/Universidade de São Paulo, 16541-1716/7341D.

[2132] Militão. *Não identificado*. Out. 1875, 3,00 x 2,50 cm.

In Acervo do Museu Paulista/Universidade de São Paulo, 16541-1724/7349D.

[2133] Militão. *Não identificada*. Dez. 1875, 3,00 x 2,50 cm.

In Acervo do Museu Paulista/Universidade de São Paulo, 16541-1768/7392D.

[2134] Militão. *Não identificada*. Dez. 1875, 3,00 x 2,50 cm.

In Acervo do Museu Paulista/Universidade de São Paulo, 16541-1810/7436D.

[2135] Militão. *Não identificada*. Out. 1876, 3,00 x 2,50 cm *(Indumentária feminina – Adereços – Penteados)*.

In Acervo do Museu Paulista/Universidade de São Paulo, 16541-1825/7443D.

[2136] Militão. *Não identificada*. Jan. 1876, 3,00 x 2,50 cm.

In Acervo do Museu Paulista/Universidade de São Paulo, 16541-1826/7444D.

[2137] Militão. *Não identificada*. Fev. 1876, 3,30 x 2,40 cm *(Indumentária feminina)*.

In Acervo do Museu Paulista/Universidade de São Paulo, 16541-1961/7578D.

[2138] Militão. *Não identificada*. Fev. 1876, 3,00 x 2,50 cm.

In Acervo do Museu Paulista/Universidade de São Paulo, 16541-1963/7580D.

[2139] Militão. *Não identificada*. Mar. 1876, 3,00 x 2,50 cm *(Indumentária feminina)*.

In Acervo do Museu Paulista/Universidade de São Paulo, 16541-1983/7599D.

[2140] Militão. *Não identificada*. Mar. 1876, 3,00 x 2,50 cm.

In Acervo do Museu Paulista/Universidade de São Paulo, 16541-1998/7615D.

[2141] Militão. *Não identificado*. Mar. 1876, 3,00 x 2,50 cm *(Indumentária masculina)*.

In Acervo do Museu Paulista/Universidade de São Paulo, 16541-1999/7616D.

[2142] Militão. *Não identificada*. Mar. 1876, 3,00 x 2,50 cm.

In Acervo do Museu Paulista/Universidade de São Paulo, 16541-2000/7617D.

[2143] Militão. *Não identificados*. Abr. 1876, 3,00 x 2,50 cm *(O universo do trabalho – Amas)*.

In Acervo do Museu Paulista/Universidade de São Paulo, 16541-2049/7666D.

[2144] Militão. *Não identificado*. Abr. 1876, 3,00 x 2,50 cm *(Indumentária masculina)*.

In Acervo do Museu Paulista/Universidade de São Paulo, 16541-2141/7758D.

[2145] Militão. *Não identificados*. Abr. 1876, 3,00 x 2,50 cm *(O universo do trabalho – Amas)*.

In Acervo do Museu Paulista/Universidade de São Paulo, 16541-2146/7755D.

[2146] Militão. *Não identificado*. Ago. 1876, 3,00 x 2,50 cm (Indumentária masculina – Lorgnon).

In Acervo do Museu Paulista/Universidade de São Paulo, 16541-2260/7875D.

[2147] Militão. *Não identificada*. Set. 1876, 3,00 x 2,50 cm (Indumentária feminina – Chapéus).

In Acervo do Museu Paulista/Universidade de São Paulo, 16541-2299/7914D.

[2148] Militão. *Não identificado*. Set. 1876, 3,00 x 2,50 cm.

In Acervo do Museu Paulista/Universidade de São Paulo, 16541-2321/7936D.

[2149] Militão. *Não identificada*. Set. 1876, 3,00 x 2,50 cm (Indumentária feminina – Penteados).

In Acervo do Museu Paulista/Universidade de São Paulo, 16541-2329/7944

[2150] Militão. *Francisco Corrêa Vasques*. 10 jun. 1876, 3,20 x 2,40 cm (As artes do espetáculo – Teatro – Atores – Francisco Corrêa Vasques).

In 1. Acervo do Museu Paulista/Universidade de São Paulo, 16541-2417.
2. Moura, 1878:61.

[2151] Militão. *Henrique Alves de Mesquita*. Out. 1876, 3,00 x 2,50 cm (Músicos – Maestros – Henrique Alves de Mesquita).

In Acervo do Museu Paulista/Universidade de São Paulo, 16541-2418/8035R.

[2152] Militão. *Não identificado*. Out. 1876, 3,00 x 2,50 cm.

In Acervo do Museu Paulista/Universidade de São Paulo, 16541-2419/8031D.

[2153] Militão. *Não identificado*. Nov. 1876, 3,00 x 2,50 cm.

In Acervo do Museu Paulista/Universidade de São Paulo, 16541-2453/8067D.

[2154] Militão. *Não identificado*. Nov. 1876, 3,20 x 2,50 cm.

In Acervo do Museu Paulista/Universidade de São Paulo, 16541-2458/8072D.

[2155] Militão. *Não identificado*. Nov. 1876, 3,00 x 2,50 cm.

In Acervo do Museu Paulista/Universidade de São Paulo, 16541-2484/8098D.

[2156] Militão. *Não identificada*. Fev. 1877, 3,00 x 2,50 cm.

In Acervo do Museu Paulista/Universidade de São Paulo, 16541-2610/8222D.

[2157] Militão. *Não identificado*. Fev. 1877, 3,00 x 2,50 cm.

In Acervo do Museu Paulista/Universidade de São Paulo, 16541-2614/8226D.

[2158] Militão. *Não identificada*. Mar. 1877, 3,00 x 2,50 cm (Indumentária feminina).

In Acervo do Museu Paulista/Universidade de São Paulo, 16541-2708/8319D.

[2159] Militão. *Não identificado*. Mar. 1877, 3,40 x 2,70 cm.

In Acervo do Museu Paulista/Universidade de São Paulo, 16541-2715/8413D.

[2160] Militão. *Não identificado*. Maio 1877, 3,00 x 2,50 cm (Indumentária masculina).

In Acervo do Museu Paulista/Universidade de São Paulo, 16542-0126/8446D.

[2161] Militão. *Não identificado*. Jun. 1877, 3,00 x 2,50 cm.

In Acervo do Museu Paulista/Universidade de São Paulo, 16542-0130/8450D.

[2162] Militão. *Não identificado*. Jul. 1877, 3,20 x 2,60 cm.

In Acervo do Museu Paulista/Universidade de São Paulo, 16542-0203/8519D.

[2163] Militão. *Não identificada*. Jul. 1877, 3,00 x 2,50 cm.

In Acervo do Museu Paulista/Universidade de São Paulo, 16542-0244/8560D.

[2164] Militão. *Não identificado*. Ago. 1877, 3,00 x 2,50 cm.

In Acervo do Museu Paulista/Universidade de São Paulo, 16542-0278/8592D.

[2165] Militão. *Não identificada*. Ago. 1877, 3,00 x 2,50 cm (Indumentária feminina – Adereços – Penteados).

In Acervo do Museu Paulista/Universidade de São Paulo, 16542-0288/8504D.

[2166] Militão. *Não identificada*. Ago. 1877, 3,00 x 2,50 cm.

In Acervo do Museu Paulista/Universidade de São Paulo, 16542-0300/8613D.

[2167] Militão. *Não identificado*. Set. 1877, 3,00 x 2,50 cm.

In Acervo do Museu Paulista/Universidade de São Paulo, 16542-0357/8836D.

[2168] Militão. *Não identificado*. Set. 1877, 3,00 x 2,50 cm.

In Acervo do Museu Paulista/Universidade de São Paulo, 16542-0373/8847D.

[2169] Militão. *Não identificado*. Out. 1877, 3,00 x 2,50 cm (*Indumentária masculina – Uniformes militares*).

In Acervo do Museu Paulista/Universidade de São Paulo, 16542-0487/8858D.

[2170] Militão. *Não identificada*. Out. 1877, 3,20 x 2,50 cm.

In Acervo do Museu Paulista/Universidade de São Paulo, 16542-0415/8886D.

[2171] Militão. *Não identificada*. Out. 1877, 3,00 x 2,50 cm.

In Acervo do Museu Paulista/Universidade de São Paulo, 16542-0450/8927D.

[2172] Militão. *Não identificada*. Nov. 1877, 4,00 x 2,80 cm (*Indumentária feminina – Acessórios – Leques – Penteados*).

In Acervo do Museu Paulista/Universidade de São Paulo, 16542-0453/8930D.

[2173] Militão. *Não identificadas*. Nov. 1877, 3,20 x 5,20 cm (*Indumentária feminina – Xales*).

In Acervo do Museu Paulista/Universidade de São Paulo, 16542-0486/8951D.

[2174] Militão. *Não identificada*. Nov. 1877, 3,00 x 2,50 cm.

In Acervo do Museu Paulista/Universidade de São Paulo, 16542-0489/56D.

[2175] Militão. *Não identificada*. Dez. 1877, 3,00 x 2,50 cm.

In Acervo do Museu Paulista/Universidade de São Paulo, 16542-0497/8963D.

[2176] Militão. *Não identificado*. Dez. 1877, 3,00 x 2,50 cm.

In Acervo do Museu Paulista/Universidade de São Paulo, 16542-0507/8972D.

[2177] Militão. *Não identificada*. Dez. 1877, 3,00 x 2,50 cm.

In Acervo do Museu Paulista/Universidade de São Paulo, 16542-0509/8975D.

[2178] Militão. *Não identificado*. Dez. 1877, 3,70 x 2,70 cm.

In Acervo do Museu Paulista/Universidade de São Paulo, 16542-0520/9885D.

[2179] Militão. *Não identificado*. Dez. 1877, 3,60 x 2,70 cm.

In Acervo do Museu Paulista/Universidade de São Paulo, 16542-0532/8993D.

[2180] Militão. *Não identificado*. 1878, 3,30 x 2,50 cm.

In Acervo do Museu Paulista/Universidade de São Paulo, 16542-0594/9042D.

[2181] Militão. *Não identificado*. 1879, 3,20 x 2,50 cm.

In Acervo do Museu Paulista/Universidade de São Paulo, 16542-0595/9043D.

[2182] Militão. *Não identificado*. 1878, 3,20 x 2,50 cm.

In Acervo do Museu Paulista/Universidade de São Paulo, 16542-0595/9043D.

[2183] Militão. *Não identificado*. 1878, 3,20 x 2,50 cm.

In Acervo do Museu Paulista/Universidade de São Paulo, 16542-0596/9051D.

[2184] Militão. *Não identificada*. 1878, 3,20 x 2,50 cm (*Indumentária feminina – Chapéus*).

In Acervo do Museu Paulista/Universidade de São Paulo, 16542-0597/9044D.

[2185] Militão. *Não identificada*. 1878-1879, 3,00 x 2,50 cm.

In Acervo do Museu Paulista/Universidade de São Paulo, 16543-0032/9068D.

[2186] Militão. *Não identificada*. 1878-1879, 3,00 x 2,50 cm.

In Acervo do Museu Paulista/Universidade de São Paulo, 16543-0033/9069D.

[2187] Militão. *Não identificada*. 1878-1879, 9,50 x 6,10 cm (*Nu feminino*).

In Acervo do Museu Paulista/Universidade de São Paulo, 16543-0059/9006D.

[2188] Militão. *Não identificado*. 1878-1879, 3,00 x 2,50 cm (*Indumentária masculina – Uniformes militares*).

In Acervo do Museu Paulista/Universidade de São Paulo, 16543-0081/9086D.

[2189] Militão. *Não identificado.* 1878-1879, 3,00 x 2,50 cm.

In Acervo do Museu Paulista/Universidade de São Paulo, 16543-0086/9091D.

[2190] Militão. *Não identificado.* 1878-1879, 3,00 x 2,50 cm.

In Acervo do Museu Paulista/Universidade de São Paulo, 16543-0095/9093D.

[2191] Militão. *Não identificado.* 1878-1879, 4,00 x 2,50 cm.

In Acervo do Museu Paulista/Universidade de São Paulo, 16543-01416/9149D.

[2192] Militão. *Não identificado.* 1878-1879, 2,70 x 2,30 cm (*Indumentária masculina – Uniformes militares*).

In Acervo do Museu Paulista/Universidade de São Paulo, 16543-0148/9151D.

[2193] Militão. *Não identificado.* 1878-1879, 3,50 x 2,70 cm.

In Acervo do Museu Paulista/Universidade de São Paulo, 16543-0152/9155D.

[2194] Militão. *Não identificado.* 1878-1879, 3,00 x 2,50 cm.

In Acervo do Museu Paulista/Universidade de São Paulo, 16543-0153/9156D.

[2195] Militão. *Não identificado.* 1878-1879, 3,00 x 2,50 cm.

In Acervo do Museu Paulista/Universidade de São Paulo, 16543-0179/9184D.

[2196] Militão. *Não identificado.* 1878-1879, 3,00 x 2,50 cm (*Indumentária masculina – Uniformes militares*).

In Acervo do Museu Paulista/Universidade de São Paulo, 16543-0188/9194D.

[2197] Militão. *Não identificada.* 1878-1879, 2,70 x 2,20 cm.

In Acervo do Museu Paulista/Universidade de São Paulo, 16543-0189/9195D.

[2198] Militão. *Benedicto Mariano dos Santos.* 1878-1879, 4,00 x 3,00 cm.

In Acervo do Museu Paulista/Universidade de São Paulo, 16543-0217/9222D.

[2199] Militão. *Não identificado.* 1878-1879, 3,50 x 3,00 cm.

In Acervo do Museu Paulista/Universidade de São Paulo, 16543-0246/9253D.

[2200] Militão. *Não identificada.* 1878-1879, 3,00 x 2,50 cm.

In Acervo do Museu Paulista/Universidade de São Paulo, 16543-0262/9262D.

[2201] Militão. *Não identificada.* 1878-1879, 3,00 x 2,50 cm.

In Acervo do Museu Paulista/Universidade de São Paulo, 16543-0263/9263D.

[2202] Militão. *Não identificada.* 1878-1979, 3,00 x 2,50 cm.

In Acervo do Museu Paulista/Universidade de São Paulo, 16543-0264/9264D.

[2203] Militão. *Não identificada.* 1878-1879, 3,00 x 2,50 cm (*Indumentária feminina – Adereços*).

In Acervo do Museu Paulista/Universidade de São Paulo, 16543-0280/9280D.

[2204] Militão. *Não identificado.* 1878-1879, 3,00 x 2,50 cm.

In Acervo do Museu Paulista/Universidade de São Paulo, 16543-0290/9289D.

[2205] Militão. *Não identificado.* 1878-1879, 3,10 x 2,50 cm.

In Acervo do Museu Paulista/Universidade de São Paulo, 16543-0292/9291D.

[2206] Militão. *Não identificado.* 1878-1879, 3,20 x 2,50 cm.

In Acervo do Museu Paulista/Universidade de São Paulo, 16543-0295/sem legenda.

[2207] Militão. *Não identificado.* 1878-1879, 3,00 x 2,50 cm.

In Acervo do Museu Paulista/Universidade de São Paulo, 16543-0298/sem legenda.

[2208] Militão. *Não identificado.* 1878-1879, 3,00 x 2,50 cm.

In Acervo do Museu Paulista/Universidade de São Paulo, 16543-0298/sem legenda.

[2209] Militão. *Não identificada.* 1878-1879, 3,00 x 2,50 cm.

In Acervo do Museu Paulista/Universidade de São Paulo, 16543-0322/9323D.

[2210] Militão. *Não identificado.* 1878-1879, 3,00 x 2,50 cm (*Indumentária masculina – Penteados*).

In Acervo do Museu Paulista/Universidade de São Paulo, 16543-0333/9334D.

[2211] Militão. *Não identificado*. 1878-1879, 3,00 x 2,50 cm.

In Acervo do Museu Paulista/Universidade de São Paulo, 16543-0363/9362D.

[2212] Militão. *Não identificados*. 1878-1879, 3,40 x 5,30 cm.

In Acervo do Museu Paulista/Universidade de São Paulo, 16543-0369/9369D.

[2213] Militão. *Não identificada*. 1878-1879, 3,00 x 2,50 cm.

In Acervo do Museu Paulista/Universidade de São Paulo, 16543-0374/9374D.

[2214] Militão. *Não identificado*. 1878-1879, 3,00 x 2,50 cm (*Indumentária feminina*).

In Acervo do Museu Paulista/Universidade de São Paulo, 16543-0375/9375D.

[2215] Militão. *Não identificado*. 1878-1879, 3,00 x 2,50 cm.

In Acervo do Museu Paulista/Universidade de São Paulo, 16543-0382/9381D.

[2216] Militão. *Não identificado*. 1878-1879, 4,00 x 3,00 cm.

In Acervo do Museu Paulista/Universidade de São Paulo, 16543-0423/9485D.

[2217] Militão. *Não identificado*. 1878-1879, 4,00 x 3,00 cm.

In Acervo do Museu Paulista/Universidade de São Paulo, 16543-0425/9487D.

[2218] Militão. *Não identificado*. 1878-1879, 4,00 x 3,00 cm.

In Acervo do Museu Paulista/Universidade de São Paulo, 16543-0426/9488D.

[2219] Militão. *Não identificado*. 1878-1879, 4,00 x 3,00 cm.

In Acervo do Museu Paulista/Universidade de São Paulo, 16543-0427/9489D.

[2220] Militão. *Não identificado*. 1878-1879, 4,00 x 3,00 cm.

In Acervo do Museu Paulista/Universidade de São Paulo, 16543-0428/9490D.

[2221] Militão. *Não identificada*. 1878-1879, 4,00 x 3,0 cm.

In Acervo do Museu Paulista/Universidade de São Paulo, 16543-0429/9491D.

[2222] Militão. *Não identificados*. 1879, 4,00 x 3,00 cm (*Miscigenação – Casais mixtos – Mulher negra e homem branco*).

In Acervo do Museu Paulista/Universidade de São Paulo, 16543-0492/9544D.

[2223] Militão. *Não identificado*. Fev. 1879, 4,00 x 3,00 cm (*Indumentária masculina*).

In Acervo do Museu Paulista/Universidade de São Paulo, 16543-0511/9565D.

[2224] Militão. *Não identificado*. Fev. 1879, 4,20 x 3,00 cm.

In Acervo do Museu Paulista/Universidade de São Paulo, 16543-0538/9587D.

[2225] Militão. *Não identificado*. Fev. 1879, 4,20 x 3,00 cm.

In Acervo do Museu Paulista/Universidade de São Paulo, 16543-0539/9587D.

[2226] Militão. *Não identificados*. Mar. 1879, 4,20 x 3,60 cm (*Miscigenação – Casais mistos – Homem negro e mulher branca*).

In Acervo do Museu Paulista/Universidade de São Paulo, 16543-0541/9589D.

[2227] Militão. *Não identificado*. Mar. 1879, 4,10 x 3,10 cm.

In Acervo do Museu Paulista/Universidade de São Paulo, 16543-0546/9594D.

[2228] Militão. *Não identificado*. Mar. 1879, 4,00 x 3,00 cm.

In Acervo do Museu Paulista/Universidade de São Paulo, 16543-0550/9599.

[2229] Militão. *Não identificado*. Mar. 1879, 4,00 x 3,00 cm.

In Acervo do Museu Paulista/Universidade de São Paulo, 16543-0551/9600D.

[2230] Militão. *Não identificados*. Mar. 1879, 4,20 x 3,00 cm.

In Acervo do Museu Paulista/Universidade de São Paulo, 16543-0552/9601D.

[2231] Militão. *Não identificado*. Mar. 1879, 4,20 x 3,00 cm (*Indumentária masculina – Uniformes militares*).

In Acervo do Museu Paulista/Universidade de São Paulo, 16543-0557/6D.

[2232] Militão. *Não identificado*. Mar. 1879, 4,00 x 3,00 cm.

In Acervo do Museu Paulista/Universidade de São Paulo, 16543-0558/7D.

[2233] Militão. *Não identificado*. Mar. 1879, 4,00 x 3,00 cm.

In Acervo do Museu Paulista/Universidade de São Paulo, 16543-0559/8D.

[2234] Militão. *Não identificados*. 1879, 9,20 x 5,00 cm (*Indumentária masculina – Uniformes militares*).

In Acervo do Museu Paulista/Universidade de São Paulo, 16544-0069/9681D.

[2235] Militão. *Não identificado*. Abr. 1879, 9,00 x 5,50 cm.

In Acervo do Museu Paulista/Universidade de São Paulo, 16544-0078/9690D.

[2236] Militão. *Não identificados*. Abr. 1879, 9,00 x 5,50 cm (*Indumentária feminina – Indumentária masculina – Adolescentes*).

In Acervo do Museu Paulista/Universidade de São Paulo, 16545-0080/9692D.

[2237] Militão. *Não identificado*. Maio 1879, 9,00 x 5,50 cm (*Indumentária masculina – Uniformes militares*).

In Acervo do Museu Paulista/Universidade de São Paulo, 16544-0187/9820D.

[2238] Militão. *Não identificada*. Jul. 1879, 9,00 x 5,50 cm (*Indumentária feminina*).

In Acervo do Museu Paulista/Universidade de São Paulo, 16544-0287/9961.

[2239] Militão. *Não identificado*. Jul. 1879, 9,00 x 5,50 cm (*Indumentária masculina – Guarda-chuvas*).

In Acervo do Museu Paulista/Universidade de São Paulo, 16544-0342/10047.

[2240] Militão. *Não identificados*. Jul. 1879, 9,00 x 5,50 cm (*Indumentária feminina – Sombrinhas*) (*Indumentária masculina*).

In Acervo do Museu Paulista/Universidade de São Paulo, 16544-0346/49.

[2241] Militão. *Não identificados*. Nov. 1879, 9,20 x 5,50 cm (*Indumentária feminina – Indumentária masculina*).

In Acervo do Museu Paulista/Universidade de São Paulo, 16544-0441/sem legenda.

[2242] Militão. *Não identificado*. Nov. 1879, 9,00 x 5,50 cm (*Indumentária masculina – Uniformes militares*).

In Acervo do Museu Paulista/Universidade de São Paulo, 16544-0457/10142.

[2243] Militão. *Não identificado*. Nov. 1879, 9,00 x 5,50 cm.

In Acervo do Museu Paulista/Universidade de São Paulo, 16544-0470/10155.

[2244] Militão. *Não identificado*. Nov. 1879, 9,00 x 5,50 cm (*Indumentária masculina*).

In Acervo do Museu Paulista/Universidade de São Paulo, 16544-0476/sem legenda.

[2245] Militão. *Não identificados*. Dez. 1879, 6,30 x 8,30 cm (*Indumentária masculina – Escravos*).

In Acervo do Museu Paulista/Universidade de São Paulo, 16544-0481/10165.

[2246] Militão. *Não identificado*. Mar. 1880, 9,00 x 5,50 cm.

In Acervo do Museu Paulista/Universidade de São Paulo, 16544-0663/10407.

[2247] Militão. *Não identificado*. Maio 1880, 5,30 x 8,90 cm.

In Acervo do Museu Paulista/Universidade de São Paulo, 16544-0717/10461.

[2248] Militão. *Não identificada*. Jun. 1880, 8,60 x 5,50 cm (*Indumentária feminina*).

In Acervo do Museu Paulista/Universidade de São Paulo, 16544-0795/sem legenda.

[2249] Militão. *Não identificada*. Ago. 1880, 9,00 x 5,50 cm (*Indumentária feminina*).

In Acervo do Museu Paulista/Universidade de São Paulo, 16544-0876/10641.

[2250] Militão. *Não identificado*. Ago. 1880, 9,00 x 5,50 cm.

In Acervo do Museu Paulista/Universidade de São Paulo, 16544-0921/10681.

[2251] Militão. *Não identificado*. Ago. 1880, 8,50 x 5,50 cm (*Indumentária masculina – Uniformes militares*).

In Acervo do Museu Paulista/Universidade de São Paulo, 16544-0926/10689.

[2252] Militão. *Não identificado*. Ago. 1880, 8,50 x 5,50 cm (*Indumentária masculina – Chapéus*).

In Acervo do Museu Paulista/Universidade de São Paulo, 16544-0927/10687.

[2253] Militão. *Não identificada*. Set. 1880, 8,80 x 5,50 cm.

In Acervo do Museu Paulista/Universidade de São Paulo, 16544-0965/10726.

[2254] Militão. *Não identificada*. Set. 1880, 9,00 x 5,40 cm (Indumentária feminina – Bolsas).

In Acervo do Museu Paulista/Universidade de São Paulo, 16544-0968/10729.

[2255] Militão. *Não identificado*. Nov. 1880, 8,80 x 5,30 cm.

In Acervo do Museu Paulista/Universidade de São Paulo, 16544-1026/sem legenda.

[2256] Militão. *Não identificado*. Nov. 1880, 8,80 x 5,50 cm.

In Acervo do Museu Paulista/Universidade de São Paulo, 16544-1065/10827.

[2257] Militão. *Não identificado*. Abr. 1881, 9,00 x 5,50 cm.

In Acervo do Museu Paulista/Universidade de São Paulo, 16544-1356/sem legenda.

[2258] Militão. *Não identificado*. Maio 1881, 9,00 x 5,50 cm (Indumentária masculina – Acessórios – Bengalas).

In Acervo do Museu Paulista/Universidade de São Paulo, 16544-1392/sem legenda.

[2259] Militão. *Não identificada*. Jun. 1881, 9,00 x 5,50 cm (Indumentária feminina – Acessórios – Chapéus – Leques).

In Acervo do Museu Paulista/Universidade de São Paulo, 16544-1511/caloteou.

[2260] Militão. *Não identificado*. Jun. 1881, 9,00 x 5,50 cm.

In Acervo do Museu Paulista/Universidade de São Paulo, 16544-1513/legenda ilegível.

[2261] Militão. *Não identificada*. Ago. 1881, 9,00 x 5,50 cm (Indumentária feminina – Acessórios – Sombrinhas).

In Acervo do Museu Paulista/Universidade de São Paulo, 16544-1551/11311.

[2262] Militão. *Não identificado*. Ago. 1881, 9,00 x 5,50 cm.

In Acervo do Museu Paulista/Universidade de São Paulo, 16544-1555/11315.

[2263] Militão. *Não identificada*. Set. 1881, 9,00 x 5,50 cm.

In Acervo do Museu Paulista/Universidade de São Paulo, 16544-1565/11323.

[2264] Militão. *Não identificado*. Set. 1881, 5,40 x 4,00 cm.

In Acervo do Museu Paulista/Universidade de São Paulo, 16544-1570/11330.

[2265] Militão. *Não identificada*. Set. 1881, 9,00 x 5,50 cm (Indumentária feminina).

In Acervo do Museu Paulista/Universidade de São Paulo, 16544-1594/11344.

[2266] Militão. *Não identificado*. Set. 1881, 9,00 x 5,50 cm.

In Acervo do Museu Paulista/Universidade de São Paulo, 16544-1640/sem legenda.

[2267] Militão. *Não identificado*. Set. 1881, 9,00 x 5,50 cm.

In Acervo do Museu Paulista/Universidade de São Paulo, 16544-1647/11398.

[2268] Militão. *Não identificado*. Mar. 1882, 9,00 x 5,50 cm (Indumentária masculina).

In Acervo do Museu Paulista/Universidade de São Paulo, 16544-1814/11574.

[2269] Militão. *Não identificada*. Mar. 1882, 9,00 x 5,50 cm.

In Acervo do Museu Paulista/Universidade de São Paulo, 16544-1815/11575.

[2270] Militão. *Não identificado*. Maio 1882, 9,00 x 5,50 cm.

In Acervo do Museu Paulista/Universidade de São Paulo, 16544-1869/11624.

[2271] Militão. *Não identificado*. 1882, 9,00 x 5,50 cm (Indumentária masculina – Acessórios – Guarda-chuvas).

In Acervo do Museu Paulista/Universidade de São Paulo, 16544-1902/11679.

[2272] Militão. *Luís Gama*. Set. 1882, 9,00 x 5,50 cm (Jornalistas – Luís Gama).

In Acervo do Museu Paulista/Universidade de São Paulo, 16544-1913/11691/Luís Gama.

[2273] Militão. *Não identificada*. Out. 1882, 9,00 x 5,50 cm.

In Acervo do Museu Paulista/Universidade de São Paulo, 16544-1969/1770.

[2274] Militão. *Não identificado*. 1º jan. 1882, 9,00 x 5,50 cm.

In Acervo do Museu Paulista/Universidade de São Paulo, 16544-2055/11804.

[2275] Militão. *Não identificado.* 1879, 5,50 x 4,00 cm.

In Acervo do Museu Paulista/Universidade de São Paulo, 16544-2064/10011.

[2276] Militão. *Não identificada.* 1879, 9,00 x 5,50 cm.

In Acervo do Museu Paulista/Universidade de São Paulo, 16544-2068/1009.

[2277] Militão. *Não identificado.* 1880, 5,50 x 4,00 cm.

In Acervo do Museu Paulista/Universidade de São Paulo, 16544-2104/11266.

[2278] Militão. *Não identificado.* 1880, 9,00 x 5,50 cm.

In Acervo do Museu Paulista/Universidade de São Paulo, 16544-2105/11267.

[2279] Militão. *Não identificado.* Jun. 1883, 9,00 x 5,50 cm (*Indumentária masculina – Acessórios – Correntes de relógio – Guarda-chuvas*).

In Acervo do Museu Paulista/Universidade de São Paulo, 16544-2151/11667.

[2280] Militão. *Não identificado.* Jun. 1883, 9,00 x 5,50 cm (*Indumentária masculina – Acessórios – Bengala – Chapéu*).

In Acervo do Museu Paulista/Universidade de São Paulo, 16544-2152/1168.

[2281] Militão. *Não identificado.* Mar. 1883, 8,90 x 5,50 cm.

In Acervo do Museu Paulista/Universidade de São Paulo, 16544-2181/legenda ilegível.

[2282] Militão. *Não identificados.* Mar. 1883, 5,50 x 4,00 cm.

In Acervo do Museu Paulista/Universidade de São Paulo, 16544-2184/11863.

[2283] Militão. *Não identificado.* Mar. 1883, 9,00 x 5,50 cm.

In Acervo do Museu Paulista/Universidade de São Paulo, 16544-2190/11871.

[2284] Militão. *Não identificada.* Abr. 1883, 9,00 x 5,50 cm (*Indumentária feminina – Acessórios – Leques*).

In Acervo do Museu Paulista/Universidade de São Paulo, 16544-2301/sem legenda.

[2285] Militão. *Não identificada.* Abr. 1883, 9,00 x 5,50 cm (*Indumentária feminina – Leques*).

In Acervo do Museu Paulista/Universidade de São Paulo, 16544-2302/11967.

[2286] Militão. *Não identificado.* Maio 1883, 9,00 x 5,50 cm (*Indumentária masculina – Bengalas*).

In Acervo do Museu Paulista/Universidade de São Paulo, 16544-2351/sem legenda.

[2287] Militão. *Não identificado.* Maio 1883, 9,00 x 5,50 cm (*Indumentária masculina – Acessórios – Bengalas*).

In Acervo do Museu Paulista/Universidade de São Paulo, 16544-2360/12023.

[2288] Militão. *Não identificado.* Maio 1883, 9,00 x 5,50 cm.

In Acervo do Museu Paulista/Universidade de São Paulo, 16544-2394/12057.

[2289] Militão. *Não identificado.* Out. 1883, 9,00 x 5,50 cm.

In Acervo do Museu Paulista/Universidade de São Paulo, 16544-2408/legenda ilegível.

[2290] Militão. *Não identificado.* Out. 1883, 9,00 x 5,50 cm (*Indumentária masculina – Uniformes militares*).

In Acervo do Museu Paulista/Universidade de São Paulo, 1654-0538/9587D.

[2291] Militão. *Não identificado.* Out. 1883, 4,20 x 3,00 cm (*Indumentária masculina – Acessórios – Guarda-chuvas*).

In Acervo do Museu Paulista/Universidade de São Paulo, 16544-2411/sem legenda.

[2292] Militão. *Não identificado.* Out. 1883, 9,00 x 5,50 cm (*Indumentária masculina – Sobrecasaca*).

In Acervo do Museu Paulista/Universidade de São Paulo, 16544-2412/11075.

[2293] Militão. *Não identificada.* Out. 1883, 9,00 x 5,50 cm.

In Acervo do Museu Paulista/Universidade de São Paulo, 16544-2418/12-14.

[2294] Militão. *Não identificada.* Nov. 1883, 9,00 x 5,50 cm.

In Acervo do Museu Paulista/Universidade de São Paulo, 16544-2423/12085.

[2295] Militão. *Não identificada.* Nov. 1883, 9,00 x 5,30 cm.

In Acervo do Museu Paulista/Universidade de São Paulo, 16544-2433/legenda ilegível.

[2296] Militão. *Não identificado*. Nov. 1883, 9,90 x 5,50 cm.

In Acervo do Museu Paulista/Universidade de São Paulo, 16544-2437/12098.

[2297] Militão. *Não identificado*. Jan. 1884, 9,00 x 5,50 cm.

In Acervo do Museu Paulista/Universidade de São Paulo, 1654-0538/9587D.

[2298] Militão. *Não identificados*. Jan. 1884, 9,00 x 5,50 cm *(Indumentária feminina – Acessórios – Leques) (Indumentária masculina – Acessórios – Correntes de relógio)*.

In Acervo do Museu Paulista/Universidade de São Paulo, 16544-2451/1211.

[2299] Militão. *Não identificada*. Jan. 1884, 9,00 x 5,50 cm.

In Acervo do Museu Paulista/Universidade de São Paulo, 16544-2462/12122.

[2300] Militão. *Não identificado*. Jan. 1884, 9,00 x 5,50 cm.

In Acervo do Museu Paulista/Universidade de São Paulo, 16544-2463/012123.

[2301] Militão. *Não identificada*. Maio 1884, 9,00 x 5,50 cm.

In Acervo do Museu Paulista/Universidade de São Paulo, 16544-2533/sem legenda.

[2302] Militão. *Não identificado*. Jun. 1884, 8,90 x 5,50 cm.

In Acervo do Museu Paulista/Universidade de São Paulo, 16544-2544/12204.

[2303] Militão. *Não identificada*. Set. 1884, 9,10 x 5,50 cm *(Indumentária feminina – Acessórios – Chapéus – Sombrinhas)*.

In Acervo do Museu Paulista/Universidade de São Paulo, 16544-2563/1224.

[2304] Militão. *Não identificado*. Out. 1884, 9,00 x 5,50 cm.

In Acervo do Museu Paulista/Universidade de São Paulo, 16544-2587/12247.

[2305] Militão. *Não identificado*. Mar. 1885, 9,10 x 5,50 cm.

In Acervo do Museu Paulista/Universidade de São Paulo, 16544-2656/12303.

[2306] Militão. *Não identificada*. Mar. 1885, 9,10 x 5,50 cm *(Indumentária feminina)*.

In Acervo do Museu Paulista/Universidade de São Paulo, 16544-2657/12315.

[2307] Militão. *Não identificado*. Mar. 1885, 9,20 x 5,50 cm.

In Acervo do Museu Paulista/Universidade de São Paulo, 16544-2670/12323.

[2308] Militão. *Não identificado*. Abr. 1885, 9,00 x 5,50 cm.

In Acervo do Museu Paulista/Universidade de São Paulo, 16544-2683/12333.

[2309] Militão. *Não identificado*. Jun. 1885, 9,10 x 5,50 cm.

In Acervo do Museu Paulista/Universidade de São Paulo, 16544-2710/12359.

[2310] Militão. *Não identificado*. Jun. 1885, 9,20 x 5,50 cm.

In Acervo do Museu Paulista/Universidade de São Paulo, 16544-2714/12363.

[2311] Militão. *Não identificado*. Jun. 1885, 9,00 x 5,10 cm.

In Acervo do Museu Paulista/Universidade de São Paulo, 16544-2720/12367.

[2312] Militão. *Theotonio Gonçalves Correa*. Set. 1885, 9,10 x 5,50 cm.

In Acervo do Museu Paulista/Universidade de São Paulo, 16544-2732/12384.

[2313] Militão. *Não identificado*. Set. 1885, 9,00 x 5,50 cm *(Indumentária masculina – Uniformes militares)*.

In Acervo do Museu Paulista/Universidade de São Paulo, 16544-2735/12387.

[2314] Militão. *Não identificados*. Set. 1885, 9,40 x 5,50 cm.

In Acervo do Museu Paulista/Universidade de São Paulo, 16544-2749/12399.

2. Bibliografia

2.1. Catálogos e Livros

2.1.1. Daguerreótipos e Ambrótipos

[2315] Autoria não identificada. *Francisco Otaviano de Almeida Rosa*. S.d. Daguerreótipo. Coleção Instituto Histórico e Geográfico Brasileiro, Rio de Janeiro *(Políticos – Francisco Otaviano de Almeida Rosa)*.

In Camargo, 1988:336.

[2316] Autoria não identificada. *João Maurício Wanderley, futuro Barão de Cotegipe*. S. d. Daguerreótipo. Coleção Wanderley Pinho (Políticos – Barão de Cotegipe).

In Pinho, s.d.:168.

[2317] Autoria não identificada. *Zacarias de Góes e Vasconcelos*. C.1850. Daguerreótipo. Coleção Museu Imperial/IPAC, Petrópolis (Políticos – Zacarias de Góis e Vasconcelos).

In Vasquez, s.d.:38, n. 6.

[2318] Autoria não identificada. *Vasques aos 18 anos* (Daguerre). C.1857. Daguerreótipo (As artes do espetáculo – Teatro – Atores – Francisco Corrêa Vasques).

In Ferreira, 1929:288.

[2319] Autoria não identificada. *Homem de ascendência negra*. C.1860. Ambrótipo. Estojo, 9,3 x 8,3 x 2 cm. Placa, 6,1 x 5 cm. Coleção Francisco Rodrigues, Recife, Pernambuco (Indumentária masculina).

In *O Retrato Brasileiro*, 1983:39.

[2320] Autoria não identificada. *Paula Brito*. S.d. Ambrótipo (?) 6,3 x 5 cm (Editores – Francisco de Paula Brito).

In Moraes Filho, 1904:147, 1905:9 e 20.

[2321] Autoria não identificada. *Le poète A. Gonçalves Dias*. S.d. Ambrótipo, 7 x 5 cm, c.1860 (Poetas – Gonçalves Dias).

In Néry, s.d.:35.

[2322] Autoria não identificada. *Dr. Francisco de Sales Torres Homem, futuro Visconde com grandeza de Inhomirim*. C.1860-1865. Daguerreótipo? Ambrótipo? 6,5 x 5,5 cm (Políticos – Visconde de Inhomirim).
Observação: A legenda da foto, incorreta, aponta o fotografado como Barão de Inhomirim (1776-1850), titular de nacionalidade portuguesa, agraciado em 1826. O Visconde de Inhomirim (1812-1876) recebeu esse título em 1872.

In *Anuário Genealógico Brasileiro*, 3:29.

2.1.2. Fotos sobre Papel Albuminado

[2323] Autoria não identificada. *Jovem da família Costa Carvalho, de São Paulo, sentada em cadeirinha, ladeada por dois escravos com libré*. C.1860 (O universo do trabalho – Carregadores de cadeirinhas, palanquins, redes e serpentinas).

In *Nosso Século*, 5:132, 1980.

[2324] Autoria não identificada. *Fazendeiro da Província de São Paulo com seus escravos*. C.1860-1865 (O universo do trabalho – Lavoura cafeeira – Escravos).

In Castro, 1944, X(XCVII):35-44.

[2325] Autoria não identificada. *André e Antônio Pinto Rebouças*. Paris, 1861 (Engenheiros – André Pinto Rebouças – Antônio Pinto Rebouças).

In Rebouças, 1938:46.

[2326] Autoria não identificada. *Machado de Assis*. C.1865-1870. Arquivo do jornal *O Estado de S. Paulo* (Literatura – Escritores – Machado de Assis).

In Camargo, 1988:338.

[2327] Autoria não identificada. *João Esan da Rocha*. C.1865-1870 (Indumentária masculina) (Os retornados à Africa).

In Cunha, 1985:52.

[2328] Autoria não identificada. *Famílias brasileiras em Lagos, Nigéria*. C.1865-1870 (Indumentária feminina – Indumentária masculina) (Os retornados à Africa).

In Cunha, 1985:32.

[2329] Autoria não identificada. *Mulheres da comunidade brasileira de Lagos, Nigéria. No Brasil do século XIX, as africanas eram conhecidas por seguirem a moda europeia muito de perto, contrastando com as "crioulas", mais conservadoras. / Grupos de mulheres iorubá na mesma época, com roupas tradicionais, "adirés" e panos da costa*. C.1865-1870 (Etnias negro-africanas – Nagô) (Indumentária feminina) (Os retornados à África).

In Cunha, 1985:34-35.

[2330] Autoria não identificada. *Louisa Angélica Nogueira da Rocha e seu filho Cândido da Rocha*. C.1865-1870 (Os retornados à África) (Indumentária feminina – Panos da costa – Torço).

In Cunha, 1985:52.

[2331] Autoria não identificada. *Castro Alves*. C.1867. Seção de Iconografia da Biblioteca Nacional, Rio de Janeiro (Literatura – Poetas – Castro Alves)

In Camargo, 1988:338.

[2332] Autoria não identificada. *Banda negra do Vale do Paraíba. Castelo do tipo medieval como cenário para banda de escravos*. CES. 1870 (Música – Bandas de música de escravos).

In Schwarcz & Macedo, 1998:265.

[2333] Autoria não identificada. *Banda de música dos escravos de Antônio Luís de Almeida, genro e cunhado de Manuel de Aguiar Vallim, conhecida em Bananal como "Banda do Tio Antoniquinho", regida pelo maestro alemão Wiltem Sholtz.* C.1870 (*Música – Bandas de música de escravos*).

In Castro, 1995:241.

[2334] Autoria não identificada. *Chiquinha Gonzaga.* C.1870 (*Música – Compositores – Maestros – Chiquinha Gonzaga*).

In Diniz, 1991, encarte 6.

[2335] Autoria não identificada. *Retrato de Carlos Gomes, que serviu de modelo para a maioria das estampas do imortal patrício.* C.1870 (*Música – Compositores – Carlos Gomes*).

In d'Escragnolle, 1947:207-225.

[2336] Autoria não identificada. *M. José do Patrocinio, redacteur en chef de la Cidade do Rio.* C.1870. 7 x 5 cm (*Jornalistas – José do Patrocínio*).

In Néry, s.d.:37.

[2337] Autoria não identificada. *Barão de Cotegipe.* C.1870-1875. Original na Coleção Viscondessa de Cavalcanti. Instituto Histórico e Geográfico Brasileiro, Rio de Janeiro (*Políticos – Barão de Cotegipe*).

In Moura, 1988:389.

[2338] Autoria não identificada. *Escravos secando café na Fazenda Quitité, Jacarepaguá, Rio de Janeiro.* 1875 (*O universo do trabalho – Lavoura cafeeira – Secagem do café*).

In *Nosso Século*, 1980:5.

[2339] Autoria não identificada. *Chiquinha Gonzaga.* C.1875 (*Músicos – Compositores – Maestros – Chiquinha Gonzaga*).

In Diniz, 1991, encarte 14.

[2340] Autoria não identificada. *Carlos Gomes.* C.1875. 7,5 x 6,5 cm (*Música – Compositores – Carlos Gomes*).

In Moraes Filho, 1904:83.

[2341] Autoria não identificada. *Vasques em várias creações.* C.1875-1880 (*As artes do espetáculo – Teatro – Atores – Francisco Corrêa Vasques*).

Obs.: Nove fotos do ator caracterizado como vários personagens, em diferentes momentos de sua carreira.

In Ferreira, 1939:224.

[2342] Autoria não identificada. *Venâncio José do Espírito Santo.* C.1875-1880 (*Pintores – Venâncio José do Espírito Santo*).

In 1. Azevedo, *Kosmos*, I:2, 1904.

2. Santos Filho, 1988:110.

[2343] Autoria não identificada. *Luís Gama.* C.1875-1880. Seção de Iconografia da Biblioteca Nacional, Rio de Janeiro (*Jornalistas – Luís Gama*).

In Camargo, 1988:339.

[2344] Autoria não identificada. *Dr. José Maurício Nunes Garcia Jr.* C.1875-1880 (*Música – Compositores – José Maurício Nunes Garcia Jr.*) (*Médicos*).

In Moura, 1988:379.

[2345] Autoria não identificada. *Viscondessa de Fonseca Costa.* C.1875-1880 (*Titulares do Império – Viscondessa de Fonseca Costa*).

In Pinho, 1942:132.

[2346] Autoria não identificada. *Escravos de uma fazenda de café.* 1880 (*O universo do trabalho – Lavoura cafeeira – Escravos*).

In *Nosso Século*, 3:82-83, 1980.

[2347] Autoria não identificada. *Martinho Corrêa Vasques.* C.1880 (*As artes do espetáculo – Teatro – Atores – Martinho Corrêa Vasques*).

In Ferreira, 1939:272.

[2348] Autoria não identificada. *Vasques aos 41 anos.* C.1880 (*As artes do espetáculo – Teatro – Atores – Francisco Corrêa Vasques*).

In Ferreira, 1939:320.

[2349] Autoria não identificada. *Le maestro Carlos Gomes.* C.1880. 7 x 5 cm (*Música – Compositores – Carlos Gomes*).

In Néry, s.d.:233.

[2350] Autoria não identificada. *Barão de Cotegipe.* C.1880-1885 (*Políticos – Barão de Cotegipe*).

In Pinho, 1942:108.

[2351] Autoria não identificada. *José do Patrocínio Marques Tocantins.* C.1880-1885 (*Música – Compositores – José do Patrocínio Marques Tocantins*).

In Claver Filho,1988:315.

[2352] Autoria não identificada. *José Joaquim de Mendanha. C.*1880-1885 (Música – Compositores – José Joaquim de Mendanha).

In Claver Filho,1988:314.

[2353] Autoria não identificada. *Barão, com Grandeza, de Torres Homem. C.*1880-1885 (Titulares do Império – Barão de Torres Homem).

In *Anuário Genealógico Brasileiro*, 3:501.

[2354] Autoria não identificada. *Escravos secando café.* 1882 (O universo do trabalho – Lavoura cafeeira – Secagem do café).

In *Nosso Século*, 4:98-99, 1980.

[2355] Autoria não identificada. *José do Patrocinio. C.*1885 (Jornalistas – José do Patrocínio).

In Orico, 1935:1.

[2356] Autoria não identificada. *Hilário Jovino Ferreira (Lalau de Ouro) e seus filhos. C.*1885 (Música – Compositores – Hilário Jovino Ferreira).

In Cabral, 1988:323.

[2357] Autoria não identificada. *André Pinto Rebouças. C.*1885-1890 (Engenheiros – André Pinto Rebouças).

In Rebouças, 1938, frontispício.

[2358] Autoria não identificada. *Adelelmo Nascimento. C.*1885-1890 (Música – Compositores – Adelelmo Nascimento).

In Moura, 1988:386.

[2359] Autoria não identificada. *Decoração dos festejos da Abolição* (em Lagos, Nigéria, obs. minha): *sob os retratos de D. Pedro II e da Rainha Vitória, vêem-se as armas do Império do Brasil, ladeadas pelas bandeiras inglesa e brasileira* (Os retornados à África- Festejos da abolição em Lagos, Nigéria).

In Cunha, 1985:26.

[2360] Autoria não identificada. *Comitê brasileiro dos festejos da Abolição, reunindo os membros mais representativos da elite brasileira de Lagos, Nigéria.* Out. 1888 (Os retornados à África – Festejos da abolição em Lagos, Nigéria).

In Cunha, 1985:27.

[2361] Autoria não identificada. *Atores da peça "The Misterious Ring", drama em cinco atos, apresentada em 5 de outubro de 1888, como parte dos festejos lagosianos pela Abolição da Escravatura.* Out. 1888 (Os retornados à África – As artes do espetáculo – Teatro – Atores – Lagos, Nigéria).

In Cunha, 1985:27.

[2362] Autoria não identificada. *A market woman.* 12,6 x 9 cm. (O universo do trabalho – Vendedora de bananas, com criança nas costas, amarrada com pano da costa).

In 1. Vincent, 1890:27.
2. Therese Princessin von Bayern,1897:226.

[2363] Autoria não identificada. *Casal negro com criança branca. C.*1890 (Indumentária feminina – Indumentária masculina).

In *Nosso Século*, 1980 99.

[2364] Autoria não identificada. *Vasques (1891)* (As artes do espetáculo – Teatro – Atores – Francisco Corrêa Vasques).

In Ferreira, 1939:480.

[2365] Autoria não identificada. *José do Patrocínio. C.*1895-1900. Seção de Iconografia da Biblioteca Nacional, Rio de Janeiro (Jornalistas – José do Patrocínio).

In Camargo, 1988:339.

[2366] Autoria não identificada. *A wealthy negress.* 12,7 x 9 cm (Indumentária feminina – Ourivesaria – Penca com balangandãs – Anéis em cada dedo – Pulseiras de crioula).

In Vincent, 1890:297.

[2367] Autoria não identificada. *Die Kameraden (João Pedro e Raymundo).* 11,2 x 18,4 cm (O universo do trabalho – Camaradas de expedições científicas).

In Steinen, 1894:32, Taff. 3.

[2368] Autoria não identificada. *Crioula bahiana* (Indumentária feminina – Ourivesaria – Joias – Ventarola).

In Moraes Filho, (1895):61.

[2369] Autoria não identificada. *Capoeira alfaiate.* 8,2 x 6,3 cm (Marginalidade – Capadócios – Capangas – Capoeiras).

In Moraes Filho, Melo, (1895):435.

[2370] Autoria não identificada. *José do Patrocínio. C.*1895-1900 (Jornalistas – José do Patrocínio).

In Senna, *Kosmos*, ano II, n. 2, fev. 1905.

[2371] AUTORIA NÃO IDENTIFICADA. *L'ingénieur militaire Eduardo Ribeiro, ancien gouverneur de l'Amazone, et son oeuvre.* Montagem fotográfica (POLÍTICOS – EDUARDO RIBEIRO).

In NERY,1899:146.

[2372] AUTORIA NÃO IDENTIFICADA. *Quitandeira.* Rio de Janeiro. S.d. (O UNIVERSO DO TRABALHO – VENDEDORA DE FRUTAS, COM CRIANÇA NAS COSTAS).

In MORAES FILHO, s.d.:62.

[2373] AUTORIA NÃO IDENTIFICADA. *Négresse marchande de fruits.* S.d. 16 x 22 cm (O UNIVERSO DO TRABALHO – VENDEDORES DE FRUTAS).

In NÉRY, s.d.:25.

[2374] AUTORIA NÃO IDENTIFICADA. *Liceu de Artes e Ofícios, Salvador, BA, final do século XIX.* S.d. (PINTORES – ANTÔNIO RAFAEL PINTO BANDEIRA).

In MARQUES, 1988:132.

[2375] AUTORIA NÃO IDENTIFICADA. *Casal de pretos libertos.* S.d. Acervo do Museu de Porto Alegre (ABOLICIONISMO – LIBERTOS).

In FLORES, 1980:6.

[2376] AUTORIA NÃO IDENTIFICADA. *Grupo de escravos forros, no fim do século passado.* S.d. Acervo do Museu de Porto Alegre (ABOLICIONISMO – FORROS).

In FLORES, 1980:36.

[2377] AUTORIA NÃO IDENTIFICADA. *La récolte du café au Brésil.* 9 x 15 cm (O UNIVERSO DO TRABALHO – LAVOURA CAFEEIRA – COLHEITA).

In RANCOURT, 1901:94.

[2378] AUTORIA NÃO IDENTIFICADA. *Séchage du café sur le "terreiro".* 9 x 15 cm (O UNIVERSO DO TRABALHO – LAVOURA CAFEEIRA – SECAGEM DO CAFÉ).

In RANCOURT, 1901:104.

[2379] AUTORIA NÃO IDENTIFICADA. *Ilha do Bom Jesus. A ilha – O Asylo de Invalidos da Patria – Os asylados. Forriel Vicente Ferreira Passos, Cabo Antonio Ferreira Lima, Anspeçada José Joaquim Gonçalves e os soldados Ildefonso de Barros e Deocleciano da Rocha, veteranos da Campanha do Paraguay.* 1904 (GUERRA DO PARAGUAI – VETERANOS).

In *Kosmos*, ano VI, n. 1, jan. 1909.

[2380] AUTORIA NÃO IDENTIFICADA. *Individual masculino.* S.d. (ETNIAS NEGRO-AFRICANAS – NÃO IDENTIFICADAS).

In GRUNSPUN, 1992:s.p.

[2381] AUTORIA NÃO IDENTIFICADA. *Individual masculino.* S.d. (ETNIAS NEGRO-AFRICANAS – NÃO IDENTIFICADAS).

In GRUNSPUN, 1992:s.p.

[2382] BARZA, C. *Ama de leite com criança.* 9,5 x 5,5 cm, 1880/1890. Coleção Francisco Rodrigues. Recife, Pernambuco (O UNIVERSO DO TRABALHO – AMAS).

In FREYRE *et al.*, 1983:16.

[2383] BRUSQUE, ARTHUR. *Negerhutte (Cabana de negro).* 6 x 8 cm (ARQUITETURA – CASAS DE MORADIA).

In KOENIGSWALD, 1898:47.

[2384] CHRISTIANO JR. *Sem título.* Carte de visite, 9,5 x 5,5 cm. Serviço do Patrimônio Histórico e Artístico Nacional (SPHAN) (INDUMENTÁRIA FEMININA – PANOS DA COSTA – TORÇOS).
Obs.: As fotos de Christiano Jr. e Christiano & Miranda foram tiradas entre 1864 e 1866.

In AZEVEDO & LISSOVSKI (orgs.), 1988:1.

[2385] CHRISTIANO JR. *Sem título.* Carte de visite, 9,5 x 5,5 cm. SPHAN (INDUMENTÁRIA FEMININA – PANOS DA COSTA – TORÇOS).

In AZEVEDO & LISSOVSKI (orgs.),1988:2.

[2386] CHRISTIANO JR. *Sem título.* Carte de visite, 9,5 x 5,5 cm. SPHAN (INDUMENTÁRIA FEMININA – PANOS DA COSTA – TORÇOS).

In AZEVEDO & LISSOVSKI, (orgs.), 1988:3.

[2387] CHRISTIANO JR. *Sem título.* Carte de visite, 9,5 x 5,5 cm. SPHAN (INDUMENTÁRIA FEMININA – PANOS DA COSTA – TORÇOS) (MISCIGENAÇÃO – CRIOULOS).

In 1. AZEVEDO & LISSOVSKI (orgs.), 1988:4.
2. KOSSOY & CARNEIRO, 1994:73.

[2388] CHRISTIANO JR. *Sem título.* Carte de visite, 9,5 x 5,5 cm. SPHAN (INDUMENTÁRIA FEMININA – PANOS DA COSTA – TORÇOS) (O UNIVERSO DO TRABALHO – QUITANDEIRAS).

In AZEVEDO & LISSOVSKI (orgs.),1988:5.

[2389] CHRISTIANO JR. *Sem título.* Carte de visite, 9,5 x 5,5 cm. SPHAN (INDUMENTÁRIA FEMININA – PANOS DA COSTA – TORÇOS).

In AZEVEDO & LISSOVSKI (orgs.),1988:6.

[2390] Christiano Jr. *Sem título.* Carte de visite, 9,5 x 5,5 cm. Museu Imperial de Petrópolis (Indumentária feminina – Panos da costa – Torços).

In Azevedo & Lissovski (orgs.), 1988:7

[2391] Christiano Jr. *Sem título.* Carte de visite, 9,5 x 5,5 cm. SPHAN (Indumentária feminina – Torços – Xales) (O universo do trabalho – Quitandeiras).

In Azevedo & Lissovski (orgs.),1988:8.

[2392] Christiano Jr. *Sem título.* Carte de visite, 9,5 x 5,5 cm. SPHAN (Indumentária feminina – Guarda-chuvas – Xales).

In Azevedo & Lissovski (orgs.),1988:9.

[2393] Christiano Jr. *Sem título.* Carte de visite, 9,5 x 5,5 cm. SPHAN (Indumentária feminina – Panos da costa – Torços).

In Azevedo & Lissovski (orgs.), 1988:10.

[2394] Christiano Jr. *Sem título.* Carte de visite, 9,5 x 5,5 cm. SPHAN (Indumentária feminina – Panos da costa – Torços).

In Azevedo & Lissovski (orgs.), 1988:11.

[2395] Christiano Jr. *Sem título.* Carte de visite, 9,5 x 5,5 cm. SPHAN (Indumentária feminina – Panos da costa – Torços).

In Azevedo & Lissovski (orgs.), 1988:12.

[2396] Christiano Jr. *Sem título.* Carte de visite, 9,5 x 5,5 cm. SPHAN (Indumentária feminina – Torços).

In Azevedo & Lissovski (orgs.), 1988:13.

[2397] Christiano Jr. *Sem título.* Carte de visite, 9,5 x 5,5 cm. Coleção Gilberto Ferrez, Rio de Janeiro (Indumentária feminina – Panos da costa) (O universo do trabalho – Vendedores de frutas e legumes).

In Azevedo & Lissovski (orgs.), 1988:14.

[2398] Christiano Jr. *Sem título.* Carte de visite, 9,5 x 5,5 cm. Ministério das Relações Exteriores/Mapoteca (Indumentária feminina – Panos da costa) (O universo do trabalho – Vendedores de frutas e legumes).

In Azevedo & Lissovski (orgs.), 1988:15.

[2399] Christiano Jr. *Sem título.* Carte de visite, 9,5 x 5,5 cm. Museu Imperial de Petrópolis (Indumentária feminina – Panos da costa) (O universo do trabalho – Vendedores de frutas).

In Azevedo & Lissovski (orgs.), 1988:16.

[2400] Christiano Jr. *Sem título.* Carte de visite 9,5 x 5,5 cm. Museu Histórico Nacional, Rio de Janeiro (Etnias negro-africanas – Marcas de identidade – Escarificações faciais – Iorubá?) (Indumentária feminina – Panos da costa – Torços) (O universo do trabalho – Vendedores de frutas).

In Azevedo & Lissovski (orgs.), 1988:17.

[2401] Christiano Jr. *Sem título.* Carte de visite, 9,5 x 5,5 cm. Museu Histórico Nacional, Rio de Janeiro (Etnias negro-africanas – Marcas de identidade – Escarificações faciais – Iorubá?) (Indumentária feminina – Torços) (O universo do trabalho – Vendedores de frutas).

In Azevedo & Lissovski (orgs.), 1988:18.

[2402] Christiano Jr. *Sem título.* Carte de visite, 9,5 x 5,5 cm. Museu Imperial de Petrópolis (Etnias negro-africanas – Marcas de identidade – Escarificações faciais – Iorubá?) (Indumentária feminina – Torços) (O universo do trabalho – Vendedores de frutas).

In Azevedo & Lissovski (orgs.), 1988:19.

[2403] Christiano Jr. *Sem título.* Carte de visite, 9,5 x 5,5 cm. Coleção Gilberto Ferrez, Rio de Janeiro (Indumentária feminina – Panos da costa – Torços) (O universo do trabalho – Vendedores de frutas).

In Azevedo & Lissovski (orgs.), 1988:20.

[2404] Christiano Jr. *Sem título.* Carte de visite, 9,5 x 5,5 cm. Ministério das Relações Exteriores/Mapoteca (Indumentária feminina – Xales) (O universo do trabalho – Quitandeiras – Quituteiras).

In Azevedo & Lissovski (orgs.), 1988:21.

[2405] Christiano Jr. *Sem título.* Carte de visite, 9,5 x 5,5 cm. Ministério das Relações Exteriores/Mapoteca (Indumentária feminina – Joias – Pulseiras – Torços) (O universo do trabalho – Vendedores de frutas).

In Azevedo & Lissovski (orgs.), 1988:22.

[2406] Christiano Jr. *Sem título.* Carte de visite, 9,5 x 5,5 cm. Coleção Gilberto Ferrez, Rio de Janeiro (Indumentária feminina – Joias – Pulseiras – Torços) (O universo do trabalho – Vendedores de frutas).

In Azevedo & Lissovski (orgs.), 1988:23.

[2407] Christiano Jr. *Sem título.* Carte de visite, 9,5 x 5,5 cm. Museu Histórico Nacional, Rio de Janeiro (Etnias negro-africanas – Marcas de identidade – Escarificações faciais – Mina – Iorubá?)

In Azevedo & Lissovski (orgs.), 1988:24.

[2408] CHRISTIANO JR. *Sem título*. Carte de visite, 9,5 x 5,5 cm. SPHAN (*INDUMENTÁRIA FEMININA – ADORNOS – JOIAS – COLARES*) (*NU FEMININO*).

In AZEVEDO & LISSOVSKI (orgs.), 1988:25.

[2409] CHRISTIANO JR. *Sem título*. Carte de visite, 9,5 x 5,5 cm. Museu Histórico Nacional, Rio de Janeiro (*ETNIAS NEGRO-AFRICANAS – ANGOLA*) (*INDUMENTÁRIA MASCULINA*).

In AZEVEDO & LISSOVSKI (orgs.), 1988:26.

[2410] CHRISTIANO JR. *Sem título*. Carte de visite, 9,5 x 5,5 cm. Museu Histórico Nacional, Rio de Janeiro (*ETNIAS NEGRO-AFRICANAS – CONGO*).

In AZEVEDO & LISSOVSKI (orgs.), 1988:27.

[2411] CHRISTIANO JR. *Sem título*. Carte de visite, 9,5 x 5,5 cm. SPHAN (*ETNIAS NEGRO-AFRICANAS – NÃO IDENTIFICADAS*).

In AZEVEDO & LISSOVSKI (orgs.), 1988:28.

[2412] CHRISTIANO JR. *Sem título*. Carte de visite, 9,5 x 5,5 cm. SPHAN (*ETNIAS NEGRO-AFRICANAS – MARCAS DE IDENTIDADE – ESCARIFICAÇÕES FACIAIS – MINA – IORUBÁ?*).

In AZEVEDO & LISSOVSKI (orgs.), 1988:29.

[2413] CHRISTIANO JR. *Sem título*. Carte de visite, 9,5 x 5,5 cm. Museu Histórico Nacional, Rio de Janeiro (*ETNIAS NEGRO-AFRICANAS – MOÇAMBIQUE*).

In AZEVEDO & LISSOVSKI (orgs.), 1988:30.

[2414] CHRISTIANO JR. *Sem título*. Carte de visite, 9,5 x 5,5 cm. Museu Histórico Nacional, Rio de Janeiro (*ETNIAS NEGRO-AFRICANAS – MONJOLO*).

In AZEVEDO & LISSOVSKI (orgs.), 1988:31.

[2415] CHRISTIANO JR. *Sem título*. Carte de visite, 9,5 x 5,5 cm. Museu Histórico Nacional, Rio de Janeiro (*ETNIAS NEGRO-AFRICANAS – CABINDA*).

In AZEVEDO & LISSOVSKI (orgs.), 1988:32.

[2416] CHRISTIANO JR. *Sem título*. Carte de visite, 9,5 x 5,5 cm. Museu Histórico Nacional, Rio de Janeiro (*ETNIAS NEGRO-AFRICANAS – MARCAS DE IDENTIDADE – ESCARIFICAÇÕES FACIAIS – QUELIMANE*).

In AZEVEDO & LISSOVSKI (orgs.), 1988:33.

[2417] CHRISTIANO JR. *Sem título*. Papel albuminado. Carte de visite, 9,5 x 5,5 cm. SPHAN (*MISCIGENAÇÃO – CRIOULOS*).

In AZEVEDO & LISSOVSKI (orgs.), 1988:34.

[2418] CHRISTIANO JR. *Sem título*. Carte de visite, 9,5 x 5,5 cm. SPHAN (*O UNIVERSO DO TRABALHO – ARTESANATO DE PALHA – CESTEIRO*).

In AZEVEDO & LISSOVSKI (orgs.), 1988:35.

[2419] CHRISTIANO JR. & MIRANDA. *Sem título*. Carte de visite, 9,5 x 5,5 cm. SPHAN (*O UNIVERSO DO TRABALHO – CARREGADORES – NEGROS DE GANHO?*).

In AZEVEDO & LISSOVSKI (orgs.), 1988:36.

[2420] CHRISTIANO JR. *Sem título*. Carte de visite, 9,5 x 5,5 cm. SPHAN (*INDUMENTÁRIA MASCULINA – CHAPÉUS*) (*O UNIVERSO DO TRABALHO – CARREGADORES – NEGROS DE GANHO?*).

In AZEVEDO & LISSOVSKI (orgs.), 1988:37.

[2421] CHRISTIANO JR. & MIRANDA. *Sem título*. Carte de visite, 9,5 x 5,5 cm. SPHAN (*O UNIVERSO DO TRABALHO – VENDEDOR DE ARTEFATOS DE PALHA?*).

In AZEVEDO & LISSOVSKI (orgs.), 1988:38.

[2422] CHRISTIANO JR. E MIRANDA. *Sem título*. Carte de visite, 9,5 x 5,5 cm. SPHAN (*O UNIVERSO DO TRABALHO – VENDEDOR DE ARTEFATOS DE PALHA?*).

In AZEVEDO & LISSOVSKI (orgs.), 1988:39.

[2423] CHRISTIANO JR. *Sem título*. Carte de visite, 9,5 x 5,5 cm. SPHAN (*INDUMENTÁRIA MASCULINA – CHAPÉUS – GORROS*) (*O UNIVERSO DO TRABALHO – CESTEIROS?*).

In AZEVEDO & LISSOVSKI (orgs.), 1988:40.

[2424] CHRISTIANO JR. *Sem título*. Carte de visite, 9,5 x 5,5 cm. SPHAN (*O UNIVERSO DO TRABALHO – CESTEIROS?*).

In AZEVEDO & LISSOVSKI (orgs.), 1988:41.

[2425] CHRISTIANO JR. & MIRANDA. *Sem título*. Carte de visite, 9,5 x 5,5 cm. SPHAN (*INDUMENTÁRIA MASCULINA – GORROS – RODILHAS*) (*O UNIVERSO DO TRABALHO – CARREGADORES DE BARRIS – CESTEIROS? NEGROS DE GANHO?*).

In AZEVEDO & LISSOVSKI (orgs.), 1988:42.

[2426] CHRISTIANO JR. E MIRANDA. *Sem título*. Carte de visite, 9,5 x 5,5 cm. SPHAN (*INDUMENTÁRIA MASCULINA – GORROS*) (*O UNIVERSO DO TRABALHO – CARREGADORES DE BARRIS – CESTEIROS? NEGROS DE GANHO?*).

In AZEVEDO & LISSOVSKI (orgs.), 1988:43.

[2427] CHRISTIANO JR. *Sem título*. Carte de visite, 9,5 x 5,5 cm. Coleção Gilberto Ferrez, Rio de Janeiro (*O UNIVERSO DO TRABALHO – CARRE-*

GADORES – NEGROS DE GANHO?) (ETNIAS NEGRO-AFRICANAS – MARCAS DE IDENTIDADE – ESCARIFICAÇÕES FACIAIS – IORUBÁ?)

In AZEVEDO & LISSOVSKI (orgs.), 1988:44.

[2428] CHRISTIANO JR. *Sem título.* Carte de visite, 9,5 x 5,5 cm. Coleção Gilberto Ferrez, Rio de Janeiro *(O UNIVERSO DO TRABALHO – CARREGADORES – NEGROS DE GANHO?).*

In AZEVEDO & LISSOVSKI (orgs.), 1988:45.

[2429] CHRISTIANO JR. *Sem título.* Carte de visite, 9,5 x 5,5 cm. Ministério das Relações Exteriores/Mapoteca *(O UNIVERSO DO TRABALHO – CARREGADORES DE BARRIS).*

In AZEVEDO & LISSOVSKI (orgs.), 1988:46.

[2430] CHRISTIANO JR. & MIRANDA. *Sem título.* Carte de visite, 9,5 x 5,5 cm. SPHAN *(O UNIVERSO DO TRABALHO – CARREGADORES DE BARRIS).*

In AZEVEDO & LISSOVSKI (orgs.), 1988:47.

[2431] CHRISTIANO JR. *Sem título.* Carte de visite, 9,5 x 5,5 cm. SPHAN (MISCIGENAÇÃO – MULATOS) (O UNIVERSO DO TRABALHO – VENDEDOR DE QUINQUILHARIAS).

In AZEVEDO & LISSOVSKI (orgs.)1988:48.

[2432] CHRISTIANO JR. *Sem título.* Carte de visite, 9,5 x 5,5 cm. SPHAN *(MISCIGENAÇÃO – MULATOS) (O UNIVERSO DO TRABALHO – CARREGADORES – NEGROS DE GANHO?).*

In AZEVEDO & LISSOVSKI (orgs.), 1988:49.

[2433] CHRISTIANO JR. *Sem título.* Carte de visite, 9,5 x 5,5 cm. SPHAN *(INDUMENTÁRIA MASCULINA – CHAPÉUS) (O UNIVERSO DO TRABALHO – CARREGADORES).*

In AZEVEDO & LISSOVSKI (orgs.), 1988:50.

[2434] CHRISTIANO JR. *Sem título.* Carte de visite, 9,5 x 5,5 cm. SPHAN *(O UNIVERSO DO TRABALHO – CARREGADORES – VENDEDORES DE FRUTAS).*

In AZEVEDO & LISSOVSKI (orgs.), 1988:51.

[2435] CHRISTIANO JR. *Sem título.* Carte de visite, 9,5 x 5,5 cm. SPHAN *(INDUMENTÁRIA MASCULINA – CHAPÉUS – XALES) (O UNIVERSO DO TRABALHO – CARREGADORES DE TABULEIROS).*

In AZEVEDO & LISSOVSKI (orgs.), 1988:52.

[2436] CHRISTIANO JR. *Sem título.* Carte de visite, 9,5 x 5,5 cm. SPHAN *(MISCIGENAÇÃO – MULATOS) (O UNIVERSO DO TRABALHO – CARREGADORES COM CARRINHO DE MÃO).*

In AZEVEDO & LISSOVSKI (orgs.), 1988:53.

[2437] CHRISTIANO JR. *Sem título.* Carte de visite, 9,5 x 5,5 cm. SPHAN *(INDUMENTÁRIA MASCULINA – ADEREÇOS – JÓIAS – CORRENTES – CHAPÉUS) (O UNIVERSO DO TRABALHO – CARREGADORES).*

In AZEVEDO & LISSOVSKI (orgs.), 1988:54.

[2438] CHRISTIANO JR. *Sem título.* Carte de visite, 9,5 x 5,5 cm. SPHAN *(INDUMENTÁRIA MASCULINA – BENGALAS – RODILHAS) (OS CORPOS IMPERFEITOS – ALEIJADOS) (O UNIVERSO DO TRABALHO – VENDEDORES DE AMENDOIM?).*

In AZEVEDO & LISSOVSKI (orgs.), 1988:55.

[2439] CHRISTIANO JR. *Sem título.* Carte de visite, 9,5 x 5,5 cm. SPHAN *(INDUMENTÁRIA MASCULINA – GORROS – GUARDA-CHUVAS – XALES).*

In AZEVEDO & LISSOVSKI (orgs.), 1988:56.

[2440] CHRISTIANO JR. *Sem título.* Carte de visite, 9,5 x 5,5 cm. SPHAN *(INDUMENTÁRIA MASCULINA – CHAPÉUS – GORROS – GUARDA-CHUVAS).*

In AZEVEDO & LISSOVSKI (orgs.), 1988;57.

[2441] CHRISTIANO JR. *Sem título.* Carte de visite, 9,5 x 5,5 cm. Ministério das Relações Exteriores/Mapoteca *(O UNIVERSO DO TRABALHO – VARREDORES).*

In AZEVEDO & LISSOVSKI (orgs.), 1988:58.

[2442] CHRISTIANO JR. *Sem título.* Carte de visite, 9,5 x 5,5 cm. Museu Histórico Nacional, Rio de Janeiro *(O UNIVERSO DO TRABALHO – CARREGADORES DE MÓVEIS).*

In AZEVEDO & LISSOVSKI (orgs.), 1988:59.

[2443] CHRISTIANO JR. *Sem título.* Carte de visite, 9,5 x 5,5 cm. SPHAN *(O UNIVERSO DO TRABALHO – LEITEIROS?).*

In AZEVEDO & LISSOVSKI (orgs.), 1988:60.

[2444] CHRISTIANO JR. *Sem título.* Carte de visite, 9,5 x 5,5 cm. SPHAN *(INDUMENTÁRIA MASCULINA – GORROS) (O UNIVERSO DO TRABALHO – VENDEDORES DE FRUTAS).*

In AZEVEDO & LISSOVSKI (orgs.), 1988:61.

[2445] CHRISTIANO JR. & MIRANDA. *Sem título.* Carte de visite, 9,5 x 5,5 cm. SPHAN *(O UNIVERSO DO TRABALHO – OCUPAÇÃO NÃO IDENTIFICADA).*

In AZEVEDO & LISSOVSKI (orgs.), 1988:62.

[2446] CHRISTIANO JR. *Sem título.* Carte de visite, 9,5 x 5,5 cm. SPHAN *(INDUMENTÁRIA MASCULINA – RODILHAS) (O UNIVERSO DO TRABALHO – VENDEDORES DE TOLETES DE CANA).*

In AZEVEDO & LISSOVSKI (orgs.), 1988:63.

[2447] CHRISTIANO JR. *Sem título.* Carte de visite, 9,5 x 5,5 cm. Ministério das Relações Exteriores/Mapoteca (*O UNIVERSO DO TRABALHO – VENDEDORES DE FLORES E PLANTAS*).

In AZEVEDO & LISSOVSKI (orgs.), 1988:64.

[2448] CHRISTIANO JR. *Sem título.* Carte de visite, 9,5 x 5,5 cm. SPHAN (*O UNIVERSO DO TRABALHO – VENDEDORES DE FLORES*).

In AZEVEDO & LISSOVSKI (orgs.), 1988:65.

[2449] CHRISTIANO JR. *Sem título.* Carte de visite, 9,5 x 5,5 cm. Coleção Gilberto Ferrez, Rio de Janeiro (*INDUMENTÁRIA MASCULINA – SOBRECASACA*) (*O UNIVERSO DO TRABALHO – BARBEIROS*).

In AZEVEDO & LISSOVSKI (orgs.), 1988:66.

[2450] CHRISTIANO JR. *Sem título.* Carte de visite, 9,5 x 5,5 cm. Coleção Gilberto Ferrez, Rio de Janeiro (*O UNIVERSO DO TRABALHO – VENDEDORES DE TALHOS DE CARNE*).

In AZEVEDO & LISSOVSKI (orgs.), 1988:67.

[2451] CHRISTIANO JR. *Sem título.* Carte de visite, 9,5 x 5,5 cm. SPHAN (*INDUMENTÁRIA MASCULINA – TANGAS*).

In AZEVEDO & LISSOVSKI (orgs.), 1988:68.

[2452] CHRISTIANO JR. *Sem título.* Carte de visite, 9,5 x 5,5 cm. SPHAN (*INDUMENTÁRIA MASCULINA – ALBORNOZES*).

In AZEVEDO & LISSOVSKI (orgs.), 1988:69.

[2453] CHRISTIANO JR. *Sem título.* Carte de visite, 9,5 x 5,5 cm. SPHAN (*INDUMENTÁRIA MASCULINA – COLARES – GORROS*).

In AZEVEDO & LISSOVSKI (orgs.), 1988:70.

[2454] CHRISTIANO JR. *Sem título.* Carte de visite, 9,5 x 5,5 cm. SPHAN (*LÚDICA – CAPOEIRA*).

In AZEVEDO & LISSOVSKI (orgs.), 1988:71.

[2455] CHRISTIANO JR. *Sem título.* Carte de visite, 9,5 x 5,5 cm. Museu Imperial de Petrópolis (*INDUMENTÁRIA FEMININA – PANOS DA COSTA – TORÇOS*) (*INDUMENTÁRIA MASCULINA – BENGALAS – GORROS*) (*O UNIVERSO DO TRABALHO – VENDEDORES DE LEGUMES*).

In AZEVEDO & LISSOVSKI (orgs.), 1988:72.

[2456] CHRISTIANO JR. *Sem título.* Carte de visite, 9,5 x 5,5 cm. SPHAN (*DEVOÇÕES CATÓLICAS – IRMANDADES NEGRAS – IRMANDADE DO ROSÁRIO*) (*INDUMENTÁRIA FEMININA – COROAS*) (*INDUMENTÁRIA MASCULINA – ESPANTA-MOSCAS*) (*LÚDICA – CONGADAS*).

In AZEVEDO & LISSOVSKI (orgs.), 1988:73.

[2457] CHRISTIANO JR. *Sem título.* Carte de visite, 9,5 x 5,5 cm. SPHAN (*INSTRUMENTOS MUSICAIS DE ORIGEM AFRICANA – TAMBUS*) (*LÚDICA – CONGADAS*).

In AZEVEDO & LISSOVSKI (orgs.), 1988:74.

[2458] CHRISTIANO JR. *Sem título.* Carte de visite, 9,5 x 5,5 cm. SPHAN (*O UNIVERSO DO TRABALHO – LAVOURA CAFEEIRA – SECAGEM DO CAFÉ*).

In AZEVEDO & LISSOVSKI (orgs.), 1988:75.

[2459] CHRISTIANO JR. *Sem título.* Mulher colhendo café no pé. Carte de visite, 9,5 x 5,5 cm. SPHAN (*O UNIVERSO DO TRABALHO – LAVOURA CAFEEIRA – COLHEITA*).

In AZEVEDO & LISSOVSKI (orgs.), 1988:76.

[2460] CHRISTIANO JR. *Sem título.* Carte de visite, 9,5 x 5,5 cm. SPHAN (*O UNIVERSO DO TRABALHO – LAVADEIRAS [?]*).

In AZEVEDO & LISSOVSKI (orgs.), 1988:77.

[2461] FERREZ, MARC. *Négresse de Bahia.* S.d. 20 x 30 cm. Fundação Biblioteca Nacional, Rio de Janeiro (*INDUMENTÁRIA FEMININA – BAIANA*).

In KOSSOY, 1980:66.

[2462] FERREZ, MARC. *Negros escravos d'uma fazenda de café.* 1885 (*LAVOURA CAFEEIRA – ESCRAVOS*).

In CATÁLOGO DA EXPOSIÇÃO NAVIO NEGREIRO – *Cotidiano, Castigo e Rebelião Escrava – Batuque no Quilombo, 1995-1996*, p. 12.

[2463] FIDANZA, A. PHOTOGRAPHO. *Carlos Gomes.* S.d. 15 x 10 cm. Coleção Francisco Rodrigues. Recife, Pernambuco (*MÚSICA – COMPOSITORES – CARLOS GOMES*).

In FREYRE *et al.*:1983:59.

[2464] FIRMINO & LINS. *Antonia Herculano. C.*1860-1865. Carte de visite, 9,5 x 5,5 cm. Coleção Francisco Rodrigues. Acervo Fundação Joaquim Nabuco, Recife (*INDUMENTÁRIA FEMININA – ACESSÓRIOS – LEQUES*).

In GRUNSPUN, 1992:s.p.

[2465] FIRMINO & LINS. *Herculano. C.*1860-1865. Carte de visite, 9,5 x 5,5 cm. Coleção Francisco Rodrigues – Fundação Joaquim Nabuco, Recife (*INDUMENTÁRIA MASCULINA*).

In GRUNSPUN, 1992:s.p.

[2466] FRISCH, AXEL. *Terreiro para secar o Café* (*O UNIVERSO DO TRABALHO – LAVOURA CAFEEIRA – SECAGEM*).

In KOENIGSVALD, 1895:135.

[2467] Gaensly, Guilherme. *Ponte Sete de Setembro vista do cais do Apolo tendo à direita o bairro de Sto. Antonio e à esquerda os sobrados do bairro do Recife*. C.1875. 10,2 x 15 cm. Coleção Gilberto Ferrez (O universo do trabalho – Barqueiros – Canoeiros – Remeiros).

In Ferrez, 1988:49.

[2468] Gaensly, G. & R. Lindemannn. *Aspecto do Campo Grande*. S.d. 10 x 14,3 cm. Salvador, Bahia (O universo do trabalho – Quitandeiras – Quituteiras).

In Ferrez, 1988:161.

[2469] Goston, John. *Negra aguadeira*. S.d. Carte de visite, 9,5 x 5,5 cm. Salvador, Bahia, s.d. (ativo na Bahia entre 1857-1873) (O universo do trabalho – Aguadeiros).

In Ferrez, 1988:12.

[2470] Henschel, Alberto & Cia. *Escravo (alforriado?)*. S.d. Carte de visite, 9,5 x 5,5 cm. Coleção Fundação Joaquim Nabuco de Pesquisas Sociais, Recife (Indumentária masculina).

In Kossoy, 1980:44.

[2471] Henschel, Alberto & Cia. *Escrava. Vendedora de doces em Recife (segundo identificação da FJNPS)*. S.d. Carte de visite, 9,5 x 5,5 cm. Coleção Fundação Joaquim Nabuco de Pesquisas Sociais, Recife (Indumentária feminina) (O universo do trabalho – Vendedores de doces).

In Kossoy, 1980:45.

[2472] Henschel, Alberto. *Jovem negra*. S.d. Carte de visite, 9,5 x 5,5 cm. Salvador, Bahia (Indumentária feminina – Pano da costa – Torço).

In Ferrez, 1988:19.

[2473] Henschel, Alberto. *Anônimos*. S.d. Carte de visite, 9,5 x 5,5 cm. Salvador, Bahia (O universo do trabalho – Carregadores).

In Ferrez, 1988:19.

[2474] Henschel, Alberto. *Carregadores*. S.d. Carte de visite, 9,5 x 5,5 cm. Salvador, Bahia (O universo do trabalho – Carregadores).

In Ferrez, 1988:19.

[2475] Lindemann, Rodolfo. *Carregador africano*. Bahia. Postal (Etnias negro-africanas – Não identificadas – Marcas de identidade – Escarificações faciais) (O universo do trabalho – Carregadores).

In Hänsel, 1895, frontispício.

[2476] Lindemann, Rodolfo. *Minasneger in Bahia. / Minasnegerin in Bahia*. S.d. 9 x 6 cm (Etnias negro-africanas – Marcas de identidade – Escarificações faciais – Mina).

In 1. Hänsel, 1895, frontispício.
2. Kossoy, 1980:98.

[2477] Lindemann, Rodolfo. *Minasnegerin mit Kind in Bahia*. S.d. 10 x 6 cm (Etnias negro-africanas – Mina).

In Hänsel,1895, frontispício.

[2478] Lindemann, Rodolfo. *Creoula – Bahia*. S.d. Postal (Miscigenação – Crioulas) (Indumentária feminina – Torço – Pano da costa – Mulher carregando guarda-chuva na cabeça).

In Kossoy, 1980:98.

[2479] Lindemann, Rodolfo. *Creoula – Bahia*. S.d. Postal (Indumentária feminina – Joias) (Miscigenação – Crioulos).

In Ferrez, 1988:20.

[2480] Lindemann, Rodolfo. *Caboclo bahiano – Bahia*. S.d. Postal. Salvador, Bahia (Miscigenação – Caboclos).

In Ferrez, 1988:20.

[2481] Militão (atribuição). *O Mosteiro da Luz, em São Paulo*. C. 1860-1865 (O universo do trabalho – Carreiros).

In Museu de Arte Sacra de São Paulo, 1983:5.

[2482] Moreira, Santos. *Cristina Josefa de Andrade*. C.1885. Carte de visite, 9,5 x 5,5 cm. Rio de Janeiro. Coleção Luís Gonzaga Piratininga Jr., São Paulo (Indumentária feminina).

In Moura, 1983:97.

[2483] Nadar (atribuição). *Retrato de Emanuel Zamor*. Papel albuminado, s.d. (Pintores – Emanuel Zamor).

In Marques, 1988:149.

[2484] Osborne, A. W. *Escravo porteiro, escritório da família Comber*. C.1860-1865. Carte de visite, 9,5 x 5,5 cm. Coleção Francisco Rodrigues, Acervo Fundação Joaquim Nabuco, Recife (Indumentária masculina – Acessórios – Cartolas – Guarda-chuvas) (O universo do trabalho – Porteiros).

In Grunspun, 1992:s.p.

[2485] Photografia Artistica de Eugenio & Mauricio, Pernambuco. *Ama de leite com Fernando Simões Barbosa*. 1864. Carte de visite, 9,5 x 5,5 cm. Coleção Francisco Rodrigues, Acervo Fundação Joaquim Nabuco, Recife (O universo do trabalho – Amas).

In 1. FREYRE *et al.*, 1983:66.
2. GRUNSPUN, 1992:s.p.

[2486] PORTELLA, GENEROSO H. *Vendedora de frutas, com criança às costas.* 1898. 20 x 6 cm. Museu Tempostal, Salvador (O UNIVERSO DO TRABALHO – VENDEDORES DE FRUTAS).

In OLSZEWSKI FILHA, 1989:98.

[2487] ROBIN & FAVREAU. *Jovem com guarda-chuva.* C.1875. Carte de visite, 9,5 x 5,5 cm. Guaratinguetá. Coleção Carlos Eugênio Marcondes de Moura, São Paulo (INDUMENTÁRIA MASCULINA – ACESSÓRIOS – GUARDA-CHUVA).

In MOURA, 1983:81.

[2488] SACK, PAULO. Rancho de negro. 8,5 x 12 cm (ARQUITETURA – RANCHOS).

In KOENIGSWALD, 1895:14.

[2489] STAHL, AUGUSTO. *Vendedora de doces (com menina branca).* 1858. 12,8 x 18,4 cm. Coleção Gilberto Ferrez (O UNIVERSO DO TRABALHO – VENDEDORES DE DOCES).

In FERREZ, 1988:89.

[2490] VILLELA, F. *Augusto Gomes Leal com a ama de leite Mônica.* S.d. Carte de visite, 9,5 x 5,5 cm, Recife, 1860. Coleção Francisco Rodrigues, Recife, Pernambuco (O UNIVERSO DO TRABALHO – AMAS) (INDUMENTÁRIA FEMININA).

In 1. FREYRE *et al.*, 1983:17.
2. GRUNSPUN, 1992:s.p.

2.1.3. Fototipias, Heliogravuras e Gliptografias

[2491] AUTORIA NÃO IDENTIFICADA. *Retrato do Dr. Rodrigues Alves.* Glyprographia Silvestre & Co. Paris. 10 x 7 cm (POLÍTICOS – FRANCISCO DE PAULA RODRIGUES ALVES).

In ATRI, 1895-1896:420.

[2492] AUTORIA NÃO IDENTIFICADA e ALBERT E CO. (heliogravura). *Curral de fazenda – São Paulo.* Heliogravura, 12 x 20,6 cm (O UNIVERSO DO TRABALHO – BOIADEIROS).

In LAMBERG, 1896, frontispício.

[2493] AUTORIA NÃO IDENTIFICADA e ALBERT E CO. (heliogravura). *Vendedor de fruta.* Heliogravura, 12 x 8 cm. Pernambuco (O UNIVERSO DO TRABALHO – VENDEDORES DE FRUTAS).

In LAMBERG, 1896:6.

[2494] AUTORIA NÃO IDENTIFICADA e ALBERT E CO. *Lavadeiras no rio Capibaribe. Pernambuco.* Heliogravura (O UNIVERSO DO TRABALHO – LAVADEIRAS).

In LAMBERG,1896:6.

[2495] AUTORIA NÃO IDENTIFICADA e ALBERT E CO. *Casa de negro mais cultivado – Palhaça (sic) de um negro.* Heliogravura, 9,3 x 12 cm cada (ARQUITETURA – CASAS DE MORADIA).

In LAMBERG, 1896:42.

[2496] AUTORIA NÃO IDENTIFICADA e ALBERT E CO. (heliogravura). *Troppeiro no Norte.* Heliogravura, 12 x 9 cm (O UNIVERSO DO TRABALHO – TROPEIROS).

In LAMBERG, 1896:44.

[2497] AUTORIA NÃO IDENTIFICADA e ALBERT E CO. *Taverneiro de Negros no Norte.* Heliogravura, 12 x 9 cm (O UNIVERSO DO TRABALHO – TAVERNEIROS).

In LAMBERG, 1896:44.

[2498] AUTORIA NÃO IDENTIFICADA e ALBERT E CO. *Antigos Escravos no trabalho.* Heliogravura, 12 x 20,8 cm (O UNIVERSO DO TRABALHO – TRABALHADORES DA ROÇA).

In LAMBERG, 1896:47.

[2499] AUTORIA NÃO IDENTIFICADA e ALBERT E CO. *Moradia e engenho de um fazendeiro no Est. da Bahia.* Heliogravura, 12 x 20,3 cm (O UNIVERSO DO TRABALHO – CARREIROS).

In LAMBERG, 1896:74.

[2500] AUTORIA NÃO IDENTIFICADA e ALBERT E CO. (heliogravura). *Negra Bahiana/Negra Bahiana.* Heliogravura, 10 x 7 cm cada (INDUMENTÁRIA FEMININA – JOIAS – BAIANAS).

In LAMBERG, 1896:202.

[2501] AUTORIA NÃO IDENTIFICADA e ALBERT E CO. *Fazenda de café – S. Paulo, com escravos.* Heliogravura, 12 x 18,5 cm (O UNIVERSO DO TRABALHO – LAVOURA CAFEEIRA – ESCRAVOS).

In LAMBERG, 1896:342.

[2502] AUTORIA NÃO IDENTIFICADA e ALBERT E CO. *O Governo Provisorio da Republica. Retrato de Francisco Glycerio, Ministro da Agricultura.* Heliogravura, 5,5 x 4 cm (POLÍTICOS – FRANCISCO GLICÉRIO).

In LAMBERG,1896:358.

[2503] Verlangieri & Meyer. *Antonio Carlos Gomes*. Fototipia. Século XIX. 300 x 250 mm. Coleção Museu Histórico Nacional, Rio de Janeiro (*Música – Compositores – Carlos Gomes*).

In Museu Histórico Nacional, 1989:336.

2.1.4. Filmes em Branco e Preto e a Cores

[2504] Ramos, Artur. *XII – Africanos que se extinguem: velho Nagô da Bahia* (*Etnias negro-africanas – Nagô*).

In Ramos, 1943, I:352.

[2505] Ramos, Artur. *XIX – Ex-escravo do Estado do Rio, de descendência bantu/XX – O mesmo tipo da figura anterior* (*Etnias negro-africanas – Banto*).

In Ramos, 1943, I:440 e 444.

[2506] Ramos, Artur. *XXV – Ex-escravo de stock bantu, e de provável mestiçagem hamítica*. Est. do Rio (*Etnias negro-africanas – Banto*).

In Ramos, 1943, I:472.

[2507] Schmidt, Gui von. *Colares de alianças. Colares formados por aros lisos e trabalhados. Segundo a tradição, esses colares se faziam com as alianças dos senhores./Colar de ouro com contas "confeitadas"*. Século XIX. Coleção Alberto Moraes Martins Catharino, Salvador, Bahia (*ndumentária feminina – Ourivesaria*).

In *Catálogo da Exposição "Momentos Del Barroco"*, 1988:110-111.

[2508] Schmidt, Gui von. *"Penca" de ouro composta de 21 balangandãs com vários elementos. Século XVIII-XIX. Pulseiras de ouro com placas fundidas, articuladas por elementos cilíndricos (bastonetes). "Joias de baianas", usadas por escravas. Século XIX*. Coleção Alberto Moraes Martins Catharino, Salvador, Bahia (*Indumentária feminina – Ourivesaria*).

In *Catálogo da Exposição "Momentos Del Barroco"*, 1988:113 e 117.

2.1.5. Fotografias e Litografias

[2509] Frond, Victor (foto.) e Jaime (lith.). *La Gloria*. Rio de Janeiro. Fotografia litografada, 36 x 42,2 cm (*O universo do trabalho – Barqueiros – Canoeiros – Remeiros*).

In Ribeyrolles, 1859-1861, 3 t. em 1, n. 1 (álbum).

[2510] Frond, Victor (foto.) e Jacottet (lith.). *Fazenda du Secrétario – Municipe de Vassouras*. Fotografia litografada, 36 x 48,2 cm (*O universo do trabalho – Lavoura cafeeira – Escravos*).

In Ribeyrolles, 1859-1861, 3 t. em 1, n. 2 (álbum).

[2511] Frond, Victor (foto.) e Jacottet (lith.). *Intérieur de la Fazenda du Governo (Usine et cases à nègres)*. Fotografia litografada, 36 x 48,3 cm (*Arquitetura – Senzalas*).

In Ribeyrolles, 1859-1861, 3 t. em 1, n. 24 (álbum).

[2512] Frond, Victor (foto.) e Clerget, H. (lith.). *Pont de la Parahyba do Sul*. Fotografia litografada, 27 x 47,2 cm (*O universo do trabalho – Lavadeiras – Muleteiros*).

In Ribeyrolles, 1859-1361, 3 t. em 1, n. 25 (álbum).

[2513] Frond, Victor (foto.) e Clerget (lith.). *Usine à sucre à Ubá*. Fotografia litografada, 25,2 x 34,8 cm (*O universo do trabalho – Lavadeiras*).

In Ribeyrolles, 1859-1861, 3 t. em 1, n. 27 (álbum).

[2514] Frond, Victor (foto.) e Jacottet (lith.) & Duruy (figs.). *La Pedreira à Rio de Janeiro – Prise de St. Christophe*. Fotografia litografada, 37 x 48,5 cm (*Cenas de gênero*).

In Ribeyrolles, 1859-1861, 3 t. em 1, n. 29 (álbum).

[2515] Frond, Victor (foto.) e Aubrun (lith.) & Duruy (figs). *Panorama de Lagoa. Pris de St. Christophe*. Rio de Janeiro. Litografia, 37,5 x 49 cm (*O universo do trabalho – Condutores de sege*).

In Ribeyrolles, 1859-1861, 3 t. em 1, n. 30 (álbum).

[2516] Frond, Victor (foto.), Jacottet & Adam, V. (lith.). *Chars pour le transport du sucre et pour les voyageurs*. Fotografia litografada, 13,5 x 23,3 cm (*O universo do trabalho – Lavoura canavieira – Carreiros*).

In Ribeyrolles, 1859-1861, 3 t. em 1, n. 35 (álbum).

[2517] Frond, Victor (foto.) e Aubrun (lith.). *Vue de Bahia*. Fotografia litografada, 22,3 x 32,5 cm. Salvador (*O universo do trabalho – Barqueiros – Canoeiros – Remeiros*).

In Ribeyrolles, 1859-1861, 3 t. em 1, n. 36 (álbum).

[2518] Frond, Victor (foto.) e Jaime (lith.). *Maison particulière à Bahia*. Fotografia litografada, 23,5 x 31,5 cm. Salvador (*O universo do trabalho – Carregadores de cestos – Negros de ganho?*).

In Ribeyrolles, 1859-1861, 3 t. em 1, n. 44 (álbum).

[2519] Frond, Victor (foto.) e Sourrieu, V. (lith.). *Le départ pour la roca*. Fotografia litografada, 24,3 x 35,7 cm (*O universo do trabalho – Escravos da roca*).

In Ribeyrolles, 1859-1861. 3 t. em 1, n. 47 (álbum).

[2520] Frond, Victor (foto.) e Benoist, Ph. (lith.). *Cases à nègres*. Fotografia litografada, 15 x 23 cm (*Arquitetura – Casas de moradia*).

In Ribeyrolles, 1859-1861, 3 t. em 1, n. 48 (álbum).

[2521] Frond, Victor (foto) e Benoist, Ph. (lith.). *La sieste à la roca. Plantation*. Fotografia litografada, 15 x 23 cm (*O universo do trabalho – Escravos da roça*) (*Lazer e repouso*).

In Ribeyrolles, 1859-1861, 3 t. em 1, n. 50 (álbum)

[2522] Frond, Victor (foto) e Duruy (lith.). *Vaches*. Fotografia litografada, 15,2 x 22 cm (*O universo do trabalho – Vaqueiros*).

In Ribeyrolles, 1859-1861, 3 t. em 1, n. 52 (álbum).

[2523] Frond, Victor (foto.) e Benoist, Ph. (lith.). *Attelage de boeufs*. Fotografia litografada, 16 x 23,3 cm (*O universo do trabalho – Carreiros*).

In Ribeyrolles, 1859-1861, 3 t. em 1, n. 53 (álbum).

[2524] Frond, Victor (foto.) e Benoist, Ph. (lith.). *Transport du bois de la forêt*. Fotografia litografada, 16 x 23,3 cm (*O universo do trabalho – Carreiros*).

In Ribeyrolles, 1859-1861, 3 t. em 1, n. 53 (álbum).

[2525] Frond, Victor (foto.) e Benoist, Ph. (lith.). *Encaissage et pesage du sucre*. Fotografia litografada, 15,7 x 23 cm (*O universo do trabalho – Lavoura canavieira – Engenhos – Encaixotar e pesar açúcar*).

In Ribeyrolles, 1859-1861, 3 t. em 1, n. 54 (álbum).

[2526] Frond, Victor (foto.) e Benoist, Ph. (lith.). *Avant le depart pour la roca*. Fotografia litografada, 15,7 x 23 cm (*O universo do trabalho – Escravos da roça*).

In Ribeyrolles, 1859-1861, 3 t. em 1, n. 54 (álbum).

[2527] Frond, Victor (foto.) e Benoist, Ph. (lith.). *La cuisine a la roca*. Fotografia litografada, 25 x 32,2 cm (*O universo do trabalho – Escravos da roça – Cozinheiras*).

In Ribeyrolles, 1859-1861, 3 t. em 1, n. 55 (álbum).

[2528] Frond, Victor (foto.) e Duruy (lith.). *La rape a mandioc*. Fotografia litografada, 14,7 x 22 cm (*O universo do trabalho – Lavoura de subsistência – Cultivo da mandioca*).

In Ribeyrolles, 1859-1861, 3 t. em 1, n. 56 (álbum).

[2529] Frond, Victor (foto.) e Laurens, J. (lith.). *Fabricants de jacas (Paniers)*. Fotografia litografada, 28,4 x 23,5 cm (*O universo do trabalho – Cesteiros – Fabricantes de jacás*).

In Ribeyrolles, 1859-1861, 3 t. em 1, n. 57 (álbum).

[2530] Frond, Victor (foto.) e Jacottet (lith.). *Fazenda de St. Fidélis*. Fotografia litografada, 15 x 22 cm. *Fazenda (Système portugais)*. Fotografia litografada, 15 x 22 cm (*O universo do trabalho – Lavadeiras – Escravos da roça*).

In Ribeyrolles, 1859-1861, 3 t. em 1, n. 60 (álbum).

[2531] Frond, Victor (foto.) e Charpentier (lith.) *Travailleur de la roca./Négresse de la roca*. Fotografias litografadas, 23 x 16 cm cada (*O universo do trabalho – Escravos da roça*).

In 1. Ribeyrolles, 1859-1861, 3 t. em 1, n. 61 (álbum).
2. Moura, 1999:186-187.

[2532] Frond, Victor (foto.) e Charpentier (lith.). *Marchand de volailles à la roca*. Fotografia litografada, 30 x 23 cm (*O universo do trabalho – Vendedores de galinhas*).

In Ribeyrolles, 1859-1861, 3 t. em 1, n. 65 (álbum).

[2533] Frond, Victor (foto.) e Champagne (lith.). *Éplucheuses de mandioca*. Litografia, 13,8 x 21 cm (*O universo do trabalho – Lavoura de subsistência – Mandioca*).

In Ribeyrolles, 1859-1861, 3 t. em 1, n. 66 (álbum).

[2534] Frond, Victor (foto.) e Laurens, J. (lith.). *Pilage du café*. Litografia, 26,5 x 23 cm (*O universo do trabalho – Lavoura cafeeira – Pilando café*).

In Ribeyrolles, 1859-1861, 3 t. em 1, n. 67 (álbum).

[2535] Frond, Victor (foto.) e Champagne (lith.). *As rendeiras (ouvrières en dentelles)*. Fotografia litografada, 14 x 21 cm (*O universo do trabalho – Rendeiras*).

In Ribeyrolles, 1859-1861, 3 t. em 1, n. 68 (álbum).

[2536] Frond, Victor (foto.) e Sorrieu, F. (lith.). *Travailleurs à la roca*. Fotografia litografada, 24,5 x 35 cm (*O universo do trabalho – Escravos da roça*).

In Ribeyrolles, 1859-1861, 3 t. em 1, n. 69 (álbum).

[2537] Frond, Victor (foto.) e Sorrieu, F. (lith.). *Le déjeuner à la roca*. Fotografia litografada, 24,5 x 35 cm (*O universo do trabalho – Escravos da roça*).

In Ribeyrolles, 1859-1861, 3 t. em 1. n. 70 (álbum).

[2538] Frond, Victor (foto.) e Jacottet (lith.) *Fazenda de Quissaman pris de Campos*. Fotografia litografada, 35,5 x 37,7 cm (*O universo do trabalho – Carreiros – Lavadeiras*).

In Ribeyrolles, 1859-1861, 3 t. em 1, n. 74 (álbum).

[2539] FROND, VICTOR (foto.) e SORRIEU, F. (lith.). *Le repos à la roca.* Fotografia litografada, 24,3 x 35 cm *(O UNIVERSO DO TRABALHO – ESCRAVOS DA ROÇA) (LAZER E REPOUSO).*

In RIBEYROLLES, 1859-1861, 3 t. em 1, n. 75 (álbum).

2.1.6. Desenhos Litografados, Realizados a Partir de Fotografias

[2540] LAVÉE, J. (del.) e AUTORIA NÃO IDENTIFICADA (lith.). *Cafusa.* Litografia, 7,8 x 65 cm *(MISCIGENAÇÃO – CAFUZOS).*

In RECLUS, 1900:118.

[2541] MAZZA, G. (del.) e AUTORIA NÃO IDENTIFICADA (lith.). *Pretas Quitandeira – Quituteiras e pretos do ganho (Da una fotografia).* Xilografia, 8,5 x 7 cm. Rio de Janeiro. Brasile, Gennaio 1865 *(O UNIVERSO DO TRABALHO – ESCRAVOS DE GANHO – QUITANDEIRAS – QUITUTEIRAS).*
Conteúdo: "Montagem" a partir de fotos de Christiano Jr., catalogadas sob os números *2384-2460.*

In GIGLIOLI, 1876:57.

[2542] MAZZA, G. (del.) e AUTORIA NÃO IDENTIFICADA (lith.). *Caterete o joungo, ballo di negri.* Xilografia, 8 x 11,3 cm *(LÚDICA – CONGADA – REI E RAINHA DO CONGO E SUA CORTE).*
Observação: Desenho a partir de foto de Christiano Jr., número de catálogo *2456.* Trata-se de uma congada e não do jongo ou cateretê, como informa erroneamente o autor.

In GIGLIOLI, 1876:59.

[2543] VUILLIER, G. (del.) e AUTORIA NÃO IDENTIFICADA (lith.). *Colheita da cana.* Litografia, 12,6 x 19 cm. Maranhão *(O UNIVERSO DO TRABALHO – LAVOURA CANAVIEIRA – COLHEITA DE CANA).*

In RECLUS, 1900:65.

[2544] VUILLIER (del.) e AUTORIA NÃO IDENTIFICADA (lith.). *O Cafezal.* Litografia, 13 x 18,5 cm *(O UNIVERSO DO TRABALHO – LAVOURA CAFEEIRA).*

In RECLUS, 1900:259.

Suplemento

Na fase de revisão da pesquisa tornou-se imperativa a inclusão de novas imagens, relacionadas a seguir.

Século XIX

Fontes

1. Originais

Registros de Viajantes
Tinta e Gouache

[2545] AUTORIA NÃO IDENTIFICADA. *Dame de Rio et sa suivante.* 1844. Tinta e guache s/ papel, 29,7 x 37 cm (*O UNIVERSO DO TRABALHO – CARREGADORAS DE GUARDA-CHUVAS – MUCAMAS*).

In COLEÇÃO BRASILIANA – FUNDAÇÃO RANK-PACKARD/FUNDAÇÃO ESTUDAR, São Paulo.

[2546] AUTORIA NÃO IDENTIFICADA. *Negresses de Rio Janeiro.* Ago. 1844. Tinta e guache s/ papel, 30 x 37 cm (*INDUMENTÁRIA FEMININA*).

In COLEÇÃO BRASILIANA – FUNDAÇÃO RANK-PACKARD/FUNDAÇÃO ESTUDAR, São Paulo.

2. Litografias

[2547] RUGENDAS, JOHANN MORITZ (del. d'après nature), DEROI (del.) e ENGELMANN (lith.). *Vue de la montagne de Corcovado et du faubourg de Catete, prise de la Carriere.* Litografia, 26,5 x 38 cm (*O UNIVERSO DO TRABALHO – BRITADORES*).

In RUGENDAS, 1835, Première Division, Pl. 10.

[2548] SISSON, SEBASTIEN AUGUSTE. *João Manoel Pereira da Silva.* Litografia, 32 x 25 cm (*POLITICOS – JOÃO MANOEL PEREIRA DA SILVA*).

In SISSON, 1861, segundo volume.

Bibliografia

1. Publicações Periódicas

[2549] EMELEN, PIERRE VAN. *Cena no Porto de Santos.* 1826. Óleo s/ tela. Museu Paulista, Universidade de São Paulo (*O UNIVERSO DO TRABALHO – AGUADEIROS – CANGUEIROS PUXANDO "PIOLHO" – VENDEDORES DE FRUTAS*).

In STOLZ, 1989:31.

[2550] HEADE, MARTIN. *Fôr de sol – Porto do Rio de Janeiro.* S.d. Óleo s/ tela. Regis Collection, Minneapolis, Estados Unidos (*CENAS DE GÊNERO*).

In MANTHORME, 1989:64.

2. Revistas Ilustradas

[2551] AUTORIA NÃO IDENTIFICADA. *Emancipação do "elemento servil" / O Tempo, o legislador infalível, brada: "A tempestade é forte e leva-nos por entre perigosos escolhos; porem, se houver prudência e firmeza, à borrasca seguir-se-á a bonança, cheia de paz e prosperidade para todos.* Litografia, 23,5 x 17,5 cm (*ABOLICIONISMO – EMANCIPAÇÃO DO ELEMENTO SERVIL*).

In *Vida Fluminense*, Rio de Janeiro, ano 4, n. 189, 12 ago. 1871, p. 673.

[2552] AUTORIA NÃO IDENTIFICADA. *Acerca da celebre questão das escravas do finado Guimarães entende o Snr. Juiz que não há escravos sem todos os horrores da escravidão!! Que importa a lei de 28 de setembro?!!* Litografia, 11,5 x 17 cm (*ABOLICIONISMO – LEI DO VENTRE LIVRE*) (*REPRESSÃO E VIOLÊNCIA – INSTRUMENTOS DE TORTURA DE ESCRAVOS – PELOURINHO – PALMATÓRIA*).

In *Vida Fluminense*, Rio de Janeiro, n. 203, 18 nov. 1871, p. 780.

[2553] AGOSTINI, ANGELO. *O rol da roupa dos operadores da Casa Carneiro & Gaspar nos 8 primeiros dias! d'este anno! 835 camisas! Eis ahi a razão porque na semana finda, appareceu o seguinte annuncio no jornal: precisa-se de 48 lavadeiras etc. etc.!* Litografia, 4,5 x 11 cm (O UNIVERSO DO TRABALHO – LAVADEIRAS).

In *Vida Fluminense*, Rio de Janeiro, ano 3, n. 107, 5 jan.1870, p. 24.

[2554] AGOSTINI, ANGELO. *Os Banhos / Como estás no chic! Quem é teu alfaiate? / Mora na Praia de Sta. Luzia e nunca me aprezenta a conta.* Litografia, 7,2 x 8 cm (INDUMENTÁRIA MASCULINA).

In *Vida Fluminense*, Rio de Janeiro, ano 3, n. 108, 22 jan. 1870, p. 29.

[2555] AGOSTINI, ANGELO. *Uê, gente? Sinhô moço comprô sempre este vinho a dez tostões a garrafa! Como é que vossûnce pede agora cinco minreis? Credo? / – Isso foi no anno passado, agora fia-se mais fino... e paga-se mais caro, só de Alfandega... são 40 por cento! percebes? / .... Non sinhô...* Litografia, 11 x 8,5 cm (ESTEREÓTIPOS SOBRE O NEGRO – A EXPRESSÃO VERBAL) (O UNIVERSO DO TRABALHO – MUCAMAS).

In *Vida Fluminense*, Rio de Janeiro, ano 3, n. 109, 29 jan. 1870, p. 36.

[2556] AGOSTINI, ANGELO. *O Exmo. Snr. Barão não pode dar-lhe agora a honra de recebe-lo por estar occupado em arrancar um dente.* Litografia, 11,5 x 9,5 cm (O UNIVERSO DO TRABALHO – CRIADOS).

In *Vida Fluminense*, Rio de Janeiro, ano 3, n. 110, 5 fev. 1870, p. 45.

[2557] AGOSTINI, ANGELO. *Quarta Feira de Cinsa. Chi...! As botas de nhonhô estão cheirando a... queijo! Chiii!* Litografia, 4,5 x 6,5 cm (O UNIVERSO DO TRABALHO – CRIADOS).

In *Vida Fluminense*, Rio de Janeiro, ano 3, n. 114, 5 mar. 1870, p. 71.

[2558] AGOSTINI, ANGELO. *Corja de pamonhas! Então vocês enterram vivo um menino que hoje goza perfeita saude; obrigão-me a gastar 300$000 no jornal para desfaser essa borracheira e fazem com que um jornal que serve para faser rir estampe exactamente o que aconteceu. Se fizerem isso outra vez, façãono ao menos de maneira que ninguem saiba.* Litografia, 11,2 x 17,5 cm (POLÍTICOS – ZACARIAS DE GÓIS E VASCONCELOS).

In *Vida Fluminense*, Rio de Janeiro, ano 3, n. 118, 2 abr. 1870, p. 103.

[2559] AGOSTINI, ANGELO. *E até n'este papel o ratão faz rir.* Xilogravura, 12 x 17,5 cm (AS ARTES DO ESPETÁCULO – TEATRO – ATORES – FRANCISCO CORRÊA VASQUES).

In *Vida Fluminense*, Rio de Janeiro, ano 3, n. 119, 9 abr. 1870, p. 111.

[2560] AGOSTINI, ANGELO. *– Vem recebê sorte gurande. Seu moço do buleto está ahi! / – Seu moço foi tomar ares, e levou o cobre comsigo. / – Uê! Cruzes!! Eu que economizava nas compras de sinhô para comprar buleto!!!* Litografia, 9,2 x 8,5 cm (ESTEREÓTIPOS SOBRE O NEGRO – A EXPRESSÃO VERBAL) (LOTERIAS) (O UNIVERSO DO TRABALHO – MUCAMAS).

In *Vida Fluminense*, Rio de Janeiro, ano 3, n. 124, 14 maio 1870, p. 155.

[2561] AGOSTINI, ANGELO. *O maestro brazileiro Anto. Carlos Gomes / auctor do "Guarany" operarepresentada ultimamente na Italia, no meio de geraes ovações.* Litografia, 13 x 17,5 cm (MÚSICA – COMPOSITORES – CARLOS GOMES).

In *Vida Fluminense*, Rio de Janeiro, ano 3, n. 133, 16 jul. 1870, p. 221.

[2562] AGOSTINI, ANGELO. *Para evitar que se desse no templo o mesmo que muito a miudo succede no Senado (isto é, não haver sessão por falta de quorum), S. Exca. dá ordem (obedecendo a certo pedido) para franquear a entrada, que é desde logo invadida por tdo quanto ha de mais elegante e distingué. A variedade dos typos fez com que alguem chamasse o barracão: Templo da Igualdade, o que incommodou a muitos figurões.* Litografia, 11,2 x 17,8 cm (O NEGRO NOS ESPAÇOS PÚBLICOS – NAS IGREJAS).

In *Vida Fluminense*, Rio de Janeiro, ano 3, n. 134, 23 jul. 1870, p. 232.

[2563] AGOSTINI, ANGELO. *Typos do Rio de Janeiro / Para as almas, para Sto. Antonio, e para a cêra do Santissimo.* Litografia, 24 x 17,5 cm (O UNIVERSO DO TRABALHO – VENDEDORES DE FRUTAS).

In *Vida Fluminense*, Rio de Janeiro, ano 3, n. 135, 30 jul. 1870, p. 244.

[2564] AGOSTINI, ANGELO. *Nos uniformes do corpo policial ou os turcos no Rio de Janeiro (vide o texto).* Litografia, 10,5 x 8,3 cm (INDUMENTÁRIA MASCULINA – UNIFORMES MILITARES – CORPO POLICIAL DA CÔRTE).

In *Vida Fluminense*, Rio de Janeiro, ano 3, n. 142, 17 set. 1870, p. 300.

[2565] AGOSTINI, ANGELO. *– O Sr. ministro manda a V. Ex.a este docinho para... / – Já sei – Diga lá que agradeço a intenção, mas não me é possivel aceitar um pastel cuja forma assume as proporções de rolha.* Litografia, 12,5 x 17,5 cm (GUARDA POLICIAL) (POLÍTICOS – ZACARIAS DE GÓES E VASCONCELOS).

In *Vida Fluminense*, Rio de Janeiro, ano 3, n. 147, 22 out. 1870, p. 333.

[2566] Agostini, Angelo. *Veja só quanta dinhelo aquella ganha pa. seu Sinhó! – Uê! xiiii!!! Vou dizer pa. meu sinhô de mim allugá no treato lyico, eu ganha mais do que vendê quitanda, tambem sou afilicana.* Litografia, 9,5 x 17 cm (Estereótipos sobre o negro – A expressão verbal) (O universo do trabalho – Negros de ganho – Quitandeiras – Quituteiras).

In *Vida Fluminense*, Rio de Janeiro, ano 3, n. 149, 5 nov. 1870, p. 353.

[2567] Agostini, Angelo. *O Vasques ensaiando-se no seu novo papel de Orpheo da cidade.* Xilogravura, 11,5 x 17,5 cm (As artes do espetáculo – Teatro – Atores – Francisco Corrêa Vasques).

In *Vida Fluminense*, Rio de Janeiro, ano 3, n. 152, 26 nov. 1870, p. 373.

[2568] Agostini, Angelo. *A Justiça no processo de Juca Rosa / Juca Rosa o feiticeiro / Combombo, seu secretario.* Litografia, 12 x 17,5 cm (Feitiçaria – Juca Rosa – Cambombo).

In *Vida Fluminense*, Rio de Janeiro, ano 3, n. 153, 3 dez. 1870, p. 153.

[2569] Agostini, Angelo. *Capa do album offerecido ao maestro, Carlos Gomes. / Trabalho, em alto relevo sobre madeira de Anto. Jacy Monteiro.* Litografia, 17,5 x 24 cm (Música – Compositores – Carlos Gomes). / *São de tal alcance as balas prussianas que até vem affectar de perto o nosso café.* Litografia, 10,3 x 8,5 cm (O universo do trabalho – Carregadores de café).

In *Vida Fluminense*, Rio de Janeiro, ano 3, n. 154, 10 dez. 1870, pp. 392-393.

[2570] Agostini, Angelo. *Castro Alves – Poeta brasileiro.* Litografia, 9,5 x 8,5 cm (Literatura – Poetas – Castro Alves). / *Basta... basta... ou suffocam-me!* Litografia, 12,5 x 18 cm (Música – Compositores – Carlos Gomes).

In *Vida Fluminense*, Rio de Janeiro, ano 3, n. 155, 17 dez. 1870, p. 397 e 405.

[2571] Agostini, Angelo. *Nossas festas! Nossas festas!* Litografia, 11,2 x 16,5 cm (O universo do trabalho – Criados – Mucamas) (Usos e costumes – Boas festas).

In *Vida Fluminense*, Rio de Janeiro, ano 3, n. 156, 24 dez. 1870, p. 405.

[2572] Agostini, Angelo. *Apezar de ainda não estarmos no Carnaval...* Litografia, 23,5 x 17,5 cm (Políticos – Visconde de Inhomirim).

In *Vida Fluminense*, Rio de Janeiro, ano 4, n. 163, 11 fev. 1871, p. 464.

[2573] Agostini, Angelo. *O reverso da medalha / Co. Z. – Realmente boi bem pregado / Deus me livre que me fizessem o mesmo!* Litografia, 18 x 23,5 cm (Políticos – Zacarias de Góis e Vasconcelos).

In *Vida Fluminense*, Rio de Janeiro, ano 4, n. 164, 18 fev. 1871, p. 472.

[2574] Agostini, Angelo. *Esplendida festa que houve n'esta Côrte, no dia 1o. de Março, primeiro anniversario da feliz terminação da Guerra do Paraguay / A guarda nacional, cheia de galhardia, formou-se no Largo do Paço, onde deu brilhantes descargas!* Litografia, 9 x 11 cm (Lazer e repouso) / *Em frente da Camara Municipal levantou-se da noite para o dia uma primorosa estatua de bronze, mimosa allegoria da Victoria empunhando o auri-verde pendão!* Litografia, 6,5 x 6 cm (O universo do trabalho – Lavadeiras) / *Sua Exa. Rev.ma propõe-se durante a Quaresma a ensinar a cozinhar em casa de familias. Lê-se no "Apostolo" / "Nã se pode misturar carne com peixe, mas sim peixe com ovos e lacticinios, etc. etc.!! Sua Exa. Rev.ma. que acaba de chegar d'Italia, não tardará a nos ensinar meio de cosinhar os maccarronis* (O universo do trabalho – Cozinheiras).

In *Vida Fluminense*, Rio de Janeiro, ano 4, n. 167, 11 mar. 1871, pp. 496-497 e 500.

[2575] Agostini, Angelo. *Mestre, a conferencia dos divinos, que já era uma timandrosidade menos má não me valeu de muito: portanto ponho sobre ella mais estes artiguinhos repassados de acido prussico. Se não chegar, pois á altura da pasta prohibida, a culpa não é minha; bem vê (Quem não os conhecer, que os compre).* Litografia, 13,5 x 17,5 cm (Políticos – Visconde de Inhomirim).

In *Vida Fluminense*, Rio de Janeiro, ano 4, n. 171, 8 abr. 1871, p. 529.

[2576] Agostini, Angelo. *O ventre livre! Tia Joanna, vunmcê me espelica como é que minha barriga fica live?.../Alguns senhores reconhecendo o inconveniente de ficarem suas escravas com a liberdade na barriga, empregarão este meio/E depois de abandonar o ventre livre... (de ir onde quizer) juntarão as duas partes capilares, e assim ficará resolvida a questão/– Oh, grandissima... etc.! Pois tu te atreves a comer a empada que comprei expressamente para minha mulher! – Meu sinhô, pois agora minha barriga não está livre?/Ao que estão arriscados hoje todos os poucos que pretendem libertar o ventre de suas Julietas!/Nas fazendas será abolido o casamento, e os que estiverem casados, serão immediatamente divorciados/Uma liberdade ainda peior de que a do ventre é a liberdade das mãos!/Outra, a liberdade de cabeça que ameaça nosso ventre apesar de ser verdadeiramente livre!/E a liberdade das pernas que... vejão o jornal: 200 rs. de gratificação a quem etc. (Não são essas liberdades mais prejudiciaes do que a do ventre?)* Nove litografias, em diversos formatos (Estereótipos sobre o negro – A expressão verbal) (Abolicionismo – Lei do Ventre Livre).

In *Vida Fluminense*, Rio de Janeiro, ano 4, n. 180, 10 jun. 1871, p. 601.

[2577] Agostini, Angelo. *As plataformas das Igrejas / N'estas onde se reune toda a chusma composta de negros, mulatos, capadocios e capoeiras, ha licença a insultar as familias, com plena approvação da autoridade policial e episcopal.* Litografia, 12,5 x 9,5 cm (Marginalidade – Capadócios, capangas e capoeiras).

In *Vida Fluminense*, Rio de Janeiro, ano 4, n. 182, 24 jun. 1871, p. 616.

[2578] Agostini, Angelo. *Se em lugar de café em grão, apresentassem café em chicara e servido por boas mulatinhas e creolinhas, o successo seria outro! O Brazil seria considerado o primeiro paiz do Café e seus accessórios.* Litografia, 8 x 10,5 cm (Estereótipos sobre o negro – A mulata como objeto de desejo).

In *Revista Illustrada*, Rio de Janeiro, ano 8, n. 344, 9 jun. 1883, p. 4.

[2579] Faria, Cândido Aragonês de. *Ariete / Cabeça de carneiro com que se arrombam portas.* Litografia, 6,5 x 6 cm / *Canhão Crupp – Libera nos Dominé!!!.* Litografia, 6,5 x 4,5 cm (Estereótipos sobre o negro – Os corpos grotescos).

In *Vida Fluminense*, Rio de Janeiro, ano 3, n. 183, 15 jul. 1871, p. 641.

[2580] Faria, Cândido Aragonês de. *Inspiração no Espirito Santo (Cofocarra). D. Caguinchas do alto de seu castello de Hespanha, revestido de um paletot de chita de colcha e empunhando um canudo de sóba em lugar de .... vê minas de ouro, na serra dos canudos. Fiu-Fiu.* Litografia, 17 x 12,5 cm (Gestualidade).

In *Vida Fluminense*, Rio de Janeiro, ano 5, n. 221, 23 mar. 1872, p. 928.

[2581] Faria, Cândido Aragonês de. *Retrospecto politico... e torquemadico / "Nos meus braços, papai Zacharias, nos meus braços. O seu discurso no Senado conquistou-lhe todas as bem-aventuranças da Mitra, e um chapeo de jesuita!!!"* Litografia, 12,5 x 13,5 cm (Políticos – Zacarias de Góis e Vasconcelos).

In *Vida Fluminense*, Rio de Janeiro, ano 5, n. 231, 1°. jun. 1872, pp. 1008-1009.

[2582] Faria, Cândido Aragonês de. *ELEIÇÕES por Faria/O equilibrio das côres em dia de eleição. O que branca nem é preto no outro, e assim fica uma cousa pela outra.* Litografia, 7,5 x 10 cm (Eleições – Eleitores).

In *Vida Fluminense*, Rio de Janeiro, ano 5, n. 243, 24 ago. 1872, pp. 1102-1103.

[2583] Faria, Cândido Aragonês de. *SARILHOS ELEITORAES. Jantar... politico. "Vamos, rapaziada'nada de cerimonias... O leitão é todo para vocês. Hão de comêl-o, quer queiram quer não. Prometti-lhe'; ahi o tem. Não lhe deixem um ossinho sequer. Lembrem-se que só daqui a quatro annos é que torna a haver d'isto. Já viram, heim?* Litografia, 9,5 x 14,5 cm / *O verdadeiro representante do voto livre.* Litografia, 7 x 7 cm (Eleições – Eleitores).

In *Vida Fluminense*, Rio de Janeiro, ano 5, n. 244, 31 ago. 1872, pp. 1110.

[2584] Faria, Cândido Aragonês de. *Vingança grande e remorso maior – TIMANDRO.* Litografia, 13 x 19 cm (Políticos – Visconde de Inhomirim).

In *Vida Fluminense*, Rio de Janeiro, ano 5, n. 252, 26 out. 1872, p. 1171.

[2585] Faria, Cândido Aragonês de. *Baralho politico / 2 de paus (Na forma, porque na inteligencia e no voltarete é... manilha)* (Políticos – Francisco Otaviano de Almeida Rosa) / *Bisca de Copas – Coração, amores, politica e... apolices* (Políticos – Visconde de Inhomirim) / *Bisca de paus – Os jogadores quando perdem, gritam "Misericorda"!* (Políticos – Zacarias de Góis e Vasconcelos). Litografia, 9 x 5,5 cm cada.

In *Vida Fluminense*, Rio de Janeiro, ano 5, n. 253, 2 nov. 1872, p. 1183.

[2586] Faria, Cândido Aragonês de. *Ensaio geral 'Se houver rôlo, vocês formam logo quadrado (a parte) Morrer por morrer, morram as flores que são mais velhas.* Litografia, 10,5 x 7,5 cm. / *No dia 9 á tarde / Amanhã careço de bouquet: é portanto necessario jogar estas flores para que amanheção bem viçosas.* Litografia, 10,5 x 11 cm (Marginalidade – Capadócios – Capangas – Capoeiras – Interferência nas eleições).

In *Vida Fluminense*, Rio de Janeiro, ano 5, n. 255, 16 nov. 1872, p. 1199.

[2587] Faria, Cândido Aragonês de. *Loterias, reuniões, Suzana e eleições. Um votante consciencioso na ultima eleição. Diabus nobis hoec otia fecit.* Litografia, 12 x 7,5 cm (Eleições – Eleitores) / *Interior do Clube Reformado durante o dia 10... e seguintes.* Litografia, 12 x 18,5 cm (Políticos – Francisco Otaviano de Almeida Rosa).

In *Vida Fluminense*, Rio de Janeiro, ano 5, n. 256, 23 nov. 1872, p. 1206.

[2588] Molla, Vitor. *Visitações / Em quanto os amos visitam as igrejas, os criados visitam a despensa.* Lityografia, 10,5 x 9 cm (O universo do trabalho – Criados).

In *Vida Fluminense*, Rio de Janeiro, ano 4, n. 172, 15 abr. 1871, p. 537.

3. Livros

[2589] Autoria não identificada. *Gonçalves Crespo*. Foto s/ papel albuminado (*Literatura – Poetas – Gonçalves Crespo*).

In Camargo, 1987:50.

[2590] Autoria não identificada. *Machado de Assis, apanhado em toda sua mulatice*. Foto s/ papel albuminado (*Literatura – Escritores – Machado de Assis*).

In Camargo, 1987:55.

[2591] Autoria não identificada. *Dom Silvério Gomes Pimenta – 1º arcebispo de Mariana*. Foto s/ papel albuminado (*Catolicismo – Sacerdotes – Dom Silvério Gomes Pimenta*).

In Camargo, 1987:60.

[2592] Autoria não identificada. João da Cruz e Sousa. Foto s/ papel albuminado (*Literatura – Poetas – João da Cruz e Sousa*).

In Camargo, 1987:63.

[2593] Autoria não identificada. *D. Silvério Gomes Pimenta*. Foto s/ papel albuminado (*Catolicismo – Sacerdotes – Dom Silvério Gomes Pimenta*).

In Camargo, 1989:343.

Bibliografia

Bibliografia

Obras de Referência

Anuário Genealógico Brasileiro. São Paulo, Instituto Genealógico Brasileiro, 1939-1946, 10 vols.

Benezit, E. *Dictionnaire des peintres, sculpteurs, dessinateurs et graveurs.* Paris, Librairie Gründ, 1976.

Cristoforo, Catharina. "A África no Instituto de Estudos Brasileiros". *Revista do Instituto de Estudos Brasileiros*, São Paulo, 28:157-85, 1988.

Faldin, Giacomina (org.). *Manual de Catalogação.* São Paulo, Nobel Edusp, 1987.

Horch, Rosemarie Erika. "Álbuns dos Viajantes que Estiveram no Brasil na Primeira Metade do Século XIX". Separata do *Boletim Bibliográfico Biblioteca Mário de Andrade.* São Paulo, 41 (3/4):48-149, jul. /dez. 1980.

________. "Relação dos Manuscritos da Coleção J. F. de Almeida Prado". São Paulo, Instituto de Estudos Brasileiros, 1966.

Moraes, Rubens Borba de. *Bibliographia Brasiliana. Rare Books about Brazil Published from 1504 to 1900 and Works by Brazilian Authors of the Colonial Period.* Los Angeles / Rio de Janeiro, UCLA Latin American Center Publications, University of California; Rio de Janeiro, Livraria Kosmos Editora, 1983.

________. "Viagens". In: Moraes & Berrien, 1949:592:627.

Moraes, Rubens Borba de & Berrien, William. *Manual Bibliográfico de Estudos Brasileiros.* Rio de Janeiro, Gráfica Editora Souza, 1949.

Nogueira, Arlinda Rocha; Bellotto, Heloísa Liberalli & Hutter, Lucy Maffei. *Inventário Analítico dos Manuscritos da Coleção Lamego.* São Paulo, Instituto de Estudos Brasileiros, 1983, 2 vols.

Catálogos

Batista, Marta Rosseti & Lima, Yone Soares de. *Coleção Mário de Andrade. Artes Plásticas.* 1ª ed., 1986; 2. ed., 1998, São Paulo, Instituto de Estudos Brasileiros, Universidade de São Paulo.

Bitterli, Urs. "Reisen ins landesinnere – Brasilien in der berichterstattung vom 16. zum 19. jahrhundert". *In: Catálogo da Exposição Brasilien – Entdeckung und selbstentdeckung.* Bern, Benteli Verlag, 1992, pp. 24-36.

Carelli, Mário. "Os Pintores Viajantes, a Travessia da Diferença". *In*: Catálogo da Exposição *Missão Artística Francesa e Pintores Viajantes. – França-Brasil no Século XIX.* Rio de Janeiro, Instituto Cultural Brasil-França / Fundação Casa França-Brasil, 1990, pp. 189-142.

Catálogo da Exposição *Três Séculos de Iconografia da Música no Brasil.* Rio de Janeiro, Biblioteca Nacional, Divisão de Publicações e Divulgação, 1974.

Catálogo da Exposição *Bahia – Momentos del Barroco.* Buenos Aires, Museo Nacional de Arte Decorativo, 1º a 23 de dezembro de 1988.

Catálogo da Exposição *Navio Negreiro – Cotidiano, Castigo e Rebelião Escrava – Batuque no Quilombo.* São Paulo, Estação Ciência – Projeto em torno de Zumbi, 1995-1996.

Catálogo da Exposição *Paul Harro-Harring. Esboços Tropicais do Brasil.* São Paulo, Instituto Moreira Salles, 1996.

Catálogo de Jornais e Revistas do Rio de Janeiro (1808-1889) Existentes na Biblioteca Nacional. *Anais da Biblioteca Nacional*, Rio de Janeiro, vol. 85, 1965.

Coutinho, Wilson. "E Os Franceses Chegaram". *In: Catálogo da Exposição Missão Artística Francesa e Pintores Viajantes. – França-Brasil no Século XIX.* Rio de Janeiro, Instituto Cultural Brasil-França, Fundação Casa França-Brasil, 1990, pp. 21-87.

Fernandes, Orlandino Seitas. "O Despertar da Terra". *In: Catálogo da Exposição O Universo Mágico do Barroco Brasileiro.* São Paulo, Sesi, 1998, pp. 30-57.

GRUNSPUN, Elise. "O Negro e a Fotografia: Da Nudez Total ao Empréstimo da Roupa do "Outro". *In*: *Catálogo da Exposição O Sujeito em Perigo – Identidade Fotográfica e Alteridade no Brasil: do Século XIX até 1940*. Recife, Fundaj, Editora Massangana, 1992.

HAGUENAUER, René. "Das sammlerehepaar Beatriz und Mario Pimenta Camargo". *In*: *Catálogo da Exposição Brasilien – Entdeckung und Selbstentdeckung*. Bern, Benteli Verlag, 1992, pp. 96-105.

LÖSCHNER, Renate. "A Representação Artística da América Latina no século XIX, sob a Influência de Alexandre von Humboldt". *In*: *Catálogo da Exposição Artistas Alemães na América Latina – Pintores e Naturalistas Ilustram um Continente*. Berlim, Patrimônio Cultural Prussiano, 1978.

_________. "Fixsterne im system Alexander von Humboldt. Maximilian zu Wied, Johann Moritz RUGENDAS und der Comte de Clarac". *In*: *Catálogo da Exposição Brasilien – Entdeckung und Selbstentdeckung* Zurich, Suíça, Bern, Benteli Verlag, 1992, pp. 122-133.

LOURENÇO, Maria Cecília França. "Academia: Norma e Excelência". *In*: *Catálogo da Exposição Um Olhar Crítico sobre o Acervo do Século XIX – Reflexões Iconográficas – Memória*. São Paulo, Pinacoteca do Estado, 1994, pp. 40-65.

MAGALHÃES, Fábio. "Kunst aus der "Neuen Welt". *In*: *Catálogo da Exposição Entdeckung und Selbstentdeckung*. Bern, Benteli Verlag, 1992, pp. 55-65.

MOURA, Carlos Eugênio Marcondes de. "Religiosidade Africana no Brasil". *In*: *Catálogo da Exposição Arte e Religiosidade Afro-Brasileira*. Frankfurt, Alemanha / São Paulo, Melhoramentos / Frankfurt Kunstverein, 1994, pp. 35-88.

_________. "A Vida no Dia a Dia, Século XIX: Cenas, Cenários, Visões". *In*: *Catálogo da Exposição Um Olhar Crítico sobre o Acervo do Século XIX – Reflexões Iconográficas – Memória*. São Paulo, Pinacoteca do Estado, 1994, pp. 28-39.

NIGRA, D. Clemente Maria da Silva, O. S. B. "Arte Colonial do Brasil". *In*: *Catálogo da Exposição O Universo Mágico do Barroco Brasileiro*. São Paulo, Sesi, 1998, pp. 1001-127.

PÖHNER, Ralph. "Brasilien von der entdeckung bis 1920". *In*: *Catálogo da Exposição Brasilien – Entdeckung und selbstentdeckung*. Bern, Benteli Verlag, 1992, pp. 50-54.

TIEFENBACHER, Ludwig. "Die Bayerische Brasilienexpedition von J. B. Spix und C. F. Ph. Martius 1817-1820." *In*: *Catálogo da Exposição Brasilianische Reise 1817-1820. Carl Friearich Philipp von Martius zum 200*. Gerburtstag. München, Hirmer, Verlag, 1994, pp. 28-52.

TRINDADE, Jaelson Bitran. "A Corporação e as Artes Plásticas: O Pintor, de Artesão a Artista". *In*: *Catálogo da Exposição O Universo Mágico do Barroco Brasileiro*. São Paulo, Sesi, 1998, pp. 247-269.

WAGNER, Robert. *Thomas Ender no Brasil. 1817-1818*. Aquarelas Pertencentes à Academia de Belas-Artes em Viena. Graz, Akademische Druck-u. Verlagsanstalt, 1997.

LITERATURA DE VIAGENS E OUTRAS FONTES

Século XVII

1. Fontes

1. 1. Impressos

BARLAEUS, Caspar. *Casparis Barlai, rervm per octennivm in Brasilia et alibi nuper geftarum, sub Praerfectura Illuftriffimi Comitis I. Maritii, Nassoviae, & Comitis, nunc Vasaliae Gubernatoris e Equitatus Foederatorum Belgii Ordd. sub Avriaco Ductoris, historia*. Amstelodami, Ex Tipographeio Ioannis Blaev, 1647.

BLAEU, Joan. *Achtste stuck der aerdrycks-Beschryving, welck vervat Spaenjen, Africa, en America*. T'Amsterdam, in de Druckery van Joan Blaeu, 1665. In *J. Blaeus grooten Atlas, oft werelt beschryving in welcke t'aerdryck, de zee, en himel, wort vertooent en beschreven 't Amsterdam, by Joan Blaeu, 1648-1664*, vol. 5.

DAPPER, Olfert. *Description de l'Afrique contenant les Noms, la Situation & les Confins de toutes fes Parties, leurs Rivieres, leurs Villes et leurs Habitations, leurs Plantes & leurs Animaux; les Moeurs, les Coûtumes, la Langue, les Richeffes, la Religion et le Gouvernement de fes Peuples. Avec des Cartes des Etats, des Provinces & des Villes, & des Figures en taille douce, qui reprefentent les habits & les principales ceremonies des Habitans, les Plantes & les Animaux le moins connus. Traduit du Flamand*. Amsterdam, Waasberger, Boom & van Someren, 1686.

MONTANUS, Arnoldus. *De Nieuwe en Onbekende Weereld : of Beschryving van America en T'Zuid-Land, Vervaetende d'Oorsprong der Amerecaenen en Zuidlanders, gedenkaerdige togten derwaerds...* Amsterdam, Jacob Meurs, 1671.

NIEUHOF, Johan. *Gedenkweerdige Brasiliaense zea-en Lant-Reize Behelzende Alhetgee op dezelve ist voorgevallen. Beneffens Eeen bondige, beschrijving van gantsch Neerlants Brasil, Zoo van lantschappen, steden, dieren, gewassen, als draghten, zeden en godsdientst der inwoonders...* Amsterdam, Weduwe van I. van Meurs, 1682.

2. Bibliografia

2. 1. Livros

LARSEN, Erik. *Frans Post, Interprète do Brasil I*. Amsterdã/Rio de Janeiro, Colibris Editora Ltda., 1962.

LEITE, José Roberto Teixeira. *A Pintura no Brasil Holandês*. Rio de Janeiro, Edições GRD, 1967.

______. "Os Pintores de Nassau". *In*: Zanini, Walter (coord. editorial). *História Geral da Arte no Brasil*. São Paulo, Instituto Walther Moreira Salles, 1983, 1:346-375.

Menezes, José Luís Mota. "O Século XVII e o Brasil Holandês". *In*: Zanini, Walter (coord. editorial). *História Geral da Arte no Brasil*. São Paulo, Instituto Walther Moreira Salles, 1983, 1:320-345.

Thomsen, Thomas. *Albert Eckhout, ein niederländischer maler un sein gönner Moritz der Brasilianer – Ein kulturbild aus dem 17. jahrhundert*. Kopenhagen, Ed. Ejnar Munksgard, 1938.

Valladares, Clarival do Prado & Mello Filho, Luiz Emygdio de. *Albert Eckhout – Presença da Holanda no Brasil – Século XVII*. São Paulo, Edições Alumbramento, 1998.

Wagener, Zacharias. *Zoobiblion, Livro de Animais do Brasil*. São Paulo, Empresa Gráfica Revista dos Tribunais, 1964 (Brasiliensia Documenta – vol. IV).

Whitehead, P. J. P. & Boeseman, M. *Um Retrato do Brasil Holandês do Século XVII. Animais, Plantas e Gente pelos Artistas de Johan Maurits de Nassau*. Rio de Janeiro, Livr. Kosmos Ed., 1989.

2. 2 Artigos em Publicações Periódicas

O Cais do Varadouro em Olinda. *Revista do Instituto Arqueológico e Geográfico Pernambucano*, Recife, XIII:586, 1908.

Carvalho, Alfredo de. "Dapper e Montanus – Controvérsia Bibliográfica". *Revista do Instituto Arqueológico e Geográfico Pernambucano*, Recife, vol. XIV, n. 77:349-370, set. 1909.

Horch, Rosemarie Erika. "Dois Expoentes da Cartografia nos Países Baixos". *Separata da Revista de História*, São Paulo, n. 7, 1969.

Século XVIII

1. Fontes

1. 1. Impressos

Barbot, John. *A Description of the Coasts of North and South Guinea; and of Ethiopia Inferior, Vulgarly Angola: Being a New and Accurate Account of the Weftern Maritime Countries of AFRICA*. M. DCC XXXII (1723).

Dalzel, Archibald. *The history of Dahomy an Inland Kingdom of Africa, Compiled from Authentic Memoirs*. London, T. Spilsburg and son, 1763.

Frézier, Amedée François. *Relation du voyage de la Mer du Sud aux côtes du Chily et du Perou, Fait pendant les années 1712, 1713 & 1714... par M. Frézier, ingénieur ordinaire du Roy; ouvrage enrichi de quantité de planches en taille-douce*. Paris, Nyon, Ganeau, Quillau, 1716.

Hooghe, Romeyn de. *Les Indes Orientales et Occidentales et autres lieux, représentés en très-belles Figures, qui montrent au naturel les Peuples, Moeurs, Religions, Fêtes, Sacrifices, Mosquées, Idoles, Richesses, Ceremonies, Festins, Tribunaux, Supplices et Esclavages, Comme Aussi les Montagnes, Vaisseaux, Commerce, Marchés, Marchandises de toute Sorte, Epiceries, Sucreries, Tours, Pierres précieuses, Pentures, Feux d'Artifices, Bouffons, Marche des Armées, Plantes, Arbres, Animaux, Oiseaux, Poissons, Monstres, Lieux Souterrains, Volcans, Ouragans, ec*. Leide, Pierre Vander Aa, s.d. [1700-1710].

Norris, Robert. *Voyage au pays de Dahomé, état situé dans l'interieur de la Guinée; on y a ajouté des Obfervation sur la traîte des Nègres, avec una Defcription de quelques parties de la Côte de Guinée, durant un Voyage fait en 1787 & 1788, avec le Docteur Sparrmann & le Capitaine ARRHENIUS; Par C. B. Wadstrom. Ouvrages traduits de l'Anglais*. Paris, S. c. p., 1790.

La Pérouse, Conde de. *Voyage de La Pérouse autour du monde, publié conformément au décret du 11 avril 1791, et redigé par M. L. Milet-Mureau*. Paris, An V (1797), 4 vol. + Atlas.

2. Bibliografia

2. 1. Livros

Ferreira, Alexandre. *Viagem Filosófica pelas Capitanias do Grão Pará, Rio Negro, Mato Grosso e Cuiabá – 1783-1792*. Estudo Introdutório de Arthur Cesar Ferreira Reis. Rio de Janeiro, Conselho Federal de Cultura, 1971, 2 vols.

Riscos Iluminados de Figurinhos de Brancos e Negros dos Uzos do Rio de Janeiro e Serro do Frio. Aquarelas de Carlos Julião. Estudo introdutório de Lygia da Fonseca Fernandes da Cunha. Rio de Janeiro, Biblioteca Nacional, 1960.

2. 2. Artigos em Publicações Periódicas

Horch, Rosemarie Erika. "Um Álbum do Século XVIII". *Revista do Instituto de Estudos Brasileiros*, São Paulo, 9:169-173, 1970.

Século XIX

1. Fontes

1. 1. Originais

GUILLOBEL, Joaquim Candido. *Usos e Costumes de Alguns Habitantes do Maranhão Copiados do Natural – Desenhados por J. C. Guillobel em 1820*. Coleção Guita e José Mindlin, São Paulo.

_________. *Coleção de Usos e Costumes dos Habitantes da Cidade de S. Luiz do Maranhão. Copiados e Desenhados do Natural por J. C. Guillobel em 1822*. Coleção Guita e José Mindlin, São Paulo.

1. 2. Impressos

ADALBERT, Príncipe da Prússia. *Skizzen zu dem Tagebuch von Adalbert Prinz von Prrufsin – 1842-1843*. Berlin, Deckershen Geheimen Ober Hofbuchdruckerei, 1847.

ADAMS, William. *The modern voyager and traveller, through Europe, Asia, Africa, & America*. London, Fisher, Son & Co, 1828, 4 vols.

AGASSIZ, Louis & AGASSIZ, Elisabeth Carry. *Voyage au Brésil*. Paris, Librairie de la Hachette Et Cie., 1869.

AIMARD, Gustave. *Le Brésil nouveau*. Paris, E. Dentu, Éditeur, 1888.

ARAGO, J. & PELLION, A & C. A. *Voyage autour du monde sur les corvettes de S. M. l'Uranie et la Physicienne. Atlas Historique*. Paris, Pillet Ainé, 1825.

ARAGO, M. J. *Souvenirs d'un aveugle, voyage autour du monde*. Paris, Hortet et Ozanne, Éditeurs, 1839, 4 vols.

_________. *Souvenirs d'un aveugle. Voyage autour du monde*. Nouvelle édition revue et augmentée. Paris, H. Lebrun, s. d., 2 vols.

ARMITAGE, John. *A História do Brazil, desde a Chegada da Real Familia de Bragança em 1808, até a Abdicação do Imperador D. Pedro I, em 1831*. Rio de Janeiro, Typ. Imp. e Const. de J. Villeneuve e Comp, s. d.

ATRI, Alessandro d' *Uomini e cose del Brasile (Descrizione dei viaggi compiuti negli anni 1894 e 1895)*. Napoli, Stab. Tipografico Cav. Aurelio Tocco, 1895-1896.

BARROW, John. *Voyage a la Cochinchine, par les iles de Madère, de Ténérife et du Cap Ver, le Brésil et l'Ile de Java, contenant des Reinseignemens nouveaux et authentiques sur l'État naturel et civil de ces divers Pays; accompagné de la Relation* officielle *d'un Voyage* AU PAYS DES BOUSHOUANAS, *dans l'intérieur de l'Afrique australe*. Paris, François Buisson, Libraire, 1807, 2 vols. + Collection des Planches. 18 planches dessinées à Londres, et gravées en taillé douce par Tardieu l'aîné. Paris, Arthus Bertrand, 1807.

BAYERN, Therese Princessin von. *Meine reise in den Brasilianischen tropen*. Berlin, Dietrich Reimer, 1897.

BIARD, F. *Deux années au Brésil*. Paris, Librairie de L. Hachette & Cie., 1862.

BIGG-WITHER, Thomas P. *Pioneering in South Brazil. Three Years of Forest and Prairie Life in the Province of Paraná*. London, John Murray, 1878, 2 vols.

BOUGAINVILLE, Baron de. *Journal de la navigation autour du globe de la Frégate la Théthis et de la Corvette l'Espérance pendant les années 1824, 1825 et 1826*. Paris, Arthus Bertrand, 1837.

BRASSEY, Mrs. Annie. *Voyage in the "Sunbeam", our Home on the Ocean for Eleven Months*. 2. ed. London, Longmans, Green, and Co., 1878.

BURMEISTER, Herman, *Reise nach Brasilien, durch die Provinzen von Rio de Janeiro und Minas Gerais. Mit besonderer Rücksicht auf die Natur geschichte der Gold-und Diamantendistricte*. Berlin, George Reiner, 1853. Atlas.

CALDCLEUGH, Alexander. *Travels in South America, During the Years 1819-20-21; Containing an Account of the Present State of Brazil, Buenos Ayres, and Chile*. London, John Murray, 1825, 2 vols.

CALLCOTT, Maria Graham. *Journal of a Voyage to Brazil and Residence there, During Part of the Years 1821, 1822, 1823*. London, Longman, Hurst, Rees, Orme, Brown & Green, 1824.

CANSTATT, Oscar. *Brasilien – Land und leute*. Berlin, Ernest Siegfried Mittler und Sohn, 1877.

CHAMBERLAIN, Lieutenant. *Views and Costumes of the City and Neighbourhood of Rio de Janeiro, Brazil, from Drawings Taken by Lieutenant Chamberlain... During the Years of 1819 & 1820 with Descriptive Explanations*. London, Howlett & Brimmer, 1822.

CHAMPAGNAC & OLIVIER. *Voyage autour du monde d'après les nouvelles délimitations des états*. Paris, Laplace, Sanchez Et Cie, 1879.

CLARKSON, Thomas. *The History of the Rise, Progress, and Accomplishment of the Abolition of the African Slave-trade by the British Parliament*. London, Longman, Hurst, Rees, and Orme, 1808, 2 vols.

_________. *Le cri des Africains contre les européens, leurs oppresseurs, ou Coup d'oeil sur le commerce homicide appelé Traite des noirs*. London, G. Schulze, 1821.

CODMAN, John. *Ten Months in Brazil with Notes on the Paraguayan War*. Edinburgh, R. Grant and Son. London, Simpkin, Marshall, and Co., New York, D. Appleton and Co., MDCCCLXX (1870).

COLTON, Rev. Walter. *Deck and Port, or, Incidents of a Cruise in the United States Frigate Congress to California*. New York, A. S. Barnes & Co., 1850.

DEBRET, Jean-Baptiste. *Voyage pittoresque et historique au Brésil, ou Séjour d'un artiste français au Brésil, depuis 1816 jusqu'en 1831 inclusivement, époques de l'avénement et de l'abdication de S. M. D. Pedro 1er, fon-*

dateur de l'émpire brésilien. Paris, Firmin Didot Frères, MDCCCXXXV (1835), 3 vols., T. I e II.

Delessert, Eugène. *Voyages dans les deux océans – Atlantique et Pacifique – 1844 à 1847*. Paris, A. Frank Librairie, MDCCCXLVIII (1848).

Elwes, Robert. *A Sketcher's Tour Round the World*. Illustrations from original drawings by the author. London, Hurst and Blackett, 1854.

Énault, Louis. *L'Amérique centrale et méridionale*. Paris, F. de P. Mellado Et Cie., 1867.

Ewbank, Thomas. *Life in Brazil; or A Journal of a Visit to the Land of the Cocoa and the Palm With an Appendix, Containing Illustrations of Ancient South American Arts in Recently Discovered Implements and Products of Domestic Industry, and Works in Stone, Pottery, Gold, Silver, Bronze, & C*. New York, Harper & Brothers, Publishers, 1856.

Fischer, Christian. *Gemälde von Brasilien*, Leipzig, Hartlebens Verlagexpedition, 1819, 2 vols.

Fitzroy, Robert. *Narrative of the Surveying Voyages of His Majesty's Ships "Adventure"and "Beagle" between the Years 1826 and 1836, Describing their Examination of the Southern Shores of South America, and the 'Beagle"s Circumnavigation of the Globe*. London, Henry, Colburn, 1839, 4 vols.

Fletcher, James C. & Kidder, Daniel P. *Brazil and the Brazilians Portrayed in Historical and Descriptive Sketches*. London, Sampson Low, Son and Marston, 1866.

Freycinet, Louis Claude Desaulses de. *Voyage autour du monde entrepris par ordre du Roi, executé sur les corvettes l'Uranie et la Physicienne, pendant 1817-1820*. Paris, Pillet ainé, 1824-1844. 5 vols. e 4 atlas.

Frias, D. C. Sanches de. *Uma viagem ao Amazonas*. Lisboa, Typographia de Mattos Moreira & Cardosos, 1883.

G., A. P. D. *Scketches of Portuguese life, Manners, Costume, and Character*. London, Geo. B. Whitaker, 1826.

Giglioli, Enrico Hillyer. *Viaggio in torno al globo della R. Pirocorveta italiana Magenta negli anni 1865-66-67-68*. Milano, V. Maisner & Compagnia, Editori, 1876.

Grey, George. *Journals of Two Expeditions of Discovery in North-West and Western Australia, During the Years 1837, 38, and 39*. London, T. and W. Boone, 1841.

Hadfield, William. *Brazil, the River Plate, and the Falkland Islands; with the Cape Horn Route to Australia, Including Notices of Lisbon, Madeira, the Canaries, and Cape Verds*. London, Longman, Brown, Green, and Longmans, 1854.

Hänsel, Emil. *Ein ausflug nach Brasilien un den La Platastaaten, mit berücksichtigung der Melloschen revolutionären Bewegung in Brasilien*. Warmbrun i Schl., Max Leipelt,1895.

Heaton, George. *Rio de Janeiro Pitoresco*. Paisagens de Buvelot e figuras de Auguste Moreau. Rio de Janeiro, Heaton & Rensburg, 1842.

________. *Rio de Janeiro Pitoresco e Monumental de Bertichen*. Rio de Janeiro, Heaton & Rensburg, 1845.

Henderson, John. *A history of the Brazil Comprising its Geography, Commerce, Colonization, Aboriginal Inhabitants & & &*. London, Longman, Hurst, Rees, Orme, and Brown, 1821.

Herndon, W. M. Lewis & Gibbon, Lardner. *Exploration of the Valley of the Amazon, Made under Direction of the Navy Department*. Washington, A. O. P. Nicholson, 1853-1854, 2 vols.

Hörmeyer, Joseph. *Was Georg seinen deutschen Landslenten über Brazilien zu erzählen weiss. Schilderungen eines in Süd-Brasilien mohlhabend gewordenen Proletariers. Ein beitrag zur länder and völtertunde*. Leipzig, S. c. p., 1863.

Koenigswald, Gustav. *São Paulo*. S. l., s. c. p., 1898.

Koster, Henry. *Travels in Brazil*. London, Longman, Hurst, Rees, Orme, and Brown, 1816.

Lamberg, Mauricio. *O Brazil*. Rio de Janeiro, Lombaerts, 1896.

Leithtold, Theodor von. *Mijn uitstap naar Brazilie, of Reize van Berlijn naar Rio de Janeiro, en van daar terug, enz*. Amsterdam, J. C. Van Kesteren, 1821.

Lemay, Gaston. *À bord de la Junon*. Paris, G. Charpentier, 1881.

Lomonaco, Alfonso. *Al Brasile*. Milano, Leonardo Vollardi, Edit., 1889.

Mac-Érin, U. *Huit mois sur les deux océans*. Voyage d'études et d'agrément. Tours, Cartier, 1882.

Marquam, M. H. *Promenade en Amérique ou Scènes instructives & pittoresques propres à faire connaitre aux Enfants les Moeurs, les coutumes et les Beautés naturelles de cette Partie du Monde*. Paris, Librairie de l'Enfance & de la Jeunesse, 1838.

Mawe, John. *Travels in the Interior of Brazil, Particularly in the Gold and Diamond Districts of that Country*. London, Longman, Hurst, Rees, Orme, and Brown, 1812.

________. *Viaggio nell'interno del Brasile e particolarmente nei Distreti del'Oro e dei diamanti fatto nel 1809-10*. Milano, Dalla Tiografia Sonzogno e Cmp., 1817.

________. *Travels in the Interior of Brazil; with Notices on its Climate, Agriculture, Commerce, Population, Mines, Manners and Customs; and a Particular Account of the Gold and Diamond Districts, Including a Voyage to the Rio de la Plata*. 2. ed. London, Longman, Hurst, Rees, Orme, and Brown, 1821.

Maximilian, Príncipe von Wied-Neuwied. *Kupfer und Karten zum 2ten Band der Reise Str. Durchl. des Prinzen Maximilian von Newied nach Brasilien in den Jahren 1815 bis 1817*. Frankfurt-am-Main, H. L. Brönner, 1820-1821.

Moraes, Alexandre José de Melo. *Brazil Histórico*. 2a. série, T. I. Rio de Janeiro, Typographia dos Editores, 1866.

————. *Brazil Histórico*. Rio de Janeiro, Fauchon & Dupont, 1867-1868, 2 vols.

Moraes Filho, Alexandre José de Melo. *Festas e Tradições Populares do Brasil*. Nova edição revista e augmentada. Rio de Janeiro, H. Garnier, [1901].

————. *Factos e Memórias*. Rio de Janeiro, H. Garnier, 1904.

————. *Artistas do Meu Tempo, Seguido de um Estudo sobre Laurindo Rabelo*. Rio de Janeiro, H. Garnier, 1905.

————. *Historia e Costumes*. Rio de Janeiro, H. Garnier, s. d.

Morier, James. *A Second Journey through Persia, Armenia, and Asia Minor, to Constantinople, between the Years 1810 and 1816. With a Journal of the Voyage by the Brazils and Bombay to the Persian Gulf*. London, Longman, Hurst, Rees, Orme, and Brown, 1818.

Moseley, H. N. *Notes by a Naturalist on the "Challenger", Being an Account of Various Observations Made During the Voyage of H. M. S. "Challenger" round the world, in the years 1872-1876*. London, Macmillan and Co., 1879.

Moutinho, Joaquim Ferreira. *Notícia sobre a Província de Matto Grosso Seguida d'um Roteiro da Viagem de sua Capital á S. Paulo. Itinerario da Viagem de Cuyabá a S. Paulo*. São Paulo, Typographia de Henrique Schroeder, 1869.

Naeher, Julius. *Land und Leute in der brasilianischen Provinz Bahia*. Leipzig, Gustav Weigel, [1881].

Néry, M. F. J. de Santa-Ana. *Aux États-Unis du Brésil. Voyages de M. T. Durand*. Paris, Librairie Ch. Delagrave, s. d.

________. Baron de Santa-Ana. *Le Pays des Amazones. L'El Dorado. Les Terres à Caoutchouc*. Paris, Librarie Guillaumin Et Cie., 1899.

Ouseley, William. *Travels in Various Countries of the East; More Particularly Persia*. A work wherein the Author has described, as far as his own Observations extended, the state of these Countries in 1810, 1811, and 1812; and has endeavoured to illustrate many subjects of Antiquary Research, History, Geography, Philology and Miscellaneous Literature, with extracts from rare and valuable Oriental Manuscripts. London, Rodwell and Martin, 1819, 4 vols.

Ouseley, William Gore. *Views in South America from Original Drawings Made in Brazil – The River Plate, The Paraná, by William Gore Ouseley*. London, Thomas Mc. Lean, [1852].

Petit-Thouars, Abel du. *Voyage autour du monde sur la frégate La Vènus, pendant les années 1836-1839*. Atlas pittoresque. Paris, Gide, Éditeur, 1841.

Pictures of travel in far-off lands: *a companion to the study of geography. South America*. London, T. Nelson and Sons, 1872.

Pohl, Johann Emmanuel. *Reise in Innern von Brasilien auf allerhöchsten Befehl siner Majestät des Kaiser von Osterreich, Franz des Ersten, in den Jahre 1817-1821, unternommen und herausgegeben von Iohann Emmanuel Pohl...* . Leipzig, T. O. Weigel, s. d.

Rancourt, Étienne de. *Fazendas et estancias. Notes de voyage sur le Brésil et l'Argentina*. Paris, Librairie Plon, 1901.

Reclus, Élisée. *Estados Unidos do Brasil. Geographia, Ethnographia, Estatistica*. Rio de Janeiro, H. Garnier, Livreiro-Editor, 1900.

Ribeyrolles, Charles. *Brazil Pittoresco*. Historia, Descripções, Viagens, Instituições, Colonização. Acompanhado de um Album de Vistas Panoramas, Paisagens, Costumes, etc., etc., por Victor Frond. Rio de Janeiro, Typographia Nacional, 1859-1861.

Rio de Janeiro Pittoresco. Paisagens de Buvelot. Figuras de Moreau. Rio de Janeiro, Heaton & Rensburg, [1842].

Rodriguez, Eugenio. *Guida Generale della Navigazione per le Coste Setentrionali ed Orientali dell'America del Sud, dal Rio della Plata al Parà*. Napoli, Dalla Reale Tipografia Militare, 1854, 2 vols. + Atlas.

Rugendas, Johann Moritz. *Voyage pittoresque dans le Brésil*. Paris, Engelmann, 1835, 2 vols.

Saint-Hilaire, Augustin de. *Voyage dans l'intérieur du Brésil*. Ixelles Les Bruxelles, Delevinguet et Callewaert, 1850, 2 vols.

Scherzer, Karl. *Narrative of the Circumnavigation of the Globe by the Austrian Frigate Novara, Undertaken by Order of the Imperial Government, in the Years 1857, 1858 & 1859*. London, Saunders, Otley and Co., 1861, 3 vols.

Séris, M. H. L. *À travers les Provinces du Brésil*. Limoges, Marc Barbou & Cie., 1881 (Magazin Géographique Illustré).

Sisson, Sébastien Auguste. *Galeria dos Brazileiros Illustres: Os Contemporaneos: Retratos dos Homens mais Illustres do Brazil, na Politica, Sciencias e Lettras, desde a Guerra da Independencia até nossos Dias*. Rio de Janeiro, S. A. Sisson, 1861, 2 vols.

Smith, Herbert H. *Brazil – the Amazons and the Coast*. New York, Charles Scribner's Sons, 1879.

Spix, John Bapt. von & Martius, C. F. Phil. von. *Reise in Brasilien auf befehl Sr. Majestät Maximilian Joseph I, königs von Baiern, in den jahren 1817 bis 1820 gemacht*. München, M. Lindauer, 1823-1831, 3 vols. e Atlas.

Steiman. *Souvenirs de Rio de Janeiro*. Bâle, S.C.P., 1839.

Steinen, Karl von den. *Durch Central Brasilien expedition zur erforschuntg des Schingú im Jahre 1884*. Leipzig, F. A. Brockhaus, 1886.

________. *Unter den Naturvölkern Zentral-Brasiliens. Reises childerung und Ergebnisse der Zeiten Schingú-Expedition 1887-1888 I*. Berlin, Dietrich Reimer, 1894.

TAUNAY, Hippolyte & DENIS, Ferdinand. *Le Brésil, ou histoire, moeurs, usages et coutumes des habitans de ce royaume*. Paris, Nepveu, 1822, 5 vols.

THEREMIN, Guillaume. ALBUM *Saudades do Rio de Janeiro Dedicadas a S. M. o Senhor D. Pedro II Imperador Constitucional e Defensor Perpetuo do Brazil por G. me Theremin Ex-Consul Geral de S. M. o Rei da Prussia no Imperio do Brazil*. Berlin, Sachse et Comp., s. d.

TSCHUDI, Jacob Von. *Reisen durch Süd Amerika*. Leipzig, F. A. Brockhaus, 1860, 5 vols.

VINCENT, Frank. *Around and about South America. Twenty Months of Quest and Query*. New York, D. Appleton & Co., 1890.

WAINIO, Edvard A. *Matkustus Brasiliassa. Luonnosta ja Kansoista Brasiliassa*. Helsingissä, K. E. Holm, 1888.

WALSH, Rev. Robert. *Notices of Brazil in 1828 and 1829*. London, Frederick Westley & E. H. Davis, 1830, 2 vols.

WILKES, Charles. *Narration of the United States Exploring Expedition During the Years 1838, 1839, 1840, 1841, 1842*. New York, G. P. Putnam & Co., 1856, 5 vols.

ZIMMERMANN, E. A. W. von. *Taschenbuch der Reisen, oder unterhaltende Darstellung der Entdeckungen des 18ten Jahrhunderts*. Leipsig, Gerhard Fleischer, 1808.

2. Bibliografia

2. 1. Livros

ARAÚJO, Emanoel, org. *A Mão Afro-Brasileira. Significado da Contribuição Artística e Histórica*. São Paulo, Tenenge, 1988.

AUGEL, Moema Parente. *Visitantes Estrangeiros na Bahia Oitocentista*. São Paulo, Cultrix, 1980.

AZEVEDO, Elciene. *Orfeu de Carapinha. A Trajetória de Luiz Gama na Imperial Cidade de São Paulo*. Campinas, Editora da Unicamp/ Centro de Pesquisa em História Social da Cultura, 1999 (Coleção Várias Histórias).

"O BARÃO DE LOWENSTERN NO BRASIL – 1827-1829". Texto introdutório de Lygia da Fonseca Fernandes da Cunha. São Paulo, Gráficos Brunner Limitada, MCMLXXII (1972).

BARDI, Pietro Maria. *Miguel Dutra – O Poliédrico Artista Paulista (Itu, 1810 – Piracicaba, 1875)*. São Paulo, Museu de Arte Assis Chateaubriand, 1981.

BELLUZZO, Ana Maria de Moraes. *O Brasil dos Viajantes*. São Paulo, Fundação Odebrecht, 1994, 3 vols.

CABRAL, Sérgio. "Música Brasileira é Coisa de Negro – Uma Visão Carioca". *In*: ARAÚJO, Emanoel (org.). *A Mão Afro-Brasileira. Significado da Contribuição Artística e Histórica*. São Paulo, Tenenge, 1988, pp. 322-333.

CAMARGO, Oswaldo de. *O Negro Escrito. Apontamentos sobre a Presença do Negro na Literatura Brasileira*. São Paulo, Secretaria de Estado da Cultura, 1987.

CARELLI, Mário. *A Descoberta da Amazônia – Os Diários do Naturalista Hércules Florence*. São Paulo, Editora Marca d'Água, 1995.

CARNEIRO, Newton. *RUGENDAS no Brasil*. São Paulo, Livraria Kosmos Editora, 1979.

CASTRO, Hebe Maria Mattos de. "Resgate – Uma Janela para o Oitocentos". *In*: CASTRO, Hebe Maria Mattos de & SCHNOOR, Eduardo (org.). *Resgate – Uma Janela para o Oitocentos*. Rio de Janeiro, Topbooks, 1995, pp. 225-250.

CLAVER FILHO. "A Mão do Negro na Música Erudita Brasileira". *In*: ARAÚJO, Emanoel (org.). *A Mão Afro-Brasileira. Significado da contribuição Artística e Histórica*. São Paulo, Tenenge, 1988, pp. 305-319.

DEBENHAM, Frank (org.). *The Voyage of Captain Bellingshausen to the Antartic Seas 1819-1821*. London, Hakluyt Society, MCMXLV, 2 vols.

DEBRET, Jean Baptiste. *Viagem Pitoresca e Histórica ao Brasil*. Aquarelas e Desenhos que não Foram Reproduzidos na edição de Firmin Didot – 1834. Paris, Raymundo de Castro Maya ed., 1954.

———. *Quarenta Paisagens Inéditas do Rio de Janeiro, São Paulo, Paraná e Santa Catarina*. Apresentação de J. F. de Almeida Prado e Notas de Newton Carneiro. São Paulo, Companhia Editora Nacional, 1970.

DIENER-Ojeda, Pablo. *RUGENDAS: 1802-1858*. Augsburg, Wissner, 1997.

DINIZ, Edinha. *Chiquinha Gonzaga – Uma História de Vida*. Rio de Janeiro, Editora Rosa dos Tempos, 1991.

EXPEDIÇÃO LANSDORF AO BRASIL, 1821-1829. Iconografia do Arquivo da Academia de Ciências da União Soviética. Rio de Janeiro, Edições Alumbramento/Livroarte Editora, 1988, 3 vols.

FERREIRA, Procópio. *O Ator Vasques. O Homem e a Obra*. São Paulo, S. c. p., 1939.

FERREZ, Gilberto. *A Muito Leal e Heroica Cidade de São Sebastião do Rio de Janeiro. Quatro Séculos de Expansão e Evolução*. Paris, Marcel Mouillot, 1965a.

———. *Aquarelas de Richard Bate. O Rio de Janeiro de 1808-1848*. Rio de Janeiro, Galeria Brasiliana, 1965b.

———. *O Brasil de Thomas Ender 1817*. Rio de Janeiro, Fundação João Moreira Salles, 1976.

———. *O Brasil do Primeiro Reinado Visto pelo Botânico William John Burchell – 1825/1829*. Rio de Janeiro, Fundação João Moreira Salles, Fundação Nacional Pró-Memória, 1981.

________. *O "Sketch Book"de Carlos Guilherme von Theremin*. Rio de Janeiro, CBPO, 1982.

________. *O Brasil de Eduardo Hildebrandt*. Rio de Janeiro, Distribuidora Record e Serviços de Imprensa S. A., 1988.

Florence, Hercules. *Viagem Fluvial do Tietê ao Amazonas de 1825 a 1829*. São Paulo, Melhoramentos, [1952].

Flores, Moacyr (org.). *Cultura Afro-Brasileira*. Porto Alegre, Escola Superior de Teologia São Lourenço de Brindes, 1980.

Franco, Afonso Arinos de Melo. *Jean Baptiste Debret*. Estudos inéditos. Rio de Janeiro, Fontana, 1974.

________. *Rodrigues Alves. Apogeu e Decadência do Presidencialismo*. Rio de Janeiro, José Olympio Editora, 1975, 2 vols.

Freyre, Gilberto. *Casa Grande & Senzala. Formação da Família Brasileira sob o Regime de Economia Patriarcal*. 6. ed. Rio de Janeiro, Livraria José Olympio Editora, 1950, 3 vols. (Coleção Documentos Brasileiros; 36).

________. *Ingleses no Brasil. Aspectos da Influência Britânica sobre a Vida, a Paisagem e a Cultura do Brasil*. Rio de Janeiro, Livraria José Olympio Editora, 1948 (Coleção Documentos Brasileiros; 58).

________. *Sobrados e Mucambos. Decadência do Patriarcado Rural e Desenvolvimento do Urbano*. 2. ed. Rio de Janeiro, Livraria José Olympio Editora, 1951, 2 vols. (Coleção Documentos Brasileiros; 66).

________. *Ordem e Progresso. Processo de Desintegração das Sociedades Patriarcal e Semipatriarcal no Brasil sob o Regime de Trabalho Livre: Aspectos de um Quase Meio Século de Transição do Trabalho Escravo Para o Trabalho Livre; e da Monarquia para a República*. 3. ed. Rio de Janeiro, Livraria José Olympio Editora/mec, 1974, 2 vols.

Gama, Mauro. *José Maurício, o Padre Compositor*. Rio de Janeiro, funarte, 1983.

Graham, Maria. *Diário de uma Viagem ao Basil e de uma Estada nesse País durante Parte dos Anos de 1821, 1822 e 1823*. São Paulo, Companhia Editora Nacional, 1956.

Grunspan, Elise. *O Sujeito em Perigo. Identidade, Fotografia e Atividade no Brasil: do Século XIX até 1940*. Recife, Fundação Joaquim Nabuco, Massangana, 1992.

Guillobel, Joaquim Candido. *Usos e Costumes do Rio de Janeiro nas Figurinhas de Guillobel*. Texto introdutório de Paulo Berger. Curitiba, Fingraf Ltda., 1978.

Hallewell, Laurence. *O Livro no Brasil (sua História)*. Tradução de Maria da Penha Villalobos e Lólio Lourenço de Oliveira. São Paulo, Edusp, 1985.

Harring, Haro, *Tropical Sketches from Brazil*. Rio de Janeiro, Instituto Histórico e Geográfico Brasileiro, 1965.

Kossoy, Boris & Carneiro, Maria Luísa Tucci. *O Olhar Europeu – O Negro na Iconografia Brasileira do Século XIX*. São Paulo, Edusp, 1994.

Landseer. São Paulo, Cândido Guinle de Paula Machado (ed.), 1972.

Leite, José Roberto Teixeira. "Negros, Pardos e Mulatos na Pintura e na Escultura Brasileira do Século XVIII". *In*: Araújo, Emanoel (org.). *A Mão Afro-Brasileira. Significado da Contribuição Artística e Histórica*. São Paulo, Tenenge, 1988, pp. 12-52.

________. *Pintores Negros do Oitocentos*. São Paulo, mwm Motores Diesel Ltda., Indústria Freios Knorr Ltda., 1988.

Leite, Miriam Lifchitz Moreira. *Livros de Viagem – 1803/1900*. Rio de Janeiro, Editora URFJ, 1997.

Lembrança do Brasil – Ludwig and Briggs. Introdução por Lygia da Fonseca Fernandes da Cunha. Rio de Janeiro, Ministério da Educação e Cultura / Biblioteca Nacional – Divisão de Publicações e Divulgação, 1970.

Lemos, Carlos A. C. "A Imaginária dos Escravos de São Paulo". *In*: *A Mão Afro-Brasileira. Significado da Contribuição Artística e Histórica*. São Paulo, Tenenge, 1988, pp. 192-197.

Lisboa, Karen Macknow. *A Nova Atlântida de Spix e Martius: Natureza e Civilização na Viagem pelo Brasil (1817-1820)*. São Paulo, Hucitec/ Fapesp, 1997 (Estudos Históricos; 29).

Mannix, Daniel P. *A History of the Atlantic Slave Trade. 1518-1865*. London, Longmans, 1962.

Marcas de escravos. Listas de Escravos Emancipados Vindos a Bordo de Navios Negreiros (1839-1841). Texto analítico de Luciano Raposo. Rio de Janeiro, Arquivo Nacional, 1989.

Marques,Luiz. "O Século XIX: O Advento da Academia de Belas Artes e o Novo Estatuto do Artista Negro". *In*: Araújo, Emanoel (org.). *A Mão Afro-Brasileira. Significado da Contribuição Artística e Histórica*. São Paulo, Tenenge, 1988, pp. 132-161.

Martin, Gaston. *Nantes au XVIIe siècle. L'ère des négriers (1714-1774), d'après les documents inédits*. Paris, Librairie Felix Alcan, 1931.

Monteiro, Antônio. *Notas sobre Negros Malês na Bahia*. Salvador, Ianamá, 1987.

Moura, Carlos Eugênio Marcondes de. *Notas para a História do Espetáculo na Província de São Paulo. A Temporada Artística de Pindamonhangaba em 1877-1878*. São Paulo, Conselho Estadual de Artes e Ciências Humanas, 1978 (Coleção Ensaio; n. 90).

________. "O Negro na Formação Cultural do Brasil – Tentativa de Nominata e Iconografia". *In*: Araújo, Emanoel (org.). *A Mão Afro-Brasileira. Significado da Contribuição Artística e Histórica*. São Paulo, Tenenge, 1988, pp. 371-395.

________. *O Teatro que o Povo Cria. Cordão de Pássaros, Cordão de Bichos, Pássaros Juninos do Pará. Da Dramaturgia ao Espetáculo.* Belém, Secult, 1977.

________ (org.). *Vida Cotidiana em São Paulo no Século XIX. Memórias, Depoimentos, Evocações.* São Paulo, Ateliê Editorial / Imprensa Oficial do Estado / Universidade do Estado de São Paulo / Secretaria de Estado da Cultura, 1999.

O Museu da Inconfidência. São Paulo, Banco Safra, 1995.

O Museu Histórico Nacional. São Paulo, Banco Safra, 1989.

Museu Nacional de Belas-Artes. São Paulo, Banco Safra, 1985.

Mukuna, Kazadi wa. *Contribuição Bantu na Música Popular Brasileira.* São Paulo, Global Editora, s.d.

Naves, Rodrigo. "Debret, O Neoclacissismo e A Escravidão". *In: A Forma Difícil. Ensaios Sobre Arte Brasileira.* São Paulo, Editora Ática, 1996, pp. 41-129.

Nóbrega, José Claudino. *Memórias de um Viajante Antiquário.* São Paulo, Raízes, 1984.

Orico, Osvaldo. *Patrocinio.* 2. ed. Rio de Janeiro, Irmãos Pongetti Editora, 1935.

A Pinacoteca de São Paulo. São Paulo, Banco Safra, 1994.

Pinho, Wanderley. *Cotegipe e seu Tempo. Primeira Phase – 1815-1867.* São Paulo, Companhia Editora Nacional, 1937.

________. *Salões e Damas do Segundo Reinado.* 2. ed. São Paulo, Livraria Martins Editora, s.d.

Prado, J. F. de Almeida. *Thomas Ender, Pintor Austríaco na Corte de D. João VI no Rio de Janeiro. Um Episódio da Formação da Classe Dirigente Brasileira.* São Paulo, Companhia Editora Nacional, 1955.

________. *O Artista Debret e o Brasil.* São Paulo, Companhia Editora Nacional, 1989 (Brasiliana; vol. 386).

Raeders, Georges. *O Conde de Gobineau no Brasil.* Tradução de Rosa Freire D'Aguiar. Rio de Janeiro, Paz e Terra, 1996 (Coleção Leitura).

Ramos, Artur. *Introdução à Antropologia Brasileira.* 1º volume – *As Culturas Não Europeias.* Rio de Janeiro, Casa do Estudante do Brasil, 1943, 2 vol.

Rebouças, André. *Diário e Notas Autobiográficas.* Texto escolhido e anotações por Ana Flora e Inácio José Veríssimo. Rio de Janeiro, José Olympio, 1938.

Reis, Letícia Vidor de Sousa. *O Mundo de Pernas para o Ar. A Capoeira no Brasil.* São Paulo, Publisher Brasil/Fapesp, 1997.

Ribeiro, René. *Cultos Afro-Brasileiros do Recife. Um Estudo de Ajustamento Social.* Recife, Instituto Joaquim Nabuco de Pesquisas Sociais, 1978 (Série Estudos e Pesquisas; 7).

Rinchon, Pe. Dieudonné. *La traîte et l'esclavage des Congolais par les Européens. Histoire de la déportation de 13 millions 250. 000 noirs en Amérique.* Bruxelles, J. de Meester et fils, 1929.

Schwarcz, Lilia Moritz. *As Barbas do Imperador D. Pedro II, um Monarca nos Trópicos.* São Paulo, Companhia das Letras, 1998.

Schwarcz, Lilia Moritz & Mendonça, Valéria Mendonça de. "O Império das Festas e As Festas do Império". *In:* Schwarcz, Lilia Moritz. *As Barbas do Imperador D. Pedro II, Um Monarca nos Trópicos.* São Paulo, Companhia das Letras, 1988, pp. 247-294.

Silva, Alberto da Costa e. *A Enxada e A Lança. A África antes dos Portugueses.* Rio de Janeiro / São Paulo, Nova Fronteira, Edusp, 1992.

Silva, Eduardo. *Dom Obá II d'África, o Príncipe do Povo – Vida, Tempo e Pensamento de um Homem Livre de Cor.* São Paulo, Companhia das Letras, 1997.

Smith, Robert C. & Ferrez, Gilberto. *Franz Frühbeck's Brazilian journey. A Study of some Paintings and Drawings Made in the Years 1817 and 1818 and now in Possession of the Hispanic Society of America.* Philadelphia, University of Pennsylvania Press / Hispanic Society of America, 1960.

Soares, Carlos Eugênio Libano. *A Negregada Instituição: Os Capoeiras na Corte Imperial.* Rio de Janeiro, Access, 1999.

Sousa-Leão, Joaquim de. *Frans Post – 1616-1680.* Rio de Janeiro, Livraria Kosmos Editora, 1973.

Tollenare, L. F. de. *Notas Dominicais Tomadas Durante uma Residência em Portugal e no Brasil nos Anos de 1816, 1817 e 1818.* Recife, Departamento de Cultura, 1978 (Coleção Pernambucana; vol. XVI).

Trindade, Jaelson Bitran. "Arte Colonial: Corporação e Escravidão." *In:* Araújo, Emanoel (org.). *A Mão Afro-Brasileira. Significado da Contribuição Artística e Histórica.* São Paulo, Tenenge, 1988, pp. 118-130.

Wendroth, Herrmann Rudolph. *Álbum de Aquarelas e Desenhos, de Cenas de Viagem, Tipos e Costumes do Brasil, Especialmente do Rio Grande do Sul. C. 1852.* Porto Alegre, S.c.p., s.d.

Wildberger, Arnold. *Os Presidentes da Província da Bahia.* Salvador, Tipografia Beneditina Ltda., 1949.

2. 2 Artigos em Publicações Periódicas

Castro, F. A. Veiga. "Um Fazendeiro do Século Passado". *Revista do Arquivo Municipal*, São Paulo, x(xcvii):35-44, jul.-ago. 1944.

Dutra, Arquimedes. "Arte na Província de São Paulo – Itu e seus Artistas – Miguelzinho, sua Vida e sua Obra". *Revista do Instituto Histórico e Geográfico Guarujá-Bertioga*, Guarujá, 2(3):51-85, 1970.

Fazenda, Vieira. "Iluminação a Azeite de Peixe". *Kosmos,* Rio de Janeiro, ano I, n. 4, abr. 1904.

______. "O Chafariz do Lagarto". *Kosmos*, Rio de Janeiro, ano I, n. 6, jun. 1904.

HORCH, Rosemarie Erika. "Álbuns do Rio de Janeiro existentes no Instituto de Estudos Brasileiros". *Revista do Instituto de Estudos Brasileiros*, São Paulo, 5:145-176, 1968.

______. "Rotas e Caminhos Percorridos pelos Viajantes Alemães na Primeira Metade do Século XIX". *Anais Hidrográficos*, Lisboa, 41:653-663, 1984.

JAMES, David. "Um Pintor Inglês no Brasil do Primeiro Reinado". *Revista do Serviço do Patrimônio Histórico e Artístico Nacional*, Rio de Janeiro, 12:151-65, 1955.

______. "RUGENDAS no Brasil: Obras Inéditas". *Revista do Patrimônio Histórico e Artístico Nacional,* Rio de Janeiro, 13:9-16, 1956.

MANTHORME, Katherine E. "O Imaginário Brasileiro para o Público Norte-Americano do Século XIX". *Revista USP*, São Paulo, 1:58-71, jun.-ago. 1996.

MOTT, Maria Lúcia de Barros. "A Criança Escrava na Literatura de Viagens". Separata do *Caderno de Pesquisa da Fundação Carlos Chagas*, São Paulo, n. 31, dez. 1979.

NOSSO SÉCULO. 1900-10. A "Era dos Bacharéis". Abril Cultural, São Paulo, 1980,

RAMOS, Artur. "Castigos de Escravos". *Revista do Arquivo Municipal,* São Paulo, XLVII:79-104, abr. 1938.

RANGEL, Alberto. "O Álbum de Highcliff". *Revista do Serviço do Patrimônio Histórico e Artístico Nacional*, Rio de Janeiro, 6:87-116, 1942.

STOLS, Eddy. "A Iconografia do Brasil nos Países Baixos do Século XVI ao Século XX – Uma Tentativa de Avaliação Global". *Revista USP*, São Paulo, 1:20-31, jun.-ago. 1996.

REVISTAS ILUSTRADAS

Século XIX

1. Fontes

1. 1. Impressas

Semana Ilustrada
Local de publicação: Rio de Janeiro, Typ. de Pinheiro e Comp. [Typ. de Brito & Braga].
Números pesquisados: Ano 1, n. 1, 1860 a ano 14, n. 765, 8 ago. 1875.

Bazar Volante
Local de publicação: Rio de Janeiro, Typ. do Bazar Volante.
Anos pesquisados: Ano 1, n. 7, 8 nov. 1863 a ano 4, n. 32, 28 abr. 1867.

O Cabrião
Local de publicação: São Paulo.
Anos pesquisados: N. 6 4 nov. 1866 a n. 50, 22 set. 1867.
Números pesquisados: 10.
Edição fac-similar.

O Arlequim
Local de publicação: Rio de Janeiro, Typ. do Arlequim.
Anos pesquisados: Ano 1, n. 1, 5 maio 1867 a ano 1, n. 32, 8 dez. 1867.

Vida Fluminense, Folha Joco-seria Illustrada
Local de publicação: Rio de Janeiro, Typ. e Lith. Ed. Hansburgo. Semanal.
Anos pesquisados: Ano 2, n. 56, 23 jan. 1869 a ano 6, n. 310, 6 dez. 1873.

O Mosquito; jornal caricato e critico
Local de publicação: Rio de Janeiro, Typ. de L. dos Santos [e outras].
Anos pesquisados: Ano 1, n. 13, 11 fev. 1869 a ano 6, n. 276, 26 dez. 1874.

O Polichinello
Local de publicação: São Paulo.
Anos pesquisados: Ano 1, n. 5, 14 maio 1876a ano 1, n. 35, 10 dez. 1876.
Edição fac-similar

Revista Illustrada
Local de publicação: Rio de Janeiro, Typ. Hildebrandt (Lith. a vapor de Angelo e Robin).
Anos pesquisados: Ano 1, n. 1, 2 jan. 1876 a ano 21, n. 726, nov. 1896.

O Bezouro, folha illustrada, humoristica e satyrica
Local de publicação: Rio de Janeiro, Lith. a vapor de Angelo e Robin
Anos pesquisados: 11 maio 1878 a 8 fev. 1879.

Brazil Illustrado
Local de publicação: Rio de Janeiro.
Anos pesquisados: Ano 1, 1887, a ano 1, n. 10, 1887.

A Galleria Ilustrada
Local de publicação: Curitiba, Paraná.
Anos pesquisados: Ano 1, n. 4, 20 dez. 1888.

Don Quixote
Local de publicação: Rio de Janeiro.
Anos pesquisados: Ano 1, n. 15, 4 maio 1895 a ano 5, n. 107, 16 dez. 1899.

A Cigarra
Local de publicação: Rio de Janeiro.
Anos pesquisados: Ano 1, n. 1 ago. 1895 a ano 2, n. 35, 2 jan. 1896.

Kosmos
Local de publicação: Rio de Janeiro.
Ano pesquisado: Ano VI, n. 1, jan. 1909.

2. Bibliografia

2. 1. Livros

LIMA, Herman. *História da Caricatura no Brasil*. Rio de Janeiro, José Olympio Editora, 1963, 4 vols.

TÁVORA, Araken. *Pedro II através da Caricatura*. Rio de Janeiro, Bloch Editores S. A., 1975.

Fotografia

1. Fontes

1. 1. Originais

Coleção Militão Augusto de Azevedo. Museu Paulista – Universidade de São Paulo.

2. Bibliografia

2. 1. Livros

AZEVEDO, Paulo Cesar de & LISSOVSKY (orgs.). *Escravos Brasileiros do Século XIX na Fotografia de Christiano Jr*. São Paulo, Ex Libris, 1988.

CUNHA, Marianno Carneiro da. *Da Senzala ao Sobrado. Arquitetura Brasileira na Nigéria e na República Popular do Benim*. Fotos de Pierre Verger. São Paulo, Nobel/Edusp, 1985.

FERREZ, Gilberto. *Bahia. Velhas Fotografias. 1850/1900*. Rio de Janeiro, Salvador/Kosmos Ed/Banco da Bahia Investimentos S.A., 1988.

________. *Velhas Fotografias Pernambucanas*. Rio de Janeiro, Campo Visual, 1988.

FREYRE, Gilberto *et alii*. *O Retrato Brasileiro*. Fotografias da Coleção Francisco Rodrigues 1840-1920. Rio de Janeiro, Funarte / Núcleo de Fotografia / Fundação Joaquim Nabuco, Departamento de Iconografia, 1983.

KOSSOY, Boris. *Origens e Expansão da Fotografia no Brasil – Século XIX*. Rio de Janeiro, MEC/Funarte, 1980.

MOURA, Carlos Eugênio Marcondes de. "Retratos Quase Inocentes". In: MOURA, Carlos Eugênio Marcondes de (org.). *Retratos Quase Inocentes*. São Paulo, Nobel, 1983, pp. 1-46.

OLSZEWSKI FILHA, Sofia. *A Fotografia e O Negro na Cidade do Salvador. 1840-1914*. Salvador, Fundação Cultural do Estado da Bahia / Empresa Gráfica da Bahia, 1989.

VASQUEZ, Pedro. *Dom Pedro II e A Fotografia no Brasil*. Rio de Janeiro, Editora Index, s.d.

Ilustrações

Literatura de Viagens e Outras Fontes

Século XVII

Século XVIII

Século XIX

Revistas Ilustradas

Fotografias – Daguerreótipos e Ambrótipos

Fotografias sobre Papel Albuminado

Fotografias Litografadas

Literatura de Viagens e Outras Fontes

Século XVII

1. Autoria não identificada. *L'Afrique*. 1686. Gravura [19]

Nas páginas seguintes
2. Autoria não identificada e Willem Blaeu (sculpt.). *Africae nova descriptio*. 1665. Gravura [1]

TANGER
CEVTA
ALGER
TVNIS
Goleta nunc distructa
Marocchi
Senagonses
Mercatores in Guinea
Cab: lopo Gonsalvi Accolæ
Milites Congenses
MARE ATLAN
TICUM
Canariæ Insulæ olim Fortunatæ
TROPICUS CANCRI
BARBARIA
BILEDULGERID
NUMIDIA
LIBYA INTERIOR
SARRA
Insulæ de Cabo verde olim Hesperides sive Gorgades
GUINEA
BENIN
ÆQUATOR sive LINEA ÆQUINOCTIALIS
OCEANUS
AETHIOPICUS
TROPICUS CAPRICORNI
Cum privilegio ad decennium.

MOZAMBIQVE
CANARIA
AFRICÆ
nova descriptio.
Auct: Guiljelmo Blaeuw.
NATOLIA
Cyprus
Candia
MEDITERRANEUM
ASIAE
PARS
ARABIA
OCEANI
ORIEN
TALIS
SINUS
BARBARICUS
PARS
MADAGASCAR, quæ et
S. LAURENTII INSula dicitur
Abissini
Caffres in Mozambique
Rex in Madagascar
Cap. bone Spei habitatores

Septentrio
ZANHAGA
ZVENZIGA REGN.
LEMTA REGN.
BERDOA REGNVM.
Gualata Regnum.
Fulli Populi.
AGADES.
Caragoli populi
GENEHOA REGIO
Canvia Regn.
Tombotu Reg.
CASSENA REGN.
GVANGARA REGN.
NVBIA REGNVM.
GORNANS.
ZANFARA REGN.
Desertum Zanfara.
Mandinga.
Caragolis
Melli.
BENIN
BIAFARA REGNVM.
MEDRA.
Ambiam cantiva
Tigremahon.
Bagamidri.
Tigrai.
Vangue.
Occidens
Oriens
Sub linea Æquinoctiali.
Cabo das Palmas
BRAMAS.
Anzicana.
Monfioles
Loango Rege
CONGO REGN.
Ambaulle.
ANGOLA REGN.
GOIAME
Zaire Lacus
Ambian
OCEANVS ÆTHIOPICVS
Milliaria Germanica Communia.
NIGRITARVM REGIO.
Amstelædami Ioannes Blaeu Excud.
Meridies

3 | 4
5

3. Autoria não identificada. *Nigritarum regio.* 1665. Gravura [2]

4. Autoria não identificada. *Guinea*. 1665. Gravura [3]

5. Autoria não identificada. *Regna Congo et Angola.* 1665. Gravura [4]

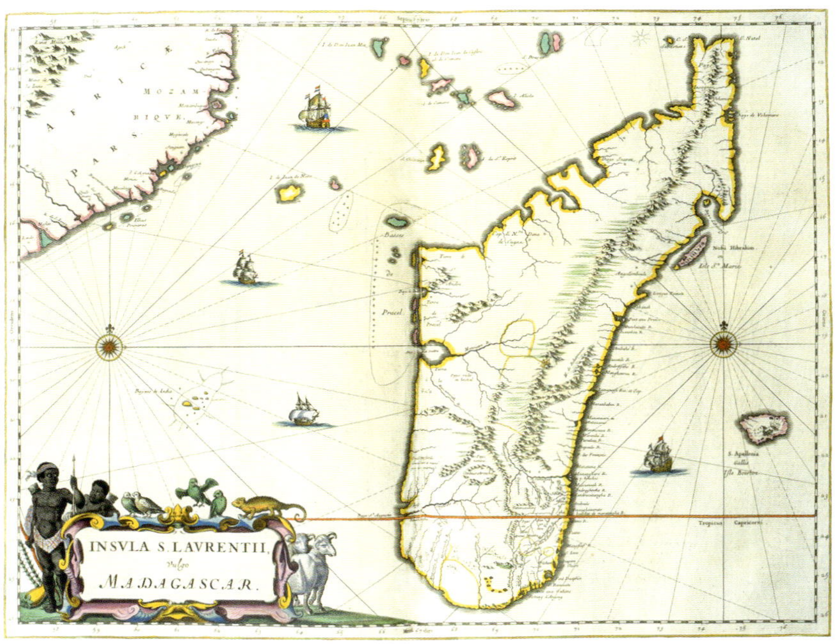

6 | 8
7

6. Autoria não identificada. *Aethiopia inferior vel exterior. Partes magis Septentrionales, quae hic desiderantur, vide in Tabula Aethiopiae Superiores.* 1665. Gravura [5]

7. Autoria não identificada. *Insula S. Laurentii, vulgo Madagascar*. 1665. Gravura [6]

8. Autoria não identificada. *Joan Njeujhofs. geden Kweerdige ZEE en LANTREIZE door de Voormaemfte Lanfchappen van WEST en Oost INDIEN*. 1682. Gravura [18]

9 | 10

9. Frans Post. *L'île de Itamaracá*. 1637. Óleo s/ tela [57]

10. Frans Post. *La charrette à boeufs*. 15. 8. 1638. Óleo s/ tela [49]

11 | 12

11. Frans Post. *Paisage à la procession avec palanquin*. 2.10.1649. Painel [50]

12. Frans Post. *Vue panoramique d'Olinda*. *C.* 1650-1655. Óleo s/ tela [61]

12 | 13

12. Frans Post. *Vue panoramique d'Olinda. C.* 1650-1655. Óleo s/ tela [61] (Detalhe)

13. Frans Post. *Mauritsstad.* 25. 8. 1657. Óleo s/ tela [105]

SERINHAIM

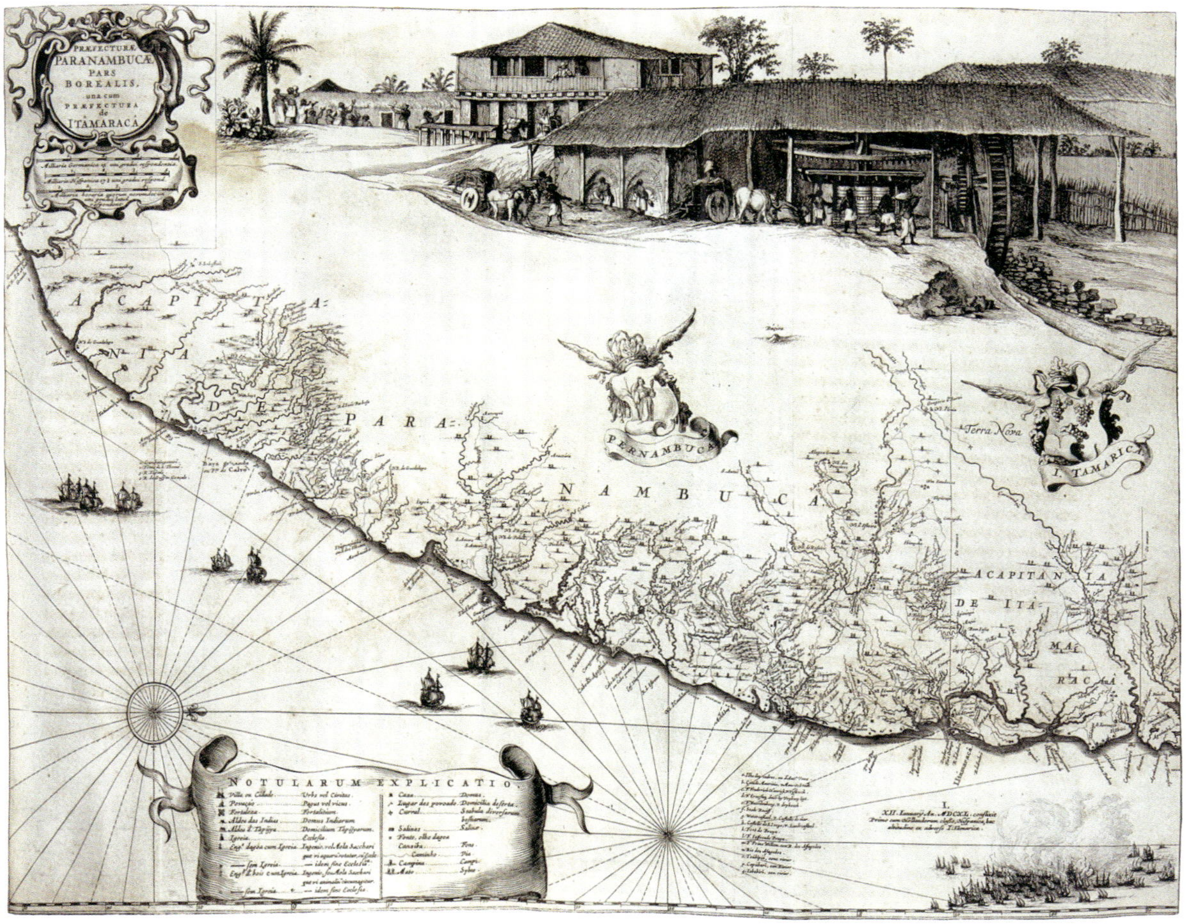

14 | 15

14. Frans Post. *Serinhaim*. 1647. Gravura [24]

15. Frans Post. *Praefectura Pernambucae pars Borealis, una cum Praefectura de Itâmâracá*. 1647. Gravura [26]

16 | 17

16. Albert Eckhout. *Mulatte aus Brasilien*. 1641. Óleo s/ tela [37]

17. Albert Eckhout. *Neger krieger aus der Goldküste von Afrika*. 1641. Óleo s/ tela [39]

18 | 19

18. Albert Eckhout. *Negerin aus dei Goldküste von Afrika*. 1644. Óleo s/ tela [38]

19. Albert Eckhout (atribuição) ou Jaspar Becx (atribuição). *Kongoneger in europaïschen Anzug*. S. d. Óleo s/ tela [34]

20 | 21

20. Zacharias Wagener. *Aldea*. S. d. Aquarela [111]

21. Zacharias Wagener. *Negertanz*. S. d. Aquarela [113]

OSTIUM FLUMINES
PARAYBÆ

ALAGO

22 | 23 | 24

22. Autoria não identificada. *Ostium Fluminis Paraybae*. 1671. Gravura [9]

23. Autoria não identificada. *Alagoa ad Austrum*. 1671. Gravura [10]

24. Autoria não identificada. *Serinhaim*. 1671. Gravura [12]

CASTRUM MAURITIJ AD RIPAM
FLUMINIS S. FRANCISCI

25 | 26 | 27

25. Autoria não identificada. *Castrum Mauritij ad Ripam Fluminis S. Francisci*. 1671. Gravura [13]

26. Autoria não identificada. *Siara*. 1671. Gravura [15]

27. Autoria não identificada. *Arx Principi Guiljelmi*. 1671. Gravura [17]

28 | 29

28. Autoria não identificada. *Hollandfch leger voor Mina*. 1671. Gravura [14]

29. Johann Nieuhoff. *Negers Speelende op KalabaSen*. 1682. Gravura [22]

30. Autoria não identificada. *O Cais do Varadouro em Olinda*. 1690. Gravura [32]

Literatura de Viagens e Outras Fontes

Século XVIII

Coenraedsburg

31 | 32

31. I. Kip. *The prospect of the town and Castle del Mina being at NNE about 2 miles*. 1732. Gravura [125]

32. Autoria não identificada. *Sucreries du Brésil. Brasilise Suykerwerken*. 1700-1710. Gravura [123]

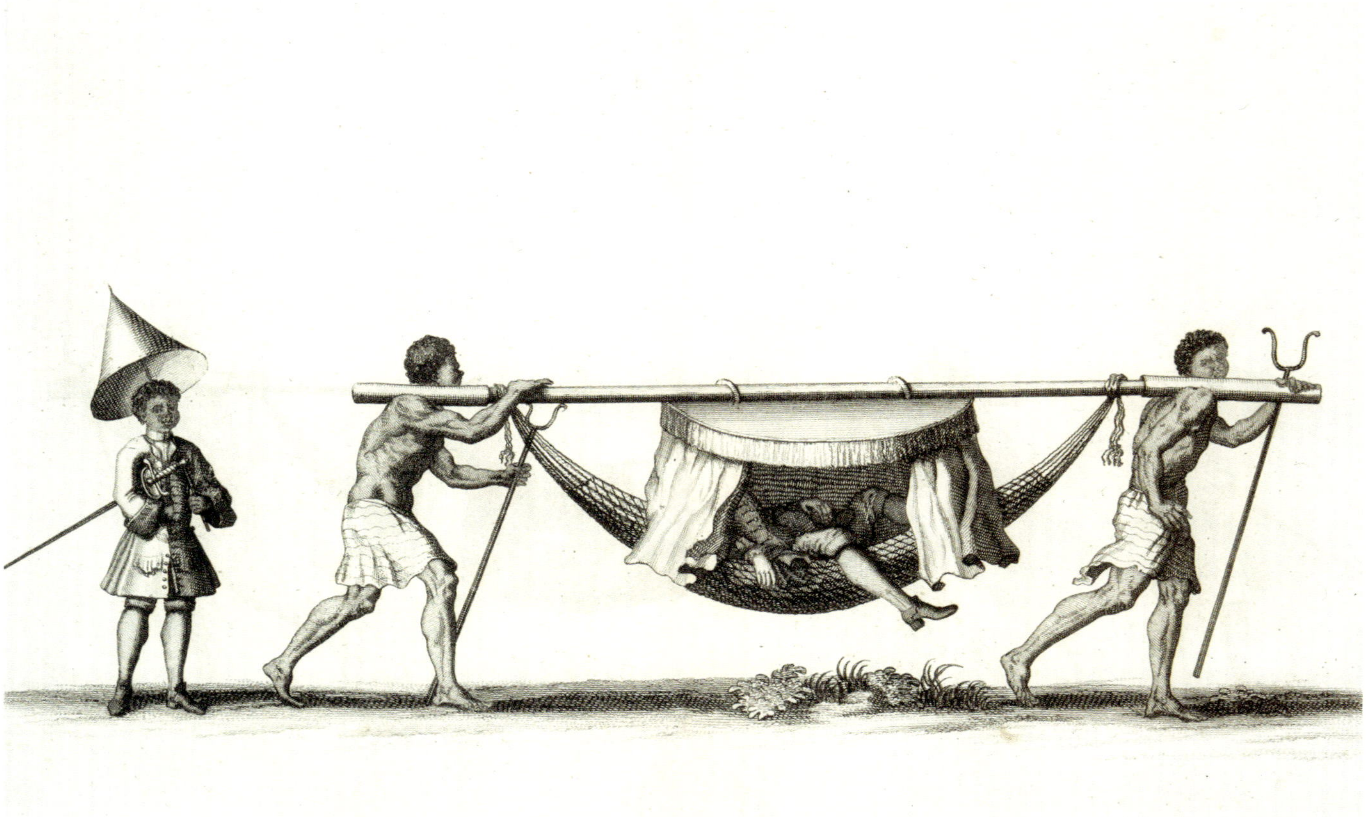

33 | 34

33. Autoria não identificada (del.) e I. B. Scotin (sculpt.). *Sem título*. 1716. Gravura [124]

34. Manufacture des Gobelins. *Les deux taureaux*. C. 1723. Tapeçaria [170]

Nas páginas seguintes
35. Artista não identificado. *Batalha dos Guararapes (Ex-voto)*. 1758. Óleo s/ tela [132]

36 | 37 | 38

36. Carlos Julião. *Oficial do Terço dos Pardos. Oficial do Terço Auxiliar dos Pretos Forros (chamado pelo povo os Henriques). C.* 1776. Aquarela colorida [146]

37. Carlos Julião. *Senhora levada em cadeirinha e seguida de suas escravas. C.* 1776. Aquarela colorida [147]

38. Carlos Julião. *Vestimentas de escravas. C.* 1776. Aquarela colorida [150]

39 | 40 | 41

39. Carlos Julião. *Vestimentas de escravas*. C. 1776. Aquarela colorida [154]

40. Carlos Julião. *Vendedores ambulantes*. C. 1776. Aquarela colorida [156]

41. Carlos Julião. *Negras vendedoras*. C. 1776. Aquarela colorida [157]

Nas páginas seguintes
42. Carlos Julião. *Vestimentas de escravas pedintes na festa do Rosário*. C. 1776. Aquarela colorida [159]

43 | 44

43. Carlos Julião. *Cortejo da rainha negra na Festa de Reis*. *C.* 1776. Aquarela colorida [160]

44. Carlos Julião. *Coroação de uma rainha negra na Festa de Reis*. *C.* 1776. Aquarela colorida [161]

45 | 46

45. Carlos Julião. *Rei e Rainha negros na Festa de Reis*. *C.* 1776. Aquarela colorida [162]

46. Carlos Julião. *Coroação de um rei nos festejos de Reis*. *C.* 1776. Aquarela colorida [163]

47 | 48

47. Carlos Julião. *Extração de diamantes. C.* 1776. Aquarela colorida [165]

48. Leandro Joaquim. *Vista da Lagoa do Boqueirão e do Aqueduto de Santa Teresa. C.* 1790. Óleo s/ tela [144]

Nas páginas seguintes
49. Leandro Joaquim. *Romaria ao Convento de Santo Antônio. C.* 1790. Óleo s/ tela [145]

50 | 51

50. Joaquim José Codina ou José Joaquim Freire. *Prospecto da nova Praça das Merces mandada fazer pelo Gov. or e Cap. m. General D. Francisco de Souza Coutinho. Frontispicio da Igreja dos Religiosos de Nossa Senhora das Merces*. 1783-1792. Desenho aquarelado [138]

51. Joaquim José Codina ou José Joaquim Freire. *Prospecto da nova Praça do Pelourinho mandada fazer pelo Gov. or e Cap. m. General D. Francisco de Souza Coutinho. Representa a sahida do novo bergantim de guerra N. 1, que o mesmo fez construir*. 1783-1792. Desenho aquarelado [139]

53
52
54

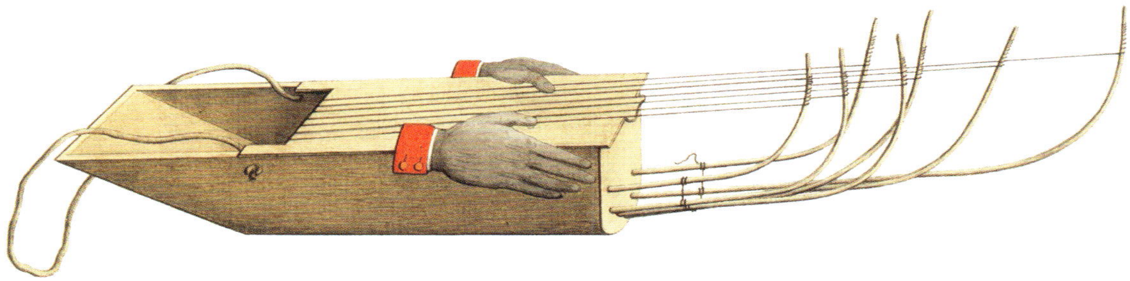

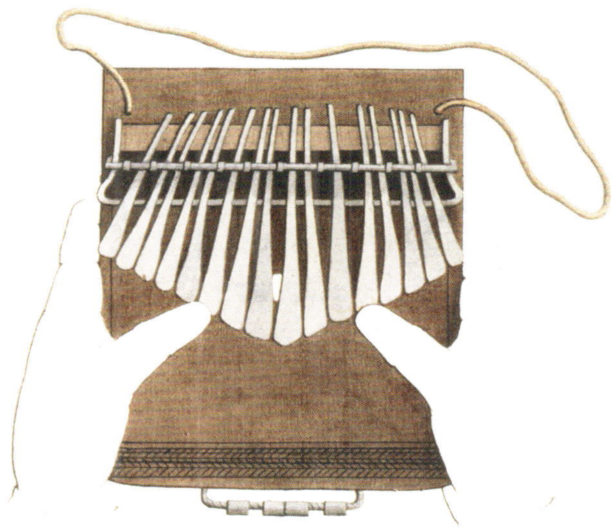

52. José Joaquim Freire. *Engenho de cana movido por roda hidráulica*. 1783-1792. Desenho aquarelado [140]

53. Joaquim José Codina ou José Joaquim Freire. *Violla q. ' tocão os Prétos*. 1783-1792. Desenho aquarelado [141]

54. Joaquim José Codina ou José Joaquim Freire. *Marimba, instrumento que usam os pretos*. 1783-1792. Desenho aquarelado [142]

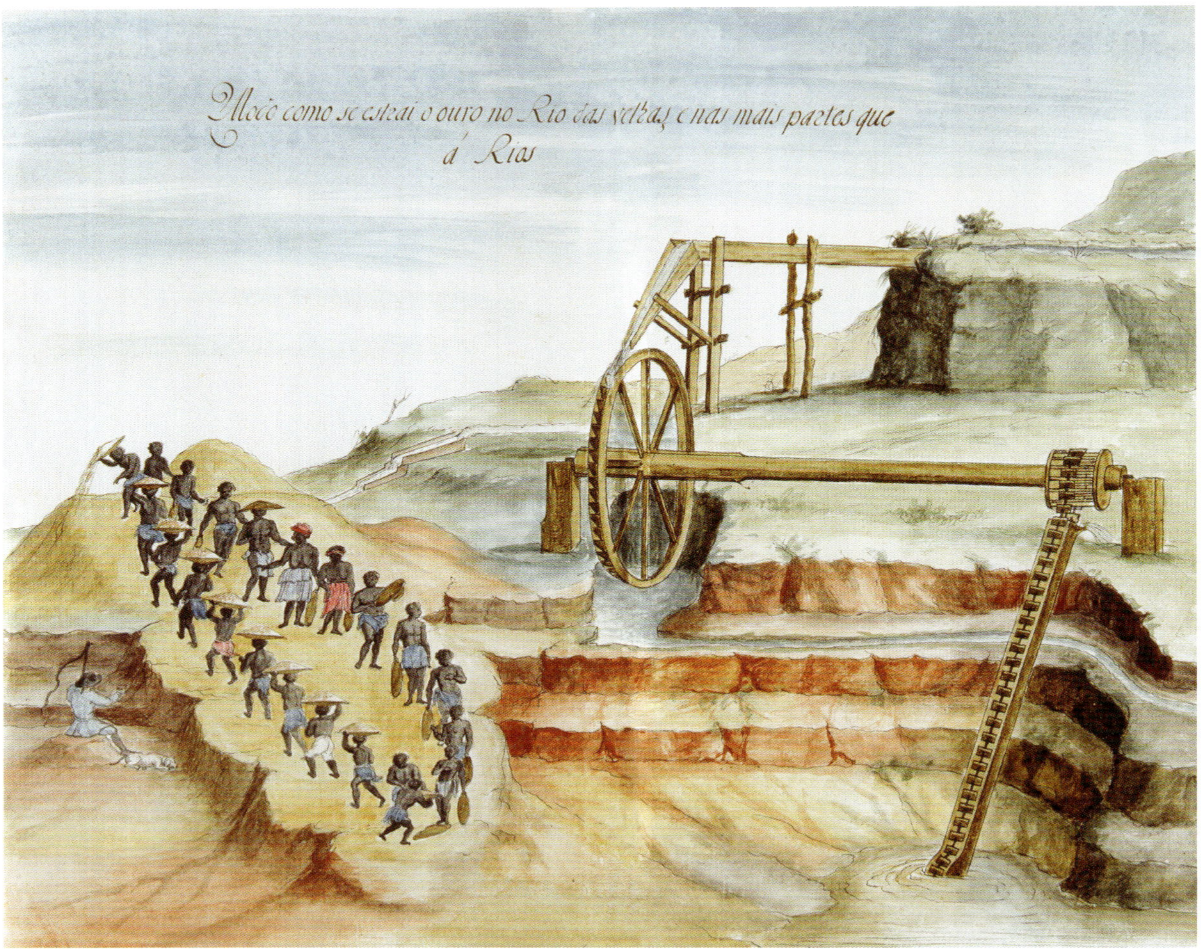
Modo como se estrai o ouro no Rio das velhas e nas mais partes que
á Rios

55 | 56

55. Autoria não identificada. *Modo como se estrai o ouro no Rio das velhas, e nas mais partes que à Rios*. S. d. Desenho aquarelado [117]

56. Autoria não identificada. *Requerimento do Padre Caetano da Fonseca Vasconcelos, Vigário da Igreja de São Miguel de Piracicaba, no Distrito de Vila Nova da Rainha, pedindo um número maior de presídios na região de Minas Gerais com a finalidade de evitar os danos e mortes causados por Botocudos*. S. d. Desenho aquarelado [120]

57. Duché de Vancy (del.) e La Pagelet (sculpt.).
Vue de l' île de Ste. Catherine. 1797. Gravura [129]

Literatura de Viagens e Outras Fontes

Século XIX

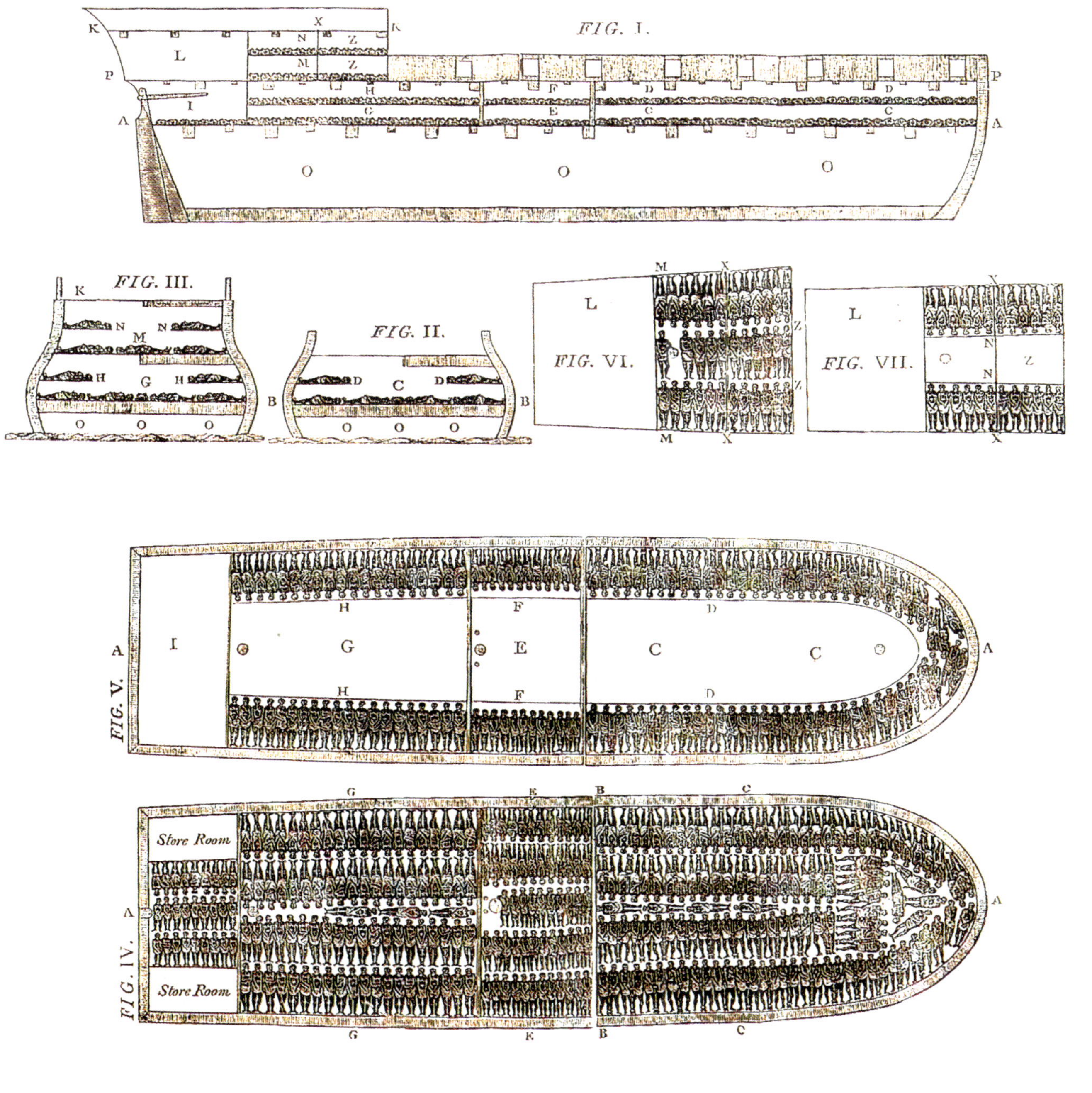

58. Autoria não identificada. *Plan and section of a slave ship designed to give the espectator an idea of the sufferings of the Africans in the Middle Passage. 1808.* Litografia [187]

59 | 60

59. Joaquim Candido Guillobel. *Sem título*. 1812-1816. Aquarela [982]

60. Joaquim Candido Guillobel. *Sem título*. 1812-1816. Aquarela [983] [984]

61 | 62
63

61. Joaquim Candido Guillobel. *Sem título*. 1812-1816. Aquarela [1009]

62. Joaquim Candido Guillobel. *Sem título*. 1812-1816. Aquarela [1012]

63. Joaquim Candido Guillobel. *Sem título*. 1812-1816. Aquarela [1017]

Nas páginas seguintes
64. Joaquim Candido Guillobel. *Sem título*. 1812-1816. Aquarela [1020]

65 | 66 | 67

65. Joaquim Candido Guillobel. *Sem título*. 1820-1822. Desenho aquarelado [180]

66. Joaquim Candido Guillobel. *Sem título*. 1820. Desenho aquarelado [181]

67. Joaquim Candido Guillobel. *Sem título*. 1820-1822. Desenho aquarelado [182]

68 | 69

68. Joaquim Cândido Guillobel. *Sem título*. 1820-1822. Desenho aquarelado [183]

69. Joaquim Cândido Guillobel. *Interior de uma casa do baixo povo*. 1820. Desenho aquarelado [184]

70 | 71 | 72

70. John Mawe (esboço), T. Webster (del.) e T. Woolnoth (sculpt.). *View of negroes washing for Diamonds at Mandango on the River Jogitonhonha in Cerro do Frio – Brazil.* 1812. Gravura [558]

71. John Mawe (esboço), T. Webster (del.) e T. Woolnoth (sculpt.) (atribuição). *Negroes washing for diamonds, gold etc.* 1821.
Gravura [558a]

72. John Mawe (esboço), T. Webster (del.) e T. Woolnoth (sculpt.). *A View in the manner in which the bed of the River Jigitonhonha is laid dry by an Aqueduct in order to search for Diamonds.* 1812. Gravura [559]

73 | 74

73. Martin Esslinger in Zurich (del.) e autoria não identificada (sculpt.). *Zusammenkunft mit Capitam Bento Lourenzo und seinen Mineiros in den Urwälden am Mucuri*. 1815-1817. Gravura [466]

74. J. P. Veith in Dresden. *Schifahrt auf einen Seitenarm des Rio Doce*. 1815-1817. Gravura [677]

75 | 76

75. Autoria não identificada. *A planter and his wife on a journey*. 1816. Gravura colorida [190]

76. Autoria não identificada. *A Sertanejo (as he is daily seen in Recife)*. 1816. Gravura colorida [192]

77 | 78

77. Autoria não identificada. *Crossing a river*. 1816. Gravura colorida [191]

78. Autoria não identificada. *Fishing canoe*. 1816. Gravura colorida [193]

79 | 80

79. Autoria não identificada. *A lady going to visit*. 1816.
Gravura colorida [194]

80. Autoria não identificada. *A sugar mill*. 1816.
Gravura colorida [196]

81 | 82

81. Jacques Etienne Arago (del.) e Lerouge E. Benard (sculpt.). *Vue de la salle de spectacle sur la place do Rocio, à Rio de Janeiro*. 1817. Gravura [288]

82. Jacques Etienne Arago (esboço), N. Maurin (del.) e Villain (lith.). *Esclaves allant recevoir le baptême (Brésil)*. 1839. Litografia aquarelada [289]

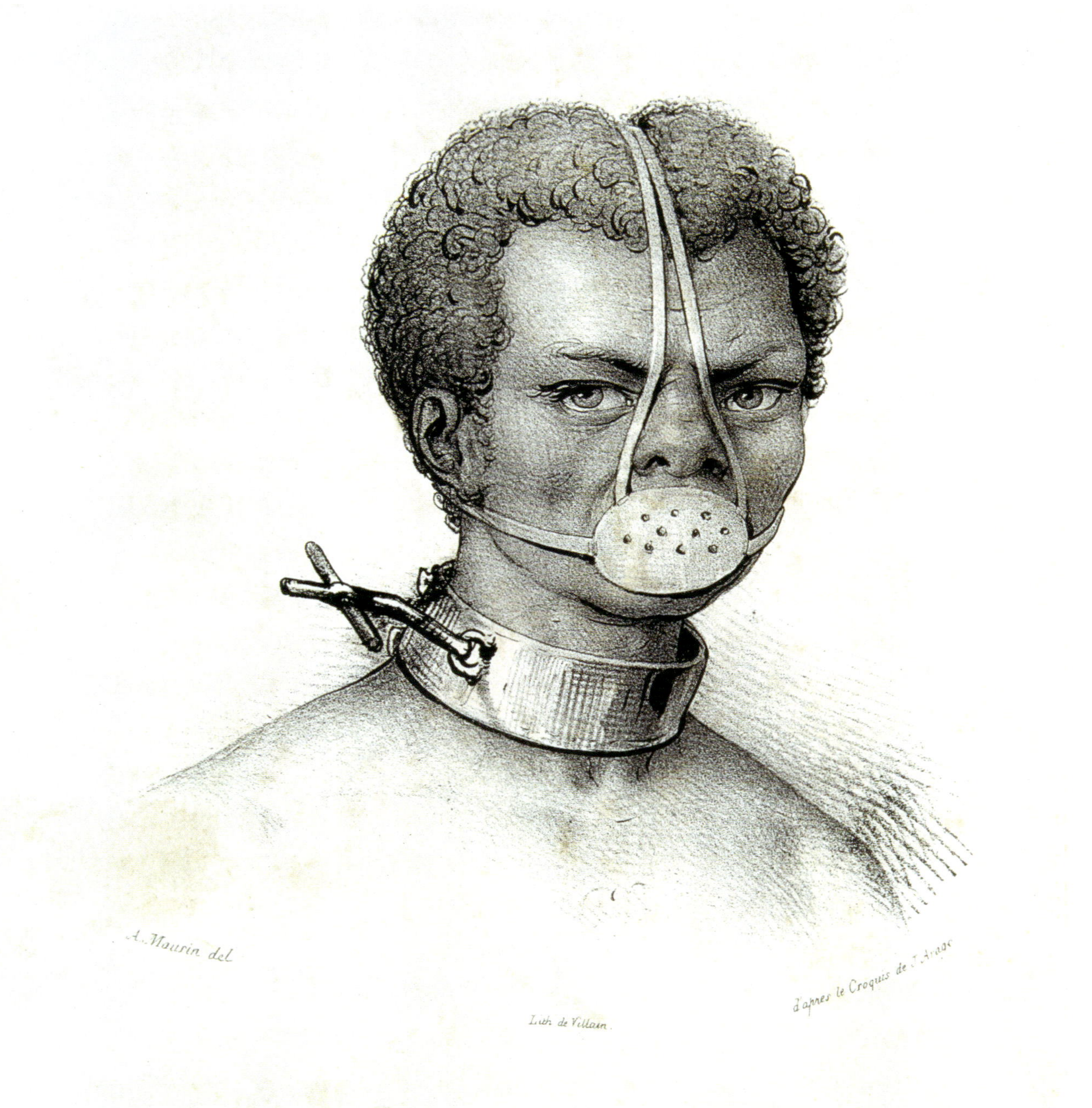
A. Maurin del.
Lith. de Villain.
d'apres le Croquis de J. Arago

83 | 84

83. Jacques Etienne Arago (esboço), N. Maurin (del.) e Villain (lith.). *Châtiment des esclaves*. 1839. Litografia [290]

84. Andrew W. Best e T. Leloir (lith.). *Escravos chicoteados por ordem de seus senhores*. S. d. Litografia [328]

85 | 86

85. Andrew W. Best & GS (lith.). *Vente de nègres*. S. d. Litografia [329]

86. Thomas Ender. *Rio de Janeiro*. *C*. 1817/1818. Aquarela [893]

Nas páginas seguintes
87. Thomas Ender. *Anssicht von Corcovado nach Catumbi un der Serra dos Órgãos*. *C*. 1817/1818. Aquarela [912]

88 | 89

88. Thomas Ender (del) e J. Axmann (sculpt.). *Ein Theil von Rio de Janeiro mit der Wasserleitung und Aussicht gegen die Bay*. *C.* 1817/1818. Aquarela [922]

89. Thomas Ender (del.) e J. Pasini (sculpt.). *Königlicher Sommerpalast Boa Vista bey S. Christoph in der Nahe von Rio de Janeiro*. *C.* 1817/1818. Aquarela [932]

K·AKAD

90 | 91

90. Thomas Ender (del.). *Kaserne zu Mata porcos. C.* 1817/1818. Aquarela [926]

91. Thomas Ender. *Marktplatz am Seestrande hinter dem Mauthaus Alfandiga 2 Das Mauthaus Alfandiga 2 Kirche de Sa. Cruz. C.* 1817. Aquarela [888]

92 | 93

92. Johann Emmanuel Pohl (del.), Thomas Ender (del.) e J. Axmann (sculpt.). *Cidade de Goyaz, früher Villa Boa, Hapstadt der gleichnahmigen Capitanie*. S. d. Gravura [578]

93. Henry Chamberlain (del.) e T. Hunt (sculpt.). *The Lazareto*. 1819. Gravura colorida [380]

94 | 95

94. Henry Chamberlain (del.) e John Clarke (sculpt.). *A market stall*. 1819. Gravura colorida [374]

95. Henry Chamberlain (del.) e John Clarke (sculpt.). *The chege and cadeira*. 1819. Gravura colorida [375]

96 | 97

96. Henry Chamberlain (del.) e John Clarke (sculpt.). *A Brazilian family*. 1819. Gravura colorida [376]

97. Henry Chamberlain (del.) e H. Alken (sculpt.). *Convicts*. 1819. Gravura colorida [385]

98 | 99 | 100

98. Henry Chamberlain (del.) e H. Alken (sculpt.). *Largo da Glória*. S. d. Gravura colorida [396]

99. Henry Chamberlain (del.) e G. Hunt (sculpt.). *Sick slaves*. S. d. Gravura colorida [391]

100. Henry Chamberlain (del.) e G. Hunt (sculpt.). *Huma historia*. s.d. Gravura colorida [393]

101 | 102

101. Henry Chamberlain (del.) e G. Hunt (sculpt.). *Funeral of a negro*. S. d. Gravura colorida [388]

102. Henry Chamberlain (del.) e G. Hunt (sculpt.). *A pedlar and his slave*. S.d. Gravura colorida [394]

103 | 104

103. Aimé Adrien Taunay. *Scène brésilienne. On abandonne aux nègres de chaque Paroisse dans la Semaine Sainte un Mannequin en ozier représentant Judas qu'ils brûlent après l'avoir traîné dans toutes les rues.* 1819. Aquarela s/ papel [1195]

104. Arnaud Julien Pallière. *Chafariz das Marrecas. Fontaine des Marecas près de la promenade publique à Rio Jan.ro. C.* 1830. Aquarela [1116]

105 | 105 — 105. Arnaud Julien Pallière. *Esposa do artista com o filho no colo*. S. d. Óleo s/ tela [1117] (Detalhes)

105. Arnaud Julien Pallière. *Esposa do artista com o filho no colo*. S. d. Óleo s/ tela [1117]

106 | 107

106. James Henderson (del.), C. Shoosmith (sculpt.) e Redman (lith.). *Custom house negroes*. 1821. Litografia [529]

107. James Henderson (del.) e C. Shoosmith (lith.). *A free negress and other market women. (Night man – Water carrier – Washer woman)*. 1821. Litografia [531]

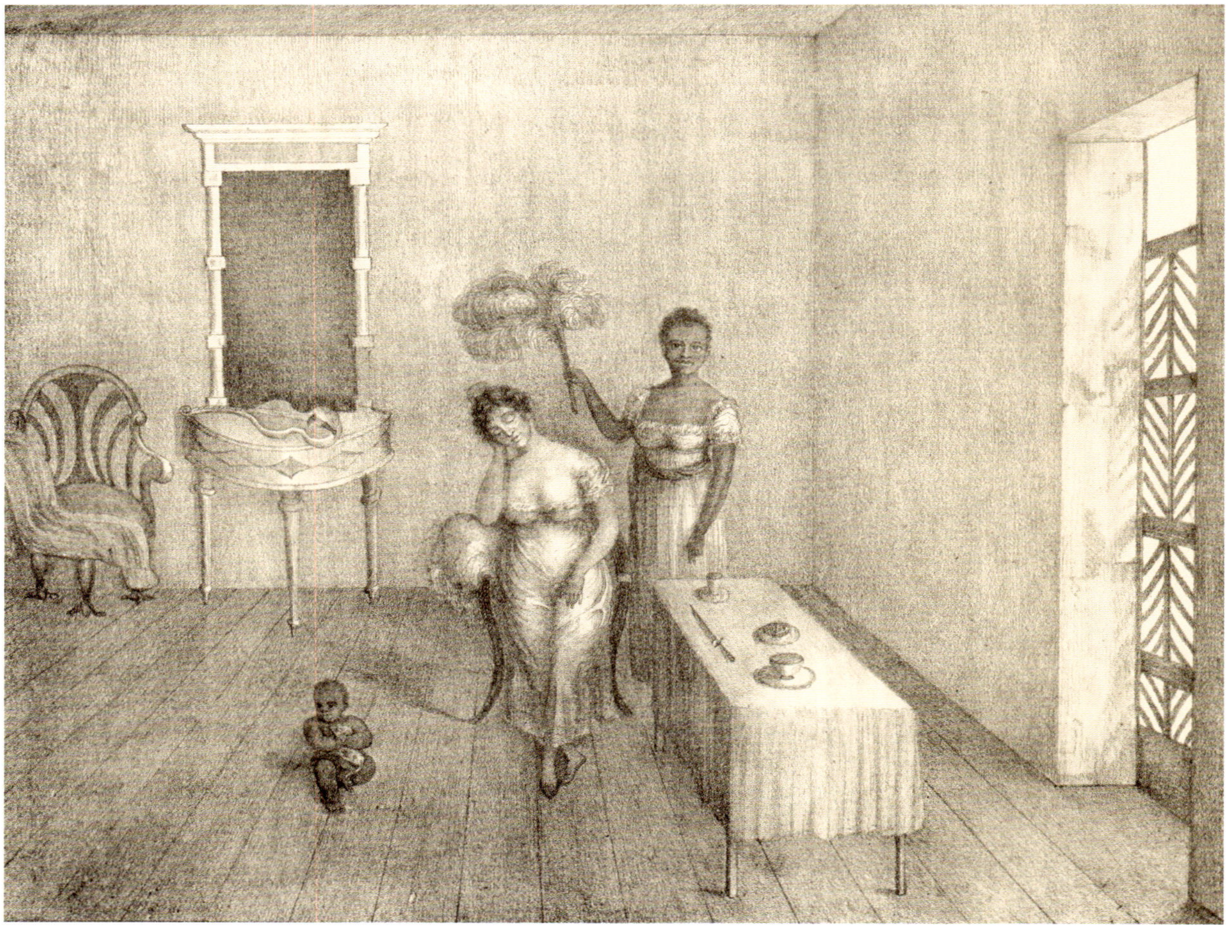

108 | 109

108. James Henderson (del.) e Shoosmith & Hullmandel (lith.). *A Brazilian sesta or afternoon nap (Uma sesta brasileira ou cochilo depois do almoço)*. 1821. Litografia [534]

109. James Henderson (del.) e Shoosmith & Hullmandel (lith.). *Negroes impelling a canoe with the vara & scenery at Ponta Decho (Negros impulsionando uma canoa com a vara & cenário em Ponta Decho)*. 1821. Litografia [535]

111

110

112

110. Helwaard (sculpt.). *Eene Braziliaansche Dame in haar Pronkgewaad*. 1821. Gravura colorida [528]

111. Hippolyte Taunay (del.) e C. Motte (sculpt.). *Aquéduc de Rio Janéiro*. 1822. Litografia [661]

112. Hippolyte Taunay (del.) e C. Motte (sculpt.). *Magasin de Nègres à Bahia*. 1822. Litografia [666]

113 | 114

113. Spix & Martius (del.) e E. Mayer (lith.). *Trinkfest der Coroados*. 1823-1831. Litografia [652]

114. Spix & Martius (del.) e A. Kraft & F. Hohe (lith.). *Rancho unweit der Serra do Caraca*. 1823-1831. Litografia [653]

115 | 116

115. Spix & Martius (del.) e Mayer (lith.). *Diamanten waescherey Curralinho.* 1823-1831. Litografia [654]

116. Spix & Martius (del.) e J. Steingräbel (lith.). *Ausgrabung und zubereitung der schild krotencier, am Amazonenstrome.* 1823-1831. Litografia [655]

DIE BADUCCA, IN S. PAULO.

117 | 118

117. Spix & Martius (del.) e Nachtmann (lith.). *Die Baducca, in S. Paulo. Festa da Rainha, in Minas.* 1823-1831. Litografia [657] [658]

118. Philipp Schmid. *Eine Mameluca aus der Provinz St. Paulo. Eine Cafusa aus der Provinz St. Paulo.* 1823-1831. Desenho litografado e colorido [647]

Nas páginas seguintes
119. Jean Baptiste Debret (del.) e Thierry Frères (lith.). *Esclaves nègres de différentes nations*. 1834-1839. Litografia [414]

1.
2.
3.
8.
9
10.
11.

5
6
7
13
14
15
16

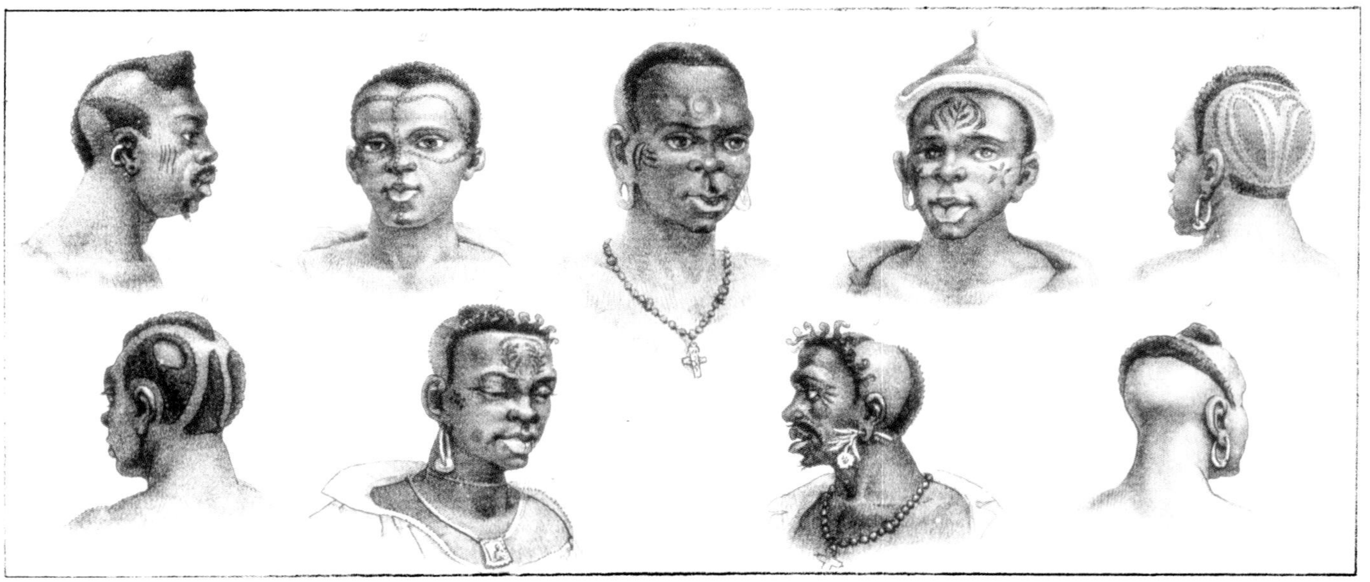

120 | 121

120. Jean Baptiste Debret (del.) e Thierry Frères (lith.). *Différentes nations nègres*. 1834-1839. Litografia [424]

121. Jean Baptiste Debret (del.) e Thierry Frères (lith.). *Boutique de la Rue du Val-Longo*. 1834-1839. Litografia [415]

122 | 123

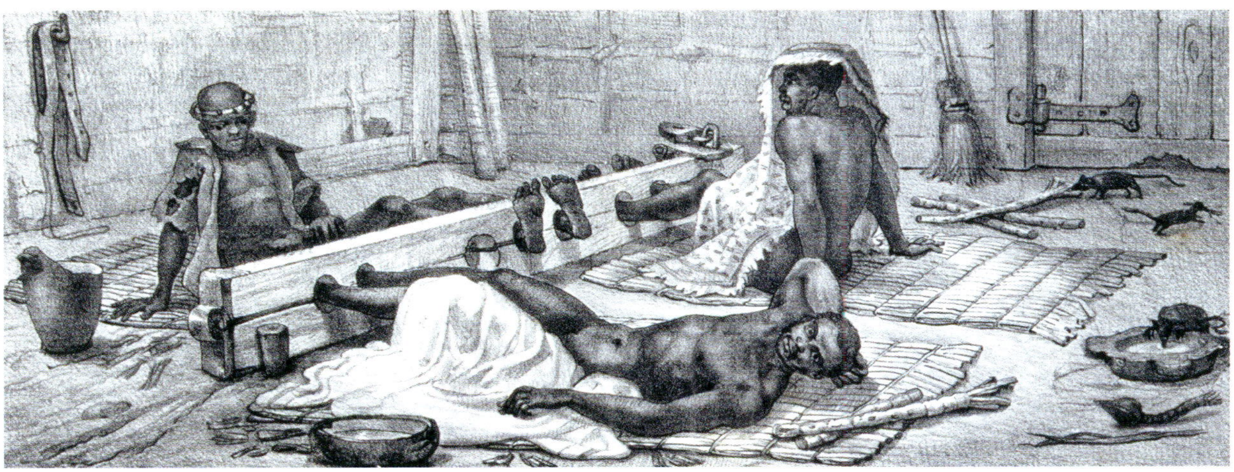

122. Jean Baptiste Debret (del.) e Thierry Frères (lith.). *Feitors corrigeant des nègres*. 1834-1839. Litografia [417]

123. Jean Baptiste Debret (del.) e Thierry Frères (lith.). *L'exécution de la punition du fouet. Nègres au tronco*. 1834-1839. Litografia [432]

124 | 125

124. Jean Baptiste Debret (del.) e Thierry Frères (lith.). *Intérieur d'une habitation de cigannos*. 1834-1839. Litografia [416]

125. Jean Baptiste Debret (del.) e autoria não identificada. *Sem título*. Litografia [397]

126 | 127

126. Jean Baptiste Debret (del.) e Thierry Frères (lith.). *Une dame brésilienne dans son intérieur. Le dinner.* 1834-1839. Litografia [400] [401]

127. Jean Baptiste Debret (del.) e Ch. Motte (lith.). *Une visite à la campagne.* 1834-1839. Litografia [403].

128 | 129

128. Jean Baptiste Debret (del.) e Thierry Frères (lith.). *Retour, à la ville, d'un propriétaire de chacra. Litière pour voyager dans l'intérieur*. 1834-1839. Litografia [408] [409]

129. Jean Baptiste Debret (del.) e Ch. Motte (lith.). *Un employé du Gouvernt. sortant de chez lui avec sa famille*. 1834-1839. Litografia [399]

130 | 131

130. Jean Baptiste Debret (del.) e Thierry Frères (lith.). *Le vieillard convalescent. Une dame portée en cadeirinha, allant à la messe*. 1834-1839. Litografia [437]

131. Jean Baptiste Debret (del.) e Thierry Frères (lith.). *Une mulâtresse allant passer les fêtes de Noël à la campagne. / Concours des écoliers, la veille du jour de St. Alexis*. 1834-1839. Litografia [439]

132 | 133

132. Jean Baptiste Debret (del.) e Thierry Frères (lith.). *Les étrennes de Noël. / Ange revenant de la procession. Un domestique Nègre rapportant la palme de son maître, le dimanche des rameaux*. 1834-1839. Litografia [448]

133. Jean Baptiste Debret & Viscondessa de Portes (del.) e Thierry Frères (lith.). *Le St. Viatique porté chez un malade. / Transport d'enfant blanc, pour être baptisé à l'église*. 1834-1839. Litografia [441]

Nas páginas seguintes
134. Jean Baptiste Debret (del.) *Officier de la cour se rendant au Palais*. 1822. Aquarela [774]

135. Jean Baptiste Debret (del.) e Thierry Frères (lith.). *Départ de la Reine pour se rendre à bord du vaisseau Royal destiné à conduire sa Cour à Lisbonne*. 1834-1839. Litografia [456]

Rio de Janeiro J. B. DeBret.
Anno 1822

136 | 138
137

136. Jean Baptiste Debret (del.). *Nègres en commission par un temps de pluie*. 1825. Aquarela [783]

137. Jean Baptiste Debret (del.). *Convoi de café s'acheminant vers la ville*. 1827. Aquarela s/ papel [789]

138. Jean Baptiste Debret (del.). *Paveurs*. 1824. Aquarela [790]

139

140

141

139. Jean Baptiste Debret (del.). *Marchande de feuilles de bananier*. 1823. Aquarela [793]

140. Jean Baptiste Debret (del.). *Négresse tatouée vendant des fruits de cajú*. 1827. Aquarela [800]

141. Jean Baptiste Debret (del.) e Thierry Frères (lith.). *Les barbiers ambulants. Boutique de barbier*. 1834-1839. Litografia [404] [405]

142 | 143

142. Jean Baptiste Debret (del.) e Ch. Motte (lith.). *Les rafraîchissements de l'après-dînner sur la Place du Palais.* 1834-1839. Litografia [402]

143. Jean Baptiste Debret (del.). *Les Vénus noires de Rio.* S. d. Aquarela [777]

144	146
145	147

144. Jean Baptiste Debret (del.) e Thierry Frères (lith.). *Marchand de sambouras. Vendeur de palmito*. 1834-1839. Litografia [410]

145. Jean Baptiste Debret (del.) e Thierry Frères (lith.). *Nègre* (sic) *scieurs de long*. 1834-1839. Litografia [411]

146. Jean Baptiste Debret (del.) e Thierry Frères (lith.). *Nègres chasseurs rentrant en ville. Le retour des nègres d'un naturaliste*. 1834-1839. Litografia [412]

147. Jean Baptiste Debret (del.) e Thierry Frères (lith.). *Vendeurs de lait et de cap.m*. 1834-1839. Litografia [413]

148 | 149

148. Jean Baptiste Debret (del.) e Thierry Frères (lith.). *Petit moulin à sucre portatif*. 1834-1839. Litografia [417]

149. Jean Baptiste Debret & Viscondessa de Portes (del.) e Thierry Frères (lith.). *Transport de viande de boucherie. / Joug tournant pour dompter les boeufs*. 1834-1839. Litografia [418]

150 | 151

150. Jean Baptiste Debret & Viscondessa de Portes (del.) e Thierry Frères (lith.). *Boutique de cordonnier*. 1834-1839. Litografia [419]

151. Jean Baptiste Debret (del.) e Thierry Frères (lith.). *Négresses libres vivant de leur travail. / Négresses marchandes de sonhos, manoés, aloá*. 1834-1839. Litografia [420]

152

154

153

152. Jean Baptiste Debret (del.) e Thierry Frères (lith.). *Maison à louer, cheval et chèvre à vendre*. 1834-1839. Litografia [420]

153. Jean Baptiste Debret (del.) e Thierry Frères (lith.). *Paveurs, Marchande d'atacaça*. 1834-1839. Litografia [421]

154. Jean Baptiste Debret (del.) e Thierry Frères (lith.). *Pauvre famille dans sa maison. / Menuisier allant s'installer. Transport de feuilles d'aloès*. 1834-1839. Litografia [422]

155 | 156

155. Jean Baptiste Debret (del.) e Thierry Frères (lith.). *Négresses marchandes d'angou. / Fours à chaux*. 1834-1839. Litografia [423]

156. Jean Baptiste Debret (del.) e Thierry Frères (lith.). *Nègres cangueiros*. 1834-1839. Litografia [424]

157 | 158

157. Jean Baptiste Debret (del.) e Thierry Frères (lith.). *Negros de carro. / Barque brésilienne faite avec un cuir de boeuf*. 1834-1839. Litografia [426]

158. Jean Baptiste Debret (del.) e Thierry Frères (lith.). *Marchand de tabac./ Marchande de pandelos*. 1834-1839. Litografia [429]

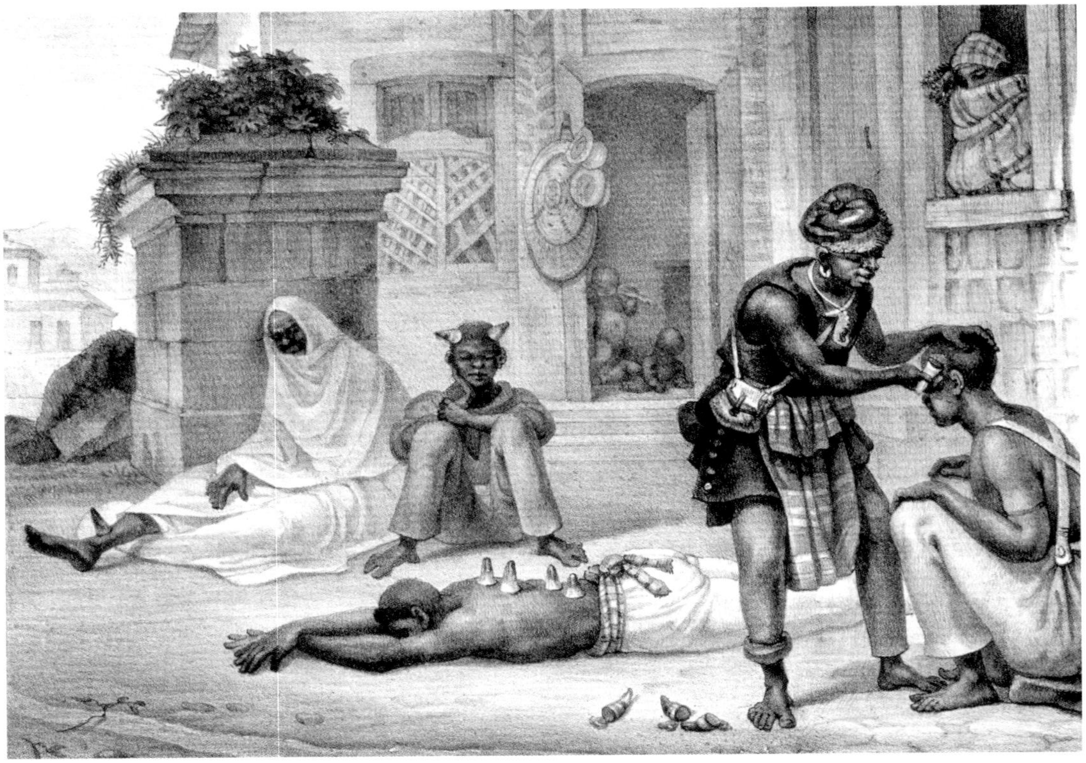

159 | 160

159. Jean Baptiste Debret (del.) e Thierry Frères (lith.). *Le chirurgien nègre. / Boutique d'un marchand de viande de porc.* 1834-1839. Litografia [433]

160. Jean Baptiste Debret (del.) e Thierry Frères (lith.). *Exploitation d'une carrière de granit. / Passage d'une rivière guéable.* 1834-1839. Litografia [434]

161 | 162

161. Jean Baptiste Debret (del.). *Engenho de carne secca brézilien (Engenho de carne seca brasileiro).* 1829. Aquarela s/ papel. [810]

162. Jean Baptiste Debret (del.) e Thierry Frères (lith.). *Les premières occupations du matin. / Quêteurs. / Voeu d'une messe demandée comme aumône.* 1834-1839. Litografia [436]

163 | 164

163. Jean Baptiste Debret & Viscondessa de Portes (del.) e Thierry Frères (lith.). *Marriage de nègres d'une maison riche. / Convoi funèbre de négrillons.* 1834-1839. Litografia [443]

164. Jean Baptiste Debret (del.) e Thierry Frères (lith.). *Enterrement d'une femme nègre. / Convoi funèbre d'un fils de roi nègre.* 1834-1839. Litografia [444]

165 | 166

165. Jean Baptiste Debret (del.) e Thierry Frères (lith.). *Quête pour l'entretien de l'église du Rosario*. 1834-1839. Litografia [452]

166. Jean Baptiste Debret & Viscondessa de Portes (del.) e Thierry Frères (lith.). *Brûlement de l'effigie du Juda le samedi saint*. 1834-1839. Litografia [445]

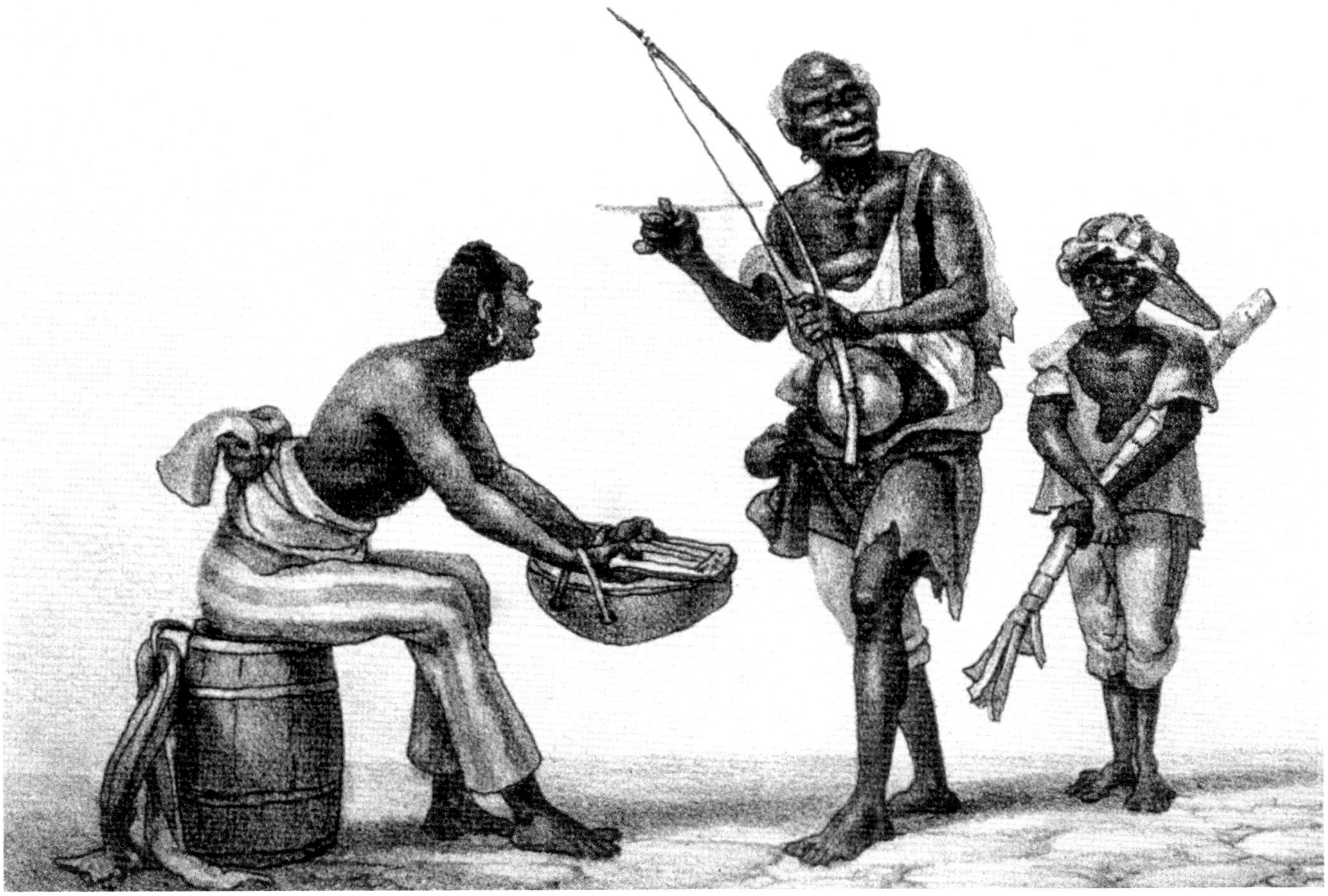

167 | 168

167. Jean Baptiste Debret (del.). *Le vieil Orphée africain Oricongo*. 1826. Aquarela [791]

168. Jean Baptiste Debret (del.) e Thierry Frères (lith.). *L'aveugle chanteur.* 1834-1839. Litografia [429]

169 | 170

169. Jean Baptiste Debret (del.) e Thierry Frères (lith.). *Scène de Carnaval*. 1834-1839. Litografia [421]

170. Jean Baptiste Debret (del.). *Marimba – La promenade du dimanche après midi*. 1826. Aquarela [780]

Nas páginas seguintes
171. Jean Baptiste Debret (del.) e Thierry Frères (lith.). *Rideau d'avant-scène exécuté au théâtre de la Cour, pour la représentation d'apparat, à l'occasion du Couronnement de l'Empereur D. Pedro 1er* 1834-1839. Litografia [457]

RUA

172 | 173

172. Augustus Earle (del.) e Edward Finden (sculpt.). *Slave market at Rio*. 1824. Gravura [461]

173. Augustus Earle (del.) e Edward Finden (sculpt.). *Gate and slave market at Fernambuco. Vista do Portão do Conde Maurício em Pernambuco, com o Mercado de escravos. Recife*. 1824. Gravura [462]

Nas páginas seguintes
174. Augustus Earle (del.). *Folguedos durante o Carnaval no Rio de Janeiro. Games during the Carnival at Rio de Janeiro*. *C*. 1822. Aquarela [862]

175 | 176

175. Charles Landseer (del.). *Black punishment at Rio de Janeiro (Negro castigado no Rio de Janeiro)*. 1825. Lápis e sanguínea s/ papel [1077]

176. Charles Landseer. *Rancho dos Tropeiros*. 1827. Óleo s/madeira [1079]

177 | 178

177. Autoria não identificada (del. e sculpt.). *Botafogo bay. Rio de Janeiro*. 1825. Gravura aquarelada [200]

178. C. C. M. (del.). *A castrate singing*. 1826. Litografia colorida [554]

179 | 180

179. C. C. M. *Slave shop at Rio, a Minas merchant bargaining*. 1826. Litografia colorida [555]

180. Barão de Löwenstern. *Aqueduto da Carioca*. 1827-1829. Desenho aquarelado [1088]

181 | 182 | 183

181. Barão de Löwenstern (del.). *Negro com facão*. Nov. 1828. Desenho aquarelado [1097]

182. Barão de Löwenstern (del.). *Negra quitandeira*. 14 nov. 1818. Desenho aquarelado [1098]

183. Barão de Löwenstern (del.). *Jovem negra*. 17 nov. 1828. Desenho aquarelado [1099]

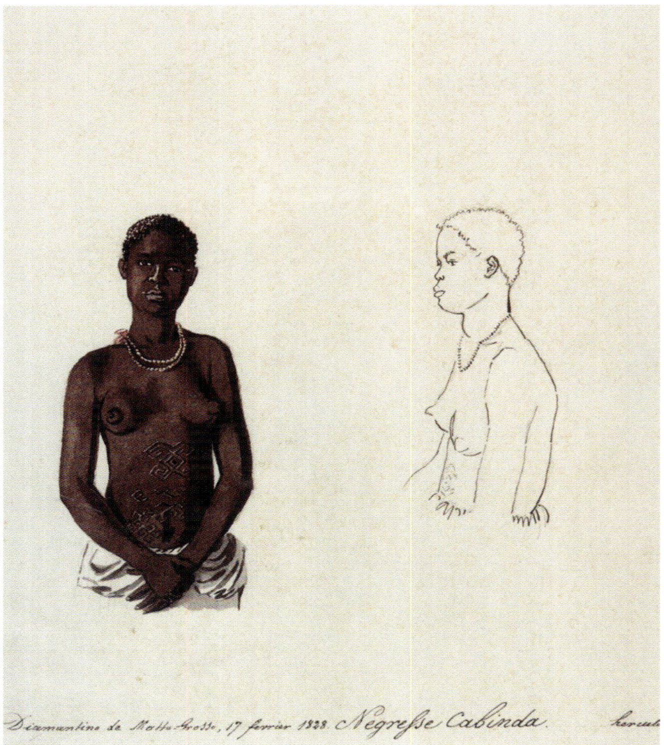
Diamantino de Matto Grosso, 17 fevrier 1828. Negresse Cabinda.

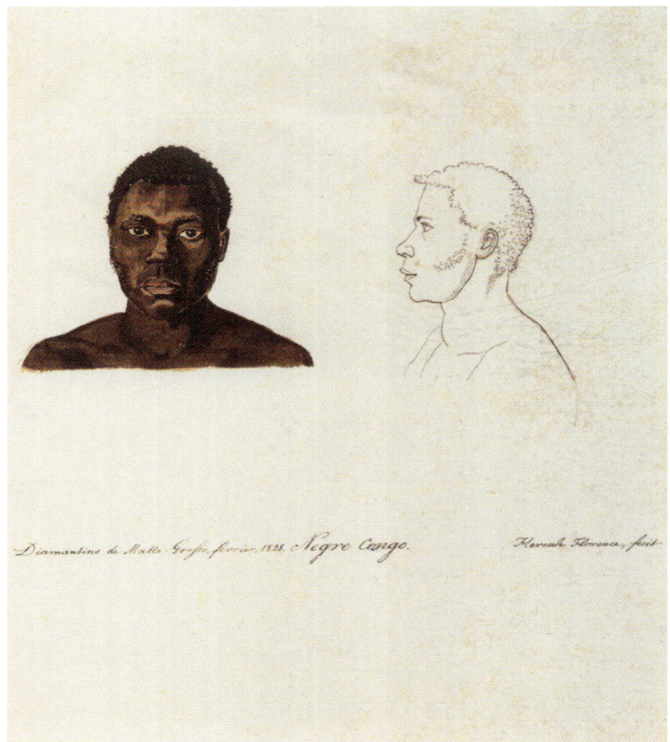
Diamantino de Matto Grosso, fevrier, 1828. Negre Congo.
Hercule Florence, fecit

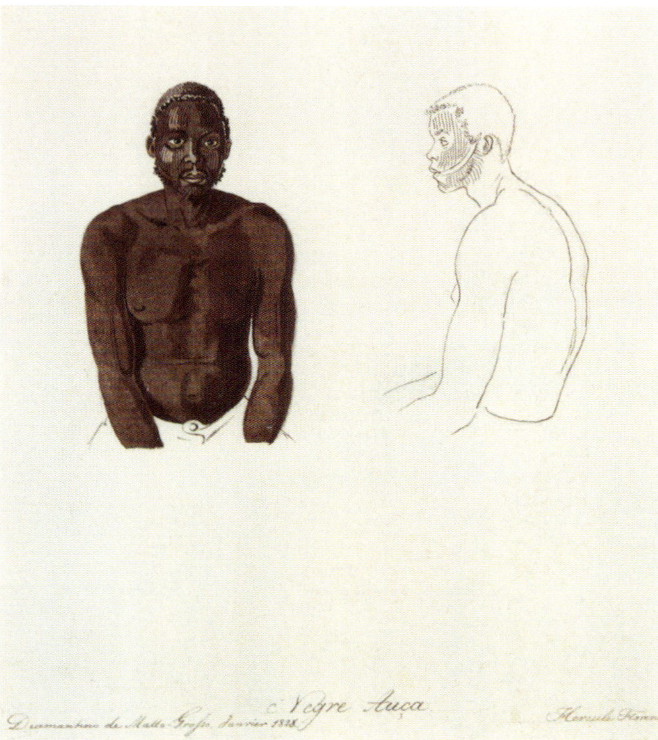

184 | 185 | 186 | 187

184. Hercule Florence. *Négresse Cabinda*. 1828. Aquarela e tinta (pena) [955]

185. Hercule Florence. *Nègre Congo*. 1828. Aquarela e nanquim [957]

186. Hercule Florence. *Nègre Auça*. 1828. Aquarela e nanquim [958]

187. Hercule Florence. *Négresse Rebolo*. 1828. Aquarela e nanquim [959]

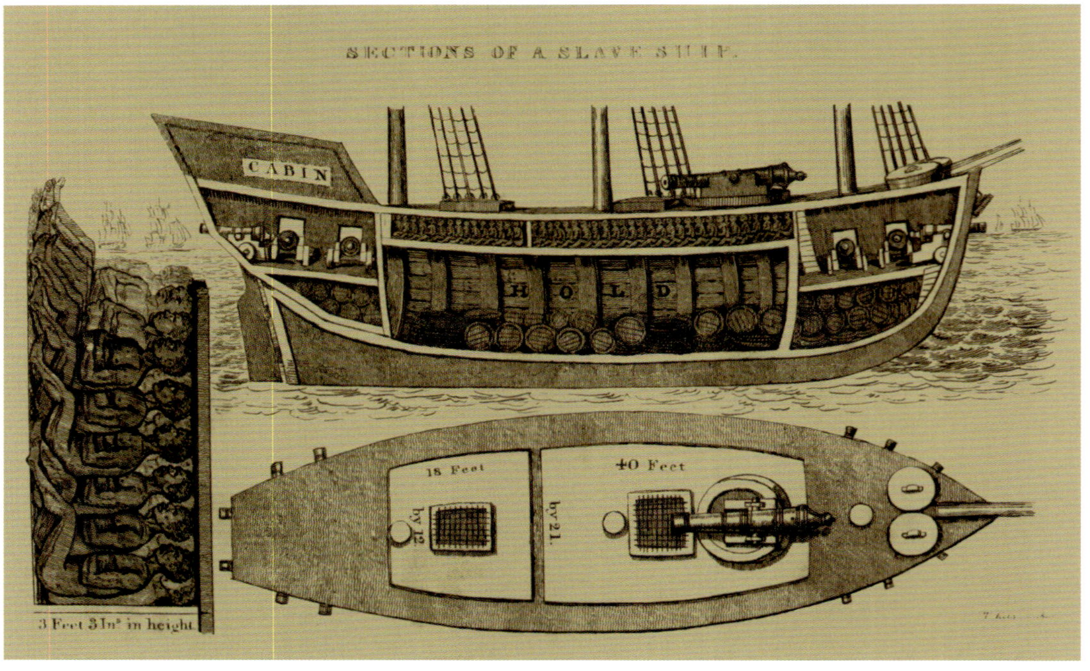
SECTIONS OF A SLAVE SHIP.
CABIN
HOLD
18 Feet
by 12
by 21.
40 Feet
3 Feet 3 In^s in height.

188 | 190
189

188. Robert Walsh (del.) e N. Whittock (lith.). *British Chapel*. 1830. Litografia [681]

189. Robert Walsh (del.) e T. Kelly (lith.). *Sections of a slave ship*. 1830. Litografia [688]

190. Richard Skerret Hickson. *Scene at the Washing House of Gongo Soco gold mine in Brazil*. *C*. 1830-1840. Aquarela e guache s/ papel [1042]

191

193

192

191. Carlos Guilherme von Theremin (del.) e Loeillot (lith.). *O Aqueducto (1832) da rua de Matta Cavallos. L' aqueduc depuis la rue de Matta Cavalos.* Litografia [673]

192. Carlos Guilherme von Theremin (del.) e Loeillot (lith.). *O Passeio Publico (1835) original, entrada. Promenade, entrée.* Litografia [672]

193. Carlos Guilherme von Theremin (del.) e Loeillot (lith.). *O Chafariz do Campo (1835) tomado da Igreja de Sta. Anna. Fontaine du campo depuis l'église de Sta. Anna.* Litografia [675]

2e Div.
Pl. 17. 13
Dess. d'ap. nat. par Rugendas.
Lithog. par Maurin.
MOZAMBIQUE.

194 | 195

194. Johann Moritz Rugendas (del.) e Maurin (lith.). *Mozambique*. 1835. Litografia [602]

195. Johann Moritz Rugendas (del.) e Vigneron (lith.). *Benguelas. Congo*. 1835. L:tografia [598]

196 | 197 | 198

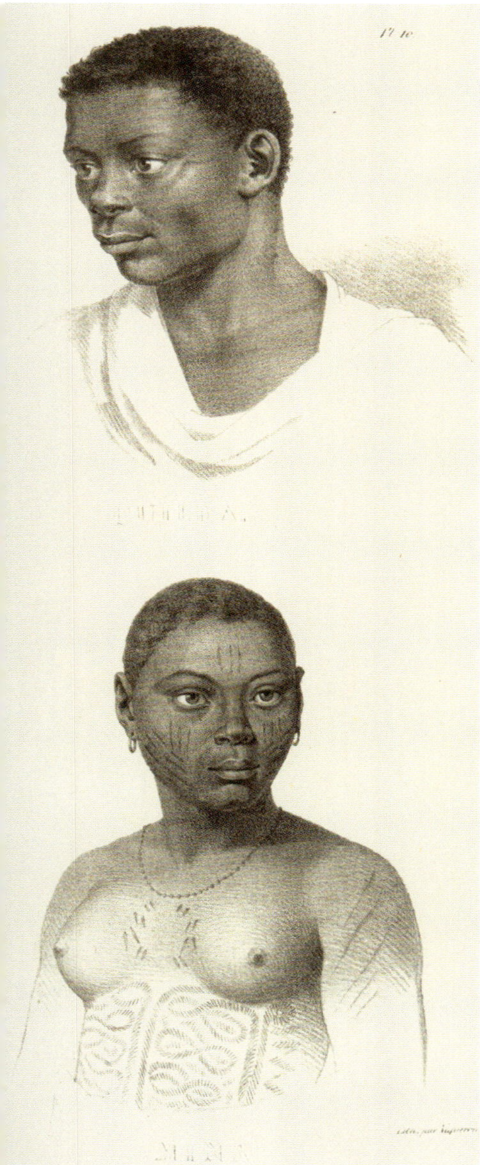

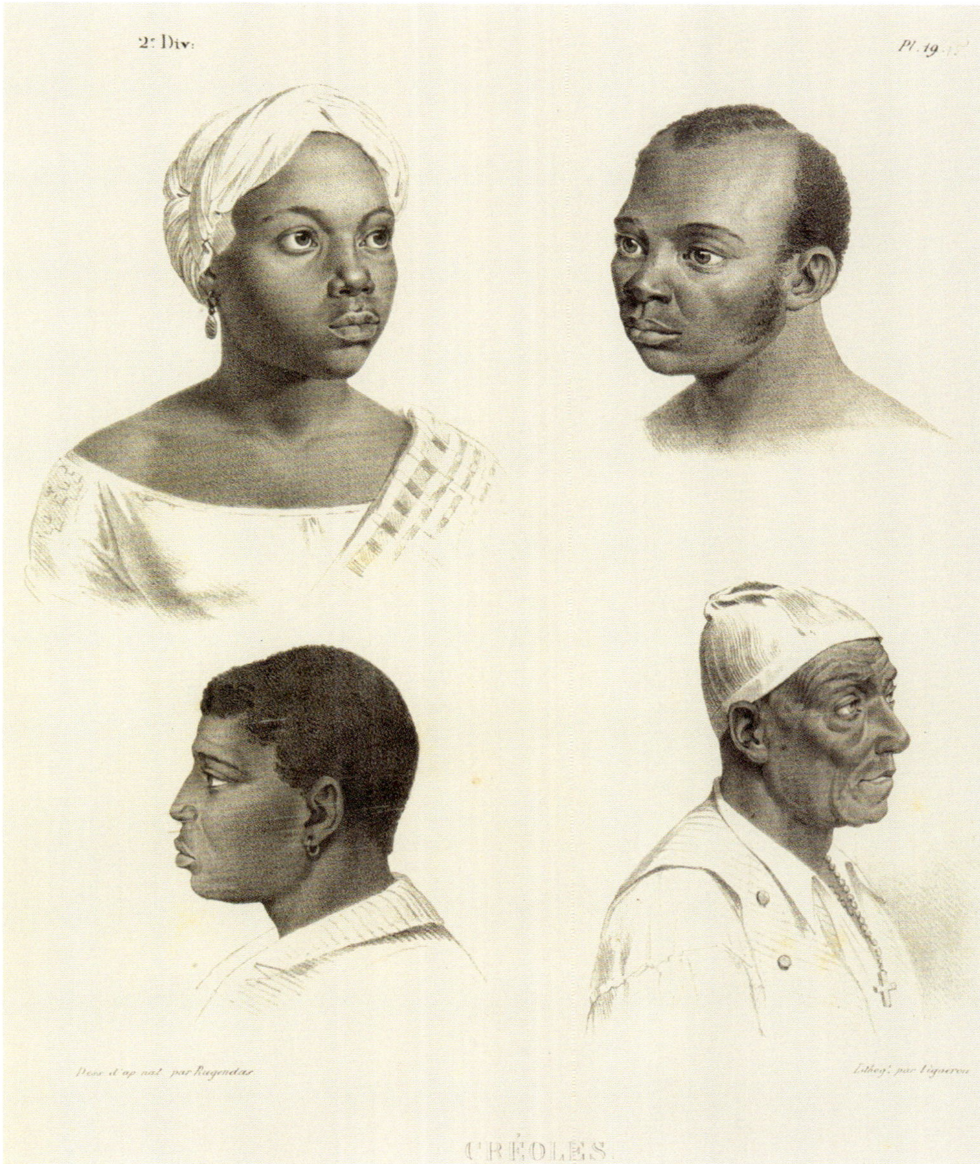

196. Johann Moritz Rugendas (del.) e Vigneron (lith.). *Benguelas. Angola. Congo. Monjolo.* 1835. Litografia [603]

197. Johann Moritz Rugendas (del.) e Vigneron (lith.). *Cabinda. Quiloa. Rebolla. Mina.* 1835. Litografia [599]

198. Johann Moritz Rugendas (del.) e Vigneron (lith.). *Créoles.* 1835. Litografia [604]

Nas páginas seguintes
199. Johann Moritz Rugendas & Deroy (del.) e Engelmann (lith.). *Nègres à fond de cale.* 1835. Litografia [626]

200 | 201

200. Johann Moritz Rugendas, Deroi & Sabatier (del.) e Engelmann (lith.). *Débarquement*. 1835. Litografia [627]

201. Johann Moritz Rugendas & Deroi (del.) e Engelmann (lith.). *Marché aux nègres*. 1835. Litografia [628]

202 | 203

202. Johann Moritz Rugendas (del.) e Maurin (lith.). *Negros novos*. 1835. Litografia [601]

203. Johann Moritz Rugendas & Deroi (del.) e Engelmann (lith.). *Transport d'un convoi de nègres*. 1835. Litografia [629]

204 | 205

204. Johann Moritz Rugendas (del.) e Zwinger (lith.). *Capitao do mato*. 1835. Litografia [600]

205. Johann Moritz Rugendas (del.) e V. Adam (lith.). *Guerillas*. 1835. Litografia [610]

206 | 207

206. Johann Moritz Rugendas & Deroi (del.) e Engelmann (lith.). *Défrichement d'une forêt*. 1835. Litografia [631]

207. Johann Moritz Rugendas (del.) e Zwinger (lith.). *Nègre et négresse dans une plantation*. 1835. Litografia [595]

208 | 209

208. Johann Moritz Rugendas, Arnout & Deroi (del.) Engelmann (lith.). *Moulin à sucre*. 1835. Litografia [634]

209. Johann Moritz Rugendas & Deroi (del.) Engelmann (lith.). *Récolte de café*. 1835. Litografia [633]

210 | 211

210. Johann Moritz Rugendas & Deroi (del.) e Engelmann (lith.). *Préparation de la racine de mendioca*. 1835. Litografia [632]

211. Johann Moritz Rugendas & Deroi (del.) Engelmann (lith.). *Habitation de nègres*. 1835. Litografia [630]

212 | 213

212. Johann Moritz Rugendas (del.) e Jules David (lith.). *Famille de planteurs*. Litografia [617]

213. Johann Moritz Rugendas (del.) e Maurin (lith.). *Négresses de Rio de Janeiro*. 1835. Litografia [596]

214 | 215

214. Johann Moritz Rugendas & Deroi (del.) e Engelmann (lith.). *Blanchisseuses à Rio-Janeiro*. 1835. Litografia [636]

215. Johann Moritz Rugendas (del. d'après nature), Deroi (del.) e Engelmann (lith.). *Vue de la montagne de Corcovado et le faubourg de Cadete, prise de la Carriere*. 1835. Litografia [2547]

216 | 217

216. Johann Moritz Rugendas (del. d'après nature), Deroi (del.) e Engelmann (lith.). *Marché sur la Braïa dos Mineros*. 1835. Litografia [638]

217. Johann Moritz Rugendas & V. Adam (del.) e Engelmann (lith.). *Porto do Estrella*. 1835. Litografia [584]

218 | 219

218. Johann Moritz Rugendas (del. d'après nature), V. Adam (del.) e Engelmann (lith.). *Vue prise devant l'église de San-Bendo à Rio-Janeiro*. 1835. Litografia [613]

219. Johann Moritz Rugendas (del. d'après nature), V. Adam (del.) e Engelmann (lith.). *Rue Droite à Rio-Janeiro*. 1835. Litografia [614]

220 | 221

220. Johann Moritz Rugendas (del. d'après nature), Deroi (del.) e Engelmann (lith.). *Châtiments domestiques*. 1835. Litografia. [635]

221. Johann Moritz Rugendas (del. d'après nature), Deroi (del.) e Engelmann (lith.). *Punition publique sur la Place Ste. Anne*. 1835. Litografia [640]

222 | 223

222. Johann Moritz Rugendas (del.), Jules David e Villeneuve (lith.). *Villa Rica*. 1835. Litografia [589]

223. Johann Moritz Rugendas (del. d'après nature), Joly (lith.) e Wattier (lith.). *Lavage du minerai d'or près de la montagne Itacolumi*. 1835. Litografia [621]

224 | 225

224. Johann Moritz Rugendas (del. d'après nature), e Maurin (lith.). *Nègre et négresse de Bahia*. 1835. Litografia [597]

225. Johann Moritz Rugendas (del.) e Zwinger (lith.). *Costumes de Bahia*. 1835. Litografia [607]

226 | 227

226. Johann Moritz Rugendas (del. d'après nature), A. Bayot (fig.) e Jacottet (lith.). *Hospice de N. S. da Piedade à Bahia*. 1835. Litografia [623]

227. Johann Moritz Rugendas (del.) e Wattier (fig.) e Sabatier (fig.) (lith.). *San-Salvador*. 1835. Litografia [591]

228 | 229

228. Johann Moritz Rugendas (del. d'après nature), Bichebois (lith.) e Jules David (fig.). *Enterrement d'un nègre à Bahia*. 1835. Litografia [645]

229. Johann Moritz Rugendas (del. d'après nature) e Deroi (lith.). *Venta à Reziffé*. 1835. Litografia [624]

230 | 231

230. Johann Moritz Rugendas & Deroi (del.) e Thierry Frères (lith.). *Jogar capoëra ou danse de la guerre*. 1835. Litografia [643]

231. Johann Moritz Rugendas (del. d'après nature), Deroi (del.) e Thierry Frères (lith.). *Danse landu* [642]

232 | 233

232. Johann Moritz Rugendas (del d'après nature), Villeneuve (lith.) e Leportevin (fig.). *Danse Batuca*. 1835. Litografia [641]

233. Johann Moritz Rugendas (del d'après nature), V. Adam (fig.) e Villeneuve (lith.). *Fête de S.te Rosalie, patrone des nègres*. 1835. Litografia [644]

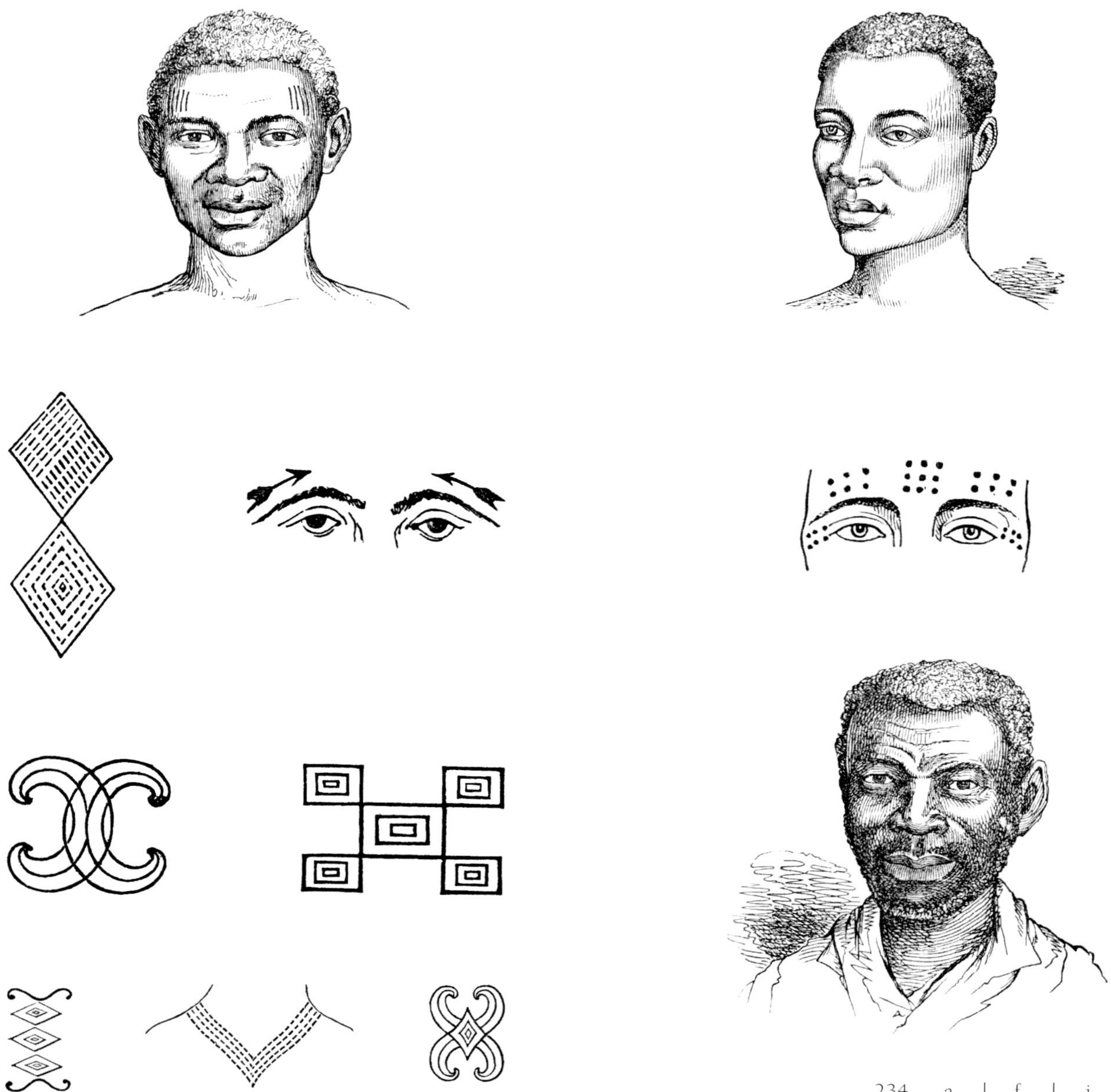

234	a	f	i	o
	b c	g	j	p q
	d	h	k	r
	e		l	
			m n	

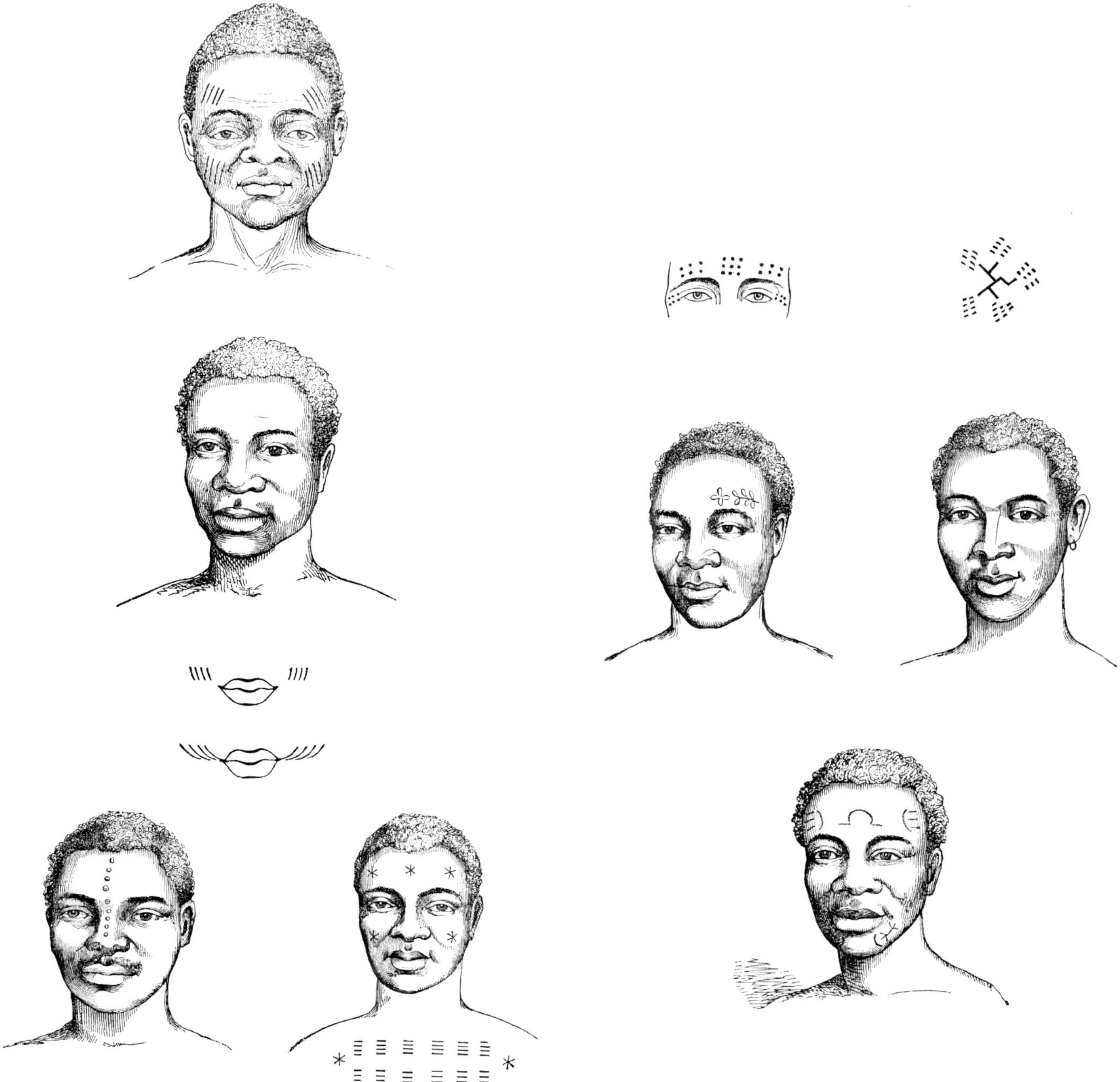

234. Alfred Agate & J. Drayton (del.) e H. Brightly (sculpt.). *C.* 1837. *Tattoings: a) Mina; b) Calabar; c) Eboe; d) Kambinda; e) Sundi; f) Congo; g) Congo; h) Kasanji; i) Mundjola; j) Benguela; k) Goobere (Bornou); l) Goobere (Kano); m) Niambana; n) Mudjana; o) Takwani;. p) Takwani; q) Caffre; r) Makuan.*
[continua na página seguinte]

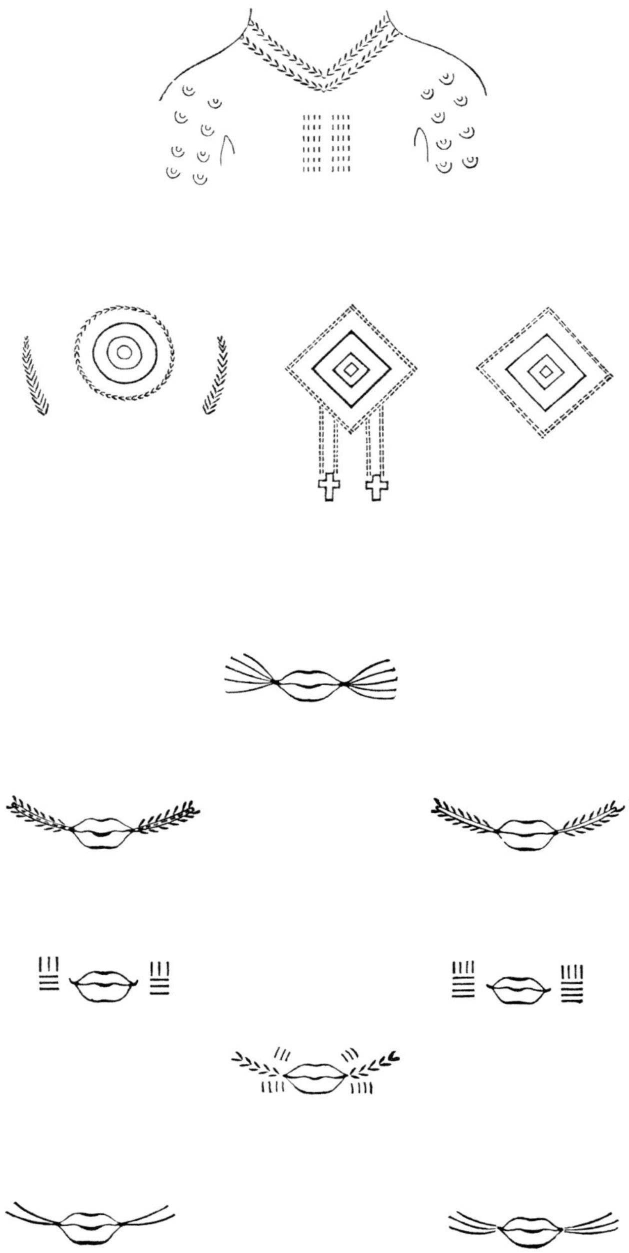

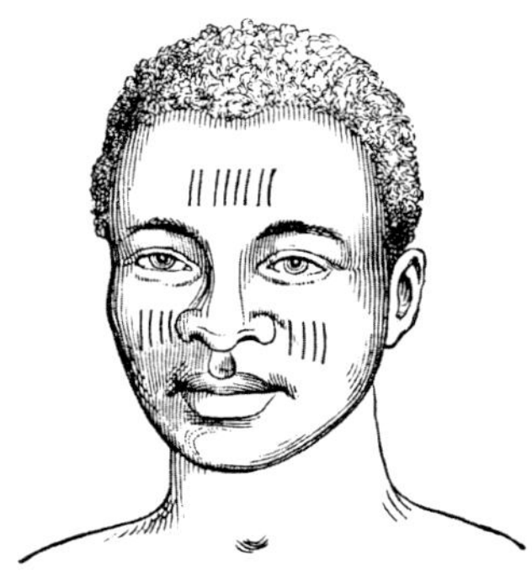

234	s		
	t		
	u		
	v	z	235
	w		
	x		
	y		

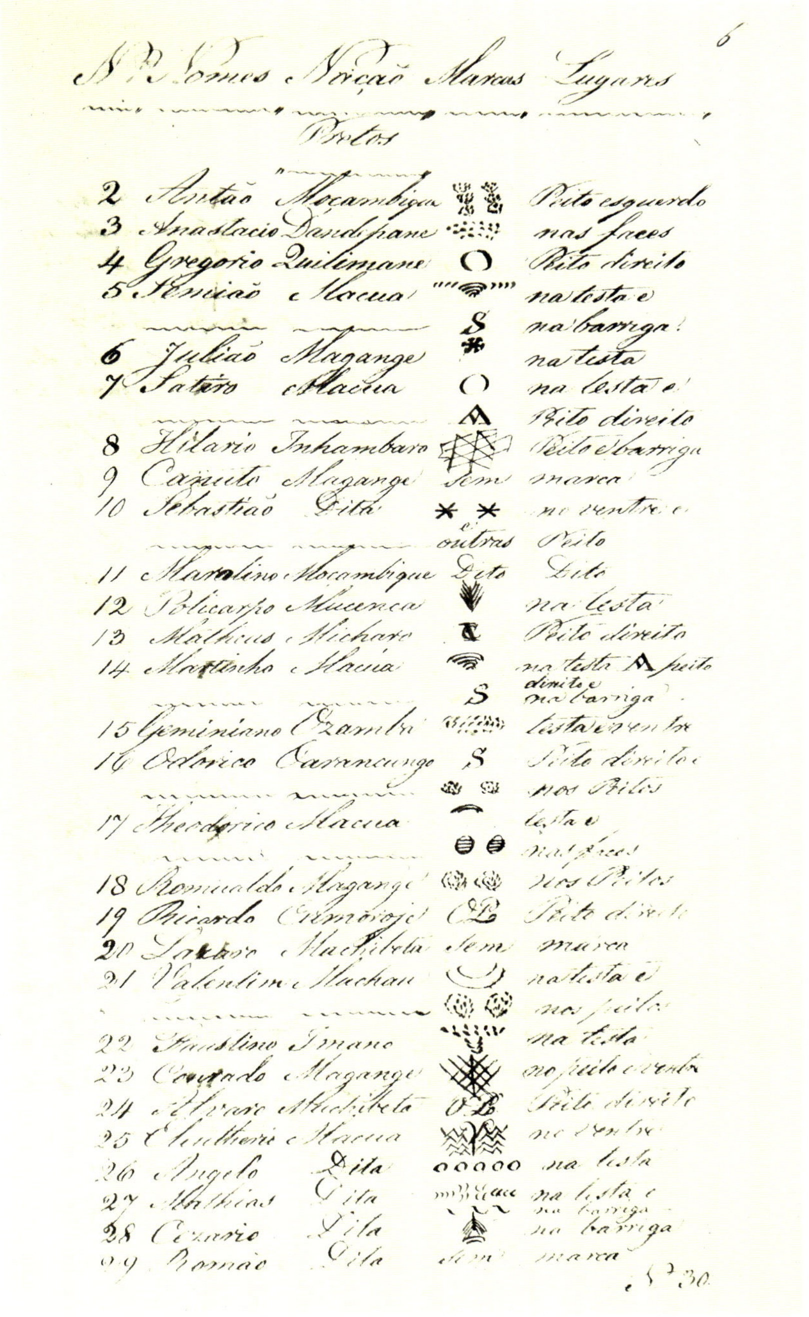

[cont.] s) Buali; t) Goy ou Angoya; u) Succatoo; v) Dawara; w) Nago; x) Nago; y) Tacqua; z) Ashantee. Gravura [287]

235. Marcas de escravos. 1839-1841. Manuscrito [1103]

236 | 237

236. Paul Harro-Harring (del.). *Inspection de négresses nouvellement débarquées de l'Afrique*. *C.* 1840. Aguada [1022]

237. Paul Harro-Harring (del.). *La négresse accusée de vol*. *C.* 1840. Aguada [1023]

238 | 239

238. Paul Harro-Harring (del.). *Scène de la Rua Direita. Nègres porteurs de caffé allant toucher le payement de leur journée. Négresses vendant des bananes et des oranges – Ecclésiastique en cabriolet s'entretenant avec deux frères de St. Antoine*. *C*. 1840. Aguada [1031]

239. Paul Harro-Harring (del.). *Danse de nègres. Musiciens jouant les instruments de leur pays*. *C*. 1840. Aguada [1032]

Nº 1.
CAMPAINHA
VENHA ANOS
CEMITERIO DOS DESMAZELOS
COM HONRA
E PROBIDADE
3:600$000 r.s
CHRONICA DAS
PARVOICES
a Campainha.
Quem quer, Quem quer redigir
O Correio Official!
Paga-se bem. Todos fogem ?!
Nunca se vio cousa igual
o Cafe.
Com tres Contos e seis centos,
Eu aqui Stou, meu Senhor;
Honra tenho e probidade,
Que mais quer d'um redactor?

240 | 241 | 242

240. Manuel de Araújo Porto Alegre (del.) (atribuição) e Victor Larée (lith.). *A campainha e o cujo.* (14 dez. 1837). Litografia. (Jornalistas – Justiniano José da Rocha) [1119]

241. Miguel Arcanjo Benício da Assunção Dutra. *Cego guiado por um preto. C.* 1840. Aquarela [856]

242. Miguel Arcanjo Benício da Assunção Dutra. *Tipo humano. C.* 1840. Aquarela [857]

243 | 244 | 245 | 246

243. Joaquim Lopes de Barros. *Bolieiros*. 1840. Litografia colorida [294]

244. Joaquim Lopes de Barros. *Quitandeira*. 1840. Litografia colorida [296]

245. Joaquim Lopes de Barros. *Preto da iluminação publica*. 1840. Litografia colorida [301]

246. Joaquim Lopes de Barros. *Preto de doces*. 1840. Litografia colorida [302]

Lopes

247 | 248 | 249 | 250

247. Joaquim Lopes de Barros. *Preto mascáte*. 1840. Litografia colorida [303]

248. Joaquim Lopes de Barros. *Preta de ballas*. 1840. Litografia colorida [304]

249. Joaquim Lopes de Barros. *Preto vendendo gallinhas*. 1840. Litografia colorida [306]

250. Joaquim Lopes de Barros. *Preta vendendo bonecras*. 1840. Litografia colorida [307]

Lopes

Lopes

251 | 252 | 253 | 254

251. Joaquim Lopes de Barros. *Preto vendendo hortalices*. 1840. Litografia colorida [308]

252. Joaquim Lopes de Barros. *Preto ao cepo*. 1841. Litografia colorida [312]

253. Joaquim Lopes de Barros. *Preta vendendo agôa*. 1841. Litografia colorida [313]

254. Joaquim Lopes de Barros. *Preto de mascara*. 1841. Litografia colorida [316]

255 | 256

255. Autoria não identificada (del.) e P. Blanchard (lith.). *Noir de Rio Janeiro. / Esclave de Rio de Janeiro*. 1841. Litografia colorida [202]

256. Ménard (del.), Bichebois (lith.) e Bayot (fig.). *Fontaine de la Place du Palais à Rio de Janeiro*. 1841. Litografia [562]

257 | 258

257. L. Buvelot & Auguste Moreau (del.) e Heaton & Rensburg (lith.). *Rio de Janeiro pitoresco. C.* 1842. Litografia [362 a 371]

258. L. Buvelot & Auguste Moreau (del.) e Heaton & Rensburg (lith.). *Rio de Janeiro pitoresco. C.* 1842. Litografia [362 a 371]

259 | 260

259. Autoria não identificada (del.). *Dame de Rio et sa suivante*. 1844. Tinta e guache s/ papel [2545]

260. Autoria não identificada (del.). *Négresses de Rio Janeiro*. 1844. Tinta e guache s/ papel [2546]

261 | 262

261. Edward Hildebrandt. *Brunnen in Rio de Janeiro (A Carioca)*. 1844. Óleo s/ tela [1064]

262. Edward Hildebrandt. *Sem título*. 1846-1849. Litografia aquarelada [1043]

263 | 264 | 265

263. Edward Hildebrandt. *Punishments (Castigos)*. 1846-1849. Litografia aquarelada [1048]

264. Edward Hildebrandt. *Selling fruits (Quitandeira)*. 1846-1849. Litografia aquarelada [1051]

265. Edward Hildebrandt. *A child's funeral (Enterro d'Anginho)*. 1846-1849. Litografia aquarelada [1052]

266 | 267

266. Edward Hildebrandt. *A market scene (Quitandeiras)*. 1846-1849. Litografia aquarelada [1055]

267. Edward Hildebrandt. *Coffee carriers (Carregadores de café)*. 1846-1849. Litografia aquarelada [1057]

268 | 269

268. Edward Hildebrandt (del.),Ludwig & Briggs (lith.). *Washer-women (Lavandeiras)*. 1846-1849. Litografia aquarelada [1059]

269. Edward Hildebrandt (del.), Ludwig & Briggs (lith.). *Begging for the Holy Ghost (Espírito Santo)*. 1846-1849. Litografia aquarelada [1060]

270 | 270

270. Autoria não identificada. *Baiana*. *C*. 1850. Óleo s/ tela. [725] (Detalhe)

270. Autoria não identificada. *Baiana*. *C*. 1850. Óleo s/ tela. [725]

10.3. 52. 53.

70.
Eine Ochsenjagd.

271 | 273 | 272

271. Herrmann Rudolph Wendroth. *Preso chicoteando outro, crucificado em pelourinho. C.* 1852. Desenho aquarelado [1226]

272. Herrmann Rudolph Wendroth. *Caçada de boi. C.* 1852. Desenho aquarelado [1228]

273. Herrmann Rudolph Wendroth. *Aventura com uma brasileira. C.* 1852. Desenho aquarelado [1229]

274 | 275

274. William Gore Ouseley (del.) e J. Needham (lith.). *Entrance of harbor of Rio de Janeiro & Sugar Loaf Rock.* [1852]. Litografia aquarelada [566]

275. William Gore Ouseley (del.) e J. Needham (lith.). *Chapel Fortaleza of Boa Viagem – Rio de Janeiro.* [1852]. Litografia aquarelada [567]

276 | 277

276. William Gore Ouseley (del.) e J. Needham (lith.). *Convent near Rio de Janeiro*. [1852]. Litografia aquarelada [568]

277. William Gore Ouseley (del.) e J. Needham (lith.). *Aqueduct & Convent of Sta. Teresa, Rio de Janeiro*. [1852]. Litografia aquarelada [569]

278 | 279

278. William Gore Ouseley (del.) e J. Needham (lith.). *Church of Nossa Señora da Gloria & Aqueduct, Rio de Janeiro*. [1852]. Litografia aquarelada [570]

279. William Gore Ouseley (del.) e J. Needham (lith.). *The waterfall of Itamaraty, distant two days from Rio de Janeiro*. [1852]. Litografia aquarelada [575]

280	282
281	283

280. L. Gibbon & F. Fuchs (del.) e P. S. Duval & Co. (lith.). *Descending Ribeirão Falls, Madeira River, Brazil.* 1853-1854. Litografia [518]

281. L. Gibbon (del.) e P. S. Duval & Co. (lith.). *Crossing the mouth of the Madeira river, Brazil*. 1853-1854. Litografia [519]

282. Herman Burmeister (del.) e Loeillot (lith.). *Stadhaus im Ouro Preto*. 1853. Litografia [354]

283. Herman Burmeister (del.) e Loeillot (lith.). *Strafse im unteren theile der Stadt Ouro Preto*. 1853. Litografia [355]

284 | 285 | 286

284. Helinton (sculpt.) e E. Morin (lith.). *Interior of the Mill House of the "Carauna" Sugar Estate, in Pernambuco, belonging to Dr. Domingos de Sousa Leão; showing De Mornay's patent mill*. 1854. Litografia [527]

285. Autoria não identificada (del.) e F. A. Brockhaus (xylo.). *Die Mulattin*. 1860. Xilogravura [214]

286. Autoria não identificada (del.) e F. A. Brockhaus (xylo.). *Eine negerin in sonntagsputz*. 1860. Xilogravura [216]

	288
287	
	289

287. Autoria não identificada (del.) e F. A. Brockaus (xylo.). *Diamant wäscherei am Ribeirão do Inferno*. 1860. Xilogravura [220]

288. Autoria não identificada (del.) e F. A. Brockhaus (xylo.). *Negerunterhaltung*. 1860. Xilogravura [227]

289. Autoria não identificada (del.) e F. A. Brockhaus (xylo.). *Neger in der Roça arbeitend*. 1860. Xilogravura [228]

290 | 291 | 292

290. François Auguste Biard & E. Riou (del.) e C. Maurand (xylo.). *Dames brésiliennes à Rio de Janeiro*. 1862. Xilogravura [336]

291. François Auguste Biard & E. Riou (del.) e J. Trichon (xylo.). *Vente d'esclaves, à Rio de Janeiro*. 1862. Xilogravura [344]

292. François Auguste Biard & E. Riou (del.) e J. Trichon (xylo.). *Retour d'une vente d'esclaves, à Rio de Janeiro*. 1862. Xilogravura [345]

293 | 294

293. François Auguste Biard & E. Riou (del.) e C. Maurand (xylo.). *Déménagement d'un piano à Rio de Janeiro*. 1862. Xilogravura [341]

294. Fletcher & Kidder (del.) e Van Ingen & Snyder (sculpt.). *Killing Judas*. 1866. Xilogravura [500]

295 | 296 | 297 | 298 | 299

295. Autoria não identificada (del.) e Hutelln Hure (xylo.). *Négresse Mina*. 1869. Xilogravura [238]

296. Autoria não identificada (del.) e C. Laplante (xylo.). *Négresse Mina et son enfant*. 1869. Xilogravura [239]

297. Autoria não identificada (del. e xylo.). *Négresse Mina*. 1869. Xilogravura [240]

298. Jacob Burkhart (del.) e J. Gauchard (xylo.). *Alexandrina (Tête d'une jeune fille cafuza)*. 1869. Xilogravura [244]

299. Autoria não identificada (del.) e J. Gauchard (xylo.). *Mulâtresse*. 1869. Xilogravura [245]

VIVA
STANNA

300	302
301	

300. Autoria não identificada (del. e xylo.). *Fazenda da Fortaleza de Santa Anna*. 1869. Xilogravura [241]

301. Autoria não identificada (del.) e Hildebrand (xylo.). *Cueillette du café*. 1869. Xilogravura [242]

302. Autoria não identificada (del. e lith.). *The drive to Parahiba*. 1877. Litografia aquarelada [247]

303	305
304	306

303. Autoria não identificada (lith.). 1877. *Der Hausmuleque*. Litografia [254]

304. Autoria não identificada (del.) e Vernet (xylo.). *Types brésiliens*. 1881. Xilogravura [261]

305. Autoria não identificada (del.) e Vernet (xylo.). *Le dîner des Nègres*. 1881. Xilogravura [262]

306. Autoria não identificada (del.) e Vernet (xylo.). *Laitier journalier à domicile*. 1881. Xilogravura [265]

307	309	310
308		

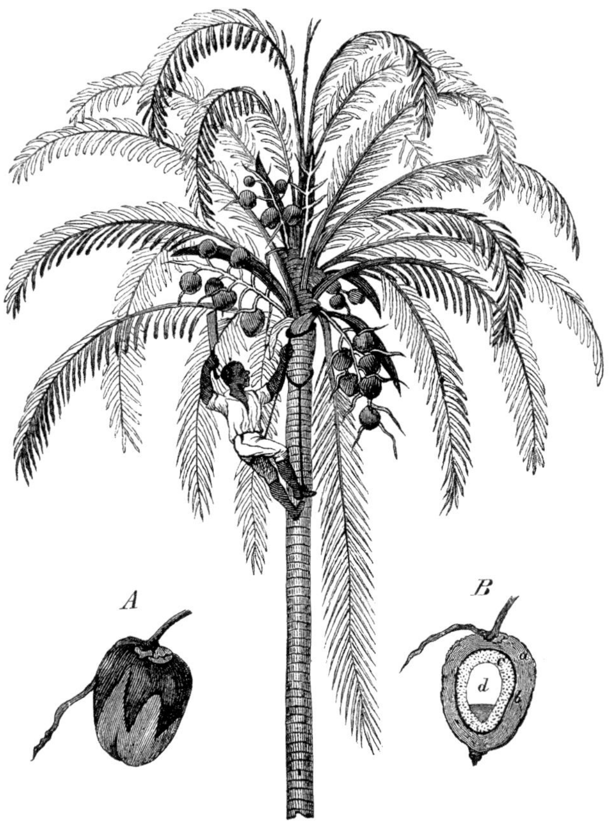

307. Autoria não identificada (del.) e Vernet (xylo.). *Marchand de poules sur le marché*. 1881. Xilogravura [267]

308. Autoria não identificada (del.) e X. A. v. E. Singer (xylo.). *Das Mahlen des Zuckerrohres. A. der Walsenftuhl. B. die gepresten fafer. C. das Zuckerfaf. D. die Zuckerrohre*. 1881. Xilogravura [275]

309. Autoria não identificada (del.) e X. A. V. E. Singer (xylo.). *Der Coqueiro. Die Cocospalme von Bahia*. Xilogravura [276]

310. Autoria não identificada (del.) e X. A. V. E. Singer (xylo.). *Der feitor in der Zuckerplantage*. 1881. Xilogravura [271]

311 | 312 | 313

311. Autoria não identificada (del. e xylo.). *A Barra-Mensa (Intérieur du Brésil)*. 1882. Xilogravura [277]

312. Casanova (del.) e Armando Pedroso (sculpt.). *O Seringal*. 1883. Xilogravura [372]

313. M. de Macedo (del.). e Armando Pedroso (sculpt.). *O Bombá*. 1883. Xilogravura [557]

Nas páginas seguintes
314. Modesto Brocos y Gomes. *Engenho de mandioca*. 1892. Óleo s/ tela [762]

315 | 316 | 317 | 318

315. José Maurício Nunes Garcia Jr. *Retrato do Padre José Maurício Nunes Garcia*. S. d. Óleo s/ tela. (Músicos – Compositores) [963]

316. Autoria não identificada. *Retrato do Dr. Lino Coutinho*. S. d. Óleo s/ tela. (Políticos – Médicos) [717]

317. Autoria não identificada. *José da Natividade Saldanha*. S. d. Xilogravura. (Literatura – Poetas) [719]

318. Heaton & Rensburg. *Antonio Gonçalves Teixeira e Sousa*. S. d. Litografia. (Literatura – Escritores) [1041]

319 | 320 | 321 | 322

319. Louis Alexis Boulanger (del.). *Justiniano José da Rocha*. 7. X. 1842. Nanquim s/ papel (Literatura – Jornalistas) [759]

320. Louis Alexis Boulanger (del. e lith.). *Francisco de Paula Brito*. S. d. Litografia (Literatura – Editores e tipógrafos) [760]

321. S. A. Sisson. *D. Manoel de Assis Mascarenhas*. 1861. Litografia (Políticos) [650]

322. S. A. Sisson. *Cons. Francisco Gê Acaiaba de Montezuma, Visconde de Jequitinhonha*. 1860. Litografia (Políticos) [649]

323 | 324

323. Autoria não identificada (del.). *A. Gonçalves Dias*. *C.* 1860-1864. Litografia (Poetas) [729]

324. Autoria não identificada (del.) e Flli Doyen (lith.). *Carlos Gomes*. *C.* 1873. Litografia (Compositores) [249]

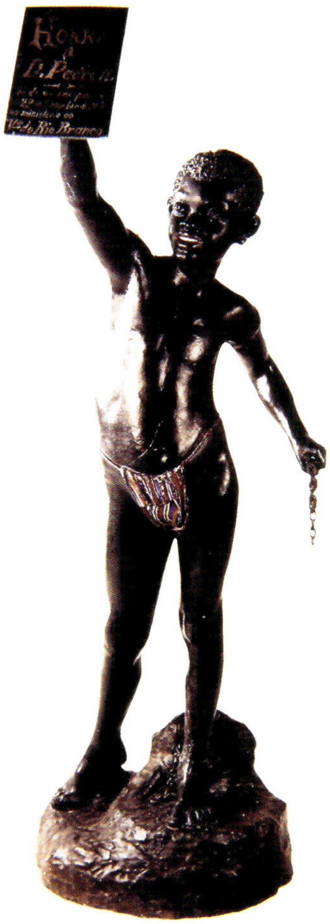

325 | 326 | 327

325. Valle (del.) e Paulo Robin (lith.). *Retrato de Francisco de Paula Rodrigues Alves*. S. d. Litografia (Políticos) [1220]

326. A. D. Bressae. *Alegoria à Lei do Ventre Livre*. Século XIX. Gesso. [1240]

327. José Maria Oscar Rodolfo Bernardelli. *Bahiana*. S. d. Gesso. [1239]

Revistas Ilustradas

328

329

328. J. Mill. *A divida fluctuante do Brazil*. [1876]

329. J. Mill. *O beijo de Arditi*. [1862]

330
331
332
333

330. J. Mill. *Cloto, Lachesis, Atropos / Divindades vitalicias que presidem a epoca do progresso / Emquanto Clóto fica enthusiasmada / Torce o fio Lachesis delirando, / E quando já cansada e esbaforida / Atropos em silencio vae cortando.* (Políticos – D. Manoel de Assis Mascarenhas) [1814]

331. J. Mill. *Processo progressista. Um monte serrado constitucionalmente.* (Políticos – Zacarias de Góis e Vasconcelos) [1809]

332. J. Mill. *A tia Rosa preparando á toda pressa um angú que lhe encommendárão.* (Políticos – Francisco Otaviano de Almeida Rosa) [1847]

333. J. Mill. *A Triplice Aliança. Encommendarão-me este quadro, pagarão bem, e a final borrei a pintura!* (Políticos – Francisco Otaviano de Almeida Rosa) [1872]

334 | 335

334. Henrique Fleiuss. *Passeio hygienico dos bemaventurados guardas fiscaes pelas ruas da cidade. Os astros teem seus satellites; os guardas fiscaes tem seus tigrellites.* [1626]

335. Henrique Fleiuss. *Por causa do cambio, / Custa agora um cajú, 500 rs.; uma barba, 320 rs.; uma tampa de cameló, 400 rs.; um figo, 200 rs., um ramo de flores, 2$000. Carne secca, feijão, milho, arroz, enfim tudo quanto vem de fóra o triplo e o quadruplo. / E viva a especulação.* [1704]

336	338	340	341
337	339	342	

336 a 341. Henrique Fleiuss. – *Repara, bruto, que estás derramando sôpa sobre o meu vestido novo de seda. – Não faz mal, minha senhora, na cosinha ainda ficou uma sôpeira cheia.* [1642] / – *O que estás olhando, moleque? – Estou gostando de ver como sinhá é poupada; pois por causa do máo tempo deixou em casa as barrigas das pernas!* [1673] / / *Proverbio: "Velho amador, inverno em flôr"* [1684] // *Um bom criado malcriado. Estas são as consequencias, quando se ensina aos moleques a ler e escrever; ficam sendo conhecedores e confidentes de todos os nossos segredos!* [1753] / *No toucador. – Levanta-me o topete, Joana; quero mostrar a*

riqueza de meus cabellos. / Joanna (á parte) – Postiços e parece que nhanhã anda já com o topete bastantemente levantado! [1760]/ *QUE PENA! / Anna Pinto – Amanhã faz annos o meu mano Antonio. / Julia Silva – Que pena, depois de amanhã faço eu annos; se elle tivesse esperado mais um dia, teriamos nascido gêmeos.* [1784]

342. Henrique Fleiuss. *O padre Morales cantando a mulata.* [1751]

Bon Voyage

343 | 344 | 345 | 346

343 a 346. Henrique Fleiuss. *OLYMPO BRAZILEIRO. Marte* (Barão de Cotegipe) [1624] / *Protheo* (Visconde de Inhomirim) [1632] / *Jason* (Zacarias de Góis e Vasconcelos) [1635] / *Erato (A musa da poesia lyrica)* (Gonçalves Dias) [1638]

347 | 348 | 349 | 350

347 a 350. Henrique Fleiuss. *Nova Companhia Lyrico-italiana. Deve chegar no dia 10 de maio. David, o maestro da harpa.* (Visconde de Inhomirim) [1769]. *Pai João, tocador de caquinhos.* (João Manoel Pereira da Silva) [1770]. *D. Octavia Rosata, prima-dona absoluta.* (Francisco Otaviano de Almeida Rosa) [1771]. *Maestro Zacarini, primeiro rabequista-concertino.* (Zacarias de Góis e Vasconcelos) [1772]

352

351

353

351. Henrique Fleiuss. *Quando Corpus Morietur / Fac ut Animae Donetur / Paradisi gloria/ Hic jacet Ultimus Gubernator Zakharias Goes a Vasconcellos / Obit 30 Augusti MDCCCXIV*. (Políticos – Zacarias de Góis e Vasconcelos) [1677]

352. Henrique Fleiuss. *Toda gente se admira do macaco fazer renda! / quanto mais de vêr Cupido / ser caixeiro de uma venda!! / quanto mais de vêr Timandro / andar hoje de commenda!!!* (Políticos – Visconde de Inhomirim) [1746]

353. Henrique Fleiuss.

Positivo	Comparativo	Superlativo
Vermelho	Mais vermelho	Vermelhissimo

(Políticos – Visconde de Inhomirim) [1666]

354 | 355 | 356

354. Henrique Fleiuss. *Preparativos de viagem /Lá vai Ella, esta Estrella, esta Ar-nal que me foi tão fatal! Mas breve, a mim tambem leva o vapor e quando puder pôr pé em Paris, em Mabille, Chateau de fleurs... Vade retro, Santanaz, já estou delirando!* (Políticos – João Manoel Pereira da Silva) [1749]

355. Henrique Fleiuss. *Pai João Manoel Capadocio Plutarcho Sem lagedo apresentando sua ultima filha D. Aspasia ao publico intelligente que por isso o manda á outro officio.* (Políticos – João Manoel Pereira da Silva) [1767]

356. Henrique Fleiuss. *Apotheose a Gonsalves Dias.* [1678]

357 | 358

357. Henrique Fleiuss. *Machado de Assis e alguns personagens de seu novo romance Ressurreição* [1758]

358. Henrique Fleiuss. *O Graça e o Vasques. Scena comica representada no Gymnasio Dramatico.* (Atores – Francisco Corrêa Vasques) [1677]

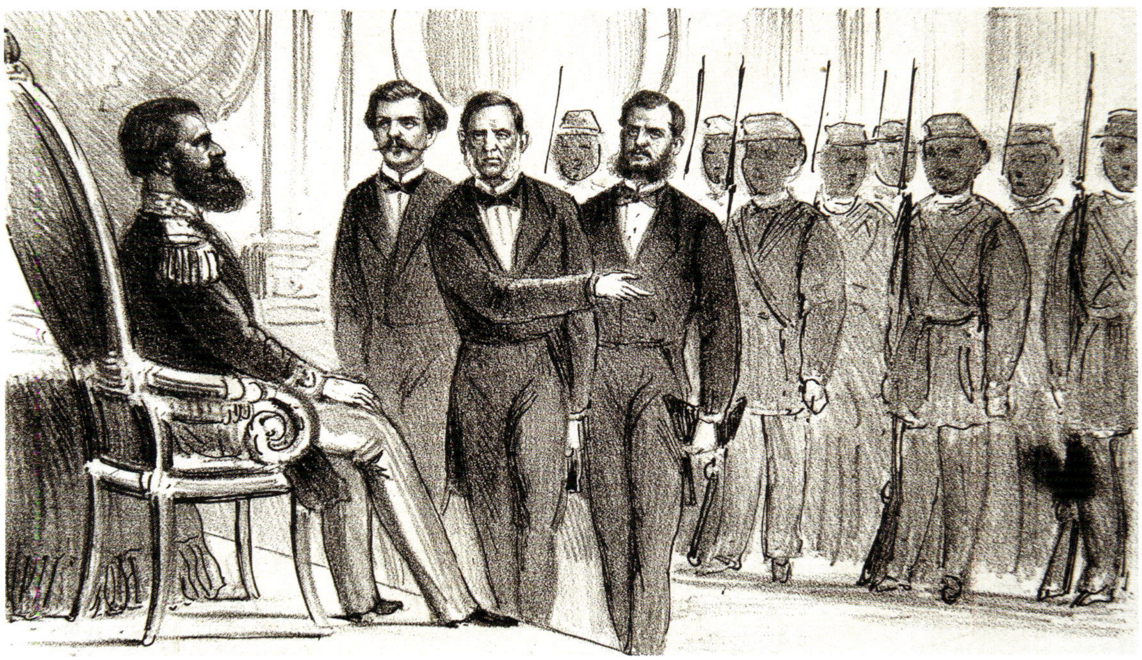

359 | 360 | 361 | 362

359. Henrique Fleiuss. *O commendador Mathias Rôxo e seus filhos Augusto e Frederico fazem de seus escravos cidadãos e dos cidadãos soldados. O coração do Imperador e a voz da patria, os apontão como exemplo a seguir.* (Guerra do Paraguai – Escravos oferecidos para lutar na guerra) [1697]

360. Victor Molla. *Diálogo na roça. / Mulher: Olhai, Antonico, que lastima? Um conto e quinhentos mil reis perdidos!... / Marido: Qual, conto e quinhentos, nhá dona!*

É um habito da Rosa que perdemos! (Guerra do Paraguai – Oferecimento de escravos para lutar na guerra) [1891]

361. Victor Molla. *Quer ser condecorado, só porque perdeu um braço?! Essa é boa!... Então o que direi eu que vou perder nada menos de quatro!!?! (O Arlequim pergunta aos amaveis leitores se já virão um peito mais digno de ser condecorado.)* (Guerra do Paraguai – Oferecimento de escravos para lutar na guerra) [1892]

362. Angelo Agostin.. *De volta do Paraguai. Cheio de glória, coberto de louros, depois de ter derramado seu sangue em defesa da pátria e libertado um povo da escravidão, o voluntário volta ao seu país natal para ver sua mãe amarrada a um tronco! Horrível realidade!...* [1267]

363 | 364

363. Flumen Junius. *A guerra por Flumen Junius. Encouraçado forçando uma bateria*. (Estereótipos sobre o negro – Os corpos grotescos) [1800]

364. Pinheiro Guimarães. *Questão secular. Talleyrand-guassu, o primeiro diplomata da America do Sul, deposita no Museu Nacional a penna e o resto de tinta com que assignou o tratado de La Paz. Depois de assignar tão grande nome ainda lhe sobrou tinta.* (Indumentária masculina – Libré) (O universo do trabalho – Criados do Palácio de Justiça) [1796]

365 | 367 | 368

366

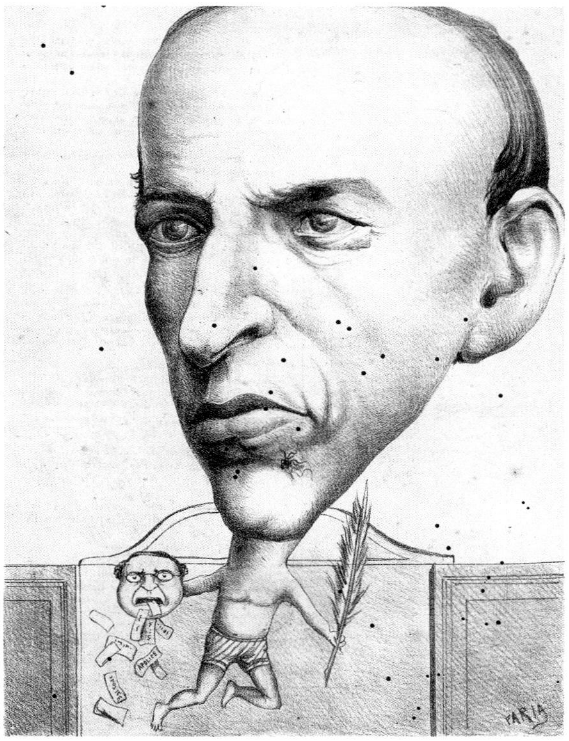

365. Pinheiro Guimarães. *Typos Appreciaveis – n. 3. / O Pai João está engraçado! – Non Sinhá tá enforocado.* [1790]

366. Pinheiro Guimarães. *Chegadas de Cascadura para passar a festa em casa da Mana Chica.* [1791]

367. Cândido Aragonês de Faria. *Sou util ainda brincando.* (Políticos – Zacarias de Góis e Vasconcelos) [1597]

368. Cândido Aragonês de Faria. *Saute Mouton – Chacun son tour.* (Políticos – Visconde de Inhomirim) [1598]

GARCIA & MORAES
FARIA

369 | 370

369. Cândido Aragonês de Faria. *Para variar em todas as ruas encontra-se a mesma cousa (Policia activissima)*
[1599]

370. Angelo Agostini. *As minhas festas, as minhas festas, as minhas festas. – O S. Sebastião da actualidade. Quantas facadinhas! Pobres papais!*
[1363]

371 | 372

371. Angelo Agostini. *Quarta feira de Cinzas, pela manhã. À espera do primeiro bonde. / E falla-se contra o entrudo!* [1567]

372. Angelo Agostini. *As igrejas foram muito concorridas. A maioria dos devotos traziam luto desde os pés até a ponta dos cabellos. Era o luto levado a altura de um cumulo! / As ruas estavam negras desses religiosos, sombrios e luctuosos grupos. Parecia estar-se em plena*

Zululandia. / Não sahimos á rua. Tanta escuridão assusta-nos. / Somos muito abolicionistas, mas não nos extasiamos diante as bellesas da raça africana, cuja plastica deixa muito a desejar. Vê-se cada venta!... / Não podemos ver, sem calafrios, o angelico rosto de uma loura donzella ao lado de uma mucama beiçuda e de ventas achatadas. Não! A nossa vontade é logo dizer: "Sai dahi para fora!" E... offerecer os nossos serviços. [1443]

373 | 375 | 374

373. Angelo Agostini. *Pobre lavoura! Já não bastava o preto, vaes ter o amarello! Com o auxilio de duas raças tão intelligentes, ella ha de progredir de um modo espantoso.* [1385]

374. Angelo Agostini. *Preto e amarello. É possivel que haja quem entenda que a nossa lavoura só póde ser sustentada por essas duas raças tão feias! Mau gosto!* [1407]

375. Angelo Agostini. *Cuidado, bellas filhas de Terpsichore. As fructas são saborosas, mas a quitandeira amarella é terrivel e sem piedade.* [1471]

377

376

378

376. Angelo Agostini. *Às urnas cidadãos! O voto é livre! Mas a barriga?...!* [1411]

377. Angelo Agostini. *O novo D. Quixote. Entre les deux mon coeur balance. – "Ha um problema a resolver-se: se a prostituição deve formar-se de elementos nacionaes ou estrangeiros."* [1386]

378. Angelo Agostini. *Espectaculo forçado e gratuito a que assiste a população da Capital Federal! Viva a moralidade administrativa, que mantém essa vergonha!* [1587]

380
379
381

379. Angelo Agostini. *Queira perdoar, mas... com aquelle negrinho não póde entrar. / Mas é que eu não posso separar-me delle; é quem me veste, quem me dá de comer, quem... quem me serve de todo afinal!... /- É que... Enfim, em attenção às illustres qualidades de tão sabio soberano,*

creio que as nações civilizadas não duvidarão em admittil-o. [1429]

380. Angelo Agostini. *O carro do Estado, conduzido pelos Conservadores.* [1455]

381. Angelo Agostini. *A grande degringolade. Pobre Brazil! Quando o país se resolve a quebrar os ferros e a gritar: Liberdade!... Que sarilho! O que será do carro do Estado, da monarquia, da imperial ciência, do papo de tucanos e da tranquilidade da lavoura?* [1459]

382 | 383

384

382. Angelo Agostini. *A lei Saraiva e Cotegipe e o trem abolicionista.* [1488]

383. Angelo Agostini. *Quadros da actualidade!: O Ministro-fazendeiro explicando o seu projeto aos lavradores: / Vocês comprehendem que, sendo eu lavrador,*

não podia deixar de tranquilizar a lavoura, garantindo a propriedade escrava e fixando-lhe um vallor. Podem, pois, continuar a considerar o escravo um animal como qualquer outro e sujeito a ser comprado, vendido, surrado etc., pelo menos nestes 10 anos. É o que lhes garante o meu projeto. [1457]

384. Angelo Agostini. *Emquanto no parlamento só se discursa e nada se resolve, os pretinhos raspam-se com toda a ligeireza. Os lavradores não podem segural-os.* [1492]

LIBERTADORA

385 | 386

385. Angelo Agostini. *Francisco Nascimento. À testa dos jangadeiros cearenses, Nascimento impede o tráfico de escravos da provincia do Ceará vendidos para o Sul.* [1442]

386. Angelo Agostini. *Livre!!!* [1442]

A' NADINA BULICIOFF
HOMENAGEM DA CONFEDERAÇÃO ABOLICIONISTA
TROVADOR
SALVATOR ROSA
FAUSTO
GIOCONDA
AIDA

387 | 388

387. Angelo Agostini. *A distincta abolicionista Nadina Bulicioff. Nadina Bulicioff libertando sete escravas na noite de seu beneficio. O publico, enthusiasmado por tão generoso acto, faz-lhe uma estrondosa ovação.* [1475]

388. Pereira Neto. *28 de Setembro de 1888. / Ao visconde do Rio-Branco, 17 annos depois da aurea lei que libertou os braços, homenagem da "Revista Illustrada, Rio de Janeiro".* [1900]

389 | 390 | 391

389. Angelo Agostini. *29 de Julho de 1888*. [1528]

390. Pereira Neto. *No Brazil, a rosa de ouro florescerá sobre os destroços de uma instituição nefanda, banhada pelos clarões do sol de 13 de Maio. Sendo assim, não ha a receiar que os seus espinhos firam a liberdade*. [1901]

391. Hilarião Teixeira. *A Capital Federal apresenta ao publico uma parte da brilhantissima commemoração do "13 de Maio" e atira flôres aos promotores d'essa grandiosa solemnidade*. [1950]

392 | 393 | 394 | 395

392. Angelo Agostini. *A lavoura e os actuaes libertos. / Uê! Honte tanta lambada p'ra trabaiá, e hoje só dinhero e adulação. Eh! Eh!* [1521]

393. Angelo Agostini. *O paiz, que não vê festejar o dia 7 de Setembro senão pelo canhão e foguetorio official, começa a comprehender que a sua independencia só se traduz em fumaça, em muita fumaça...* [1408]

394. Angelo Agostini. *O nosso Blondin politico. Elle não é mau equilibrista... nem por isso o paiz está lá muito seguro...!* (Políticos – Barão de Cotegipe) [1350]

395. Angelo Agostini. *CAMELEÃO POLITICO. D. Cotegipe I, de papo para o ar, estuda um novo projecto sobre o elemento servil.* [1504]

396 | 397 | 398 / 399

396. Pereira Neto. *O sr. Barão de Cotegipe, fallecido a 13 do corrente. Homenagem da "Revista Illustrada, Rio de Janeiro"*. (Políticos – Barão de Cotegipe) [1913]

397. Pereira Neto. *Senador Otaviano Rosa.* (Políticos – Francisco Otaviano de Almeida Rosa) [1915]

398. Pereira Neto. *O novo governo da Republica dos Estados Unidos do Brasil. Ministro da Fazenda.* (Políticos – Francisco de Paula Rodrigues Alves) [1934]

399. *Dr. Manoel Vitorino Pereira. Vice-Presidente da Republica, em exercicio da Presidencia desde o dia 10 do corrte.* (Políticos – Dr. Manoel Vitorino Pereira) [1942]

400 | 401 | 402

400. Angelo Agostini. *Grande baile offerecido pelo P. R. F. a Dom Manoel Victorino 1º* (Políticos – Francisco Glicério – Manoel Vitorino Pereira) [1578]

401. Angelo Agostini. *O snr. ministro da fazenda: – O emprestimo teve o melhor exito! (aparte) Tanta gente para trazer dinheiro; o que não seria se fosse para vir recebel-o...* (Políticos – Francisco de Paula Rodrigues Alves) [1535]

402. Angelo Agostini. *Entre nós (que ninguem nos ouve), o snr. Rodrigues Alves tem estado a dormir o somno dos justos na pasta da fazenda, deixando o cambio chegar ás proporções mais infimas.* (Políticos – Francisco de Paula Rodrigues Alves) [1541]

403 | 404 | 405

403. Pereira Neto. *Vendo passar os novos e flamantes generaes, a "Revista" não póde deixar de fazer-lhes a devida continencia.* (Políticos – Francisco Glicério) [1924]

404. Angelo Agostini. *Vertenzas da actualidade. A tal Vertenza do Sr. Nilo Peçanha inundou completamente o recinto da camara dos deputados, convetendo-o em mar de riso. Ficou conhecida a força das vertentes do illustre deputado.* (Políticos – Nilo Peçanha) [1565]

405. Angelo Agostini. *Já se pode sahir á rua. O Patrocinio póde arriscar a sua cabeça, o Trovão o seu pescoço, o Ferreira de Menezes a sua luneta, e os pais da Patria... coisa nenhuma.* (Jornalistas – Ferreira de Menezes – José do Patrocínio) [1387]

406 | 407

406. Pereira Neto. *Das pedras que lhe atiram, a gratidão e o patriotismo irão fazendo um pedestal para a estatua que a posteridade lhe terá de erigir um dia!* (Jornalistas – José do Patrocínio) [1900]

407. Angelo Agostini. *Apulcho* (sic.) *de Castro. Redactor responsavel do "Corsario". Assassinato de Apulcho de Castro na rua do Lavradio, em frente á Secretaria de Policia, no dia 25 de Outubro de 1883, ás 4 ½ horas da tarde.* (Jornalistas – Apulcro de Castro) [1433]

408 | 409

408. Angelo Agostini. *Dr. J.e Ferreira de Menezes.* (Jornalistas – José Ferreira de Menezes) [1406]

409. Angelo Agostini. *Luiz Gama.* (Jornalistas – Luís Gama) [1422]

410 | 411

410. Pereira Neto. *Pantheon – Numero 7. O insigne poeta Olavo Bilac, autor das "Panoplias, Via Lactea, Sarças de fogo" e outras bellissimas poesias.* (Literatura – Poetas – Olavo Bilac) [1912]

411. Pereira Neto. *Cruz e Souza, autor do Missal.* (Literatura – Poetas – Cruz e Souza) [1941]

412 | 413 | 414

412. Angelo Agostini. *Antonio Firmino Monteiro*. (Pintores – Antônio Firmino Monteiro) [1421]

413. Pereira Neto. *Estevão Roberto da Silva*. (Pintores – Estêvão Roberto da Silva) [1931]

414. Angelo Agostini. *Joaquim Antonio da Silva Callado*. (Música – Instrumentistas – Flautistas – Joaquim Antonio da Silva Callado) [1390]

ANNO 16 | CAPITAL FEDERAL, 1891. | Nº 627

REVISTA ILLUSTRADA

CAPITAL
Anno 16$000
Semestre 9$000
Trimestre 5$000

PUBLICADA POR ANGELO AGOSTINI.
A correspondencia e reclamações devem ser dirigidas
Á RUA DE GONÇALVES DIAS, Nº 50, SOBRADO.

ESTADOS
Anno 20$000
Semestre 11$000
Avulso 1$000

O nosso illustre maestro Carlos Gomes acaba de triumphar mais uma vez, colhendo novos louros com a sua bella opera "Côndor", cantada pela 1ª vez n'esta Capital, na noite de 18 do corrente.
A "Revista" sauda-o enviando-lhe mil bravos!

415 | 416

415. Pereira Neto. *O nosso illustre maestro Carlos Gomes acaba de triumphar mais uma vez, colhendo novos louros com a sua bella opera "Condor", cantada pela 1a. vez n'esta Capital, na noite do 18 do corrente. A "Revista"*

sauda-o enviando-lhe mil bravos. Litografia. (Músicos – Compositores – Carlos Gomes) [1933]

416. Angelo Agostini. *Ainda uma vez o immortal maestro Carlos Gomes.* (Músicos – Compositores – Carlos Gomes) [1575]

IMPERADOR E REPUBLICA
?
?

417 | 418

417. Hilarião Teixeira. *Pantheon Numero 27. O Vasques (Francisco Corrêa Vasques, o popular actor e autor dramatico).* (As artes do espetáculo – Teatro – Atores – Francisco Corrêa Vasques) [1949]

418. Bordallo Pinheiro. *Eleições – Huguenotes – Benção dos punhais – Capangotes – Benção das navalhas – Por haver provado mal, enviando um compatriota preso, quando este só queria vir abraçar a mó, vai para a margem o consul de New York.* [1945]

1º PONTO
S. BENTO
2º PONTO
AFFONSO HENRIQUES CONVERSANDO COM D. PEDRO
R. BORDALLO PINHEIRO DES. DO NATURAL
CHOQUE DE PAE E MÃI
Fac simile da calligraphia de Sua Arteza.
Sua Arteza fallou no Domingo, ás *massas*. Fazendo claros alguns pontos escuros da historia e da philosophia, collocou-se Sua Arteza, não só á *altura de um principio*, mas á altura de *muitos*. — Foi grande quando referindo-se ao *Choque de Pai e Mãi* disse: *Imparandô; qui é imparandô? não é nada; terra come êre — Nu frigi di carne, se vê gordura. — Vamos embora.*
Abençoada democracia!
Sabio, glorioso, e Principe — tres virtudes que não cabem em um sacco.

419 | 420

419. Bordallo Pinheiro. *Typos de rua. Sua Arteza fallou no Domingo ás massas...* (Tipos populares do Rio de Janeiro – O Príncipe Natureza) [1943]

420. Bordallo Pinheiro. *Theatro Lyrico* – O Guarany. *(Epocha lyrica de 1878)*. (Música – Compositores – Carlos Gomes) [1946]

421. Bordallo Pinheiro. *Maestro Mesquita. O talento mais original, a organização musical mais completa que possue o Brazil...* (Música – Maestros – Henrique Alves de Mesquita) [1947]

Fotografia
Daguerreótipos e Ambrótipos

422. Autor não identificado. *Zacarias de Góes e Vasconcelos*. *C*. 1850. Daguerreótipo. [2317]

423 | 424 | 425

423. Autoria não identificada. *João Maurício Wanderley, futuro Barão de Cotegipe*. S. d. Daguerreótipo. [2316]

424. Autoria não identificada. *Dr. Francisco de Sales Torres Homem, futuro Visconde com grandeza de Inhomirim. C.* 1860-1865. Daguerreótipo? Ambrótipo? [2322]

425. Autoria não identificada. *Francisco de Paula Brito*. S. d. Daguerreótipo? Ambrótipo? Litografia. [2320]

Fotografias sobre Papel Albuminado

426. Joaquim Ferreira Vilela. *Augusto Gomes Leal com a ama de leite Mônica*. 1860. [2490]

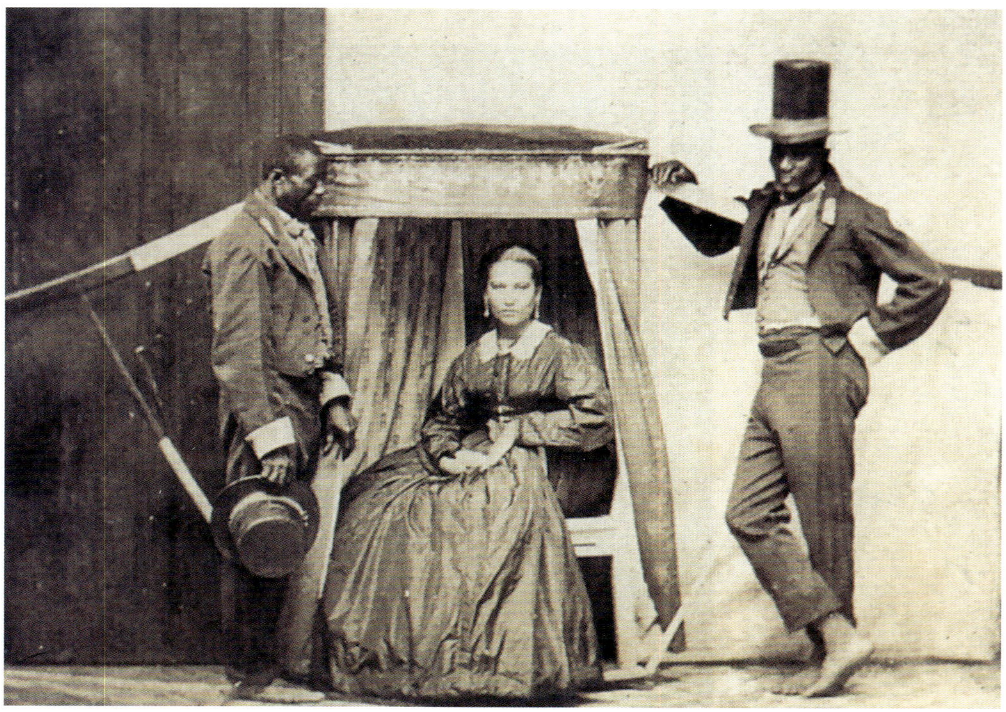

427 | 428

427. Autoria não identificada. *Jovem da família Costa Carvalho, de São Paulo, sentada em cadeirinha, ladeada por dois escravos com libré. C.* 1860. [2323]

428. Firmino & Lins. *Antonia Herculano. /Herculano. C.* 1860-1865. [2464] [2465]

429	430	433	434
431	432	435	436

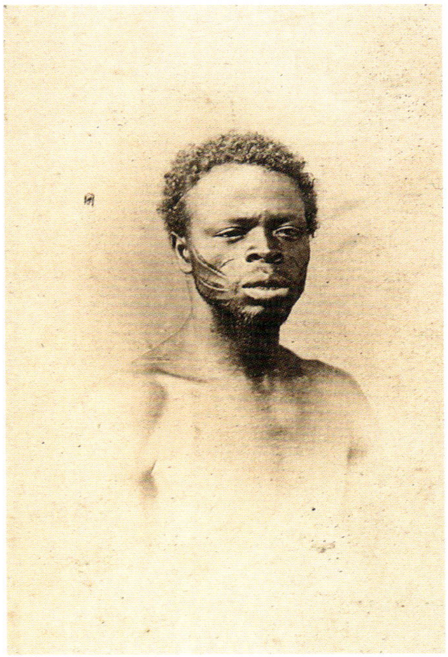

429. Christiano Jr. *Sem título*. 1864-1866. [2388]

430. Christiano Jr. *Sem título*. 1864-1866. [2397]

431. Christiano Jr. *Sem título*. 1864-1866. [2402]

432. Christiano Jr. *Sem título*. 1864-1866. [2406]

433. Christiano Jr. *Sem título*. 1864-1866. [2407]

434. Christiano Jr. *Sem título*. 1864-1866. [2412]

435. Christiano Jr. *Sem título*. 1864-1866. [2415]

436. Christiano Jr. *Sem título*. 1864-1866. [2416]

437	438	441	442
439	440	443	444

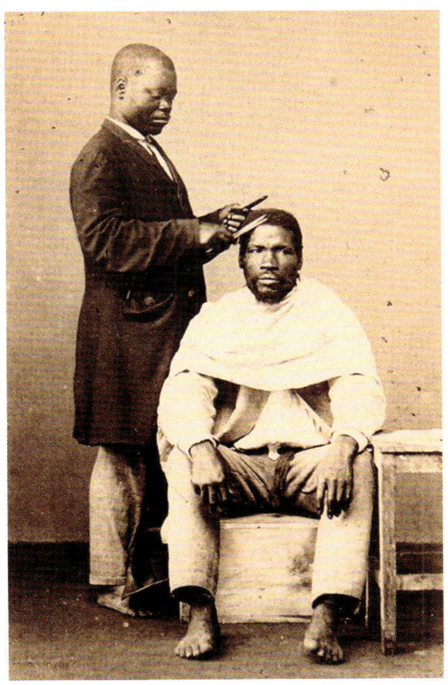

437. Christiano Jr. *Sem título*. 1864-1866. [2427]

438. Christiano Jr. *Sem título*. 1864-1866. [2437]

439. Christiano Jr. *Sem título*. 1864-1866. [2438]

440. Christiano Jr. *Sem título*. 1864-1866. [2440]

441. Christiano Jr. *Sem título*. 1864-1866. [2443]

442. Christiano Jr. *Sem título*. 1864-1866. [2444]

443. Christiano Jr. *Sem título*. 1864-1866. [2449]

444. Christiano Jr. *Sem título*. 1864-1866. [2453]

445	446	447	448	449
			450	451

445. Christiano Jr. *Sem título*. 1864-1866. [2454]

446. Christiano Jr. *Sem título*. 1864-1866. [2456]

447. Christiano Jr. *Sem título*. 1864-1866. [2457]

448 a 451. Militão. *Castro Alves*. 1865-1870. – *Luís Gama*. 1870. – *Dr. José Fernandes Coelho*. Nov. 1871. – *Henrique Alves de Mesquita*. Out. 1876. [1989] [2013] [2026] [2151]

452	453	454	458	459	460
455	456	457	461	462	463

452. Militão. *Não identificado*. 1865-1870. [1976]

453. Militão. *Não identificada*. 1865-1870. [1993]

454. Militão. *Catharina Pavão (Engomadeira)*. 1865-1870. [1999]

455. Militão. *Não identificado*. 1865-1870. [2001]

456. Militão. *Não identificada*. 1870. [2012]

457. Militão. *Não identificados*. 1870-1874. [2016]

458. Militão. *Não identificada*. Abr. 1874. [2074]

459. Militão. *Não identificada*. Jul. 1874. [2086]

460. Militão. *Não identificado*. Mar. 1876. [2141]

461. Militão. *Não identificado*. Abr. 1876. [2144]

462. Militão. *Não identificado*. Ago. 1876. [2146]

463. Militão. *Não identificada*. Set. 1876. [2147]

464	465	466	470	471
467	468	469	472	473

464. Militão. *Não identificado*. Maio 1877. [2160]

465. Militão. *Não identificada*. Nov. 1877. [2172]

466. Militão. *Não identificado*. 1877-1878. [2180]

467. Militão. *Não identificada*. 1877-1878. [2184]

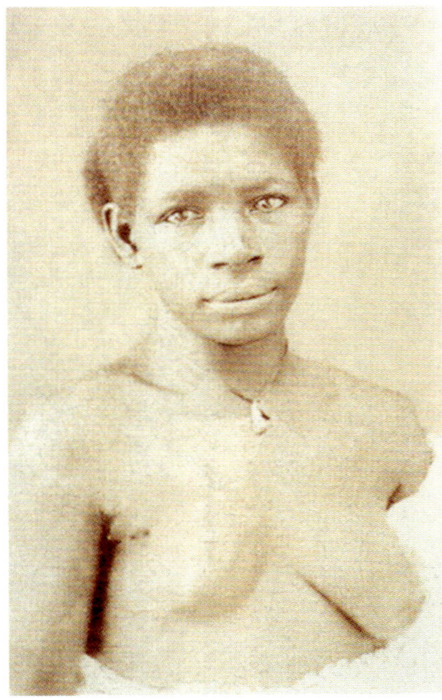

468. Militão. *Não identificado*. 1878-1879. [2210]

469. Militão. *Não identificado*. 1878-1879. [2188]

470. Militão. *Não identificada*. 1878-1879. [2187]

471. Militão. *Não identificados*. 1879. [2222]

472. Militão. *Não identificados*. Mar. 1879. [2226]

473. Militão. *Não identificado*. Mar. 1879. [2231]

474	475	477	478	479
476		480	481	

474. Militão. *Não identificados*. Abr. 1879. [2236]

475. Militão. *Não identificado*. Maio 1879. [2237]

476. Militão. *Não identificados*. Dez. 1879. [2245]

477. Militão. *Não identificada*. Jun. 1881. [2259]

478. Militão. *Não identificado*. Jun. 1883. [2280]

479. Militão. *Não identificado*. Maio 1881. [2258]

480. Militão. *Não identificada*. Set. 1884. [2303]

481. Militão. *Não identificada*. Jun. 1885. [2309]

482 | 483 | 484

482. Autoria não identificada. *Mulheres da comunidade brasileira de Lagos*. C. 1865-1870. [2329]

483. Autoria não identificada. *Grupo de mulheres iorubá na mesma época, com roupas tradicionais, "adirés" e panos da costa*. C. 1865-1870. [2329]

484. Axel Frisch. *Terreiro para secar o café*. 1895. [2466]

485 | 486 | 487

485. Autoria não identificada. *A market woman.* [2362]

486. Autoria não identificada. *A wealthy negress.* 1890. [2366]

487. Autoria não identificada. *Négresse marchande de fruits.* S. d. [2373]

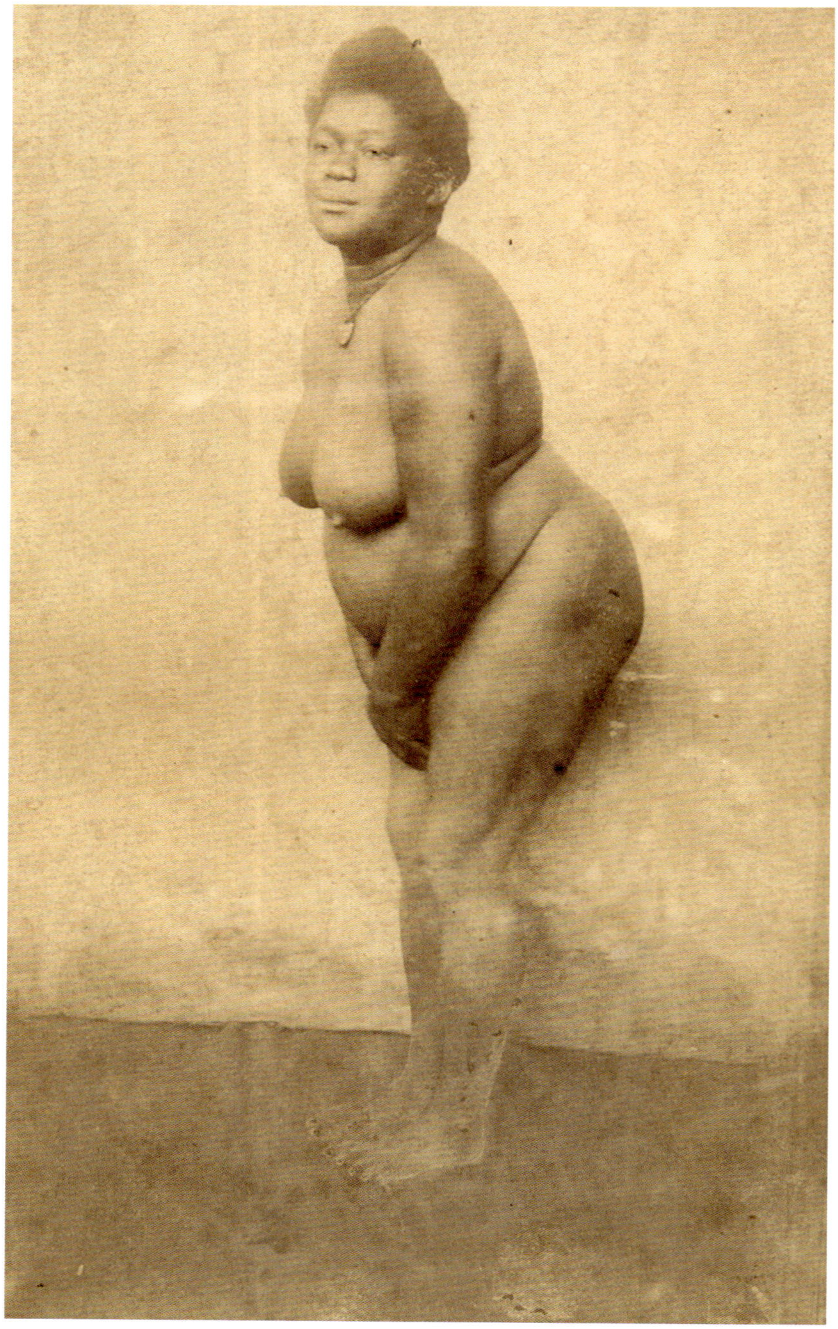

488. Carlo Evangelisti. *Impudica. Typo negro brasiliense*. 10 abr. 1898. [1975]

Fotografias
Litografadas

489. Victor Frond (foto.) e Jacottet (lith.). *Fazenda du Secrétario-Municipe de Vassouras*. 1859-1861. Fotografia litografada [2510]

490 | 491 / 492

490. Victor Frond (foto.) e Jacottet (lith.). *Fazenda de Quissaman près de Campos*. 1859-1861. Fotografia litografada [2538]

491. Victor Frond (foto.) e Ph. Benoist (lith.). *Cases à nègres*. 1859-1861. Fotografia litografada [2520]

492. Victor Frond (foto.) e V. Sourrieu (lith.). *Avant le depart pour la roca*. Fotografia litografada [2526]

493 | 494 / 495

493. Victor Frond (foto.) e V. Sourrieu (lith.).
Le départ pour la roca. Fotografia litografada [2519]

494. Victor Frond (foto.) e F. Sourrieu (lith.). *Travailleurs à la roca*. 1859-1861. Fotografia litografada [2536]

495. Victor Frond (foto.) e Charpentier (lith.). *Travailleur de la roca. / Négresse de la roca*. 1859-1861. Fotografias litografadas [2531]

496

498

497

496. Victor Frond (foto.) e Ph. Benoist. *La cuisine à la roca*. 1859-1861. Fotografia litografada [2527]

497. Victor Frond (foto.) e F. Sourrieu (lith.). *Le déjeuner à la roca*. 1859-1861. Fotografia litografada [2537]

498. Victor Frond (foto.) e Ph. Benoist. (lith.). *La sieste à la roca. Plantation*. 1859-1861. Fotografia litografada [2521]

499 | 500

499. Victor Frond (foto.) e Ph. Benoist (lith.). *Attelage de boeufs. / Transport du bois de la fôret*. 1859-1861. Fotografia litografada [2523] [2524]

500. Victor Frond (foto.) e Ph. Benoist (lith.). 1849-1861. *Encaissage et pesage du sucre*. Fotografia litografada [2525]

502

501 504

503

501. Victor Frond (foto.) e Jacottet & V. Adam (lith.). *Chars pour le transport du sucre et pour les voyageurs*. 1859-1861. Fotografia litografada [2516]

502. Victor Frond (foto.) e Duruy (lith.). *Vaches*. 1859-1861. Fotografia litografada [2522]

503. Victor Frond (foto.) e Duruy (lith.). *La rape à mandioc*. 1859-1861. Fotografia litografada [2528]

504. Victor Frond (foto.) e Champagne (lith.). *Éplucheuses de mandioca. / As rendeiras (ouvrières en dentelles)* 1859-1861. Fotografia litografada [2533] [2535]

505 | 506

505. Victor Frond (foto.) e J. Laurens (lith.). *Pilage du café*. 1859-1861. Fotografia litografada [2534]

506. Victor Frond (foto.) e J. Laurens (lith.). *Fabricants de jacas (Paniers)*. 1859-1861. Fotografia litografada [2529]

507. Victor Frond (foto.) e Charpentier (lith.). *Marchand de volailles à la roca*. 1859-1861. Fotografia litografada [2532]

Índices

Temático

de Artistas

Topográfico

Índice Temático

Abolicionismo [1398, 1399, 1420, 1432, 1457, 1464, 1469, 1473, 1507, 1509, 1514, 1518, 1521, 1522, 1527]
Abolicionismo e D. Pedro II [1480]
Abolicionismo e políticos [1498]
Abolicionistas,
Francisco Nascimento, o Dragão do Mar [1442]
José de Seixas Magalhães [1923]
Visconde do Rio Branco [1601, 1603, 1611]
Africanos Livres [1657]
Alforriados, Cartas de Alforria e Liberdade, Forros e Libertos [1266, 1268, 1404, 1444, 1461, 1465, 1467, 1475, 1476, 1515, 1517, 1608, 1697, 2735]
Libertação de crianças escravas órfãs [1636]
Campanha abolicionista,
Clubes e sociedades abolicionistas [1400]
Confederação Abolicionista [1470, 1923]
Denúncia de escravização ilegal por parte de uma companhia inglesa em Minas Gerais [1362]
Escravo lê para seus companheiros discurso abolicionista do Conselheiro Dantas [1493]
A Igreja e a escravidão [1497]
Intervenção e recusa de intervenção do Exército [1494, 1495]
Manifesto militar a favor de escravos fugidos [1595]
Comemorações do 13 de Maio [1121, 1520, 1528, 1551, 1569, 1907, 1914, 1925]
Festejos em Lagos, Nigéria [2359, 2360, 2361]
Préstitos [1950]
Princesa Isabel [1569]
A Rosa de Ouro [1901]
Emancipação [1402, 2551]
Fundo de Emancipação [1389, 1401]
Homenagem a José Bonifácio, em São Paulo [1476]
Indenizações,
aos escravos [1523]
aos ex-senhores de escravos [1522, 1523, 1524, 1525, 1526, 1529, 1902]
Legislação,
Lei Saraiva [1460, 1462, 1472, 1488, 1496]
Lei Saraiva-Cotegipe [1502]
Lei dos Sexagenários [1401, 1446, 1447, 1456, 1468]
Lei do Ventre Livre [1296, 1382, 1400, 1447, 1458, 1459, 1496, 1744, 1747, 1748, 1900, 2552, 2576]
A luta pela liberdade [1520]
Atrocidades contra escravos [1470, 1495]
Confrontos com praças da polícia [1494]
Escravos fugidos acolhidos pela população de Santos, Província de São Paulo [1495]
Fugas de escravos [757, 1024, 1492, 1494]
Sua entrega à Força Pública [1495]
Sublevação de escravos e sua entrega à Força Pública [1513]
Quilombos,
Canhamboras [1087, 1100]
Manifestações abolicionistas,
Festas e quermesses [1445]
Noites de benefício [1316]
A Questão do Elemento Servil [1431, 1453, 1461]
Reforma do Estado Servil [1750]

Advogados,
Rebouças, Antônio Pereira [718, 721]

Alegorias,
Abolicionismo [1611]
Escravidão [1592, 1461]
Lei do Ventre Livre [1240, 1748]
Visconde do Rio Branco [1400, 1402, 1611, 1900]
África [19, 1073]
África e América [18]
África, América, Ásia, Europa [121]
América [46]
Gonçalves Dias [946]
O índio e o negro [1408]
Lavoura cafeeira [1415]

Alfabetização [1753]

Apresamento de índios [815]

Arquitetura,
Casas de moradia [270, 630, 2383, 2495, 2520]
Interiores [184]
Ranchos [2488]
Senzalas [350, 2511]
Planta [30]

As artes do espetáculo,
Atores de teatro
Bahia, Xisto [1531]
Vasques, Francisco Corrêa [1256, 1257, 1434, 1676, 1680, 1930, 1940, 1949, 1961, 1968, 2150, 2318, 2341, 2348, 2364, 2559, 2567]
Vasques, Martinho Corrêa [2347]
Circenses [1402]
Funâmbulos [1350]
Ópera [1402]
Teatro musicado,
Alcazar Lyrique [1244, 1255, 1792, 1793, 1840]

Artes plásticas,
Pintores,
Bandeira, Antônio Rafael Pinto [2374]
Espírito Santo, Venâncio José do [2342]
Hora, Horácio [1068]
Joaquim, Leandro [169]
Jesus, José Teófilo de [720]
Monteiro, Antônio Firmino [1421]
Silva, Estêvão Roberto da [1931]
Velasco, Antônio Joaquim Franco [1113]
Zamor, Emanuel [2482]

Atos de heroísmo [1481]

Cartografia – Mapas e plantas
África [1, 2, 122]
Entrepostos de escravos,
Castelo de S. Jorge de Mina [20, 125]
Locais de procedência dos escravos,
Angola [4, 5]
Congo [4, 5, 127]
Daomé [128]
Guiné [16]
Madagascar [6]
Moçambique [5]
São Paulo de Loanda [20]
Quilombos [118, 136]

Cenas de gênero [52, 55, 60, 61, 63, 64, 65, 66, 67, 69, 76, 77, 78, 79, 80, 82, 83, 84, 87, 89, 90, 92, 93, 94, 95, 96, 97, 98, 99, 101, 102, 103, 104, 106, 114, 129, 184, 186, 205, 258, 262, 291, 293, 333, 351, 358, 439, 447, 483, 489, 554, 564, 573, 581, 591, 618, 701, 722, 771, 776, 828, 851, 852, 853, 854, 859, 879, 908, 912, 923, 932, 943, 949, 1005, 1019, 1020, 1027, 1075, 1090, 1092, 1107, 1155, 1168, 1180, 1202, 1204, 1213, 1218, 1268, 1325, 1958, 2550]

Os corpos imperfeitos,
Albinos [40]
Aleijados [2438]
Cegos [429]
Doenças,
Bócio [1015]
Desnutrição [391]
Elefantíase [480]

Eleições e eleitores [1593, 1609, 1762, 1763]
Aliciamento de eleitores [1273]
Candidatos negros [1579]

Engenheiros,
Rebouças, André Pinto [755, 2325, 2357]
Rebouças, Antônio Pinto [2325]

Escultores,
Aleijadinho [135]
Mestre Valentim [169]

Escravos
apreendidos [1883]

Estereótipos sobre o negro,
Alcoólatras [1271, 1331, 1332, 1436]
Negra mina [1265]
Alisamento de cabelos [1689]
Batuqueiros [1911]
Os corpos grotescos [1270, 1325, 1330, 1359, 1362, 1363, 1385, 1399, 1415, 1416, 1417, 1443, 1510, 1530, 1595, 1597, 1598, 1636, 1645, 1685, 1703, 1816, 1840, 1895, 1903, 1925, 1943, 2579]
A Vênus Hotentote [1411]
"Macaquitos" [1300]
Macacões, Deus Mono
Barão de Cotegipe [1486, 1507]
A expressão verbal [1244, 1259, 1262, 1271, 1295, 1299, 1331, 1332, 1345, 1371, 1384, 1403, 1407, 1414, 1416, 1441, 1444, 1453, 1549, 1593, 1595, 1601, 1613, 1629, 1633, 1644, 1681, 1790, 1685, 1868, 1870, 1874, 1887, 1888, 2555, 2560, 2566, 2576]
Mulatas como objeto de desejo [1332, 1398, 1414, 1429, 1441, 1675, 1684, 1840, 2578]
O negro e a fotografia [1728, 1685, 1837]
O negro nas artes plásticas [1450, 1922]
O negro de alma negra [1720]

O negro nos espaços públicos,
nas festas da Glória, Rio de Janeiro [1383, 1530, 1781]
nas igrejas [1443, 2562]
nas ruas [1443]
nos bailes [1595]
nos bondes [1530, 1734, 1903]
nos cemitérios [1903]
nos jardins [1661]
nos teatros [1411]
o negro fora de lugar [1600]
Os "pais" e "tios" [1266, 1377, 1383, 1444, 1608, 1629, 1693, 1708, 1816, 1868, 1943]
Pai Zuzé Congo [1530]
Vadiagem [1599]

ETNIAS NEGRO-AFRICANAS,
Não identificadas [36, 42, 44, 45, 46, 202, 211, 235, 237, 261, 525, 595, 597, 745, 751, 765, 800, 815, 816, 817, 823, 831, 837, 856, 864, 875, 908, 1028, 1093, 1094, 1141, 1144, 1170, 2380, 2381, 2475]
Angola [47, 198, 504, 1634, 2409]
Banto [2505, 2506]
Benguela [215, 279, 879, 880]
Cambinda ou cabinda [1214, 2415]
Congo [33, 34, 35, 43, 836, 1027, 2410]
Costa do Ouro [38, 39, 109]
Fanti [39]
Ganguela [1166]
Guiné [100]
Mina [14, 238, 239, 240, 253, 325, 1245, 1247, 1274, 1305, 1347, 1645, 1685, 1747, 1833, 1837, 1858, 1888]
Moçambique [2413]
Monjolo [1106, 2414]
Nagô [2329, 2504]
Quiloa [599]
Rebolo [599, 1165]
Marcas de identidade,
Escarificações corporais,
Angola [603]
Benguela [603]
Cabinda [955, 961]
Congo [603]
Monjolo [603]
Escarificações faciais
Não identificados [595, 597, 833, 2475]
Achantee (achanti) [287]
Angola [414, 424, 598]
Angoyans (angoiô) [287]
Benguela [287, 414, 424, 598]
Buali [287]
Cabinda ou cambinda [287, 414, 599, 1145, 1162]
Cafre [287]
Congo [287, 598]
Dawara [287]
Eboes ou ebos [287]
Embona [287]
Goobere ou goberi [287]
Goy ou angoya [287]
Hauça ou hauçá [958]
Kassangi (ou cassange) [287, 414]
Makuan ou macua [287]
Mina [287, 414, 424, 599, 2407, 2412, 2476, 2477]
Moçambique [414, 424, 602]
Moçambique do sertão [424]
Monjolo [414, 424, 459]
Mudjana [287]
Nagô ou yarribe (iorubá) [287, 2400, 2401, 2402, 2407, 2412, 2427]
Niambana [287]
Quelimane [2416]
Rebolo [414, 959]
Soccatto ou sakatu [287]
Sundi ou mayomba [287]
Tacqua ou nouffie ou nyffie [287]
Takwani ou tacuani [287]
Miscigenação [261]
Caboclos [739, 2480]
Cabras [414]
Cafuzos [244, 647, 1006, 1196, 2540]
Casais mistos,
Mulher negra e homem branco [2222]
Homem negro e mulher branca [2226]
Crioulos [414, 604, 879, 881, 1142, 1153, 2387, 2417, 2478, 2479]
Mulatos [37, 108, 214, 245, 322, 323, 349, 414, 419, 439, 554, 875, 908, 1146, 1159, 1160]
Sertanejos [192, 201, 332]

EXÉRCITO E POLÍCIA,
Guardas municipais [1367, 1385]
Guardas policiais [2565]
Guerra do Paraguai [1680, 1681]
Concessão de ordens honoríficas aos senhores que deram escravos para lutar na guerra [1884, 1891, 1892]
Escravos oferecidos por seus senhores para lutar na guerra [1696, 1697, 1879, 1887, 1891, 1892, 1893, 1896]
Recrutamento [1956]
Veteranos da guerra [2379]
Voluntários da Pátria [1267]
Zuavos baianos [1682]
Policiais [1260, 1264, 1284, 1341, 1967]
Recrutamento para o Exército [1912]

Repressão policial,
contra escravos [1466, 1499]

FILÓSOFOS,
Barreto, Tobias [732]

FUNCIONÁRIOS PÚBLICOS,
Contínuo no Tesouro
Benedicto dos Santos [2109]

GESTUALIDADE [2580]

GUERRAS DE LIBERTAÇÃO,
Invasão holandesa,
Batalhão dos Henriques, na Batalha dos Guararapes [132]
Combate de holandeses com negros mina [14]

IMIGRAÇÃO CHINESA E O NEGRO [1372, 1379, 1385, 1407, 1432]

INDUMENTÁRIA,
Indumentária feminina [38, 42, 45, 109, 129, 247, 444, 452, 597, 854, 1099, 1305, 1383, 1595, 1793, 2023, 2031, 2093, 2114, 2124, 2137, 2139, 2238, 2241, 2248, 2249, 2265, 2306, 2328, 2329, 2363, 2456, 2472, 2487, 2490, 2546]
Acessórios,
Adereços e adornos de cabeça [182, 725, 1994, 2015, 2086, 2102, 2135, 2165, 2203]
Bolsas [2254]
Chapéus [151, 153, 154, 159, 997, 1016, 2007, 2074, 2147, 2184, 2259, 2303]
Coroas [2456]
Guarda-chuvas e sombrinhas [2240, 2261, 2303, 2392, 2478]
Leques e ventarolas [2172, 2259, 2284, 2285, 2298, 2368, 2464]
Mantilhas [2086]
Mantos [152, 153, 154, 159, 997, 1003, 1013, 1014, 1016]
Ourivesaria – anéis, balagandãs, berloques, colares, correntes, pencas e pulseiras [150, 151, 182, 597, 725, 2366, 2368, 2405, 2406, 2408, 2479, 2500, 2508]
Pano-da-costa e torço [150, 151, 152, 159, 1013, 1147, 1148, 1174, 1176, 1471, 1688, 1786, 1833, 1847, 1858, 1935, 2012, 2330, 2384, 2385, 2386, 2387, 2388, 2389, 2390, 2391, 2393, 2394, 2395, 2396, 2397, 2398, 2399, 2400, 2401, 2402, 2403, 2405, 2406, 2455, 2472, 2478]
Xales [2173, 2391, 2392, 2404]
Festa de Reis [160, 161, 162]
Irmandade do Rosário [159, 452]
Negras minas [241, 255]
Penteados [414, 1987, 1994, 1995, 2015, 2058, 2086, 2102, 2104, 2135, 2149, 2165, 2172]
Traje de baiadera negra [544]
Trajes de baianas [421, 510, 728, 1062, 1139, 1153, 1239, 1733, 1847, 1935, 2461, 2500]
Trajes de batismo [440]
Trajes de casamento [443]
Trajes dominicais [216]
Trajes de mucamas [1776]
Trajes de sertanejas [201]
Indumentária infantil [2057]
Indumentária masculina [33, 34, 35, 36, 109, 202, 268, 436, 440, 452, 559, 604, 829, 831, 832, 841, 854, 871, 901, 996, 1008, 1009, 1015, 1027, 1061, 1097, 1101, 1106, 1188, 1209, 1383, 1591, 1976, 1978, 2121, 2141, 2144, 2160, 2223, 2236, 2240, 2241, 2268, 2319, 2327, 2328, 2363, 2409, 2465, 2470, 2554]
Abrigos de palha de arroz [430, 783]
Albornozes [2452]
Acessórios,
Bengalas [2258, 2280, 2286, 2287, 2438, 2455]
Cartolas [2483]
Chapéus [857, 2125, 2252, 2280, 2420, 2423, 2433, 2435, 2437]
Correntes de relógio [2279, 2298]
Espanta-moscas [2456]
Gorros [2423, 2425, 2426, 2439, 2440, 2444, 2453, 2455]
Guarda-chuvas [336, 337, 2271, 2279, 2439, 2440, 2444, 2483, 2485]
Lorgnons [2146]
Ourivesaria – Joias [2437, 2453]
Rodilhas [2425, 2438, 2446]
Xales [2435, 2439]
Carregadores de cadeirinhas de arruar e de palanquim [664]
Cavaleiros [330, 964]
Cocheiros [247]
Criados do Palácio da Justiça e do Senado [450, 813, 1794, 1796]
Festa de Reis [162, 163]
Irmandade do Rosário [452]
Librés [124, 147, 148, 194, 252, 345, 437, 442, 443, 444, 448, 528, 1010, 1011, 1052, 1061, 1690, 1789, 1797]
Pajens [1624]
Penteados [424, 2210]
Ponchos [337]
Redingotes [776, 857]
Remeiros [1120]
Sobrecasacas [2292, 2449]
Tangas [250, 526, 2451]
Trajes de batismo [289]
Trajes de casamento [443]
Trajes de sertanejos [192, 201]
Reis do Congo [2457, 2542]
Uniformes militares não identificados [404, 517, 620, 1007, 1398, 1510, 1587, 1597, 2065, 2108, 2118, 2169, 2188, 2192, 2196, 2231, 2234, 2237, 2242, 2244, 2251, 2290, 2313]

Batalhão dos Henriques [132]
Caçador do Batalhão do Imperador – Guarda de Honra [812]
Corpo policial da Corte [2564]
Guardas Nacionais [339]
Guarda Negra [1911]
Guardas do Forte do Príncipe da Beira [517]
Oficial do Terço Auxiliar dos Pretos Forros [146]
Oficial do Terço dos Pardos [146]
Policiais urbanos [1599]
Primeiro Regimento de Granadeiros e Caçadores da Guarda Imperial [455]
Soldados de regimento [457]
Zuavos baianos [1682]

INSTITUIÇÕES POLÍTICAS,
Realeza [444]

INVENTORES,
Sousa, Júlio Cesar Ribeiro de [733, 1418, 1419, 1420, 1463]

LAZER E REPOUSO [460, 568, 619, 865, 927, 1039, 1046, 1090, 1144, 2521, 2539]

LITERATURA,
Editores e livreiros
Brito, Francisco de Paula [760, 2320]
Escritores,
Assis, Machado de [1758, 2326, 2590]
Sousa, Antônio Gonçalves Teixeira e [765]
Jornalistas,
Carneiro, P. P. (pseudônimo de Pompílio de Albuquerque) [1965]
Castro, Apulcro de [1433]
Gama, Luís [1422, 1966, 2013, 2025, 2272, 2343]
Menezes, José Ferreira de [1278, 1317, 1327, 1328, 1329, 1386, 1406]
Patrocínio, José do [1391, 1392, 1465, 1469, 1470, 1475, 1479, 1490, 1516, 1520, 1533, 1560, 1561, 1802, 1900, 1906, 1919, 1964, 1974, 2336, 2355, 2365, 2370]
Rocha, Justiniano José da [759, 1119]
Veiga, Evaristo Ferreira da [231, 1246]
Poetas,
Alves, Antônio de Castro [1989, 2331, 2570]
Barbosa, Domingos de Caldas [1248]
Bilac, Olavo [1912]
Crespo, Antônio Gonçalves [734, 2589]
Dias, Gonçalves [729, 946, 1238, 1638, 2321]
Rabelo, Laurindo [281, 731]
Saldanha, José da Natividade [719]
Sousa, Cruz e [1941, 2592]

LOTERIAS [1409, 2560]

LÚDICA,
Bailes [1293, 1305, 1337, 1578, 1595, 1669, 1723, 1894, 1955]
Batuques [113, 465, 641, 657, 919, 1521, 1522, 1911]
Boi-bumbá [557]
Capoeira [591, 643, 861, 1207, 2454]
Carnaval [392, 1286, 1306, 1326, 1342, 1343, 1378, 1388, 1435, 1507, 1508, 1567, 1596, 1677, 1740, 1807, 1936]
Entrudo [358, 421, 472, 768, 849, 862, 863, 1378, 1439]
Zé Pereira [1342, 1597, 1880]
Congada [541, 2457, 2458]
Rei e Rainha do Congo [2457, 2542]
Danças não identificadas [22, 62, 1032, 1198, 1216]
Baiadera negra [544]
Danças sagradas [113]
Festa da moagem da cana [543]
Lundu [357, 465, 618, 642, 919]
Malhação de Judas [445, 478, 500, 1195, 1813]
Meninos empinando papagaios [268]
Meninos imitando soldados [787]

MARGINALIDADE,
Arruaceiros [1284]
Atentado violento ao pudor [1548, 1580]
Capadócios, capangas e capoeiras [1274, 1276, 1282, 1338, 1345, 1365, 1375, 1378, 1384, 1391, 1397, 1412, 1478, 1481, 1513, 1606, 2577]
Sua intervenção nas eleições [1324, 1366, 1374, 1380, 1393, 1411, 1451, 1465, 1466, 1761, 1763, 1765, 1768, 1945, 2586]
Capoeira Alfaiate [2369]
Mulheres capoeiras [1415]
Padre envolvido com capangas [1302]
Extorsionários, fiscais municipais [1368]
Feitiçaria,
O feiticeiro Juca Rosa [1269, 1602, 1737, 2568]
Cambombo, seu secretário [2568]
Gatunos [1599]
Homicidas [199, 1410, 1937, 1939]
Ladrões de mulas [464]
Malandros,
Gerebita – Zé Poeta [2017]
Mendicância [496, 1004, 1127]
Prisões e calabouços [1470]
Castigos corporais [740, 743, 768, 860]
Detentas [1273]
Detentos na Casa de Correção [1053]
Galés [288, 385, 395, 429, 522, 639, 681, 740, 743]
Prostituição [777, 1386, 1435, 1568, 1587, 1658, 1840]
Bordéis [1149]
Rapto [1280]
Relações sexuais de frades e padres com escravas e libertas [1283, 1293, 1307, 1379, 1441, 1751]
Salteadores,
Lucas da Feira [548]

MÉDICOS,
Fonseca, Luís Anselmo da [735]
Garcia Jr., José Maurício Nunes [2344]
Meireles, Conselheiro Joaquim Cândido Soares de [761]
Melo, Domingos Alves de [736]
Melo, José Alves de [737]

MÚSICA,
Bandas de música [441, 446]
Bandas de música de escravos [2332, 2334]
Cantores [429, 1794]
Compositores eruditos,
Araújo, Damião Barbosa de [716]
Garcia, Antônio José Nunes [1185]
Garcia, Padre José Maurício Nunes [963]
Garcia Jr., José Maurício Nunes [2344]
Gomes, Carlos [249, 1105, 1219, 1308, 1394, 1395, 1396, 1403, 1411, 1545, 1546, 1574, 1575, 1916, 1932, 1933, 1946, 1947, 1952, 2335, 2340, 2349, 2463, 2503, 2561, 2569, 2570]
Mendanha, José Joaquim de [2352]
Nascimento, Adelelmo [2358]
Titara, Ladislau dos Santos [1080]
Tocantins, José do Patrocínio Marques [2351]
Compositores populares,
Gonzaga, Chiquinha [2334, 2339]
Ferreira, Hilário Jovino (Lalau de Ouro) [2356]
Conjuntos musicais [450, 452, 540]
Instrumentistas,
Flautista
Callado, Joaquim Antônio da Silva [1390]
Instrumentos musicais
Adufes [444]
Bumbos [479]
Castanholas [160]
Clarinetes [479]
Cornetas [450]
Cornetins [162]
Flautas [160, 450]
Oboés [160]
Pandeiros [22, 160, 163]
Pífaros [479]
Reco-recos [22, 161, 163, 780]
Tambores [160]
Trompas [479]
Violas [163]
Violões [144]
Instrumentos musicais de origem africana,
Berimbaus [873, 885, 966]
Marimbas ou madimbas [142,161, 163, 279, 357, 365, 391, 407, 429, 473, 512, 780, 977]
Marimba de Btsché, Congo [396]
Orquestras nas Festas de Reis [160, 161, 162, 163]
Pianos de cuia ou aguerês [992]
Sambee [374, 391]
Tambus [2472]
Urucungos ou violas d'Angola [141, 279, 429, 791, 832, 834, 979, 1032]
Maestros e compositores
Mesquita, Henrique Alves de [1947, 1970, 2151]

O NEGRO E O EXERCÍCIO DA CIDADANIA [1523]

NOBREZA IMPERIAL – TITULARES DO IMPÉRIO
Barão de Cotegipe – Ver POLÍTICOS
Barão de Torres Homem [2353]
D. Manoel de Assis Mascarenhas – Ver POLÍTICOS
Visconde de Inhomirim – Ver POLÍTICOS
Visconde de Jequitinhonha – Ver POLÍTICOS
Viscondessa de Fonseca Costa [2345]

O NU FEMININO [1975, 2187, 2408]

POLÍTICOS,
Alves, Conselheiro Francisco de Paula Rodrigues [1220, 1532, 1534, 1535, 1536, 1541, 1546, 1571, 1576, 1587, 1934, 1936, 2491]
Coelho, José Fernandes [1968, 1969, 1972, 2026, 2094]
Cotegipe, Barão de [1144, 1309, 1334, 1335, 1336, 1337, 1339, 1340, 1342, 1344, 1346, 1349, 1350, 1351, 1352, 1353, 1354, 1355, 1356, 1357, 1358, 1360, 1361, 1367, 1375, 1438, 1449, 1450, 1452, 1453, 1454, 1455, 1460, 1461, 1462, 1465, 1467, 1469, 1473, 1492, 1494, 1495, 1496, 1498, 1499, 1500, 1501, 1502, 1503, 1504, 1505, 1506, 1507, 1509, 1510, 1511, 1512, 1513, 1514, 1523, 1524, 1525, 1526, 1527, 1529, 1530, 1624, 1899, 1902, 1904, 1905, 1908, 1910, 1913, 1963, 2316, 2337, 2350]
Coutinho, Lino [717]
Deiró, Eunápio [1312, 1315, 1376, 1698]
Fagundes, Teodomiro [1948]
Glicério, Francisco [1537, 1538, 1539, 1542, 1543, 1544, 1545, 1550, 1551, 1552, 1553, 1554, 1555, 1556, 1557, 1558, 1559, 1560, 1561, 1562, 1563, 1566, 1570, 1571, 1572, 1573, 1574, 1577, 1578, 1581, 1583, 1584, 1585, 1586, 1588, 1918, 1920, 1921, 1924, 1927, 1929, 2502]
Inhomirim, Visconde de [730, 1258, 1259, 1281, 1263, 1278, 1279, 1318, 1343, 1594, 1596, 1598, 1606, 1632, 1635, 1637, 1639, 1641, 1643, 1647, 1650, 1651, 1652, 1654, 1655, 1664, 1666, 1667, 1668, 1677, 1678, 1679, 1683, 1691, 1695, 1710, 1712, 1716, 1722, 1723, 1724, 1725, 1729, 1730, 1731, 1746, 1759, 1764, 1766, 1769, 1774, 1778, 1779, 1869, 1973, 2322, 2572, 2575, 2584]
Jequitinhonha, Visconde de [650, 1821]
Lima, Antônio Tibério de Moncorvo e [648]
Mascarenhas, D. Manoel de Assis [649, 1665, 1669, 1676, 1699, 1803,

1806, 1808, 1810, 1812, 1814, 1816, 1818, 1820, 1822, 1823, 1851, 1857, 1860, 1861, 1863]
Peçanha, Nilo [1565, 1926, 1929]
Pereira, Manoel Vitorino [1547, 1564, 1576, 1577, 1578, 1582, 1585, 1801, 1938, 1942]
Ribeiro, Eduardo Gonçalves [2371]
Rosa, Francisco Otaviano de Almeida [1261, 1262, 1274, 1275, 1282, 1305, 1474, 1627, 1641, 1659, 1669, 1671, 1676, 1683, 1684, 1687, 1692, 1721, 1771, 1788, 1799, 1803, 1805, 1808, 1811, 1825, 1826, 1828, 1829, 1830, 1831, 1832, 1834, 1835, 1836, 1837, 1838, 1839, 1844, 1856, 1859, 1872, 1879, 1880, 1881, 1882, 1915, 1951, 2315, 2587]
Silva, João Manoel Pereira da [1656, 1658, 1672, 1735, 1740, 1741, 1749, 1767, 1770, 2548]
Vasconcelos, Zacarias de Góis e [1249, 1250, 1261, 1275, 1282, 1285, 1286, 1288, 1289, 1290, 1291, 1292, 1293, 1297, 1301, 1302, 1303, 1304, 1305, 1306, 1310, 1311, 1312, 1313, 1314, 1316, 1319, 1320, 1348, 1354, 1364, 1406, 1597, 1607, 1612, 1614, 1615, 1616, 1617, 1619, 1635, 1662, 1663, 1668, 1669, 1676, 1677, 1693, 1694, 1701, 1705, 1706, 1707, 1708, 1709, 1713, 1715, 1739, 1772, 1775, 1783, 1803, 1804, 1805, 1807, 1808, 1809, 1811, 1812, 1817, 1823, 1824, 1825, 1826, 1827, 1828, 1829, 1830, 1835, 1843, 1844, 1850, 1852, 1867, 1869, 1871, 1873, 1875, 1880, 1884, 1885, 1886, 1887, 1898, 1957, 1959, 1960, 2317, 2558, 2565, 2573, 2581, 2585]

POVOAMENTO,
Massacres por índios botocudos [120]

PRETAS VELHAS [1381]

PROCESSO ELEITORAL,
Candidatos negros [1579]
Eleições e eleitores [1609, 1761, 1762, 1763, 1889, 2582, 2583]
Compra e venda de votos [1590]

RELIGIÃO,
Catolicismo,
Arte sacra,
Imaginária – Santos negros,
Santa Ifigênia [116, 172, 173, 174]
Santo Antônio e São Benedito [1234, 1236]
Santo Antônio de Cartageró [1231]
Santo Elesbão [175, 176, 1235]
São Benedito [177, 178, 179, 481]
São Benedito das Flores [1232, 1233]
Devoções,
Bandeira e Festa do Divino Espírito Santo [479, 483, 539, 960, 1009, 1060]
Pedintes [479, 1009, 1060, 1066]
Beijando estampas religiosas e ostensórios [436, 539, 588, 624]
Festa de Nossa Senhora da Glória, no Rio de Janeiro [1383, 1530, 1781]
Festa da Rainha, no Tijuco, Minas Gerais [658]
Festa de Reis [160, 161, 162, 163]
Finados [1279, 1412, 1496, 1903]
Pagadores de promessas e ex-votos [437, 438]
Romarias [145]
Irmandades negras,
Irmandade de Nossa Senhora do Rosário,
Festejos em honra da padroeira [644, 1130]
Irmandade de Santo Antônio dos Pardos [1209]
Pedintes de irmandades [159, 436, 446, 452, 658, 670, 712]
Sacerdotes,
Albuquerque, Padre Antônio Teixeira de [1280]
Domingues, Padre José [1293]
Garcia, Padre José Maurício Nunes [963]
Morales, Padre [1751]
Não identificado [2036]
Pimenta, Dom Silvério Gomes [2591, 2593]
Silva, Padre Mamede José Gomes da [1971]
Vieira, Padre Antônio [130, 131]
Rituais,
Procissão do Corpo de Deus [450]
Procissão de São Benedito [540]
Semana Santa [453]
Negro e moleques com matraca [477, 1254]
Portadores de Palmas de Ramos [448]
Sacramentos,
Batismos [289, 440, 822, 1164, 1189]
Casamentos [443]
Enterros [388, 443, 446, 449, 644, 1052, 1470]
Coroinhas [645]
Mestre de cerimônias [446]
Extrema-unção e Santo viático [441, 775]
Missas e coroinhas [625]
Religiões brasileiras de origem africana,
Arte sacra (esculturas),
Candomblé [1254]
Religiões de origem muçulmana,
Festa das Almas [542]

REPRESSÃO E VIOLÊNCIA [200]
Assassinato de escravos e ex-escravos [1470, 1474, 1494, 1529]
Atrocidades – Vandalismo policial [1495]
Castigos corporais,
Açoites [1077, 1229]
Capitães do mato [600, 1087, 1100]
Escravos castram um padre namorador, a mando de seu senhor [1281]
Espancamentos [1430, 1470, 1625, 1641]
Escravos espancam um homem livre, por ordem de seu senhor [1494]

Feitores [167, 236, 251, 271, 417, 654, 662, 754]
Instrumentos de tortura de escravos,
Algemas [188, 738, 1242, 1243]
Anjinhos [188, 547]
Bacalhaus de cinco pernas e chicotes [328, 417, 547, 635, 640, 793, 1225, 1226, 1521]
Cepos e toras [312, 430, 497, 547]
Cintos de ferro [1242]
Correntes e grilhões [188, 430, 480, 497, 547, 681, 713, 738, 788, 822, 1048, 1224, 1225]
Gargalheiras e libambos [290, 319, 371, 392, 430, 467, 485, 488, 497, 546, 563, 635, 641, 709, 738, 822, 848, 972, 987, 993, 1020, 1048, 1242, 1243]
Machos [547]
Marcas a ferro e ferros de marcar [689, 1103, 1242]
Máscaras e mordaças de folha de flandres [290, 316, 371, 403, 485, 486, 497, 547, 713, 727, 818, 822, 1048, 1242]
Palmatórias [416, 419, 547, 635, 1149, 1242, 1243, 2552]
Peias [1243]
Pelourinhos [640, 2552]
Speculum oris [188]
Troncos [432, 679, 1242, 1267, 1494, 1497, 1521]
Vira-mundos [189, 430, 432, 487, 547, 1242, 1243]
Repressão policial,
contra escravos [1466, 1499]

Retornados à África [2327, 2328, 2329, 2330, 2359, 2360, 2361]

Revolução Federalista [1552]

Saúde pública,
Cólera [1630]
Febre amarela [1471, 1604, 1605, 1610, 1630]
Peste bubônica [1588]

Sociedade Protetora dos Animais [1470, 1475]

Tipos populares do Rio de Janeiro
Alexandre trovador [280]
Bruzundanga [282]
Dr. Pomada [549]
Miguel [549]
Padre Kelé [549]
Príncipe Natureza [549, 1369, 1370, 1943]
Príncipe Obá [549, 1420]
Santaninha poeta [283]

Tráfico de escravos [588, 629, 935]
Barracões, depósitos de escravos – Escravo conduzido ao mercado (África) [850]
Embarque de escravos em navio negreiro na Costa da Mina [126]
Escravos jogados ao mar, em navio negreiro perseguido [715]
Entrepostos de escravos – Castelo de S. Jorge, na Costa do Ouro [20, 125]
Instrumentos para amarrar escravos nos navios negreiros [714]
Mercados de escravos [114, 115, 284, 329, 343, 344, 345, 379, 415, 416, 461, 462, 555, 601, 628, 666, 870, 885, 906, 907, 935, 944, 982, 1022, 1038, 1101, 1457]
Negros novos [1156]
Recibos de compra e venda de escravos [723, 724]
Navios negreiros [187, 626, 688, 703, 1114, 1150, 1154, 1169, 1177]
Negreiros [1442]
Sacerdotes católicos traficantes de escravos,
Vigário de Campinas, Província de São Paulo [1316, 1373]

Transeuntes [620, 640, 687, 872, 923, 925, 928]

O universo do trabalho,
Açougueiros [309]
Africanos livres a serviço da Câmara Municipal (Rio de Janeiro) [1647]
Aguadeiros [139, 168, 180, 264, 288, 300, 313, 320, 333, 356, 362, 366, 392, 402, 422, 430, 435, 467, 482, 484, 504, 522, 531, 532, 561, 562, 569, 639, 661, 674, 675, 711, 727, 740, 742, 744, 778, 821, 832, 878, 890, 891, 893, 900, 909, 910, 918, 937, 948, 975, 1033, 1056, 1063, 1066, 1071, 1072, 1116, 1124, 1161, 1178, 1187, 1221, 1251, 1287, 1323, 1351, 1368, 1448, 1623, 1717, 2469, 2549]
Amas [376, 399, 403, 409, 437, 441, 818, 869, 1019, 1126, 1127, 1134, 1330, 1378, 1399, 1416, 1636, 1650, 1674, 1702, 1728, 1813, 1958, 2016, 2128, 2143, 2145, 2382, 2484, 2490]
Amoladores de facas [405]
Apanhadores de coco [276, 321]
Arqueiros [582]
Arrieiros [825, 939, 1015, 1063, 1078, 1118, 1222]
Arrumadeiras [1567]
Artesãos de palha,
Cesteiros [243, 2418, 2423, 2424, 2425, 2426]
Fabricantes de chapéus [442, 1743, 1868]
jacás [2529]
vassouras [798]
Auxiliares de
açougueiros [433]
caçadores [1136]
mascates [394, 502, 530, 1044]
modistas [1894]
padeiros [431]
sapateiros [419]
tropeiros [389, 653]
Barbeiros [368, 404, 405, 1649, 1704, 1816, 2449]
Barqueiros, canoeiros e remeiros [8, 16, 31, 59, 145, 191, 193, 200, 223, 292, 330, 382, 383, 398, 428, 454, 505, 518, 519, 535, 574, 580, 582, 588, 592, 593, 594, 612, 616, 627, 669, 746, 747, 748, 749, 750, 752, 801, 811, 842, 869, 896, 951, 952, 962, 1025,

1026, 1029, 1036, 1037, 1074, 1086, 1111, 1120, 1122, 1143, 1183, 1190, 1191, 1192, 1197, 1205, 2467]
Boiadeiros [15, 361, 1202, 1203, 1204, 2492, 2509, 2517]
peões de boiadeiros [384]
Boleeiros, cocheiros, palafreneiros e sotas [234, 247, 294, 442, 443, 463, 545, 640, 742, 827, 1012, 1031, 1043, 1083, 1112, 1252, 1465, 1798]
Bombeiros [1270, 1618]
Bordadeiras [400, 403]
Britadores [164, 434, 2547]
Caçadores,
de aves e mamíferos [412, 587, 590, 606, 607, 808]
de borboletas [682]
Caiadores [311]
Calafates [1199]
Calceteiros [493, 790]
Camaradas e auxiliares de expedições científicas ou contra índios [412, 466, 514, 515, 516, 551, 609, 610, 652, 677, 938, 1135, 1137, 1138, 1151, 1167, 1173, 2367]
Cozinheiras [655]
Cangueiros [193, 299, 318, 356, 403, 520, 529, 614,767, 787, 885, 901, 925, 973, 1050, 1129, 1187]
Capatazes [726]
Carpinteiros [109, 110, 411, 1085, 1199]
Carregadores (negros de ganho?) [138, 139, 144, 210, 256, 263, 340, 343, 347, 348, 396, 435, 457, 490, 492, 506, 509, 553, 577, 584, 608, 651, 652, 671, 741, 742, 743, 754, 819, 820, 821, 824, 830, 835, 841, 842, 845, 846, 848, 872, 877, 882, 883, 884, 889, 898, 903, 904, 905, 906, 907, 911, 916, 925, 953, 1021, 1040, 11115, 1116, 1129, 1188, 1194, 1227, 1631, 1690, 1775, 1795, 1887, 1909, 2419, 2420, 2425, 2426, 2427, 2428, 2432, 2433, 2434, 2437, 2474, 2475, 2518, 2541]
Carregadores de
alabarda [774]
algodão [195]
aves e leitões [448]
bagagem, carga e fardos [8, 9, 11, 17, 23, 24, 25, 29, 81, 353, 355, 363, 434, 526, 578, 668, 680, 681, 869, 1167, 1620]
bagagem e gaiola com papagaio [1747]
balaios, cestos e samburás (negros de ganho?) [58, 204, 673, 702, 709, 772, 805, 818, 831, 876, 930, 1046, 1047, 1054, 1208]
barris, "tigres" e tonéis [288, 390, 392, 463, 531, 681, 743, 1020, 1140, 1223, 1621, 1622, 1626, 1628, 1647, 1648, 1658, 1755, 1819, 1862, 1865, 2425, 2426, 2429, 2430]
batelão [950]
bilhas, potes e vasilhas [277, 436, 665, 831, 949, 972, 987, 988]
cabaça [181]
cadeirinhas, liteiras, palanquins, redes e serpentinas [50, 56, 85, 86, 112, 124, 139, 147, 148, 170, 171, 183, 185, 190, 194, 212, 219, 252, 268, 288, 289, 331, 375, 378, 408, 437, 441, 443, 468, 496, 508, 511, 513, 521, 533, 538, 556, 613, 623, 656, 660, 664, 668, 672, 674, 683, 685, 705, 804, 807, 809, 897, 921, 1010, 1011, 1045, 1052, 1061, 1070, 1215, 1866, 2323]
café [317, 425, 458, 476, 491, 789, 1030, 1031, 1057, 1075]
caixões de defunto [360, 443]
capim [378, 386, 885]
carne [418, 480]
carruagem desmontada [425]
cartazes [1797]
carvão [785]
cesto com roupas [1091]
colchões [1257]
com carrinho de mão [2436]
feixes de cana [763, 818, 992]
flores [1295]
folhas de pita [422, 792]
frutas [408]
guarda-chuvas e pára-sóis [408, 439, 528, 773, 1019, 1084, 2545]
lenha [786, 902]
material escolar [439, 1784]
mercadorias de mascates [502]
móveis [756, 2442]
pianos [341]
ripas de palmeira [839]
sacos [431]
tabuleiro [207, 565, 753, 2435]
tecidos [614]
trouxas [352, 381, 390, 840, 844, 1096]
urinóis [1752]
utensílios [964]
velas para pagamento de promessas [437]
Carreiros [11, 12, 17, 49, 185, 230, 274, 413, 426, 523, 578, 588, 615, 684, 758, 1181, 1187, 2481, 2499, 2516, 2523, 2524, 2538]
Carroceiros [13, 804]
Carvoeiros [1200]
Catadores de gravetos [380]
Ceifadores de capim [373, 922]
Cerzidores de meias [405]
Charqueadores [810]
Cirurgião negro aplicando ventosas [433]
Compradores [297]
Condutores de
animais [916]
banguês, carros, carros de viajantes, carroças, carruagens e seges [375, 387, 409, 623, 895, 1017, 2515]
carga [407]
Copeiros [554, 1928]
Costureiras [879, 1962]

Cozinheiras e cozinheiros [327, 655, 1251, 1259, 1383, 1428, 1587, 1608, 1700, 1776, 1782, 1792, 1928, 1953, 1962, 2574]
Criados,
domésticos [1209, 1272, 1298, 1377, 1482, 1530, 1641, 1669, 1675, 1693, 1708, 1732, 1773, 1789, 1790, 1796, 1797, 1909, 2556, 2557, 2571, 2588]
do Paço Imperial [335, 346]
do Palácio de Justiça [450]
Diaristas e jornaleiros [1954]
Doceiras [706]
Domadores de bois [418]
Engomadeiras,
Catharina Pavão [1999]
Engraxates [1377, 1397, 1756]
Escravos [704, 823, 1093, 1152]
Escravos recém-chegados da África [841]
Estivadores [233]
Exterminadores de cupim [217, 250]
Fundidores de ferro [119]
Garrafeiros [1819]
Hortelães e jardineiros [213, 941, 1104]
Jangadeiros [28, 208, 1442]
Iluminação pública [301]
Acendedores de lampião [436]
Limpadores de lampião [726]
Lavadeiras [144, 257, 260, 416, 474, 495, 531, 532, 567, 624, 636, 675, 753, 764, 835, 836, 858, 878, 1088, 1095, 1125, 1126, 1172, 1184, 1217, 1653, 1700, 1912, 2460, 2494, 2512, 2513, 2530, 2538, 2553]
Lavoura,
Escravos da roça [259, 269, 273, 686, 1417, 1441, 1631, 2519, 2521, 2526, 2530, 2531, 2536, 2537, 2539]
Cozinheiras [2527]
Lavradores, roceiros e trabalhadores da roça [185, 189, 226, 227, 228, 255, 286, 457, 507, 566, 570, 571, 572, 575, 579, 620, 646, 676, 769, 832, 866, 2498]
Lavoura cafeeira [241, 1385, 1400, 1402, 1403, 1425, 1426, 1434, 1458, 1944, 2324, 2346, 2501]
Congresso Agrícola [1371]
Cafezal [1182, 2544]
Colheita de café [242, 633, 694, 1133, 2377, 2459]
Despolpadores de café [695, 697]
Escolha de café [698]
Pilando café [2534]
Secagem no terreiro [583, 2338, 2354, 2378, 2458, 2466]
Secadores de café [696]
Tulhas de café [699]
Viveiros de mudas de café [693]
Lavoura canavieira,
Canaviais [75, 271, 272]
Carreiros [2516]
Colheita [236, 2543]
Encaixotar e pesar açúcar [2525]
Engenhos [7, 26, 48, 51, 54, 70, 71, 72, 73, 74, 91, 101, 106, 123, 140, 196, 417, 634, 690, 847, 1230]
Escravos da roça [273]
Fornalhas [954]
Maquinária [275, 528]
Moagem [543]
Plantio [770]
Trabalho feminino nos engenhos [527, 543]
Lavoura de chá [622]
Lavoura de subsistência [595]
Bananal [942]
Cultivo da mandioca,
Descascando mandioca [2533]
Engenhos de mandioca [552, 762, 1158]
Preparo de farinha de mandioca [632]
Ralando mandioca [2538]
Cultivo do milho,
Preparo da farinha de milho [221]
Leiteiros [149, 158, 265, 413, 945, 975, 1082, 2443]
Lenhadores [631, 1201]
Limpadores de carruagens [442]
Limpeza pública [1752]
Lixeiros [310]
Magarefes [806]
Marceneiros [422]
Marinheiros [438, 798, 1081]
Mascates [303, 1083, 1241]
Mulheres mascates [706]
Meirinhos [813]
Mineração [166, 167, 1166]
de diamantes [134, 165, 558, 560]
britadores [164]
lavagem [220, 248, 251, 654, 663]
de ouro [133, 685]
carregadores de bateias [117]
escravas empregadas na mineração [589, 838]
lavagem [621, 662, 1042]
Molecas e moleques [194, 213, 254, 399, 400, 401, 437, 439, 537, 1084, 1227, 1229, 1325, 1363, 1440, 1469, 1591, 1628, 1640, 1642, 1660, 1673, 1726, 1753, 1791, 1841, 1890, 1894, 1962]
Mucamas [41, 147, 190, 213, 326, 335, 367, 399, 402, 403, 438, 439, 451, 453, 468, 494, 534, 536, 537, 543, 545, 611, 613, 616, 617, 619, 623, 826, 828, 833, 846, 859, 862, 897, 908, 1017, 1019, 1020, 1084, 1117, 1128, 1131, 1213, 1218, 1252, 1253, 1262, 1268, 1297, 1307, 1321, 1322, 1325, 1363, 1378, 1379, 1383, 1415, 1428, 1441, 1443, 1469, 1477, 1479, 1482, 1493, 1601, 1619, 1633, 1634, 1646, 1649, 1660, 1665, 1670, 1711, 1718, 1719, 1723, 1726, 1738, 1742, 1745, 2545, 2555, 2560, 2571]

Muleteiros [209, 218, 222, 224, 225, 431, 584, 585, 586, 638, 803, 807, 2512]
Negros de ganho [58, 295, 363, 367, 377, 422, 498, 673, 702, 709, 884, 999, 1046, 1047, 1054, 1208, 1645, 2566]
Ourives,
  Dutra, Tomás da Silva [855]
Pajens [190, 215, 336, 367, 376, 399, 416, 442, 528, 581, 605, 617, 619, 623, 659, 829, 862, 1019, 1252, 1321, 1379, 1388, 1413, 1428, 1429, 1440, 1441, 1589, 1615, 1623, 1624, 1690, 1714, 1735, 1757, 1772, 1842, 1864, 1870, 1878, 1955]
Pastores [9]
Pedreiros [109, 1085, 1089, 1197, 1613]
Peões [57, 384, 427, 608, 973, 1193, 1194]
Pescadores [9, 10, 16, 17, 143, 382, 576, 607, 671, 749, 1111]
Porteiros [2483]
Porqueiros [364, 707, 796, 844, 940, 1815]
Puxadores de
  carroça [354, 363]
  pelotas [246, 428, 843]
  "piolhos" [13, 288, 369, 377, 424, 475, 484, 667, 705, 742, 804, 894, 899, 926, 948, 991, 994, 1129, 1187, 2549]
Quitandeiras e quituteiras [138, 139, 155, 157, 229, 255, 278, 285, 296, 315, 324, 334, 356, 357, 366, 374, 396, 398, 402, 405, 444, 445, 471, 483, 492, 498, 499, 501, 506, 545, 550, 569, 623, 672, 674, 700, 705, 727, 741, 742, 743, 766, 767, 795, 821, 827, 845, 848, 869, 873, 874, 876, 880, 884, 887, 888, 893, 894, 895, 898, 903, 904, 907, 908, 910, 913, 914, 915, 918, 921, 924, 926, 927, 928, 929, 931, 933, 934, 936, 943, 989, 1030, 1031, 1055, 1065, 1067, 1076, 1083, 1098, 1108, 1109, 1110, 1115, 1122, 1123, 1128, 1129, 1167, 1168, 1171, 1179, 1186, 1187, 1198, 1206, 1227, 1230, 1294, 1370, 1402, 1405, 1436, 1451, 1465, 1471, 1625, 1743, 1754, 1890, 1917, 1935, 2388, 2391, 2404, 2468, 2541, 2566]
Rendeiras [1020, 2535]
Sangradores [433]
Seringueiros [372]
Taverneiros [2512]
Trabalhadores assalariados [1521]
Transportando terra em carroça [578]
Trabalhando em caieira [423]
Transportando pedras [523]
Tropeiros [802, 825, 939, 1078, 1079, 1181, 2496]
Vaqueiros [144, 1165, 1228, 2522]
Varredores [852, 1299, 1819, 2441]
Vendedores ambulantes [53, 156, 756, 886, 892, 903, 913, 965, 966, 971, 972, 974, 977, 978, 987, 1210]
Vendedores de
  abacaxi e caju [180, 430, 967]
  abanos e artefatos de palha, cestos e samburás [406, 410, 969, 1000, 1006]
  algodão [396]
  alho e cebola [420]
  aluá, bebidas, caldo de cana, limonada e refrescos [305, 396, 402, 405, 420, 456, 637, 799, 1128, 1171]
  amendoim [2438]
  angu [423]
  armarinhos e joias [470, 998]
  arroz cozido e fermentado na água [799]
  arruda e ervas [440, 979]
  artefatos de palha [2422]
  atacaça [421]
  balas e balas açucaradas [304, 436, 1083]
  bananas e laranjas [832, 1031, 2362]
  bandejas [396]
  banha de cabelo [779]
  bolos, manuê, sonhos, pão de ló e pudim quente [197, 420, 429, 781, 784]
  bonecas [307]
  bucho e tripas [420, 780]
  cabras [420]
  café e café torrado [426, 797]
  capim, capim seco e sapé [158, 413, 794]
  carvão [314]
  cavalos [420]
  chapéus [396, 981]
  copos e garrafas [990, 998]
  cuias e gamelas [393, 969, 1002]
  doces [302, 867, 2471, 2489]
  farinha [986]
  feijão, milho e milho assado [393, 396, 840]
  flores e plantas [814, 1704, 2447, 2448]
  folhas de bananeira [793]
  frutas [68, 203, 206, 342, 392, 420, 467, 469, 471, 480, 482, 483, 524, 539, 596, 613, 615, 624, 628, 637, 638, 653, 673, 682, 691, 692, 744, 754, 786, 791, 800, 804, 820, 821, 880, 948, 970, 1000, 1001, 1021, 1040, 1046, 1051, 1071, 1157, 1171, 1198, 1208, 1241, 1278, 1359, 1688, 1704, 2372, 2373, 2399, 2400, 2401, 2402, 2403, 2405, 2406, 2434, 2444, 2488, 2493, 2549, 2563]
  frutas e legumes [2397, 2398]
  galinhas, perus e outras aves [267, 306, 407, 469, 503, 710, 980, 1049, 2532]
  hortaliças e legumes [266, 308, 429, 984, 985, 1211, 1227, 2455]
  linguiça [782]
  livros [396]
  louça e utensílios de barro [969, 983, 1241]
  musselinas [396]
  negro, matéria colorante preta [780]
  palmito [410, 976]
  peixe [266, 597, 638, 892, 1241, 1743]
  quinquilharias [596, 613, 2431]
  talhos de carne [2450]

toletes de cana e caju [968, 2446]
Vendeiros [653]

Usos e costumes,
boas-festas (festas do Ano-Bom) [1321, 1363, 1540, 1928, 2571]
escravos dados como presente de Ano-Bom [538]
cafuné [1125, 1163]
cheirar rapé [1718]
extraindo bicho de pé [859, 1020]
pedidos de bênção [269, 272]

Índice de Artistas

Literatura de Viagens

Séculos XVII, XVIII e XIX

Aquarelas, Desenhos e Desenhos Aquarelados, Óleos sobre Tela

Autoria não identificada [116, 117, 118, 119, 120, 132, 133, 134, 135, 136, 137, 138, 189, 190, 191, 192, 193, 194, 195, 196, 200, 202, 203, 204, 206, 209, 210, 211, 212, 213, 214, 215, 216, 217, 218, 219, 220, 221, 222, 223, 224, 225, 226, 227, 228, 229, 230, 231, 233, 234, 235, 236, 237, 238, 239, 240, 241, 242, 243, 244, 245, 246, 248, 249, 255, 256, 257, 258, 259, 260, 261, 262, 263, 264, 265, 266, 267, 268, 269, 270, 271, 272, 273, 274, 275, 276, 277, 278, 279, 280, 281, 282, 283, 284, 285, 2545, 2546]

Adalbert, Príncipe da Prússia [286]

Adam, Victor [584, 613, 614, 615, 616]

Agate, Alfred T. [287]

Almeida Jr. [739]

Arago, Jacques Etienne [288, 289, 290, 291, 292]

Arcy, Coronel d' [293]

Arnout [587, 634]

Bate, Richard [740, 741, 742, 743, 744, 745, 746, 747, 748, 749, 750, 751, 752]

Bauch, Emil [753, 754]

Becx, Jaspar [32, 33, 34, 35]

Behrens, O. [321, 322, 323]

Bernardelli, Rodolfo [755]

Bertichen, Pieter Godfred [756]

Besnier, Fernand [324, 325, 326, 327]

Biard, François Auguste [284, 333, 334, 335, 336, 337, 338, 339, 340, 341, 342, 343, 344, 345, 346, 347, 348, 349, 757]

Bingham, A. Y. [350]

Briggs, F. [351]

Brocos y Gomes, Modesto [762]

Brugemann, Joseph [763, 764]

Buvelot, Abraham Louis [356, 357, 358, 359, 360, 361, 362, 363, 364, 365, 366, 367, 368, 369, 370, 371, 765]

Carvalho, José Reis de [766, 767]

Carvalho, Rafael Mendes de [768]

Casanova [372]

Chamberlain, Henry [373, 374, 375, 376, 377, 378, 379, 380, 381, 382, 383, 384, 385, 386, 387, 388, 389, 390, 391, 392, 393, 394, 395, 396]

Cochelet, Charles [769]

Codina, Joaquim José [138, 139, 140, 141, 142]

Czerny, Ludwig [771]

Debret, Jean Baptiste [397, 398, 399, 400, 401, 402, 403, 404, 405, 406, 407, 408, 409, 410, 411, 412, 413, 414, 415, 416, 417, 418, 419, 420, 421, 422, 423, 424, 425, 426, 427, 428, 429, 430, 431, 432, 433, 444, 445, 446, 447, 448, 449, 450, 451, 452, 453, 454, 455, 456, 457, 772, 773, 774, 775, 776, 777, 778, 779, 780, 781, 782, 783, 784, 785, 786, 787, 788, 789, 790, 791, 792, 793, 794, 795, 796, 797, 798, 799, 800, 801, 802, 803, 804, 805, 806, 807, 808, 809, 810, 811, 812, 813, 814, 815, 816, 817, 818, 819, 820, 821, 822, 823, 824, 825, 826, 827, 828, 829, 830, 831, 832, 833, 834, 835, 836, 837, 838, 839, 840, 841, 842, 843, 844, 845, 846, 847, 848, 849]

Degranpré [850]

Deroi [627, 628, 629, 630, 631, 632, 633, 634, 635, 636, 637, 638, 639, 640, 642]

Desmons, Iluchar [851, 852, 853, 854]

DRAYTON, J. [458, 459, 460]

DÚRAND-BRAGGER, Jean-Baptiste Henri [758]

DUTRA, Miguel Arcanjo Benício da Assunção [855, 856, 857]

EARLE, Augustus [461, 462, 463, 858, 859, 860, 861, 862, 863, 864, 865, 866, 867, 868, 869, 870]

ECKHOUT, Albert [32, 33, 34, 35, 36, 37, 38, 39, 40, 41, 42, 43, 44]

EDWARDS, G. Selwyn [464]

ELWES, Robert [465]

EMELEN, Pierre van [2549]

ENDER, Thomas [578, 871, 872, 873, 874, 875, 876, 877, 878, 879, 880, 881, 882, 883, 884, 885, 886, 887, 888, 889, 890, 891, 892, 893, 894, 895, 896, 897, 898, 899, 900, 901, 902, 903, 904, 905, 906, 907, 908, 909, 910, 911, 912, 913, 914, 915, 916, 917, 918, 919, 920, 921, 922, 923, 924, 925, 926, 927, 928, 929, 930, 931, 932, 933, 934, 935, 936, 937, 938, 939, 940, 941, 942, 943, 944]

ESSLINGER, Martin [466]

EXPILLY, Charles [445]

EWBANK, Thomas [467, 468, 469, 470, 471, 472, 473, 474, 475, 476, 477, 478, 479, 480, 481, 482, 483, 484, 485, 486, 487, 488]

FIELDING, Newton [489]

FITZROY, Robert [513]

FLETCHER & KIDDER [490, 491, 492, 493, 494, 495, 496, 497, 498, 499, 500, 501, 502, 503, 504, 505, 506, 507, 508, 509, 510, 511, 512]

FLORENCE, Hercules [947, 948, 949, 950, 951, 952, 953, 954, 955, 956, 957, 958, 959, 960, 961]

FREIRE, José Joaquim [138, 139]

FRUHBECK, Franz Joseph [962]

GARCIA JR., José Maurício Nunes [963]

GEHRTS [514, 515, 516]

GIBBON, L. [517, 518, 519]

GRAHAM, Mary [520, 521, 522, 523, 524]

GRIMM, Johann Georg [964]

GUILLOBEL, Joaquim Cânddo [180, 181, 182, 183, 184, 704, 885, 965, 966, 967, 968, 969, 970, 971, 972, 973, 974, 975, 976, 977, 978, 979, 980, 981, 982, 983, 984, 985, 986, 987, 988, 989, 990, 991, 992, 993, 994, 995, 996, 997, 998, 999, 1000, 1001, 1002, 1003, 1004, 1005, 1006, 1007, 1008, 1009, 1010, 1011, 1012, 1013, 1014, 1015, 1016, 1017, 1018, 1019, 1020]

HAGEDORN, Frederick [1021]

HARRING, Paul Harro- [1022, 1023, 1024, 1025, 1026, 1027, 1028, 1029, 1030, 1031, 1032, 1033, 1034, 1035, 1036, 1037, 1038]

HASTREL, Adolphe d' [1039]

HAVEL, William [1040]

HEADE, Martin [2550]

HENDERSON, James [529, 530, 531, 532, 533, 534, 535]

HICKSON, Ricard Skerrett [1042]

HILDEBRANDT, Edward [1043, 1044, 1045, 1046, 1047, 1048, 1049, 1050, 1051, 1052, 1053, 1054, 1055, 1056, 1057, 1058, 1059, 1060, 1061, 1062, 1063, 1064, 1065, 1066, 1067]

HORA, Horácio [1068]

HUELL, Qurijn Maurits Rudolpho [Ver 1069, 1070, 1071]

JACOTTET [588]

JANSSON, Jacob [1072]

JESUS, José Teófilo de [1073]

JOAQUIM, Leandro [143, 144, 145, 169]

JOLY [585]

JULIÃO, Carlos [146, 147, 148, 149, 150, 151, 152, 153, 154, 155, 156, 157, 158, 159, 160, 161, 162, 163, 164, 165, 166, 167]

KAUFFMANN, P. [550]

KESSEL, Jan Van [45]

KORNYEV [1074]

KRETSCHMAR, Eduard [1075]

LANDSEER, Charles [1076, 1077, 1078, 1079]

LAVÉE, J. [2540]

LIMA, José Correa de [1081]

LINDE, Karl [1082]

LOCKE [46]

LOPES, Higino José [1083, 1084]

LÖWERNSTERN, Barão de [1085, 1086, 1087, 1088, 1089, 1090, 1091, 1092, 1093, 1094, 1095, 1096, 1097, 1098, 1099, 1100, 1101, 1102]

M, C. C. [554]

MACEDO, M. de [557]

MARTIN, C. J. [1104]

MAURIN [289, 290, 291, 292]

MAZZA, G. [2541, 2542]

MÉNARD [562]

Michellerie, Eugène de la [1106]

Monteiro, Luiz Vahia [121]

Monvoisin, Raymond Auguste Quinsac de [1107, 1108]

Moreau, Auguste [356, 357, 358, 359, 360, 361, 362, 363, 364, 365, 366, 367, 368, 369, 370, 371]

Moreau, François René [1109, 1110]

Moreira, José de Christo [1111, 1112]

Morier, James [563]

Motte, C. [661, 662, 663, 664, 665, 666, 667, 668, 669, 670]

Nieuhof, Johan [21]

Norris, Robert [128]

Nunes, José Rodrigues [1113]

Ouseley, William Gore [564, 565, 566, 567, 568, 569, 570, 571, 572, 573, 574, 575, 576, 1114]

P.G. [577]

Pallière, Arnaud Julien [1115, 1116, 1117]

Pedro, João, "O Mulato" [1118]

Pohl, Johann Emmanuel [578]

Portes, Viscondessa de [418, 419, 427, 438, 441, 442, 443, 445]

Porto Alegre, Manuel de Araújo [1119]

Post, Frans [22, 23, 24, 25, 26, 27, 28, 29, 30, 48, 49, 50, 51, 52, 53, 54, 55, 56, 57, 58, 59, 60, 61, 62, 63, 64, 65, 66, 67, 68, 69, 70, 71, 72, 73, 74, 75, 76, 77, 78, 79, 80, 81, 82, 83, 84, 85, 86, 87, 88, 89, 90, 91, 92, 93, 94, 95, 96, 97, 98, 99, 100, 101, 102, 103, 104, 105, 106]

Riou, E. [284, 333, 334, 335, 336, 337, 338, 339, 340, 341, 342, 343, 344, 345, 346, 347, 348, 349]

Rouède, Emile [1121]

Rugendas, Johann Moritz [579, 580, 581, 582, 583, 584, 585, 586, 587, 588, 589, 590, 591, 592, 593, 594, 595, 596, 597, 598, 599, 600, 601, 602, 603, 604, 605, 606, 607, 608, 609, 610, 611, 612, 613, 614, 615, 616, 617, 618, 619, 620, 621, 622, 623, 624, 625, 626, 627, 628, 629, 630, 631, 632, 633, 634, 635, 636, 637, 638, 639, 640, 641, 642, 643, 644, 645, 1122, 1123, 1124, 1125, 1126, 1127, 1128, 1129, 1130, 1131, 1132, 1133, 1134, 1135, 1136, 1137, 1138, 1139, 1140, 1141, 1142, 1143, 1144, 1145, 1146, 1147, 1148, 1149, 1150, 1151, 1152, 1153, 1154, 1155, 1156, 1157, 1158, 1159, 1160, 1161, 1162, 1163, 1164, 1165, 1166, 1167, 1168, 1169, 1170, 1171, 1172, 1173, 1174, 1175, 1176, 1177, 1178, 1179, 2547]

S., W. L. [645]

Sabatier [580, 582, 627]

Sargent [646]

Schlappriz, Luís [1183]

Schmid, Philipp [647]

Selleny, Joseph [1184]

Smyth, William [1186, 1187]

Spix & Martius [651, 652, 653, 654, 655, 656, 657, 658, 659, 660, 661]

Stallone, Luigi [1188]

Stober, F. J. [1189]

Sunqua [1190, 1191, 1192]

Taunay, Aimé Adrien [1193, 1194, 1195, 1196]

Taunay, Félix Emile [1197, 1198, 1199, 1200, 1201]

Taunay, Hippolyte [661, 662, 663, 664, 665, 666, 667, 668, 669, 670]

Taunay, Nicolas Antoine [1202, 1203, 1204, 1205]

Theremin, Carlos Guilherme Von [671, 672, 673, 674, 675, 1206, 1207, 1208, 1209, 1210]

Tollenare, L. F. de [1211, 1212, 1213, 1214, 1215, 1216, 1217, 1218]

Touanne, E. B. de la [676]

Valle [1220]

Vancy, Duché de [129, 186]

Veith in Dresden, J. P. [677]

Vidal, Emeric Essex [1221]

Villeneuve [579, 581, 583]

Vinet, Henri Nicolas [1222]

Vuillier, G. [2543, 2544]

Walsh, Robert [680, 681, 682, 683, 684, 685, 686, 687, 688, 689]

Webster, T. [558, 559]

Wendroth, Herrmann Rudolf [1223, 1224, 1225, 1226, 1227, 1228, 1229]

Wernecke, Friederich [1230]

Wiegandt, J. B. [690, 691, 692, 693, 694, 695, 696, 697, 698, 699]

Gravuras, Litografias e Xilogravuras

Autoria não identificada [4, 5, 6, 7, 8, 9, 10, 11, 12, 13, 14, 15, 16, 17, 18, 19, 20, 32, 122, 123, 124, 130, 131, 185, 186, 187, 188, 189, 190, 191, 192, 193, 194, 195, 196, 197, 198, 199, 200, 201, 204, 205, 207, 208, 231, 232, 233, 234, 235, 236, 246, 247, 250, 251, 252, 253, 254, 2540, 2541, 2542, 2543, 2544]

ADAM, Victor [579, 581, 583, 584, 592, 593, 605, 609, 610, 611, 612, 613, 614, 615, 616, 618, 619, 620, 622, 643, 676, 2161]

ANGERER & GÖSCHL [515, 516]

ARNOUT [587, 634]

ALKEN, H. [378, 379, 382, 384, 385, 387, 389, 390, 396]

AUBRUN [2515, 2517]

AXMANN, J. [578]

BARROS, Joaquim Lopes [294, 295, 296, 297, 298, 299, 300, 301, 302, 303, 304, 305, 306, 307, 308, 309, 310, 311, 312, 313, 314, 315, 316, 317, 318, 319, 320]

BAYOT, A. [562, 623]

BENOIST [2520, 2521, 2523, 2525, 2526, 2527]

BERNARD & FREY [676]

BEST, Andrew W. [328, 329]

BEYER, C. [330, 331, 332]

BICHEBOIS [562, 593, 644]

BLAEU, Joan [2]

BLAEU, Willem Janszoon [1, 3]

BLANCHARD, P. [202]

BRIGHTLY, J. H. [287, 458, 459, 460]

BROCKHAUS, F. A. [209, 210, 211, 212, 213, 214, 215, 216, 217, 218, 219, 220, 221, 222, 223, 224, 225, 226, 227, 228, 229]

BULL, S. [463]

BUTTLER, J. J. [551, 552, 553]

CHAMPAGNAC [2533, 2535]

CHAMPNEY, J. Wells [257, 258, 690, 693, 694, 695, 696, 697, 698]

CHARPENTIER [2531, 2532]

CLARKE, John [373, 374, 375, 376, 377]

CLERGET [2512, 2513]

COUVEN [651]

DAVID, Jules [589, 617, 644]

DURUY [2514, 2515, 2522, 2528]

DUVAL, P. S. & Co. [517, 518, 519]

ENGELMAN, Godefroy [579, 580, 581, 582, 583, 584, 585, 586, 587, 588, 606, 608, 613, 614, 615, 616, 626, 627, 628, 629, 630, 631, 632, 633, 634, 635, 636, 637, 638, 640, 705, 769]

FLEIUSS [946]

FREY [676]

GAUCHARD, J. [245, 333, 335, 340]

GREVE [526]

HARLEY, G. [530]

HEATON & RENSBURG [356, 357, 358, 359, 360, 361, 362, 363, 364, 365, 366, 367, 368, 369, 370, 371, 1041]

HELINTON [527]

HELWAARD [528]

HILDEBRAND [242]

HOHE, F. [653]

HULLMANDEL [465]

HUNT [388]

HUNT, G. [381, 383, 391, 393, 394]

HUNT, T. [380, 386, 392, 395]

HURE, Huttelln [238]

JAIME [2509, 2518]

JACOTTET [623, 2510, 2511, 2514, 2516, 2530, 2538]

JOLY [585, 590, 621]

JUNIUS, Flumen [536, 537, 538, 539, 540, 541, 542, 543, 544, 545, 546, 547, 548, 549]

KAEPELLIN & CIE. [291, 292]

KELLY, T. [680, 682, 688]

KIP, I. [125, 126, 127, 128]

KRAFT, A. [653]

KRAUSS, F. [754]

KUIVION [248]

LANI FR. [338]

LAPLANTE, C. [237, 239, 243]

LARÉE, Victor [1119]

LAURENS [2544, 2549]

LEAL, Aranha [1098]

LECAMUS [609]

LEPORTEVIN [641]

LEROUGE & BENARD [288]

LOSSING-BARRITT [467, 468, 469, 470, 471, 472, 473, 474, 475, 476, 477, 478, 479, 480, 481, 482, 483, 484, 485, 486, 487, 488]

LUDWIG & BRIGGS [1043, 1044, 1045, 1046, 1047, 1048, 1049, 1050, 1051, 1052, 1053, 1054, 1055, 1056, 1057, 1058, 1059, 1060, 1061, 1062]

Lula [281]

Maillest [556]

Maurand, C. [336, 341, 346]

Maurin, N. [596, 597, 601, 602]

Mayer, E. [652, 654]

Mello & Kramer [1105]

Moncel, Th. du [1039]

Monthelier [618]

Morin, E. [527]

Motte, Charles [399, 400, 402, 403, 661, 662, 663, 664, 665, 666, 667, 668, 669, 670]

Mutlow, H. [293]

Nachtmann [657, 658, 659, 660]

Pagelet, La [129]

Pasini, J. [932]

Pedroso, Armando [372, 557]

Person, G. [350]

Please, J. I. [203]

Pradier, Charles Simon [1120]

Redman [529]

Robin, Paul [721, 1220]

S., G. [329]

Sabatier [591, 592, 594, 622, 676]

Salathé, Friederich [1075, 1180, 1181, 1182]

Sarony & Major [206]

Schnell, L. [189]

Scotin, I. B. [124]

Shoosmith, C. [529, 530, 531, 532, 533, 534, 535]

Singer, X. A. V. E. [268, 269, 270, 271, 272, 273, 274, 275, 276]

Sisson, Sebastien Auguste [648, 649, 650, 1185, 2548]

Smeeton-Tillr. [550]

Sourrieu [2519, 2536, 2537, 2539]

Steingräbel, J. [655]

Sudgen, T. D. [691, 692]

Tempelter [286]

Thierry Frères [398, 401, 404, 405, 406, 407, 408, 409, 410, 411, 412, 413, 414, 415, 416, 417, 418, 419, 420, 421, 422, 423, 424, 425, 426, 427, 428, 429, 430, 431, 432, 433, 434, 435, 436, 437, 438, 439, 440, 441, 442, 443, 444, 445, 446, 447, 448, 449, 450, 451, 452, 453, 454, 455, 456, 457, 642, 704]

Tirpenne [619]

Torino Lit. Flli. Doyen [1219]

Trichon, J. [334, 339, 343, 345, 348]

Van Ingen & Sneider [490, 491, 492, 493, 494, 495, 496, 497, 498, 499, 500, 501, 502, 503, 504, 505, 506, 507, 508, 509, 510, 511, 512]

Vernet [261, 262, 263, 264, 265, 266, 267]

Viard [620]

Vigneron [598, 599, 603, 604]

Villain [289, 290]

Villardell, I. [678, 679]

Villeneuve [589, 625, 641, 643]

W., F. [651]

Waltier, [625]

Waltin [465]

Whittock, N. [577, 681, 683, 684, 687]

Whymper [464]

Williams, T. [700, 701]

Willmann, Ed. [255, 256, 702]

Woodman & Multaw [128]

Woolnoth, T. [558, 559]

Zwinger [595, 600, 607]

Escultores

Autoria não identificada [116, 172, 173, 174, 175, 176, 177, 178, 179, 1231, 1232, 1233, 1234, 1235, 1236, 1237]

Berna, Benevenuto [1238]

Bernardelli, José Maria Oscar Rodolfo [1239]

Bressae, A. D. [1240]

Lopes, Erotides Américo de Araujo [1241]

Tapeçarias

Manufactures des Gobelins [170, 171]

Revistas Ilustradas do Século XIX

Caricaturistas, Desenhistas e Retratistas

1. Fontes

Autoria não identificada [1244, 1245, 1246, 1247, 1248, 2551, 2552]

Agostini, Angelo [1249, 1250, 1251, 1252, 1253, 1254, 1255, 1256, 1257, 1258, 1259, 1260, 1261, 1262, 1263, 1264, 1265, 1266, 1267, 1268, 1269, 1270, 1271, 1272, 1273, 1274, 1275, 1276, 1277, 1278, 1279, 1280, 1281, 1282, 1283, 1284, 1285, 1286, 1287, 1288, 1289, 1290, 1291, 1292, 1293, 1294, 1295, 1296, 1297, 1298, 1299, 1300, 1301, 1302, 1303, 1304, 1305, 1306, 1307, 1308, 1309, 1310, 1311, 1312, 1313, 1314, 1315, 1316, 1317, 1318, 1319, 1320, 1321, 1322, 1323, 1324, 1325, 1326, 1327, 1328, 1329, 1330, 1331, 1332, 1333, 1334, 1335, 1336, 1337, 1338, 1339, 1340, 1341, 1342, 1343, 1344, 1345, 1346, 1347, 1348, 1349, 1350, 1351, 1352, 1353, 1354, 1355, 1356, 1357, 1358, 1359, 1360, 1361, 1362, 1363, 1364, 1365, 1366, 1367, 1368, 1369, 1370, 1371, 1372, 1373, 1374, 1375, 1376, 1377, 1378, 1379, 1380, 1381, 1382, 1383, 1384, 1385, 1386, 1387, 1388, 1389, 1390, 1391, 1392, 1393, 1394, 1395, 1396, 1397, 1398, 1399, 1400, 1401, 1402, 1403, 1404, 1405, 1406, 1407, 1408, 1409, 1410, 1411, 1412, 1413, 1414, 1415, 1416, 1417, 1418, 1419, 1420, 1421, 1422, 1423, 1424, 1425, 1426, 1427, 1428, 1429, 1430, 1431, 1432, 1433, 1434, 1435, 1436, 1437, 1438, 1439, 1440, 1441, 1442, 1443, 1444, 1445, 1446, 1447, 1448, 1449, 1450, 1451, 1452, 1453, 1454, 1455, 1456, 1457, 1458, 1459, 1460, 1461, 1462, 1463, 1644, 1465, 1466, 1467, 1468, 1469, 1470, 1471, 1472, 1473, 1474, 1475, 1476, 1477, 1478, 1479, 1480, 1481, 1482, 1483, 1484, 1485, 1486, 1487, 1488, 1489, 1490, 1491, 1492, 1493, 1494, 1495, 1496, 1497, 1498, 1499, 1500, 1501, 1502, 1503, 1504, 1505, 1506, 1507, 1508, 1509, 1510, 1511, 1512, 1513, 1514, 1515, 1516, 1517, 1518, 1519, 1520, 1521, 1522, 1523, 1524, 1525, 1526, 1527, 1528, 1529, 1530, 1531, 1532, 1533, 1534, 1535, 1536, 1537, 1538, 1539, 1540, 1541, 1542, 1543, 1544, 1545, 1546, 1547, 1548, 1549, 1550, 1551, 1552, 1553, 1554, 1555, 1556, 1557, 1558, 1559, 1560, 1561, 1562, 1563, 1564, 1565, 1566, 1567, 1568, 1569, 1570, 1571, 1572, 1573, 1574, 1575, 1576, 1577, 1578, 1579, 1580, 1581, 1582, 1583, 1584, 1585, 1586, 1587, 1588, 1589, 1590, 2553, 2554, 2555, 2556, 2557, 2558, 2559, 2560, 2561, 2562, 2563, 2564, 2565, 2566, 2567, 2568, 2569, 2570, 2571, 2572, 2573, 2574, 2575, 2576, 2577, 2578]

Faria, Cândido Aragonês de [1591, 1592, 1593, 1594, 1595, 1596, 1597, 1598, 1599, 1600, 1601, 1602, 1603, 1604, 1605, 1606, 1607, 1608, 1609, 1610, 1611, 1612, 1613, 1614, 1615, 1616, 1617, 1618, 1619, 2579, 2580, 2581, 2582, 2583, 2584, 2585, 2586, 2587]

Fleiuss, Henrique [1620, 1621, 1622, 1623, 1624, 1625, 1626, 1627, 1628, 1629, 1630, 1631, 1632, 1633, 1634, 1635, 1636, 1637, 1638, 1639, 1640, 1641, 1642, 1643, 1644, 1645, 1646, 1647, 1648, 1649, 1650, 1651, 1652, 1653, 1654, 1655, 1656, 1657, 1658, 1659, 1660, 1661, 1662, 1663, 1664, 1665, 1666, 1667, 1668, 1669, 1670, 1671, 1672, 1673, 1674, 1675, 1676, 1677, 1678, 1679, 1680, 1681, 1682, 1683, 1684, 1685, 1686, 1687, 1688, 1689, 1690, 1691, 1692, 1693, 1694, 1695, 1696, 1697, 1698, 1699, 1700, 1701, 1702, 1703, 1704, 1705, 1706, 1707, 1708, 1709, 1710, 1711, 1712, 1713, 1714, 1715, 1716, 1717, 1718, 1719, 1720, 1721, 1722, 1723, 1724, 1725, 1726, 1727, 1728, 1729, 1730, 1731, 1732, 1733, 1734, 1735, 1736, 1737, 1738, 1739, 1740, 1741, 1742, 1743, 1744, 1745, 1746, 1747, 1748, 1749, 1750, 1751, 1752, 1753, 1754, 1755, 1756, 1757, 1758, 1759, 1760, 1761, 1762, 1763, 1764, 1765, 1766, 1767, 1768, 1769, 1770, 1771, 1772, 1773, 1774, 1775, 1776, 1777, 1778, 1779, 1780, 1781, 1782, 1783, 1784, 1785, 1786, 1787]

Guimarães, Pinheiro [1788, 1789, 1790, 1791, 1792, 1793, 1794, 1795, 1796, 1797]

Junius, Flumen [1798, 1799, 1800]

Machado, Julião [1801, 1802]

Mill, Joseph [1803, 1804, 1805, 1806, 1807, 1808, 1809, 1810, 1811, 1812, 1813, 1814, 1815, 1816, 1817, 1818, 1819, 1820, 1821, 1822, 1823, 1824, 1825, 1826, 1827, 1828, 1829, 1830, 1831, 1832, 1833, 1834, 1835, 1836, 1837, 1838, 1839, 1840, 1841, 1842, 1843, 1844, 1845, 1846, 1847, 1848, 1849, 1850, 1851, 1852, 1853, 1854, 1855, 1856, 1857, 1858, 1859, 1860, 1861, 1862, 1863, 1864, 1865, 1866, 1867, 1868, 1869, 1870, 1871, 1872, 1873, 1874, 1875, 1876, 1877, 1878, 1879, 1880, 1881, 1882, 1883, 1884, 1885, 1886, 1887]

Mola, V. [1888, 1889, 1890, 1891, 1892, 1893, 1894, 1895, 1896, 1897, 2588]

Nigueras [1898]

Pereira Neto [1899, 1900, 1901, 1902, 1903, 1904, 1905, 1906, 1907, 1908, 1909, 1910, 1911, 1912, 1913, 1914, 1915, 1916, 1917, 1918, 1919, 1920, 1921, 1922, 1923, 1924, 1925, 1926, 1927, 1928, 1929, 1930, 1931, 1932, 1933, 1934, 1935, 1936, 1937, 1938, 1939, 1940, 1941, 1942]

Pinheiro, Bordallo [1943, 1944, 1945, 1946, 1947, 1948]

Teixeira, Hilarião [1949, 1950]

Z., Sca. [1951]

2. Impressos e Fac-Símiles

Autoria não identificada [1952]

AGOSTINI, Angelo [1953, 1954, 1955, 1956, 1957, 1958, 1959, 1960, 1961, 1962]

FARIA, Cândido Aragonês de [1963]

HASTOY [1964]

HUASCAR DE VERGARA, Nicolau [1965, 1966, 1967, 1968, 1969, 1970, 1971, 1972]

MICHON, Alf. [1973]

ROCHA, Manuel Teixeira da [1974]

Fotógrafos

1. Fontes

1. 1. Originais

EVANGELISTI, Carlo [1975]

MILITÃO [1976, 1977, 1978, 1979, 1980, 1981, 1982, 1983, 1984, 1985, 1986, 1987, 1988, 1989, 1990, 1991, 1992, 1993, 1994, 1995, 1996, 1997, 1998, 1999, 2000, 2001, 2002, 2003, 2004, 2005, 2006, 2007, 2008, 2009, 2010, 2011, 2012, 2013, 2014, 2015, 2016, 2017, 2018, 2019, 2020, 2021, 2022, 2023, 2024, 2025, 2026, 2027, 2028, 2029, 2030, 2032, 2032, 2033, 2034, 2035, 2036, 2037, 2038, 2039, 2040, 2041, 2042, 2043, 2044, 2045, 2046, 2047, 2048, 2049, 2050, 2051, 2052, 2053, 2054, 2055, 2056, 2057, 2058, 2059, 2060, 2061, 2062, 2063, 2064, 2065, 2066, 2067, 2068, 2069, 2070, 2071, 2072, 2073, 2074, 2075, 2076, 2077, 2078, 2079, 2080, 2081, 2082, 2083, 2084, 2085, 2086, 2087, 2088, 2089, 2090, 2091, 2092, 2093, 2094, 2095, 2096, 2097, 2098, 2099, 2100, 2101, 2102, 2103, 2104, 2105, 2106, 2107, 2108, 2109, 2110, 2111, 2112, 2113, 2114, 2115, 2116, 2117, 2118, 2119, 2120, 2121, 2122, 2123, 2124, 2125, 2126, 2127, 2128, 2129, 2130, 2131, 2132, 2133, 2134, 2134, 2136, 2137, 2138, 2139, 2140, 2141, 3142, 2143, 2144, 2145, 2146, 2147, 2148, 2149, 2150, 2151, 2152, 2153, 2154, 2155, 2156, 2157, 2158, 2159, 2160, 2161, 2162, 2163, 2164, 2165, 2166, 2167, 2168, 2169, 2170, 2171, 2172, 2173, 2174, 2175, 2176, 2177, 2178, 2179, 2180, 2181, 2182, 2183, 2184, 2185, 2186, 2187, 2188, 2189, 2190, 2191, 2192, 2193, 2194, 2195, 2196, 2197, 2198, 2199, 2200, 2201, 2202, 2203, 2204, 2205, 2206, 2207, 2208, 2209, 2210, 2211, 2212, 2213, 2214, 2215, 2216, 2217, 2218, 2219, 2200, 2221, 2222, 2223, 2224, 2225, 2226, 2227, 2228, 2229, 2230, 2231, 2232, 2233, 2234, 2235, 2236, 2237, 2338, 2239, 2240, 2241, 2242, 2243, 2244, 2245, 2246, 2247, 2248, 2249, 2250, 2251, 2252, 2253, 2254, 2255, 2256, 2257, 2258, 2259, 2260, 2261, 2262, 2263, 2264, 2265, 2266, 2267, 2268, 2269, 2270, 2271, 2272, 2273, 2274, 2275, 2276, 2277, 2278, 2279, 2280, 2281, 2282, 2283, 2284, 2285, 2286, 2287, 2288, 2289, 2290, 2291, 2292, 2293, 2294, 2295, 2296, 2297, 2298, 2299, 2300, 2301, 2302, 2303, 2304, 2305, 2306, 2307, 2308, 2309, 2310, 2311, 2312, 2313, 2314]

2. Bibliografia

2. 1. Catálogos e Livros

2. 1. 1. Daguerreótipos e Ambrótipos

AUTORIA NÃO IDENTIFICADA [2315, 2316, 2317, 2318, 2319, 2320, 2321, 2322]

2. 1. 2. Fotos sobre Papel Albuminado

AUTORIA NÃO IDENTIFICADA [2323, 2324, 2325, 2326, 2327, 2328, 2329, 2330, 2331, 2332, 2333, 2334, 2335, 2336, 2337, 2338, 2339, 2340, 2341, 2342, 2343, 2344, 2345, 2346, 2347, 2348, 2349, 2350, 2351, 2352, 2353, 2354, 2355, 2356, 2357, 2358, 2359, 2360, 2361, 2362, 2363, 2364, 2365, 2366, 2367, 2368, 2369, 2370, 2371, 2372, 2373, 2374, 2375, 2376, 2377, 2378, 2379, 2380, 2381]

BARZA, C. [2382]

BRUSQUE, Arthur [2383]

CHRISTIANO Jr. [2384, 2385, 2386, 2387, 2388, 2389, 2390, 2391, 2392, 2392, 2394, 2395, 2396, 2397, 2398, 2399, 2400, 2401, 2402, 2403, 2404, 2405, 2406, 2407, 2408, 2409, 2410, 2411, 2412, 2413, 1414, 2415, 2416, 2417, 2418, 2419, 2420, 2421, 2422, 2423, 2424, 2425, 2426, 2427, 2428, 2429, 2430, 2431, 2432, 2433, 2434, 2435, 2436, 2437, 2438, 2439, 2440, 2441, 2442, 2443, 2444, 2445, 2446, 2447, 2448, 2449, 2450, 2451, 2452, 2453, 2454, 2455, 2456, 2457, 2458, 2459, 2460]

FERREZ, Marc [2461, 2462]

FIDANZA, F. A. [2463]

FIRMINO & LINS [2464, 2465]

FRISCH, Axel [2466]

GAENSLY, Guilherme [2467]

GAENSLY, Guilherme & LINDEMANN, R. [2468]

GOSTON, John [2469]

HENSCHEL, Alberto [2470, 2471, 2472, 2473, 2474]

LINDEMANN, Rodolfo [2475, 2476, 2477, 2478, 2479, 2480]

MILITÃO [2481]

MOREIRA, Santos [2482]

NADAR [2483]

OSBORNE, A. W. [2484]

PHOTOGRAPHIA ARTISTICA DE EUGENIO & MAURICIO [2485]

PORTELLA [2486]

ROBIN & FAVREAU [2487]

SACK, Paulo [2488]

STAHL, Augusto [2489]

VILLELA, F. [2490]

2. 1. 3. Fototipias, Heliogravuras e Gliptografias

AUTORIA NÃO IDENTIFICADA [2491]

AUTORIA NÃO IDENTIFICADA E ALBERT & CO. [2492, 2493, 2494, 2495, 2496, 2497, 2498, 2499, 2500, 2501, 2502]

VERLANGIERI & MEYER [2503]

2. 1. 4. Filmes em Branco e Preto e a Cores

RAMOS, Artur [2504, 2505, 2506]

SCHMIDT, Gui von [2507, 2508]

2. 1. 5. Fotografias Litografadas

FROND, Victor [2509, 2510, 2511, 2512, 2513, 2514, 2515, 2516, 2517, 2518, 2519, 2520, 2521, 2522, 2523, 2524, 2525, 2526, 2527, 2528, 2529, 2530, 2531, 2532, 2533, 2534, 2535, 2536, 2537, 2538, 2539]

2. 1. 6. Desenhos Litografados, Realizados a Partir de Fotografias

LAVÉE, J. [2540]

MAZZA, G. [2541, 2542]

VUILLIER, G. [2543, 2544]

Índice Topográfico

Amazonas [245, 519, 655]

Angola, África [4, 5]

Aparecida, São Paulo [807, 871]

Arraial do Tijuco, Minas Gerais [134, 658]

Bahia [7, 270, 271, 272, 273, 274, 275, 276, 607, 815, 1062, 1139, 1141, 1142, 1241]

Baía de São João de Macaé, Rio de Janeiro [1037]

Barbacena, Minas Gerais [1165]

Barra do Piraí, Rio de Janeiro [243]

Barra Mansa, Rio de Janeiro [277]

Belém, Pará [138, 139, 348]

Caeté, Minas Gerais [620]

Camapuã, Mato Grosso [953]

Campanha do Rio Verde, Goiás [118]

Campos, Rio de Janeiro [2538]

Cantagalo, Rio de Janeiro [266, 227, 228, 431]

Capivari, Minas Gerais [352]

Castelo de São Jorge de Mina, Costa do Ouro, África [11, 120, 125]

Congo, África [4, 5, 127]

Costa do Ouro, África [20, 125]

Curralinho, Minas Gerais [654]

Daomé, África [128]

Desterro, Santa Catarina [763, 764]

Diamantina, Minas Gerais [218]

Diamantino, Mato Grosso [955, 956, 957, 958, 959, 960, 961]

Engenho Caraúna, Pernambuco [527]

Engenho Subiró, Pernambuco [1212]

Entre Rios, Rio de Janeiro [350]

Espírito Santo [466]

Estiva, São Paulo [657]

Etiópia inferior e exterior, África [5]

Fazenda da Fortaleza de Santana, Juiz de Fora, Minas Gerais [241, 242]

Fazenda de São Fidélis, Província do Rio de Janeiro [2530]

Fazenda de Quissamã, Campos, Rio de Janeiro [2538]

Fazenda do Governo, Província do Rio de Janeiro [2511]

Fazenda do Hilário, São João Marcos, Rio de Janeiro [939]

Fazenda do Secretário, Vassouras, Rio de Janeiro [2510]

Fazenda Mandioca, Rio de Janeiro [1138, 1151]

Forte do Príncipe da Beira, Mato Grosso [517]

Forte do Príncipe Guilherme, Pernambuco [17, 29]

Forte dos Reis Magos, Rio Grande do Norte [59]

Forte Maurício, Pernambuco [13]

Goiás [118]

Guaratinguetá, São Paulo [807, 871]

Guarapuava, Paraná [811]

Guimarães, Mato Grosso [1196]

Guiné, África [3, 109, 287]

Iguarassu, Pernambuco [77, 78, 79]

Ilha de Antonio Vaz, Pernambuco [53]

Ilha de Arapiranga, Pará [349]

Ilha de Itamaracá, Pernambuco [8, 26, 57]

Ilha de Itaparica, Bahia [592]

Ilha de Santa Catarina, Santa Catarina [129, 186]

Ilha de Santana, Macaé, Rio de Janeiro [1037]

Ilhéus, Bahia [189]

Ipojuca, Pernambuco [88]

Itanguá, Minas Gerais [221]

Itu, São Paulo [808]

Jacareí, São Paulo [807]

Laguna, Santa Catarina [809]

Lagarto, Sergipe [540, 541]

Macaé, Rio de Janeiro [1036]

Madagascar [1, 6]

Mandanga, Minas Gerais [560]

Maranhão [2543]

Mato Dentro, Minas Gerais [133]

Matosinhos, Minas Gerais [588]

Mauritiópolis, Pernambuco [16]

Mauritstaad, Pernambuco [96, 105]

Mauritzburg, Pernambuco [56]

Mina de Gongo Soco, Minas Gerais [1042]

Minas Gerais [120, 219, 251, 605, 1042, 1173]

Moçambique [1, 5]

Mucuri, Espírito Santo [466]

Olinda, Pernambuco [23, 28, 32, 61, 66, 82, 83, 87, 92, 94, 115, 594]

Ouro Preto, Minas Gerais [354, 355]

Ouro Preto a Diamantina, Minas Gerais [218]

Paraíba [31, 46]

Paraíba do Sul, Rio de Janeiro [247, 2525]

Passa Vinte, Mato Grosso [246]

Paulista, Pernambuco [195]

Penedo, Alagoas [542, 678]

Pernambuco [14, 30, 149, 50, 51, 52, 54, 55, 56, 57, 60, 65, 66, 98, 190, 236, 668, 1143]

Petrópolis, Rio de Janeiro [507]

Piauí [656]

Pinhel, Pará [557]

Pomba, Minas Gerais [353]

Porto Calvo, Alagoas [11, 58]

Porto Feliz, São Paulo [947, 949, 950, 952]

Recife, Pernambuco [26, 53, 192, 207, 208, 462, 520, 624, 754, 870, 1183, 1211, 2482, 2509]

Ribeirão do Inferno, Minas Gerais [220]

Rio das Pombas, Minas Gerais [1166]

Rio das Velhas, Goiás [117]

Rio de Janeiro (Cidade) [202, 206, 210, 211, 255, 260, 265, 293, 334, 335, 336, 337, 339, 340, 341, 342, 343, 344, 347, 351, 386, 398, 454, 458, 460, 465, 489, 491, 493, 495, 496, 497, 498, 499, 500, 501, 502, 503, 504, 520, 522, 523, 529, 530, 531, 532, 563, 568, 572, 596, 633, 636, 651, 659, 702, 713, 722, 726, 774, 775, 776, 777, 778, 779, 780, 781, 782, 783, 784, 785, 786, 787, 788, 789, 790, 791, 792, 793, 794, 795, 796, 797, 798, 799, 800, 801, 805, 821, 824, 829, 848, 849, 851, 852, 853, 854, 858, 862, 864, 879, 881, 893, 897, 899, 900, 901, 908, 943, 945, 962, 1025, 1039, 1053, 1065, 1074, 1075, 1076, 1077, 1108, 1120, 1140, 1172, 1180, 1186, 1222]
- Alfândega [877, 882, 883, 888]
- Aqueduto da Carioca [1088, 1127]
- Aqueduto da Rua de Mata-Cavalos [673]
- Aqueduto do Rio de Janeiro [185, 912, 1033]
- Aqueduto e Convento de Santa Teresa [144, 569]
- Aqueduto, Rua dos Arcos [492, 633, 758, 837, 873, 1051]
- Arcos da Carioca [922]
- Baía da Gamboa [749]
- Baía da Guanabara [914, 1040, 1198]
- Baía de Botafogo [200, 574, 748]
- Baía do Rio de Janeiro [203, 340, 1027, 1028, 1122]
- Baía dos Mineiros [923, 950]
- Botafogo [582, 917, 918, 1111, 1112, 1190, 1192]
- Cais da Glória [1086]
- Campo de Santana [324, 874, 894]
- Capela da Fortaleza de Boa Viagem [567]
- Capela de Santa Luzia [911]
- Capela dos Ingleses [681]
- Capela dos Terceiros [891]
- Cascata da Tijuca [683]
- Cascatinha da Tijuca [291, 1202]
- Catete [746, 915, 941, 2547]
- Catumbi [772, 923, 930]
- Cemitério dos Ingleses [750]
- Chafariz [1064]
- Chafariz da Pirâmide [1124]
- Chafariz da Rua do Conde [362]
- Chafariz das Marrecas [1116]
- Chafariz de Mata-Cavalos [878]
- Chafariz de Santa Rita [1066]
- Chafariz do Campo [675]
- Chafariz do Lagarto [727]
- Chafariz do Largo da Carioca [568, 776, 973, 1187]
- Chafariz do Largo do Moura [909]
- Chafariz do Largo do Paço [890]
- Convento de Nossa Senhora da Ajuda [911, 1085, 1089]

Convento de Santa Teresa [769, 911]
Convento de Santo Antônio [145, 891]
Convento do Carmo [886]
Corcovado [63, 748, 912, 919, 923, 1039]
Cosme Velho [1082]
Engenho Velho [929, 931]
Fazenda Quitité, Jacarepaguá [2338]
Fortaleza de Santa Cruz [896]
Glória [756]
Hospital da Misericórdia [910]
Hospital dos Barbonos [1115]
Hospital dos Portugueses [212]
Igreja da Candelária [300, 743]
Igreja da Glória [143, 570, 746, 769, 771, 1107, 1108, 1222]
Igreja da Lapa [913]
Igreja da Lapa dos Mercadores [892]
Igreja da Penitência [1072]
Igreja de Mata-Porcos [925]
Igreja de Nossa Senhora da Penha [223]
Igreja de Nossa Senhora do Rosário, na rua da Vala [920]
Igreja de Santana [483, 675, 767]
Igreja de Santa Cruz [888, 892]
Igreja de Santa Rita [482, 903, 1066]
Igreja de São Bento [613]
Igreja do Largo da Lapa [913]
Igreja do Recolhimento de Nossa Senhora do Parto [169]
Ilha das Cobras [489, 1198]
Ilha de Vilegagnon [1199]
Ilha do Bom Jesus [2379]
Lagoa das Tretas (Lagoa Rodrigo de Freitas) [381, 616]
Lagoa do Boqueirão [144]
Lapa [559]
Laranjeiras [572]
Largo da Carioca [1203]
Largo da Glória [396]
Largo da Lapa [913]
Largo da Misericórdia [634]
Largo de Santa Rita [778, 1066]
Largo do Moura [557]
Largo do Paço [869, 1188, 1197]
Largo do Rosário [1109]
Lazareto [380]
Mangue [912]
Mangueiras [571]
Mata-Porcos [878, 924, 928]
Matriz do Engenho Velho [934]
Mercado da Praia [264]
Mercado da Praia do Peixe [892, 1123]
Morro da Carioca [928]
Morro da Conceição [893, 906]
Morro da Glória [494, 914, 1127]
Morro de Santa Teresa [922, 1033]
Morro de Santo Antônio [851, 854, 1204]
Morro do Castelo [1127, 1180, 1191]
Paço Imperial e Catedral [256, 671]
Palácio de São Cristóvão [524, 872, 932, 933, 1075]
Pão de Açúcar [566, 573, 746, 1192]
Passeio Público [494]
Pedra da Babilônia [931]
Pedra da Prainha [905]
Porto da Estrela [584, 936]
Porto do Rio de Janeiro [1040]
Praça da Constituição [683]
Praça de Santana [640]
Praça do Mercado da Praia do Peixe [1110]
Praça do Palácio [740]
Praça do Rocio [288]
Praça do Teatro [894]
Praia da Gloria [143, 911]
Praia de Botafogo [917, 918, 1205]
Praia de Bragança [1040]
Praia de D. Manuel [889]
Praia do Russel [1104]
Praia dos Mineiros [902]
Praia Grande [1028]
Praia Rodrigues [579]
Quartel de Cavalaria [894]
Quartel de Mata-Porcos [926]
Recolhimento de Nossa Senhora do Parto [168, 169]
Rio Comprido [765, 767, 927]
Rio Inhomirim [936]
Rocío ou Praça da Constituição [683]
Rua da Alfândega [883]
Rua da Gamboa [753]
Rua da Gloria [747]
Rua da Vala [920]
Rua de Mata-Cavalos [673, 745, 922]
Rua de Santo Antônio [895]
Rua de São Joaquim [904]
Rua Direita (Primeiro de Março) [363, 614, 705, 741, 742, 743, 751, 884, 886, 1030, 1031, 1129, 1167, 1230]
Rua do Campo, em Santana [863]
Rua do Conde [362]
Rua do Imperador [745, 1021]
Rua do Ouvidor [744, 751, 892]
Rua do Piolho [894]
Rua dos Ciganos [894]
Rua dos Pescadores [903]
Rua e Hospício dos Barbonos [1115]
Santa Cruz [846, 937]

Santa Teresa [1107]
São Cristóvão [615, 873, 1128]
Sé Nova [921]
Senado [687]
Teatro do Rio de Janeiro [876]
Teatro Imperial [674]
Teatro Provisório [766]
Teatro São João [876, 921]
Tijuca [929, 1151]
Vale das Laranjeiras [915, 916]
Valongo [461]
Valonguinho [906]

Rio de Janeiro (Capitania e província) [575, 646]

Rio Doce, Espírito Santo [677]

Rio Grande do Sul [427, 525, 526, 803, 806, 810]

Rio Itenez, Mato Grosso [517]

Rio Jaguar Hi-Cato, Paraná [434]

Rio Jequitinhonha [558, 558a, 560]

Rio Madeira, Amazonas [518, 519]

Rio Paraíba [9, 27]

Rio São Francisco [118]

Rio São Francisco do Sul, Santa Catarina [505]

Sabará, Minas Gerais [964]

Salvador, Bahia [124, 252, 253, 268, 333, 508, 509, 510, 521, 538, 564, 565, 591, 593, 597, 623, 645, 660, 664, 665, 666, 667, 2468, 2469, 2472, 2473, 2474, 2480, 2517, 2518]

Santo Amaro da Purificação, Bahia [269]

Santo Amaro de Ipitanga, Bahia [177]

Santos, São Paulo [1495, 2549]

São Caetano, Minas Gerais [133]

São Francisco do Sul, Santa Catarina [505]

São João del Rei, Minas Gerais [577]

São João Marcos, Rio de Janeiro [939]

São Leopoldo, Rio Grande do Sul [526]

São Luís, Maranhão [180, 181, 182, 183, 184, 193, 511]

São Miguel de Piracicaba, Minas Gerais [120]

São Paulo (Cidade) [229, 230, 506, 827, 828, 1063, 2481]

São Paulo (Capitania e província) [118, 825, 940, 2324, 2492]

São Paulo de Loanda, Angola [21]

Serinhaém, Pernambuco [12, 24, 81]

Serra do Caraça, Minas Gerais [653]

Serro do Frio, Minas Gerais [166, 559, 559a]

Subaé, Bahia [269]

Taperinha, Santarém, Pará [690]

Tarumá, São Paulo [647]

Tefé, Amazonas [244]

Tijuco, Minas Gerais [658]

Ubá, Minas Gerais [2513]

Vale do Paraíba, São Paulo [940, 1236]

Vila Boa, Goiás [579]

Vila da Pomba, Minas Gerais [353]

Vila Nova da Rainha, Minas Gerais [120]

Vila Rica, Minas Gerais [589, 621, 685]

Créditos

Aos fotógrafos

Ângela Garcia

Hélio Nobre (Museu Paulista)

João Musa

Lúcia Mindlin Loeb

Roberto Bogo e Cândida Maria Vuolo (Laboratório de Fotografia, da Faculdade de Arquitetura e Urbanismo, Universidade de São Paulo)

Romulo Fialdini

Capa

AUTORIA NÃO IDENTIFICADA. *Baiana*. Óleo s/ tela. *c*. 1850. Acervo do Museu Paulista, da Universidade de São Paulo. Foto de Romulo Fialdini.

Imagem de fundo:
Ghana – Togo – Ewe. Tecido adanudo

Quarta capa

JULIÃO, Carlos. *Vestimentas de Escravas Pedintes na Festa do Rosário*. Desenho aquarelado. *c*. 1776. Acervo da Fundação Biblioteca Nacional. Foto de Roberto Bogo e Cândida Maria Vuolo.

Título	*A Travessia da Calunga Grande: Três Séculos de Imagens sobre o Negro no Brasil (1637-1899)*
Autor	Carlos Eugênio Marcondes de Moura
Produção	Minoru Naruto Flávia Cristina Moino Marcelo Cordeiro Cristiane Silvestrin Carla Fernanda Fontana Carolina Sucheuski
Projeto Gráfico e Capa	Minoru Naruto Maria Argentina Bibas
Editoração Eletrônica	Andrea Yanaguita Studium Generale
Editoração de Texto	Alice Kyoko Miyashiro
Revisão de Provas	Claudia Agnelli Tania Mano Maeta Liris Tribuzzi Rodrigo Manz de Paula Ramos
Cotejo de Texto	Aline Marques
Escaneamento e Tratamento de Imagens	Imprensa Oficial do Estado de São Paulo
Divulgação	Regina Brandão Cinzia de Araujo João Argentin Neto
Secretaria Editorial	Eliane dos Santos
Formato	23 x 29 cm
Mancha	18 x 21 cm
Tipologia	Berkeley Book 9/11,7 Cartão Supremo DuoDesign 350 g/m^2 (capa) Couché Fosco 150 g/m^2 (miolo) L'Agenda 80 g/m^2 (miolo)
Número de Páginas	692
Tiragem	1500
CTP, Impressão e Acabamento	Imprensa Oficial do Estado de São Paulo